蔣大鴻手抄本精解

作者：詹錦幸

育林出版社印行

目　錄

推薦序文之一（葉朝成老師）

西元1939年到1945年世界大戰後，1949年後台灣從百業蕭條的環境下逐漸發展至1991年代，台灣的經濟在廣大一群人的努力之下，創造了台灣錢淹腳目的輝煌年代。不僅出了兩位總統，各行各業的佼佼者更是不勝枚舉，詹錦幸師兄也是其中之一。

他不僅在建築界發揮所學，更曾經在陳水扁與馬英九兩位手中得過建築界的金石獎首獎，以及國家卓越建設獎。更還利用業餘時間來研讀五術經典，跟我一樣不但花費了數以百萬元的師資費，跟過各門各派的名師學習各門各派的精華，我們更背負著各種攝影器材跑遍台灣北、中、南部到處去溜山、空拍、攝取影片，目的只為了證實一生所學何者為真，何者虛偽。才敢將畢生所學的學術精簡後的資料留傳給後來有心想學的同好們。讓他們不用再像我們一樣這麼艱辛，花這麼龐大的費用，就能夠從精簡的書籍及影集中去體會我們的心得。

尤其是我們這一群人，見證了台灣七十多年來的興衰，更證明了天時勝於地利與人和，從台灣到大陸沿海創造了世界第二大經濟大國的奇跡，不就再次的證明蔣大鴻手抄本及楊公經典的精華嗎？

恭喜各位有智慧的選購了這一本經歷了三、四十年來不斷的整理與改變程式所累積出來的精華，也期望各位能用心深入的去瞭解它，善用它、珍惜它！

蔣大鴻三元奧秘抄本中，詹師兄將蔣盤線法修改成常用的下卦（每山的中央九度內）與起星（孤虛各三度），並將八、八六十四卦，每卦六爻總共 384 爻（陽卦左起初爻，陰卦右起初爻）抽爻變卦，方便於每年吉凶不相同的方位，配合坐山的卦爻來使用。

由於蔣公的坤壬乙訣跟楊公的坤壬乙訣字義上有所差異，導致地理辨正一書爭論不已。詹師兄在山龍與水龍起貪狼的挨星圖，特別用圖面去詳釋。看過蔣大鴻手抄本的圖訣以及詹師兄的附圖說明後，忽然覺得茅塞頓開，解決了我當年曠日費時去翻閱眾多古籍的辛苦，真扼腕為什麼無緣早日結識這位難得的天才呢！

最後提醒各位，書中附圖的解說要耐心的去詳讀，才不枉費作者這幾十年來辛苦的付出。

曾任

中華堪輿科學驗證學會　新北會長

文化大學推廣教育部陽宅學　講師

糧草屋五術學院　五術講師

宜蘭道教學會　五術講師

葉朝成　謹識

推薦序文之二（木星齋主）

2024年九運將屆，書肆中三元玄空新書接連問世，本書亦忝為其中一員，然而極具特色的是針對蔣大鴻三元奧秘手抄本書中三元玄空秘訣古文進行註解。清朝蔣大鴻著《地理辨正》一書，對後世堪輿界造成很大之影響。有清一代至少有一百三十家以上的註解，文獻更是汗牛充棟，仍難把玄空秘旨揭露出來，究其原因就在其深奧難懂！誠如編撰者李崇仰大師所言：「……，但惜張疏雖詳解卦圖，倡言卦理，而於入用之法及收龍之訣竅處，亦未示以旨歸，……」而今師兄詹大哥試圖以更淺顯易懂之圖文並茂方式來說明，就是希望能讓大家看得懂，為有心的後學者更提供了一本可參考的玄空指引，實屬難得。好書是不會寂寞的，讀者苟能用心閱讀，必能有很大的收穫。

後學以同門師妹的身份受邀寫這篇推薦序，除了深感榮幸之外感觸也特別深刻。畢竟曾經我們擁有滿腔熱血追逐共同的理想，曾經我們在恩師葉朝成的帶領之下，希望能成為五術界的一股清流，這些都緣自於我們對五術的傳承有著共同的熱愛。曾經我們也豪情萬丈地許下諾言，要傾全力以赴完成使命笑傲江湖！這其中的過程與艱辛，更是如人寒天飲冰，冷暖自知！

詹師兄辛苦經營平台多年，後學疼惜他才華洋溢，年歲漸長，因此多次提醒他將在YouTube辛苦製作的諸多影片集結成書以嘉惠後人。如今他總算如願抱病完成大作，後學真的替他感到無比欣慰，更樂意看到他也能同時得到這枚歷史的勳章，畢竟，是金子總會發光！

筆者接觸風水之學二十餘年，也廣泛學習了各派的觀點，這幾年更是了解了風水的實際效應，因此這兩三年也先後出版了兩本書。除了《八字紫微合參論命》之外，癸卯年秋月也出版了《九運玄空陽宅詳解》，因此深知著書立說之不易，更是讚歎詹師兄的才華與毅力，畢竟他為了準備這些資料也辛苦耕耘了六、七年之久。

玄空風水經過歷代風水宗師的深化與驗證，在學理的正確性上是無庸置疑的，因此自明清以來即佔有主流的地位。而註解玄空經典，自蔣大鴻以降，各家學說更是百花齊放！文言的隔閡，傳抄的誤植等因素造成正確解讀上的困難重重，也正是因此詹師兄這本書就有了承先啟後、舉足輕重的地位。主要是可以有效地幫助大家掃除了解三元玄空學理的障礙，提升大家玄空學的功底！倘若讀者也想進一步了解三元玄空實務上的應用及吉凶判斷，也可參閱拙作《九運玄空陽宅詳解》育林出版。最後也再次誠摯地恭賀詹師兄的大作洛陽紙貴，更希望能得到廣大讀者們的喜愛與迴響！

中華國際巒理道協會　　理　　事
中華世界道教五術大法師協會全國總會　　名譽理事長
木星齋主　　癸卯年孟秋序於新北

自　序

本書原文引自《蔣大鴻三元奧秘手抄本》作者為何覺安遺傳，編譯者為李崇仰，書中的內容，以圖示加以說明，蔣大鴻重陰宅，古代比較重視陰宅，因為陽宅都是仿宮廷建造，所有的宮廷都是坐北朝南，北方的門戶比較少也比較小，這是因為大陸北方的氣候比較冷，用這樣來擋北風的寒氣，所以他們的房子都是坐北朝南，南方的氣候比較溫暖，在向前面的南方，把東西廂房跟前面的花木庭院，小橋流水，用這些引南方的旺氣進來，因為陽宅大部分的建築都是坐北朝南，所以就沒有陰宅的限制，但是現在建築有東西南北向，歪七扭八的都很多，所以會有剋到，會有形煞的，這些理論就出現很多。

陽宅的理論在古代不流行，古代都重於陰宅，因為陰宅大家都知道，就是為了讓祖先能夠入土為安，在尋找地點的話，有權有勢的，當然就會找一個好地段好地點，龍脈非常有氣，然後有左青龍，右白虎砂，氣場就很漂亮，龍脈因為有水從白虎方來，青龍的龍脈就往前伸一點，攔住它們的水氣，讓水氣能夠灌進來，因為後面有山，後面有靠山，還是圍牆大樓，當作靠山，前面低窪有水，當然就是最好的格局了，就是後面有山，前面有水氣，有花木，這樣是最好的格局，所以以前陽宅都用這樣來佈局，但陰宅沒有，陰宅是一片荒地，所以它必須要找到很棒的氣場。

古代做這些陰宅的師父，他要尋找龍脈，一條龍脈他從最高的地點然後一直走，走到最後才知道龍脈的走勢，到最後結穴的那個穴場，看有沒有符合當運的氣運，若沒有符合當運的氣運，就要再找第二條，或者是第三條，所以才說三年尋龍，十年點穴。

就為了要找一條龍脈的穴場，而且要符合當運，這樣才會旺才會發，要不然雖然穴場很漂亮，不當運也沒有用，比方說大陸跟台灣，台灣以前因為東邊都是山脈，中央山脈五條龍脈都是南北走向，從最南端的屏東半島，一直到最北端的基隆嶼，全部都是到海邊，水就流到西方，所以它會旺在什麼時候呢？南北走向，當然會旺在九運跟一運。迴龍顧主穴場結在北北基桃，所以也旺七運，因為水是財，所以現在人才會說是利用財來旺。

現在因為大家都是一胎化，頂多兩胎，不希望人口那麼多，因為人口多的話也是一種壓力，所以現在不重坐山旺人丁，坐山旺人丁其實它有兩種意義，一種就是生產，生的很多，另外一種旺人丁的方式，就是讓住在這裡面的人，他能夠得到很棒的氣場，然後他的思想很好，前途很有發展性，所以以前都是希望利用後面，山星來旺人丁，前面的水星來旺財。

台灣以前在七運時，就是西門町最旺的時候，台灣有那麼好的龍脈那麼好的山脈，尤其葬在觀音山上，葬在五指山上的這些有錢有勢的大企業家，事業都發展得很棒，然後往世界各國去開分公司開工廠，但是到了八運，台灣的這些經濟變得較衰弱，然後人員往外移，結果跑到哪裡呢，都跑到大陸，因為大陸是西北高原，水向東流，而且北京就在東北方，所以從北京到東部沿海的地方，在八運的時候最旺，旺得不得了，那這麼棒的氣場，大陸的氣場比台灣旺好幾十倍，但是即使是這麼旺的氣場，也是會有點問題，所以就不單只是風水地理的問題。

我們常說，天時地利人和，這個地利很好要配合天時，而住在裡面的人，這公司裡面的人員，也要能夠受到地氣的影響，才能讓裡面的人更團結更有發展，這樣天時地利人和通通符合，才有辦法說符合旺氣了，現在是九運因為木星土星已經交會，九運會旺在哪裡呢？會旺在南方。

大陸旺在八運，目前為八運與九運交接，就是在庚子年辛丑年的時候，木星跟土星交會，那時候氣場就改變了，所以氣運決定那個地氣，有很大的關係，台灣就是因為龍脈是南北走向，所以旺在南方，那現在最旺是在哪裡？是南部從台中以南就非常旺，那北部旺嗎？並沒有，就是差這麼多，北部會旺在什麼時候？會旺在一運，九運過了就旺一運，台灣接著會有南部旺完旺北部，所以台灣還有四十年的光景，這個是看大運，大運是南方，南方為九，所以南方是九的大運，這個就是陰宅的道理。

那陽宅呢？陽宅因為有經驗的累積，會知道房子要讓它旺在八運，九運要讓它繼續旺要怎麼辦呢？就是改變氣場，如果坐向是坐東北朝西南的房子，剛好跟現在九運有一點差別，因為它面向西南，西南一邊是西一邊是南，它面前的龍邊是南方，北邊是西方，只要懂得引氣，每天打開南方窗戶兩小時，開窗戶以外再用抽風機，利用抽風機把南方的旺氣引過來。

如果南方沒有窗戶，但是西南方一定會有正門，正門向西南，南方就是牆壁，沒有辦法引到旺氣，要在西方裝置一個水霧器，這個理論就如同，小時候常常在樹下乘涼，樹下會涼而是因為溫度低，太陽被遮掉了，而外面溫度高，所以溫度高的會跟溫度低的氣流交換，溫度高會往溫度低的方向流動，因為對流所以我們在樹蔭下會感覺很涼快。西邊這裡利用水霧器，第一個會讓溫度降低，第二個會讓溫度有水份，所以乾燥的氣場會往濕的方向流動，熱的氣往冷的氣流動，南方的氣就過來了，所以我們就在這門口的上面，利用送風機把氣吹進來，這樣就可引到南方的旺氣，如果西南方沒有辦法，在東南方也可以，但是東南方要有窗口才可以，如果在東南方沒有窗口，就沒辦法了。

氣是大自然的氣，自然會怎樣呢，它會往有水氣的地方流動，所以南方溫度高會往西方溫度低處流動，低溫度利用這個對流的原理，乾燥的氣會往濕的方向跑，南方的氣往西跑，這整個都是南方的氣過來，南方的氣過來，你在西南邊利用電風扇把它吹進來就好，這樣就可以引到南方的氣了，但是很少人懂這個，怎麼樣去引到南方的氣，因為目前當運是南方，能引到南方的氣，自然屋內都充滿南方的旺氣，一定會很旺。

最好是整個客廳先引旺氣，從客廳引就對了，客廳的南方跟全棟的南方不一樣，客廳能引到南方的氣就好，客廳的氣充滿南方的氣，主臥跟次臥再引進去，在靠近客廳的門口引氣進去就好，室內裡面的門口，就是臥室的門口再利用電風扇，把客廳的氣引進去就好，就是這樣，一間一間引，先從客廳引，最重要就只有主臥房，跟次要的臥房，這樣就可以引到旺氣。

這個理論就符合玄空的理論，也跟楊公的理論一樣，蔣大鴻手抄本秘斷篇也是源自於楊公的理論，其實研究楊公的理論到最後，就會知道楊公的用意很深，玄空盤也一樣，玄空盤就是告訴你哪邊是生旺的水星，哪邊是生旺的山星，有生旺山星的地方要有山，有生旺水星的地方要有水，九大運的旺氣，就是把這些理論加上去，但是這個是用在陽宅上的，而陰宅就沒辦法用這個理論，因為陰宅的氣場您是沒辦法去控制的。

大自然的氣場那麼大，你沒有辦法去控制，所以陰宅就是重那個時令，比方說現在八運跟七運剛退，你要等到八運跟七運到來的時候，要等很久啦，所以你現在再去選擇一個，坐西向東的墓園，那會旺嗎？不可能旺的，因為陰宅，就是墳墓，第一個一定希望有左青龍右白虎，往前包裹出去，所以左右的氣進不來，那後面一定是要築一道牆，墓園後面那道牆也使得氣也進不來，所以它只能進利用前面的氣，若是坐西朝東還好，因為只要等到三運就旺了，如果是坐東朝西怎麼辦？那要等到七運，所以這個原理就是這樣，要記得去改變氣場最重要，這個就是用在陽宅比較多，因為陽宅理論以前很少，大部分陽宅都是仿宮廷的作法，坐北朝南，以前大家都蓋成這樣，就是大家都有這樣的習慣，怎麼有辦法去說服大家。

《蔣大鴻手抄本》內容博大精深，光看字義無法完全領會，因此才會構想以圖解的方式，做成筆記精解，這樣會更容易明白，早先之作法是以 EXCEL 檔案做成筆記精解，配合自己開發的程式來驗證蔣大鴻的說法，後來發現有許多章節都有關聯性，其實可以合併起來一起討論，所以 2020 年以後就特別將蔣大鴻手抄本其中之理氣淺說及秘斷篇，整合成 59 集，並製作成影片，這樣讀者就可以不必看 EXCEL 檔，輕鬆看影片就能夠理解《蔣大鴻手抄本》的內容。

但是後來發現影片其實有一定的困難性，就是看過以後要再去找某個內容時會有點難找，所以最後就決定將影片之內容，重新起稿，並透過與實務界多位名師的討論並結合經驗編輯成書本，其對楊公經典及《蔣大鴻手抄本》原著研究融會貫通，並有充分的實際經驗，因此得以將此心得筆記精解去蕪存菁，才會有今天這本《蔣大鴻手抄本精解》之誕生，希望透過這本書籍，並搭配 YouTube 網路上傳之影片，可以讓讀者更能清楚的領會蔣大鴻艱深的理論。

另外余有幸接觸到五術這個領域，前後花了將近二十年的時間拜師學習，這是要花學費的，同時又增加工作時間博覽群書，將所學習的知識，做成講義，再免費教學，來增加自己的功力，這些估計花費將近上千萬元。

余是利用電腦工具，開發 EXCEL 應用軟體，來學習這些學術，因為這些學術都會有一堆基本定義，以及有其推算邏輯的過程，如果定義可以作成資料庫的話，那就可以依照邏輯用搜尋的方式，找到我們所要的答案。

後學從 2012 年到 2020 年相繼完成，七政四餘、大六壬、奇門遁甲、太乙神數、八字命理、紫微斗數，各派陽宅及擇日之 EXCEL 檔案，也曾給有緣人使用，不過並沒有得到回響，也許是因為只有余看得懂，用的人卻不知所云。

後來在 2020 年爆發疫情，余就開始足不出戶，在家有空閒時就整理以前的資料，想方設法突破困境，為的就是讓使用者能看得懂，並且很方便的使用，於是余花了兩年的時間，終於整合成一套彙集 EXCEL 檔案的軟體，名稱為 [易學應用篇]，有關這方面的資訊，會上傳到 YouTube，只要打 [詹錦幸] 關鍵字就能搜尋到，這個軟體提供一個使用介面，能夠快速連結到想使用的檔案，當然檔案都連結到八字資料庫，所以使用者不須判斷要使用出生年月日，還是要使用住家度數及落成年分，只要點連結進入檔案就可以使用了。

另外余有製作如何使用命理解盤的影片，各派陽宅的看法以及簡易佈局的影片，如何看一般擇日及天星擇日的影片，還有如何卜卦的影片，使用步驟都有詳細解說及操演，可以多加練習參考使用，余自己使用的結果相當滿意，所以特別介紹給有緣人使用，並不是每個人都會使用，所以才說是有緣人。

而且 EXCEL 軟體是開放式的，資料可以自己的方式保存，也可更新使用，不像別的軟體，這裡鎖，那裡限制一堆，資料又不能為自己所用，聰明的您，會如何抉擇呢？當然一般人都用手機，很少人用電腦，但是您想想，如果您比別人多一項技能，會簡單使用電腦工具軟體，又能做到比別人快又準的效果，您的起跑點是不是就比別人快了一步，機會也隨著會比別人多了一些呢？

詹錦幸 敬上

第 1 章　奇門遁甲由來及起盤

奇門遁甲起源於約 4000 年前，較河洛八卦晚，但是比起其他學術都早，陽宅學也是源自奇門遁甲，所以本章就奇門遁甲起源，做一個簡單的說明，並且將如何起盤也一併介紹。此非本書重點，讀者可自行斟酌參考即可。

皇帝打敗蚩尤時使用之時盤，一年為一歲，一歲分成二十四節氣，一節氣分成三元，上中下三元，一元是五天，所以一節氣就是十五天，一天分成十二個時辰，古時兩小時為一個時辰，一個時辰為一局，一共 24 乘 3 乘 5 乘 12 等於 4320 局，此太複雜不好用。

風后皇帝宰相修改以四侯共用一盤，一年為一歲，一歲分成八節，一節分成三氣，一氣分成三侯，天侯人侯地侯，一侯為五天，一天分成十二個時辰，四侯共用一個時辰，為一局，一共 8 乘 3 乘 5 乘 12 除 4 等於 1080 局，此為硬盤每年都一樣，沒有變化。

張良協助劉邦獲得天下之時盤，分陰局與陽局，共 1080 局時盤，陰九局與陽九局，共 18 局，一局為一元，元有上、中、下元之分，一元為五天，一天分成十二個時辰，一共 9 乘 2 乘 5 乘 12 等於 1080 局，此為活盤每年都不一樣，目前最多人使用。

余最早學的就是奇門遁甲，第一個程式也是奇門遁甲，所以對於奇門遁甲就特別有興趣，雖然這不是本書的重點，但是余還是要介紹一下，余製作的奇門遁甲盤，是把奇門遁甲的格局吉凶，化成分數，然後以顏色顯示在表格上，一次可以顯示一天的時盤，也可以一天一天的看，非常方便，使用起來也很簡單，余在書的背面有提供下載網址，歡迎多加利用。

奇門遁甲 1080 局時盤，甲己日分陰陽共 18局，乙庚日分陰陽共 18 局，丙辛日分陰陽共 18 局，丁壬日分陰陽共 18 局，戊癸日分陰陽共 18 局，一天分成十二個時辰，時盤總共 18 乘 5 乘 12 等於 1080 局。

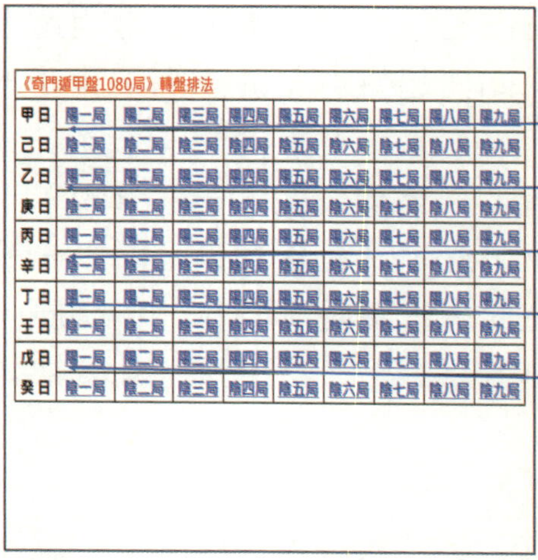

《奇門遁甲盤1080局》轉盤排法

甲日	陽一局	陽二局	陽三局	陽四局	陽五局	陽六局	陽七局	陽八局	陽九局
己日	陰一局	陰二局	陰三局	陰四局	陰五局	陰六局	陰七局	陰八局	陰九局
乙日	陽一局	陽二局	陽三局	陽四局	陽五局	陽六局	陽七局	陽八局	陽九局
庚日	陰一局	陰二局	陰三局	陰四局	陰五局	陰六局	陰七局	陰八局	陰九局
丙日	陽一局	陽二局	陽三局	陽四局	陽五局	陽六局	陽七局	陽八局	陽九局
辛日	陰一局	陰二局	陰三局	陰四局	陰五局	陰六局	陰七局	陰八局	陰九局
丁日	陽一局	陽二局	陽三局	陽四局	陽五局	陽六局	陽七局	陽八局	陽九局
壬日	陰一局	陰二局	陰三局	陰四局	陰五局	陰六局	陰七局	陰八局	陰九局
戊日	陽一局	陽二局	陽三局	陽四局	陽五局	陽六局	陽七局	陽八局	陽九局
癸日	陰一局	陰二局	陰三局	陰四局	陰五局	陰六局	陰七局	陰八局	陰九局

奇門遁甲1080局 時盤

甲己日 分陰陽共18局

乙庚日 分陰陽共18局

丙辛日 分陰陽共18局

丁壬日 分陰陽共18局

戊癸日 分陰陽共18局

一天分成十二個時辰

時盤總共18乘5乘12等於1080局

奇門遁甲 1080 局，起局法，以預測日，日柱之干支定之，例如壬寅年、戊申月、己酉日、辛未時，預測日之日柱干支為己酉，查表得知己酉對照的是甲辰旬。

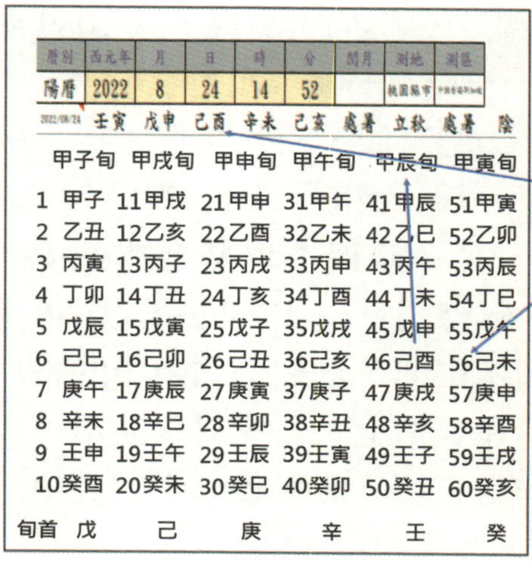

曆別	西元年	月	日	時	分	閏月	測地	測區
陽曆	2022	8	24	14	52		桃園縣市	

2022/08/24　壬寅　戊申　己酉　辛未　己亥　處暑　立秋　處暑　陰

甲子旬	甲戌旬	甲申旬	甲午旬	甲辰旬	甲寅旬
1 甲子	11甲戌	21甲申	31甲午	41甲辰	51甲寅
2 乙丑	12乙亥	22乙酉	32乙未	42乙巳	52乙卯
3 丙寅	13丙子	23丙戌	33丙申	43丙午	53丙辰
4 丁卯	14丁丑	24丁亥	34丁酉	44丁未	54丁巳
5 戊辰	15戊寅	25戊子	35戊戌	45戊申	55戊午
6 己巳	16己卯	26己丑	36己亥	46己酉	56己未
7 庚午	17庚辰	27庚寅	37庚子	47庚戌	57庚申
8 辛未	18辛巳	28辛卯	38辛丑	48辛亥	58辛酉
9 壬申	19壬午	29壬辰	39壬寅	49壬子	59壬戌
10癸酉	20癸未	30癸巳	40癸卯	50癸丑	60癸亥
旬首 戊	己	庚	辛	壬	癸

奇門遁甲1080局 起局法

以預測日 日柱之干支定之

例 預測日日柱干支為己酉

己酉為甲辰旬

上、中、下元之定法，是以日柱之天干以及六甲旬定之，例如己酉日，天干為己，找上列的己干與左欄位的甲辰旬，對應之為上元。

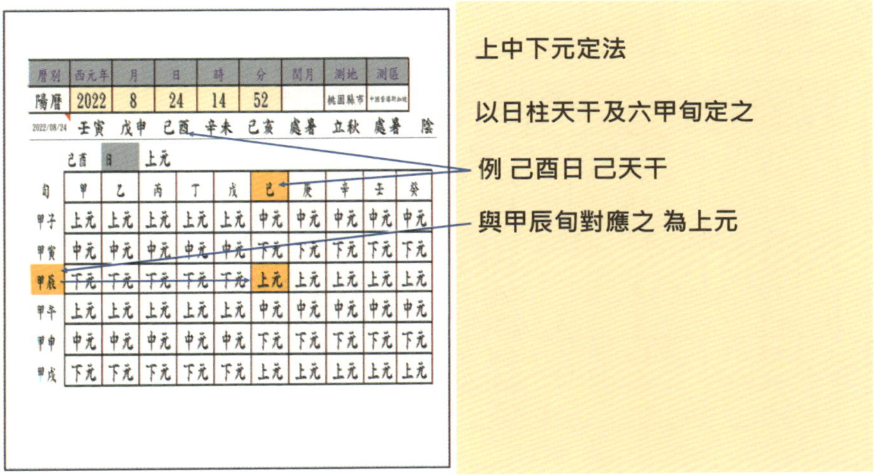

曆別	西元年	月	日	時	分	閏月	測地	測區
陽曆	2022	8	24	14	52		桃園縣市	中國香港新加坡

2022/08/24　壬寅　戊申　己酉　辛未　己亥　處暑　立秋　處暑　陰

己酉　日　上元

旬	甲	乙	丙	丁	戊	己	庚	辛	壬	癸
甲子	上元	上元	上元	上元	上元	中元	中元	中元	中元	中元
甲寅	中元	中元	中元	中元	中元	下元	下元	下元	下元	下元
甲辰	下元	下元	下元	下元	下元	上元	上元	上元	上元	上元
甲午	上元	上元	上元	上元	上元	中元	中元	中元	中元	中元
甲申	中元	中元	中元	中元	中元	下元	下元	下元	下元	下元
甲戌	下元	下元	下元	下元	下元	上元	上元	上元	上元	上元

上中下元定法
以日柱天干及六甲旬定之
例 己酉日 己天干
與甲辰旬對應之 為上元

陰陽局定法，例如壬寅年、戊申月、己酉日，節氣為處暑，處暑在夏至以後，是屬於陰局，反之在冬至以後就屬於陽局，處暑與上元對應之，為 1 局，故此局為甲辰旬，陰 1 局。

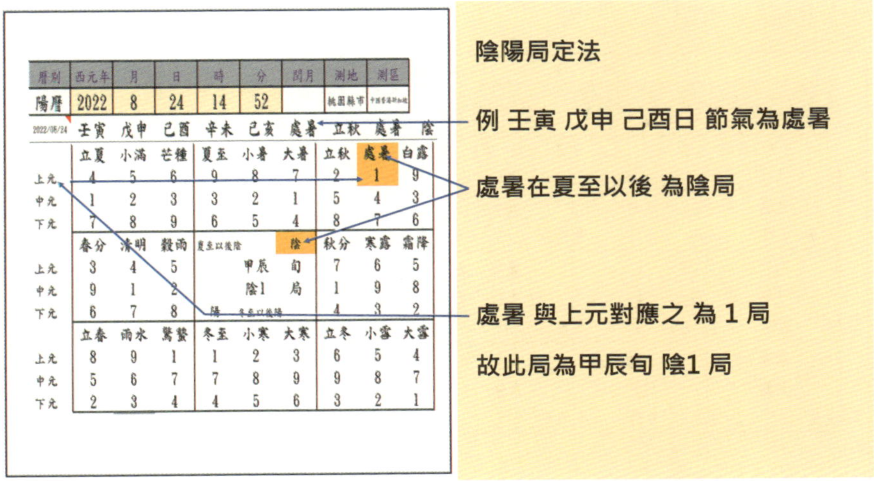

曆別	西元年	月	日	時	分	閏月	測地	測區
陽曆	2022	8	24	14	52		桃園縣市	中國香港新加坡

2022/08/24　壬寅　戊申　己酉　辛未　己亥　處暑　立秋　處暑　陰

	立夏	小滿	芒種	夏至	小暑	大暑	立秋	處暑	白露
上元	4	5	6	9	8	7	2	1	9
中元	1	2	3	3	2	1	5	4	3
下元	7	8	9	6	5	4	8	7	6
	春分	清明	穀雨	夏至以後陰		陰	秋分	寒露	霜降
上元	3	4	5		甲辰	旬	7	6	5
中元	9	1	2		陰1	局	1	9	8
下元	6	7	8	陽　冬至以後陽			4	3	2
	立春	雨水	驚蟄	冬至	小寒	大寒	立冬	小雪	大雪
上元	8	9	1	1	2	3	6	5	4
中元	5	6	7	7	8	9	9	8	7
下元	2	3	4	4	5	6	3	2	1

陰陽局定法
例 壬寅 戊申 己酉日 節氣為處暑
處暑在夏至以後 為陰局
處暑 與上元對應之 為 1 局
故此局為甲辰旬 陰1 局

奇門時盤佈法，例如陰 1 局，是以戊入地盤 1 坎宮，依照 1 坎 9 離 8 艮 7 兌 6 乾 5 黃 4 巽 3 震 2 坤順序，佈的方法是以陰局逆佈，以陽局順佈，此為陰局所以逆佈戊己庚辛壬癸丁丙乙於九宮格，此稱為地盤。

奇門時盤佈法

例 陰 1 局 以戊入地盤1坎宮

依照1坎 9離 8艮 7兌 6乾 5黃 4巽 3震 2坤順序(陰逆)

佈 戊己庚辛壬癸丁丙乙於九宮格 (此稱為地盤)

天盤佈法，為戊加時柱之天干於地盤相同天干上，時柱干支為辛未，天干為辛，戊加在辛上，依照順時針方向，以地盤之天干順序佈之，此稱為轉盤。

天盤佈法 為戊 加時柱之天干於地盤相同天干上

依照順時針方向 以地盤之天干順序佈之(此稱為轉盤)

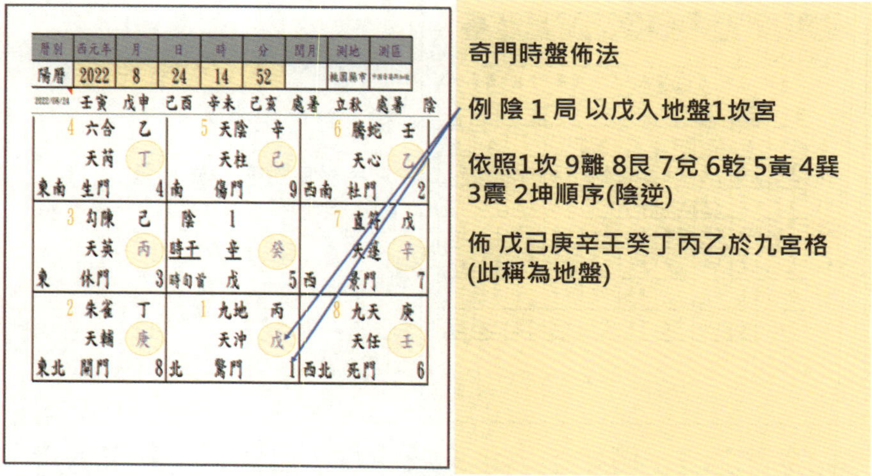

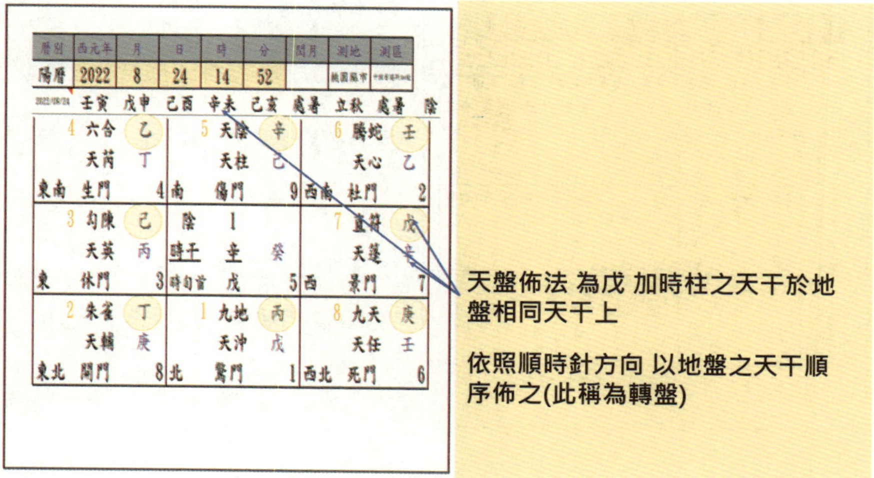

八門佈法，以時的旬首座宮 (數) 找八門基本宮位，例如預測日之時柱干支為辛未，辛未為甲子旬，旬首為戊。

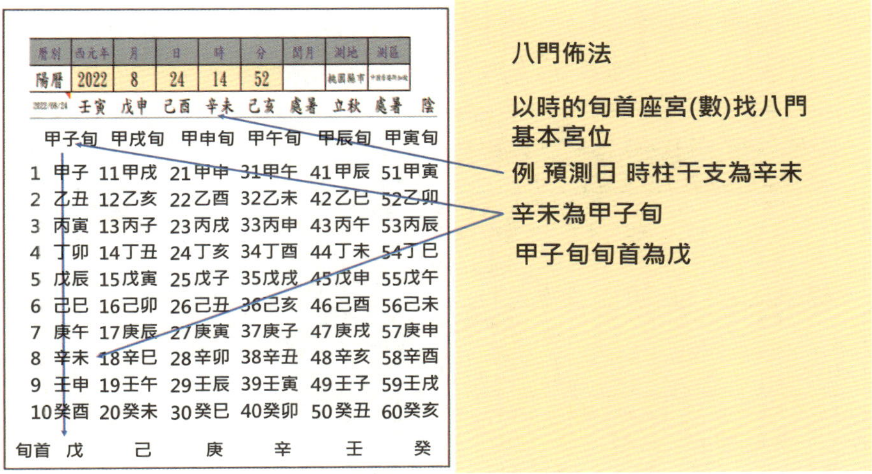

以時旬首定直使，時旬首戊地盤為 1 坎宮，八門基本宮 1 坎宮為休門 (直使)，計算時干數減 1，辛天干數為 8，所以 8 減 1 得 7，陽順數，陰逆數，本例為陰局，故由 1 坎宮，逆數 7，依 9 8 7 6 5 4，數到 3，為 3 震宮，再由 3 震宮，起直使 (休門)，依照八門順序佈之，此為轉盤。

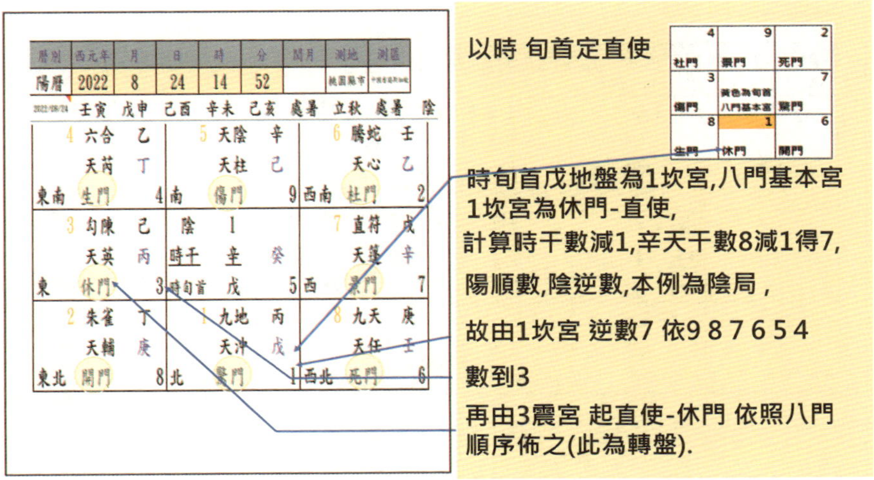
以時 旬首定直使
時旬首戊地盤為1坎宮,八門基本宮
1坎宮為休門-直使,
計算時干數減1,辛天干數8減1得7,
陽順數,陰逆數,本例為陰局,
故由1坎宮 逆數7 依9 8 7 6 5 4
數到3
再由3震宮 起直使-休門 依照八門
順序佈之(此為轉盤).

佈九星，旬首即九星基本宮(直符)加時干起九星，以旬首座宮去找九星的基本宮位之星(直符)，本例旬首戊，九星基本宮位1坎宮，為天蓬(直符)，然後加時干起九星，天蓬(直符)加時干辛(天蓬加辛)，依次起九星順佈，此為轉盤。

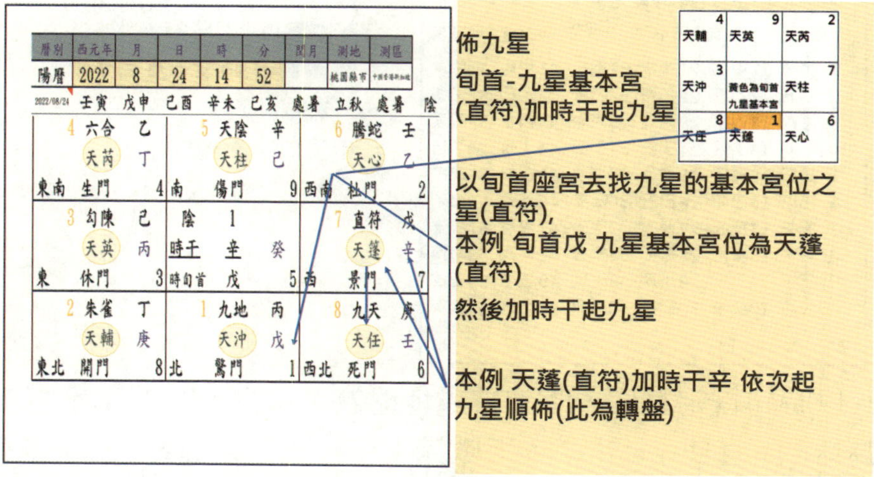

佈九星
旬首-九星基本宮(直符)加時干起九星
以旬首座宮去找九星的基本宮位之星(直符)，
本例 旬首戊 九星基本宮位為天蓬(直符)
然後加時干起九星
本例 天蓬(直符)加時干辛 依次起九星順佈(此為轉盤)

佈八神，以直符座宮起算，陽順佈，陰逆佈，註：旬首加時干(戊加辛)就是直符的起宮，本例為陰局，故從直符，依照八神順序逆時針佈之，此為轉盤。

佈八神
以直符座宮起算,陽順佈,陰逆佈
註:旬首+時干就是直符的起宮
本例為陰局，
故從直符 依照八神順序逆時針佈之(此為轉盤)

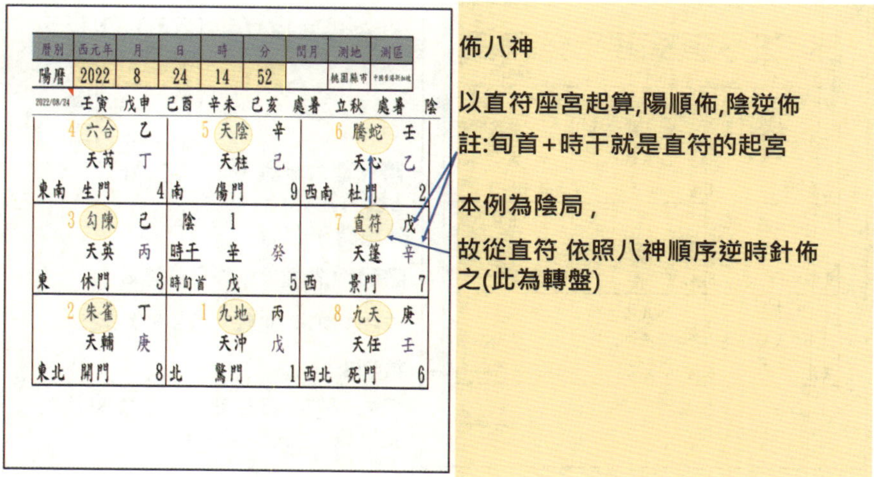

注意事項：若遇到甲時干，須盾到時旬首，例如壬寅年、戊申月、己酉日、甲戌時，甲戌時則盾到時旬首(己)，天盤時旬首(己)，加時干(己)，依地盤順序佈之，若甲時干入旬首又入5宮，需轉到2宮。

4 騰蛇　丁 　天輔　丁 東南 杜門　4南	5 直符　己 　天英　己 　景門　9西南	6 九天　乙 　天芮　乙 　死門
3 天陰　丙 　天沖　丙 東 傷門　3	陰 時干　己 時旬首　己　5西	7 九地　辛 　天柱　辛 　驚門　7
2 六合　庚 　天任　庚 東北 生門　8北	1 勾陳　戊 　天蓬　戊 　休門　1西北	8 朱雀　壬 　天心　壬 　開門　6

注意事項

若遇到甲時干,須盾到時旬首

例 甲戌時則盾到時旬首 己

天盤時旬首 己

加時干 己 依地盤順序佈之

若甲時干入旬首又入5宮,需轉到2宮

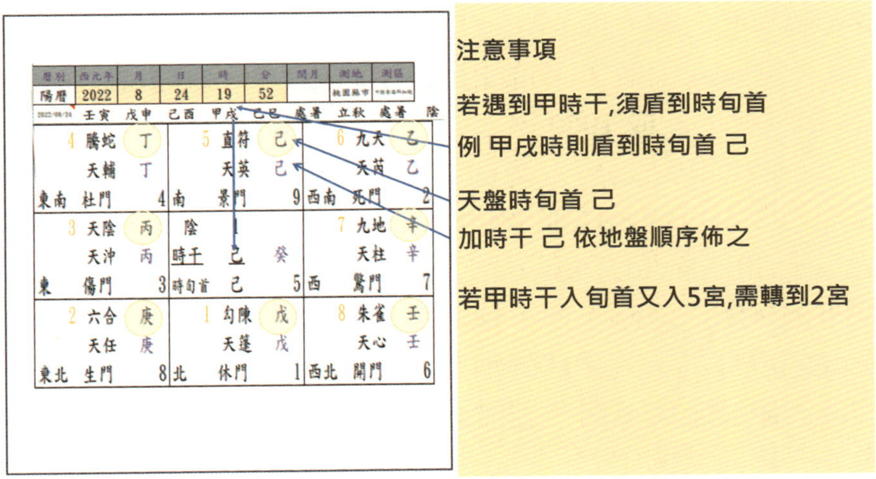

第 2 章　二十四山線法

此章以下章節之內容原文引自《蔣大鴻三元奧秘手抄本》，以圖示講解其內容，二十四山線法起源自奇門遁甲，1 山 3 侯對應 1 節氣 3 侯，24 山與 24 節氣相通，1080 除 24 山等於每山 45，即 45 線乘 24 山，配成 1080 線。

二十四山線法是蔣大鴻在還沒有讀楊公經典前寫的，二十四山線法的取用每個元運都是一樣的，它沒有變化，而且蔣盤所使用的二十四山線法的宿度，也就是二十八星宿的宿度也與當今的宿度不同，所以看蔣大鴻手抄本裡面所寫的二十八星宿的宿度就要更改成現今二十八星宿的宿度，才能準確，葉朝成老師有製造換算過的羅盤，所以對照羅盤就知道當今二十八星宿的宿度，在此會先介紹線法的定義，以及如何使用的方式，一併將蔣大鴻的線法二十八星宿的宿度轉換為現今的宿度。

二十四山線法起源，奇門遁甲時盤 1080 局，18 局 (1 局 1 元)，1 元 5 日，1 日 12 時辰，18 乘 5 乘 12 等於 1080，詳第 1 章奇門遁甲由來及起盤。

《奇門遁甲盤1080局》轉盤排法

甲日	陽一局	陽二局	陽三局	陽四局	陽五局	陽六局	陽七局	陽八局	陽九局
己日	陰一局	陰二局	陰三局	陰四局	陰五局	陰六局	陰七局	陰八局	陰九局
乙日	陽一局	陽二局	陽三局	陽四局	陽五局	陽六局	陽七局	陽八局	陽九局
庚日	陰一局	陰二局	陰三局	陰四局	陰五局	陰六局	陰七局	陰八局	陰九局
丙日	陽一局	陽二局	陽三局	陽四局	陽五局	陽六局	陽七局	陽八局	陽九局
辛日	陰一局	陰二局	陰三局	陰四局	陰五局	陰六局	陰七局	陰八局	陰九局
丁日	陽一局	陽二局	陽三局	陽四局	陽五局	陽六局	陽七局	陽八局	陽九局
壬日	陰一局	陰二局	陰三局	陰四局	陰五局	陰六局	陰七局	陰八局	陰九局
戊日	陽一局	陽二局	陽三局	陽四局	陽五局	陽六局	陽七局	陽八局	陽九局
癸日	陰一局	陰二局	陰三局	陰四局	陰五局	陰六局	陰七局	陰八局	陰九局

二十四山線法起源

奇門遁甲時盤1080局
18局(1局1元),1元5日,1日12時辰
18乘5乘12等於1080
詳第1集奇門遁甲由來及起盤

二十四山線法理論，24 山即 24 節氣 (引用奇門)，蔣盤 360 度，每度 1 日，5 日 1 候，1 山 3 侯，1 山 3 侯對應 1 節氣 3 侯 (1 山為 1 節氣)，24 山與 24 節氣相通，1080 除 24 山等於每山 45，每山 45 就要分配 45 線，每度分成 3 線，1 山為 45 線，45 線乘 24 山，配成 1080 線。

二十四山線法理論

24山即24節氣(引用奇門)
蔣盤360度,每度1日,5日1候,1山3候
1山3候對應1節氣3候(1山-1節氣)
24山與24節氣相通,(奇門理論)
1080除24山等於每山45
每山45就要分配45線
每度分成3線.(1山為45線)
45線乘24山 配成1080線

　　二十四山線法度數定義，24 山 (1 山 15 度)，每山中線左值 7 度半，中線右值 7 度半，每度要再細分成 3 線，每山 45 線，24 山共 1080 線。

二十四山線法度數定義

24山(1山15度),每山中線左值7度半，　中線右值7度半

每度要再細分成3線
每山45線 24山共1080線

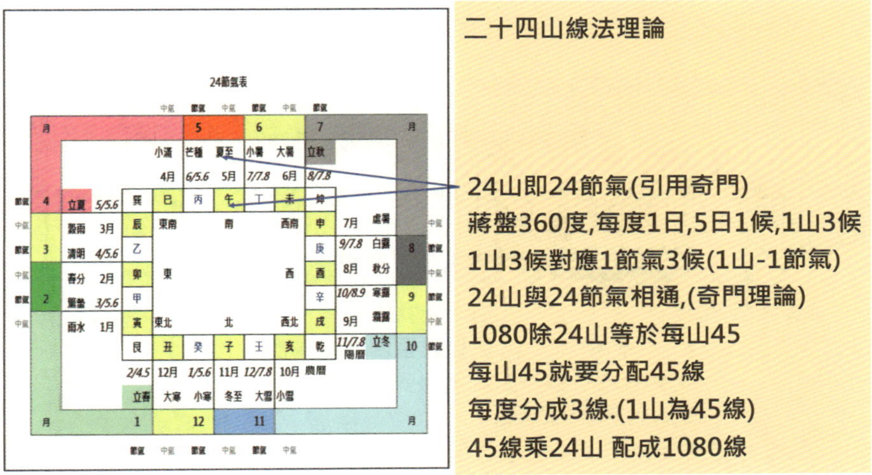

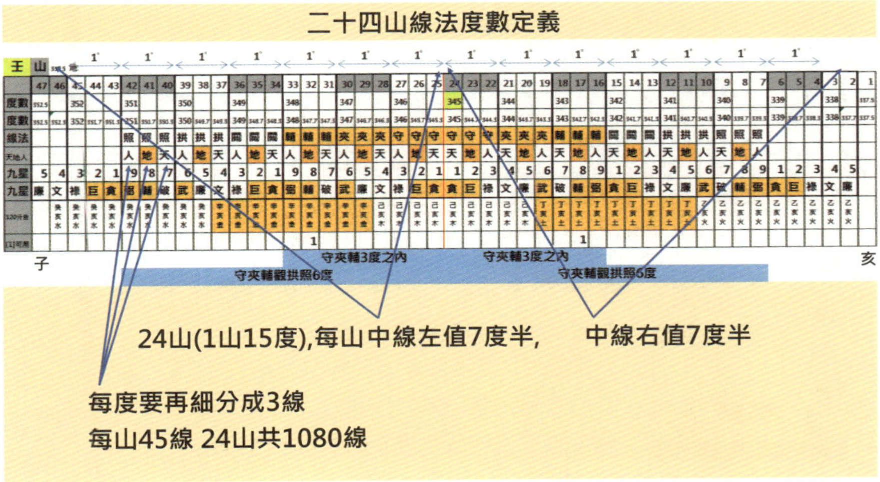

二十四山線法取用定義，每度一分為三(為天地人)，九星上元貪巨祿，中元文廉武，下元破輔弼，九星以貪巨武輔弼為吉，中線左、右各排守夾輔關拱照，各管一度，線法以守夾輔為吉，線法取用是以守夾輔與九星都吉時，再合坐山之元龍(天人元龍可同論)，都相合為吉時用之。

二十四山線法取用定義

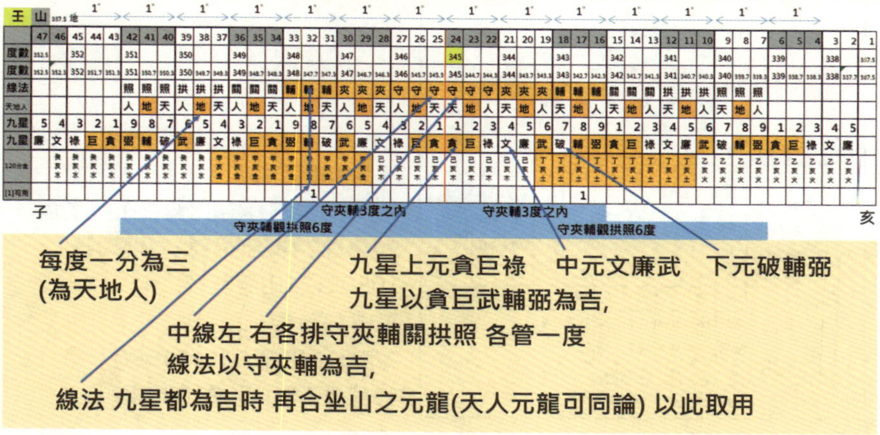

九星吉凶定義，九星之吉凶起源自奇門遁甲，九星為貪巨祿文廉武破輔弼，八門為休生傷杜景死驚開，休、生、開三吉門，即1、6、8，九星即貪狼、武曲、輔星。

九星吉凶定義

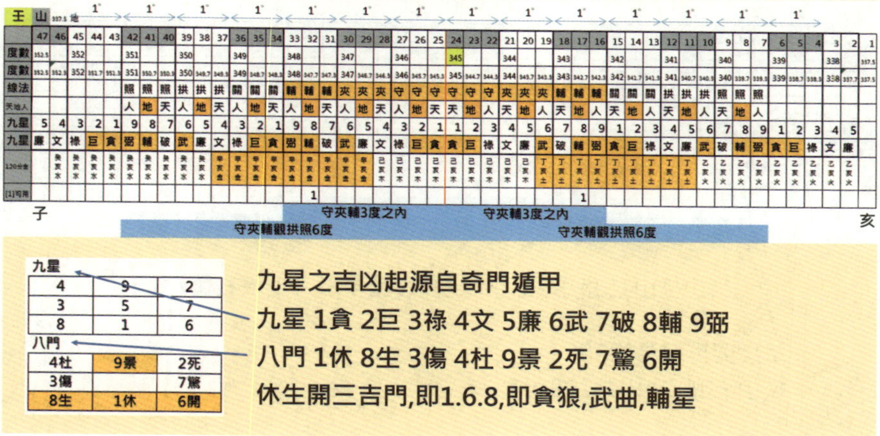

二十四山線法取用解說，壬山為地元龍，線法以守夾輔為吉，九星以貪巨武輔弼為吉，天地人線為地線，線法是以九星都為吉，天地人線為地與坐山之地元龍相同，以此取用。

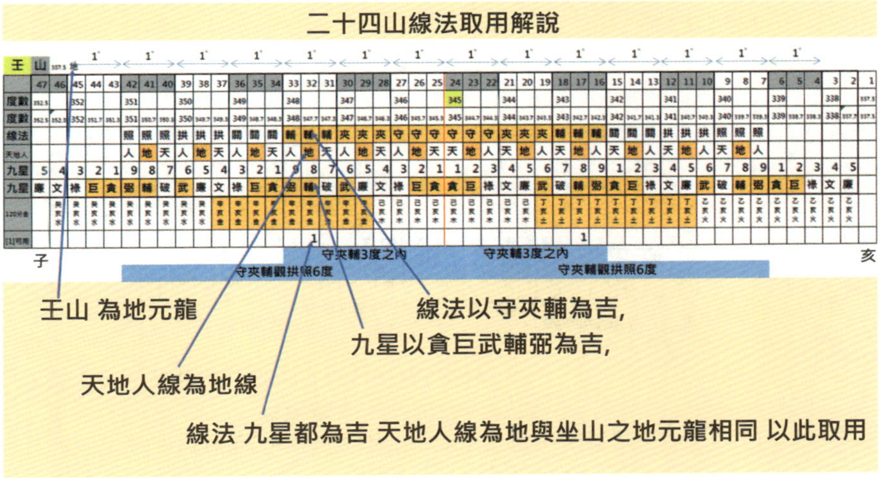
二十四山線法取用解說
子
亥
守夾輔3度之內
守夾輔3度之內
守夾輔觀拱照6度
守夾輔觀拱照6度
壬山 為地元龍
線法以守夾輔為吉,
九星以貪巨武輔弼為吉,
天地人線為地線
線法 九星都為吉 天地人線為地與坐山之地元龍相同 以此取用

二十四山線法取用秘訣，甲庚丙壬辰戌丑未為地元父母，配258即取2巨門8輔星，乙辛丁癸寅申巳亥為人元父母，配369即取6武曲9弼星，乾坤艮巽子午卯酉為天元父母，配147即取1貪狼、6武曲(與7破軍同屬金也)。

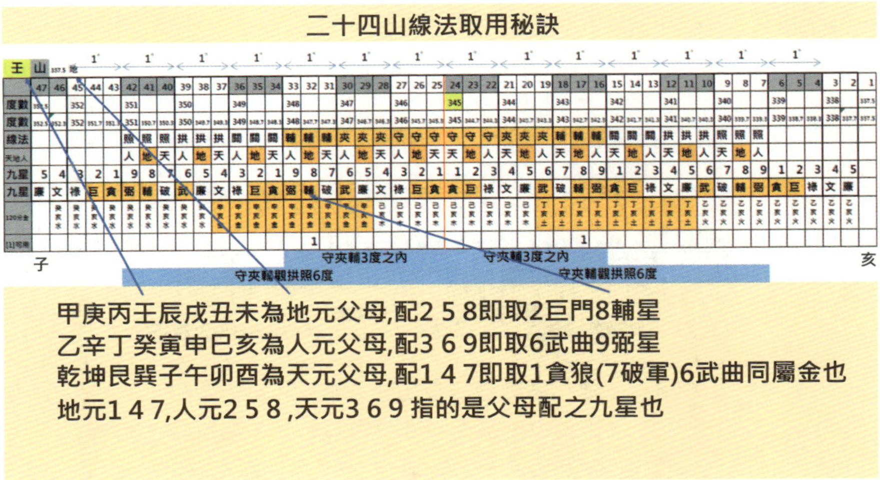
二十四山線法取用秘訣
子
亥
守夾輔3度之內
守夾輔3度之內
守夾輔觀拱照6度
守夾輔觀拱照6度
甲庚丙壬辰戌丑未為地元父母,配2 5 8即取2巨門8輔星
乙辛丁癸寅申巳亥為人元父母,配3 6 9即取6武曲9弼星
乾坤艮巽子午卯酉為天元父母,配1 4 7即取1貪狼(7破軍)6武曲同屬金也
地元1 4 7,人元2 5 8 ,天元3 6 9 指的是父母配之九星也

二十四山線法兼之解釋，蔣盤側 1 線即算兼，挨右 1 線便算兼亥內貪狼，挨左 1 線便算兼子內貪狼線，蔣盤所用線法多取 3 度之內，其稱為兼，其實非兼也，楊盤多取 3 度之外，名為兼乃真兼也，有誤以為吉而用者不可不慎。

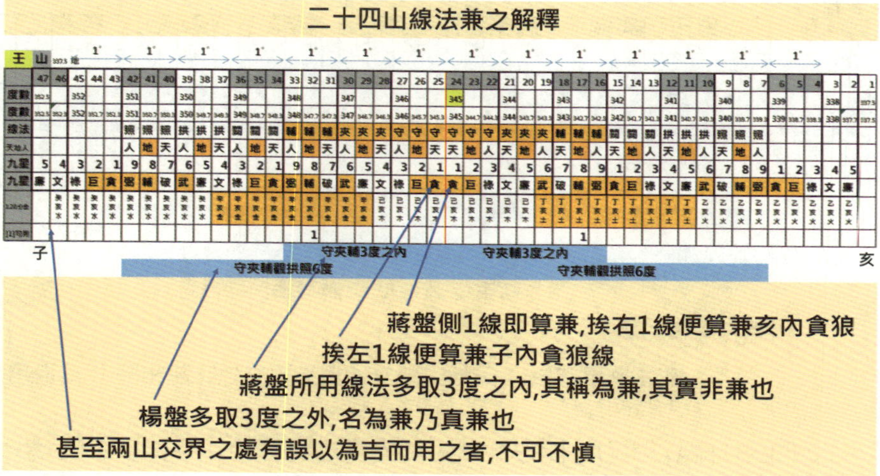
二十四山線法兼之解釋
子
亥
守夾輔3度之內
守夾輔3度之內
守夾輔觀拱照6度
守夾輔觀拱照6度
蔣盤側1線即算兼,挨右1線便算兼亥內貪狼
挨左1線便算兼子內貪狼線
蔣盤所用線法多取3度之內,其稱為兼,其實非兼也
楊盤多取3度之外,名為兼乃真兼也
甚至兩山交界之處有誤以為吉而用之者,不可不慎

二十四山線法發福遲速，多在守夾輔 3 度之內，因為每度 60 分，以 1 分為 1 年，守夾輔 3 度共 180 年，守夾輔觀拱照 6 度共 360 年，若在之外，則更偏不吉也，若在守夾輔之外，以遠發福遲，中間二房，左邊大房，右邊小房。

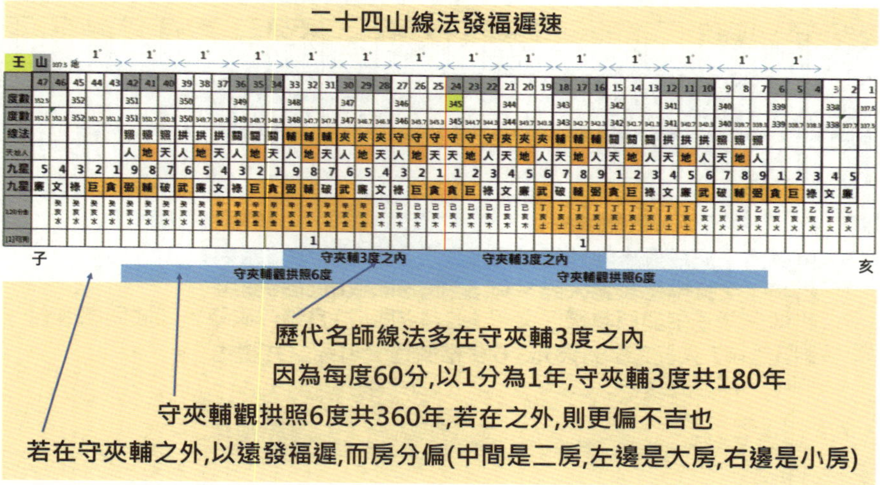
二十四山線法發福遲速
子
亥
守夾輔3度之內
守夾輔3度之內
守夾輔觀拱照6度
守夾輔觀拱照6度
歷代名師線法多在守夾輔3度之內
因為每度60分,以1分為1年,守夾輔3度共180年
守夾輔觀拱照6度共360年,若在之外,則更偏不吉也
若在守夾輔之外,以遠發福遲,而房分偏(中間是二房,左邊是大房,右邊是小房)

二十四山線法各種說法，一種說法為，貪巨祿為上元線，文廉武為中元線，破輔弼為下元線，向來線法配本元，但亦有上元之山而立下元線，下元山而立上元線，此別有用意也。

二十四山線法各種說法

一說　貪巨祿為上元線　文廉武為中元線　破輔弼為下元線
　　　向來線法配本元
　　　但亦有上元之山而立下元線
　　　下元山而立上元線
　　　此別有用意也

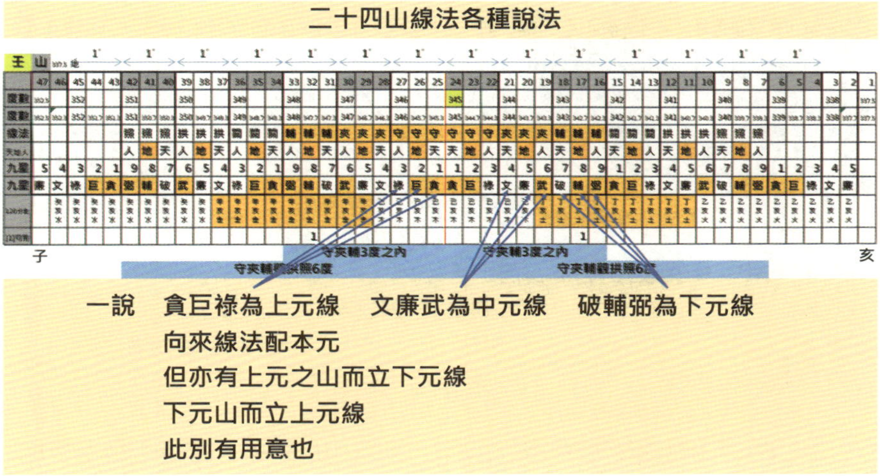

　　又有一種說法，貪狼為丁線，就是看人丁，巨門左輔為財祿，就是看財祿，武曲為貴線，就是看有沒有貴人，此亦多人用也。

二十四山線法各種說法

一說　　貪狼為丁線
　　　　巨門左輔為財祿
　　　　　　　　武曲為貴線

此亦多人用也

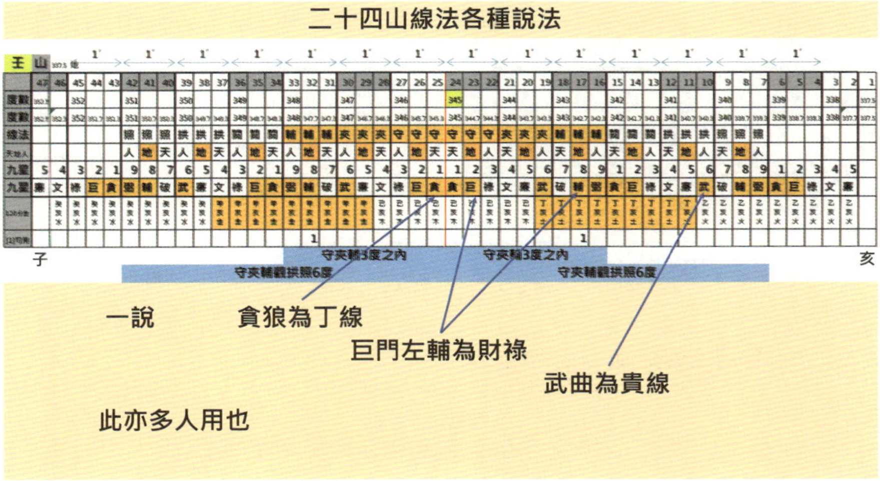

又有另一種說法，貪文破(一四七)屬長房，巨廉輔(二五八)屬次房，祿武弼(三六九)屬幼者，此說不驗也。

二十四山線法各種說法

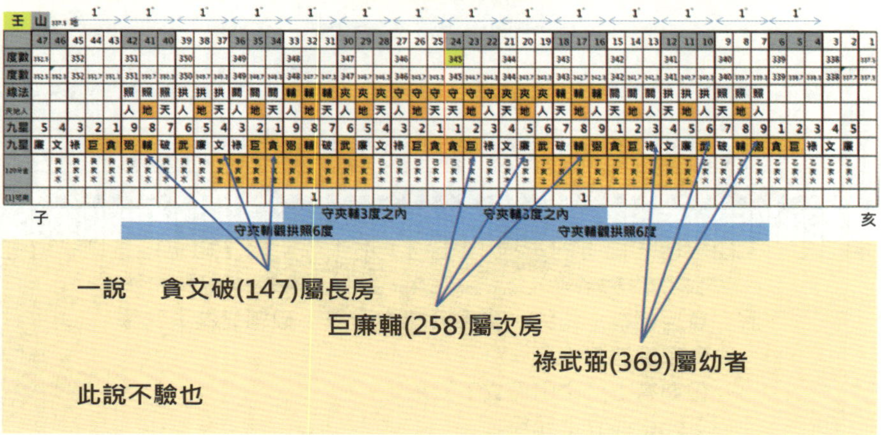
子
亥
守夾輔3度之內
守夾輔3度之內
守夾輔觀拱照6度
守夾輔觀拱照6度
一說　貪文破(147)屬長房
巨廉輔(258)屬次房
祿武弼(369)屬幼者
此說不驗也

二十四山線法向來用線方法，初1度線多用貪狼挨巨門線，2度線多用武曲線，3度線多用左輔線，其右弼線間或用之，右弼兩邊俱吉，偶有吉作，祿文廉破等線少人用也，右弼線兩邊都好，也有很多案例用的是右弼線。

二十四山線法向來用線方法

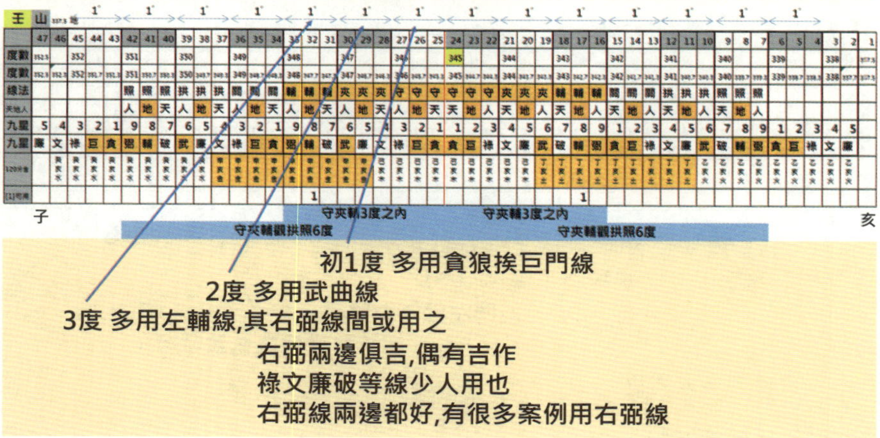
子
亥
守夾輔3度之內
守夾輔3度之內
守夾輔觀拱照6度
守夾輔觀拱照6度
初1度 多用貪狼挨巨門線
2度 多用武曲線
3度 多用左輔線,其右弼線間或用之
右弼兩邊俱吉,偶有吉作
祿文廉破等線少人用也
右弼線兩邊都好,有很多案例用右弼線

第 3 章　二十四山線法用法說明

二十四山線法，是由河洛八卦及奇門遁甲演變而來，主要用為他人建宅立向時，依此定義擇而用之。

二十四山線法不分元運，所以每個運都是一樣的選法，主要也是在講天元線一四七，人元線三六九，地元線二五八，二十四山每山有地元、天元、人元龍，天元就要配天元線一四七，人元就要配人元線三六九，地元就要配地元線二五八。

乾坤艮巽，子午卯酉，24 山屬天元龍，甲丙庚壬，辰戌丑未，24 山屬地元龍，乙丁辛癸，寅巳申亥，24 山屬人元龍，搭配天地人線依次為，天 1、地 2、人 3 這個意思就是如果是天元龍，前面講過如何搭配，就是乾坤艮巽子午卯酉這八個山，要配天元線，甲丙庚壬辰戌丑未這八個山要搭配地元線，乙丁辛癸寅巳申亥這八個山要搭配人元線。

余有製做 EXCEL 檔案，檔案裡面有將三元九運的玄空盤排出來，看坐山就知道所屬元龍，夾輔官拱照，地天人元，以及九星都會排出來，還有一百二十分金也會顯示出來，檔案是以羅盤度數為準，沒有顯示二十八星宿，其實用度數就不會用二十八星宿，而且蔣大鴻當時的星宿的宿度跟現在的星宿的宿度也有不同的問題。

提供這個檔案最主要的目的就是練習使用，再看書本就比較容易理解，但是線法是蔣大鴻在還沒研讀楊公經典前寫的，所以他研讀楊公經典以後，就不再使用此線法了。

不過由於忠於原著，余還是引用寫下來以圖片分析說明，讓讀者了解線法的定義以及使用方法，才不會辜負蔣大鴻的一片苦心。

乾坤艮巽，子午卯酉，二十四山屬於天元龍，天地人線依次為，天 1、地 2、人 3，取經四位，天 1 即 1 4 7 同氣，就是 24 山之天元龍，要配天元線 1 4 7 也，1 4 7 指九星也。

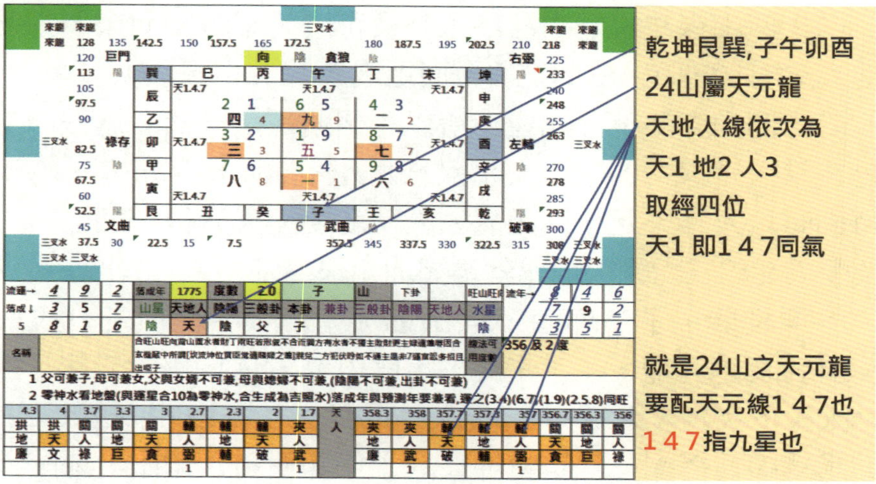

甲丙庚壬，辰戌丑未，二十四山屬地元龍，天地人線依次為，天 1、地 2、人 3，取經四位，地 2 即 2 5 8 同氣，就是 24 山之地元龍，要配地元線 2 5 8 也，2 5 8 指九星也。

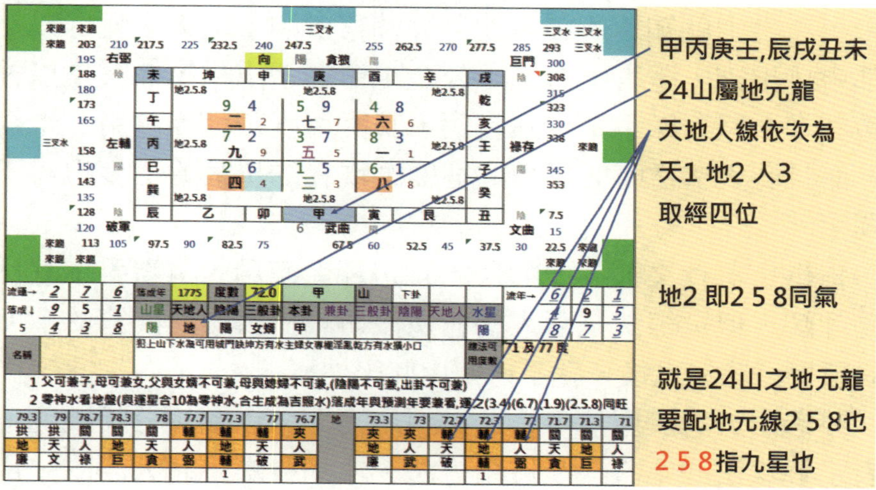

乙丁辛癸，寅巳申亥，二十四山屬人元龍，天地人線依次為，天 1、地 2、人 3，取經四位，人 3 即 3 6 9 同氣，就是 24 山之人元龍，要配人元線 3 6 9 也，3 6 9 指九星也。

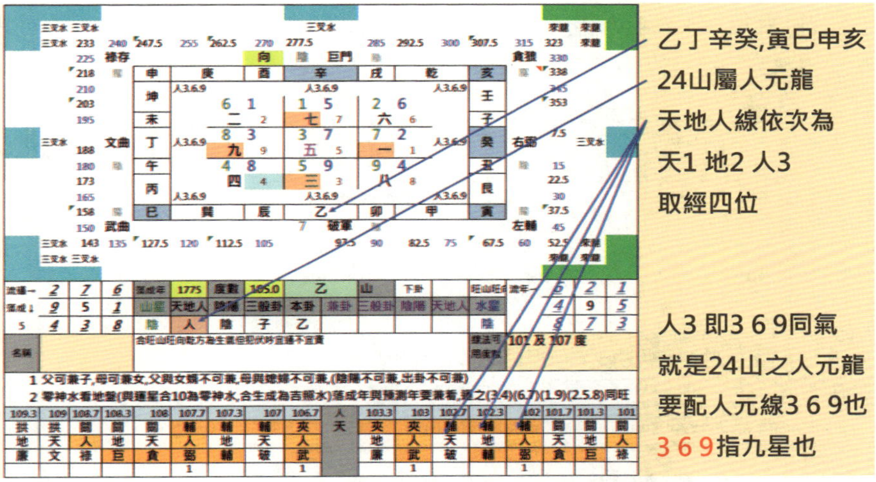

例如水出巽，穴坐子向午，酉峰特聳，乾龍入首。

宜配 1 貪狼線為上，6 武曲線為下也，取天元線 1 4 7 也，配 1 貪狼、7 破軍，配 6 武曲替 7 破軍，因為同屬金也，用 358 度及 2 度，本例配人元，因天元可兼人元也。

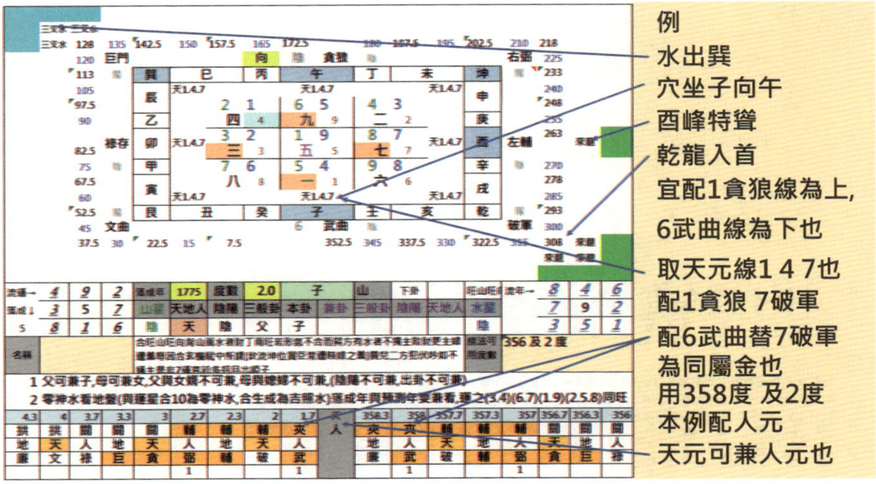

解釋上例並說明之，乾坤艮巽，子午卯酉，龍水峰，宜配貪狼線，亦即１４７之天元線。

乾坤艮巽，子午卯酉，為24山之天元龍，就是24山之天元龍，要配天元線１４７也，天１４７指九星也。

解
乾坤艮巽,子午卯酉
龍水峰,宜配貪狼線

亦即１４７之天元線

乾坤艮巽,子午卯酉
為24山之天元龍

就是24山之天元龍
要配天元線１４７也
天１４７指九星也

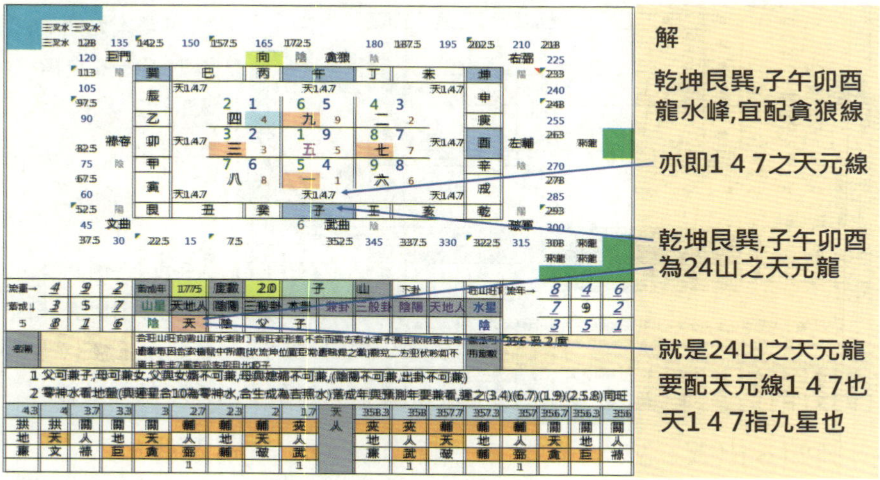

例如水出壬，甲龍入首，穴坐辰向戌，庚峰特聳。

宜配８輔星線，或２巨門線也，取地元線２５８也，配２巨門、８左輔，用１１７度及１２２度，本例配地元。

例
水出壬
甲龍入首
穴坐辰向戌
庚峰特聳
宜配8輔星線
或2巨門線也
取地元線２５８也
配2巨門 8左輔
用117度 及122度
本例配地元

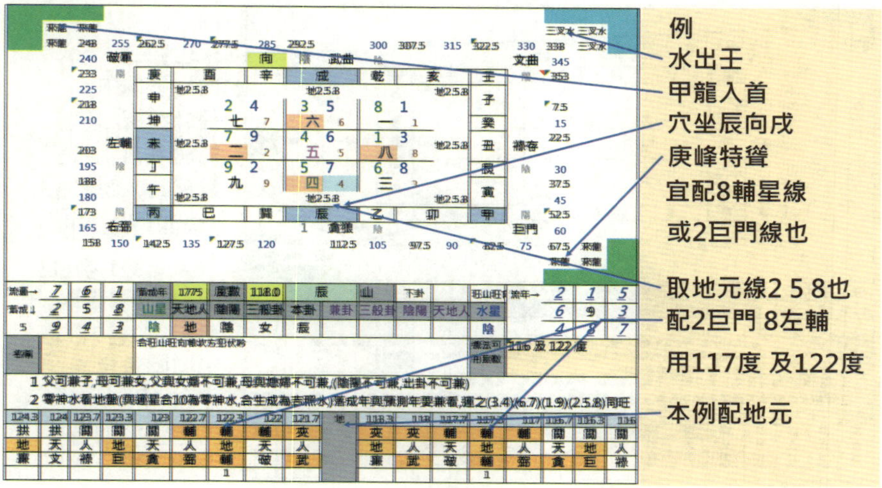

解釋上例並說明之，甲丙庚壬，辰戌丑未，龍水峰，宜配輔星線，亦即２５８之地元線。

甲丙庚壬，辰戌丑未，為24山之地元龍，就是24山之地元龍，要配地元線２５８也，地２５８指九星也。

解
甲丙庚壬,辰戌丑未
龍水峰,宜配輔星線
亦即２５８之地元線

甲丙庚壬,辰戌丑未
為24山之地元龍

就是24山之地元龍
要配地元線２５８也
地２５８指九星也

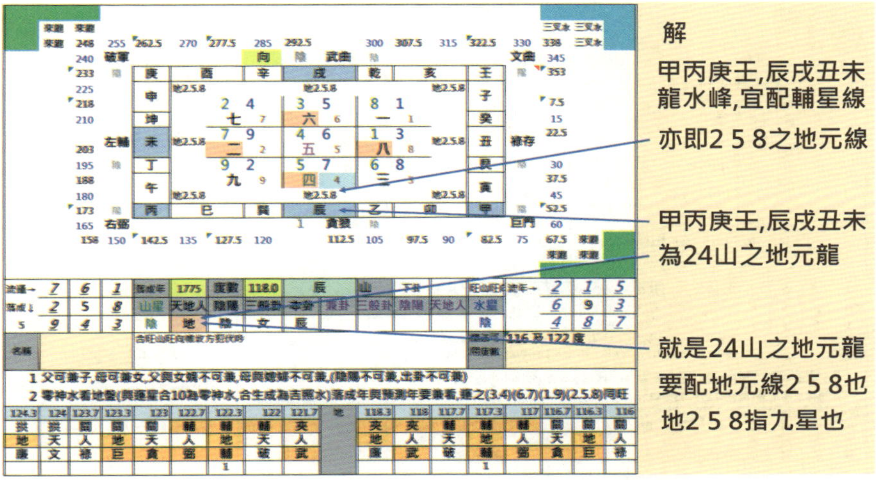

例如水出癸，辛龍入首，穴坐巳向亥，乙峰特聳。

宜配６武曲線為上，９弼星線次之也，取人元線３６９也，配６武曲９右弼，用148度 及152度，本例配人元，因人元可兼天元也。

例
水出癸
辛龍入首
穴坐巳向亥
乙峰特聳
宜配6武曲線為上,
9弼星線次之也
取人元線３６９也
配6武曲 9右弼
用148度 及152度
本例配人元
人元可兼天元也

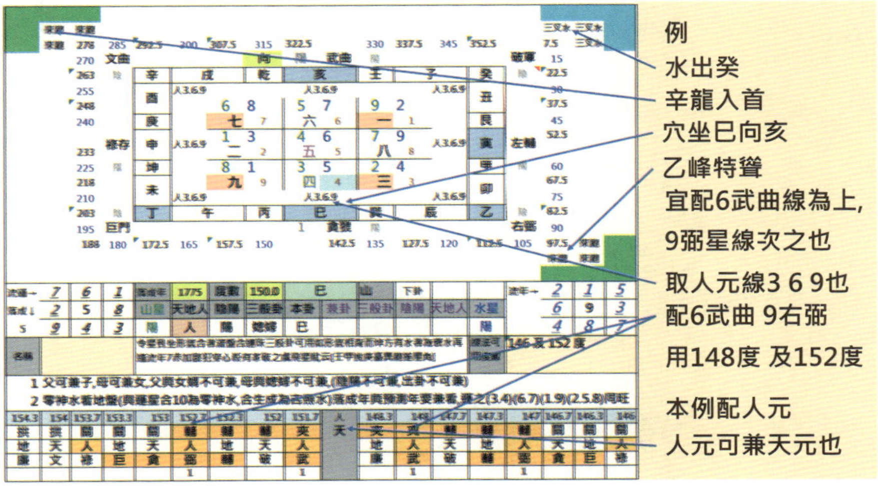

解釋上例並說明之，乙丁辛癸，寅巳申亥，龍水峰，宜配武曲線，亦即 3 6 9 之人元線。

乙丁辛癸，寅巳申亥，為 24 山之人元龍，就是 24 山之人元龍，要配人元線 3 6 9 也，人 3 6 9 指九星也。

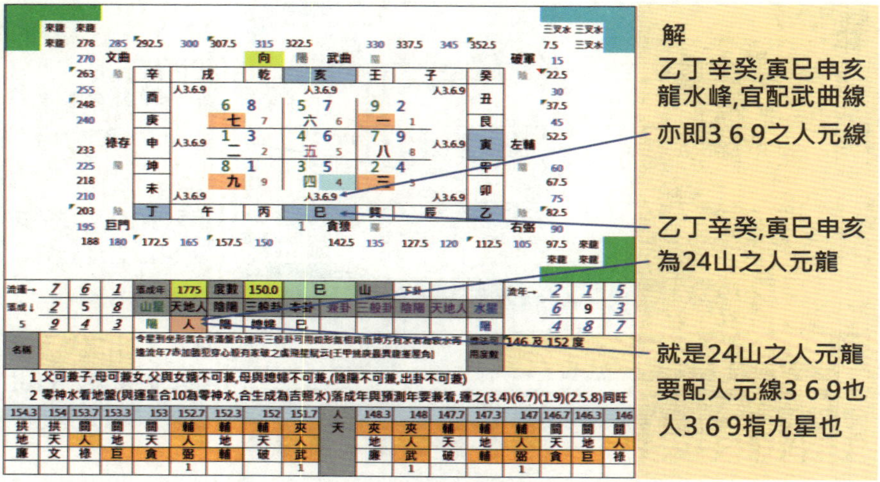
解
乙丁辛癸,寅巳申亥
龍水峰,宜配武曲線
亦即3 6 9之人元線
乙丁辛癸,寅巳申亥
為24山之人元龍
就是24山之人元龍
要配人元線3 6 9也
人3 6 9指九星也

本檔案使用，三元玄空及線法學習使用 .xlsx，之 Excel 檔案，下載網址為：

https://drive.google.com/drive/folders/120-FEXGUx1OFLOssHKj9MkG2yky6dBpi

第 4 章　二十四山線法總表

本章將九運玄空盤，流年 2024 年，結合二十四山線法，以各山詳細說明。蔣大鴻所用的 28 星宿是當時的宿度，28 星宿隨著時間會改變位置，並非完全不動，所以現今已不是當年之宿度，必須經過調整，本書特別將現今調整後的宿度，對照當時蔣大鴻論述 28 星宿的宿度加以說明，線法度數之取用各個元運都一樣。

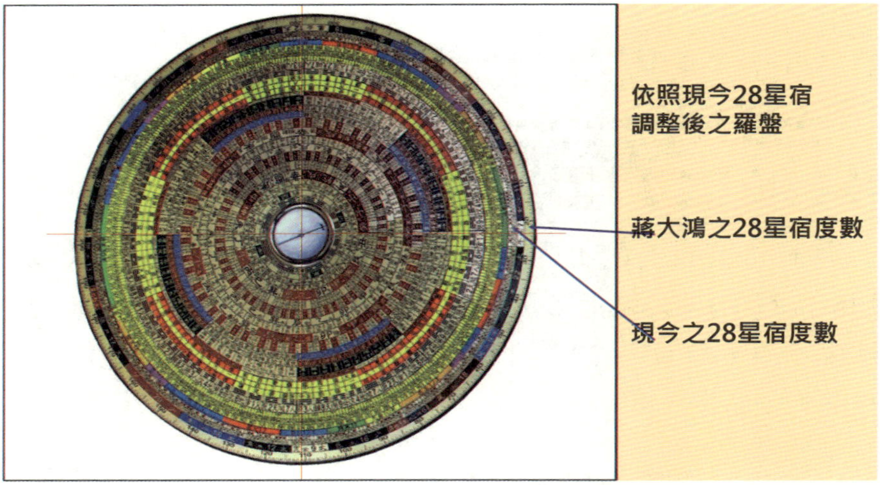
依照現今28星宿
調整後之羅盤
蔣大鴻之28星宿度數
現今之28星宿度數

現今有流傳源自於宋朝時期開禧年間的開禧宿度，及清代按照西洋天文學的測量以及計算的時憲宿度，因為歲差的關係，28 星宿已經有所變動，若以現在的羅盤去對照蔣大鴻論述 28 星宿的宿度，會有誤差，所以現今應該要調整。

以下為二十四山分別依照線法取用 28 星宿之宿度，原來之宿度在後面有加括弧者，裡面所標示的宿度為西元 1980 年春分歲差修正後之新宿度，也就是現今的宿度，提供使用者參考。

坐壬向丙兼亥巳，內武室 1 度 (今為虛 1 度)，外貪室 3 度 (今為虛 3 度)，坐壬向丙兼子午，外貪危 12 度 (今為女 7 度)，外武外輔危 11 度 (今為女 6.5 度)。

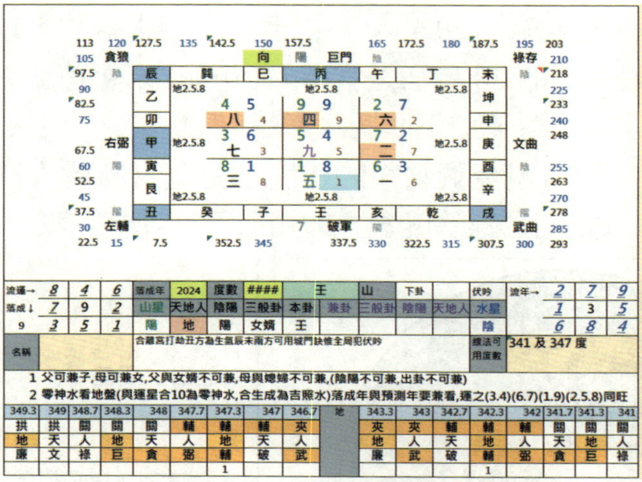

坐壬向丙兼亥巳
內武曲線(室1度)
外貪狼線(室3度)
線法用341度

坐壬向丙兼子午
外貪狼線(危12度)
外武曲線外輔星線(危11度)
線法用347度

坐子向午兼壬丙，內貪危 1 度 (今為牛 4 度)，內武危 2 度 (今為牛 5 度)，外輔危 6 度 (今為女 1.5 度)，坐子向午兼癸丁，外武虛 5 度 (今為斗 22 度)，外輔虛 4 度 (今為斗 21 度)，內貪虛 9 度 (今為牛 3 度)。

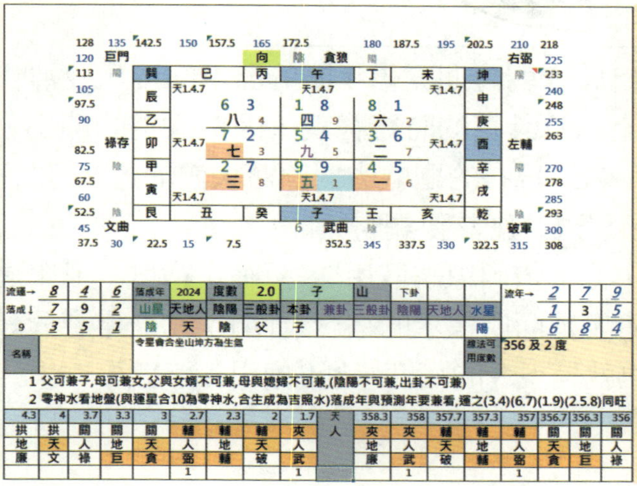

坐子向午兼壬丙
內貪狼線(危1度)
內武曲線(危2度)
外輔星線(危6度)
線法用356度

坐子向午兼癸丁
外武曲線(虛5度)
外輔星線(虛4度)
內貪狼線(虛9度)
線法用2度

坐癸向丁兼子午，外貪女 9 度 (今為斗 16 度)，外武女 10 度 (今為斗 17 度)，坐癸向丁兼丑未，內武女 4 度 (今為斗 11 度)，外武女 1 度 (今為斗 8 度)。

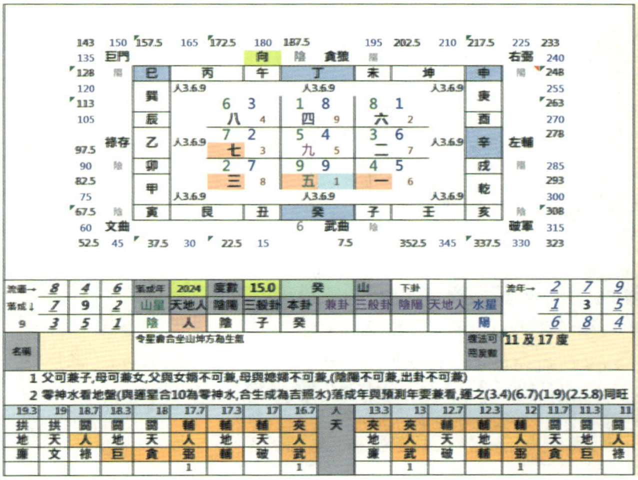

坐癸向丁兼子午
外貪狼線(女9度)
外武曲線(女10度)
線法用11度

坐癸向丁兼丑未
內武曲線(女4度)
外武曲線(女1度)
線法用17度

坐丑向未兼癸丁，內武斗 22 度 (今為箕 9 度)，外貪牛 1 度 (今為斗 1 度)，外武牛 2 度 (今為斗 2 度)，坐丑向未兼艮坤，內武斗 19 度 (今為箕 6 度)，外貪斗 17 度 (今為箕 4 度)，外武斗 16 度 (今為箕 3 度)。

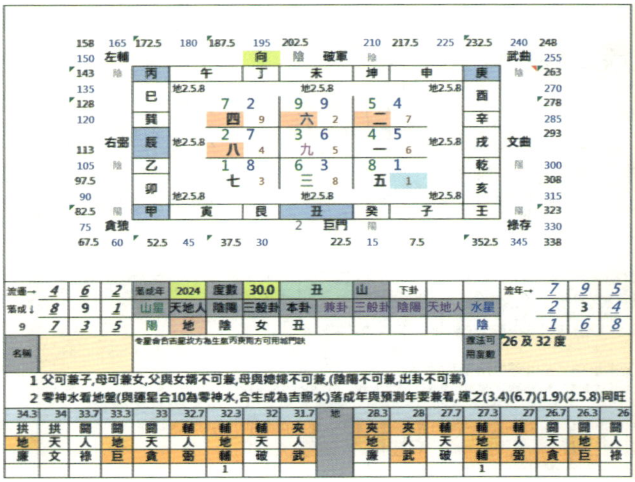

坐丑向未兼癸丁
內武曲線(斗22度)
外貪狼線(牛10度)
外武曲線(牛2度)
線法用26度

坐丑向未兼艮坤
內武曲線(斗19度)
外貪狼線(斗17度)
外武曲線(斗16度)
線法用32度

坐艮向坤兼丑未，外貪斗 9 度 (今為尾 11 度)，坐艮向坤兼寅甲，內武斗 4 度 (今為尾 6 度)，內輔或弼斗 3 度 (今為尾 5 度)，外貪斗 2 度 (今為尾 4 度)。

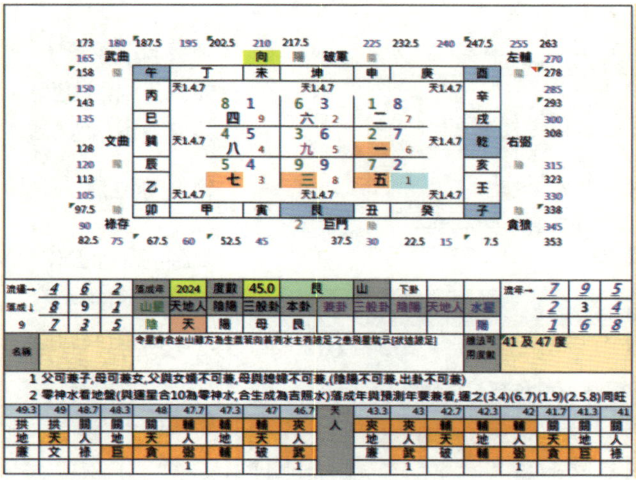

坐艮向坤兼丑未

外貪狼線(斗9度)

線法用41度

坐艮向坤兼寅甲

內武曲線(斗4度)

內輔星或弼(斗3度)

外貪狼(斗2度)

線法用47度

坐寅向申兼艮坤，內輔箕 1 度 (今為心 2 度)，內武尾 18 度 (今為心 1 度)，外貪箕 2 度 (今為心 3 度)，外輔箕 4 度 (今為心 5 度)，坐寅向申兼甲庚，內輔或弼尾 14 度 (今為房 2 度)，外貪尾 13 度 (今為房 1 度)。

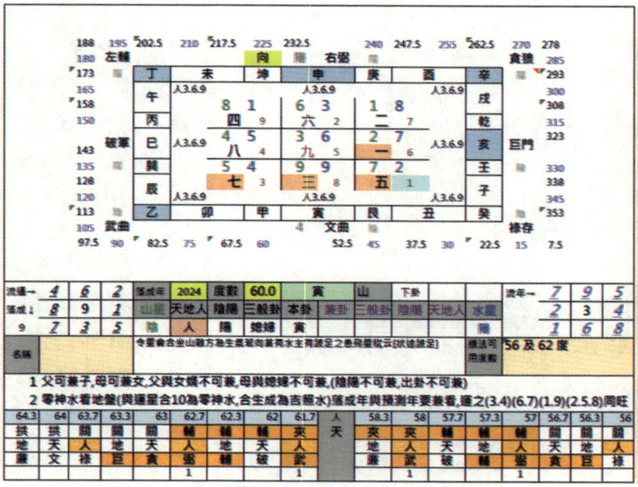

坐寅向申兼艮坤

內輔星線(箕1度)

內武曲(尾18度)

外貪狼(箕2度)

外輔星(箕4度)

線法用56度

坐寅向申兼甲庚

內輔或弼線(尾14度)

外貪狼(尾13度)

線法用62度

坐甲向庚兼寅申，外輔尾 7 度 (今為氐 13 度)，坐甲向庚兼卯酉，外貪心 4 度 (今為氐 4 度)，內弼心 5 度 (今為氐 5 度)，外輔心 2 度 (今為氐 2 度)。

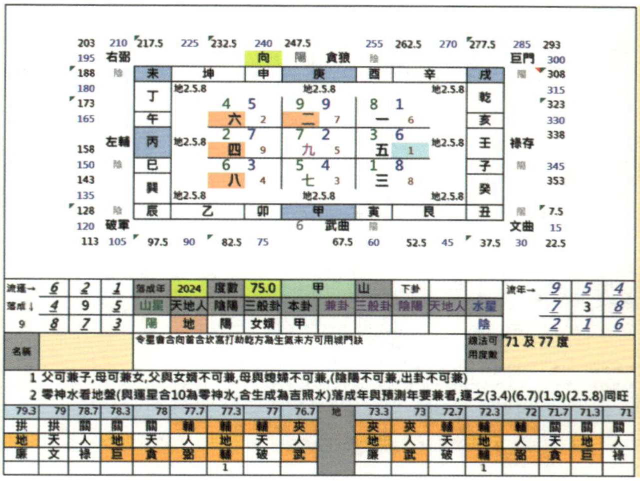
令星會合向首合坎宮打劫乾方為生氣未方可用城門訣
線法可用度數 71 及 77 度
1 父可兼子,母可兼女,父與女婿不可兼,母與媳婦不可兼,(陰陽不可兼,出卦不可兼)
2 零神水看地盤(與運星合10為零神水,合生成為吉照水)落成年與預測年要兼看,運之(3.4)(6.7)(1.9)(2.5.8)同旺

坐甲向庚兼寅申
外輔星線(尾7度)
線法用71度
坐甲向庚兼卯酉
外貪狼(心4度)
內弼星(心5度)
外輔星(心7度)
線法用77度

坐卯向酉兼甲庚，內輔房 1 度 (今為亢 6 度)，內武氐 16 度 (今為亢 5 度)，坐卯向酉兼乙辛，內武氐 13 度 (今為亢 2 度)，外輔氐 10 度 (今為角 8 度)。

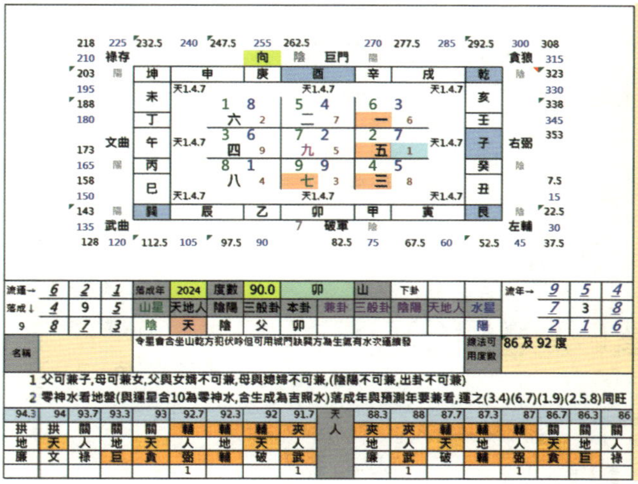
令星會合坐山乾方犯伏吟但可用城門訣巽方為生氣有水次通纏發
線法可用度數 86 及 92 度
1 父可兼子,母可兼女,父與女婿不可兼,母與媳婦不可兼,(陰陽不可兼,出卦不可兼)
2 零神水看地盤(與運星合10為零神水,合生成為吉照水)落成年與預測年要兼看,運之(3.4)(6.7)(1.9)(2.5.8)同旺

坐卯向酉兼甲庚
內輔星線(房1度)
內武(氐16度)
線法用86度
坐卯向酉兼乙辛
內武(氐13度)
外輔星(氐10度)
線法用92度

坐乙向辛兼卯酉，線法度數的取用為 外貪氐 3 度 (今為角 3 度)，坐乙向辛兼辰戌，線法度數的取用為 外貪亢 6 度 (今為軫 8 度)。

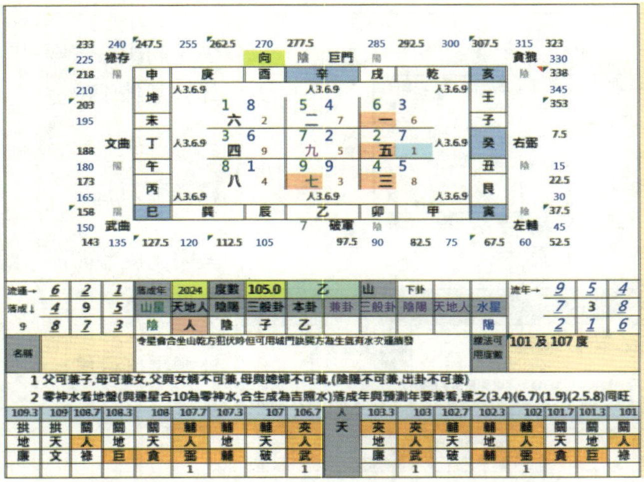

坐乙向辛兼卯酉
外貪線(氐3度)

線法用101度

坐乙向辛兼辰戌
外貪(亢6度)

線法用107度

坐辰向戌兼乙辛，線法度數的取用為 外武角 11 度 (今為軫 1.5 度)，內武角 8 度 (今為翼 15 度)，坐辰向戌兼巽乾，線法度數的取用為 內貪角 6 度 (今為翼 13 度)，外輔角 1 度 (今為翼 8 度)。

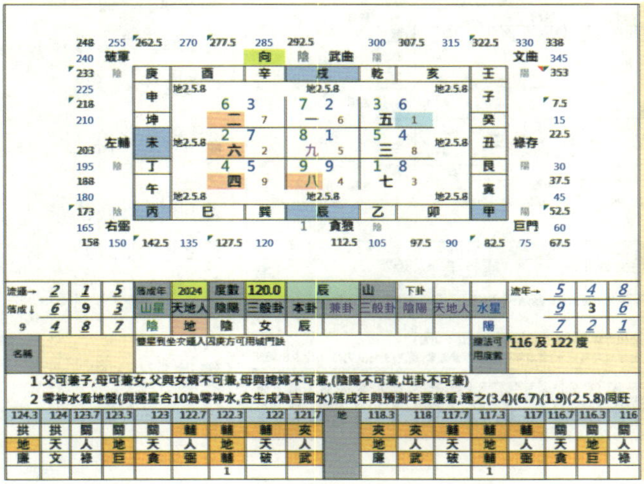

坐辰向戌兼乙辛
外武線(角11度)
內武(角8度)

線法用116度

坐辰向戌兼巽乾
內貪(角6度)
外輔星(角1度)

線法用122度

坐巽向乾兼辰戌，外貪軫 14 度 (今為翼 3 度)，坐巽向乾兼巳亥，內武軫 9 度 (今為張 17 度)，內輔軫 8 度 (今為張 16 度)，外武軫 7 度 (今為張 15 度)。

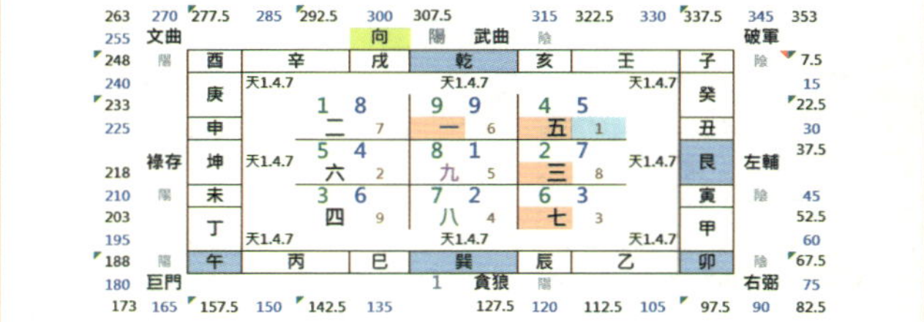

流運→	2	1	5	落成年	2024	度數	135.0	巽		山	下卦		挨星合十	流年→	5	4	8
落成↓	6	9	3	山星	天地人	陰陽	三般卦	本卦	兼卦	三般卦	陰陽	天地人	水星		9	3	6
9	4	8	7	陽	天	陽	母	巽					陰		7	2	1
名稱				雙星到向次運入囚									線法可用度數	131 及 137 度			

1 父可兼子,母可兼女,父與女婿不可兼,母與媳婦不可兼,(陰陽不可兼,出卦不可兼)

2 零神水看地盤(與運星合10為零神水,合生成為吉照水)落成年與預測年要兼看,運之(3.4)(6.7)(1.9)(2.5.8)同旺

139.3	139	138.7	138.3	138	137.7	137.3	137	136.7	天	133.3	133	132.7	132.3	132	131.7	131.3	131
拱	拱	關	關	關	輔	輔	輔	夾	人	夾	夾	輔	輔	輔	關	關	關
地	天	人	地	天	人	地	天	人		地	人	天	地	人	天	地	人
廉	文	祿	巨	貪	弼	輔	破	武		廉	武	破	輔	弼	貪	巨	祿
					1			1			1			1			

坐巽向乾兼辰戌

外貪(軫14度)

線法用131度

坐巽向乾兼巳亥

內武(軫9度)

內輔(軫8度)

外武(軫7度)

線法用137度

坐巳向亥兼巽乾，外武翼 19 度 (今為張 7 度)，坐巳向亥兼丙壬，內貪翼 14 度 (今為張 2 度)，內武翼 13 度 (今為張 1 度)，外貪翼 11 度 (今為星 7 度)，外武翼 10 度 (今為星 6 度)。

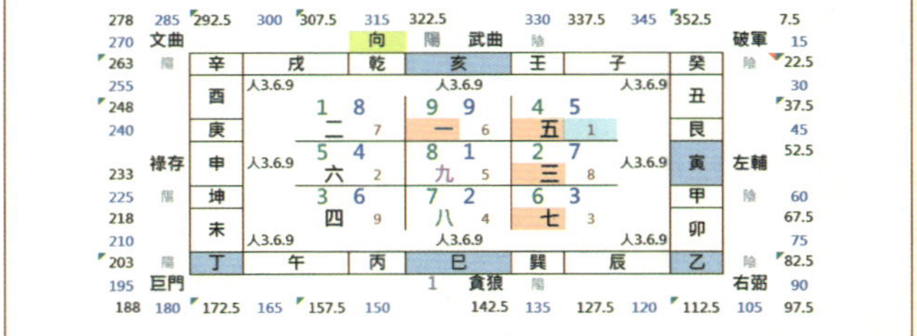

流運→	2	1	5	落成年	2024	度數	150.0	巳		山	下卦		挨星合十	流年→	5	4	8
落成↓	6	9	3	山星	天地人	陰陽	三般卦	本卦	兼卦	三般卦	陰陽	天地人	水星		9	3	6
9	4	8	7	陽	人	陽	媳婦	巳					陰		7	2	1
名稱				雙星到向2運入囚									線法可用度數	146 及 152 度			

1 父可兼子,母可兼女,父與女婿不可兼,母與媳婦不可兼,(陰陽不可兼,出卦不可兼)

2 零神水看地盤(與運星合10為零神水,合生成為吉照水)落成年與預測年要兼看,運之(3.4)(6.7)(1.9)(2.5.8)同旺

154.3	154	153.7	153.3	153	152.7	152.3	152	151.7	人	148.3	148	147.7	147.3	147	146.7	146.3	146
拱	拱	關	關	關	輔	輔	輔	夾	天	夾	夾	輔	輔	輔	關	關	關
地	天	人	地	天	人	地	天	人		地	人	天	地	人	天	地	人
廉	文	祿	巨	貪	弼	輔	破	武		廉	武	破	輔	弼	貪	巨	祿
					1			1			1			1			

坐巳向亥兼巽乾

外武(翼19度)

線法用146度

坐巳向亥兼丙壬

內貪(翼14度)

內武(翼13度)

外貪(翼11度)

外武(翼10度)

線法用152度

坐丙向壬兼巳亥，內輔或弼翼 2 度 (今為柳 14 度)，外貪翼 3 度 (今為柳 15 度)，外武翼 4 度 (今為柳 16 度)，坐丙向壬兼午子，內武張 16 度 (今為柳 10 度)，外貪張 14 度 (今為柳 8 度)，外武張 13 度 (今為柳 7 度)。

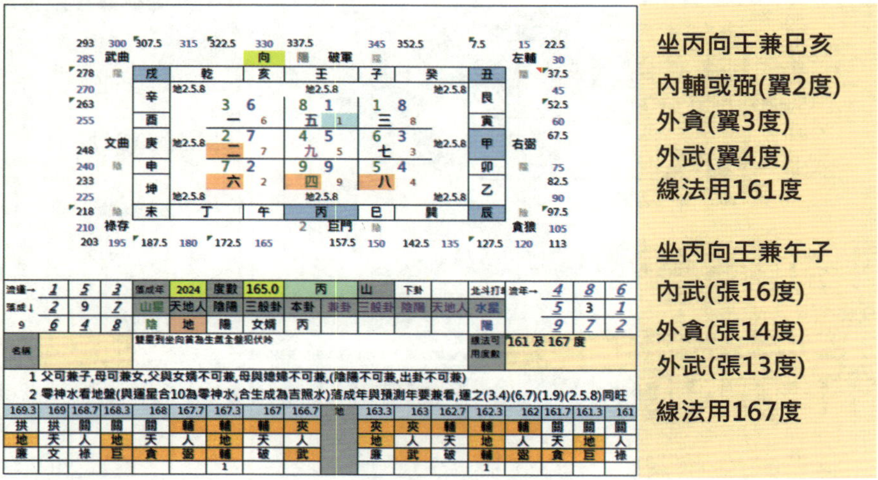

坐午向子兼丙壬，內武張 4 度 (今為鬼 4 度)，外輔張 8 度 (今為柳 2.5 度)，坐午向子兼丁癸，內武張 1 度 (今為鬼 1 度)，外輔星 4 度 (今為井 26.5 度)，內貪巨張 1 度 (今為鬼 1 度)。

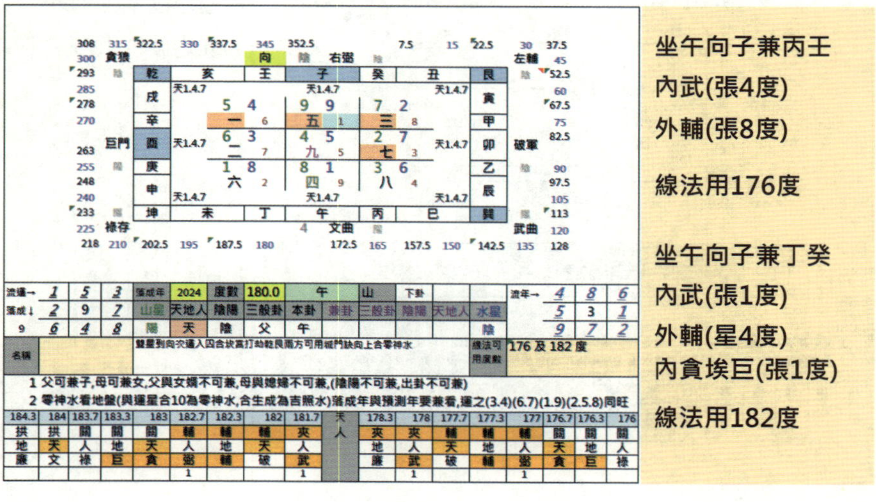

坐丁向癸兼午子，內輔或弼柳 11 度 (今為井 20.5 度)，內武柳 10 度 (今為井 19.5 度)，外武柳 12 度 (今為井 21.5 度)，坐丁向癸兼未丑，外貪柳 5 度 (今為井 14.5 度)，外武柳 4 度 (今為井 13.5 度)。

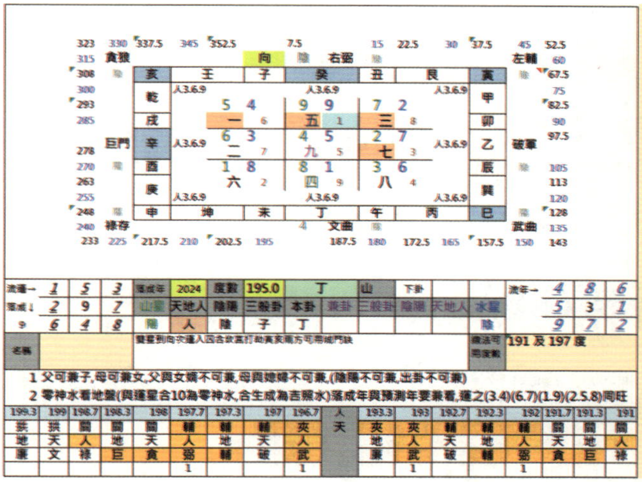

坐丁向癸兼午子

內輔或弼(柳11度)

內武(柳10度)

外武(柳12度)

線法用191度

坐丁向癸兼未丑

外貪(柳5度)

外武(柳4度)

線法用197度

坐未向丑兼丁癸，外輔井 30 度 (今為井 7 度)，坐未向丑兼坤艮，內貪井 24 度 (今為女 6.5 度)，外武井 20 度 (今為參 8 度)，外輔井 19 度 (今為參 7 度)。

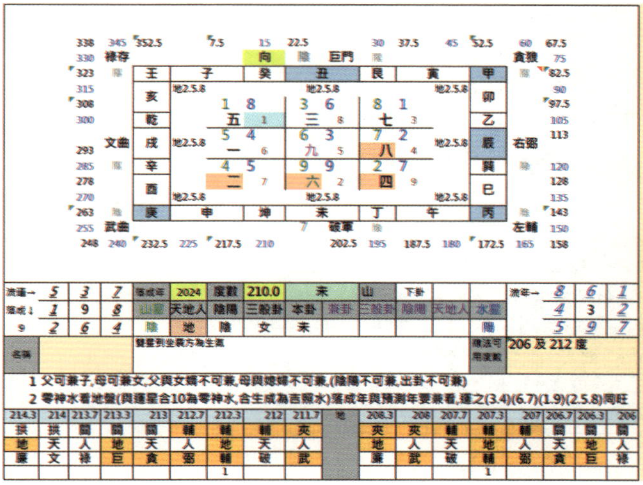

坐未向丑兼丁癸

外輔(井30度)

線法用206度

坐未向丑兼坤艮

內貪(井24度)

外武(井20度)

外輔(井19度)

線法用212度

坐坤向艮兼未丑，外貪井 15 度 (今為參 3 度)，外武井 14 度 (今為參 2 度)，外輔井 13 度 (今為參 1 度)，坐坤向艮兼申寅，內貪井 9 度 (今為畢 13 度)，外貪井 7 度 (今為畢 11 度)，外輔井 4 度 (今為畢 8 度)。

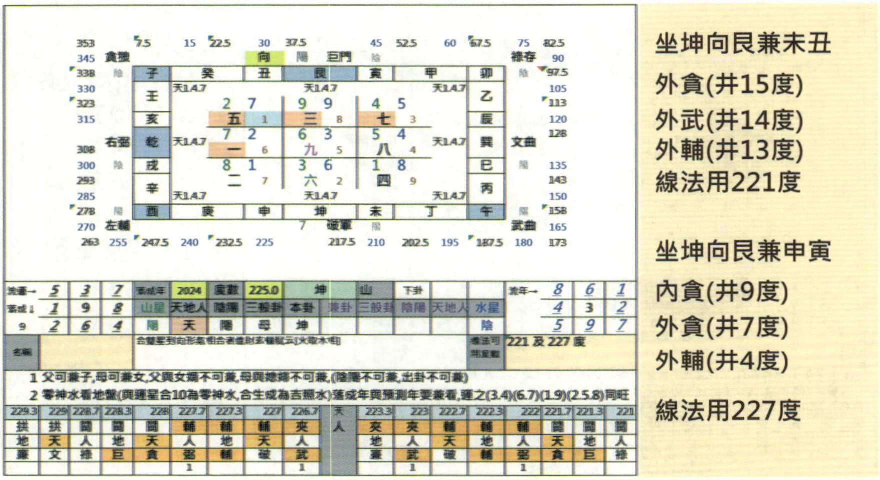

坐申向寅兼坤艮，內武參 4 度 (今為昴 8 度)，坐申向寅兼庚申，外武觜 1 度 (今為昴 5 度)，外輔畢 17 度 (今為昴 4 度)。

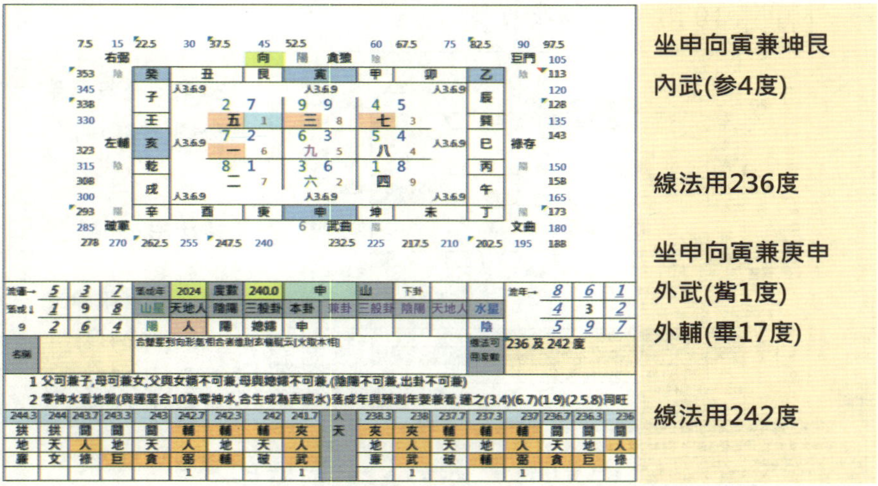

坐庚向甲兼申寅，內武畢 8 度 (今為胃 8 度)，外武畢 11 度 (今為胃 11 度)，坐庚向甲兼酉卯，外貪畢 2 度 (今為胃 2 度)。

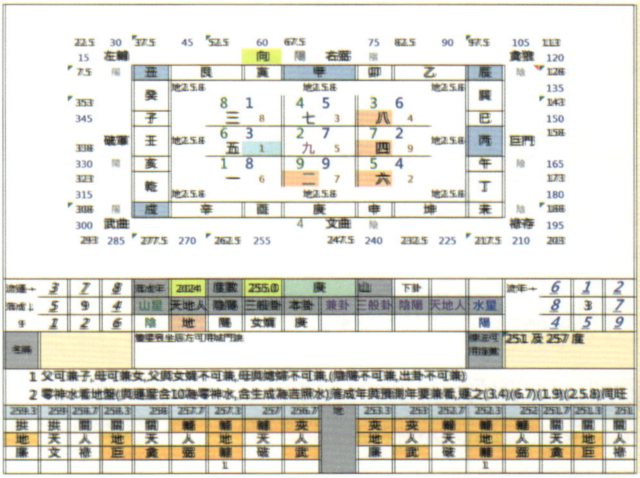

坐庚向甲兼申寅
內武(畢8度)
外武(畢11度)
線法用251度

坐庚向甲兼酉卯
外貪(畢2度)

線法用257度

坐酉向卯兼庚甲，內輔畢 4 度 (今為胃 4 度)，外輔昴 7 度 (今為婁 9 度)，坐酉向卯兼辛乙，內貪畢 1 度 (今為胃 1 度)，外五胃 13 度 (今為奎 11.5 度)，外輔胃 12 度 (今為奎 10.5 度)。

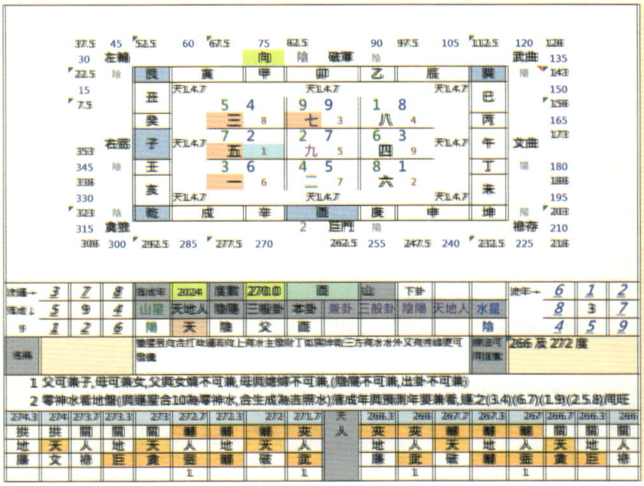

坐酉向卯兼庚甲
內輔(畢4度)
外輔(昴7度)
線法用266度

坐酉向卯兼辛乙
內貪(畢1度)
外五(胃13度)
外輔(胃12度)
線法用272度

坐辛向乙兼酉卯，外貪胃 3 度 (今為奎 1.5 度)，外武胃 6 度 (今為奎 4.5 度)，外輔胃 7 度 (今為奎 5.5 度)，坐辛向乙兼辰戌，外貪胃 1 度 (今為壁 11 度)，內輔柔 12 度 (今為壁 10 度)，外輔柔 8 度 (今為壁 6 度)。

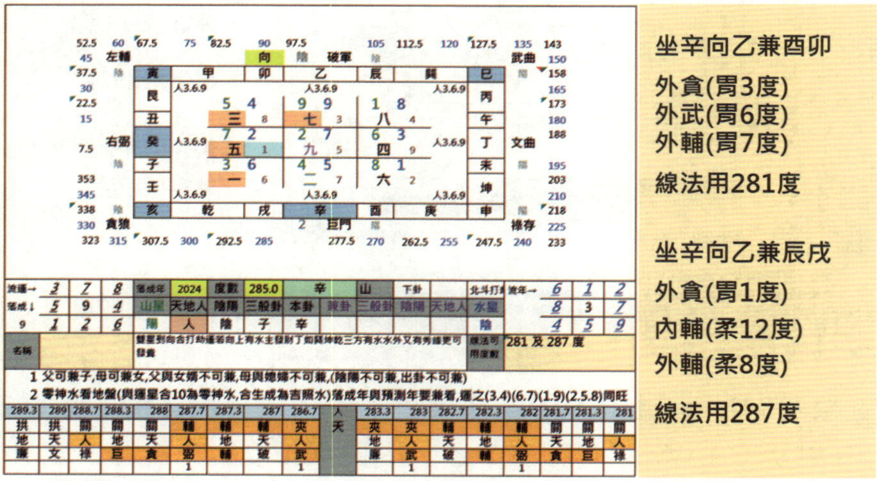

坐戌向辰兼辛乙，內武婁 1 度 (今為室 16 度)，外武婁 4 度 (今為壁 2 度)，坐戌向辰兼乾巽，內輔奎 16 度 (今為室 13 度)，外輔奎 12 度 (今為室 9 度)。

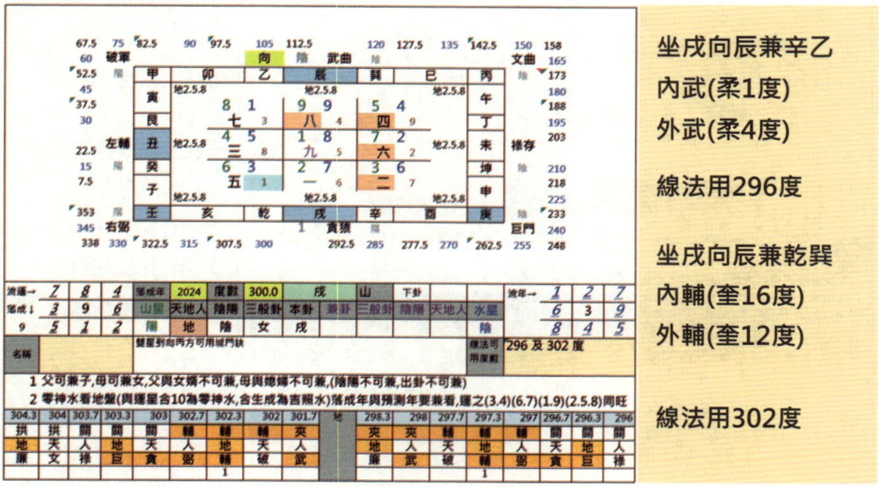

坐乾向巽兼戌辰，外貪奎 4 度 (今為室 1 度)，外武奎 7 度 (今為室 7 度)，坐乾向巽兼亥巳，內武奎 1 度 (今為危 18 度)，外武壁 8 度 (今為危 15 度)。

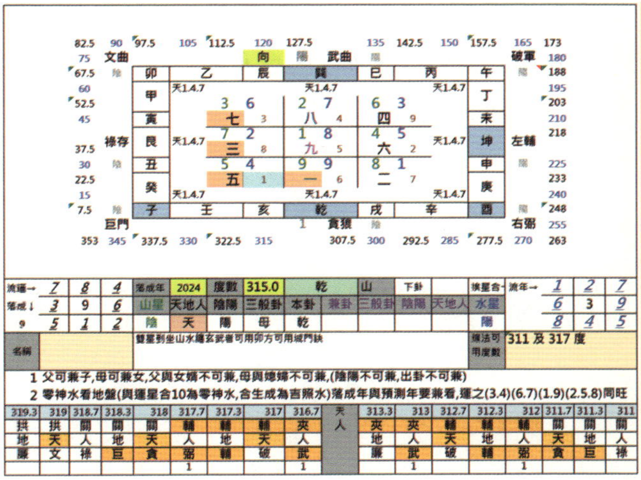
雙星到坐山水纏玄武者可用卯方可用城門訣
311 及 317 度
1 父可兼子,母可兼女,父與女媾不可兼,母與媳婦不可兼,(陰陽不可兼,出卦不可兼)
2 零神水看地盤(與運星合10為零神水,合生成為吉照水)落成年與預測年要兼看,運之(3.4)(6.7)(1.9)(2.5.8)同旺

坐乾向巽兼戌辰
外貪(奎4度)
外武(奎7度)
線法用311度

坐乾向巽兼亥巳
內武(奎1度)
外武(壁8度)
線法用317度

坐亥向巳兼乾巽，內武室 17 度 (今為危 7 度)，外貪室 18 度 (今為危 8 度)，外武壁 1 度 (今為危 9 度)，外輔壁 2 度 (今為危 10 度)，坐亥向巳兼壬丙，內貪室 14 度 (今為危 3 度)，內武室 13 度 (今為危 2 度)，外輔室 9 度 (今為虛 9 度)。

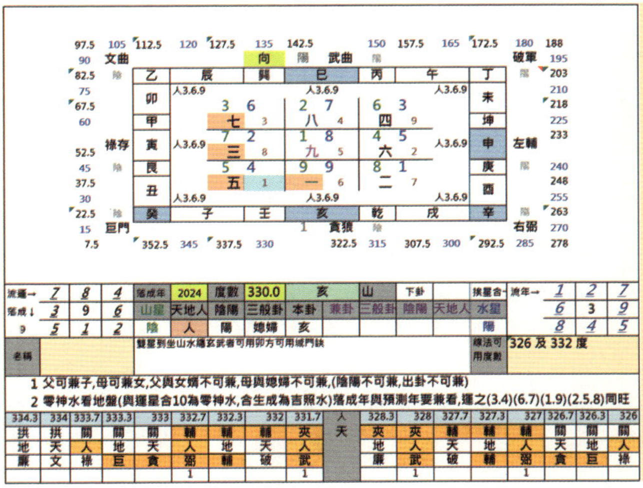
雙星到坐山水纏玄武者可用卯方可用城門訣
326 及 332 度
1 父可兼子,母可兼女,父與女媾不可兼,母與媳婦不可兼,(陰陽不可兼,出卦不可兼)
2 零神水看地盤(與運星合10為零神水,合生成為吉照水)落成年與預測年要兼看,運之(3.4)(6.7)(1.9)(2.5.8)同旺

坐亥向巳兼乾巽
內武(壁17度)
外貪(壁18度)
外武(壁1度)
外輔(壁2度)
線法用326度

坐亥向巳兼壬丙
內貪(室14度)
內武(室12度)
外輔(室9度)
線法用332度

以上如為他人建宅立向，於此擇而用之，再參考一百二十分金，選擇適合於本命之分金，剋洩交加者不宜，宜審慎用之。

本檔案使用，三元玄空及線法學習使用 .xlsx，之 Excel 檔案，下載網址為：

https://drive.google.com/drive/folders/120-FEXGUx1OFLOssHKj9MkG2yky6dBpi

讀者可以自行下載使用。(下圖為網址之 QR Code)

第 5 章　二十四山線法結論

陽宅重一片，陰宅重一線，二十四山線法主要為修墓立碑時使用，其度數可以精確到一度左右。

上章提到二十四山線法總表，裡面蔣大鴻在線法使用的 28 星宿的宿度，因為 28 星宿在黃道的間距為黃道度，在赤道的間距為赤道度，隨歲差變動，黃道度每七十二年西移一度。

普通的羅盤，28 星宿有宋開禧、明時憲兩層，開禧宿度，一般在羅盤的最外層，時憲宿度，一般在羅盤的開禧宿度的內層，開禧與時憲盤兩盤，開禧西移十一度成時憲盤，但之後都未調整，因為 28 星宿隨歲差變動，所以現行羅盤不論開禧或時憲宿度，都已經與現今 28 星宿的宿度不符，須調整後才能使用。

下圖為修正過後羅盤之放大圖，外圈為現行使用羅盤之 28 星宿宿度，內圈為修正過後之 28 星宿新宿度，以奎初對正羅盤度數，就可以明瞭為何要修正宿度。

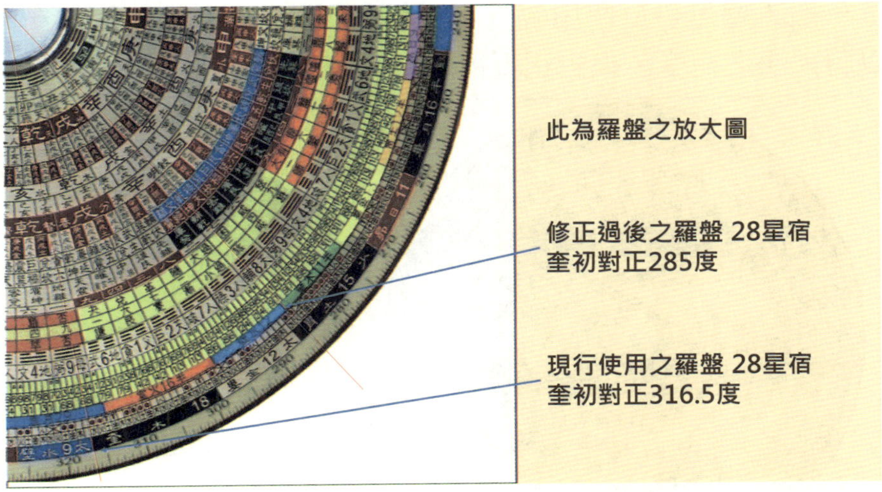
此為羅盤之放大圖
修正過後之羅盤 28星宿
奎初對正285度
現行使用之羅盤 28星宿
奎初對正316.5度

依照初始設定 28 星宿，周時牛初對正丑 (冬至紀元)，奎初對正 316.5 度，現今奎初對正 285 度，相差 31.5 度，所以需要調整 28 星宿的宿度，與現在的宿度一致，現今宿度是西元 1984 年春分歲差修正後之新宿度。

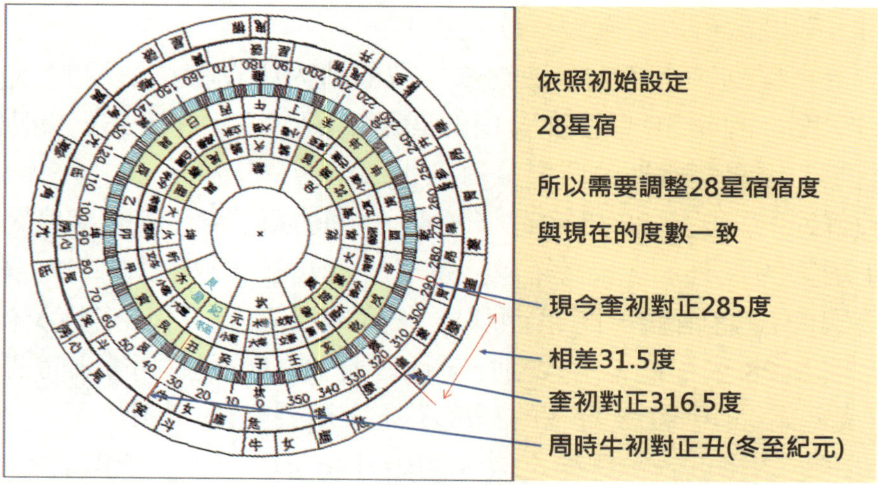

依照初始設定
28星宿

所以需要調整28星宿宿度
與現在的度數一致

現今奎初對正285度

相差31.5度

奎初對正316.5度

周時牛初對正丑(冬至紀元)

但是目前羅盤均未更新，葉朝成老師有更新並製作完成羅盤，但是少有人知道。

一般人還是習慣使用現行之羅盤，因此 28 星宿之宿度，就不能以蔣大鴻之宿度，來對正現行之羅盤使用。

但是目前羅盤均未更新
葉朝成老師有更新製作完成羅盤
但是少有人知道

一般人還是習慣使用現行之羅盤

因此28星宿之宿度
就不能以蔣大鴻之宿度
來對正現行之羅盤使用

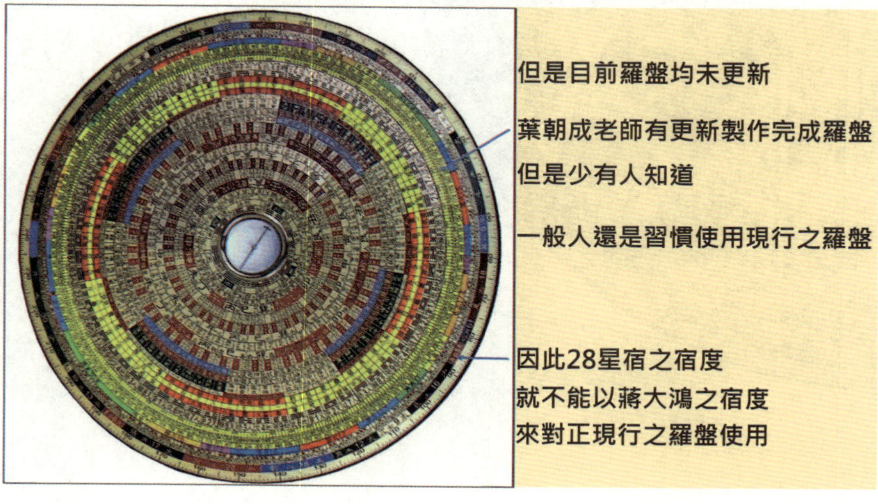

葉朝成老師有將蔣大鴻的宿度更正為現今之宿度，製作成羅盤，線法度數余有製作 EXCEL 檔案，經過精確計算後，發現還是有些誤差。所以余將此檔案提供給大家分享，使用起來也很簡單，看第 3 章就能知道如何使用，讀者也可以到 Youtube 下載使用。

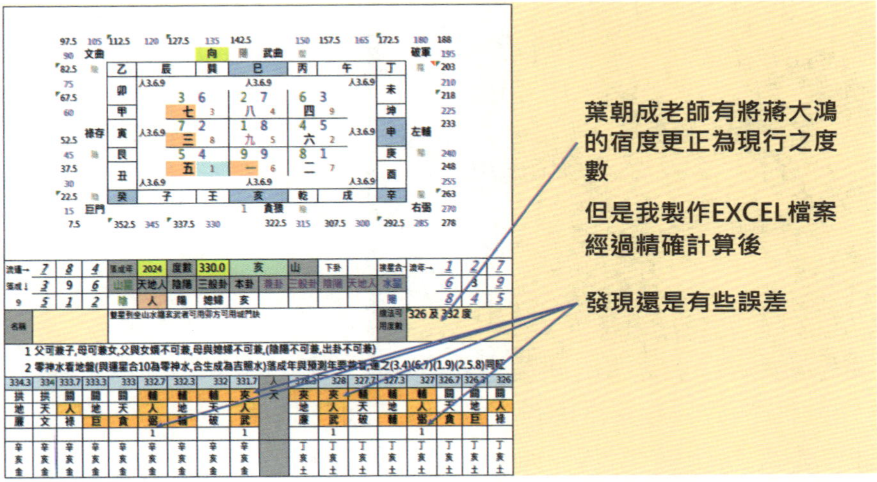
葉朝成老師有將蔣大鴻的宿度更正為現行之度數
但是我製作EXCEL檔案經過精確計算後
發現還是有些誤差

若修墓立碑須要注意的事項為朝山、龍砂、格局、主星，以上四者須與理氣合論其吉凶。

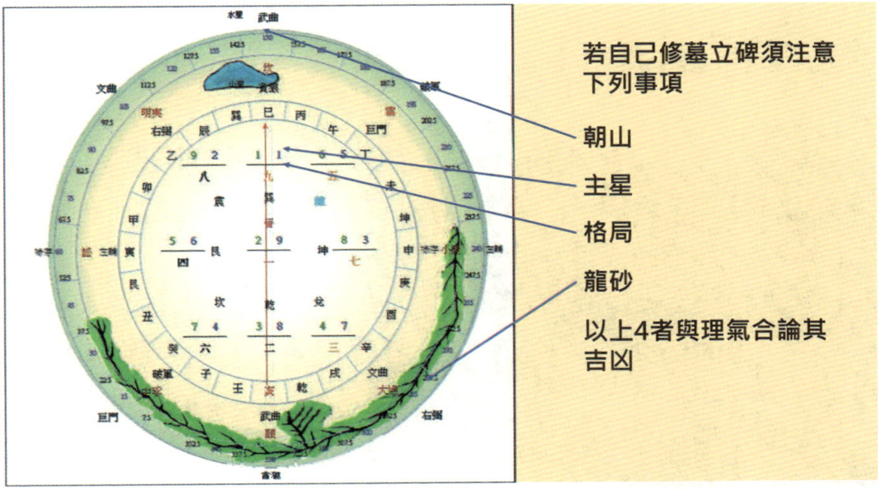
若自己修墓立碑須注意下列事項
朝山
主星
格局
龍砂
以上4者與理氣合論其吉凶

多數陽宅立向，都根據面臨道路立向，所以比較不會有太多變化，尤其是現在建築線都是面臨道路，所以建築的坐山立向選擇性的變化就很少。

多數陽宅立向

都根據面臨道路立向

所以比較不會有太多變化

至於陰宅，就沒有道路的限制，因為陰宅重一線，所以對於立向，要求就比較嚴謹，才會有很多種變化。多數會根據形巒決定方位，當然也要配合格局才行，蔣大鴻有講到龍取坐，就是根據龍砂來決定坐向。

至於陰宅

就沒有道路的限制

因為陰宅重一線

所以對於立向

要求就比較嚴謹

才會有很多種變化

倒排父母龍取坐如下，乾龍入坎宮，震龍入坤宮，坎龍入震宮，艮龍入巽宮，兌龍入乾宮，離龍入兌宮，巽龍入艮宮，坤龍入離宮。

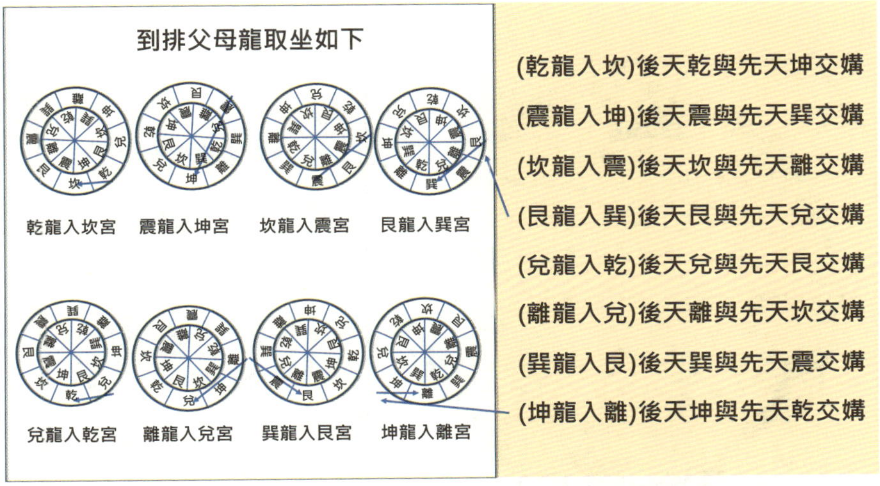
到排父母龍取坐如下
乾龍入坎宮
震龍入坤宮
坎龍入震宮
艮龍入巽宮
兌龍入乾宮
離龍入兌宮
巽龍入艮宮
坤龍入離宮
(乾龍入坎)後天乾與先天坤交媾
(震龍入坤)後天震與先天巽交媾
(坎龍入震)後天坎與先天離交媾
(艮龍入巽)後天艮與先天兌交媾
(兌龍入乾)後天兌與先天艮交媾
(離龍入兌)後天離與先天坎交媾
(巽龍入艮)後天巽與先天震交媾
(坤龍入離)後天坤與先天乾交媾

坐向決定以後，因為每山有 15 度，到底要用那一度，就可以用線法定之，因為線法可以準確到一度左右。

以陰陽宅秘斷第 2 例，及配合余提供之陽宅檔案說明之。楊姓祖墓，一運葬，巽方有湖，有水秀美，坤龍轉兌，往艮方而去，於乾方落脈，開帳結穴。

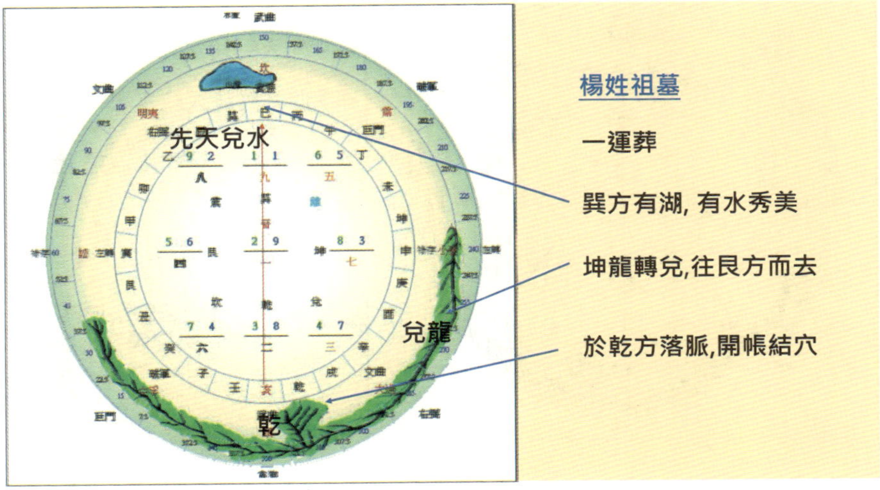
先天兌水
兌龍
乾
楊姓祖墓
一運葬
巽方有湖, 有水秀美
坤龍轉兌,往艮方而去
於乾方落脈,開帳結穴

以龍取坐，兌龍入乾，一運亥山巳向下卦，格局為雙星到向，兌龍入乾 坐山巽卦先天是兌卦，又收到先天兌水，龍與坐山水局，都合到先後天同卦，而且水旺星到向，形巒有水配合，故主富。

水旺星形巒有水主富
格局為雙星到向
擇亥山巳向
一運[亥山巳向]下卦
以龍取坐
兌龍入乾

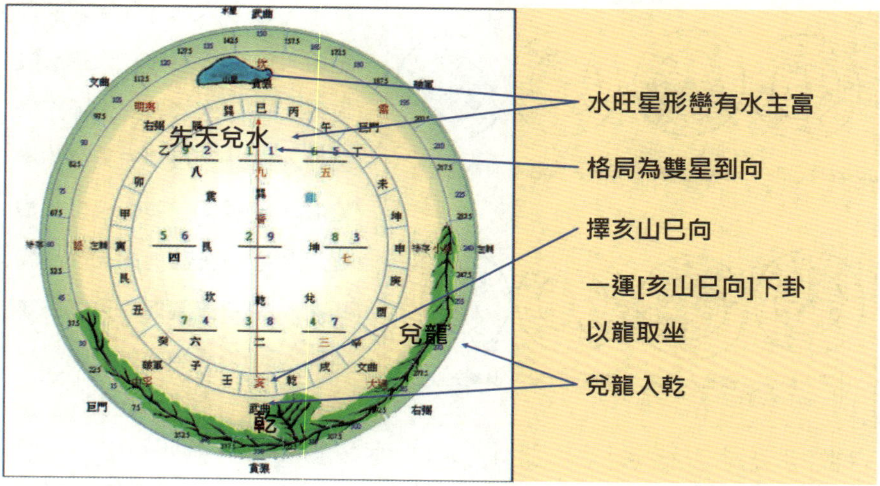

此為兌龍入乾宮，先天兌有水，合乎兌山兌向水流兌，兌峰出富貴，巽方有水秀美，主大富，震宮又得山星9相生，此方見水光，次運續發。

先天兌有水
此為兌龍入乾宮
合乎兌山兌向水流兌 兌峰出富貴
巽方有水秀美, 主大富
震宮又得山星9相生,此方見水光,次運續發

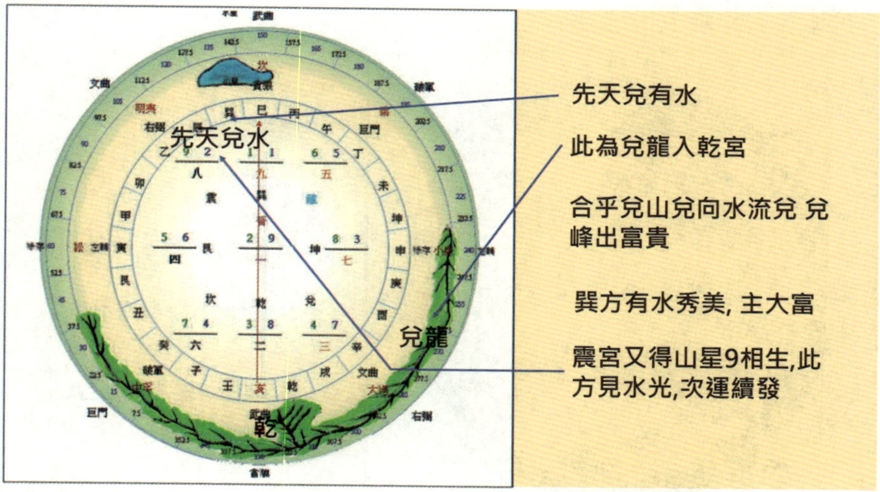

陰宅重一線，因此以線法取坐向會更為精確，以玄空盤檔案解釋，底下有提供下載之連結，葉朝成老師修正後之度數有些誤差，經過計算後之度數，線法 2 度，取 331.7 度，或 328 度，線法 3 度，取 332.7 度，或 327 度。

陰宅重一線
因此再以線法則更為精確
以玄空盤檔案解釋
底下有提供下載之連結
葉朝成老師修正後之度數(有些誤差)
經過計算後之度數
線法2度 取331.7度 或 328度
線法3度 取332.7度 或 327度

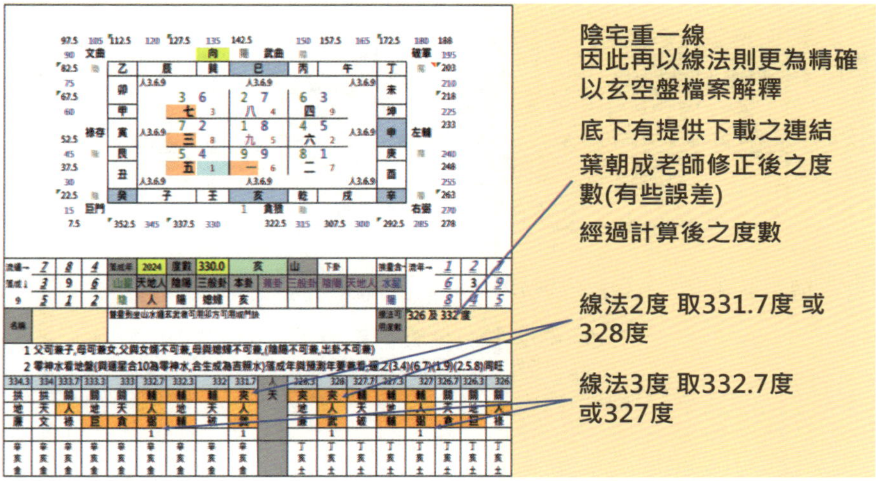

　　二十四山線法向來用線方法，2 度線多用武曲線，3 度線多用左輔線，其右弼線間或用之，右弼線兩邊都好，有很多案例用右弼線，貪狼為丁線，巨門左輔為財祿，武曲為貴線。

2度 多用武曲線
3度 多用左輔線,其右弼線間或用之
右弼線兩邊都好,有很多案例用右弼線
貪狼為丁線
巨門左輔為財祿
武曲為貴線

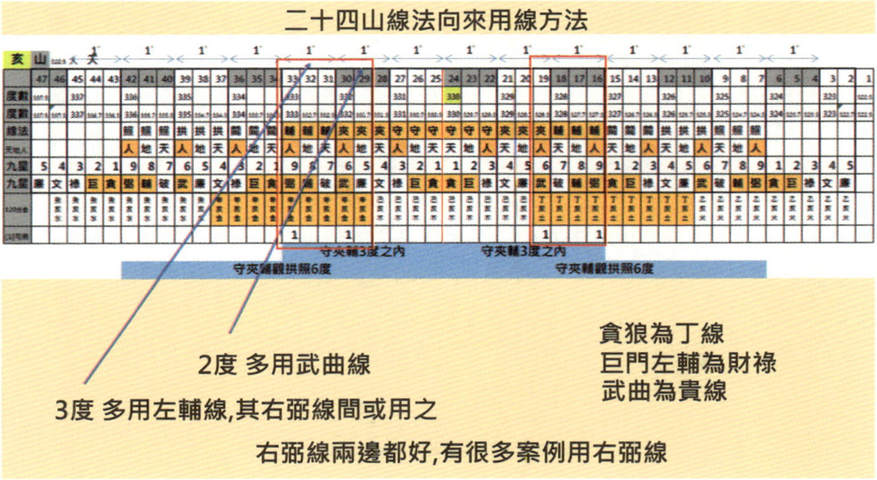

注意事項，歷代名師線法多在守夾輔 3 度之內，初 1 度不用，按分金原理，羅盤二十四山的正中方向均為龜甲空亡，是不能取用的。

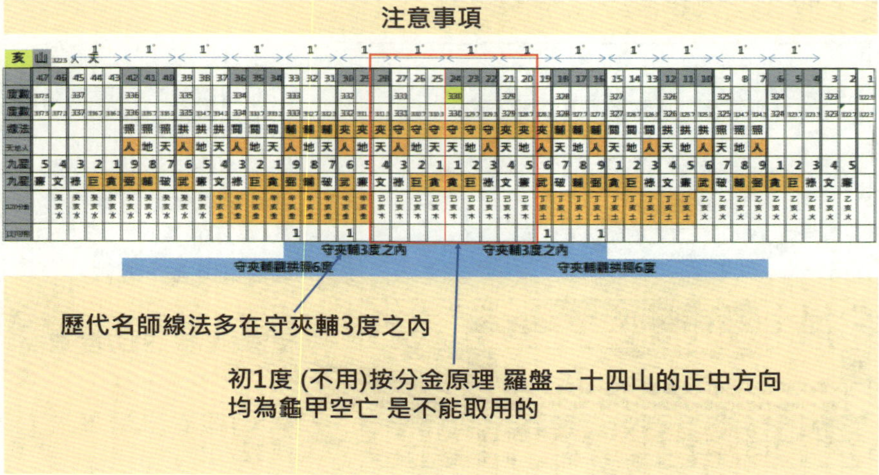
注意事項
守夾輔3度之內
守夾輔3度之內
守夾輔羅拱照6度
守夾輔羅拱照6度
歷代名師線法多在守夾輔3度之內
初1度 (不用)按分金原理 羅盤二十四山的正中方向
均為龜甲空亡 是不能取用的

第 6 章　坎離作用定義

坎離作用又稱為自庫，是指父母三般卦，分布在坐山、三叉水口及山龍，這樣可以同旺，父母三般卦指，天元一四七為江東卦，地元二五八為南北卦，人元三六九為江西卦。

三大卦依天玉經原文另註發微，江東一卦從來吉，江東一卦以子午卯酉乾坤艮巽，一個父母為天元卦，隸於１４７宮，八神四個一，經四位取父母，一卦只管一卦之事，江西一卦排龍位，江西一卦者，以寅申巳亥乙辛丁癸，一個父母為人元卦，隸於３６９宮，八神四個二，經四位取父母，一卦兼管二卦之事，南北八神者，不必經四位而起父母，以求同氣，收東西兩卦，於南北一卦之中一卦盡得三卦之用。

坐壬向丙，坐坎宮，坎、巽、兌為１４７配龍穴水，坎宮為坐，壬為陽，自坎宮起順佈，先天八卦，乾兌離震巽坎艮坤，後天巽宮，兌宮配先天坎離，此稱為坎離作用。

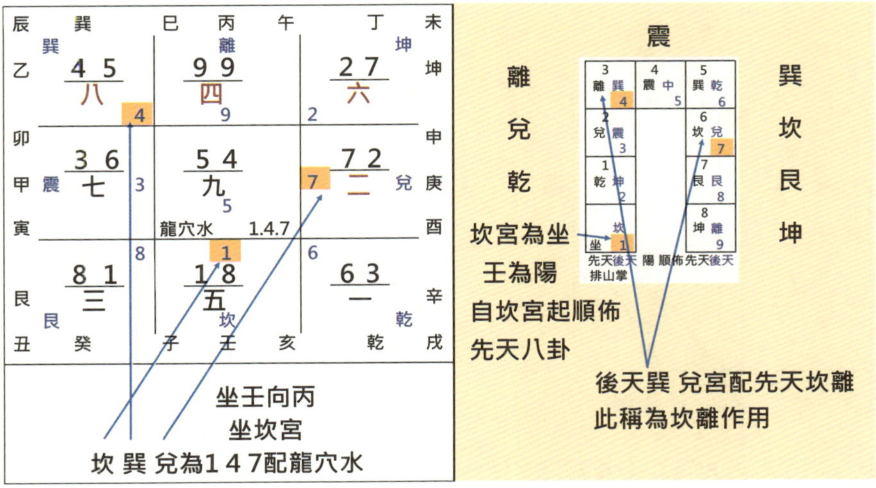

坐子向午，坐坎宮，坎、巽、兌為一四七配龍穴水，坎宮為坐，子為陰，所以自坎宮起逆佈，先天八卦，乾、兌、離、震、巽、坎、艮、坤，後天巽宮，兌宮配先天坎離，此稱為坎離作用。

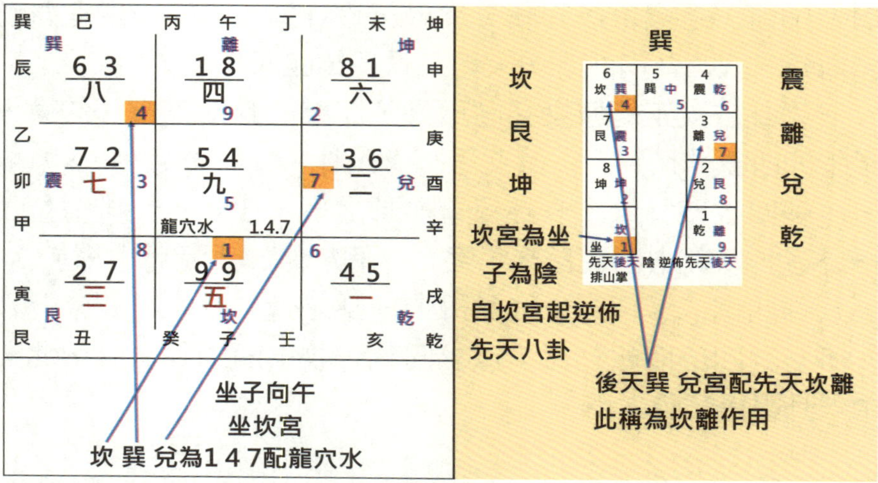

坐癸向丁，坐坎宮，坎、巽、兌為一四七配龍穴水，坎宮為坐，癸為陰，自坎宮起逆佈，先天八卦，乾、兌、離、震、巽、坎、艮、坤，後天巽宮，兌宮配先天坎離，此稱為坎離作用。

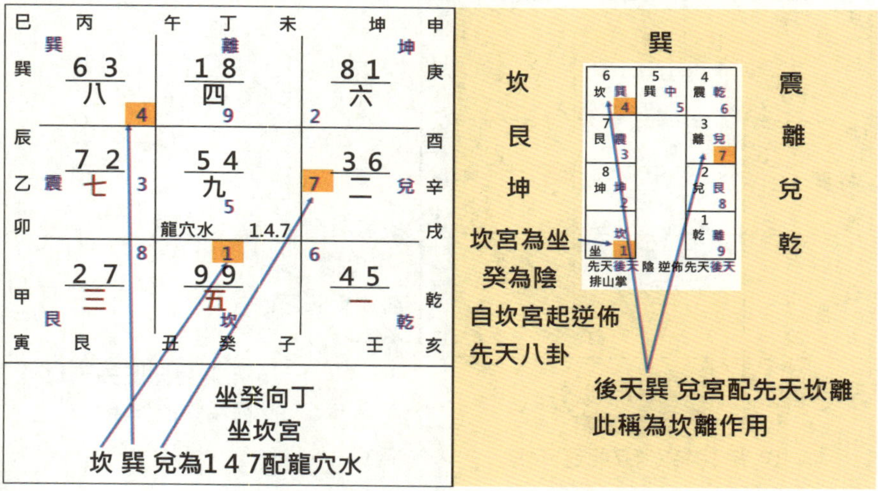

坐丑向未，坐艮宮，坤、中、艮為二五八配龍穴水，艮宮為坐，丑為陰，自艮宮起逆佈，先天八卦，乾、兌、離、震、巽、坎、艮、坤，後天坤宮，中宮配先天坎離，此稱為坎離作用。

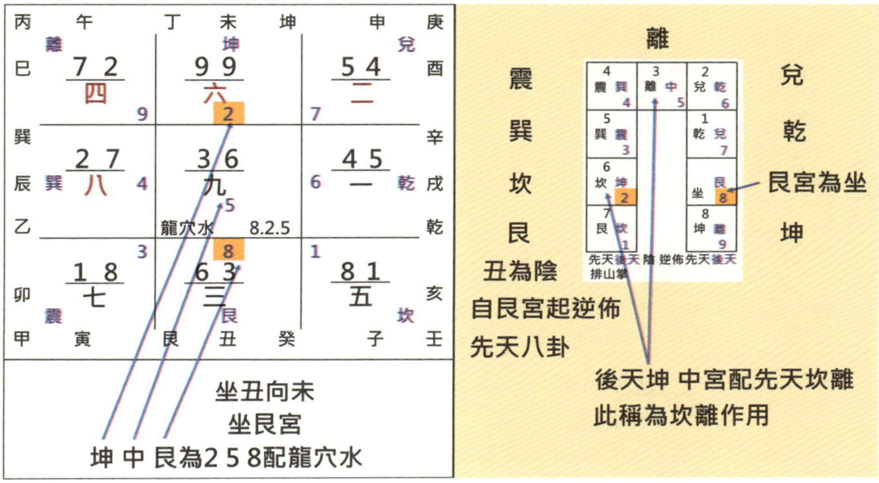

坐艮向坤，坐艮宮，坤、中、艮為二五八配龍穴水，艮宮為坐，艮為陽，自坎宮起順佈，先天八卦，乾、兌、離、震、巽、坎、艮、坤，後天坤宮，中宮配先天坎離，此稱為坎離作用。

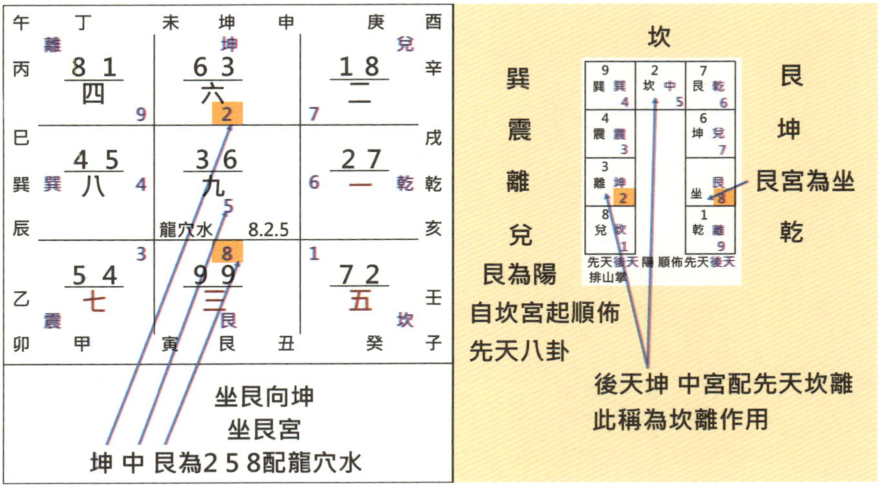

坐寅向申，坐艮宮，坤、中、艮為二五八配龍穴水，艮宮為坐，艮為陽，自艮宮起順佈，先天八卦，乾、兌、離、震、巽、坎、艮、坤，後天坤宮，中宮配先天坎離，此稱為坎離作用。

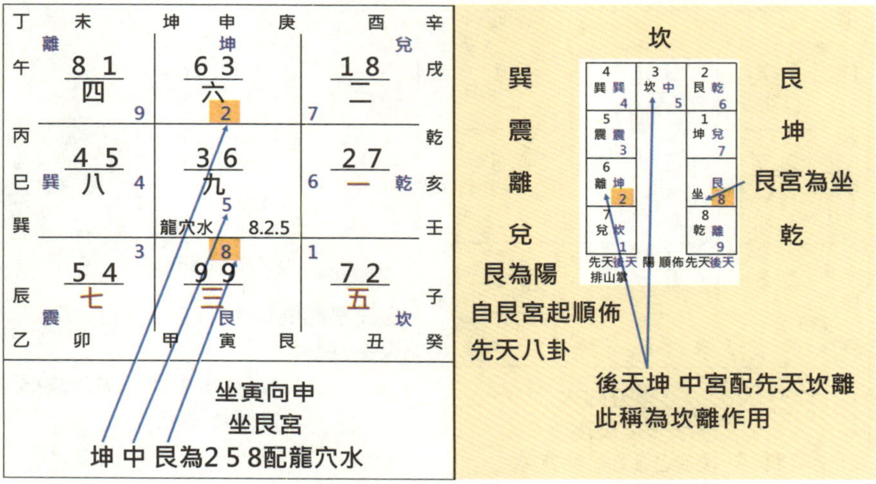

坐甲向庚，坐震宮，離、震、乾為三六九配龍穴水，震宮為坐，甲為陽，自震宮起順佈，先天八卦，乾、兌、離、震、巽、坎、艮、坤，後天離宮，乾宮配先天坎離，此稱為坎離作用。

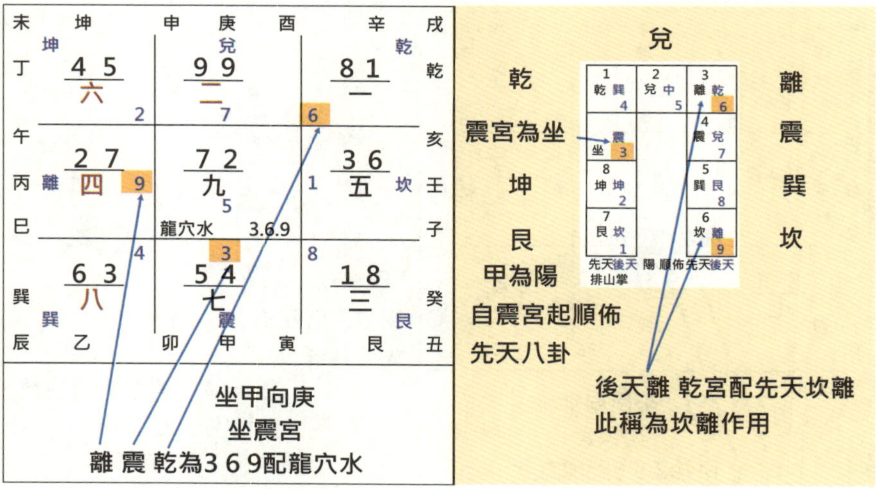

坐卯向酉，坐震宮，離、震、乾為三六九配龍穴水，震宮為坐，卯為陰，自震宮起逆佈，先天八卦，乾、兌、離、震、巽、坎、艮、坤，後天離宮，乾宮配先天坎離，此稱為坎離作用。

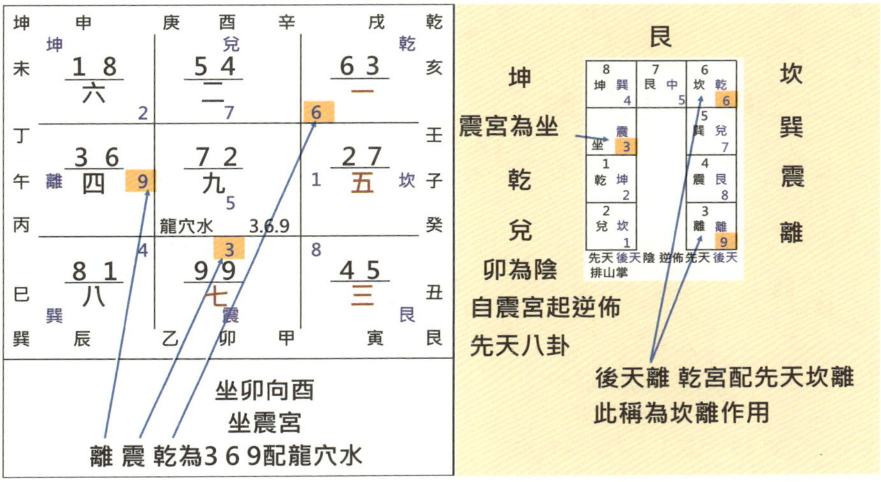

坐乙向辛，坐震宮，離、震、乾為三六九配龍穴水，震宮為坐，乙為陰，自震宮起逆佈，先天八卦，乾、兌、離、震、巽、坎、艮、坤，後天離宮，乾宮配先天坎離，此稱為坎離作用。

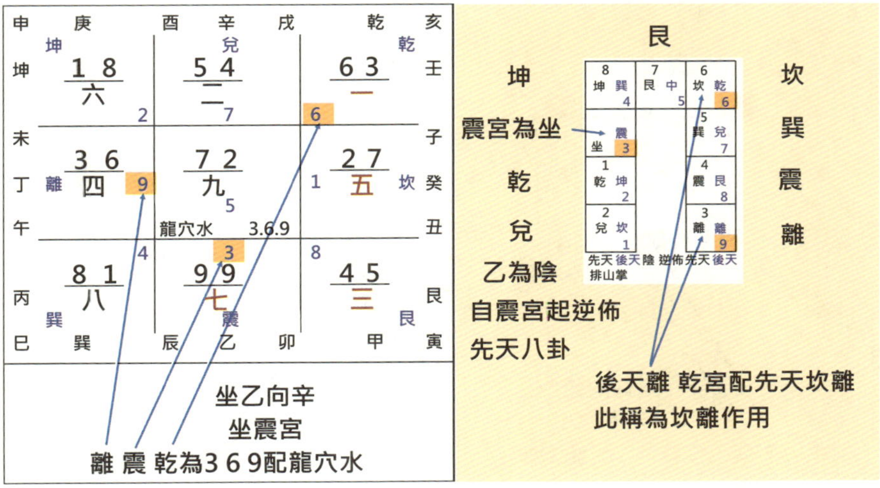

坐辰向戌，坐巽宮，坎、巽、兌為一四七配龍穴水，巽宮為坐，辰為陰，自巽宮起逆佈，先天八卦，乾、兌、離、震、巽、坎、艮、坤，後天兌宮，坎宮配先天坎離，此稱為坎離作用。

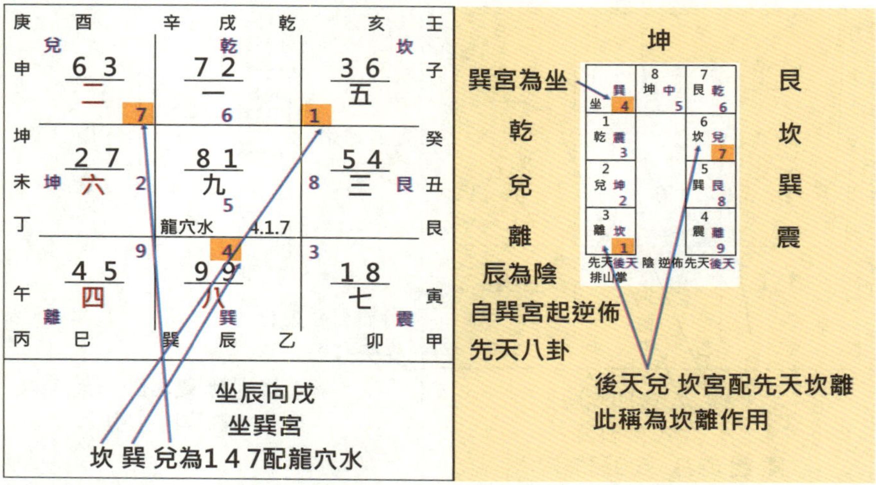

坐巽向乾，坐巽宮，坎、巽、兌為一四七配龍穴水，巽宮為坐，壬為陽，自巽宮起順佈，先天八卦，乾、兌、離、震、巽、坎、艮、坤，後天兌宮，坎宮配先天坎離，此稱為坎離作用。

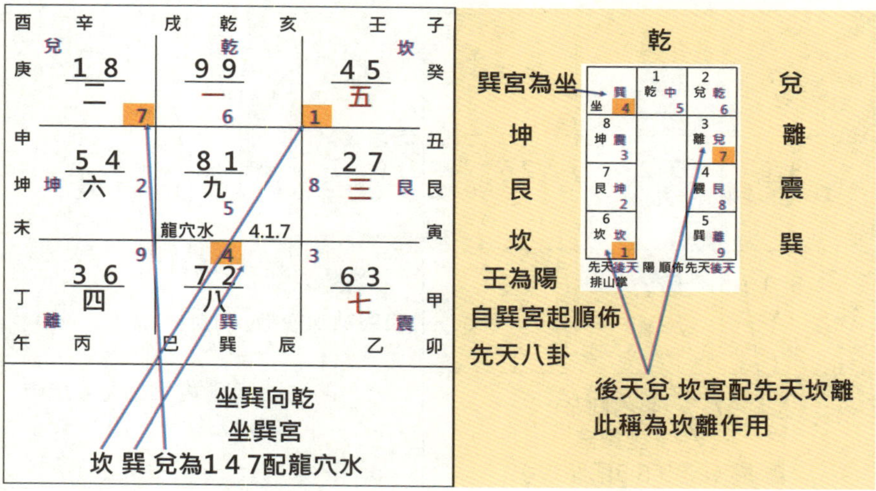

坐巳向亥，坐巽宮，坎、巽、兌為一四七配龍穴水，巽宮為坐，巳為陽，自巽宮起順佈，先天八卦，乾、兌、離、震、巽、坎、艮、坤，後天兌宮，坎宮配先天坎離，此稱為坎離作用。

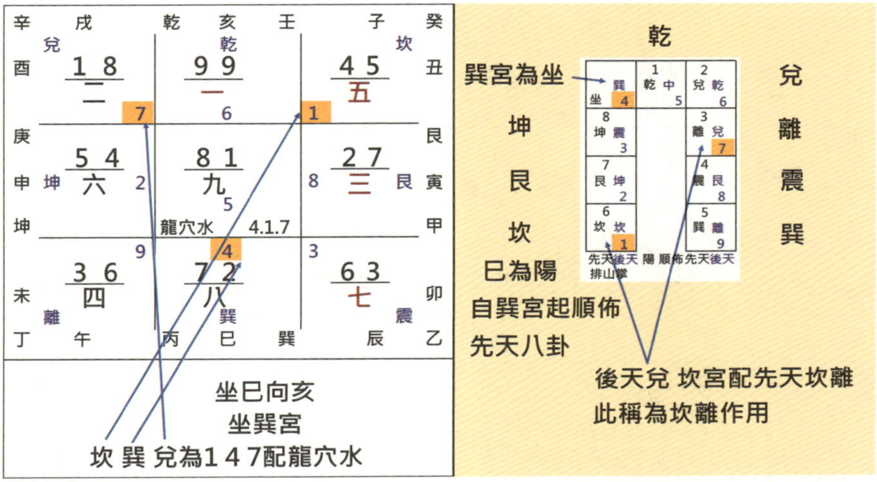

坐丙向壬，坐離宮，離、震、乾為三六九配龍穴水，離宮為坐，丙為陽，自離宮起順佈，先天八卦，乾、兌、離、震、巽、坎、艮、坤，後天乾宮，震宮配先天坎離，此稱為坎離作用。

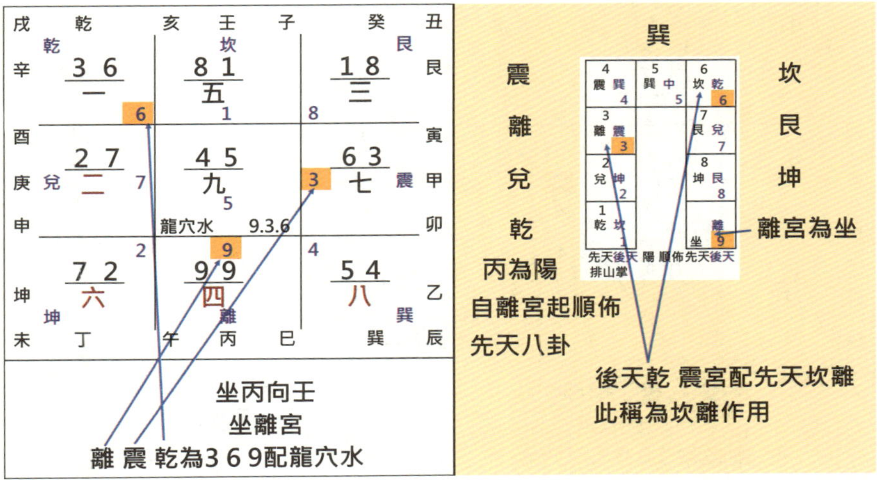

坐午向子，坐離宮，離、震、乾為三六九配龍穴水，離宮為坐，午為陰，自離宮起逆佈，先天八卦，乾、兌、離、震、巽、坎、艮、坤，後天乾宮，震宮配先天坎離，此稱為坎離作用。

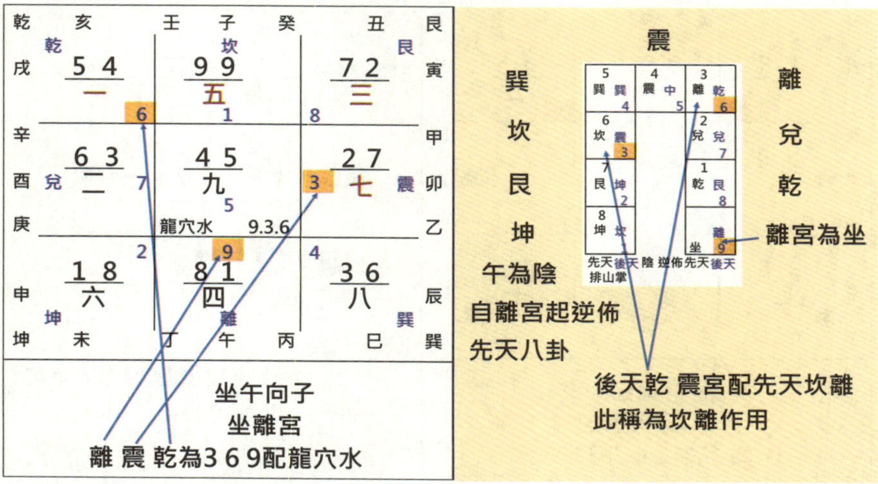

坐丁向癸，坐離宮，離、震、乾為三六九配龍穴水，離宮為坐，丁為陰，自離宮起逆佈，先天八卦，乾、兌、離、震、巽、坎、艮、坤，後天乾宮，震宮配先天坎離，此稱為坎離作用。

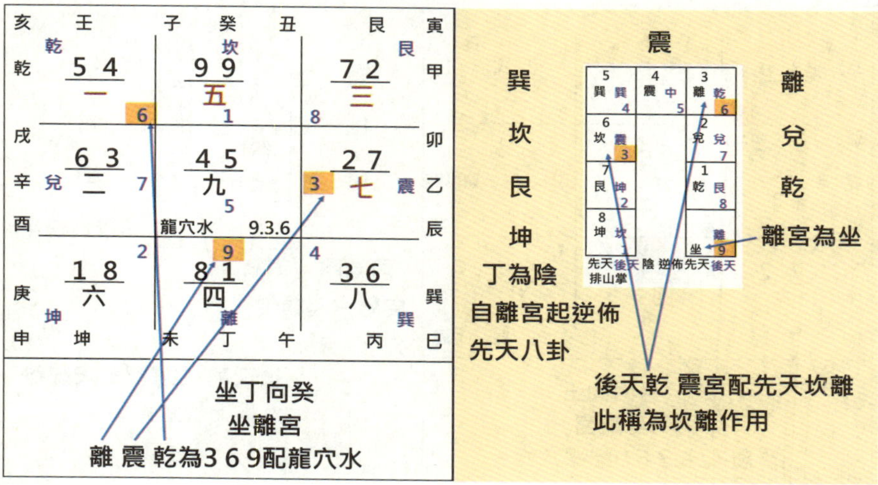

坐未向丑，坐坤宮，坤、中、艮為二五八配龍穴水，坤宮為坐，未為陰，自坤宮起逆佈，先天八卦，乾、兌、離、震、巽、坎、艮、坤，後天艮宮，中宮配先天坎離，此稱為坎離作用。

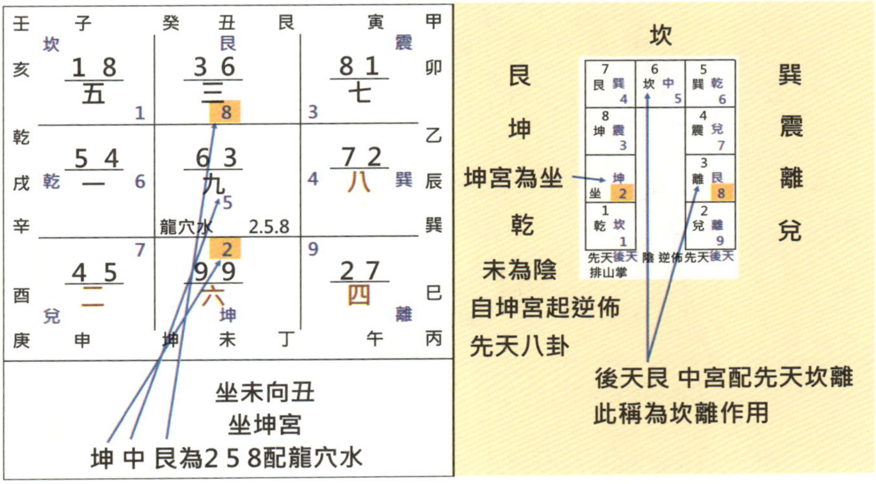

坐坤向艮，坐坤宮，坤、中、艮為二五八配龍穴水，坤宮為坐，坤為陽，自坤宮起順佈，先天八卦，乾、兌、離、震、巽、坎、艮、坤，後天艮宮，中宮配先天坎離，此稱為坎離作用。

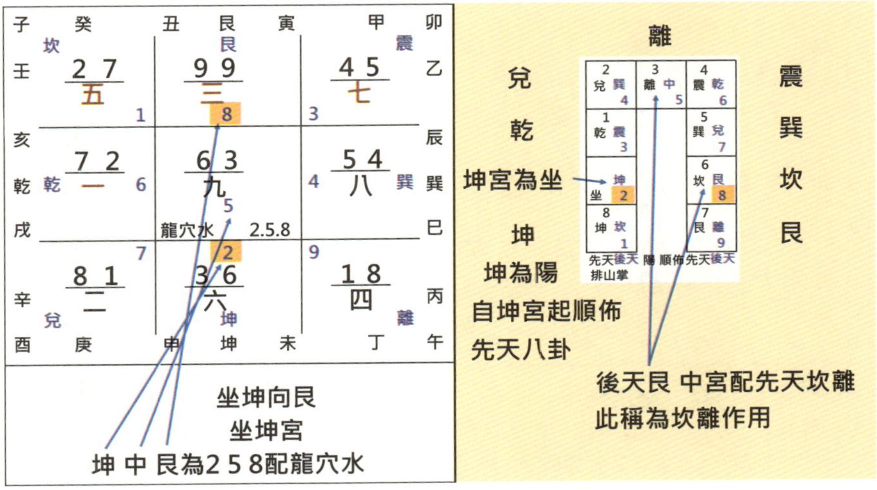

坐申向寅，坐坤宮，坤、中、艮為二五八配龍穴水，坤宮為坐，申為陽，自坤宮起順佈，先天八卦，乾、兌、離、震、巽、坎、艮、坤，後天艮宮，中宮配先天坎離，此稱為坎離作用。

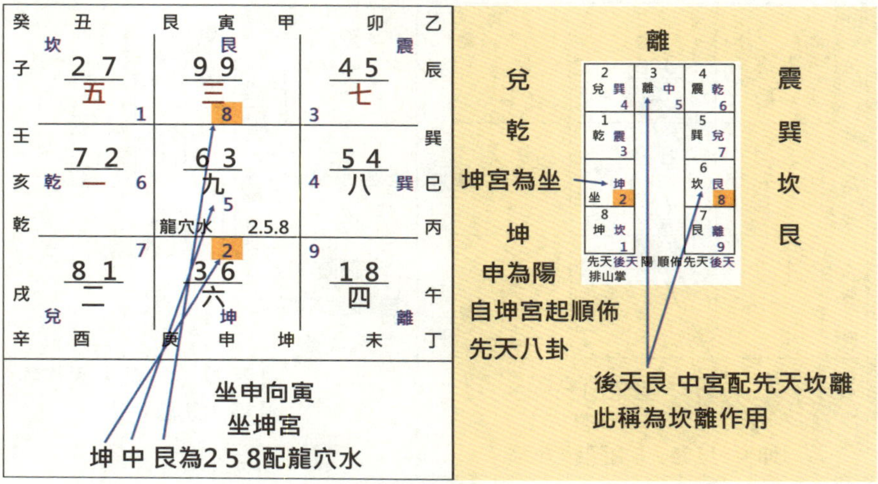

坐庚向甲，坐兌宮，坎、巽、兌為一四七配龍穴水，兌宮為坐，壬為陽，自坎宮起順佈，先天八卦，乾、兌、離、震、巽、坎、艮、坤，後天巽宮，坎宮配先天坎離，此稱為坎離作用。

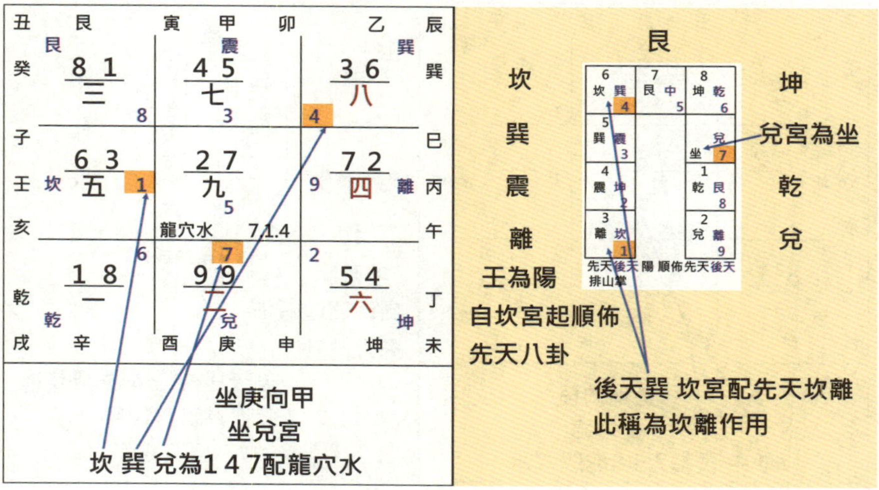

坐酉向卯，坐兌宮，坎、巽、兌為一四七配龍穴水，兌宮為坐，酉為陰，自兌宮起逆佈，先天八卦，乾、兌、離、震、巽、坎、艮、坤，後天巽宮，坎宮配先天坎離，此稱為坎離作用。

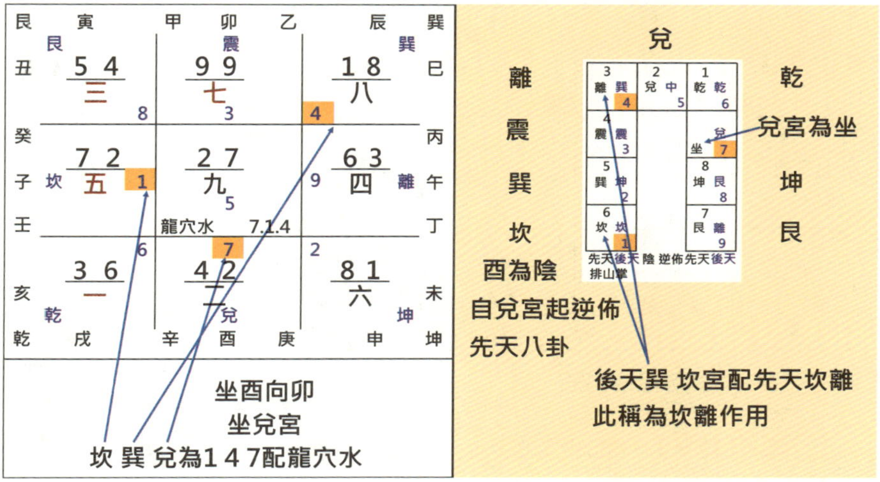

坐辛向乙，坐兌宮，坎、巽、兌為一四七配龍穴水，兌宮為坐，辛為陰，自兌宮起逆佈，先天八卦，乾、兌、離、震、巽、坎、艮、坤，後天巽宮，坎宮配先天坎離，此稱為坎離作用。

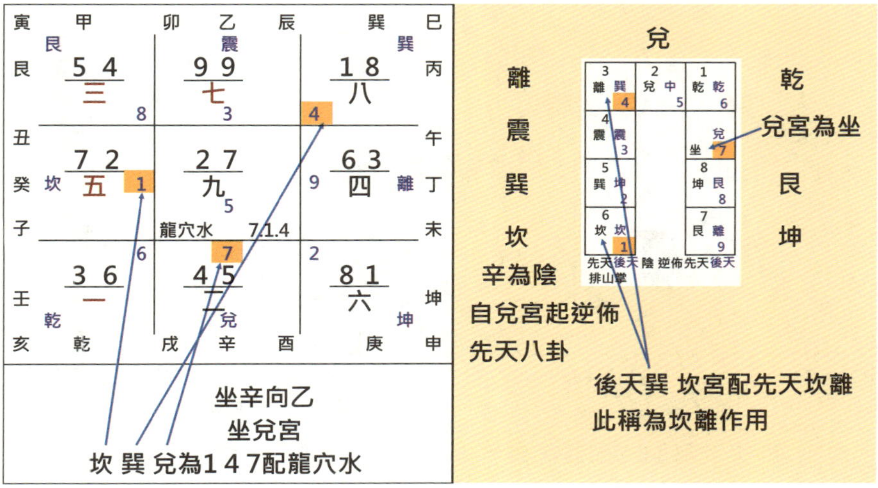

坐戌向辰，坐乾宮，離、震、乾為三六九配龍穴水，乾宮為坐，戌為陰，自乾宮起逆佈，先天八卦，乾、兌、離、震、巽、坎、艮、坤，後天離宮，震宮配先天坎離，此稱為坎離作用。

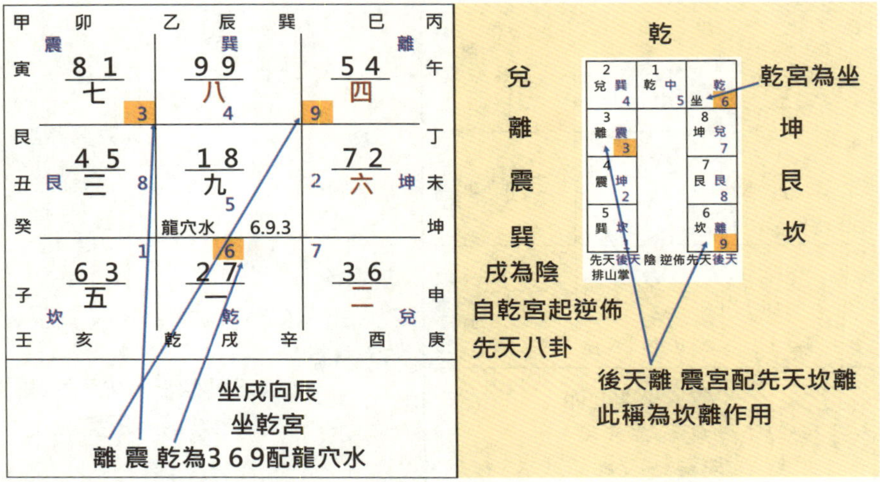

坐乾向巽，坐乾宮，離、震、乾為三六九配龍穴水，乾宮為坐，乾為陽，自乾宮起順佈，先天八卦，乾、兌、離、震、巽、坎、艮、坤，後天離宮，震宮配先天坎離，此稱為坎離作用。

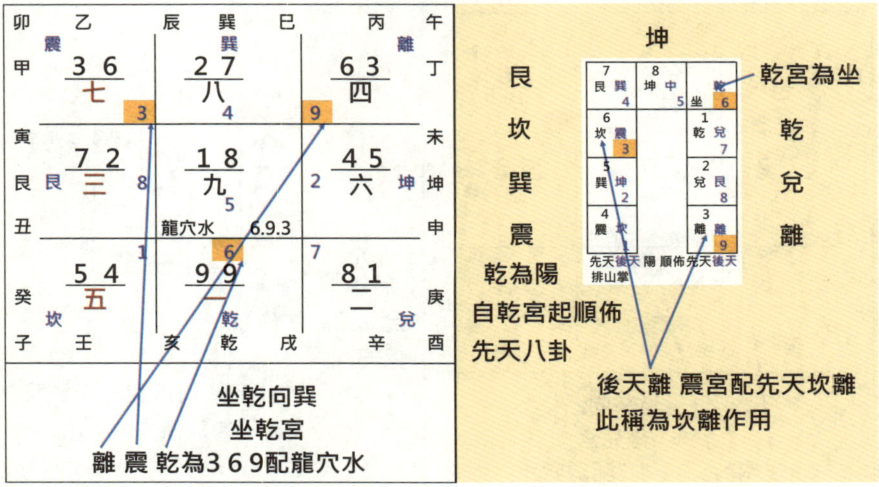

坐亥向巳，坐乾宮，離、震、乾為三六九配龍穴水，乾宮為坐，亥為陽，自乾宮起順佈，先天八卦，乾、兌、離、震、巽、坎、艮、坤，後天離宮，震宮配先天坎離，此稱為坎離作用。

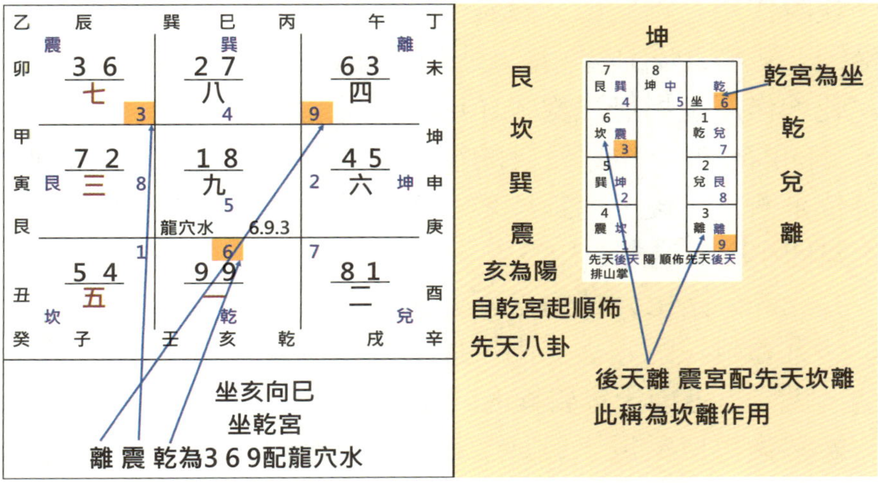

第 7 章　坎離及乾坤作用總集

坎離作用是指父母三般卦，以一四七、三六九或二五八分布在坐山三叉水口及山龍，龍穴水是這樣取法的話，就可以同旺。

乾坤作用是指無法坎離作用時權用之，運用的方式為坐山之卦，卦的前一個卦位以及卦的後一個卦位，譬如九運，九運前一個卦位是八艮，後一個卦位是一坎，其他坐山都是如此取法，坎離、乾坤作用論述方法如下：

1. 先區分是上元運還是下元運，也就是區分為二元運，因為九運無法配八宮坐山，故第五運須轉換成四運或六運，也就是五運前十年要轉成四運，五運後十年要轉成六運。
2. 然後再以父母三般卦，就是同屬性的卦，以同元龍去論，取坐山立向，龍穴水即可。
3. 父母三般卦即天元龍一卦一四七，人元龍一卦三六九，地元一卦二五八稱之。
4. 坎離作用與乾坤作用本著忠於原著，所以會以原著為基礎並加例題解說，這是蔣大鴻的著述，所以讀者可以研讀，也可略過此節，總之並不會影響蔣大鴻的主要論述。
5. 本書主要引用自《蔣大鴻三元奧秘手抄本》，上部提到的線法，坎離作用及乾坤作用並非本書重點，讀者可以自行斟酌參考即可，這是因為蔣大鴻在還沒研究楊公經典前所寫的，從他參透楊公經典後，線法就很少使用，坎離作用就發展成玄空三大卦，所以蔣大鴻後來的論述都是以玄空三大卦為重點。

坎離作用，坐壬宅上元行辰門放辰水，此為自庫，坐壬宅下元行庚門放庚水，此為自庫，乾坤作用，坐壬宅上元行未門放未水，此為借庫，坐壬宅下元行丙門放丙水，此為借庫。

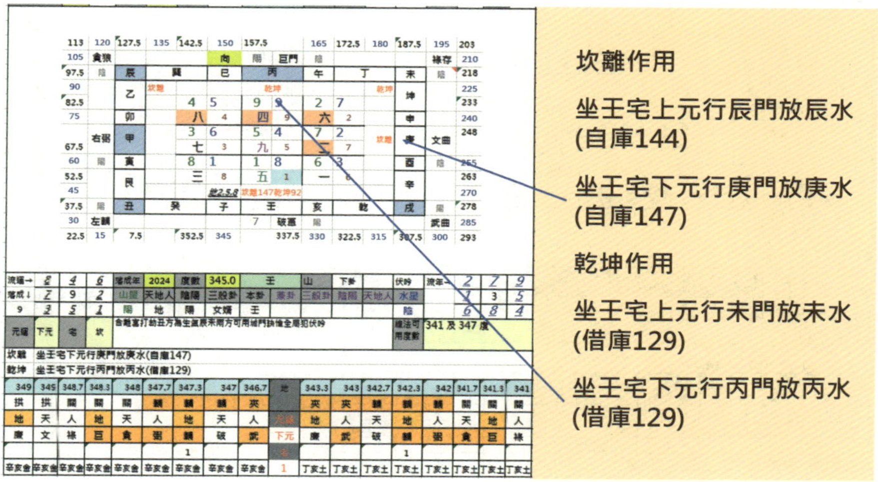
坎離作用
坐壬宅上元行辰門放辰水
(自庫144)
坐壬宅下元行庚門放庚水
(自庫147)
乾坤作用
坐壬宅上元行未門放未水
(借庫129)
坐壬宅下元行丙門放丙水
(借庫129)

坎離作用，坐子宅上元行巽門放巽水，此為自庫，坐子宅下元行酉門放酉水，此為自庫，乾坤作用，坐子宅上元行坤門放坤水，此為借庫，坐子宅下元行午門放午水，此為借庫。

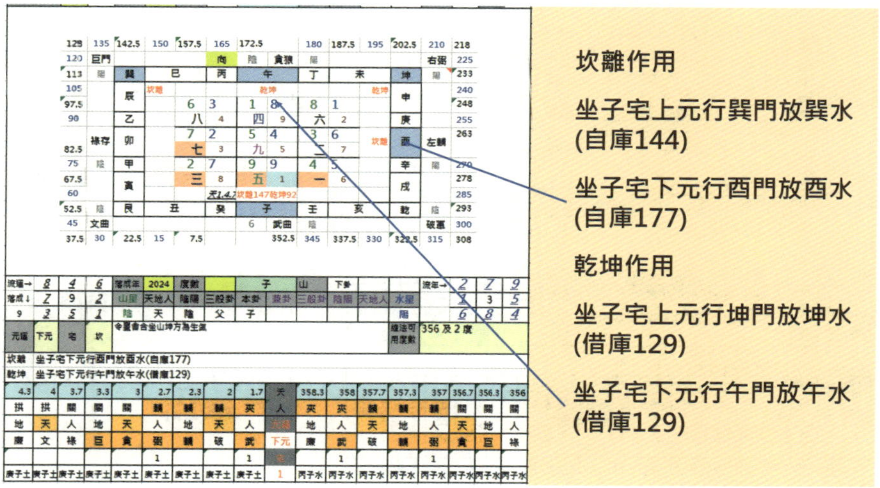
坎離作用
坐子宅上元行巽門放巽水
(自庫144)
坐子宅下元行酉門放酉水
(自庫177)
乾坤作用
坐子宅上元行坤門放坤水
(借庫129)
坐子宅下元行午門放午水
(借庫129)

坎離作用，坐癸宅上元行巳門放巳水，此為自庫，坐癸宅下元行辛門放辛水，此為自庫，乾坤作用，坐癸宅上元行申門放申水，此為借庫，坐癸宅下元行丁門放丁水，此為借庫。

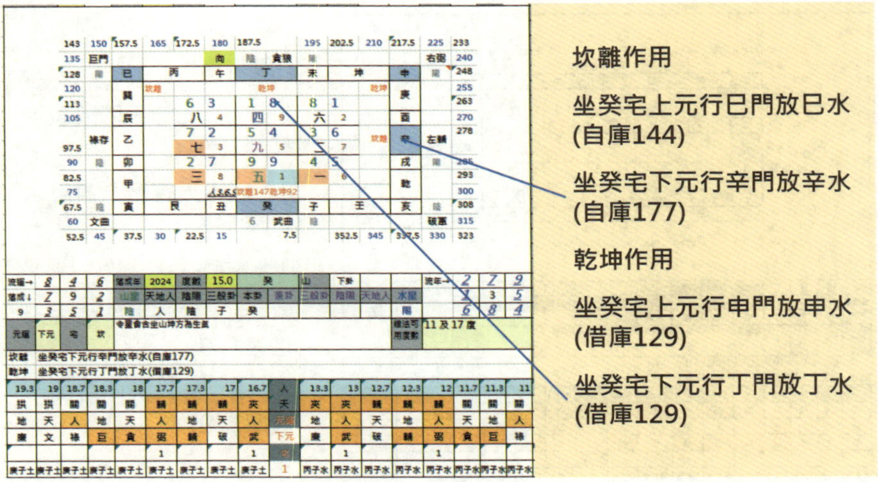
坎離作用
坐癸宅上元行巳門放巳水
(自庫144)
坐癸宅下元行辛門放辛水
(自庫177)
乾坤作用
坐癸宅上元行申門放申水
(借庫129)
坐癸宅下元行丁門放丁水
(借庫129)
坎離　坐癸宅下元行辛門放辛水(自庫177)
乾坤　坐癸宅下元行丁門放丁水(借庫129)

坎離作用，坐丑宅上元行未門放未水或中水此為自庫，坐丑宅下元行丑門放中水此為自庫，乾坤作用，坐丑宅上元行未門放未水或中水此為自庫，坐丑宅下元行庚丙門放中水此為借庫。

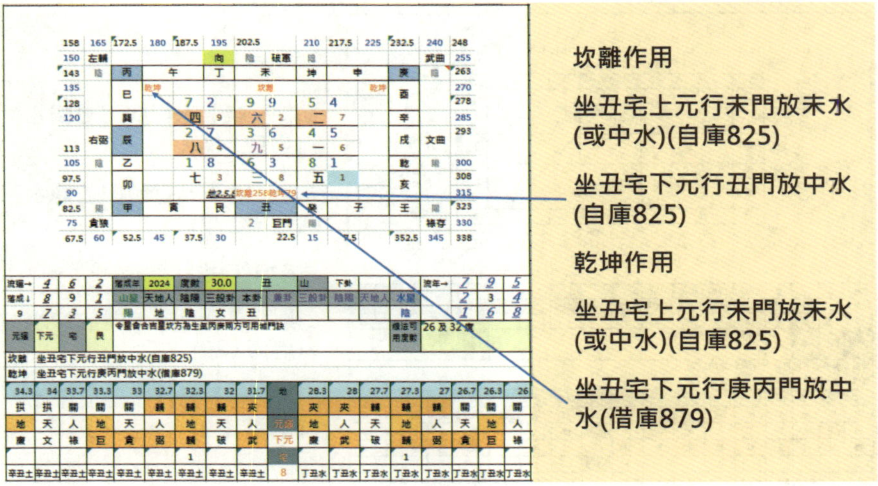

坎離作用，坐艮宅上元行坤門放坤水或中水，此為自庫，坐艮宅下元行艮門放中水此為自庫，乾坤作用，坐艮宅上元行坤門放坤水或中水，此為自庫，坐艮宅下元行酉午門放中水此為借庫。

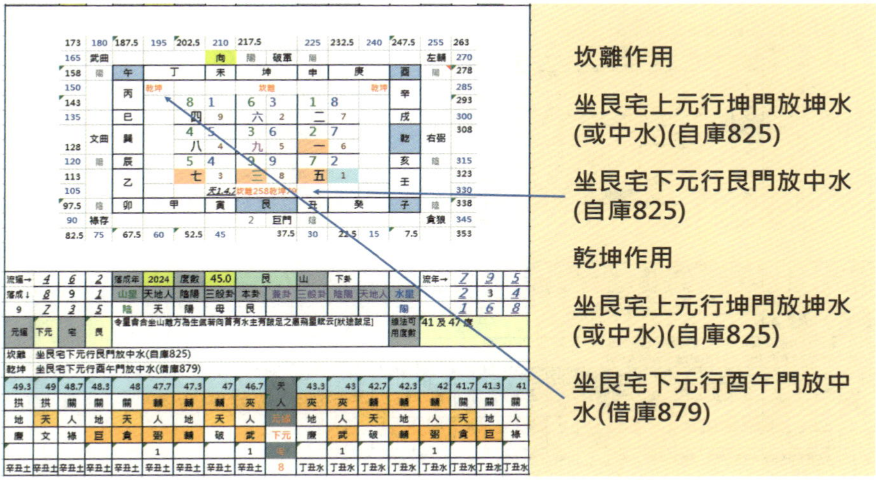
坎離作用
坐艮宅上元行坤門放坤水(或中水)(自庫825)
坐艮宅下元行艮門放中水(自庫825)
乾坤作用
坐艮宅上元行坤門放坤水(或中水)(自庫825)
坐艮宅下元行酉午門放中水(借庫879)

坎離作用，坐寅宅上元行申門放中水此為自庫，坐寅宅下元行寅門放中水此為自庫，乾坤作用，坐寅宅上元行申門放中水此為自庫，坐寅宅下元行辛丁門放中水此為借庫。

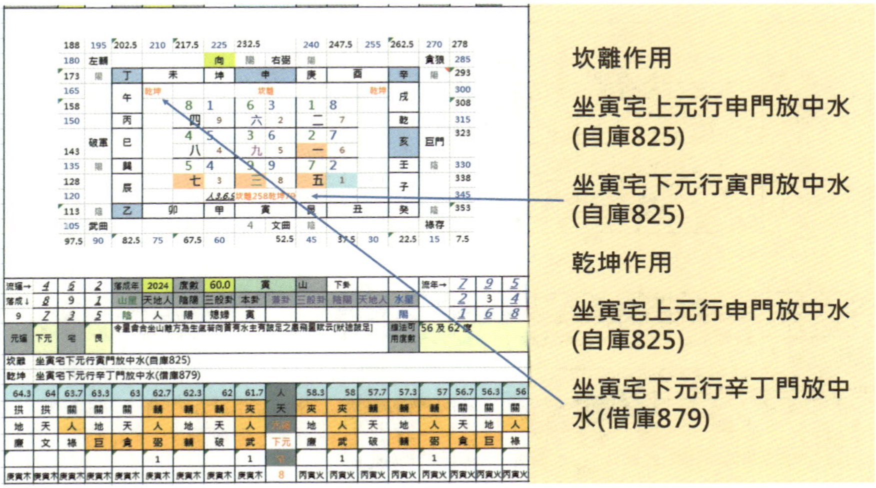
坎離作用
坐寅宅上元行申門放中水(自庫825)
坐寅宅下元行寅門放中水(自庫825)
乾坤作用
坐寅宅上元行申門放中水(自庫825)
坐寅宅下元行辛丁門放中水(借庫879)

坎離作用，坐甲宅上元行未門放未水此為借庫，坐甲宅下元行丙門放戌水(或行戌門放丙水)，此為自庫，乾坤作用，坐甲宅上元行未門放未水(或行辰門放辰水)，此為借庫，坐甲宅下元行丙門放戌水(或行戌門放丙水)，此為自庫。

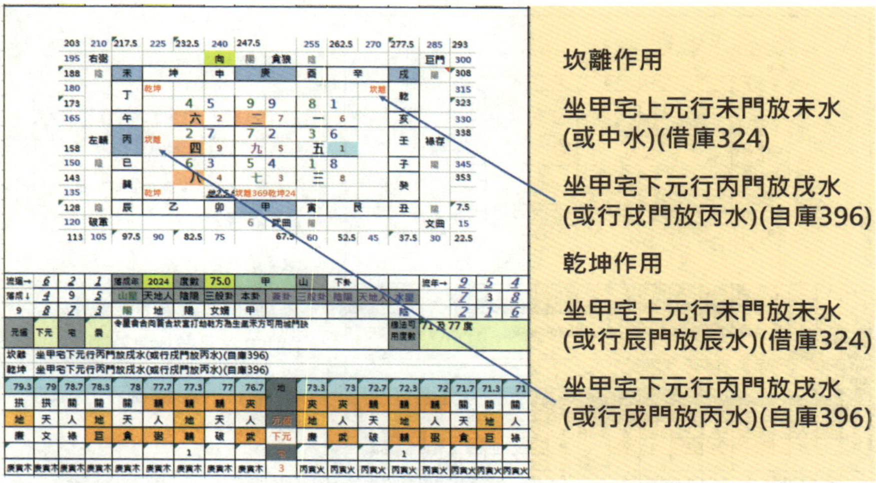
坎離作用
坐甲宅上元行未門放未水
(或中水)(借庫324)
坐甲宅下元行丙門放戌水
(或行戌門放丙水)(自庫396)
乾坤作用
坐甲宅上元行未門放未水
(或行辰門放辰水)(借庫324)
坐甲宅下元行丙門放戌水
(或行戌門放丙水)(自庫396)

坎離作用，坐卯宅上元行坤門放坤水此為借庫，坐卯宅下元行午門放乾水(或行乾門放午水)，此為自庫，乾坤作用，坐卯宅上元行坤門放坤水(或行巽門放巽水)，此為借庫，坐卯宅下元行午門放乾水(或行乾門放午水)，此為自庫。

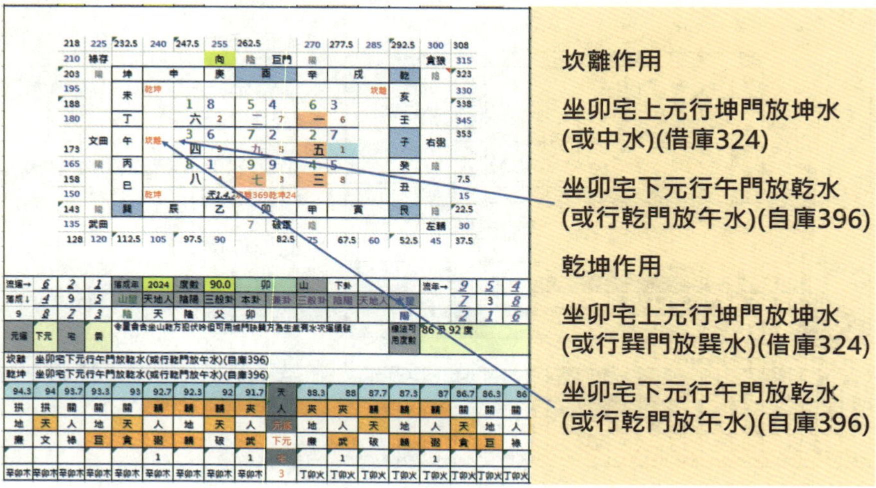
坎離作用
坐卯宅上元行坤門放坤水
(或中水)(借庫324)
坐卯宅下元行午門放乾水
(或行乾門放午水)(自庫396)
乾坤作用
坐卯宅上元行坤門放坤水
(或行巽門放巽水)(借庫324)
坐卯宅下元行午門放乾水
(或行乾門放午水)(自庫396)

坎離作用，坐乙宅上元行申門放中水此為借庫，坐乙宅下元行丁門放亥水(或行亥門放丁水)，此為自庫，乾坤作用，坐乙宅上元行申門放申水(或行巳門放巳水)，此為借庫，坐乙宅下元行丁門放亥水(或行亥門放丁水)，此為自庫。

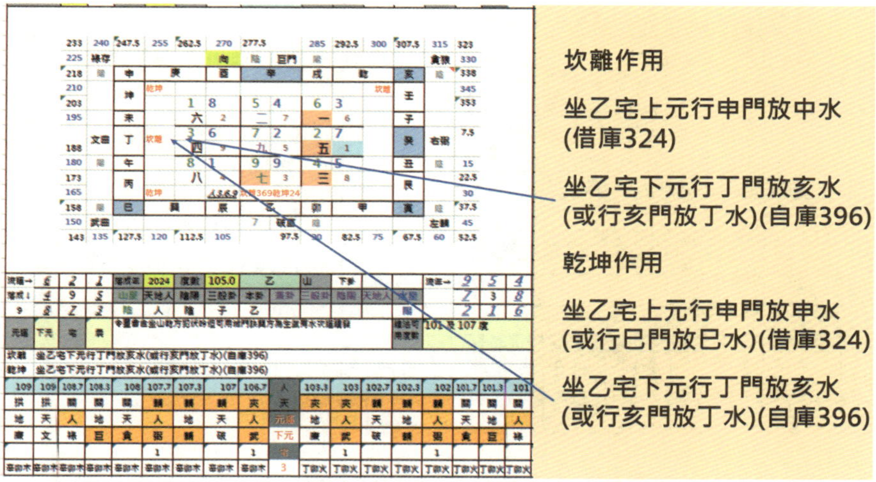
坎離作用
坐乙宅上元行申門放中水
(借庫324)
坐乙宅下元行丁門放亥水
(或行亥門放丁水)(自庫396)
乾坤作用
坐乙宅上元行申門放申水
(或行巳門放巳水)(借庫324)
坐乙宅下元行丁門放亥水
(或行亥門放丁水)(自庫396)

坎離作用，坐辰宅上元行壬門放壬水此為自庫，坐辰宅下元行庚門放庚水此為自庫，乾坤作用，坐辰宅上元行甲門放中水此為借庫。

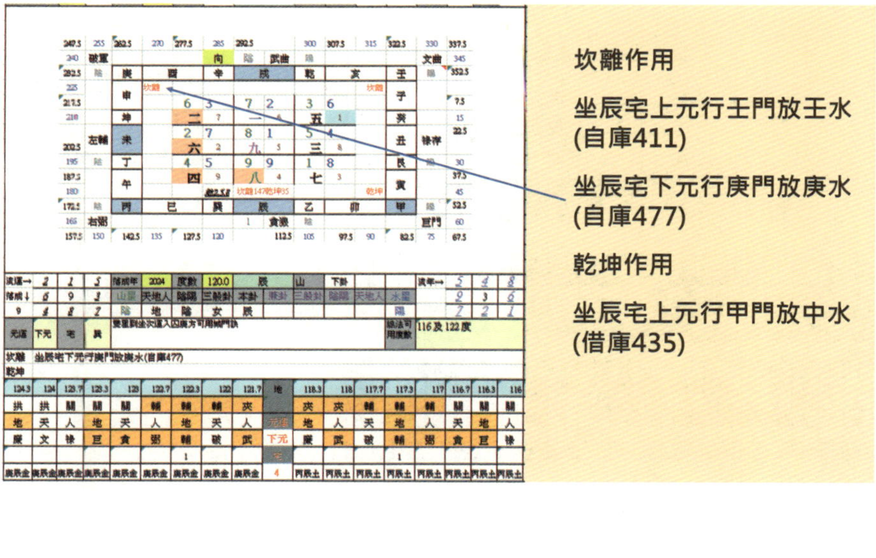
坎離作用
坐辰宅上元行壬門放壬水
(自庫411)
坐辰宅下元行庚門放庚水
(自庫477)
乾坤作用
坐辰宅上元行甲門放中水
(借庫435)

坎離作用，坐巽宅上元行子門放子水，此為自庫，坐巽宅下元行酉門放酉水，此為自庫，乾坤作用，坐巽宅上元行卯門放中水，此為借庫。

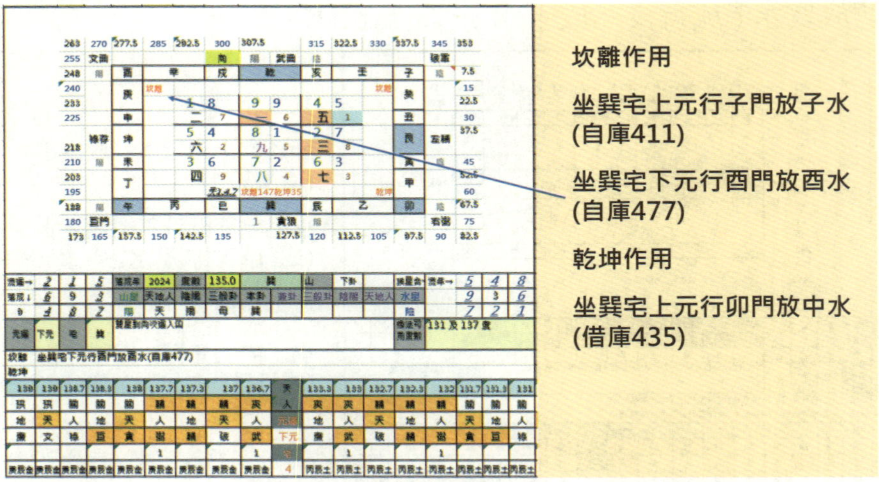
坎離作用
坐巽宅上元行子門放子水
(自庫411)
坐巽宅下元行酉門放酉水
(自庫477)
乾坤作用
坐巽宅上元行卯門放中水
(借庫435)

坎離作用，坐巳宅上元行癸門放癸水，此為自庫，坐巳宅下元行辛門放辛水，此為自庫，如果坎離作用碰到遮蔽，無法行門放水時，就用乾坤作用，坐巳宅上元行乙門放中水，此為借庫。

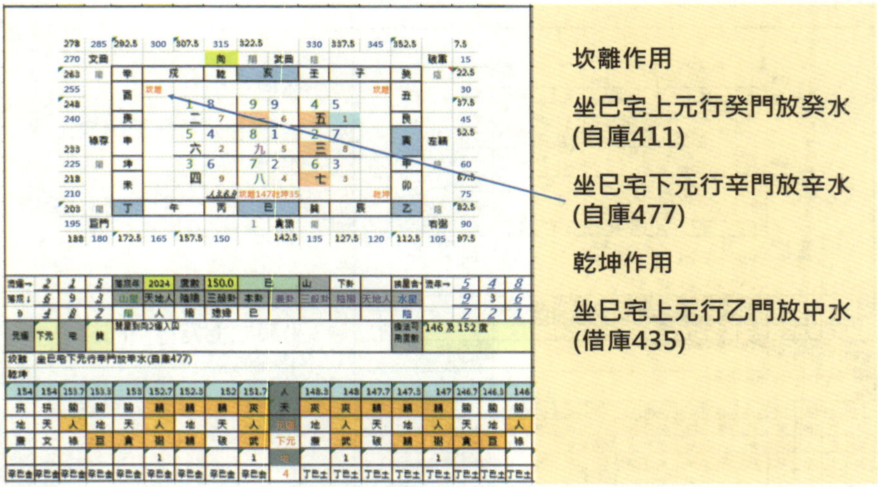
坎離作用
坐巳宅上元行癸門放癸水
(自庫411)
坐巳宅下元行辛門放辛水
(自庫477)
乾坤作用
坐巳宅上元行乙門放中水
(借庫435)

坎離作用，坐丙宅上元行甲門放甲水，此為自庫，坐丙宅下元行戊門放戊水，此為自庫，乾坤作用，坐丙宅上元行壬門放壬水，此為借庫，坐丙宅下元行丑門放丑水此為借庫。

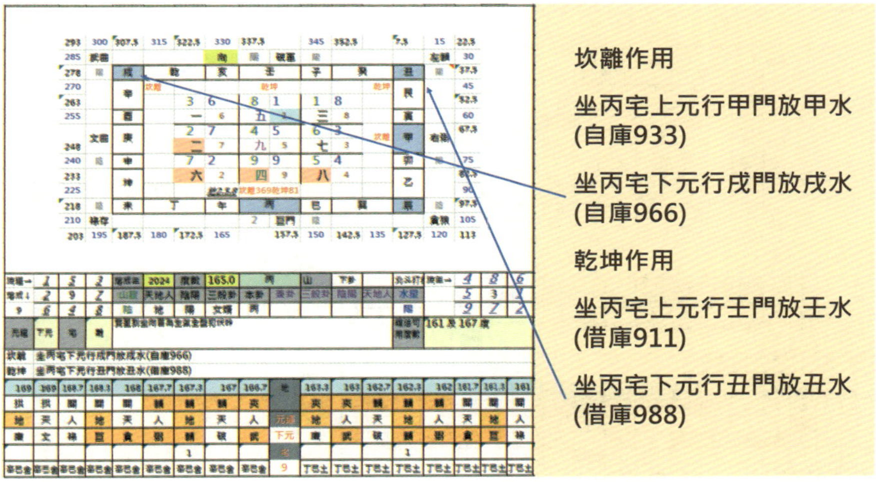
坎離作用
坐丙宅上元行甲門放甲水
(自庫933)
坐丙宅下元行戊門放戊水
(自庫966)
乾坤作用
坐丙宅上元行壬門放壬水
(借庫911)
坐丙宅下元行丑門放丑水
(借庫988)

坎離作用，坐午宅上元行卯門放卯水此為自庫，坐午宅下元行乾門放乾水此為自庫，乾坤作用，坐午宅上元行子門放子水此為借庫，坐午宅下元行艮門放艮水此為借庫。

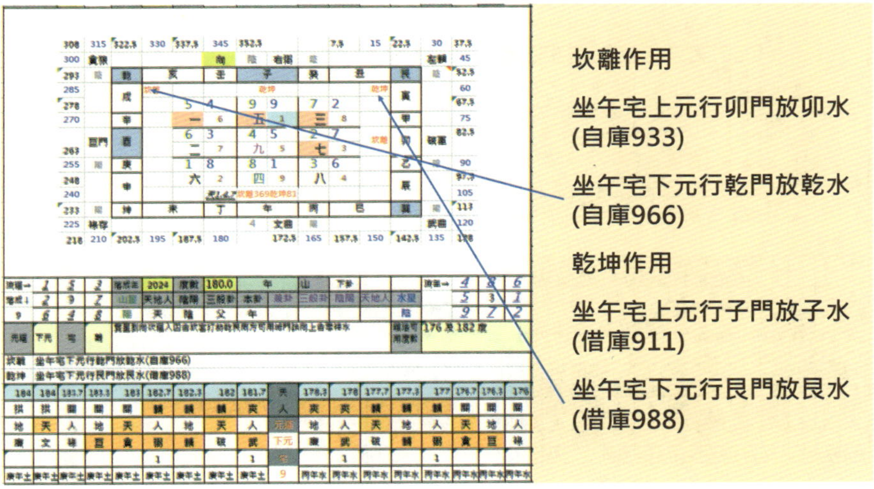
坎離作用
坐午宅上元行卯門放卯水
(自庫933)
坐午宅下元行乾門放乾水
(自庫966)
乾坤作用
坐午宅上元行子門放子水
(借庫911)
坐午宅下元行艮門放艮水
(借庫988)

坎離作用，坐丁宅上元行乙門放乙水此為自庫，坐丁宅下元行亥門放亥水此為自庫，乾坤作用，坐丁宅上元行癸門放癸水此為借庫，坐丁宅下元行寅門放寅水此為借庫。

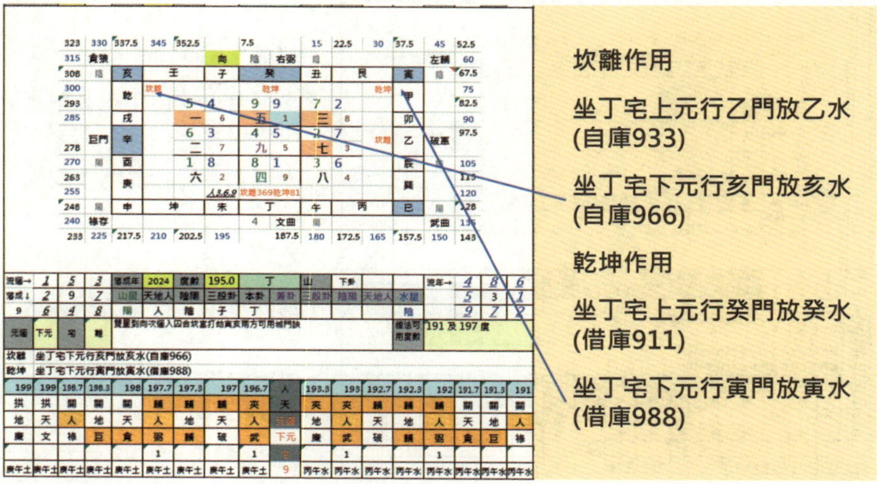
坎離作用
坐丁宅上元行乙門放乙水
(自庫933)
坐丁宅下元行亥門放亥水
(自庫966)
乾坤作用
坐丁宅上元行癸門放癸水
(借庫911)
坐丁宅下元行寅門放寅水
(借庫988)
坎離　坐丁宅下元行亥門放亥水(自庫966)
乾坤　坐丁宅下元行寅門放寅水(借庫988)

坎離作用，坐未宅上元行未門放中水此為自庫，坐未宅下元行丑門放中水此為自庫，乾坤作用，坐未宅上元行壬門放甲水此為借庫，坐未宅下元行壬門放甲水此為借庫。

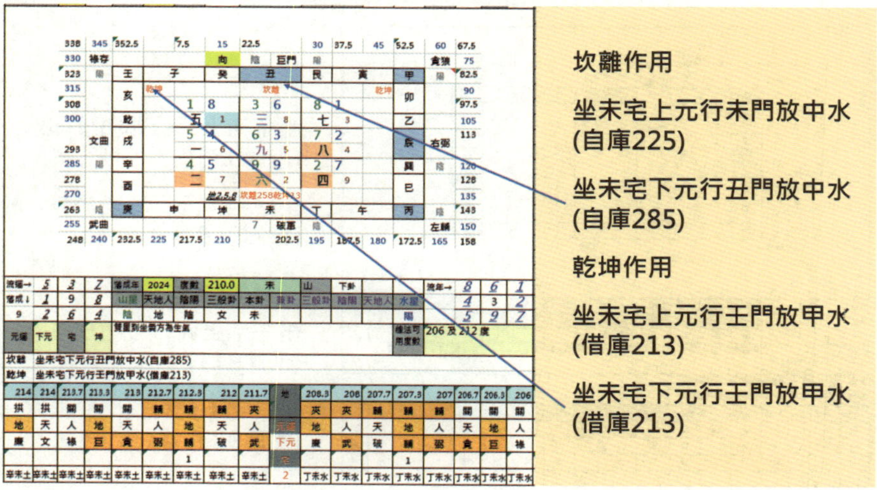

坎離作用，坐坤宅上元行坤門放中水，此為自庫，坐坤宅下元行艮門放中水，此為自庫，乾坤作用，坐坤宅上元行卯門放子水，此為借庫，坐坤宅下元行卯門放子水，此為借庫。

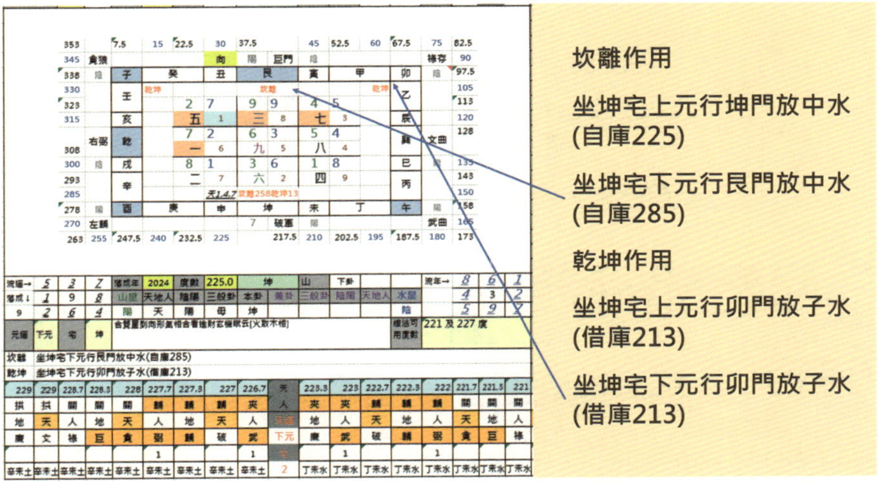
坎離　坐坤宅下元行艮門放中水(自庫285)
乾坤　坐坤宅下元行卯門放子水(借庫213)
坎離作用
坐坤宅上元行坤門放中水
(自庫225)
坐坤宅下元行艮門放中水
(自庫285)
乾坤作用
坐坤宅上元行卯門放子水
(借庫213)
坐坤宅下元行卯門放子水
(借庫213)

坎離作用，坐申宅上元行申門放中水此為自庫，坐申宅下元行寅門放中水此為自庫，乾坤作用，坐申宅上元行癸門放乙水此為借庫，坐申宅下元行癸門放乙水此為借庫。

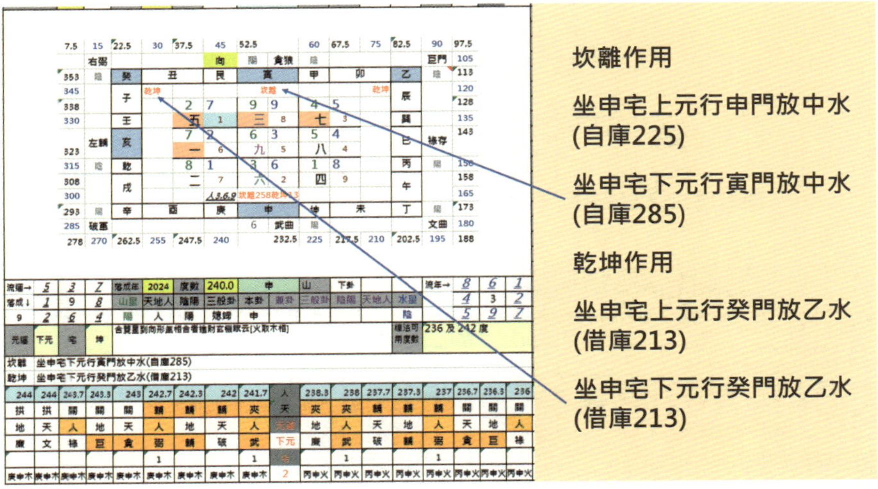

坎離作用，坐庚宅上元行壬門放壬水，此為自庫，坐庚宅下元行辰門放辰水，此為自庫，乾坤作用，坐庚宅上元行丑門放丑水，此為借庫，坐庚宅下元行戌門放戌水，此為借庫。

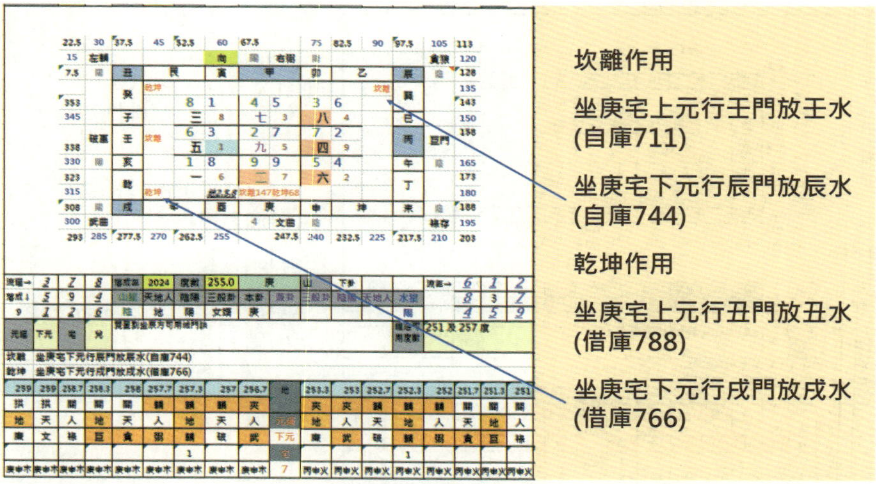
坎離作用
坐庚宅上元行壬門放壬水
(自庫711)
坐庚宅下元行辰門放辰水
(自庫744)
乾坤作用
坐庚宅上元行丑門放丑水
(借庫788)
坐庚宅下元行戌門放戌水
(借庫766)

坎離作用，坐酉宅上元行子門放子水此為自庫，坐酉宅下元行巽門放巽水此為自庫，乾坤作用，坐酉宅上元行艮門放艮水此為借庫，坐酉宅下元行乾門放乾水此為借庫。

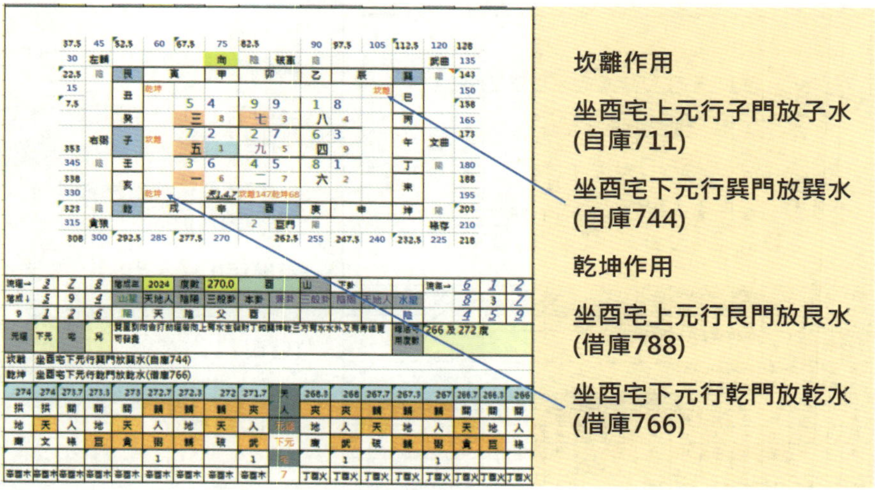
坎離作用
坐酉宅上元行子門放子水
(自庫711)
坐酉宅下元行巽門放巽水
(自庫744)
乾坤作用
坐酉宅上元行艮門放艮水
(借庫788)
坐酉宅下元行乾門放乾水
(借庫766)

坎離作用，坐辛宅上元行癸門放癸水此為自庫，坐辛宅下元行巳門放巳水此為自庫，乾坤作用，坐辛宅上元行寅門放寅水此為借庫，坐辛宅下元行亥門放亥水此為借庫。

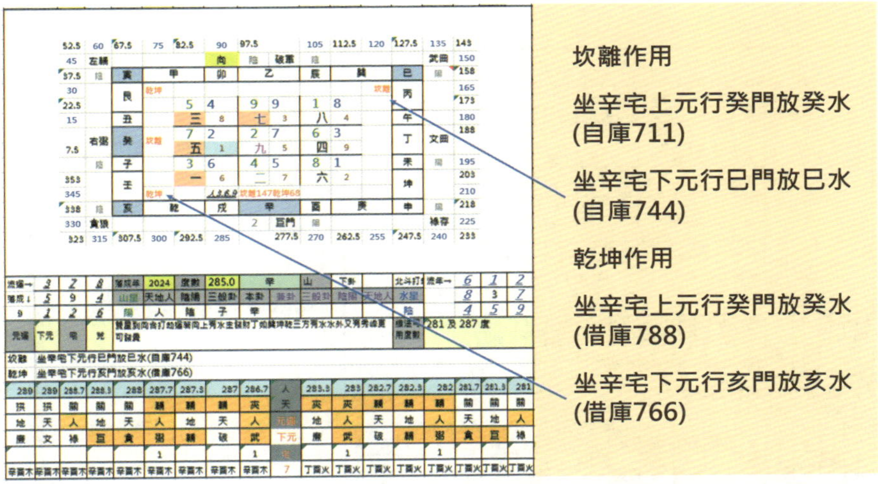
坎離作用
坐辛宅上元行癸門放癸水
(自庫711)
坐辛宅下元行巳門放巳水
(自庫744)
乾坤作用
坐辛宅上元行癸門放癸水
(借庫788)
坐辛宅下元行亥門放亥水
(借庫766)
坎離　坐辛宅下元行巳門放巳水(自庫744)
乾坤　坐辛宅下元行亥門放亥水(借庫766)

坎離作用，坐戌宅上元行甲門放甲水此為自庫，坐戌宅下元行丙門放丙水此為自庫，乾坤作用，坐戌宅下元行庚門放中水此為借庫，一般的用法是以坎離作用為主，假如得步道自庫的話，再用借庫。

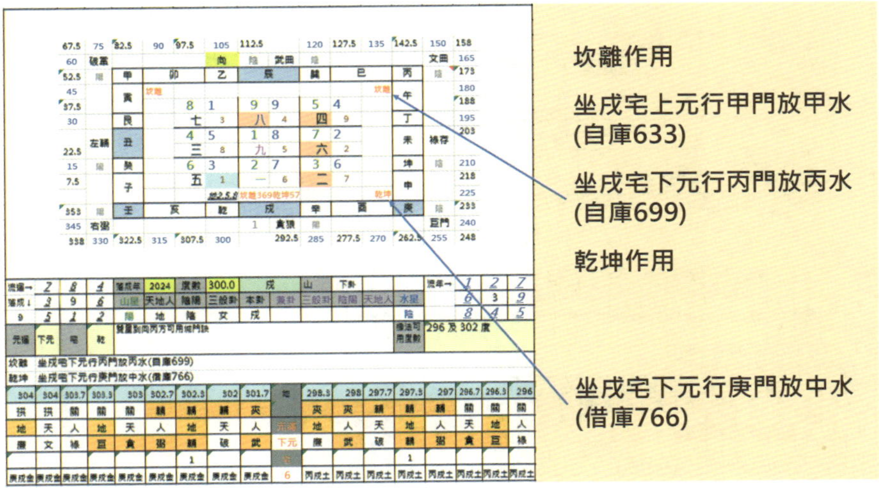

坎離作用，坐乾宅上元行卯門放卯水，此為自庫，坐乾宅下元行午門放午水，此為自庫，如果坎離作用，碰到有遮蔽無法行門放水時，可用乾坤作用，坐乾宅下元行酉門放中水，此為借庫。

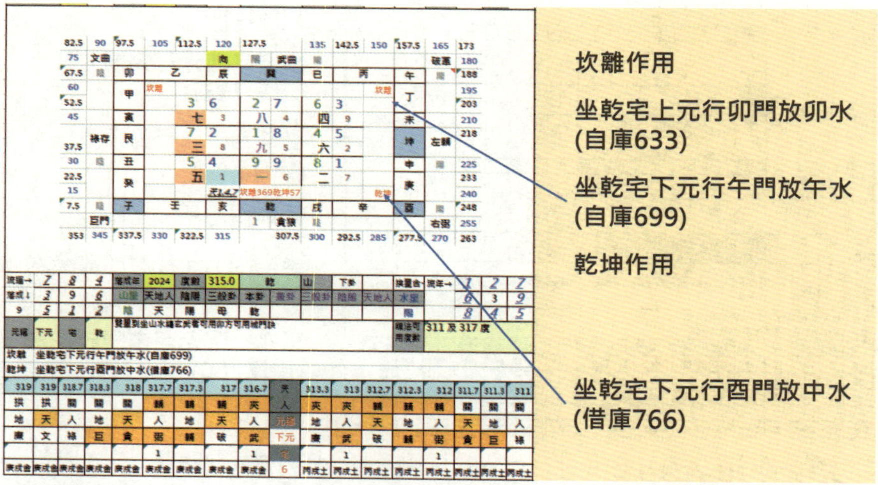
坎離作用
坐乾宅上元行卯門放卯水
(自庫633)
坐乾宅下元行午門放午水
(自庫699)
乾坤作用
坐乾宅下元行酉門放中水
(借庫766)

坎離作用，坐亥宅上元行乙門放乙水，此為自庫，坐亥宅下元行丁門放丁水，此為自庫，乾坤作用，坐亥宅下元行辛門放中水，此為借庫。

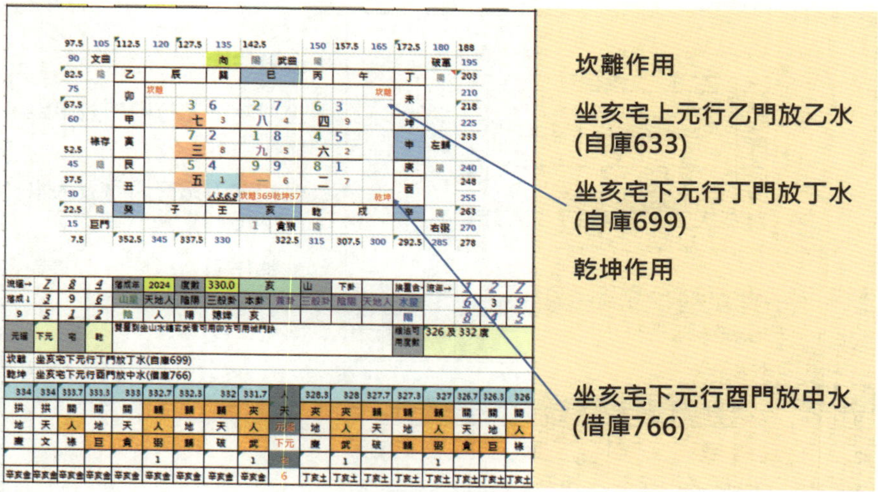
坎離作用
坐亥宅上元行乙門放乙水
(自庫633)
坐亥宅下元行丁門放丁水
(自庫699)
乾坤作用
坐亥宅下元行酉門放中水
(借庫766)

第 8 章　坎離乾坤作用結論

本章將坎離作用與乾坤作用，再加上吉水凶水的論述，做一個結論。

余有製做一個 EXCEL 檔案，這個檔案除了可以顯示三元九運的玄空盤，也可以顯示坎離作用及乾坤作用，應該選在那一個宮位，還有線法包括夾輔官拱，地天人，以及九星三者都吉的選用度數，從檔案中就可以很清楚的一目了然，檔案還包流年、流運，以及通書的解釋，只要輸入落成年以及坐山的度數，就能快速的知道答案，但此檔案僅提供個人練習使用，不得作為其他商業用途使用。

余在書背面有提供下載 EXCEL 檔案之連結網址，大家可以下載並多加練習使用。

蔣大鴻是從無極子傳來，其實無極子所傳也是楊筠松而來，俗謂陰宅重一線，陽宅重一片，蔣大鴻以線法解釋如何重一線，並且引用坎離及乾坤作用，解釋如何行門放水的方法。

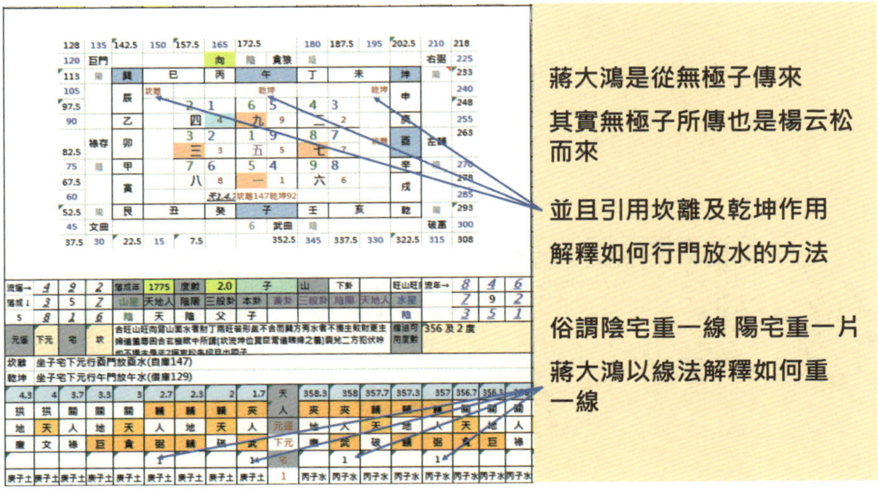
蔣大鴻是從無極子傳來
其實無極子所傳也是楊云松而來
並且引用坎離及乾坤作用
解釋如何行門放水的方法
俗謂陰宅重一線 陽宅重一片
蔣大鴻以線法解釋如何重一線
坎離 坐子宅下元行酉門放酉水(自庫147)
乾坤 坐子宅下元行午門放午水(借庫129)

自庫指的就是坎離作用，是指父母三般卦，即一四七、二五八、三六九，分布在坐山、三叉水口及山龍，這樣三宮可以同旺。

自庫即坎離作用
是指父母三般卦
即一四七 二五八 三六九
分布在坐山 三叉水口及山龍
這樣三宮可以同旺

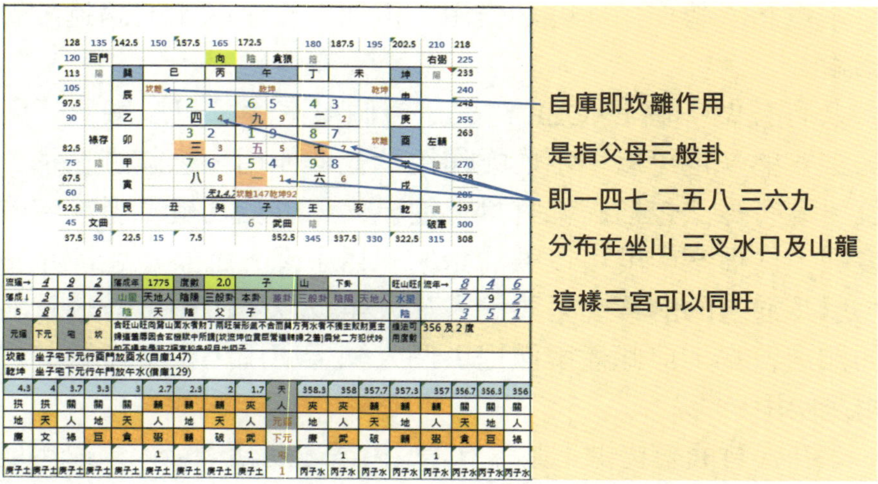

借庫就是乾坤作用，是指無法坎離作用時，也就是使用坎離作用，碰到有遮蔽物時，無法行門放水，這時權用之，運用方式為坐山卦前及卦後各一位，例如子山為1坎，用2坤、9離，就稱為乾坤作用。

借庫即乾坤作用
是指無法坎離作用時權用之
運用方式為坐山卦前及卦後各一位
例如子山-1坎用2 9稱為乾坤作用

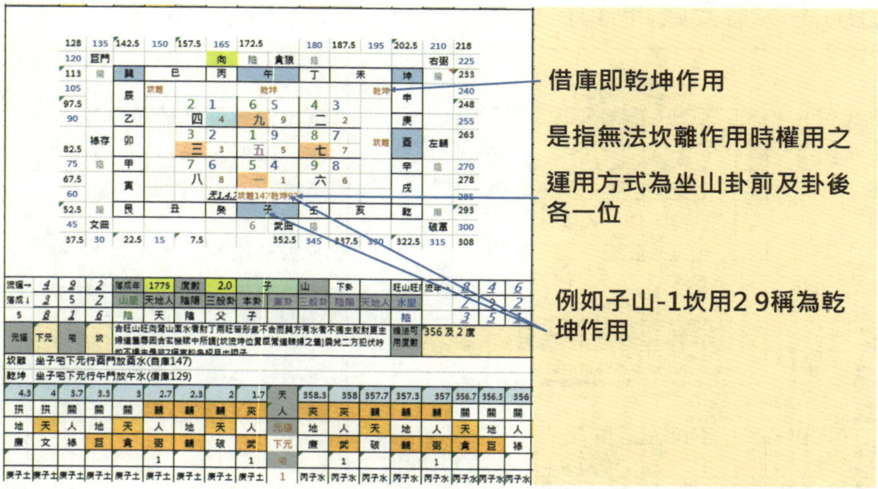

坎離、乾坤作用論述方法如下，首先區分是二元運的上元還是下元，因為九運無法配坐山八宮，故五運須轉換成四或六運，再以父母三般卦，及天地人必須是同屬性的元龍，以這樣去論即可。

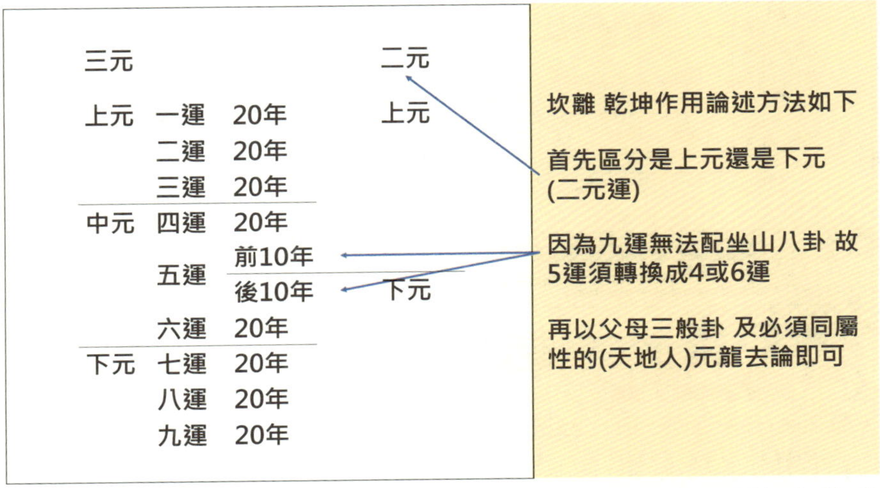

三元			二元
上元	一運	20年	上元
	二運	20年	
	三運	20年	
中元	四運	20年	
	五運	前10年	
		後10年	下元
	六運	20年	
下元	七運	20年	
	八運	20年	
	九運	20年	

坎離 乾坤作用論述方法如下

首先區分是上元還是下元 (二元運)

因為九運無法配坐山八卦 故5運須轉換成4或6運

再以父母三般卦 及必須同屬性的(天地人)元龍去論即可

行門放水法，行門是開門，放水是去水，行門放水的坎離作用其實是最基礎的方法，利用天、地、人三元各所屬的八個卦位，再依１４７或２５８或３６９的方式，依上元旺在１２３４，下元旺６７８９的方式去開門放水。

行門放水法

行門是開門 放水是去水

行門放水的坎離作用其實是最基礎的方法

利用天 地 人三元各所屬的八個卦位

再依１４７或２５８或３６９的方式

依上元旺在１２３４

下元旺６７８９的方式去開門放水

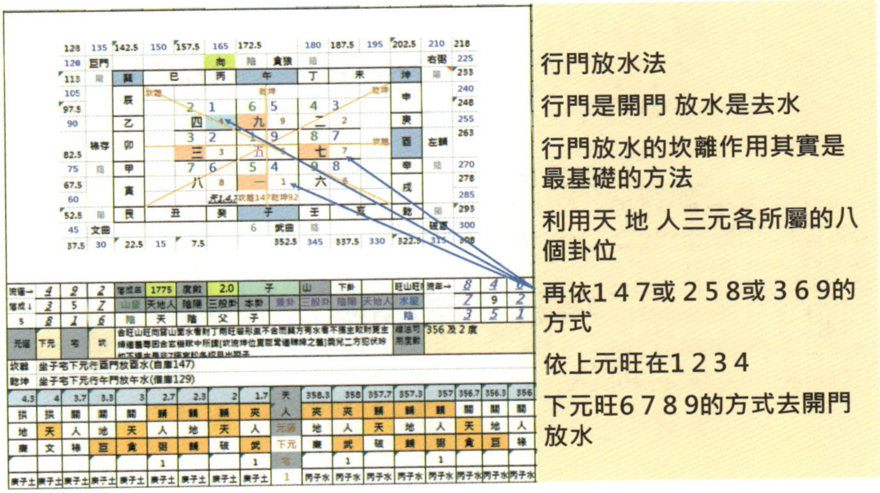

使用坎離作用時，假如門路不通或被他屋遮蔽，塘水催殺，這時就宜用乾坤作用，若乾坤作用旺於坎離，則用乾坤作用，坎卦三山比較特別，在上元必取乾坤作用，以其最旺也。

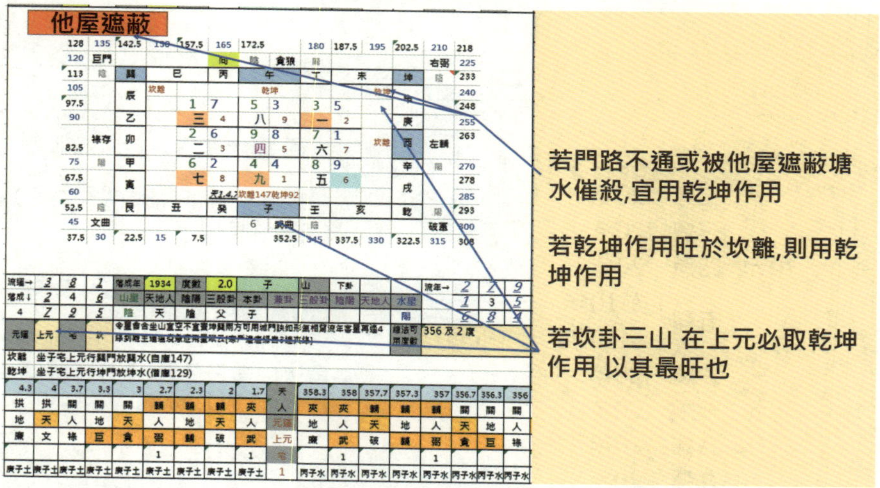

若門路不通或被他屋遮蔽塘水催殺,宜用乾坤作用

若乾坤作用旺於坎離,則用乾坤作用

若坎卦三山 在上元必取乾坤作用 以其最旺也

行門放水注意事項，出卦要特別注意，要迎旺氣行門放水，例2坤宮是旺氣，行門是開門，放水是去水，若衰氣宜棄之不用，放水不能在衰氣處。

行門放水注意事項

出卦要特別注意

要迎旺氣行門放水

例2坤宮是旺氣

行門是開門 放水是去水

若衰氣宜棄之不用

放水不能在衰氣處

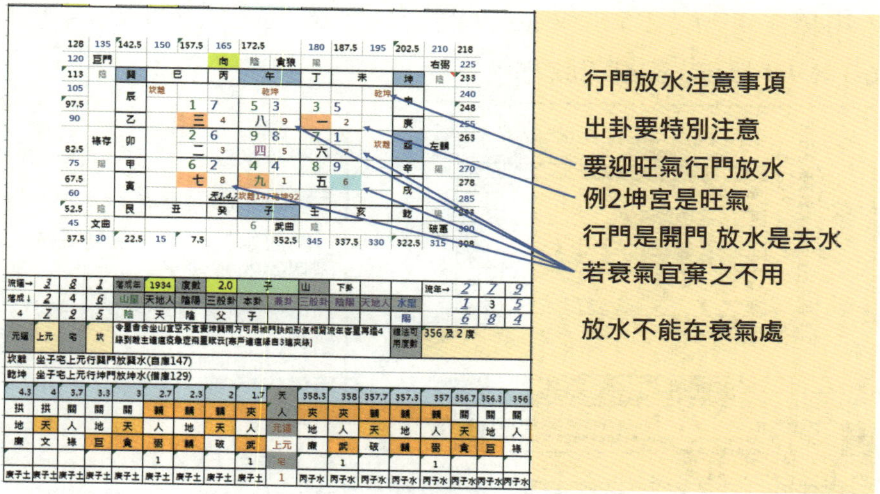

吉水與衰水，旺氣是衰水也，衰氣是吉水，衰氣即衰位，旺氣即旺位也，例如上元１２３４是旺氣，有水為衰水，６７８９為衰氣，有水是吉水，要迎旺氣行門放水。

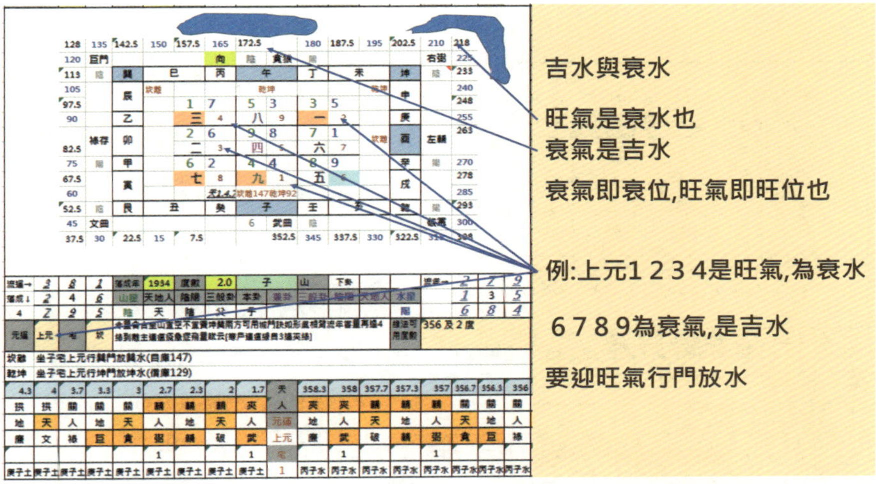

吉水與衰水
旺氣是衰水也
衰氣是吉水
衰氣即衰位,旺氣即旺位也
例:上元１２３４是旺氣,為衰水
６７８９為衰氣,是吉水
要迎旺氣行門放水

　　兼向須依照兼的比例，依此行門放水，子是癸的前一位，子兼癸三分，上元行巽加巳三分之門，上元放酉加辛三分之水，下元行酉加辛三分之門，下元行酉加庚一分之門，此即前兼龍神前兼向之作用也。

兼向須依照兼的比例
依此行門放水
子兼癸三分
上元行巽加巳三分之門
上元放酉加辛三分之水
下元行酉加辛三分之門
下元行酉加庚一分之門
此即前兼龍神前兼向之作用也
子是癸的前一位

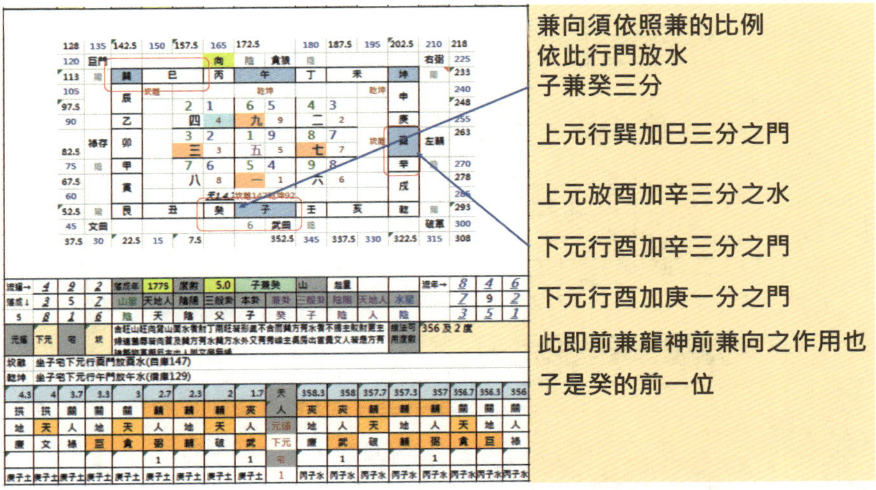

依照兼的比例行門放水，壬是子的後一位，子加壬一分，上元行巽加辰一分之門，上元放酉加庚一分之水，丙為上元衰氣，納之必凶，下元行酉加庚一分之門，此即後兼龍神後兼向之作用也。

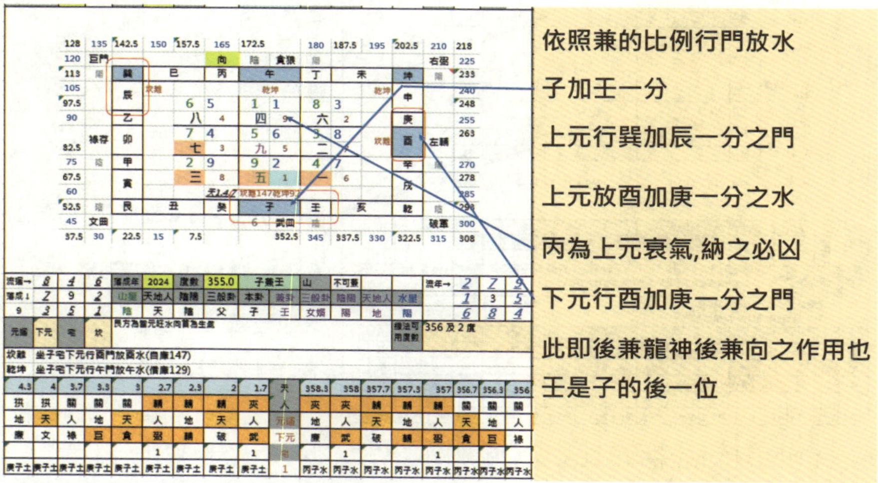

出卦要特別注意，癸加丑三分，上元行壬加亥門放壬加亥水，上元行巳加丙三分之門，丙為上元衰氣，納之必凶，為上元吉水放之必損，最好是棄衰迎旺，行巳門放巳水，略兼一線亥而已。

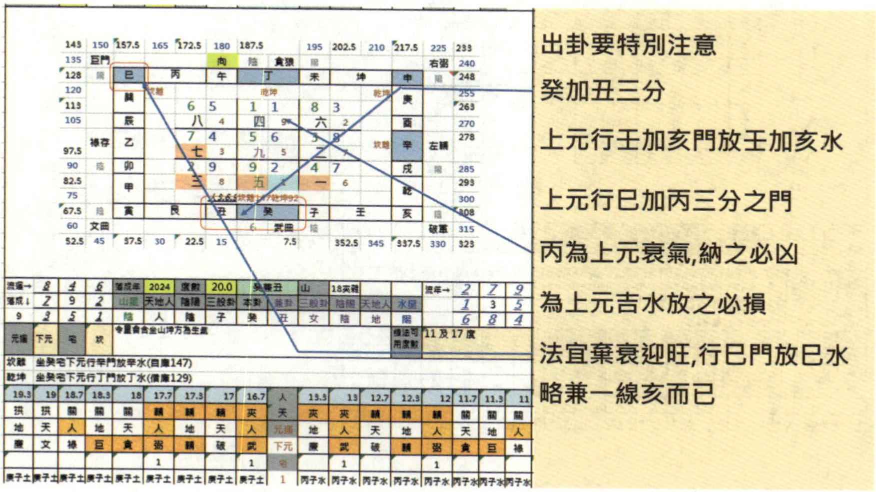

出卦要特別注意，例如辰加乙，上元行壬加亥門放壬加亥水，亥為上元衰氣，納之必凶，法宜棄衰迎旺，行壬門放壬水，亥為上元吉水放之必損，略兼一線亥而已。

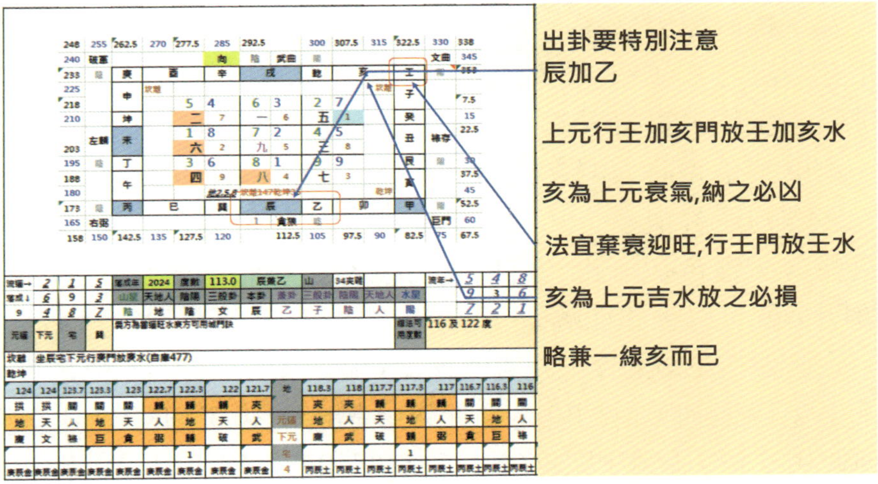

第9章　玄空盤EXCEL檔案介紹

　　為了提高學習效率，大家可以利用余提供之連結網址下載，三元玄空盤之 EXCEL 檔案加以使用，手機也以可用，這樣就可省略排盤的步驟，直接看盤，節省時間，本篇介紹三元玄空盤的使用，本檔案是將蔣大鴻之玄空些子法，所謂些子法就是很多種方法，玄空的理論很多，一般所稱的些子，就是這些理論，本檔案將這些方法整合在一起，使用者可以看玄空盤，出現的數字及文字說明，就可以正確地解盤。

　　余製做的 EXCEL 三元玄空檔案，最主要是教學練習使用，因此都是免費下載，目的就是要使更多讀者能夠了解玄空，並懂得如何使用玄空，以下以十四點分別說明如何使用。

　　1.基本資料：包括預測年，形巒水的位置標示，形巒山的位置標示，落成年要以西元年計算元運，坐山度數為手持羅盤面朝門開方向對正紅線，羅盤靠近身體之紅線所壓的度數，以此論方位，基本資料為必須輸入之資料。

基本資料
例 預測年(預設為同落成年)
例 形巒水的位置標示
例 形巒山的位置標示
例 落成年 以西元年計算元運
例 坐山度數 為手持羅盤面朝門開方向對正紅線
羅盤靠近身體之紅線所壓的度數 以此論方位
基本資料為必須輸入之資料

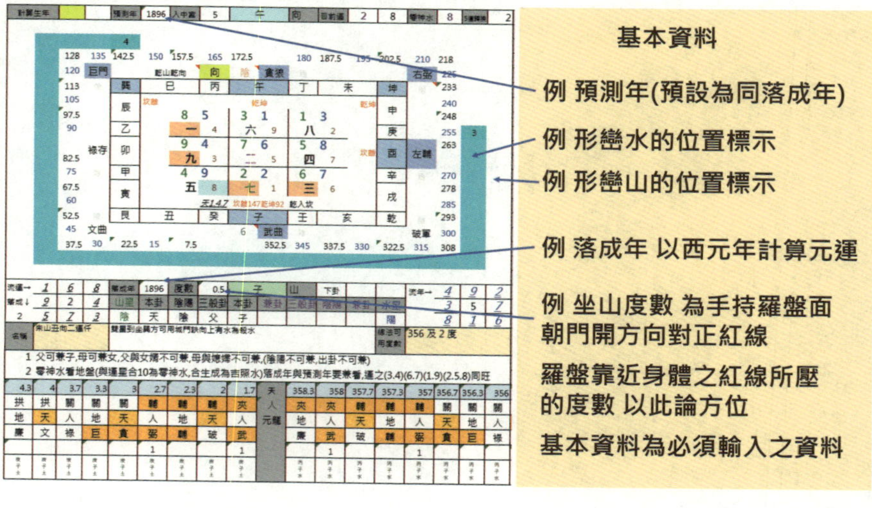

2. 基本定義：水盤旺氣星為當運之水星，生氣星為次運之水星，山盤旺氣星為當運之山星，山盤生氣星為次運之山星，可用宮位是，地元龍挨星二四六八為陰，天元龍人元龍挨星一三七九為陰，入中逆佈一定旺星到該宮可用。

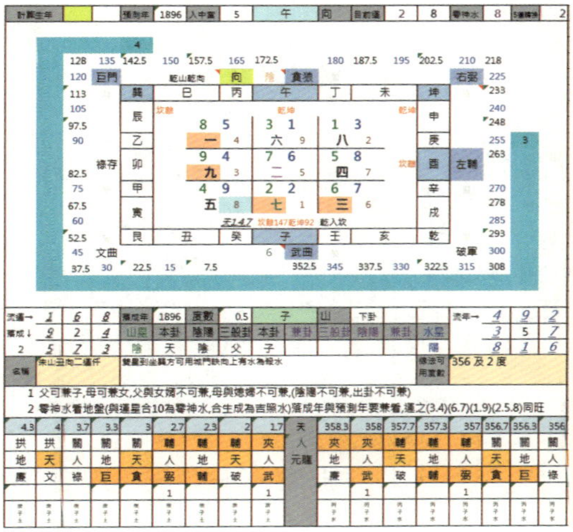

基本定義

水盤旺氣星為當運之水星

水盤生氣星為下元運之水星

山盤旺氣星為當運之山星

山盤生氣星為下元運之山星

可用宮位 地元龍運星二四六八為陰

天元龍人元龍運星一三七九為陰

入中逆佈一定旺星到該宮可用

3. 基本論法：山生旺星，形巒有山主旺丁，水生旺星，形巒有水主旺財，地元龍挨星二四六八或天元、人元龍挨星一三七九之宮位可用於陽宅為大門、書房、神明廳及主臥室等，陰宅為坐山、來龍或水口，需搭配形巒用之。

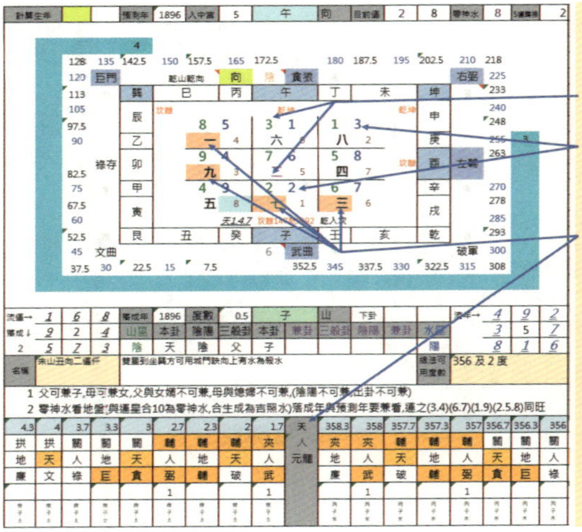

基本論法

例 山盤生旺星 形巒有山主旺丁

例 水盤生旺星 形巒有水主旺財

例 可用宮位為地元龍運星二四六八或天元 人元龍運星一三七九之宮位

以上須用在最重要的地方

陽宅為 大門 書房 神明廳 主臥室等

陰宅為 坐山 來龍 或水口

需搭配形巒用之

4. 格局：城門訣為在向前旺宮論之，零神位為與運星合十之地盤宮位，到山到向，雙星到向，雙星到坐，上山下水都要與形巒搭配，三般卦為雙星到向的三合宮位合一四七或三六九或二五八，連珠卦為合一二三或二三四等。

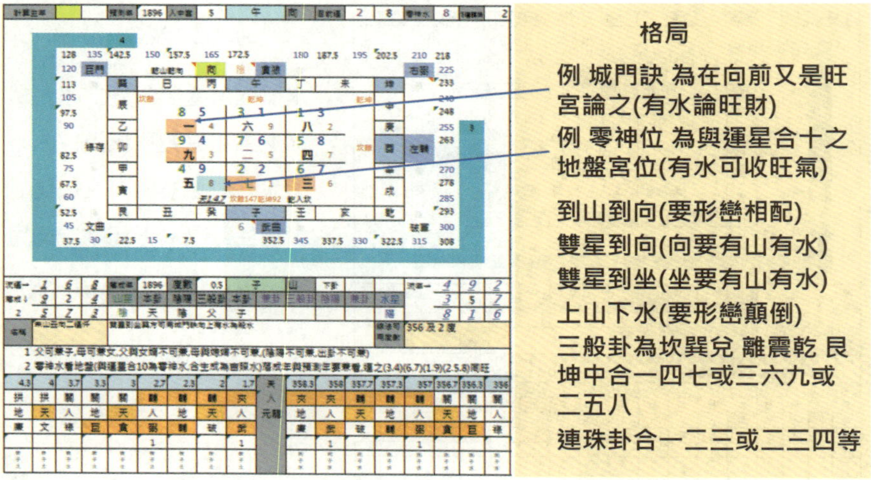
格局
例 城門訣 為在向前又是旺宮論之(有水論旺財)
例 零神位 為與運星合十之地盤宮位(有水可收旺氣)
到山到向(要形巒相配)
雙星到向(向要有山有水)
雙星到坐(坐要有山有水)
上山下水(要形巒顛倒)
三般卦為坎巽兌 離震乾 艮坤中合一四七或三六九或二五八
連珠卦合一二三或二三四等

5. 打劫：雙星到向又合三般卦，才可論打劫運，三六九打劫，一卦運可管兩卦運，一四七打劫，一卦運只管一卦運，二五八打劫，一卦運可管三卦運，打劫運之三合宮可論同旺。

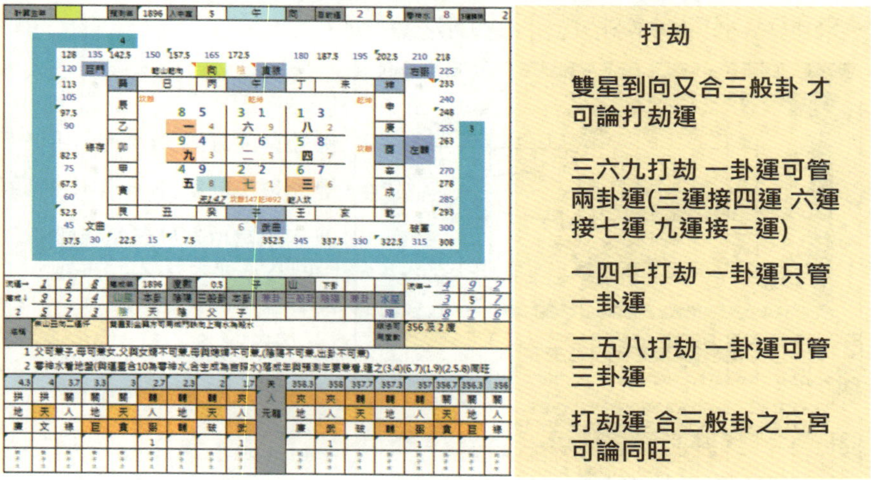
打劫
雙星到向又合三般卦 才可論打劫運
三六九打劫 一卦運可管兩卦運(三運接四運 六運接七運 九運接一運)
一四七打劫 一卦運只管一卦運
二五八打劫 一卦運可管三卦運
打劫運 合三般卦之三宮可論同旺

6. 入囚：一般以中宮之星為入囚之運，雙星到向以坐宮之星為入囚之運，水星入囚之運主敗財，若是向前有水，則囚不住，山星入囚之運主損丁。

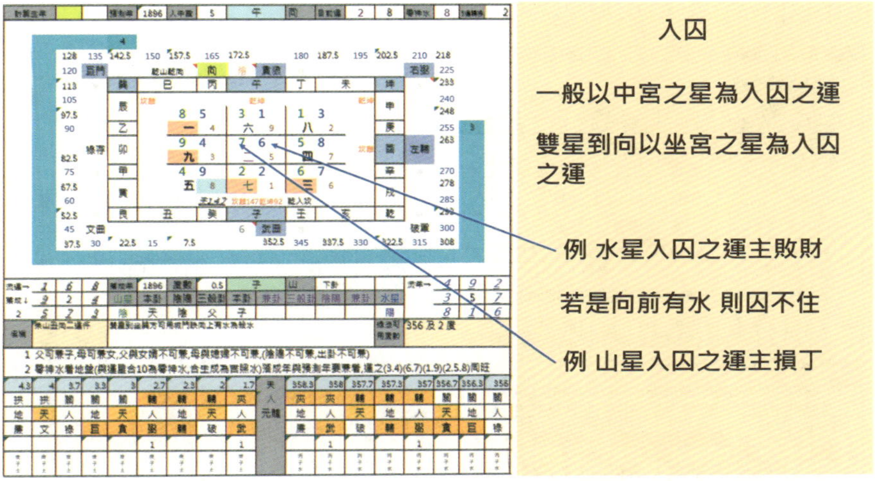
入囚
一般以中宮之星為入囚之運
雙星到向以坐宮之星為入囚之運
例 水星入囚之運主敗財
若是向前有水 則囚不住
例 山星入囚之運主損丁

7. 反伏吟：伏吟飛星與運星，地盤相同，反吟飛星與運星，地盤合十，反伏吟遇凶星論凶，遇旺星不論，反伏吟有水可解。又有一種說法是山向挨星為五時入中，佈出來的山水星與挨星相同論伏吟，合十論反吟。

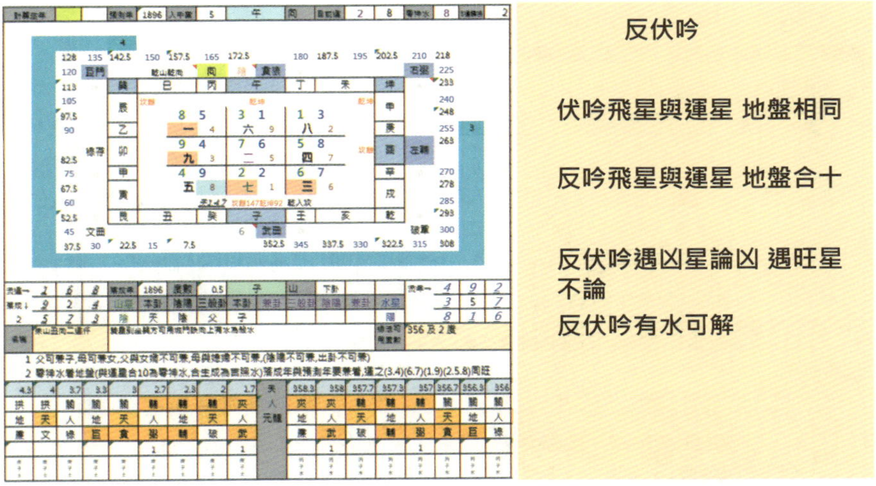
反伏吟
伏吟飛星與運星 地盤相同
反吟飛星與運星 地盤合十
反伏吟遇凶星論凶 遇旺星不論
反伏吟有水可解

8. 地運：看地盤坐山之對宮卦數與中宮 5 之差乘 20 年即是，豎造陰陽宅時，要配合地運以及來脈去選擇坐山立向，例如南鯤鯓是辰山戌向，地運只 20 年，但四面八方都有水流環繞，所以入囚而不囚，才能香火鼎盛。

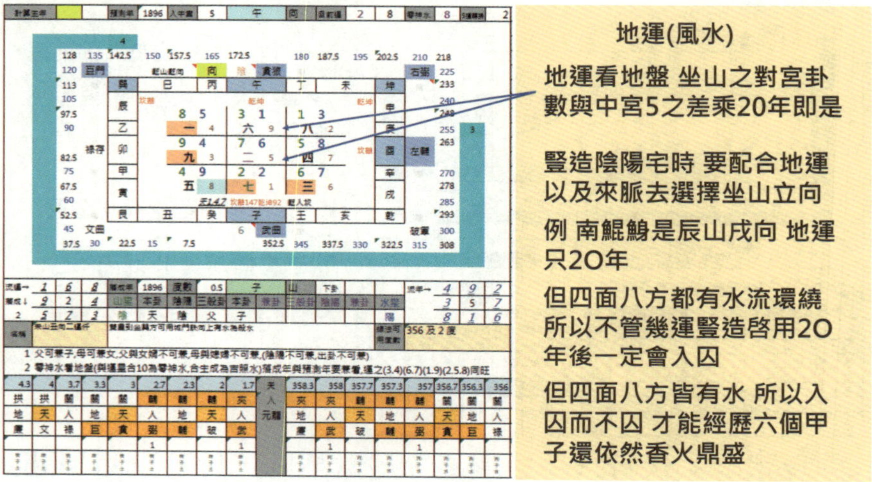
地運(風水)
地運看地盤 坐山之對宮卦數與中宮5之差乘20年即是
豎造陰陽宅時 要配合地運以及來脈去選擇坐山立向
例 南鯤鯓是辰山戌向 地運只20年
但四面八方都有水流環繞所以不管幾運豎造啓用20年後一定會入囚
但四面八方皆有水 所以入囚而不囚 才能經歷六個甲子還依然香火鼎盛

9. 取貪狼：方法有分水龍及山龍兩種，山龍以坐山替星為準起算，依照陰逆或陽順佈，水龍以坐山之替星為準起算，依照陰逆或陽順佈之。形巒有水遇貪狼等吉星時，論旺財，一般以旺財為主，故取向只論水不論山。

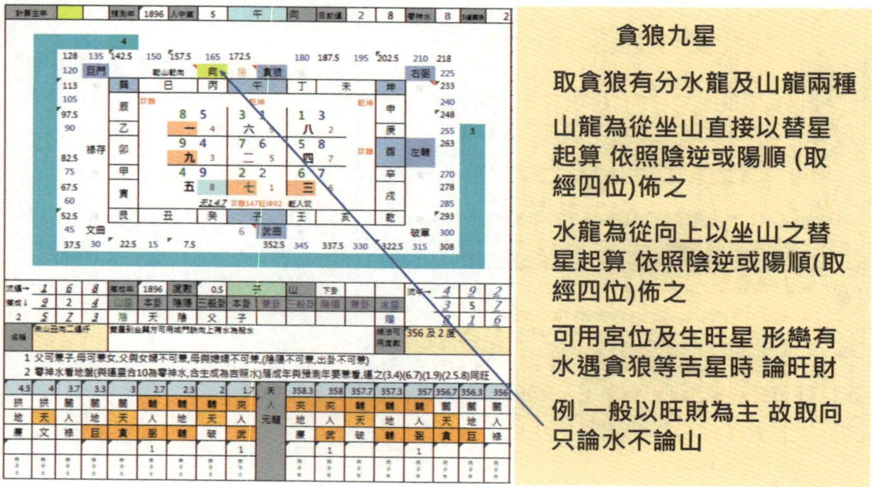
貪狼九星
取貪狼有分水龍及山龍兩種
山龍為從坐山直接以替星起算 依照陰逆或陽順 (取經四位)佈之
水龍為從向上以坐山之替星起算 依照陰逆或陽順(取經四位)佈之
可用宮位及生旺星 形巒有水遇貪狼等吉星時 論旺財
例 一般以旺財為主 故取向只論水不論山

10. 五黃：流運五黃是以運星入中順佈，五黃所到宮位論之，流年五黃每年不同，依照預測年之盤面顯示為準，以流年命宮(命卦)入中順佈，五黃所到宮位論之，五黃所臨之宮位宜靜不宜動，五黃遇旺星不論，遇退氣星論凶。

五黃

例 流運五黃

以運星入中順佈 五黃所到宮位論之

例 流年五黃(每年不同 依照預測年之盤面顯示為準)

以流年命宮(命卦)入中順佈 五黃所到宮位論之

五黃所臨之宮位宜靜不宜動

五黃遇旺星不論 遇退氣星論凶

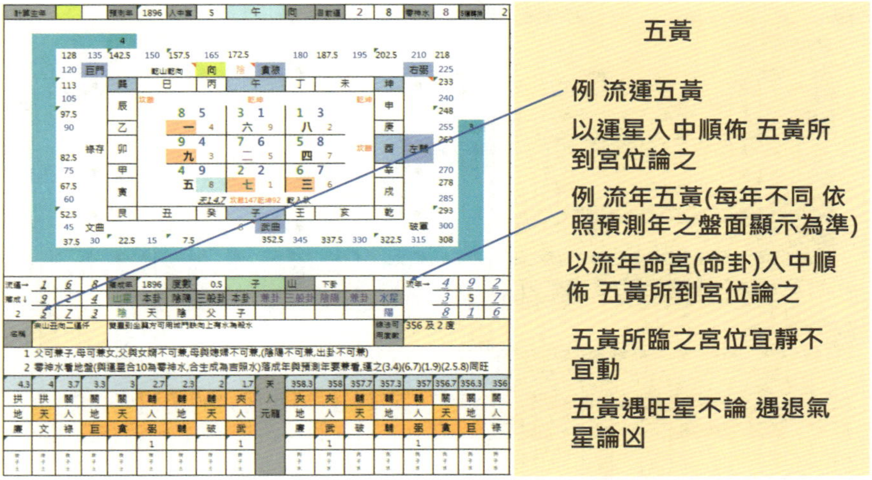

11. 龍穴水口：龍穴水口取法，天元一四七取巽兌及坎宮，地元二五八取艮坤及中宮，人元三六九取離震及乾宮，龍穴水口用法，陰宅為坐山、來龍及水口等，陽宅為客廳、主臥及大門等。

龍穴水口

龍穴水口取法

例 天元一四七取巽兌及坎宮

地元二五八取艮坤及中宮

人元三六九取離震及乾宮

例 龍穴水口用法

陰宅為坐山 來龍 水口等

陽宅為客廳 主臥 大門等

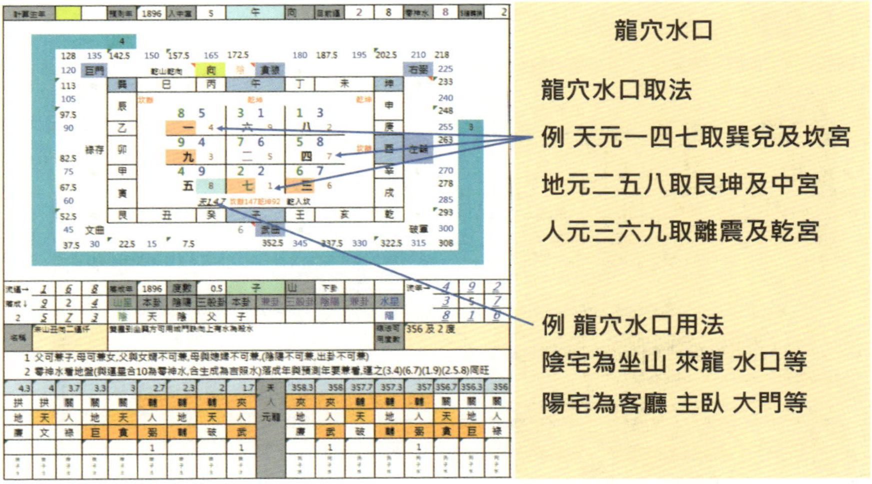

12. 行門放水：第一選擇坎離作用，第二選擇乾坤作用，若門路不通或被他屋遮蔽，宜用乾坤作用，坎離作用講的是地盤，後天卦以坐山為穴之龍水，符合先天卦坎離交媾，乾坤作用講的是元運接氣，例九運接一運，一運接二運。

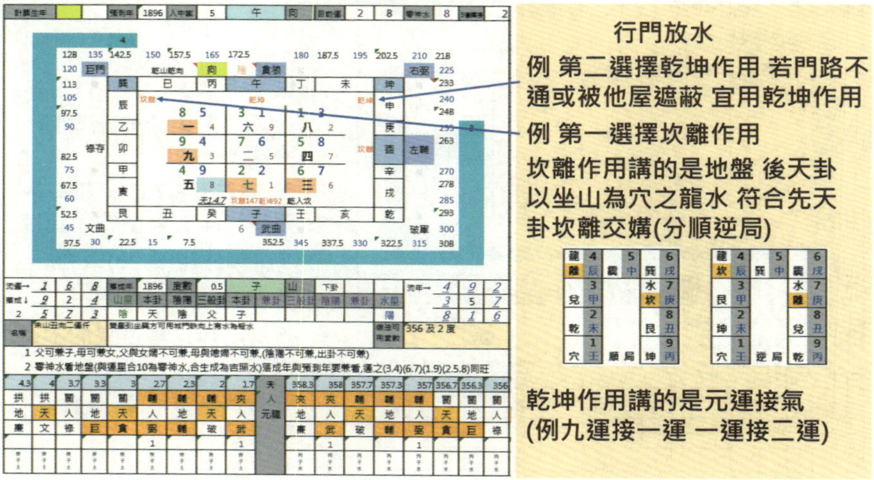
行門放水
例 第二選擇乾坤作用 若門路不通或被他屋遮蔽 宜用乾坤作用
例 第一選擇坎離作用
坎離作用講的是地盤 後天卦以坐山為穴之龍水 符合先天卦坎離交媾(分順逆局)
乾坤作用講的是元運接氣
(例九運接一運 一運接二運)

13. 倒排父母：取來龍的先天位，合先後天父母配做為坐山，稱之為龍取坐，乾入坎，來龍是乾宮，坤的後天宮位為坎，取坎宮為坐山稱之為龍取坐，天盤先天位乾宮形巒有水，則符合乾山乾向水流乾，論大旺財丁。

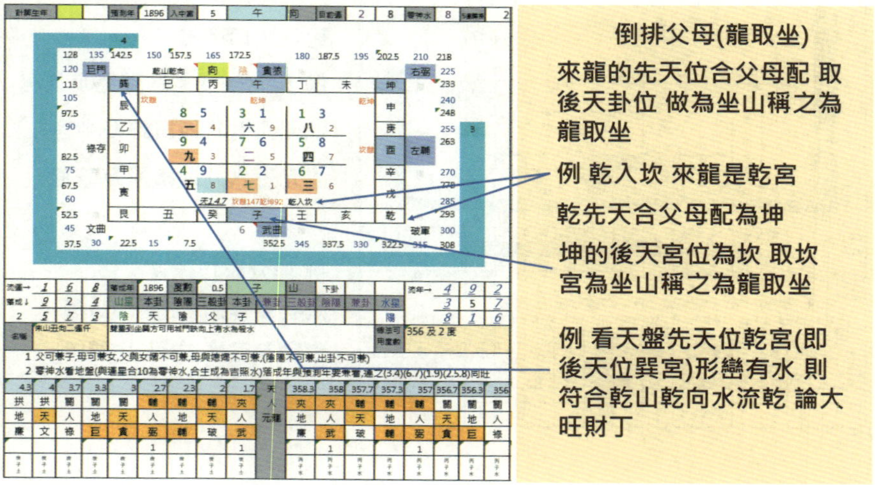
倒排父母(龍取坐)
來龍的先天位合父母配 取後天卦位 做為坐山稱之為龍取坐
例 乾入坎 來龍是乾宮
乾先天合父母配為坤
坤的後天宮位為坎 取坎宮為坐山稱之為龍取坐
例 看天盤先天位乾宮(即後天位巽宮)形巒有水 則符合乾山乾向水流乾 論大旺財丁

14. 蔣公線法：分守夾輔觀拱照各管一度，每度分成天地人三等份，九星各管三分之一度，以每山之中線往兩側佈之，守夾輔觀拱照以夾輔論吉，九星以貪巨武輔弼論吉，以上兩者皆吉又合坐山之元龍時 (天人元龍同論)，為可用之度數。

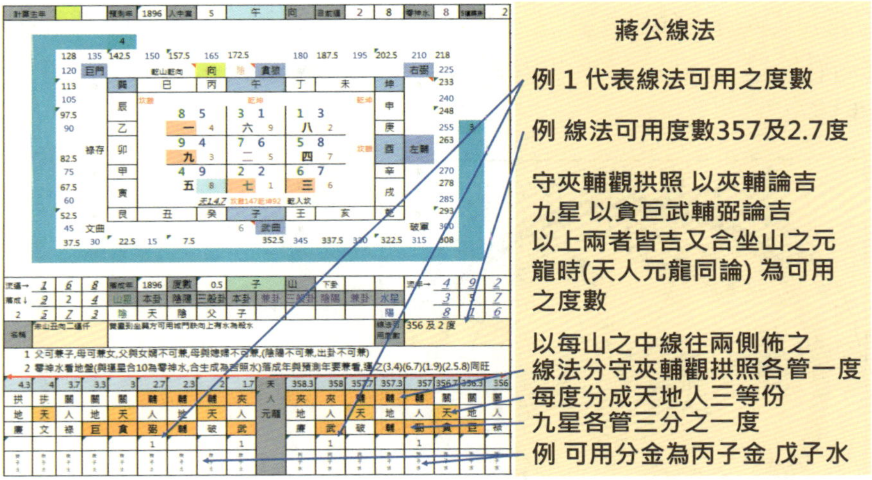

一般看盤都以通書所附之玄空盤使用，但是那有個缺點，就是通書所附之盤為元旦盤，一般都是以坐向來看，所以必須轉個方向才看得懂，但是通書並沒有依照坐向調整，所以看起來十分不方便，余常常看到老師有的斜著看或是倒著看，更遑論一般人了，所以本檔案是依照坐向，顯示玄空盤，看起來十分方便，不必斜著看或橫著看盤，完全人性化，是十分科學的方法，因此介紹給大家使用。

本檔案使用，三元玄空及線法學習使用 .xlsx，之 Excel 檔案，下載網址為：

https://drive.google.com/drive/folders/120-FEXGUx1OFLOssHKj9MkG2yky6dBpi

第10章
二十四山陰陽五行替星定義

本章介紹二十四山的基本定義，由天干地支及四隅卦組成，其陰陽以天干之陰陽定之，地支以藏干論陰陽，還有介紹由坤壬乙訣產生之替星，二十四山定義，十二地支為子丑寅卯辰巳午未申酉戌亥。

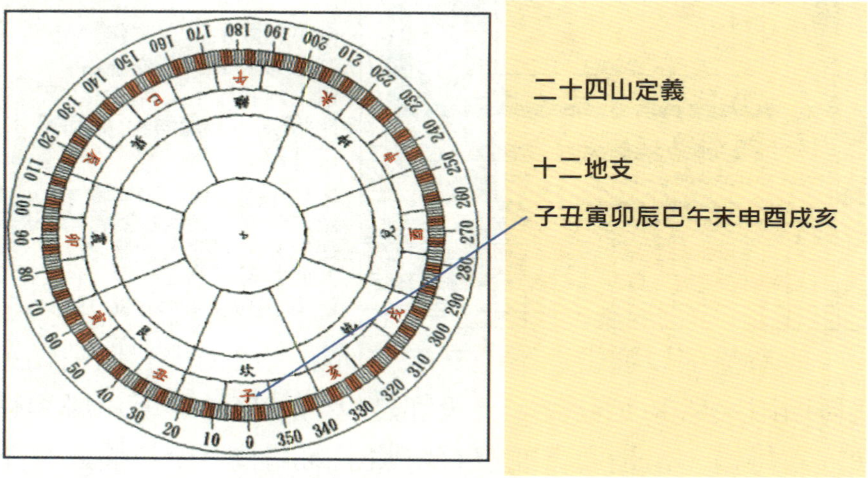
二十四山定義
十二地支
子丑寅卯辰巳午未申酉戌亥

配十天干，甲乙丙丁庚辛壬癸，戊己土不用，十天干依照木火金水，擺在卯午酉子的兩邊。

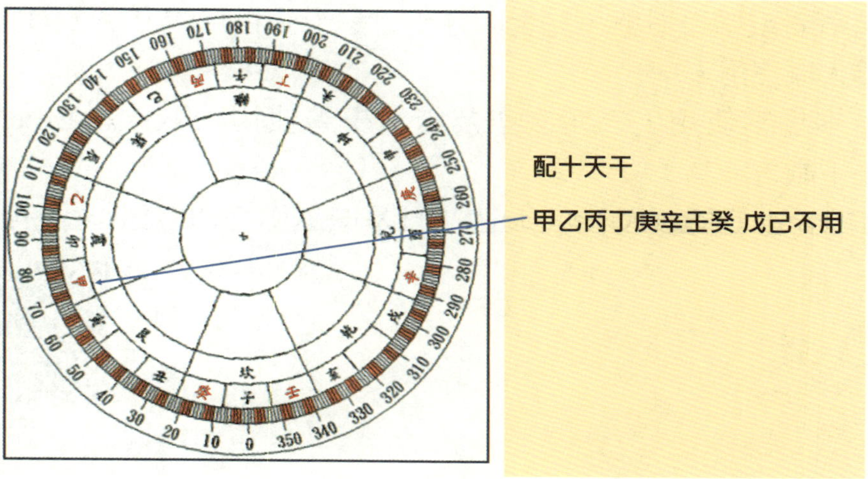
配十天干
甲乙丙丁庚辛壬癸 戊己不用

再加四隅卦，八卦坎離震兌乾坤艮巽，坎離震兌位居四正卦子午卯酉之位，所以不用坎離震兌，而用四隅卦乾坤艮巽成為二十四山。

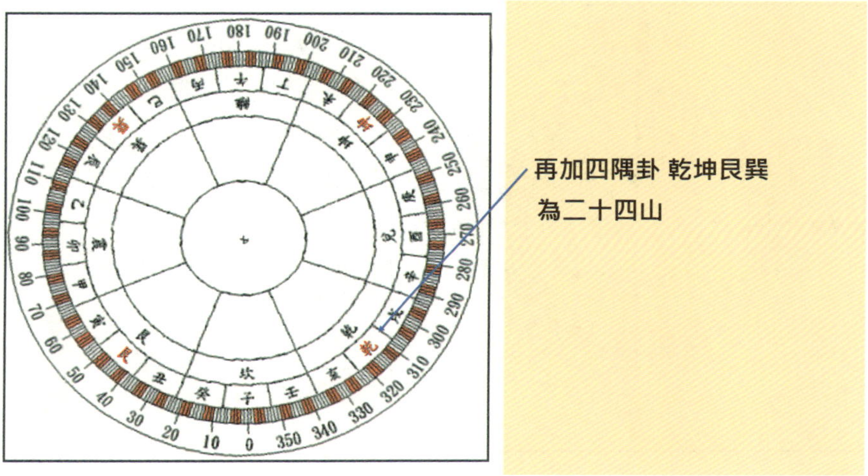
再加四隅卦 乾坤艮巽
為二十四山

理氣淺說，羅經大略，羅盤使用方法，以二十四山為地盤正針，依地盤正針定方位，方位的定法是轉動羅盤，指南針要與子午線重疊，看羅盤的十字線所壓的字，便可知坐山立向。

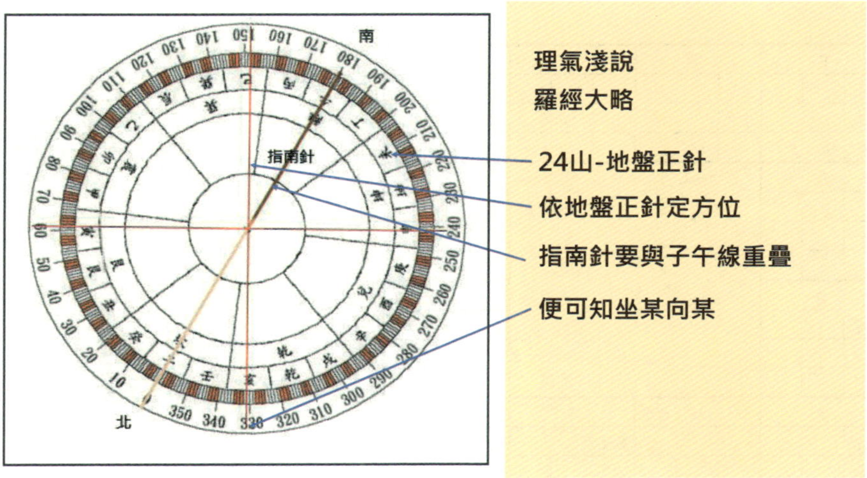
南
北
指南針
理氣淺說
羅經大略
24山-地盤正針
依地盤正針定方位
指南針要與子午線重疊
便可知坐某向某

24山方位、四季及五行，南方為巳午未即丙丁火，為夏天，東方為寅卯辰即甲乙木，為春天，西方為申酉戌即庚辛金，為秋天，北方為亥子丑即壬癸水，為冬天。

24山方位 四季及五行

南方 巳午未 丙丁火
為夏天

東方 寅卯辰 甲乙木
為春天

西方 申酉戌 庚辛金
為秋天

北方 亥子丑 壬癸水
為冬天

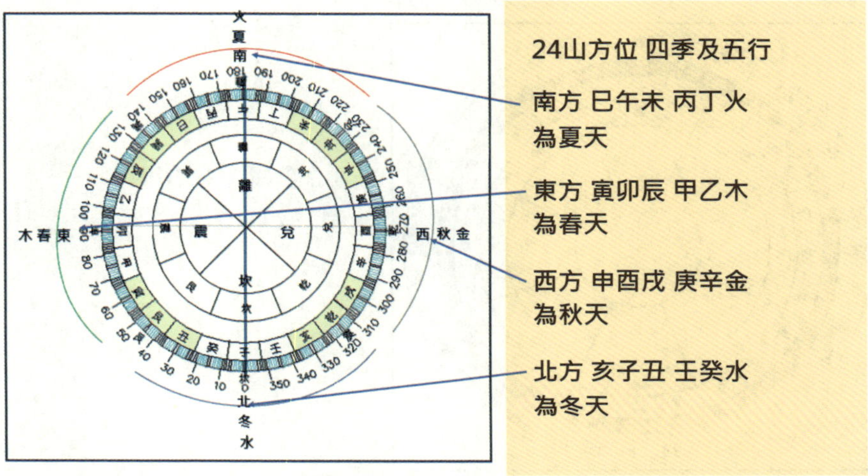

地支藏干定義，是要看臨官位，臨官是十二長生的第四位，即長生、沐浴、冠帶、臨官，庚臨官在申，丁臨官在午，丙臨官在巳，辛臨官在酉，乙臨官在卯，甲臨官在寅，子臨官在癸，壬臨官在亥。

地支藏干定義

臨官

庚臨官在申

丁臨官在午

丙臨官在巳

辛臨官在酉

乙臨官在卯

甲臨官在寅

子臨官在癸

壬臨官在亥

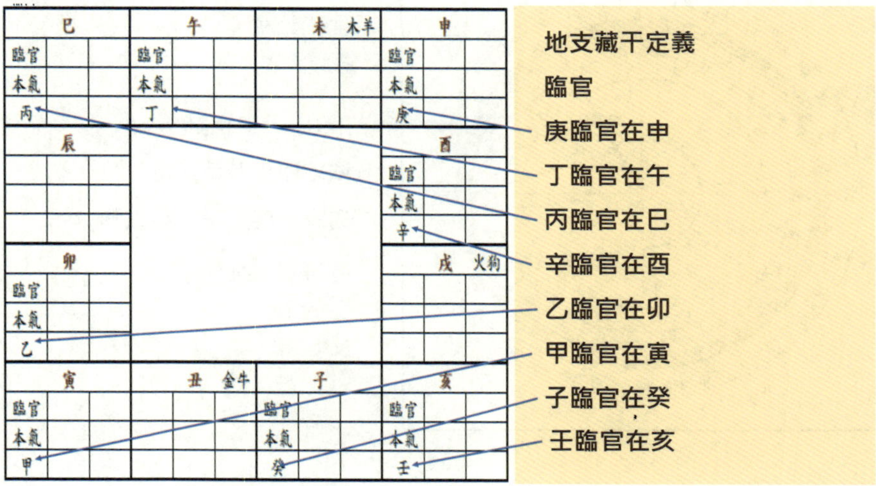

長生位是地支三合之第一位，申子辰三合壬水，申就是壬水的長生位，巳酉丑三合庚金，巳就是庚金的長生位，寅午戌三合丙火，寅就是丙火的長生位，亥卯未三合為甲木，亥就是甲木的長生位，所以壬長生在申，庚長生在巳，丙長生在寅，甲長生在亥，甲丙庚壬都屬陽。

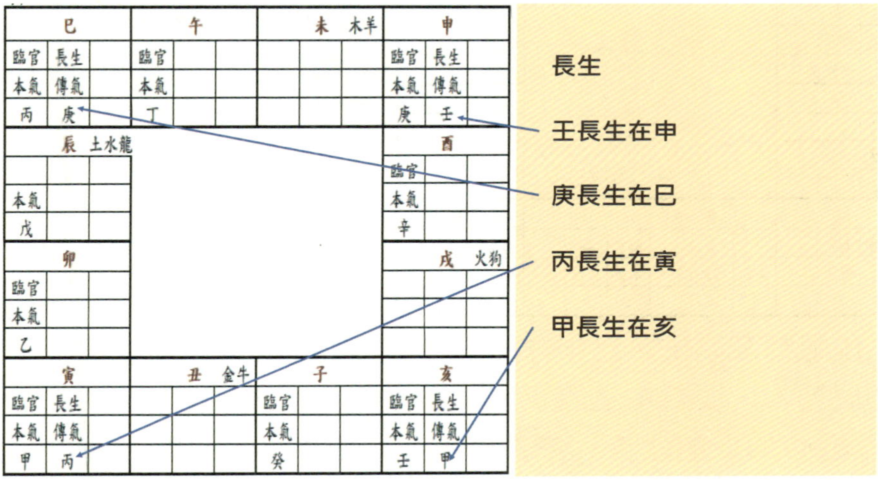
長生
壬長生在申
庚長生在巳
丙長生在寅
甲長生在亥

墓是十二長生的第九位，墓皆需以陰干替代，乙墓在未，癸墓在辰，丁墓在戌，辛墓在丑，乙辛丁癸都屬陰。

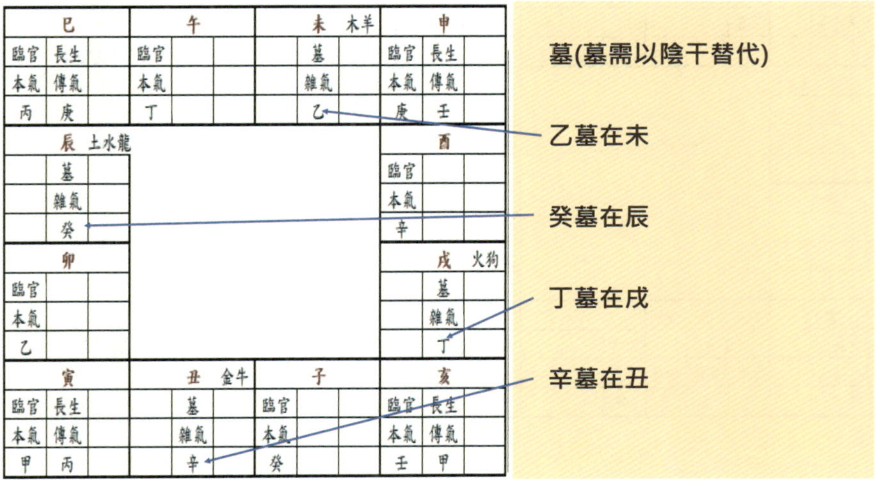
墓(墓需以陰干替代)
乙墓在未
癸墓在辰
丁墓在戌
辛墓在丑

戊己土，未為陰己，己土，辰為陽戊，戊土，戌為陽戊，戊土，丑為陰己，己土，不論是陰土或陽土，辰戌丑未土都屬陰。

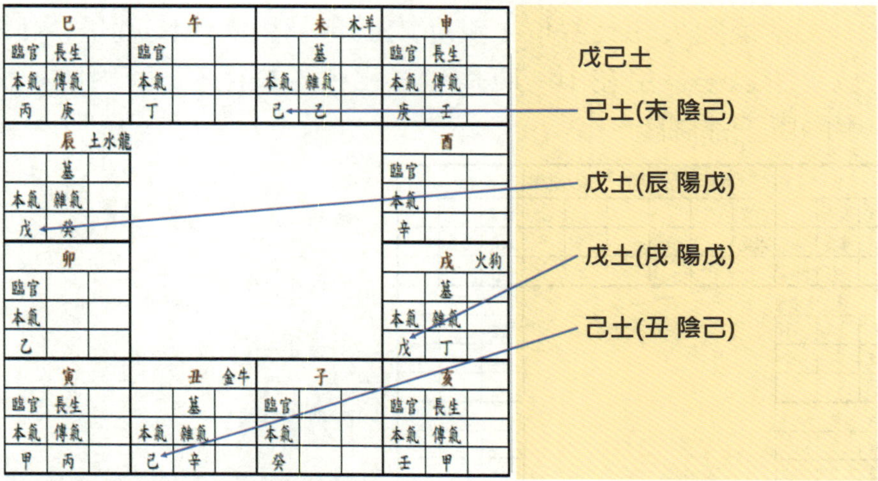

餘氣都配陰支，巳午未為火，未為火之餘氣，所以火配丁，寅卯辰為木，辰為木之餘氣，所以木配乙，申酉戌為金，戌為金之餘氣，所以金配辛，亥子丑為水，丑為水之餘氣，所以水配癸。

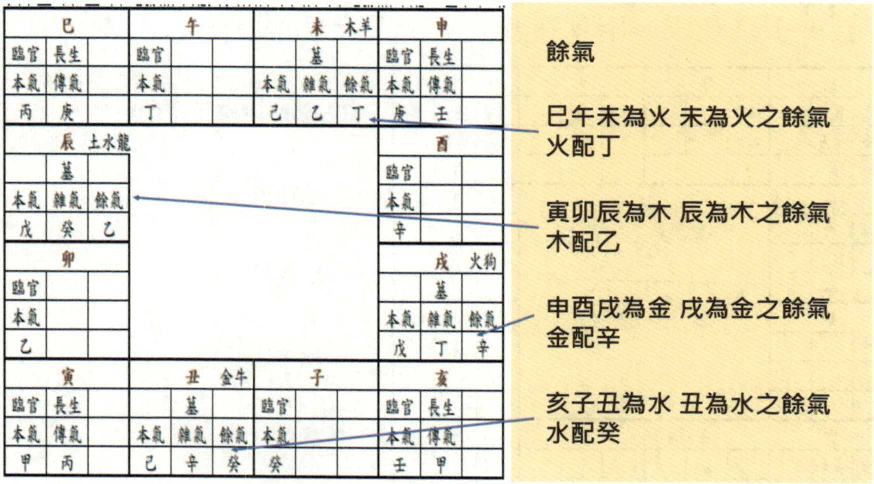

接氣的說法是，春夏秋冬四季相接之氣，戊附丙，因為四長生只有甲丙庚壬，沒有戊，所以取戊附丙，土附水生，申又為水之長生，故申的藏干有戊，

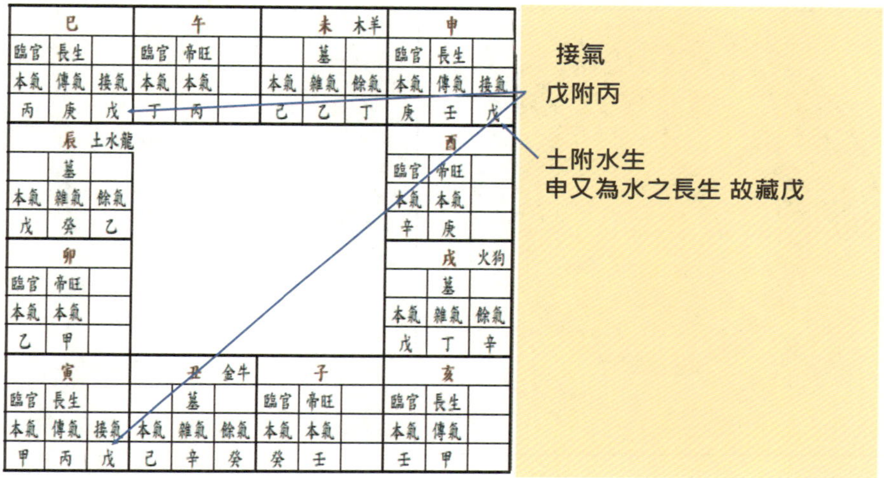

巳			午		未 木羊		申		
臨官	長生		臨官	帝旺	墓		臨官	長生	
本氣	傳氣	接氣	本氣	本氣	本氣	離氣	餘氣	本氣	傳氣	接氣
丙	庚	戊	丁	丙	己	乙	丁	庚	壬	戊

接氣
戊附丙

辰 土水龍 / 酉 / 卯 / 戌 火狗 / 寅 / 丑 金牛 / 子 / 亥

土附水生
申又為水之長生 故藏戊

天干分陰陽，乙、丁、辛、癸皆陰，甲、丙、庚、壬皆陽，地支以藏干分陰陽，子、午、卯、酉皆陰，因為藏干癸、丁、乙、辛為陰之故，寅、申、巳、亥皆陽，因為藏干甲、庚、丙、壬為陽之故，辰戌丑未皆屬陰。

天干分陰陽

乙丁辛癸 皆陰-
甲丙庚壬 皆陽+

地支以藏干分陰陽

子午卯酉 皆陰-
藏干癸丁乙辛為陰之故
寅申巳亥 皆陽+
藏干甲庚丙壬為陽之故

辰戌丑未皆陰

(地支以藏干表)

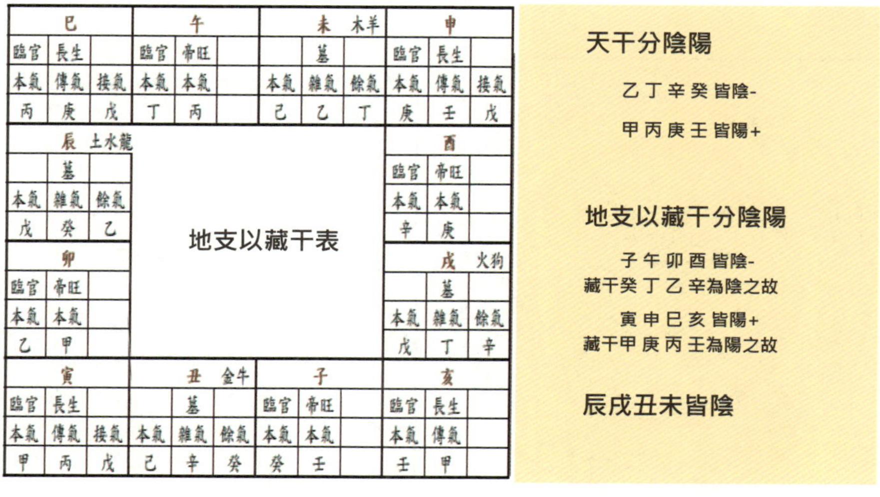

二十四山陰陽圖，子、午、卯、酉皆陰，辰、戌、丑、未皆陰，乙、丁、辛、癸皆陰，寅、申、巳、亥皆陽，甲、丙、庚、壬、皆陽，乾、坤、艮、巽皆陽。

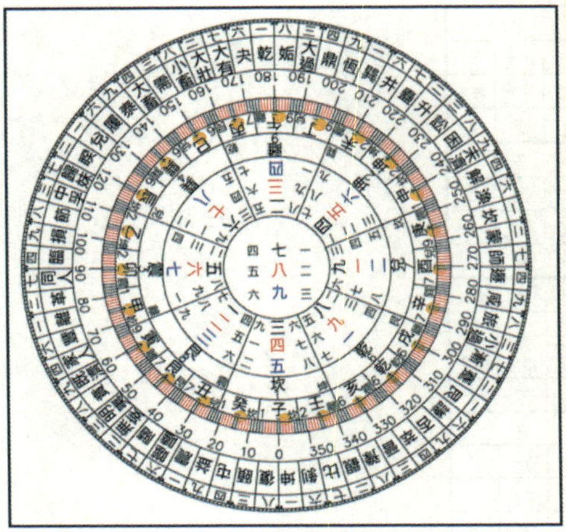

24山陰陽圖

宮位		陰陽		
坎	1	+	-	-
坤	2	-	+	+
震	3	+	-	-
巽	4	-	+	+
黃	5			
乾	6	-	+	+
兌	7	+	-	-
艮	8	-	+	+
離	9	+	-	-

子午卯酉皆陰-
辰戌丑未皆陰-
乙丁辛癸皆陰-
寅申巳亥皆陽+
甲丙庚壬皆陽+
乾坤艮巽皆陽+

24山地元、天元、人元龍表，八卦管八個宮位，每個宮位分成三山，每山分成三元，依次為地、天、人元，地元為甲丙庚壬戌戌丑未，天元為子午卯酉乾坤艮巽，人元為乙辛丁癸寅申巳亥，地元龍不可兼，天元龍可兼人元龍，玄空盤於每山兩邊3度內用替星。

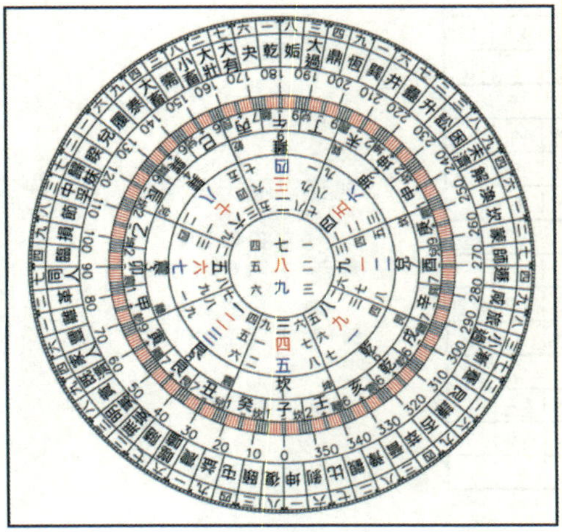

24山地元 天元 人元龍表

宮位		地	天	人
坎	1	壬	子	癸
坤	2	未	坤	申
震	3	甲	卯	乙
巽	4	辰	巽	巳
黃	5			
乾	6	戌	乾	亥
兌	7	庚	酉	辛
艮	8	丑	艮	寅
離	9	丙	午	丁

八卦管八個宮位
每個宮位分成三山
每山分成三元
依次為 地 天 人元
地元龍不可兼
天元龍可兼人元龍
於山兩邊3度內用替星

坤壬乙訣圖，上元 3 運不用，粉紅色 1 貪狼，黃色 2 巨門，中元 4 運不用，中元皆用 6 運，土黃色 6 武曲，下元 8 運不用，綠色 7 破軍，淺藍色 9 右弼。

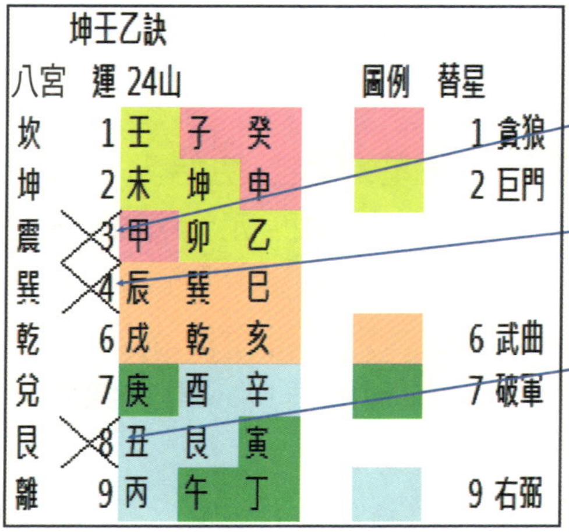
坤壬乙訣
八宮 運 24山 圖例 替星
坎 1 壬 子 癸 1 貪狼
坤 2 未 坤 申 2 巨門
震 3 甲 卯 乙
巽 4 辰 巽 巳
乾 6 戌 乾 亥 6 武曲
兌 7 庚 酉 辛 7 破軍
艮 8 丑 艮 寅
離 9 丙 午 丁 9 右弼

坤壬乙訣圖

上元3運不用

粉紅色1貪狼 黃色2巨門

中元4運不用
中元皆用6運
土黃色6武曲

下元8運不用

綠色7破軍 淺藍色9右弼

24 山替星表即坤壬乙訣，3 不用為替星，坤壬乙，替星為 2，未同坤，卯同乙，子癸甲申，替星為 1，4 及 6 運替星皆 6，8 不用為替星，艮丙辛，替星為 7，酉同辛，丑同艮，午丁庚寅，替星為 9。

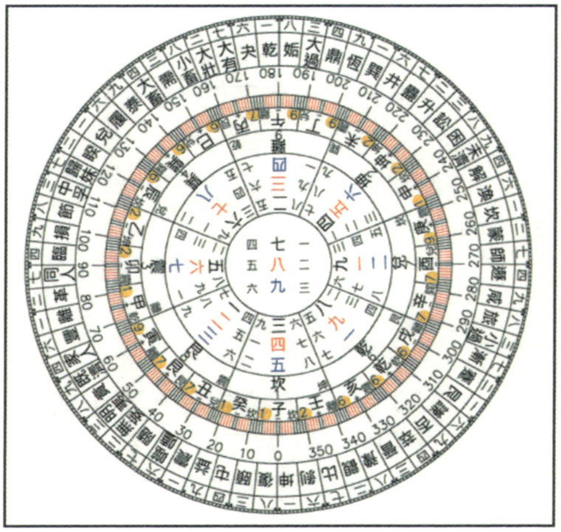

24山替星表(坤壬乙訣)

宮位		替星			
坎	1	壬	子	癸	3 不用為替星
坤	2	未	坤	申	坤壬乙　替星為2
震	3	甲	卯	乙	未同坤 卯同乙
巽	4	辰	巽	巳	子癸甲申 替星為1
黃	5				4 6 運替星皆 6
乾	6	戌	乾	亥	8 不用為替星
兌	7	庚	酉	辛	艮丙辛　替星為7
艮	8	丑	艮	寅	酉同辛 丑同艮
離	9	丙	午	丁	午丁庚寅 替星為9

第 11 章　三元時代說定義

木星與土星每 20 年交會一次，以 20 年定為一運，180 年輪迴一次，180 除 20 得 9，因此以九運稱之，三運為一元，故稱三元九運。

三元九運計算方式，以前是以九星連線為初始點，以這個當元運的起始點 也就是上元一運，計算到西元元年的積數為 10153917，此積數稱之為太乙積數，因為九運共一百八十年，故以一百八十年循環計算三元九運，太乙積數亦可簡化為 29277，以積數加預測之西元年，除一百八十的餘數，再以求得之餘數除二十，因為一個運有二十年，便可以計算元運。

六十甲子定義，天干有甲乙丙丁戊己庚辛壬癸，共 10 天干，地支有子丑寅卯辰巳午未申酉戌亥，共 12 地支，天干與地支配對共有 120 種組合，陽天干須配陽地支，陰天干須配陰地支，120 種組合須減半，故天干與地支可配 60 種組合，此稱為 60 甲子，循環用之，用以計年及計日。

六十甲子表

1 甲子	11甲戌	21甲申	31甲午	41甲辰	51甲寅
2 乙丑	12乙亥	22乙酉	32乙未	42乙巳	52乙卯
3 丙寅	13丙子	23丙戌	33丙申	43丙午	53丙辰
4 丁卯	14丁丑	24丁亥	34丁酉	44丁未	54丁巳
5 戊辰	15戊寅	25戊子	35戊戌	45戊申	55戊午
6 己巳	16己卯	26己丑	36己亥	46己酉	56己未
7 庚午	17庚辰	27庚寅	37庚子	47庚戌	57庚申
8 辛未	18辛巳	28辛卯	38辛丑	48辛亥	58辛酉
9 壬申	19壬午	29壬辰	39壬寅	49壬子	59壬戌
10癸酉	20癸未	30癸巳	40癸卯	50癸丑	60癸亥

天干有 甲乙丙丁戊己庚辛壬癸
共10天干

地支有 子丑寅卯辰巳午未申酉
戌亥 共12地支

天干與地支配對共有120種組合

陽天干須配陽地支
陰天干須配陰地支

120種組合須減半 故天干與地支
可配60種組合

此稱為60甲子 循環用之 用以
計年及計日

三元九運，一運 20 年，60 年為一元，三元共 180 年，以 180 年為一輪，循環用之，以木星與土星每 20 年交會一次，作為一運之計算標準，三元符合現時年代論法。

上元						中元						下元					
一運		二運		三運		四運		五運		六運		七運		八運		九運	
甲子	甲戌	甲申	甲午	甲辰	甲寅	甲子	甲戌	甲申	甲午	甲辰	甲寅	甲子	甲戌	甲申	甲午	甲辰	甲寅
乙丑	乙亥	乙酉	乙未	乙巳	乙卯	乙丑	乙亥	乙酉	乙未	乙巳	乙卯	乙丑	乙亥	乙酉	乙未	乙巳	乙卯
丙寅	丙子	丙戌	丙申	丙午	丙辰	丙寅	丙子	丙戌	丙申	丙午	丙辰	丙寅	丙子	丙戌	丙申	丙午	丙辰
丁卯	丁丑	丁亥	丁酉	丁未	丁巳	丁卯	丁丑	丁亥	丁酉	丁未	丁巳	丁卯	丁丑	丁亥	丁酉	丁未	丁巳
戊辰	戊寅	戊子	戊戌	戊申	戊午	戊辰	戊寅	戊子	戊戌	戊申	戊午	戊辰	戊寅	戊子	戊戌	戊申	戊午
己巳	己卯	己丑	己亥	己酉	己未	己巳	己卯	己丑	己亥	己酉	己未	己巳	己卯	己丑	己亥	己酉	己未
庚午	庚辰	庚寅	庚子	庚戌	庚申	庚午	庚辰	庚寅	庚子	庚戌	庚申	庚午	庚辰	庚寅	庚子	庚戌	庚申
辛未	辛巳	辛卯	辛丑	辛亥	辛酉	辛未	辛巳	辛卯	辛丑	辛亥	辛酉	辛未	辛巳	辛卯	辛丑	辛亥	辛酉
壬申	壬午	壬辰	壬寅	壬子	壬戌	壬申	壬午	壬辰	壬寅	壬子	壬戌	壬申	壬午	壬辰	壬寅	壬子	壬戌
癸酉	癸未	癸巳	癸卯	癸丑	癸亥	癸酉	癸未	癸巳	癸卯	癸丑	癸亥	癸酉	癸未	癸巳	癸卯	癸丑	癸亥

三元九運 一運20年 60年為一元 三元共180年(一輪)

以木星與土星每20年交會一次 作為一運之計算標準

三元合現時年代論法

上元為一運、二運及三運，1 白 2 黑 3 碧氣旺，上元運共六十年，中元為四運、五運及六運，4 綠 5 黃 6 白氣旺，中元運共六十年，下元為七運、八運及九運，7 赤 8 白 9 紫 氣旺，下元運共六十年。

上元						中元						下元					
一運		二運		三運		四運		五運		六運		七運		八運		九運	
甲子	甲戌	甲申	甲午	甲辰	甲寅	甲子	甲戌	甲申	甲午	甲辰	甲寅	甲子	甲戌	甲申	甲午	甲辰	甲寅
乙丑	乙亥	乙酉	乙未	乙巳	乙卯	乙丑	乙亥	乙酉	乙未	乙巳	乙卯	乙丑	乙亥	乙酉	乙未	乙巳	乙卯
丙寅	丙子	丙戌	丙申	丙午	丙辰	丙寅	丙子	丙戌	丙申	丙午	丙辰	丙寅	丙子	丙戌	丙申	丙午	丙辰
丁卯	丁丑	丁亥	丁酉	丁未	丁巳	丁卯	丁丑	丁亥	丁酉	丁未	丁巳	丁卯	丁丑	丁亥	丁酉	丁未	丁巳
戊辰	戊寅	戊子	戊戌	戊申	戊午	戊辰	戊寅	戊子	戊戌	戊申	戊午	戊辰	戊寅	戊子	戊戌	戊申	戊午
己巳	己卯	己丑	己亥	己酉	己未	己巳	己卯	己丑	己亥	己酉	己未	己巳	己卯	己丑	己亥	己酉	己未
庚午	庚辰	庚寅	庚子	庚戌	庚申	庚午	庚辰	庚寅	庚子	庚戌	庚申	庚午	庚辰	庚寅	庚子	庚戌	庚申
辛未	辛巳	辛卯	辛丑	辛亥	辛酉	辛未	辛巳	辛卯	辛丑	辛亥	辛酉	辛未	辛巳	辛卯	辛丑	辛亥	辛酉
壬申	壬午	壬辰	壬寅	壬子	壬戌	壬申	壬午	壬辰	壬寅	壬子	壬戌	壬申	壬午	壬辰	壬寅	壬子	壬戌
癸酉	癸未	癸巳	癸卯	癸丑	癸亥	癸酉	癸未	癸巳	癸卯	癸丑	癸亥	癸酉	癸未	癸巳	癸卯	癸丑	癸亥

上元 一運 二運 三運
1白 2黑 3碧氣旺
上元運六十年

中元 四運 五運 六運
4綠 5黃 6白　氣旺
中元運六十年

下元 七運 八運 九運
7赤 8白 9紫　氣旺
下元運六十年

甲子、甲戌旬屬於上元一運，中元四運，下元七運，甲申、甲午旬屬於上元二運，中元五運，下元八運，甲辰、甲寅旬屬於上元三運，中元六運，下元九運。

上元						中元						下元					
一運		二運		三運		四運		五運		六運		七運		八運		九運	
甲子	甲戌	甲申	甲午	甲辰	甲寅	甲子	甲戌	甲申	甲午	甲辰	甲寅	甲子	甲戌	甲申	甲午	甲辰	甲寅
乙丑	乙亥	乙酉	乙未	乙巳	乙卯	乙丑	乙亥	乙酉	乙未	乙巳	乙卯	乙丑	乙亥	乙酉	乙未	乙巳	乙卯
丙寅	丙子	丙戌	丙申	丙午	丙辰	丙寅	丙子	丙戌	丙申	丙午	丙辰	丙寅	丙子	丙戌	丙申	丙午	丙辰
丁卯	丁丑	丁亥	丁酉	丁未	丁巳	丁卯	丁丑	丁亥	丁酉	丁未	丁巳	丁卯	丁丑	丁亥	丁酉	丁未	丁巳
戊辰	戊寅	戊子	戊戌	戊申	戊午	戊辰	戊寅	戊子	戊戌	戊申	戊午	戊辰	戊寅	戊子	戊戌	戊申	戊午
己巳	己卯	己丑	己亥	己酉	己未	己巳	己卯	己丑	己亥	己酉	己未	己巳	己卯	己丑	己亥	己酉	己未
庚午	庚辰	庚寅	庚子	庚戌	庚申	庚午	庚辰	庚寅	庚子	庚戌	庚申	庚午	庚辰	庚寅	庚子	庚戌	庚申
辛未	辛巳	辛卯	辛丑	辛亥	辛酉	辛未	辛巳	辛卯	辛丑	辛亥	辛酉	辛未	辛巳	辛卯	辛丑	辛亥	辛酉
壬申	壬午	壬辰	壬寅	壬子	壬戌	壬申	壬午	壬辰	壬寅	壬子	壬戌	壬申	壬午	壬辰	壬寅	壬子	壬戌
癸酉	癸未	癸巳	癸卯	癸丑	癸亥	癸酉	癸未	癸巳	癸卯	癸丑	癸亥	癸酉	癸未	癸巳	癸卯	癸丑	癸亥

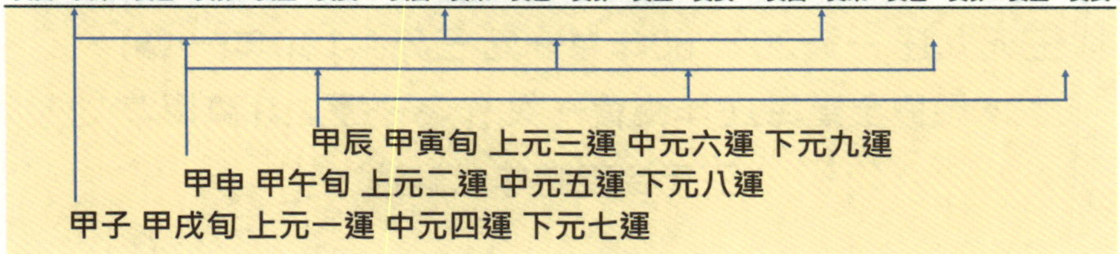
甲辰 甲寅旬 上元三運 中元六運 下元九運
甲申 甲午旬 上元二運 中元五運 下元八運
甲子 甲戌旬 上元一運 中元四運 下元七運

天元卦，為一四七運，一卦只管一卦運，地元卦，為二五八運，一卦收盡三卦運，人元卦，為三六九運，一卦可管二卦運，指的是三運可接四運，六運可接七運，九運可接一運也。

上元						中元						下元					
一運		二運		三運		四運		五運		六運		七運		八運		九運	
甲子	甲戌	甲申	甲午	甲辰	甲寅	甲子	甲戌	甲申	甲午	甲辰	甲寅	甲子	甲戌	甲申	甲午	甲辰	甲寅
乙丑	乙亥	乙酉	乙未	乙巳	乙卯	乙丑	乙亥	乙酉	乙未	乙巳	乙卯	乙丑	乙亥	乙酉	乙未	乙巳	乙卯
丙寅	丙子	丙戌	丙申	丙午	丙辰	丙寅	丙子	丙戌	丙申	丙午	丙辰	丙寅	丙子	丙戌	丙申	丙午	丙辰
丁卯	丁丑	丁亥	丁酉	丁未	丁巳	丁卯	丁丑	丁亥	丁酉	丁未	丁巳	丁卯	丁丑	丁亥	丁酉	丁未	丁巳
戊辰	戊寅	戊子	戊戌	戊申	戊午	戊辰	戊寅	戊子	戊戌	戊申	戊午	戊辰	戊寅	戊子	戊戌	戊申	戊午
己巳	己卯	己丑	己亥	己酉	己未	己巳	己卯	己丑	己亥	己酉	己未	己巳	己卯	己丑	己亥	己酉	己未
庚午	庚辰	庚寅	庚子	庚戌	庚申	庚午	庚辰	庚寅	庚子	庚戌	庚申	庚午	庚辰	庚寅	庚子	庚戌	庚申
辛未	辛巳	辛卯	辛丑	辛亥	辛酉	辛未	辛巳	辛卯	辛丑	辛亥	辛酉	辛未	辛巳	辛卯	辛丑	辛亥	辛酉
壬申	壬午	壬辰	壬寅	壬子	壬戌	壬申	壬午	壬辰	壬寅	壬子	壬戌	壬申	壬午	壬辰	壬寅	壬子	壬戌
癸酉	癸未	癸巳	癸卯	癸丑	癸亥	癸酉	癸未	癸巳	癸卯	癸丑	癸亥	癸酉	癸未	癸巳	癸卯	癸丑	癸亥

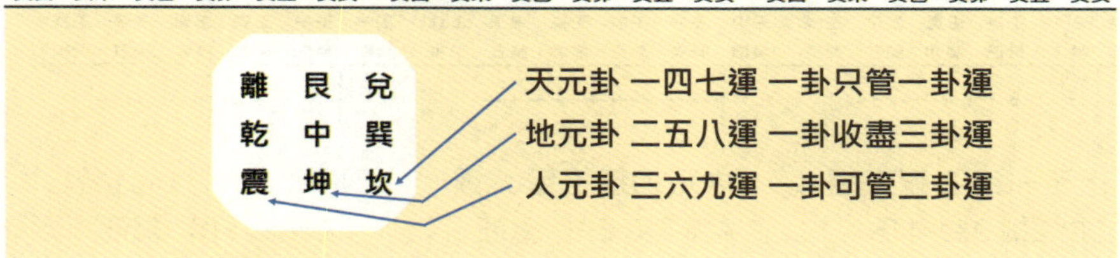
離 艮 兌
乾 中 巽
震 坤 坎
天元卦 一四七運 一卦只管一卦運
地元卦 二五八運 一卦收盡三卦運
人元卦 三六九運 一卦可管二卦運

九宮格是依照後天八卦排列，3震4巽9離2坤7兌6乾1坎8艮，無法以123456789之順序排列，排山掌主要是元運挨星用的，依照5黃6乾7兌8艮9離1坎2坤3震4巽佈之，然後再分配到後天八卦盤。

	一	
九 4巽	5黃	6乾 二
八 3震		7兌 三
七 2坤		8艮 四
挨星 六 1坎		9離 五
	後天八卦	

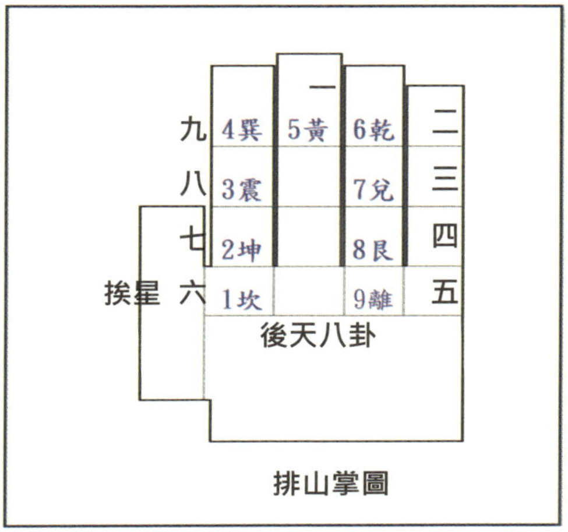

排山掌圖

九宮格是依照後天八卦排列
3震4巽9離2坤7兌6乾1坎8艮
無法以123456789之順序排列
排山掌主要是用來元運挨星用的
依照5黃6乾7兌8艮9離1坎2坤3震4巽佈之然後再配到後天八卦
下圖是一運挨星圖

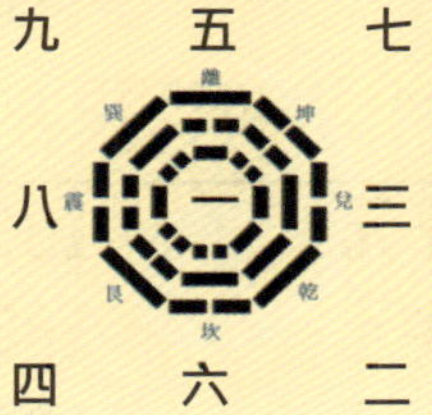

九	五	七
八	一	三
四	六	二

　　三元九運計算說明，以西元2022年為例，2022+10153917等於10155939，10155939除以180得餘數159，159除以20得7.95，7表示七運已經走完，正在走八運，餘數0.95乘20得19，表示八運已經走了19年。

```
       2022+10153917= 10155939
           5 6 4 2 1
   180 ) 10155939
          900                    7
         1155           20 ) 159
         1080               140
          759                19
          720
          393
          360
          339
          180
          159
```

三元九運計算說明
以西元2022年為例
2022+10153917
等於10155939
10155939除以180得餘數 159
159除以20 得7.95
7表示七運已經走完 正在走八運
餘數19 即0.95乘20得19
表示八運已經走了19年

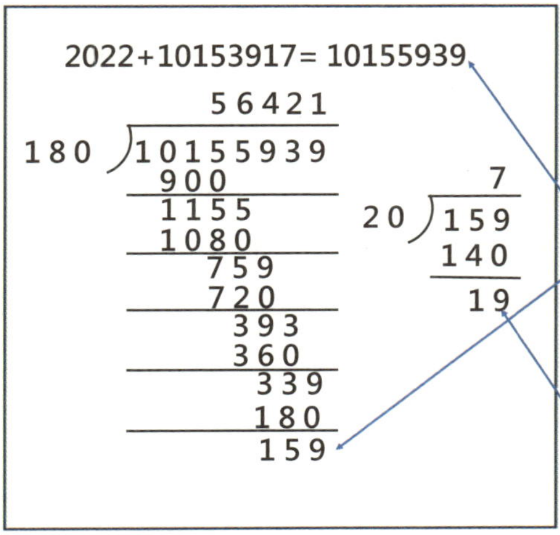

上中下元定法，西元 1904 年甲子至西元 1923 年癸亥，為上元，西元 1924 年甲子至西元 1983 年癸亥，為中元，西元 1984 年甲子至西元 2043 年癸亥，為下元，以西元 1924 年甲子年，為年干支之計算標準，以西元 1903 年 2 月 5 日，此日為癸卯年甲寅月甲子日，以此日為日干支之計算標準，目前西元 2023 年，正逢 8 運。

九運列表，一運為西元 1864 至 1883 年，二運為西元 1884 至 1903 年，三運為西元 1904 至 1923 年，四運為西元 1924 至 1943 年，五運為西元 1944 至 1963 年，六運為西元 1964 至 1983 年，七運為西元 1984 至 2003 年，八運為西元 2004 至 2023 年，九運為西元 2024 至 2043 年。

元運列表

上元	上元	1864	1883	一運	西元 1864-1883年
	中元	1884	1903	二運	西元 1884-1903年
	下元	1904	1923	三運	西元 1904-1923年
中元	上元	1924	1943	四運	西元 1924-1943年
	中元	1944	1963	五運	西元 1944-1963年
	下元	1964	1983	六運	西元 1964-1983年
下元	上元	1984	2003	七運	西元 1984-2003年
	中元	2004	2023	八運	西元 2004-2023年
	下元	2024	2043	九運	西元 2024-2043年

二元運是用在八宮的論法，八卦一坎二坤三震四巽六乾七兌八艮九離，以八卦就是八宮對應九運，五運會配不到卦，所以五運需經過轉換，將五運前十年轉為四運，將五運後十年為轉為六運，這樣九運就可以配合八卦使用。

第 12 章　納氣反氣說

上元，1 2 3 4 是旺氣，凡旺方必宜開窗納氣也，6 7 8 9 是衰氣，凡衰方必宜建高牆阻衰氣，下元，1 2 3 4 是衰氣，凡衰方必宜建高牆阻衰氣，6 7 8 9 是旺氣，凡旺方必宜開窗納氣也。

納氣反氣法要看二元運，因為九運配八宮，五運會配不到卦，所以五運的前十年要轉為四運，五運的後十年要轉為六運，以上下二元運這樣才能論。

所謂納氣就是要納到旺氣，也就是旺方要開門窗納旺氣，衰方就不能開門窗，因為這樣納到的是衰氣，至於反氣就是氣被擋到，轉個方向，這就叫做反氣，常有背後開門窗，後面又被高樓擋到，這樣納到的就是向前的反氣。

納氣說，遮斷論，陰宅以坐向為重，陽宅以開門開窗，納氣為重，高山高樓圍牆，擋旺氣 (或衰氣)，引對宮之氣，平田空曠江河池塘無法聚氣，水阻隔旺氣 (或衰氣)，引對宮之氣。

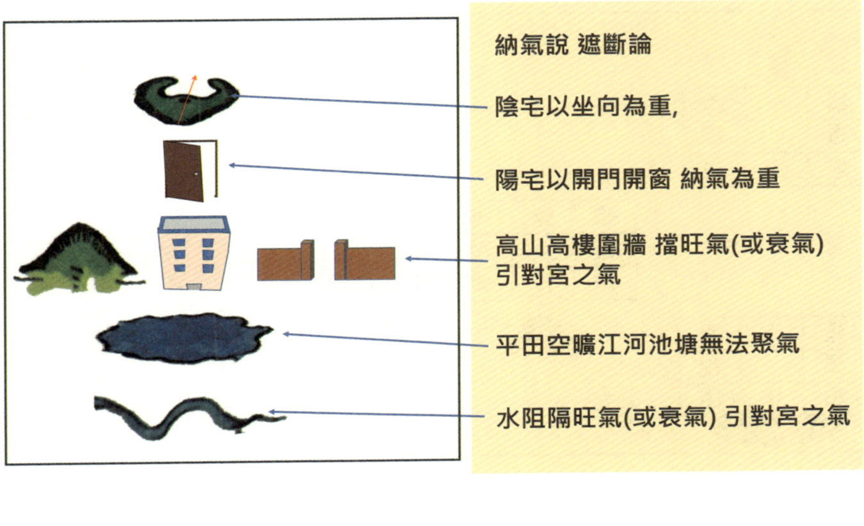
納氣說 遮斷論
陰宅以坐向為重,
陽宅以開門開窗 納氣為重
高山高樓圍牆 擋旺氣(或衰氣)
引對宮之氣
平田空曠江河池塘無法聚氣
水阻隔旺氣(或衰氣) 引對宮之氣

上元，１２３４是旺氣，為衰水，有水阻旺氣，故為衰水，６７８９是衰氣，為吉水，有水阻衰氣，故為吉水，下元，１２３４是衰氣，為吉水，有水阻衰氣，故為吉水，６７８９是旺氣，為衰水，有水阻旺氣，故為衰水。

三元				二元
上元	一運	20年	1坎	上元
	二運	20年	2坤	
	三運	20年	3震	
中元	四運	20年	4巽	
	五運	前10年		
		後10年		下元
	六運	20年	6乾	
下元	七運	20年	7兌	
	八運	20年	8艮	
	九運	20年	9離	

上元
１２３４是旺氣,為衰水
有水阻旺氣 故為衰水
６７８９是衰氣,為吉水
有水阻衰氣 故為吉水

下元
１２３４是衰氣,為吉水
有水阻衰氣 故為吉水
６７８９是旺氣,為衰水
有水阻旺氣 故為衰水

坎宅為例，空曠地開門窗，納旺氣，高遮阻隔氣，納對宮之氣，池塘江河阻隔氣，納對宮之氣，24山都是依照以上的道理，凡旺方必宜開窗納氣也。

坎宅為例

空曠地開門窗 納旺氣.

高遮阻隔氣,納對宮之氣.

池塘江河阻隔氣,納對宮之氣.

24山皆依以上道理
凡旺方必宜開窗納氣也

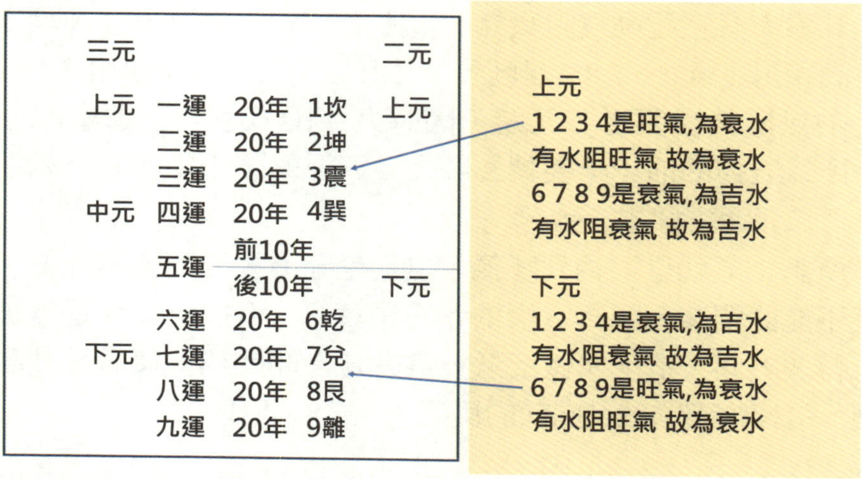

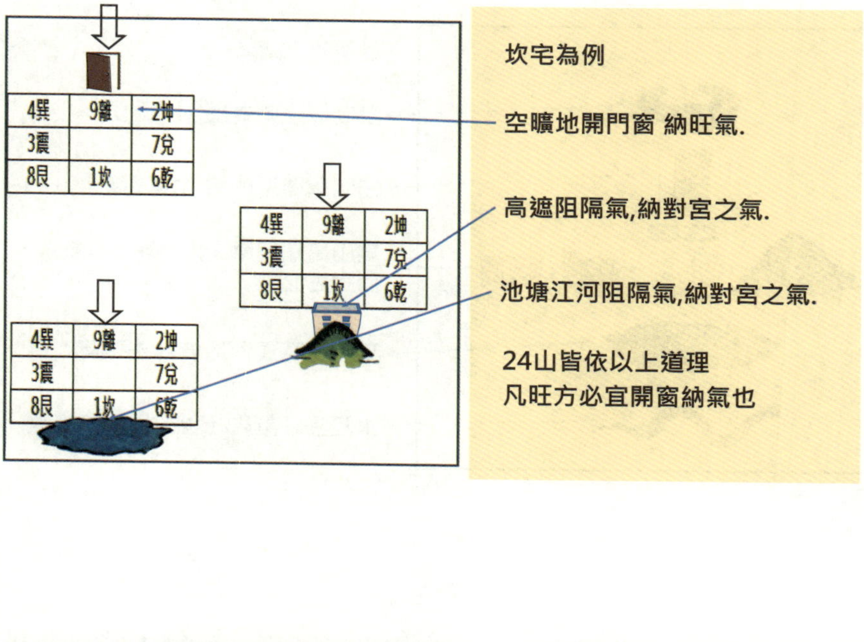

例如坎宅，坐後有高山，只納向上之氣，9 離屬下元旺氣，故發下元也，因為坐後高山會阻擋上元旺氣，上元 1 2 3 4 為旺氣，1 坎為上元旺氣，為高山所阻，引對宮 9 離為衰氣，所以上元不發也。

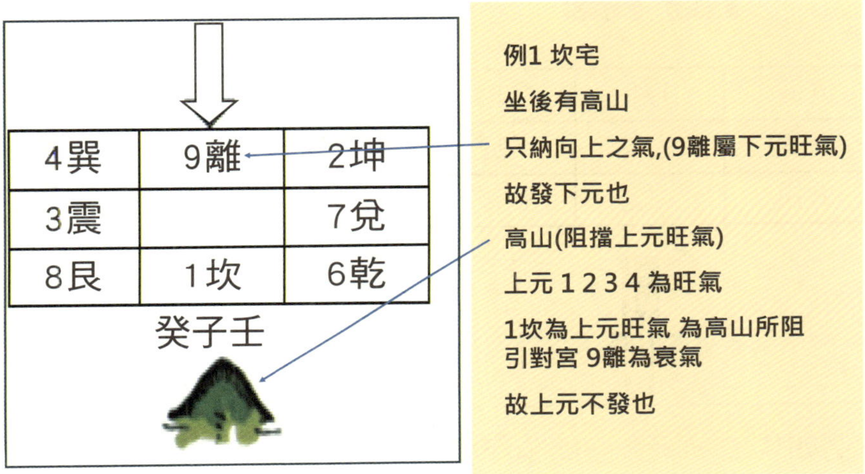
4巽
9離
2坤
3震
7兌
8艮
1坎
6乾
癸子壬
例1 坎宅
坐後有高山
只納向上之氣,(9離屬下元旺氣)
故發下元也
高山(阻擋上元旺氣)
上元 1 2 3 4 為旺氣
1坎為上元旺氣 為高山所阻
引對宮 9離為衰氣
故上元不發也

例如坎宅，向前有池塘水，江河池塘水阻隔上元衰氣，9 離為上元衰氣，水阻隔衰氣，引對宮之氣，對宮 1 坎為上元旺氣，上元可納坐家壬子癸之旺氣，所以發上元也。

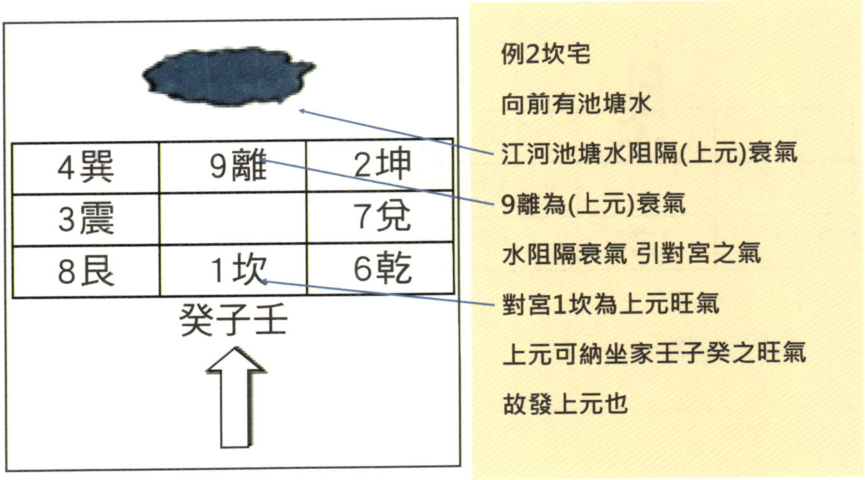
4巽
9離
2坤
3震
7兌
8艮
1坎
6乾
癸子壬
例2坎宅
向前有池塘水
江河池塘水阻隔(上元)衰氣
9離為(上元)衰氣
水阻隔衰氣 引對宮之氣
對宮1坎為上元旺氣
上元可納坐家壬子癸之旺氣
故發上元也

例如坎宅，向前有圍牆，屋背開門窗，圍牆遮當面丙午丁方，是上元的衰氣方，引對宮 1 坎上元之旺氣，屋背開門窗可納上元之旺氣，所以可發於上元也。

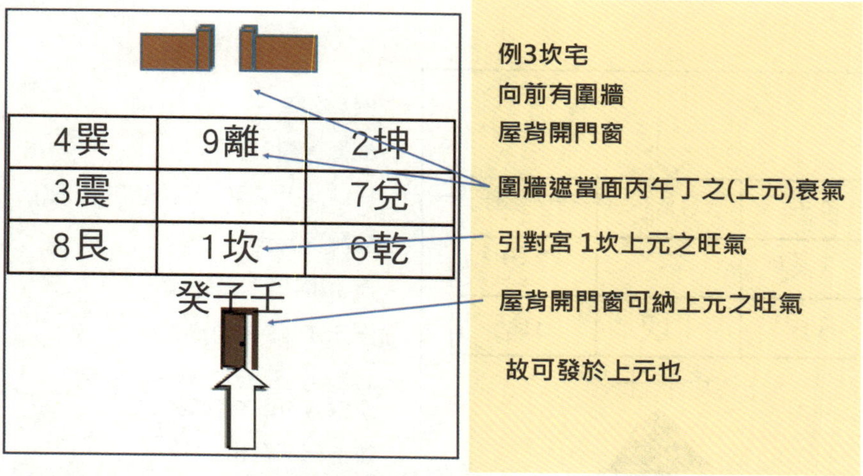
4巽
9離
2坤
3震
7兌
8艮
1坎
6乾
癸子壬
例3坎宅
向前有圍牆
屋背開門窗
圍牆遮當面丙午丁之(上元)衰氣
引對宮 1坎上元之旺氣
屋背開門窗可納上元之旺氣
故可發於上元也

例如坎宅，屋背空曠但不開門，無法納到 1 坎上元之旺氣，向前如果開門納氣，納到的是 9 離方的氣，9 離屬於下元，為下元之旺氣，所以坎宅前面開門，會發在下元，上元不發也。

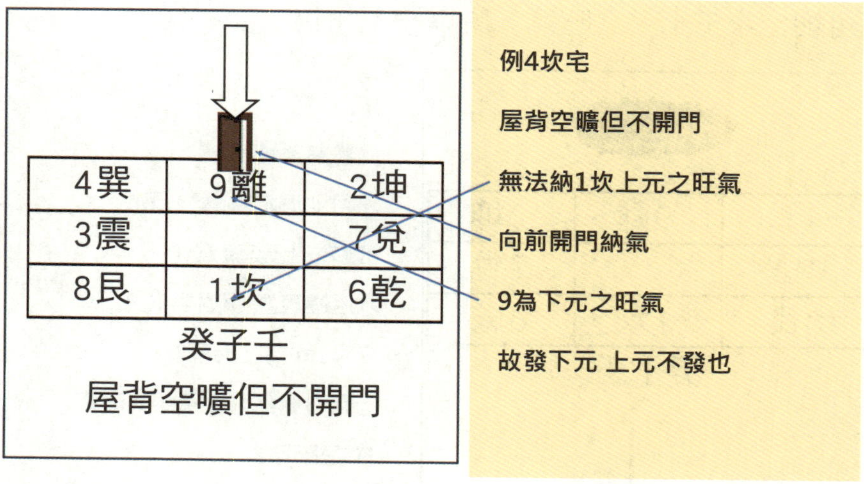
4巽
9離
2坤
3震
7兌
8艮
1坎
6乾
癸子壬
屋背空曠但不開門
例4坎宅
屋背空曠但不開門
無法納1坎上元之旺氣
向前開門納氣
9為下元之旺氣
故發下元 上元不發也

反氣說，迴轉論，開門被逼遮為反氣，全收對宮之氣，反氣說的意思就是，開門在衰氣方，應該收到的是衰氣，但是因為有大樓，或者是有高山，擋住旺氣，那麼旺氣就會從衰方的開口進入，這個就叫做反氣。

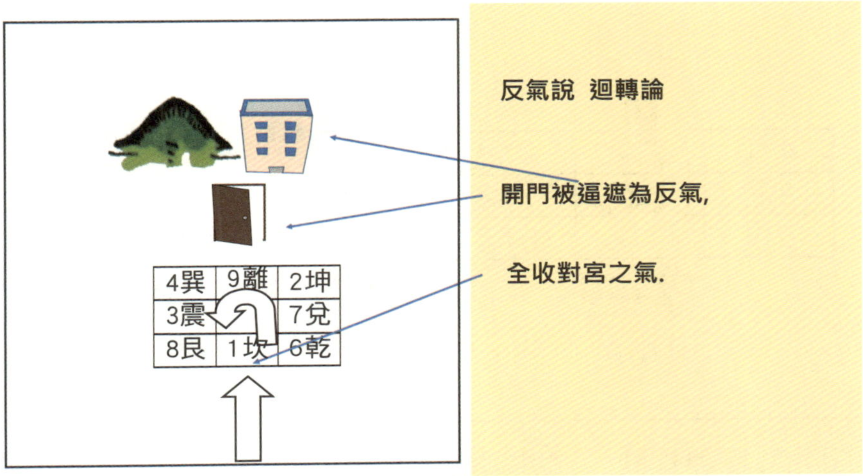

例如坎宅，向前開門，向前有圍牆及高屋，開門被逼遮為反氣，旺氣就反轉，因此會全收到對宮 1 坎上元之旺氣，所以發上元也。

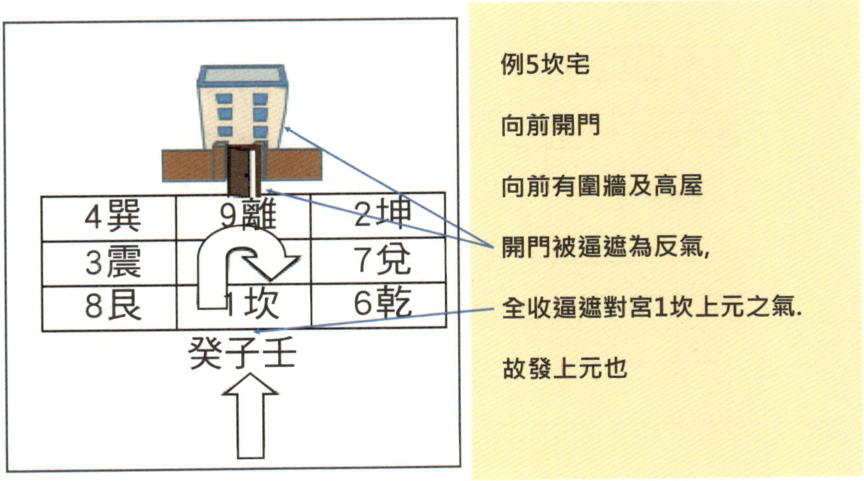

例如坎宅，向前開門，納的是 9 離氣，坐後有高屋，開門被逼遮為反氣，因此不管是向前還是坐後，全收逼遮對宮 9 離下元之氣，發下元，上元必衰敗無疑，向前丙午丁之氣更甚。

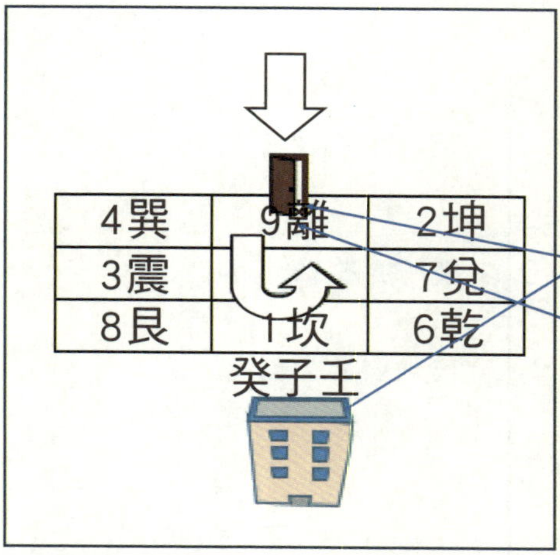

例6坎宅

向前開門

坐後有高屋

開門被逼遮為反氣,

全收逼遮對宮9離下元之氣.

發下元,上元必衰敗無疑

向前丙午丁之氣更甚

開井種樹建樓訣，開井種樹建樓宜在衰方，擋衰氣，上元宜在 6 乾 7 兌 8 艮 9 離方，因為上元 6 7 8 9 是衰氣也，下元宜在 1 坎 2 坤 3 震 4 巽方，因為下元 1 2 3 4 是衰氣也。

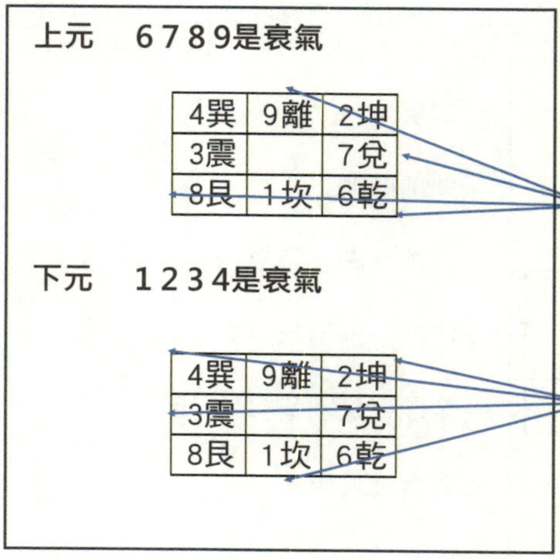

開井種樹建樓訣

開井種樹建樓宜在衰方,擋衰氣.

上元宜在 6乾 7兌 8艮 9離方

上元 6 7 8 9是衰氣也

下元宜在 1坎 2坤 3震 4巽方

下元 1 2 3 4是衰氣也

第 13 章　吉水凶水解

　　本章介紹陽宅各派檔案，並解釋吉水與凶水，檔案須先建立地圖，然後標示形巒水的位置，水以 2 輸入，會出現藍色，標示形巒山的位置，山以 1 輸入，會出現綠色。

陽宅各派檔案介紹
主要解釋如何操作

須先建立地圖
以地圖的方向北邊朝上
然後標示形巒水的位置
水以2輸入 會出現藍色
標示形巒山的位置
山以1輸入 會出現綠色

　　玄空盤各圈解釋，陰陽定義：以天干論陰陽，地支以藏干論之，元龍定義：地天人，替星定義：採用坤壬乙訣，24 山地盤一卦三山，形巒砂水對照以米字型顯示。

玄空盤各圈解釋

陰陽(定義):以天干論陰陽,地支以藏干論之

元龍(定義):地天人

替星(定義):採用坤壬乙訣

24山(地盤一卦三山)

形巒砂水對照顯示(米字型)

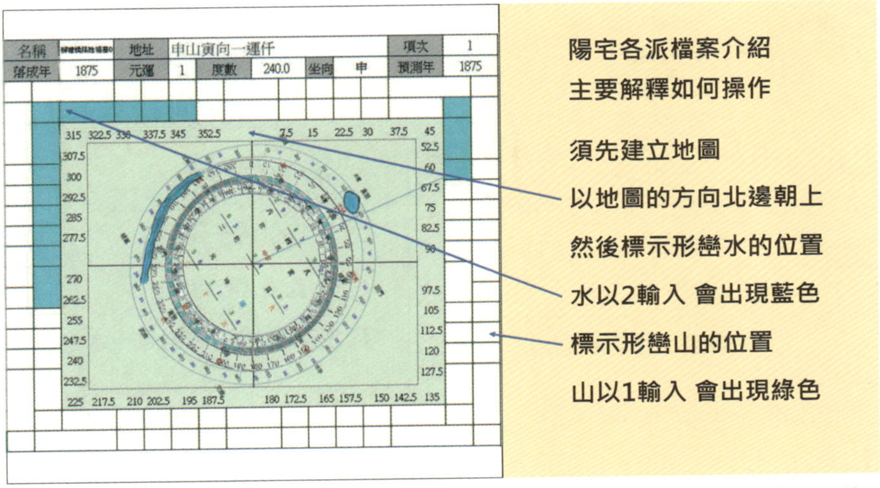

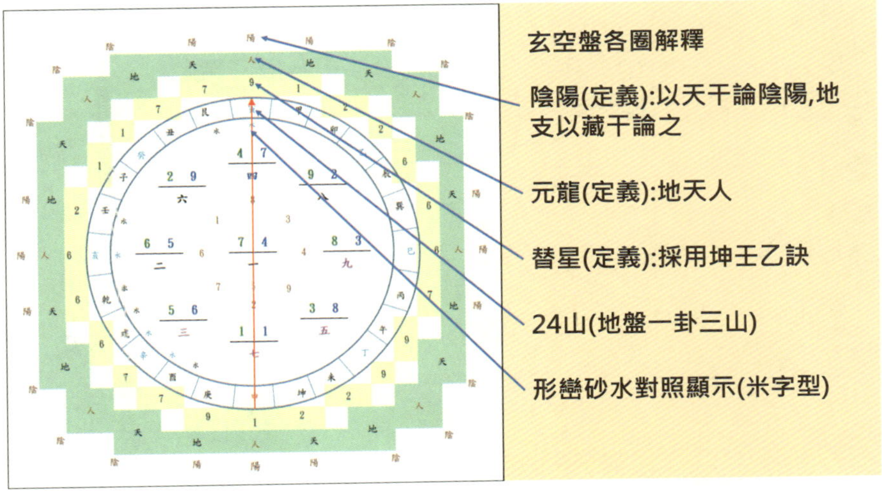

凶水吉水解，例如坤宅上元一運，衰方為 6 乾 (戌乾亥)，7 兌 (庚酉辛)，8 艮 (丑艮寅)，9 離 (丙午丁)，此方如果見水則吉，因為衰方有水，阻隔衰氣是吉水也。

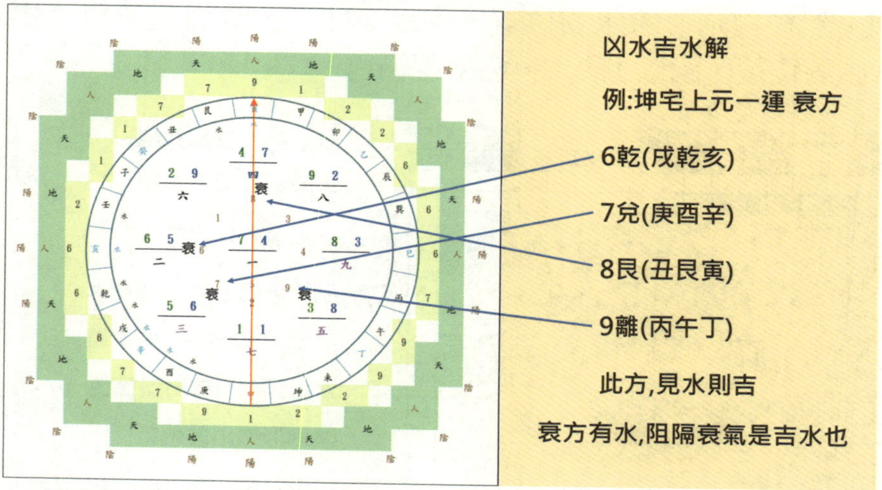
凶水吉水解
例:坤宅上元一運 衰方
6乾(戌乾亥)
7兌(庚酉辛)
8艮(丑艮寅)
9離(丙午丁)
此方,見水則吉
衰方有水,阻隔衰氣是吉水也

例如坤宅上元一運，旺方為 1 坎 (壬子癸)，2 坤 (未坤申)，3 震 (甲卯乙)，4 巽 (辰巽巳)，此方也就是旺氣方，如果有水的話可論為是凶水，是因為旺方有水，阻隔旺氣所以是凶水也。

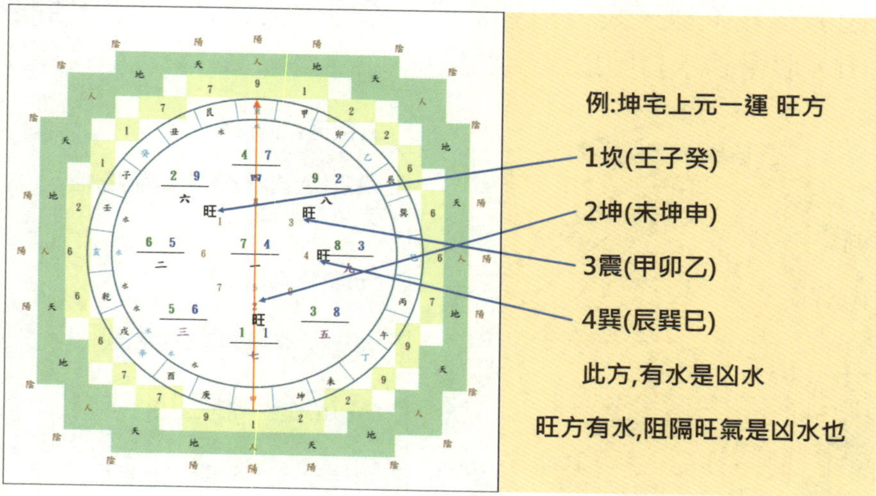
例:坤宅上元一運 旺方
1坎(壬子癸)
2坤(未坤申)
3震(甲卯乙)
4巽(辰巽巳)
此方,有水是凶水
旺方有水,阻隔旺氣是凶水也

放水畜水訣，例如坤宅，上元一運，放水與行門同，宜於旺方，此乃放旺水引旺氣也，行門放水宜在旺方引旺氣也，開塘宜在衰方以隔衰氣。

放水畜水訣

例:坤宅 上元一運

放水與行門同,宜於旺方

此乃放旺水引旺氣也

行門放水宜在旺方(引旺氣也)

開塘宜在衰方以隔衰氣

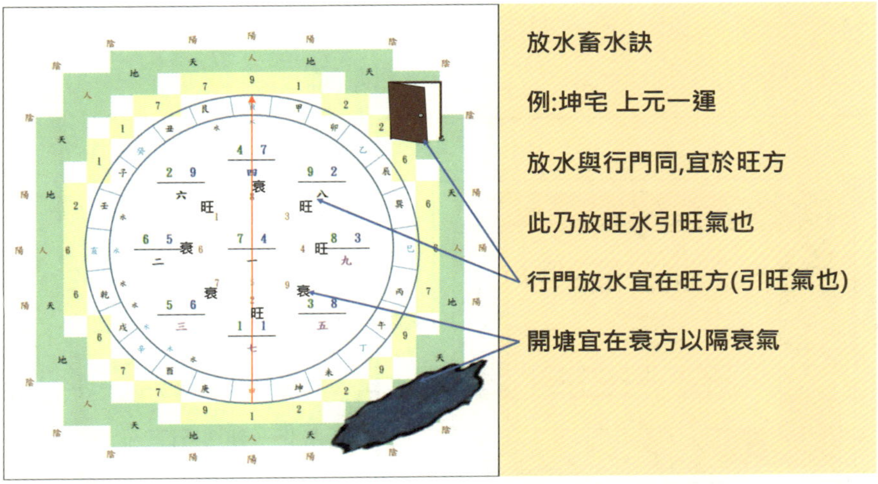

　　本檔案使用，三元玄空理氣淺說例題 1060314.xls，之 Excel 檔案，讀者可以自行下載使用，下載網址：
https://drive.google.com/drive/folders/120-FEXGUx1OFLOssHKj9MkG2yky6dBpi

第 14 章
天地人三大卦及空位流神

江東一卦一四七，一卦只管一卦運，江西一卦三六九，一卦可管二卦運，江南北一卦二五八，一卦收盡三卦運。

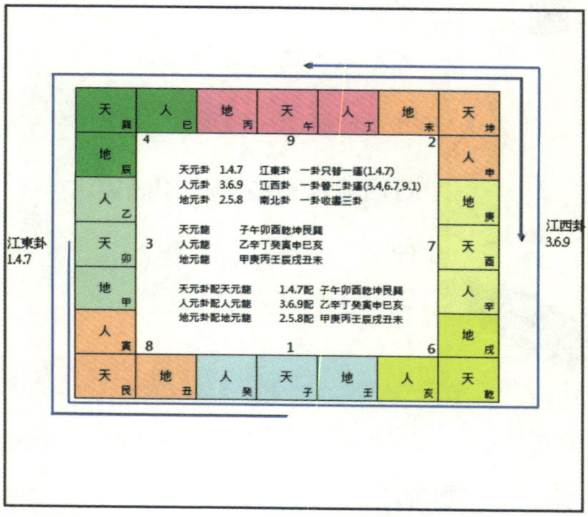

三大卦淺解

江東一卦 一四七

一卦只管一卦運

江西一卦 三六九

一卦可管二卦運

江南北一卦 二五八

一卦收盡三卦運

江東一卦一四七，子巽酉為天元，壬辰庚為地元，癸巳辛為人元，江南北一卦二五八，坤艮中為天元，未丑中為地元，申寅中為人元，江西一卦三六九卯乾午為天元，甲戌丙為地元，乙亥丁為人元。

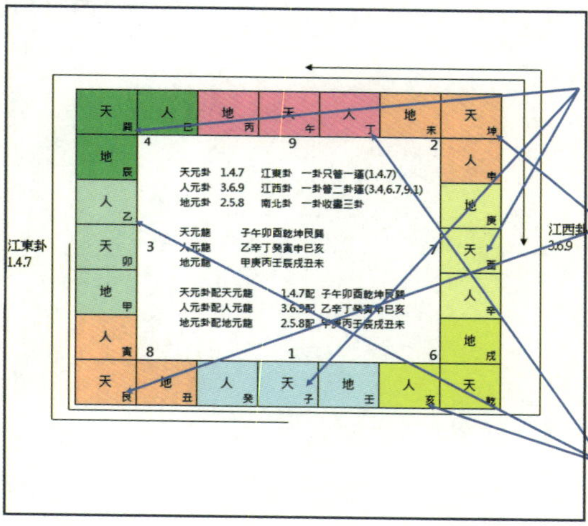

天地人三元解

子巽酉為 一四七之天元

壬辰庚為 一四七之地元

癸巳辛為 一四七之人元

坤艮中為 二五八之天元

未丑中為 二五八之地元

申寅中為 二五八之人元

卯乾午為 三六九之天元

甲戌丙為 三六九之地元

乙亥丁為 三六九之人元

例如坐子兼壬，屬上元運，水由午丁方來過堂乾方去水，9離宮有水可收上元旺氣，7兌宮有水可收上元旺氣，6乾宮有水可收上元旺氣。

例坐子兼壬

屬上元運

水由午丁方來過堂乾方去水

9離宮有水可收上元旺氣

7兌宮有水可收上元旺氣

6乾宮有水可收上元旺氣

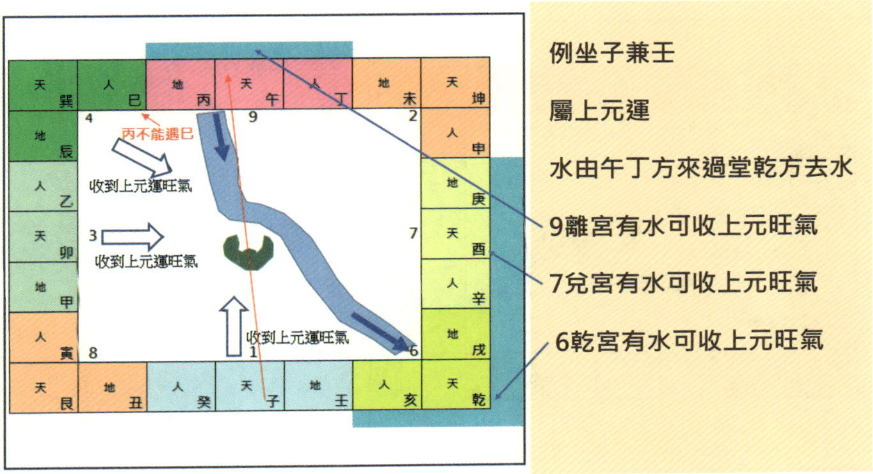

例如坐子兼癸，子為坎宮，一坎屬於上元運，水由午丁方來然後過堂由乾方去水，9離宮有水可以收到上元旺氣，7兌宮有水可以收到上元旺氣，6乾宮有水可以收到上元旺氣。

例坐子兼癸

屬上元運

水由午丁方來過堂乾方去水

9離宮有水可收上元旺氣

7兌宮有水可收上元旺氣

6乾宮有水可收上元旺氣

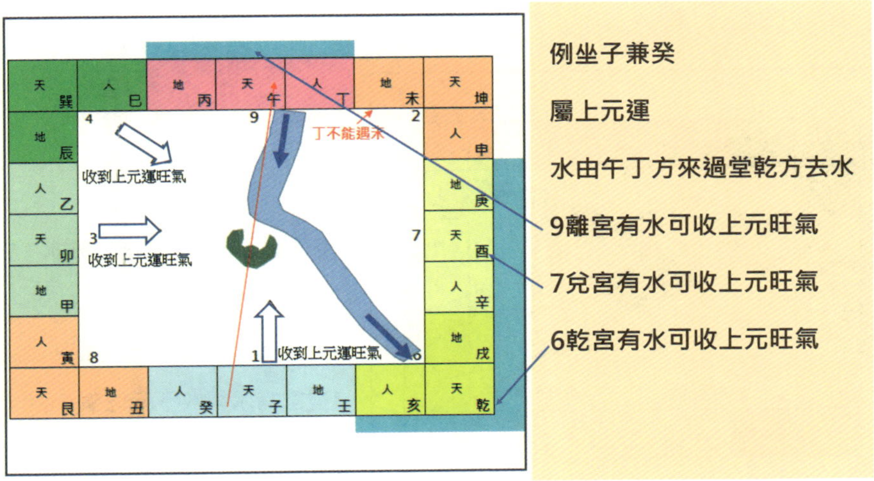

例如坐乙兼卯，屬上元運，水由辛戌方來過堂艮方去水，7兌宮有水可收上元旺氣，8艮宮有水可收上元旺氣，6乾宮有水可收上元旺氣。

例坐乙兼卯

屬上元運

水由辛戌方來過堂艮方去水

7兌宮有水可收上元旺氣

8艮宮有水可收上元旺氣

6乾宮有水可收上元旺氣

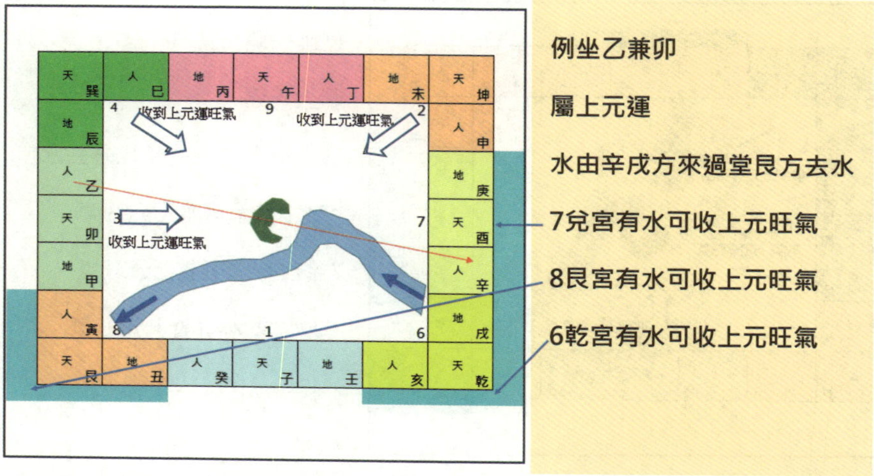

例如坐辛兼酉，屬於下元運，水由乙辰方來過堂由坤方去水，2坤宮為下元衰氣方，衰氣方有水可收下元旺氣，4巽宮為下元衰氣方，衰氣方有水可收下元旺氣，3震宮有水，3震宮為下元衰氣方，衰氣方有水可收下元旺氣。

例坐辛兼酉

屬下元運

水由乙辰方來過堂坤方去水

2坤宮有水可收下元旺氣

4巽宮有水可收下元旺氣

3震宮有水可收下元旺氣

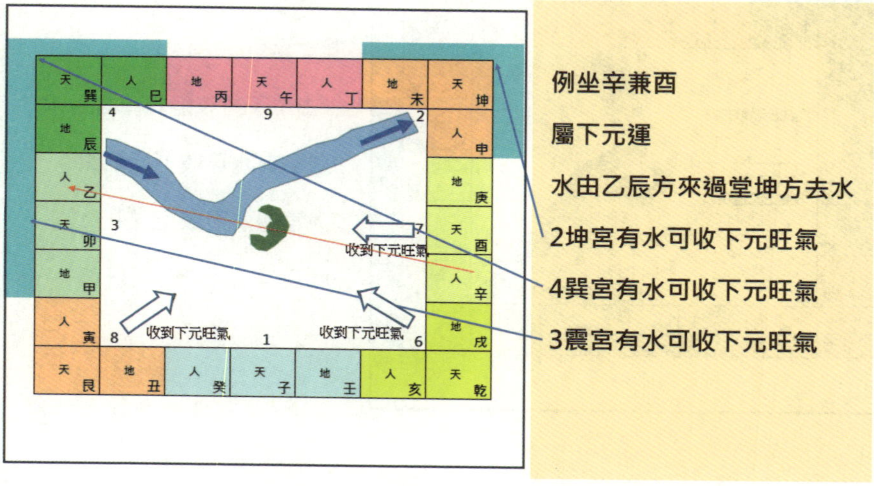

空位忌流神的看法，例如坎宅，坐壬山丙向兼亥巳，壬可以兼丙，巳可以兼亥，都是為地元龍兼人元龍，空出來的天元龍，這八神就絕對不能有水流，若有水流的話，會引來災禍。

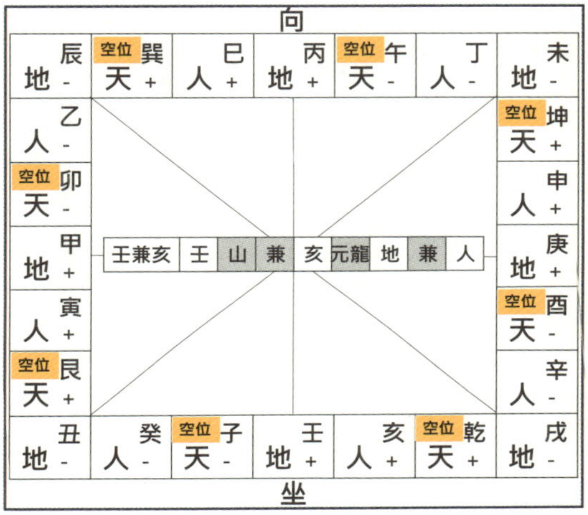

空位忌流神

例 坎宅 壬山丙向兼亥巳

地元兼人元龍

天元龍八神絕對不能有水流

例如坎宅，坐壬山丙向，屬於地元龍，地元龍可以前兼天元龍，同屬一卦之內，不會出卦，因此空出來的人元龍就不能有水流，有水流的話，會招來災禍，所以說人元龍八神絕對不能有水流。

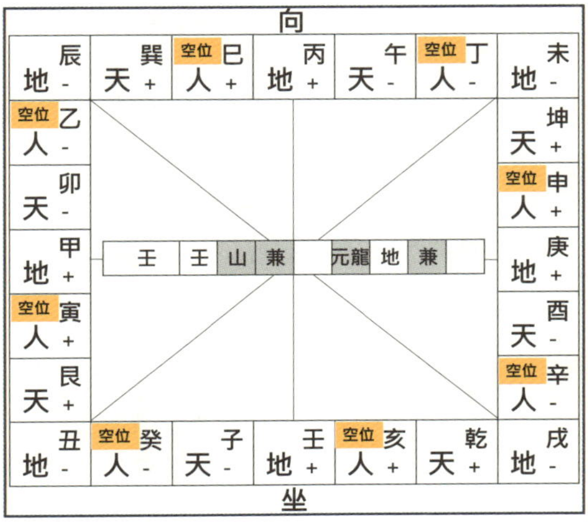

例坎宅 壬山丙向

地元龍

人元龍八神絕對不能有水流

例如坎宅，坐壬山丙向兼子午，為地元龍兼天元龍，地元龍兼天元龍在一卦之內，不會出卦，所以空出來的人元龍八神絕對不能有水流。

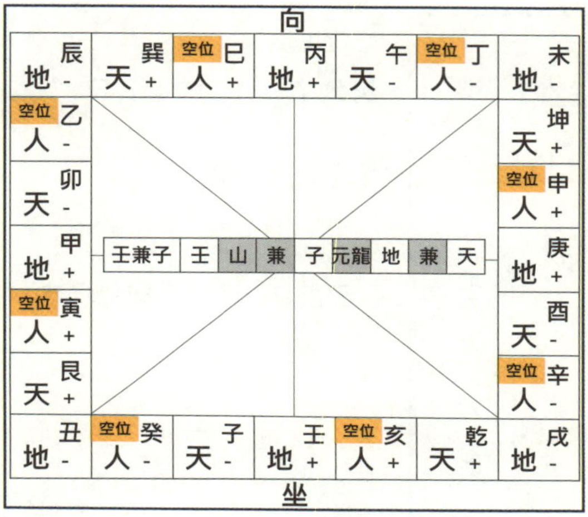

例坎宅 壬山丙向兼子午

地元兼天元龍

人元龍八神絕對不能有水流

例如坎宅，坐子山午向兼壬丙，為天元龍兼地元龍，天元龍可以兼地元龍，還在一卦之內不出卦，所以空出來的人元龍，這人元龍八神絕對不能有水流，若有水流，則會帶來災禍。

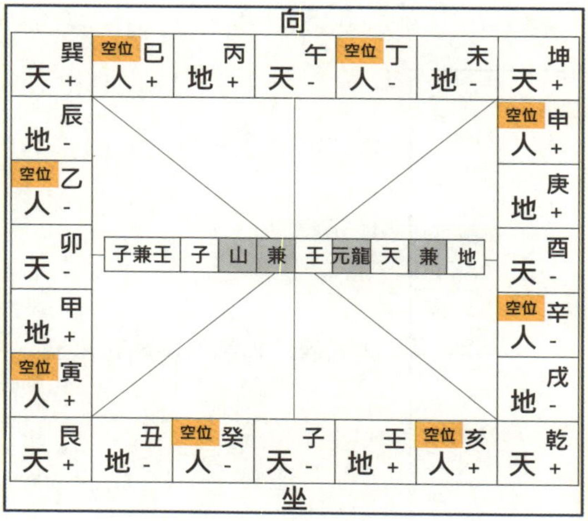

例坎宅 子山午向兼壬丙

天元兼地元龍

人元龍八神絕對不能有水流

例如坎宅，坐子山午向，屬於天元龍，天元龍為卦之中氣，不管是前兼或者是後兼，都不會出卦，都在一卦之內，所以天元龍沒有空位，也就沒有空位流神。

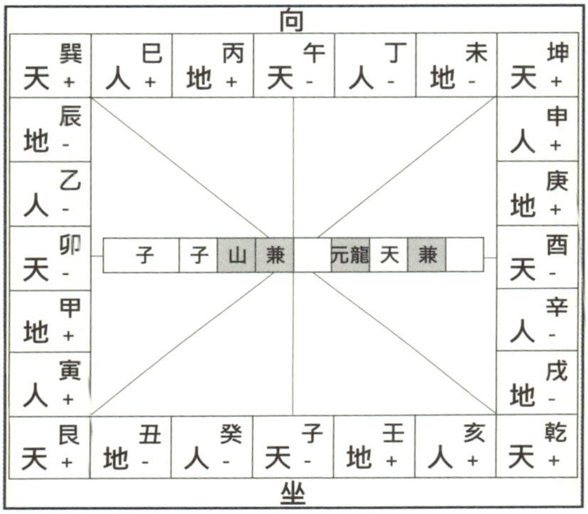

例坎宅 子山午向

天元龍

無空位流神

例如坎宅，坐子山午向兼癸丁，為天元兼人元龍，天元龍可以前兼人元龍，而不犯差錯，空出來的地元龍，就不能有水流，如果地元龍八神有水流的話，就會引來災禍不可不慎。

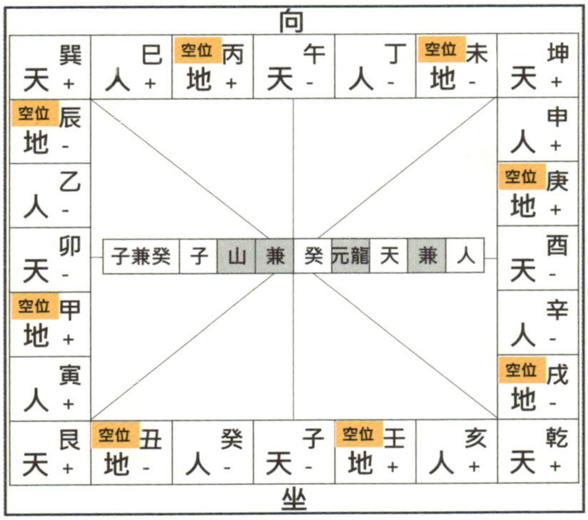

例坎宅 子山午向兼癸丁

天元兼人元龍

地元龍八神絕對不能有水流

例如坎宅，坐癸山丁向兼子午，為人元龍兼天元龍，人元龍可以後兼天元龍，同陰陽，又同在一卦之內，又不犯差錯，空出來的地元龍八神就絕對不能有水流，若有水流的話，會引來災禍。

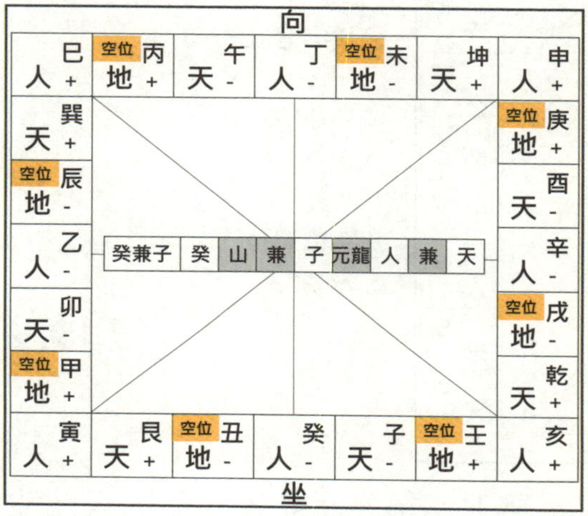

例坎宅 癸山丁向兼子午

人元兼天元龍

地元龍八神絕對不能有水流

例如坎宅，坐癸山丁向，屬於人元龍，人元龍可以兼天元龍，所以空出來的地元龍八神絕對不能有水流，若有水流的話，會引來災禍。

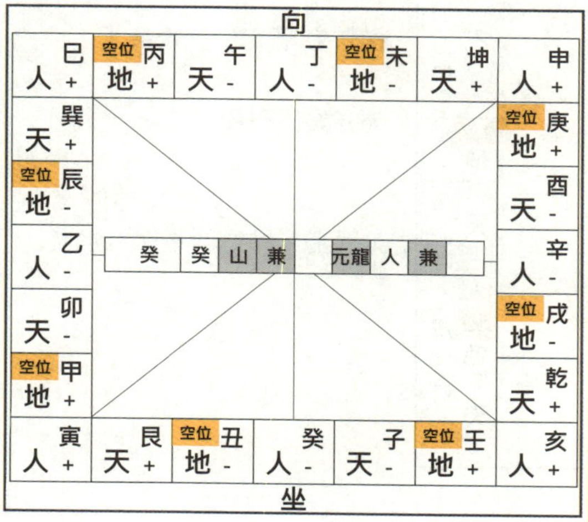

例坎宅 癸山丁向

人元龍

地元龍八神絕對不能有水流

例如坎宅，坐癸山丁向兼丑未，屬人元龍兼地元龍，雖然是犯到陰錯陽差，但是空出來的天元龍八神絕對不能有水流，有水流的話也會引來災禍。

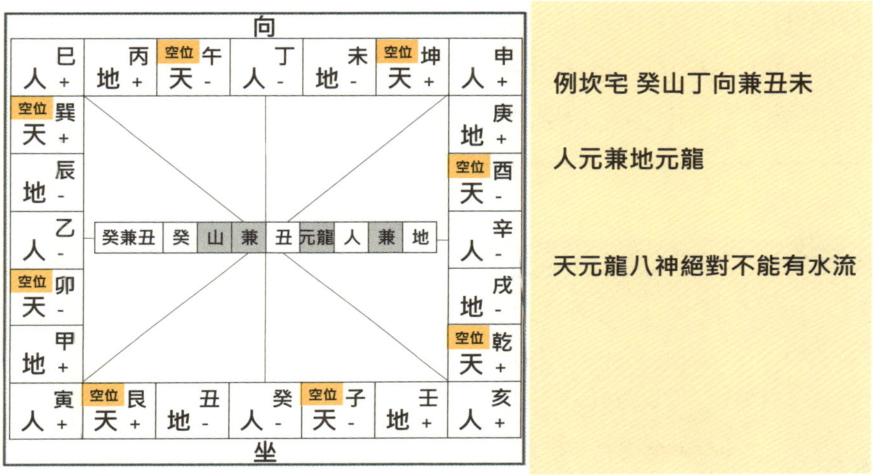
向
巳 人 +
丙 地 +
空位 午 天 -
丁 人 -
未 地 -
空位 坤 天 +
申 人 +
空位 巽 天 +
庚 地 +
辰 地 -
空位 酉 天 -
乙 人 -
辛 人 -
空位 卯 天 -
戌 地 -
甲 地 +
空位 乾 天 +
寅 人 +
空位 艮 天 +
丑 地 -
癸 人 -
空位 子 天 -
壬 地 +
亥 人 +
癸兼丑 癸 山 兼 丑 元龍 人 兼 地
坐
例坎宅 癸山丁向兼丑未
人元兼地元龍
天元龍八神絕對不能有水流

第 15 章　納氣之用

曠野山谷與街市陽宅的辨別，一片曠野或者是陽宅的四面都很寬平的話，就可以隨著元運，改變門的方向，引到當元旺氣，這個就很簡單的可以改變風水。

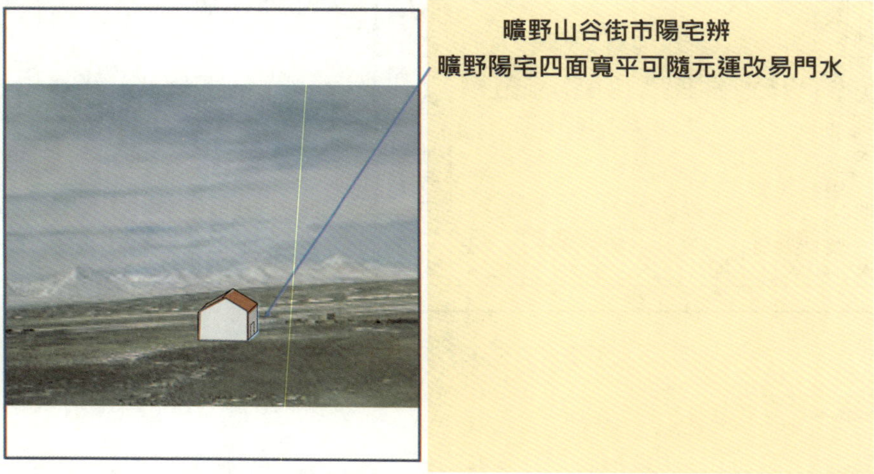
曠野山谷街市陽宅辨
曠野陽宅四面寬平可隨元運改易門水

後無高山前無大水開前門受前氣，開後門受後氣，開那邊的路也受那邊的氣也。

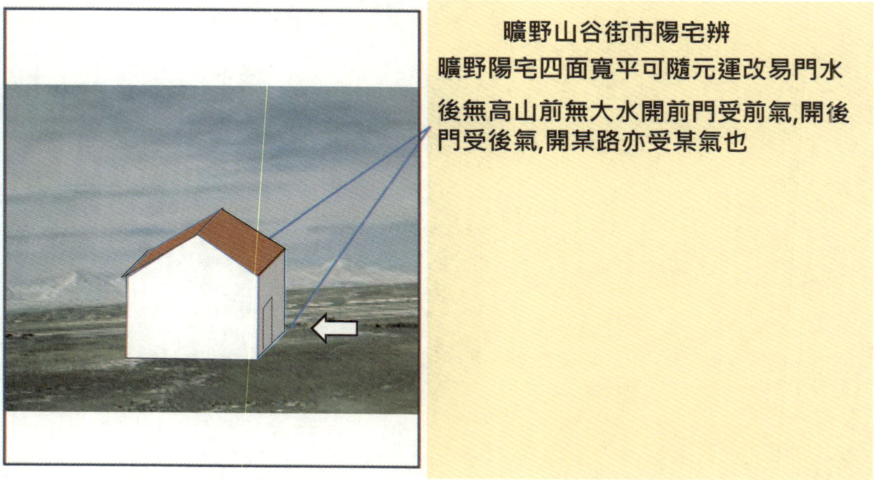
曠野山谷街市陽宅辨
曠野陽宅四面寬平可隨元運改易門水
後無高山前無大水開前門受前氣,開後門受後氣,開某路亦受某氣也

後面緊貼著高山，所受的是向前的氣，亦無坐家氣到，是以運來論，若是左北朝南，向前離 9 屬下元旺氣，在上元運的話，坐家前方開門就收不到旺氣。

曠野山谷街市陽宅辨

曠野陽宅四面寬平可隨元運改易門水

後無高山前無大水開前門受前氣,開後門受後氣,開某路亦受某氣也

後貼高山亦無坐家氣到

前近大水，開前門，亦無向上氣到，這個道理也是一樣的，要看元運，開門一定要開在旺氣方，前面近大水，若是旺方有水就是衰水，必須要衰方有水才能引到旺氣，此是講不合運，就無向上氣到。

曠野山谷街市陽宅辨

曠野陽宅四面寬平可隨元運改易門水

後無高山前無大水開前門受前氣,開後門受後氣,開某路亦受某氣也

後貼高山亦無坐家氣到

前近大水即開前門亦無向上氣到

山谷跟陽宅一樣，最重缺口，四面高只有一處低缺，則全受此方之氣也，這個道理跟龍脈一樣，龍脈結穴龍虎砂會向前兜收，龍虎砂跟背後的龍脈包裹著穴場，只有前方的缺口，才能納到氣。

曠野山谷街市陽宅辨

曠野陽宅四面寬平可隨元運改易門水

後無高山前無大水開前門受前氣,開後門受後氣,開某路亦受某氣也

後貼高山亦無坐家氣到

前近大水即開前門亦無向上氣到

山谷陽宅最重缺口陰四面高只有一處低缺全受此方之氣也

城市鄉村的陽宅，是以巷路為重，門水次之，假如某方有街口或巷通來，即受某方之氣，通常陽宅面前都會有道路，道路會形成十字交叉，陽宅所受的氣就是這叉口的氣。

曠野山谷街市陽宅辨

曠野陽宅四面寬平可隨元運改易門水

後無高山前無大水開前門受前氣,開後門受後氣,開某路亦受某氣也

後貼高山亦無坐家氣到

前近大水即開前門亦無向上氣到

山谷陽宅最重缺口陰四面高只有一處低缺全受此方之氣也

街市村心陽宅以巷路為重門水次之如某方有街口或巷通來即受某方之氣

前街直過尚無動氣，一有轉曲致街道邊開、邊蔽，則全受開邊之氣，這是說陽宅前面的街道，若是有轉折，或是有遮蔽，則陽宅所受的氣就是那個轉折的氣。

曠野山谷街市陽宅辨

曠野陽宅四面寬平可隨元運改易門水

後無高山前無大水開前門受前氣,開後門受後氣,開某路亦受某氣也

後貼高山亦無坐家氣到

前近大水即開前門亦無向上氣到

山谷陽宅最重缺口陰四面高只有一處低缺全受此方之氣也

街市村心陽宅以巷路為重門水次之如某方有街口或巷通來即受某方之氣

前街直過尚無動氣一有轉曲致街道邊開邊蔽則全受開邊之氣

這種論法太粗淺，水流的方向會引氣回返，跟街道的論法不同。雖然在四面空曠的田野間，也會因季節而改變風向跟氣場。古代之房舍的論法，房子的四周很少開大窗，所以只依開門為納氣，現代的房子開門並非是真正的納氣口，反而重於開落地窗的陽台。

曠野山谷街市陽宅辨補充說明

這種論法太粗淺，水流的方向會引氣回返，跟街道的論法不同。

確然在四面空曠的田野間，也會因季節而改變風向跟氣場。

河道的上方有水氣，夏天比週遭受太陽曝曬的溫度低。冬天比週遭有風霜的溫度高，都會引起冷熱對流而引動氣場。

古代之房舍的論法，房子的四周很少開大窗，所以只依開門為納氣

現代的房子開門並非是真正的納氣口，反而重於開落地窗的陽台。

山谷立向的方法，測其本山背後的束咽來脈處，屬何字位，再根據其天地人元以為定向，水口次之，此乃山上龍神不下水也，也就是以山龍取坐山立向，排出來的生旺山星不要碰到水。

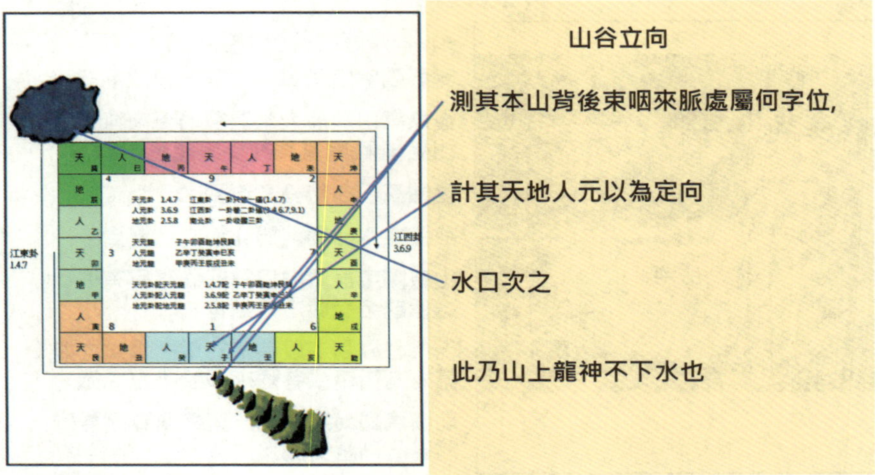
山谷立向
測其本山背後束咽來脈處屬何字位,
計其天地人元以為定向
水口次之
此乃山上龍神不下水也
江東卦
1.4.7
江西卦
3.6.9

平洋龍立向，只測其水口屬何字，根據水口定坐山立向，也就是只看水，看或坐家或兼加，天地人與水口配，不計來脈，所排出來的水旺星不要有山，此乃水裏龍神不上山也。

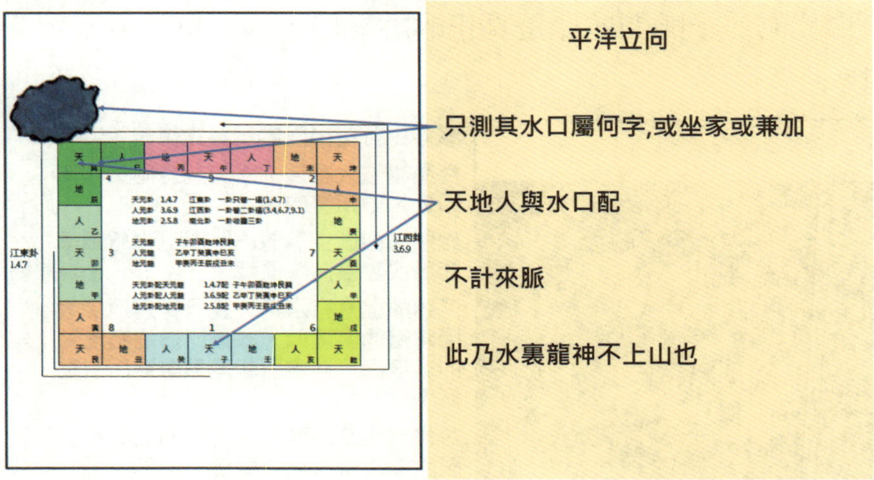
平洋立向
只測其水口屬何字,或坐家或兼加
天地人與水口配
不計來脈
此乃水裏龍神不上山也
江東卦
1.4.7
江西卦
3.6.9

方位高低得氣解一，此講的是，假如後山層遞自高降下，也就是緩緩而下，氣沒有被擋到，一直來到靠近宅處，不甚高就是沒有高於宅，對面低平，又是衰氣方的話，則全收坐家氣也。

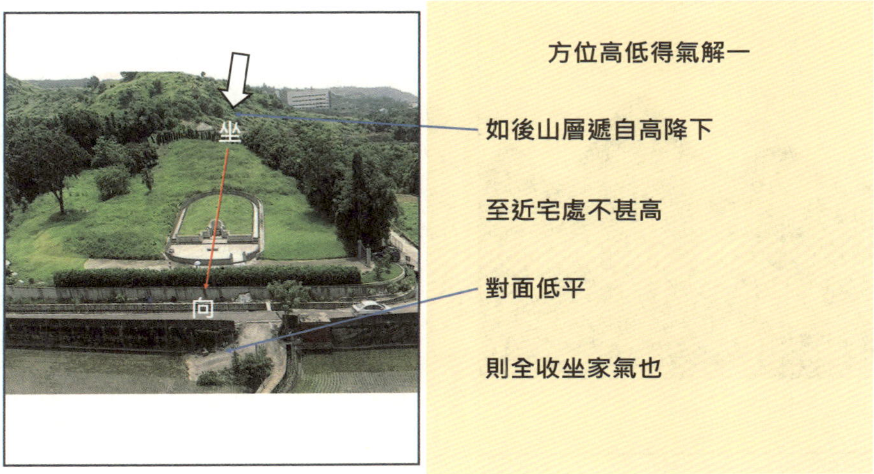

方位高低得氣解一

如後山層遞自高降下

至近宅處不甚高

對面低平

則全收坐家氣也

　　方位高低得氣解二，如背後緊貼高山，迫過無遞降之勢，也就是會遮到氣，如果向上是倉板朝來，就是氣都沒有被擋到，則全收向上氣也。

方位高低得氣解二

如背後緊貼高山

迫過無遞降之勢

向上如倉板朝來

則全收向上氣也

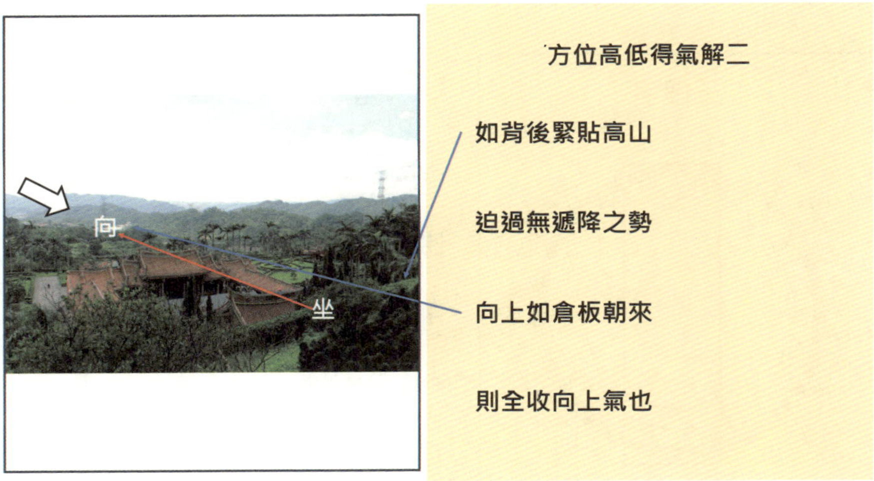

方位高低得氣解三，前面已經講過收到的會是缺口的氣，若坐空朝滿，背後無靠，也就是背後有缺口，或穴前傾卸者，就不能得到向上氣也，得到的是背後的氣。

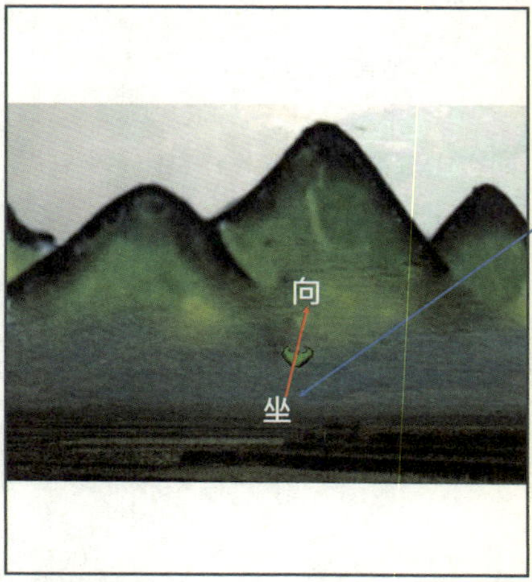

方位高低得氣解三

若坐空朝滿,

或穴前傾卸者

辨不能得向上氣也

宅形直長橫闊辨一，此講的是直長者前後氣重，開前門可納前氣，開後門納後氣，兩邊門受氣輕，這是因為門的兩側納不到向前的卦位，向前納氣，只有納到一卦之氣所以只有三個字可用。

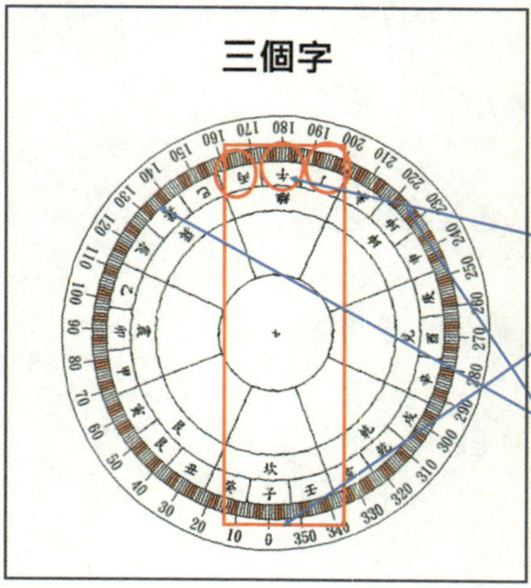

宅形直長橫闊辨一

直長者前後氣重,

開前門可納前氣

開後門納後氣,

兩邊門受氣輕

向前納氣 有三個字可用

宅形直長橫闊辨二，橫闊者兩邊氣重，雖開左角門，右角亦受向上氣，前後門受氣反輕，向前納氣，有七八個字可用，這個是因為向的兩邊全部都有納到卦位，所以不論由左或者由右，都比中間來得容易受氣。

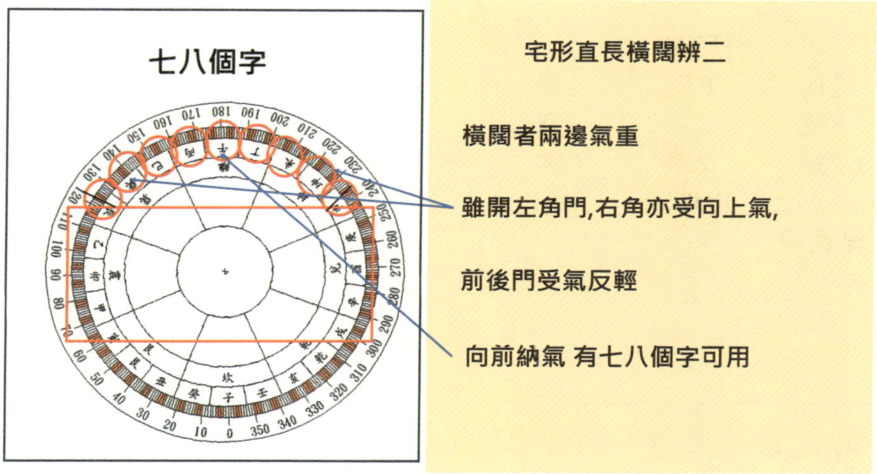
七八個字
宅形直長橫闊辨二
橫闊者兩邊氣重
雖開左角門,右角亦受向上氣,
前後門受氣反輕
向前納氣 有七八個字可用

宅形直長橫闊辨三，如果形狀似正方形者，四方有門如空曠亦可引氣，此講若是四方空曠，四方的門都可引氣，向前納氣，有六個字可用，是說明只有中間可用，兩旁較差。

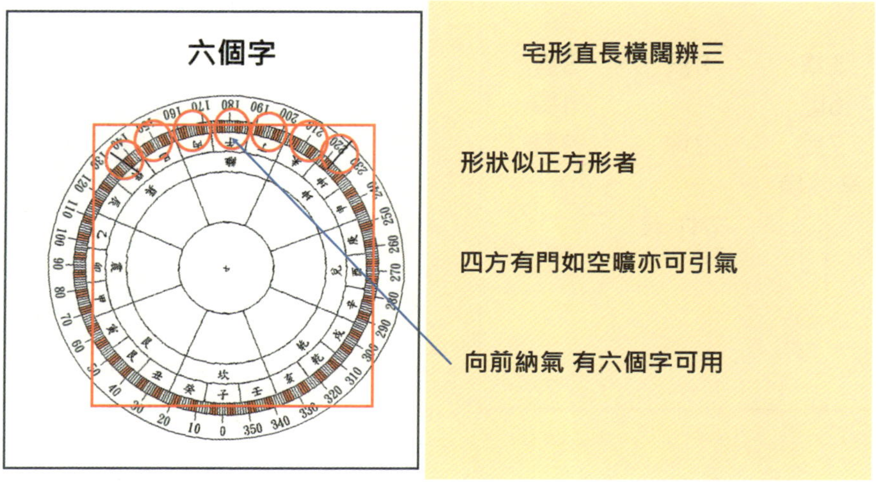
六個字
宅形直長橫闊辨三
形狀似正方形者
四方有門如空曠亦可引氣
向前納氣 有六個字可用

陽宅缺凸異氣，例如坐坤向艮，未坤申邊空，庚酉辛邊突出，所受的氣會全來自缺口，未坤申邊有缺口，自然會引到氣，所以說坐家全收未坤申氣。

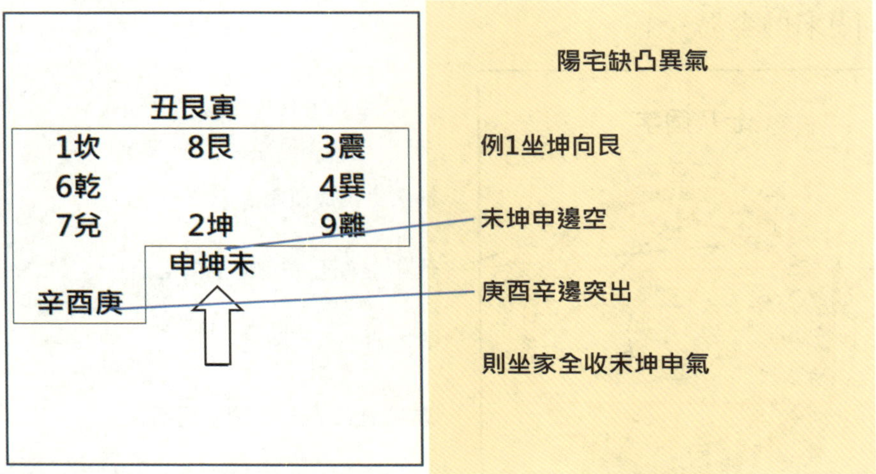
丑艮寅
1坎
8艮
3震
6乾
4巽
7兌
2坤
9離
申坤未
辛酉庚
陽宅缺凸異氣
例1坐坤向艮
未坤申邊空
庚酉辛邊突出
則坐家全收未坤申氣

陽宅缺凸異氣，例如坐坤向艮，庚酉辛邊空，未坤申邊突出，這個道理也是一樣的，前面講過都是收到缺角的氣，庚酉辛邊有缺角，自然會引到氣，所以說坐家全收庚酉辛氣。

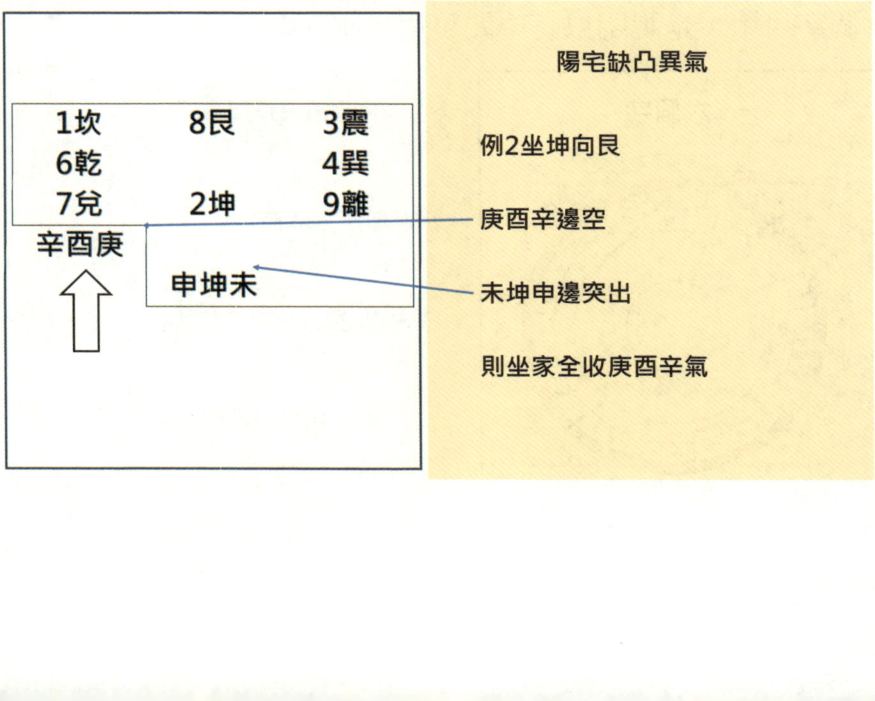
1坎
8艮
3震
6乾
4巽
7兌
2坤
9離
辛酉庚
申坤未
陽宅缺凸異氣
例2坐坤向艮
庚酉辛邊空
未坤申邊突出
則坐家全收庚酉辛氣

鋪戶安神，例如坐子向午鋪戶安神，當上元時，上元離方氣不合運，為衰氣，上元巽 4 及坤 2 為旺氣，倘依鋪向坐子向午安神，收到的午氣不適合，因為 9 離為下元旺氣，上元就是衰氣之故。

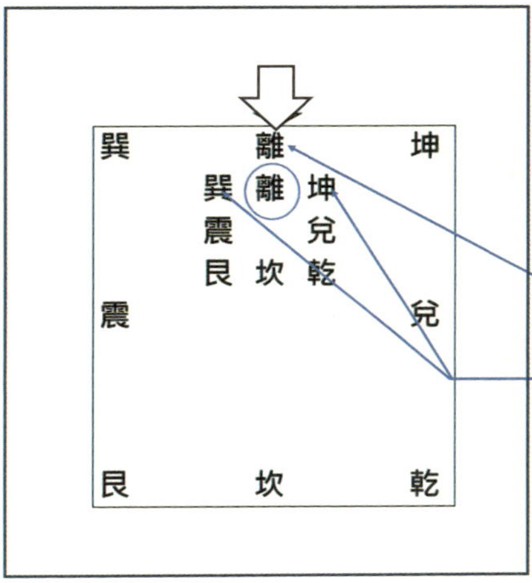

鋪戶安神

例如坐子向午鋪

當上元時

上元離方氣不合運,為衰氣

上元巽4及坤2為旺氣

倘依鋪向安神直收午氣則不合邊

鋪戶安神法一，或條橫移一向側左，就是將神位向左邊橫移一個宮位 使 9 離之衰氣，變為 2 坤之旺氣，這樣才吉，在神處位放羅經，看其合旺位就好。

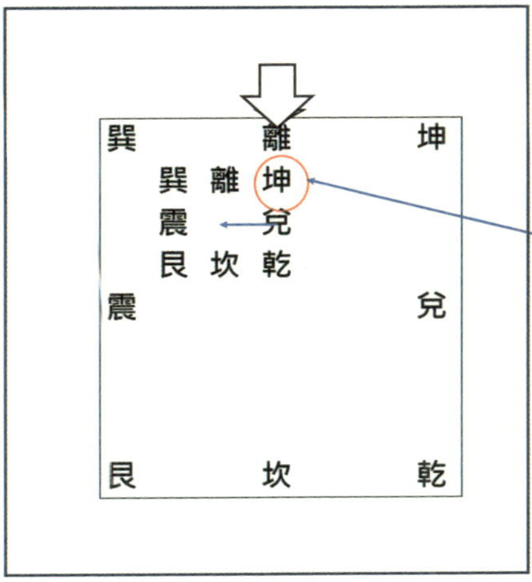

鋪戶安神法一

或條橫移一向側左

使衰氣變為坤氣 乃吉

在神處位放羅經

看其何方使合旺位變好

鋪戶安神法二，或條橫移一向側右，就是向右移一個宮位，使本來引到的 9 離衰氣，變為引到 4 巽旺氣，這樣就會吉利，鋪戶安神時要在神處位放羅經，看其合旺位就好。

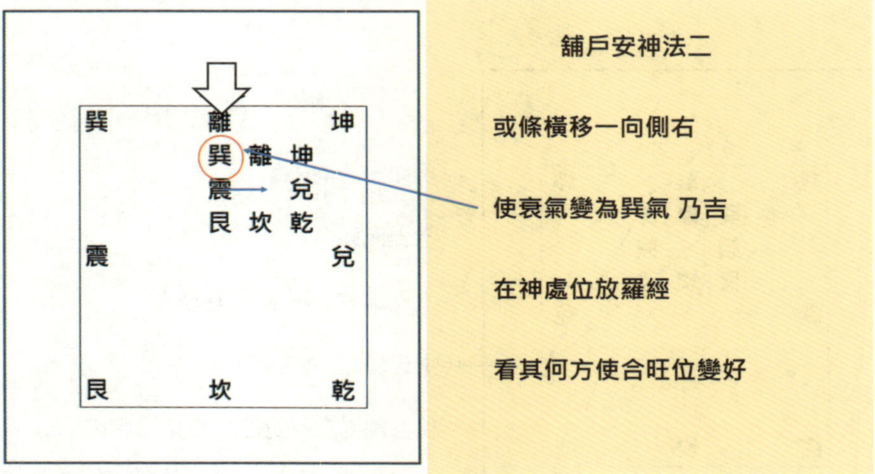
巽
離
坤
巽 離 坤
震 兌
艮 坎 乾
震
兌
艮
坎
乾
鋪戶安神法二
或條橫移一向側右
使衰氣變為巽氣 乃吉
在神處位放羅經
看其何方使合旺位變好

鋪戶安神法三，或條橫後移一向側左，就是向斜後左方移一個宮位，使原來 9 離的衰氣，變為 2 坤的旺氣，乃吉，在神處位放羅經，看其合旺位就好。

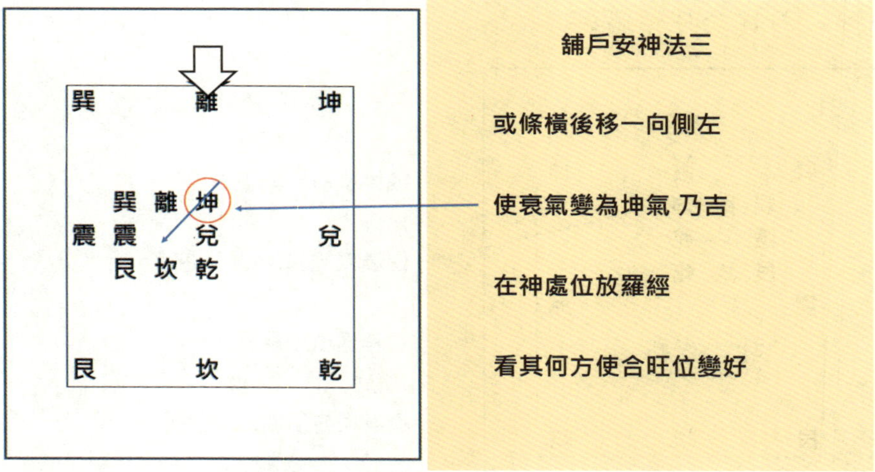
巽
離
坤
巽 離 坤
震 震 兌 兌
艮 坎 乾
艮
坎
乾
鋪戶安神法三
或條橫後移一向側左
使衰氣變為坤氣 乃吉
在神處位放羅經
看其何方使合旺位變好

舖戶安神法四，或條橫後移一向側右，就是向右後斜方移一個宮位，使本來 9 離的衰氣，變為 4 巽的旺氣，乃吉，在神處位放羅經，看其合旺位就好。

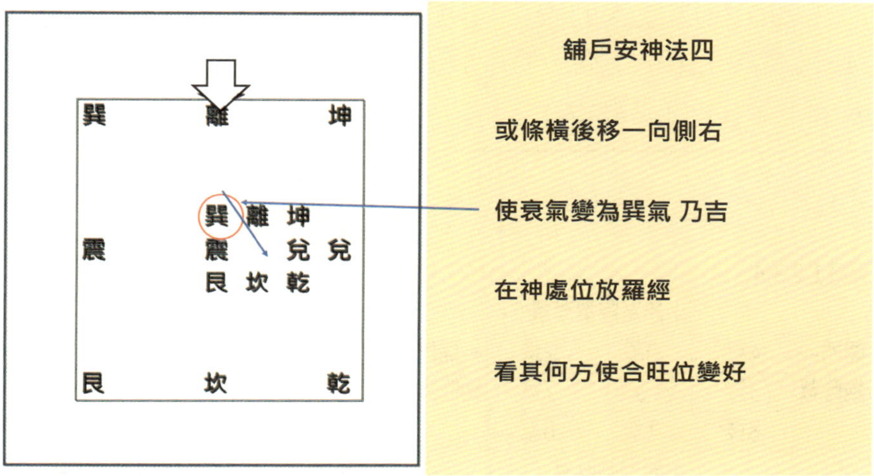
巽
離
坤
巽
離
坤
震
震
兌
兌
艮
坎
乾
艮
坎
乾
舖戶安神法四
或條橫後移一向側右
使衰氣變為巽氣 乃吉
在神處位放羅經
看其何方使合旺位變好

第 16 章　二十四山行門放水秘訣

二十四山行門放水列表，坎宅，坎卦 (1 卦) 三山，上元旺 1 2 3 4，必起高向上 (9) 為牆，行 (辰巽巳 4)(未坤申 2) 兩邊門，若屋背開 (壬子癸 1) 門窗更吉。

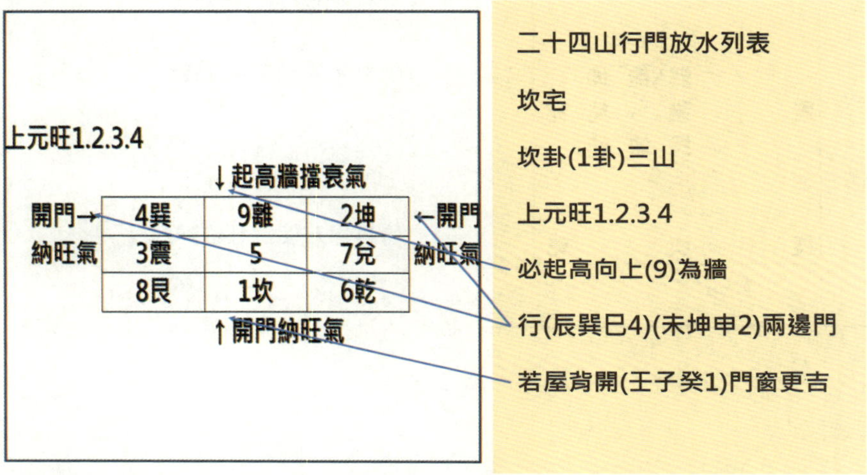

坎宅，下元旺運是 6 乾 7 兌 8 艮 9 離，宜行丙午丁正門，就是在對宮 9 離宮之丙午丁，放庚酉辛水，然後在 7 兌方，也就是庚酉辛放水。

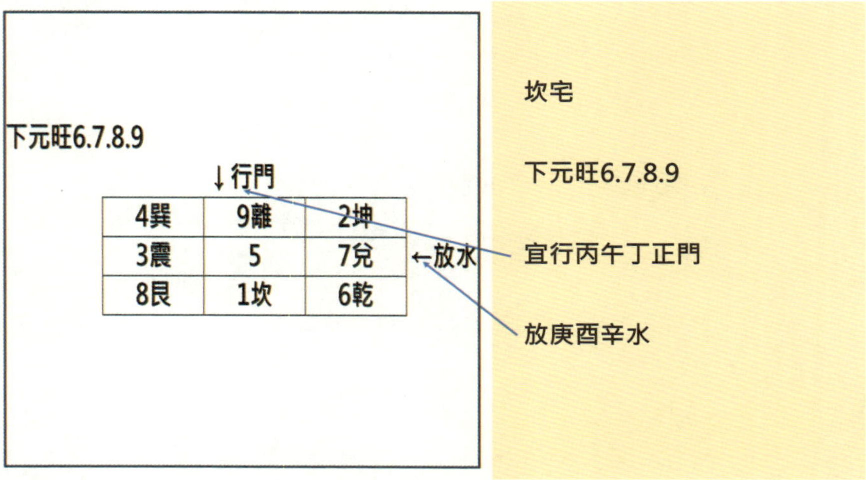

艮宅，上元旺氣方是 1 坎 2 坤 3 震 4 巽，在 2 坤方行門，在 2 坤方放水，對宮就是 2 坤方，2 坤為上元旺氣方，所以就在 2 坤未坤申方行門放水。

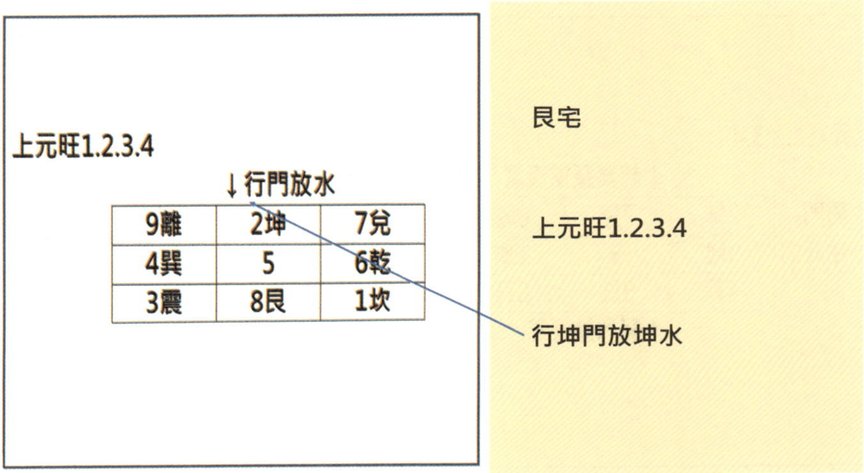
上元旺1.2.3.4
↓行門放水
9離
2坤
7兌
4巽
5
6乾
3震
8艮
1坎
艮宅
上元旺1.2.3.4
行坤門放坤水

艮宅，下元旺氣方是 6 乾 7 兌 8 艮 9 離，必在向上 2 坤方，也就是下元衰氣方起高牆，擋衰氣，在 7 兌方庚酉辛方，9 離方丙午丁方，兩邊都可以行門，然後在 7 兌庚酉辛方放水。

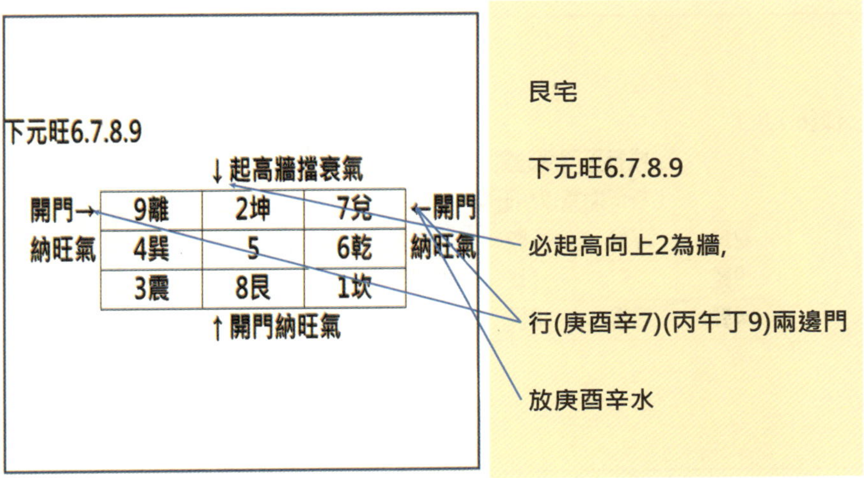
下元旺6.7.8.9
↓起高牆擋衰氣
開門→
納旺氣
9離
2坤
7兌
4巽
5
6乾
3震
8艮
1坎
←開門
納旺氣
↑開門納旺氣
艮宅
下元旺6.7.8.9
必起高向上2為牆,
行(庚酉辛7)(丙午丁9)兩邊門
放庚酉辛水

震宅，上元旺 1 坎 2 坤 3 震 4 巽，震卦三山甲卯乙在上元宜起高牆，就是在向上為牆，然後在未坤申方行門，在未坤申方放水，若能開屋背門更吉，也就是能夠在 3 震方開門更吉。

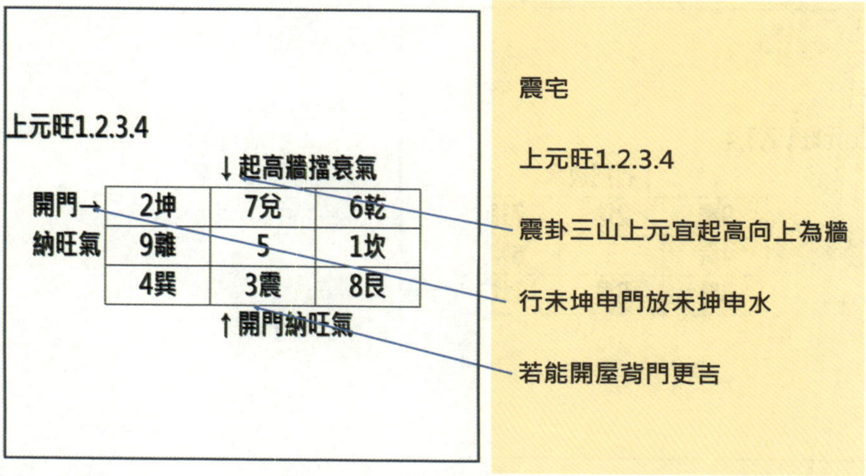
上元旺1.2.3.4
↓起高牆擋衰氣
開門→
納旺氣
2坤
7兌
6乾
9離
5
1坎
4巽
3震
8艮
↑開門納旺氣
震宅
上元旺1.2.3.4
震卦三山上元宜起高向上為牆
行未坤申門放未坤申水
若能開屋背門更吉

震宅，下元旺 6 乾 7 兌 8 艮 9 離，震宅下元運若是在 9 離方丙午丁要開門，但是難開的話，則拆低圍牆，在戌乾亥方行門，在丙午丁方放水或行正門亦可。

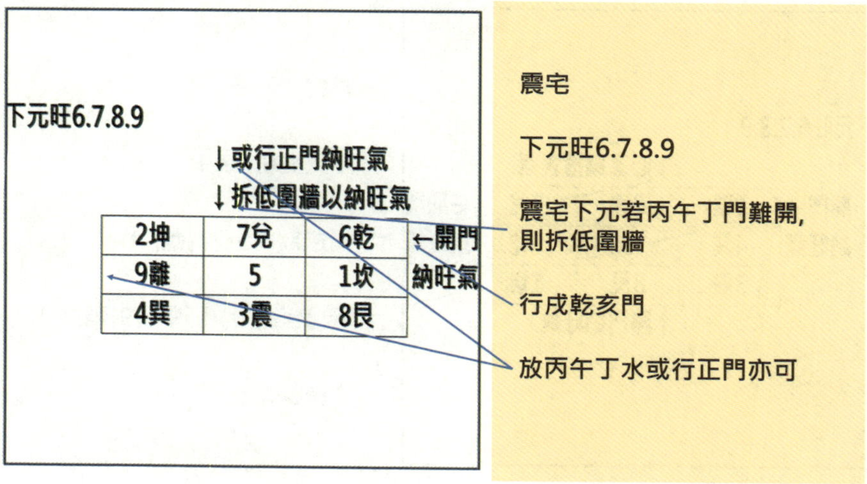
下元旺6.7.8.9
↓或行正門納旺氣
↓拆低圍牆以納旺氣
2坤
7兌
6乾
←開門
納旺氣
9離
5
1坎
4巽
3震
8艮
震宅
下元旺6.7.8.9
震宅下元若丙午丁門難開,
則拆低圍牆
行戌乾亥門
放丙午丁水或行正門亦可

巽宅，上元的旺氣方是 1 坎 2 坤 3 震 4 巽，巽卦是上元衰氣方，宜在 1 坎旺氣方壬子癸方行門放水，若是要在 3 震方旺氣方甲卯乙方開門的話，則甚難開，就是一般都不會這樣開法。

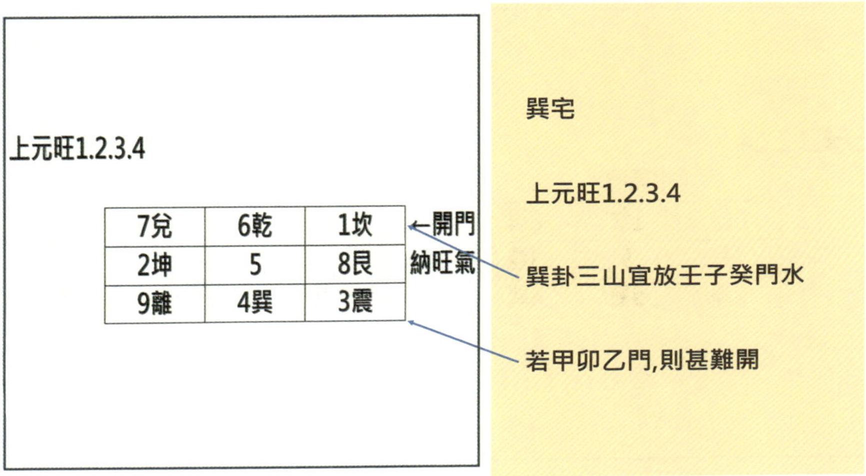
上元旺1.2.3.4
7兌
6乾
1坎
←開門
納旺氣
2坤
5
8艮
9離
4巽
3震
巽宅
上元旺1.2.3.4
巽卦三山宜放壬子癸門水
若甲卯乙門,則甚難開

巽宅，下元旺 6 乾 7 兌 8 艮 9 離，巽卦三山辰巽巳為下元衰運，宜在 7 兌下元旺運庚酉辛方行門，在庚酉辛放水，若是中 5 水只可以在中元放之。

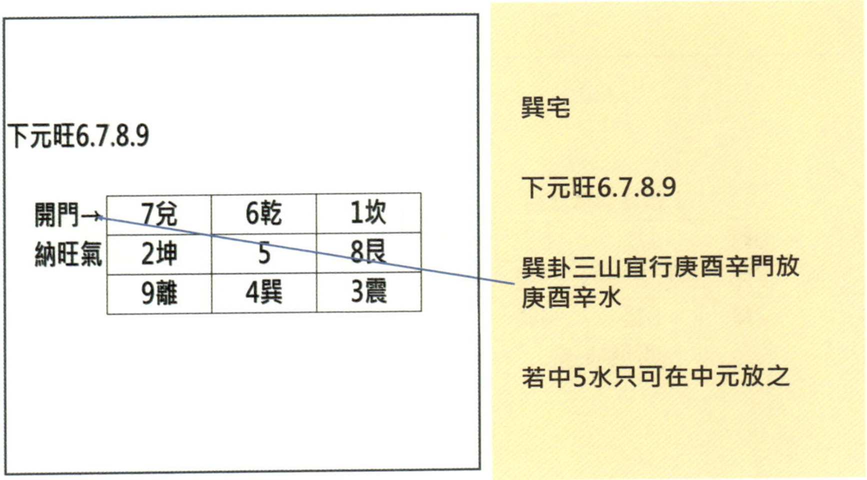
下元旺6.7.8.9
開門→
納旺氣
7兌
6乾
1坎
2坤
5
8艮
9離
4巽
3震
巽宅
下元旺6.7.8.9
巽卦三山宜行庚酉辛門放庚酉辛水
若中5水只可在中元放之

離宅，上元旺氣方是1坎2坤3震4巽，9離是上元衰氣方，離卦丙午丁三山，在下元宜行在1坎旺氣方壬子癸方行門，在3震旺氣方甲卯乙方放水。

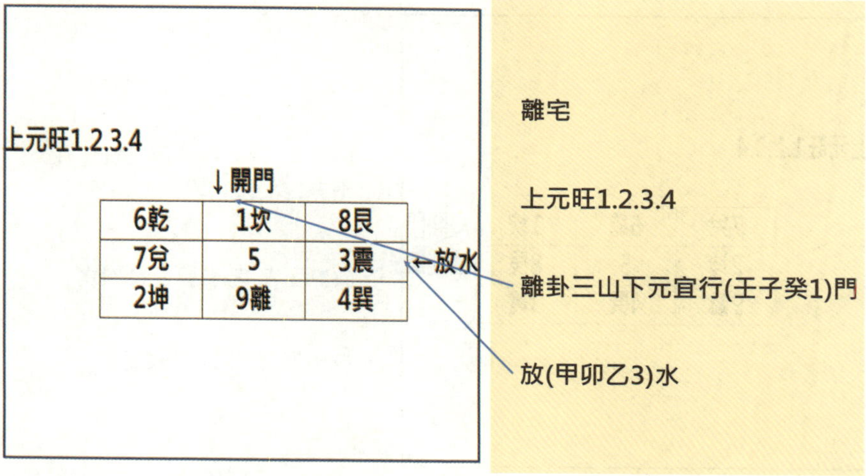
上元旺1.2.3.4
↓開門
6乾
1坎
8艮
7兌
5
3震
←放水
2坤
9離
4巽
離宅
上元旺1.2.3.4
離卦三山下元宜行(壬子癸1)門
放(甲卯乙3)水

離宅，下元旺氣方6乾7兌8艮9離，9離是下元的旺氣方，離卦丙午丁三山在下元向上宜起高圍牆，在6乾戌乾亥，8艮丑艮寅方兩邊行門，在6乾戌乾亥放水，若兼開屋背9離丙午丁門更吉。

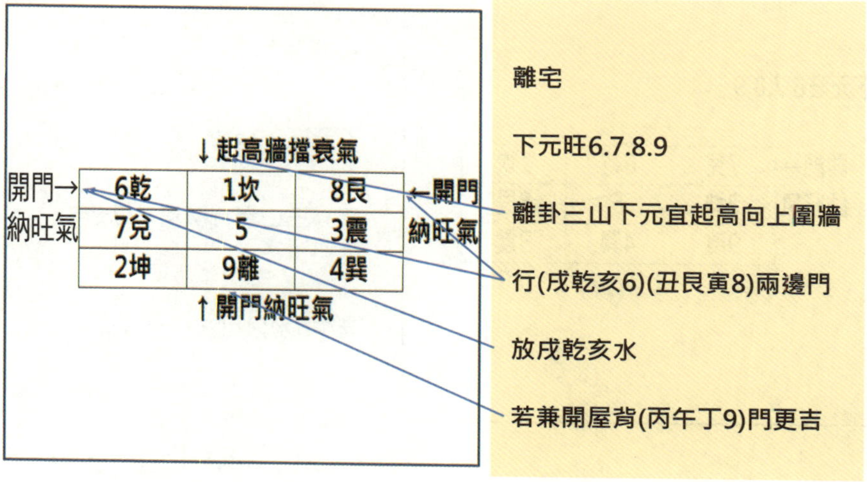
↓起高牆擋衰氣
開門→
納旺氣
6乾
1坎
8艮
←開門
納旺氣
7兌
5
3震
2坤
9離
4巽
↑開門納旺氣
離宅
下元旺6.7.8.9
離卦三山下元宜起高向上圍牆
行(戌乾亥6)(丑艮寅8)兩邊門
放戌乾亥水
若兼開屋背(丙午丁9)門更吉

坤宅，上元旺氣方 1 坎 2 坤 3 震 4 巽，坤宅三山上元宜向上起高圍牆，在 1 坎壬子癸 3 震甲卯乙兩邊行門，在 1 坎壬子癸放水，屋背 2 坤為上元旺氣方，未坤申更宜開窗以納旺氣。

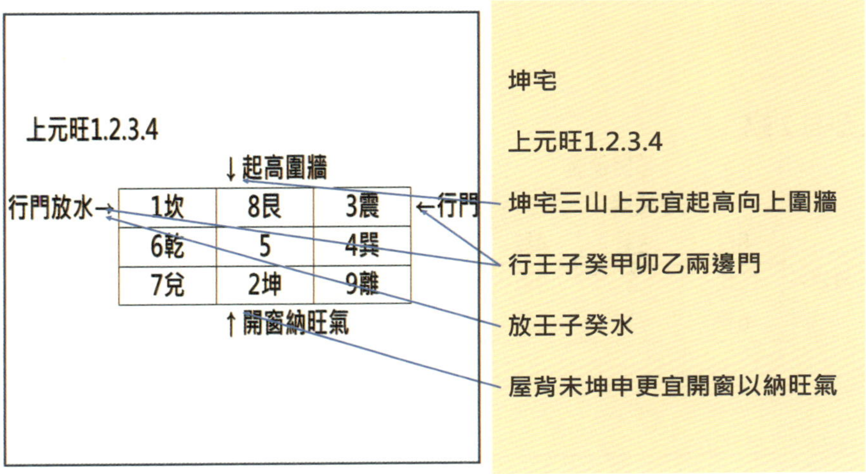
上元旺1.2.3.4
↓起高圍牆
行門放水→
1坎
8艮
3震
←行門
6乾
5
4巽
7兌
2坤
9離
↑開窗納旺氣
坤宅
上元旺1.2.3.4
坤宅三山上元宜起高向上圍牆
行壬子癸甲卯乙兩邊門
放壬子癸水
屋背未坤申更宜開窗以納旺氣

坤宅，下元旺氣方 6 乾 7 兌 8 艮 9 離，坤宅三山宜在正面 8 艮丑艮寅方行門放當面水，若中 5 水只中元時可放，上下元皆不合也。

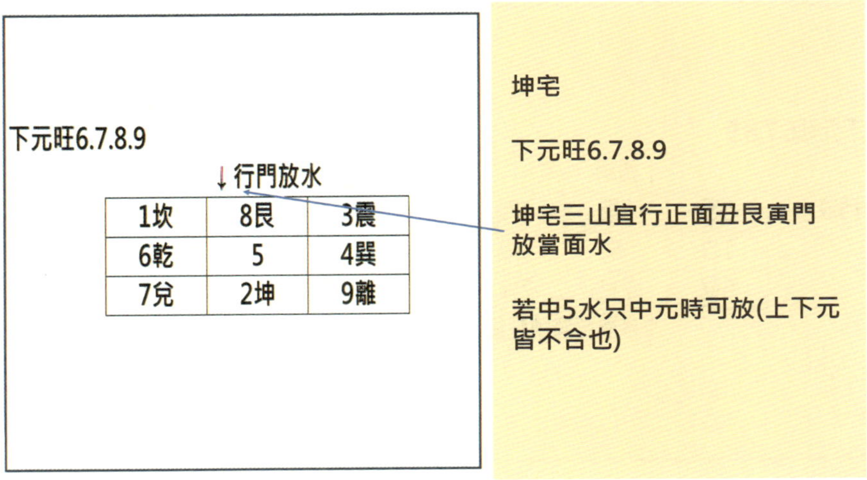
下元旺6.7.8.9
↓行門放水
1坎
8艮
3震
6乾
5
4巽
7兌
2坤
9離
坤宅
下元旺6.7.8.9
坤宅三山宜行正面丑艮寅門
放當面水
若中5水只中元時可放(上下元
皆不合也)

兌宅，上元旺氣方 1 坎 2 坤 3 震 4 巽，震卦三山上元雖有圍牆，亦宜於正面 3 震甲卯乙方多開疏窗，在辰巽巳方行門，在 1 坎壬子癸方放水，但是圍牆不宜高。

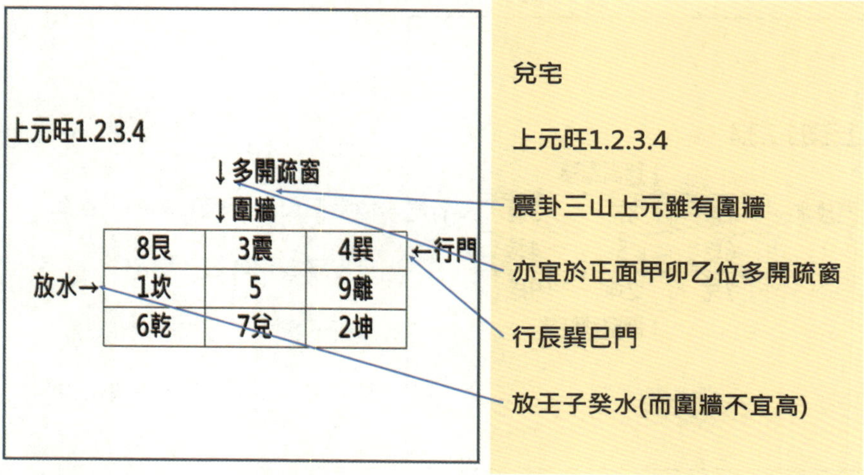
上元旺1.2.3.4
↓多開疏窗
↓圍牆
8艮
3震
4巽
←行門
放水→
1坎
5
9離
6乾
7兌
2坤
兌宅
上元旺1.2.3.4
震卦三山上元雖有圍牆
亦宜於正面甲卯乙位多開疏窗
行辰巽巳門
放壬子癸水(而圍牆不宜高)

兌宅，下元旺氣方 6 乾 7 兌 8 艮 9 離，宜在 8 艮丑艮寅方行門，在 8 艮丑艮寅方放水，若 6 乾戌乾亥方甚難開門，只可以在下元的旺氣方 7 兌庚酉辛方，多開窗以納旺氣。

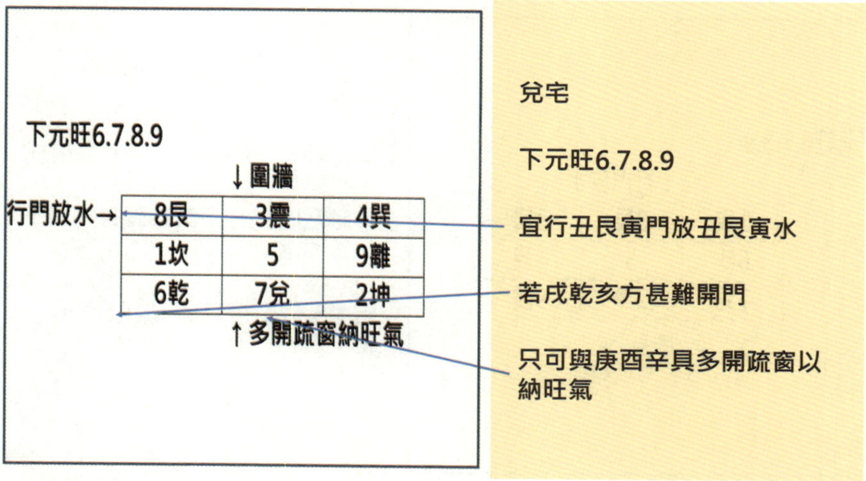
下元旺6.7.8.9
↓圍牆
行門放水→
8艮
3震
4巽
1坎
5
9離
6乾
7兌
2坤
↑多開疏窗納旺氣
兌宅
下元旺6.7.8.9
宜行丑艮寅門放丑艮寅水
若戌乾亥方甚難開門
只可與庚酉辛具多開疏窗以納旺氣

乾宅，上元旺氣方 1 坎 2 坤 3 震 4 巽，6 乾為上元衰氣方，6 乾卦戌乾亥三山，在上元宜在 3 震方甲卯乙方行門放水。

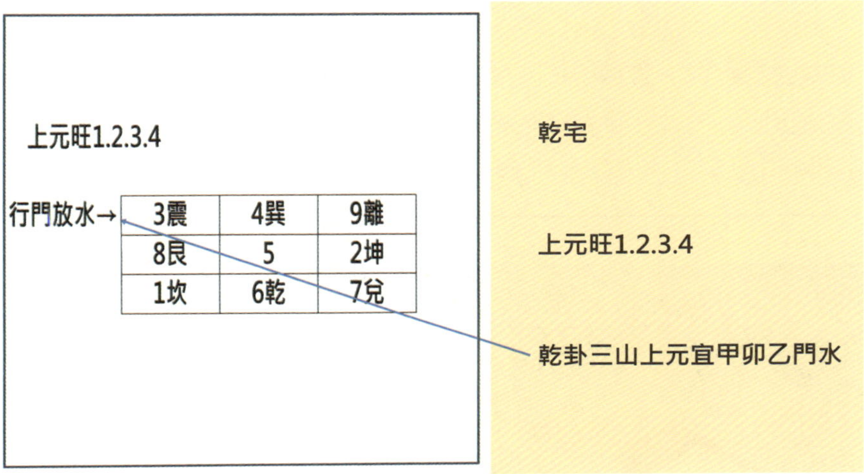
上元旺1.2.3.4
行門放水→
3震 4巽 9離
8艮 5 2坤
1坎 6乾 7兌
乾宅
上元旺1.2.3.4
乾卦三山上元宜甲卯乙門水

乾宅，下元旺 6 7 8 9，乾卦三山上元宜丙午丁門水，以上為 24 山行門放水訣，其實是由三大卦理氣推來，但開門之方必須門前無高牆阻隔，及高山迫近，方能收氣，若門前 1 丈八便有遮攔，就要改變方法。

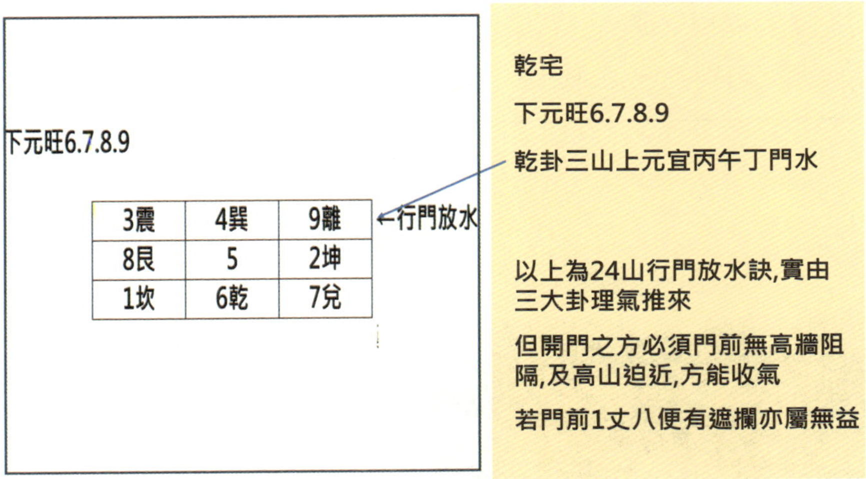
下元旺6.7.8.9
3震 4巽 9離
8艮 5 2坤
1坎 6乾 7兌
←行門放水
乾宅
下元旺6.7.8.9
乾卦三山上元宜丙午丁門水
以上為24山行門放水訣,實由三大卦理氣推來
但開門之方必須門前無高牆阻隔,及高山迫近,方能收氣
若門前1丈八便有遮攔亦屬無益

第 17 章　理氣淺說總論

納氣反氣說，納氣說，所謂的納氣，就是要納到當元往氣，反氣就是旺氣被遮到時，氣會反轉如果背後有門窗也可以納到旺氣，這個叫反氣，空曠處只要在旺氣方開門窗就可納到旺氣。

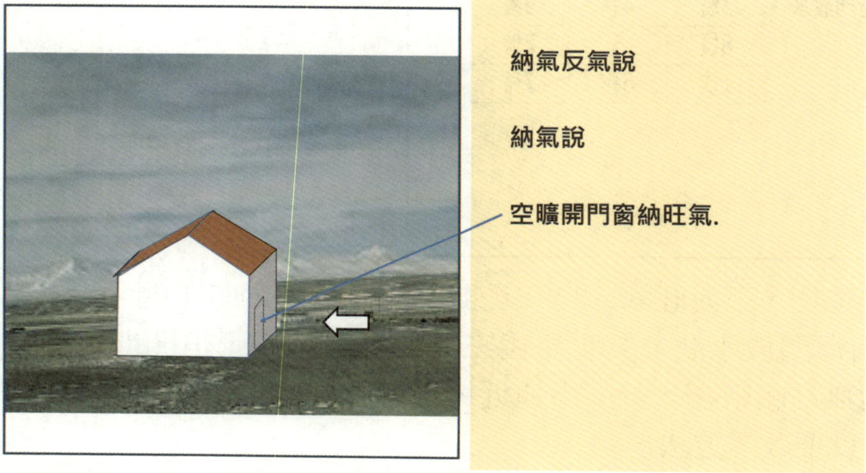
納氣反氣說
納氣說
空曠開門窗納旺氣.

高遮阻隔氣，若是背後有高山或高牆，會阻隔氣流，所納到的氣，就是納到對宮之氣，

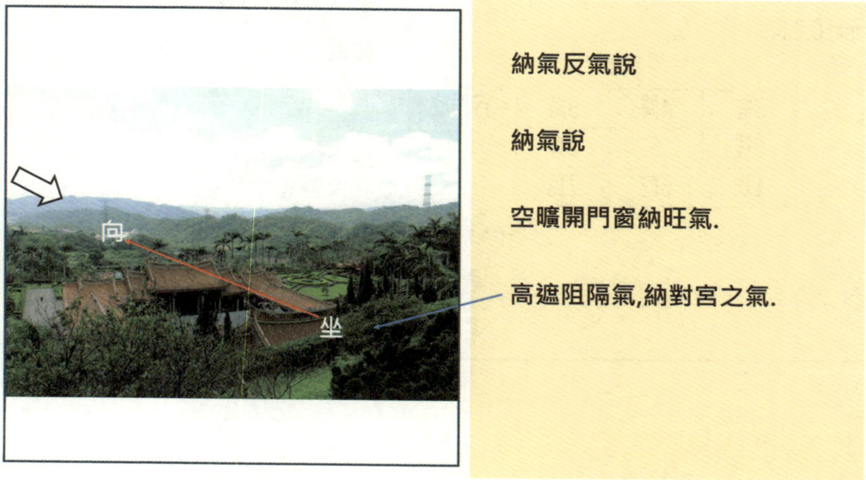
向
坐
納氣反氣說
納氣說
空曠開門窗納旺氣.
高遮阻隔氣,納對宮之氣.

池塘江河阻隔氣，例如台中王家墓園，墓前有水局，水會阻隔氣，就引到對宮的旺氣，所以池塘江河阻隔氣，納對宮之氣。

坐
向
納氣反氣說
納氣說
空曠開門窗納旺氣.
高遮阻隔氣,納對宮之氣.
池塘江河阻隔氣,納對宮之氣.

反氣說，前面已經說過，反氣就是氣流被擋，被逼遮轉向，這就是所謂的反氣，開門被逼遮為反氣，譬如下圖門開的前面有一棟高樓，這樣的話氣就會變成反氣，所以說全收對宮之氣，

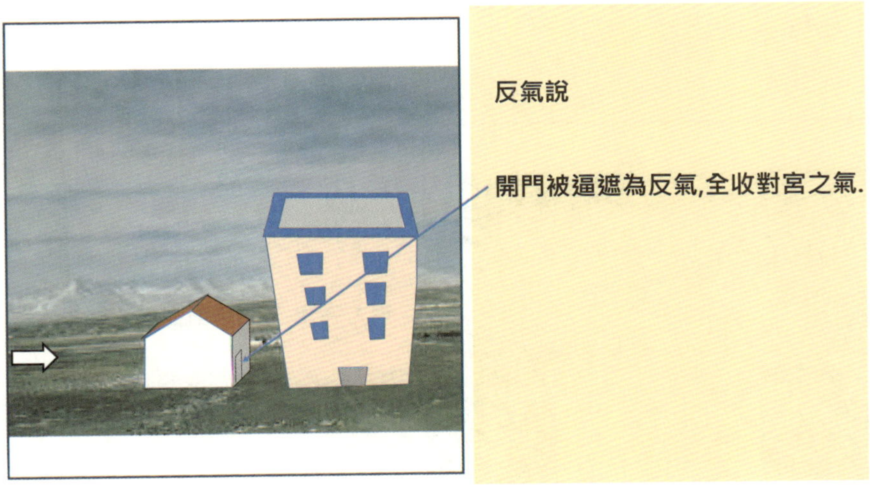
反氣說
開門被逼遮為反氣,全收對宮之氣.

開井種樹建樓訣，其實開井種樹建樓用的也是納氣與反氣的理論，開井種樹建樓宜在衰方，這個就是遮蔽的道理，衰氣方當然是衰氣，要擋衰氣就是把它遮蔽起來，擋煞的道理也是一樣的。

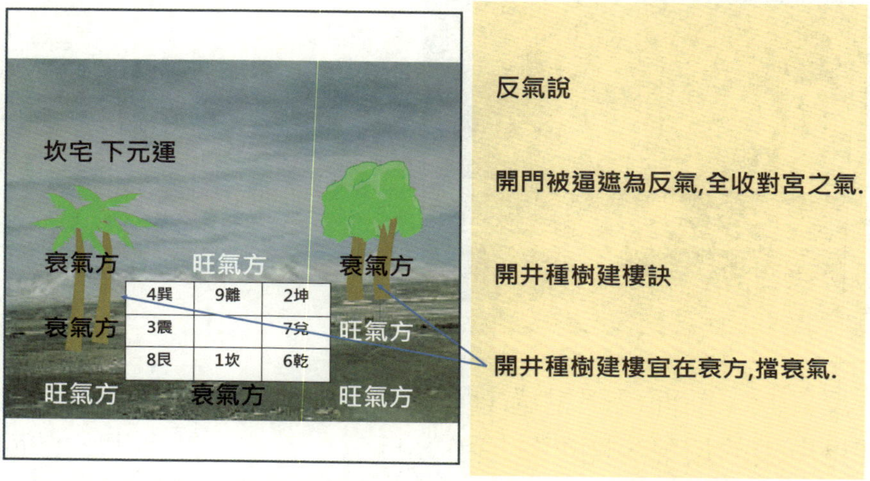
坎宅 下元運
衰氣方
旺氣方
衰氣方
4巽
9離
2坤
3震
7兌
8艮
1坎
6乾
衰氣方
旺氣方
旺氣方
衰氣方
旺氣方
反氣說
開門被逼遮為反氣,全收對宮之氣.
開井種樹建樓訣
開井種樹建樓宜在衰方,擋衰氣.

吉水凶水解，吉水與凶水的分辨就是，旺氣方有水是衰水，衰氣方有水是吉水，衰方有水，水會阻隔衰氣引到旺氣，所以說是吉水也，

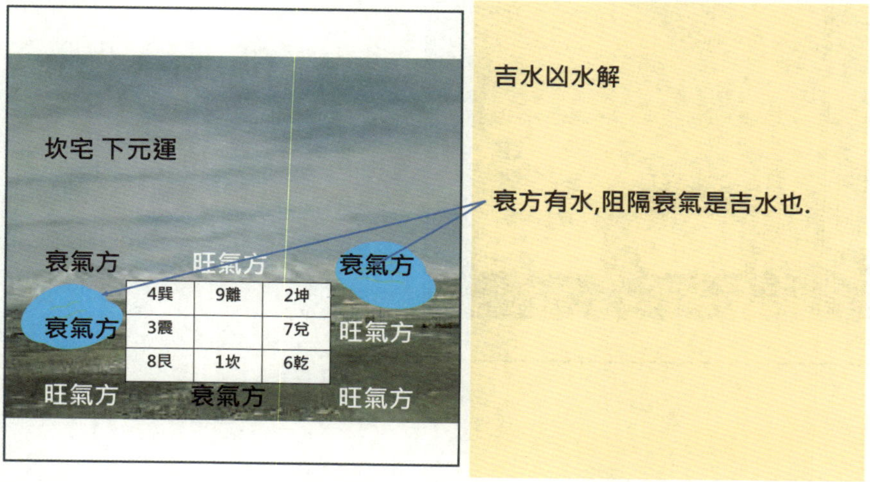
坎宅 下元運
衰氣方
旺氣方
衰氣方
4巽
9離
2坤
3震
7兌
8艮
1坎
6乾
衰氣方
旺氣方
旺氣方
衰氣方
旺氣方
吉水凶水解
衰方有水,阻隔衰氣是吉水也.

旺方有水，前面講旺方有水是衰水，講的就是旺方的水會阻隔旺氣，反而引到的是對宮的衰氣，所以說旺方有水阻隔旺氣是凶水也，譬如下元運坎宅，水就要佈置在 6 乾方或 8 艮方，這兩個衰氣方。

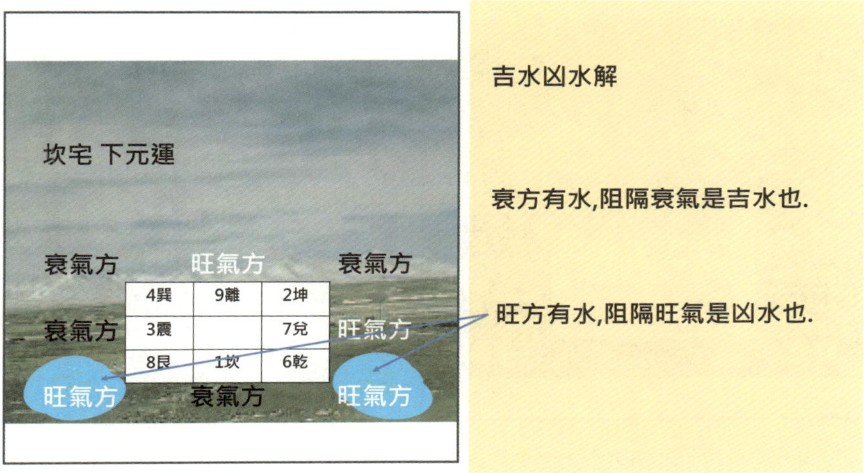
坎宅 下元運
衰氣方
旺氣方
衰氣方
4巽
9離
2坤
衰氣方
3震
7兌
旺氣方
8艮
1坎
6乾
旺氣方
衰氣方
旺氣方
吉水凶水解
衰方有水,阻隔衰氣是吉水也.
旺方有水,阻隔旺氣是凶水也.

放水蓄水訣，放水宜在旺方，不是說水不宜在旺氣方嗎，因為會阻隔旺氣引道衰氣，但是這裡講的是放水，放水是去水也，去水反而會引到旺氣，所以放水宜在旺方。

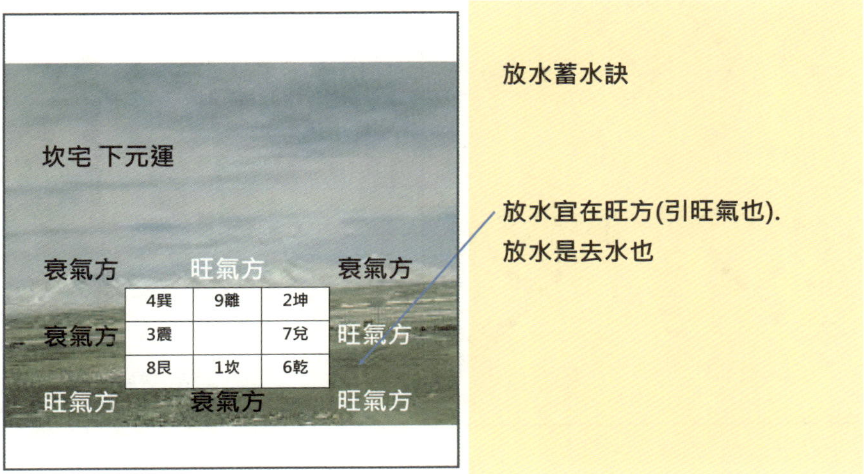
坎宅 下元運
衰氣方
旺氣方
衰氣方
4巽
9離
2坤
衰氣方
3震
7兌
旺氣方
8艮
1坎
6乾
旺氣方
衰氣方
旺氣方
放水蓄水訣
放水宜在旺方(引旺氣也).
放水是去水也

開塘的道理也是一樣的，宜在衰方以隔衰氣，譬如下元運坎宅，衰氣方就是 1 坎 2 坤 3 震 4 巽方，所以在 2 坤衰氣方開塘很適合。

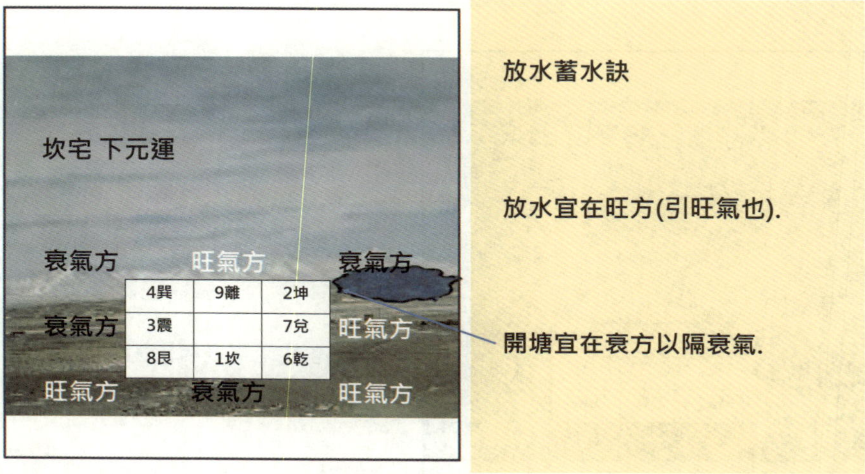
坎宅 下元運
衰氣方
旺氣方
衰氣方
4巽
9離
2坤
衰氣方
3震
7兌
旺氣方
8艮
1坎
6乾
旺氣方
衰氣方
旺氣方
放水蓄水訣
放水宜在旺方(引旺氣也).
開塘宜在衰方以隔衰氣.

二十四山行門放水，坎離作用亦即三大卦解，為什麼這樣講呢，因為坎離作用就是在講 147，258，369 取龍穴水的方法，這個跟蔣大鴻講的玄空三大卦，也就是三般卦道理是同樣的，

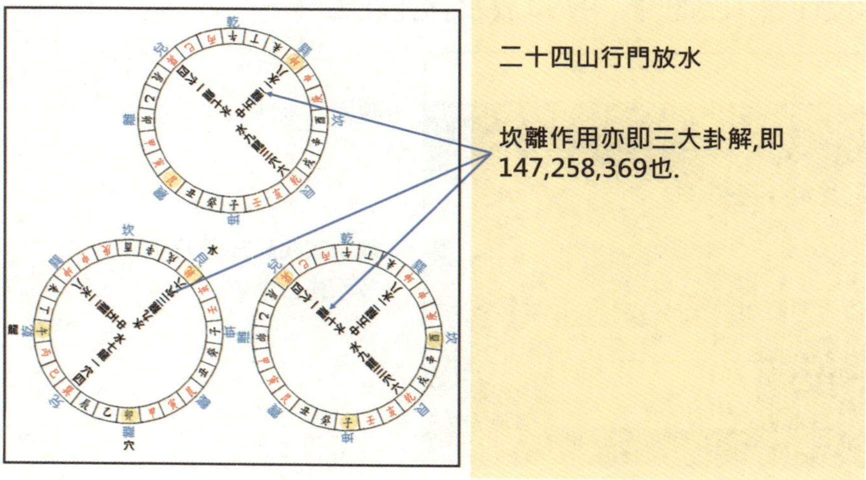
二十四山行門放水
坎離作用亦即三大卦解,即
147,258,369也.

乾坤作用取前一卦及後一卦也，乾坤作用是在坎離作用無法取用龍穴水時，一種權用的方法，例 1 坎卦取 9 離及 2 坤，就叫做乾坤作用

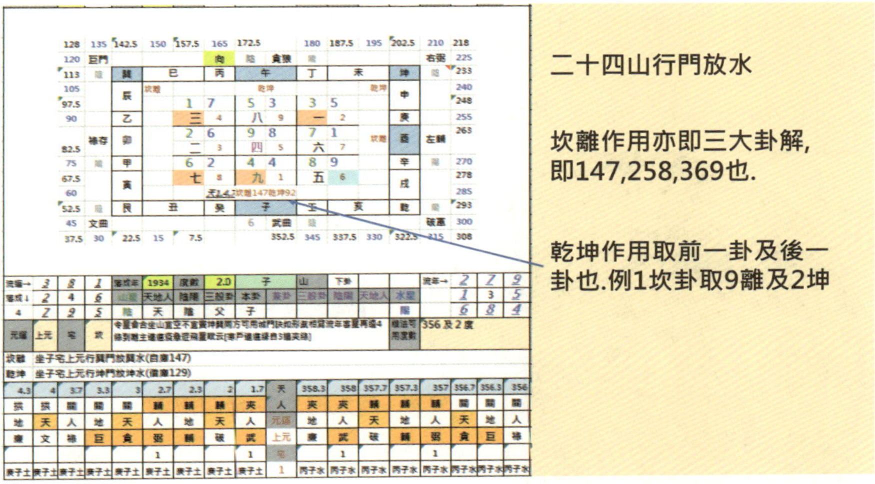
二十四山行門放水
坎離作用亦即三大卦解,
即147,258,369也.
乾坤作用取前一卦及後一
卦也.例1坎卦取9離及2坤

若坎離作用無法取行門放水時，以乾坤作用推之，例如坐子山午向，向前 4 巽開門就適合坎離作用，因為坐山為 1 坎，坎離作用取 147，4 巽方適合開門，但是有它屋遮蔽的話，就只能用乾坤作用，選 2 坤方開門。

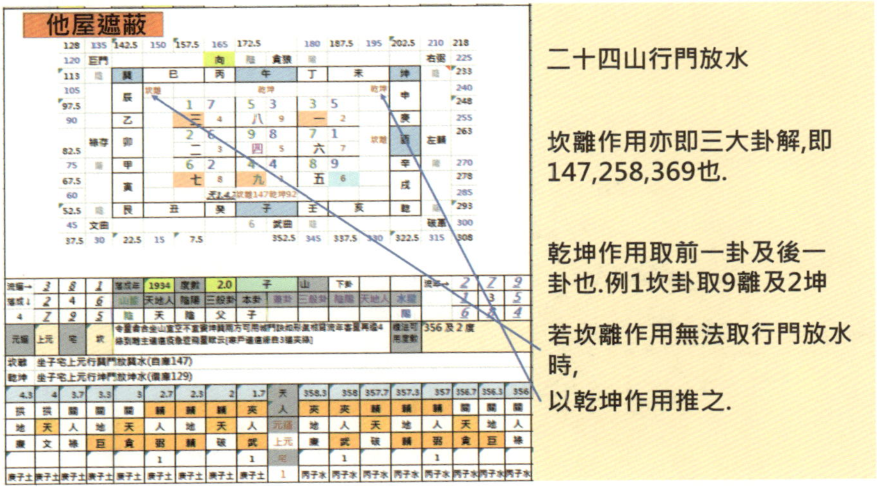
他屋遮蔽
二十四山行門放水
坎離作用亦即三大卦解,即
147,258,369也.
乾坤作用取前一卦及後一
卦也.例1坎卦取9離及2坤
若坎離作用無法取行門放水
時,
以乾坤作用推之.

第 18 章　太極天池指南針說

本章介紹指南針磁性的道理，氣相感應，天道地道，及定方位程序。

太極天池指南針說，此講的是用指南針定方位。

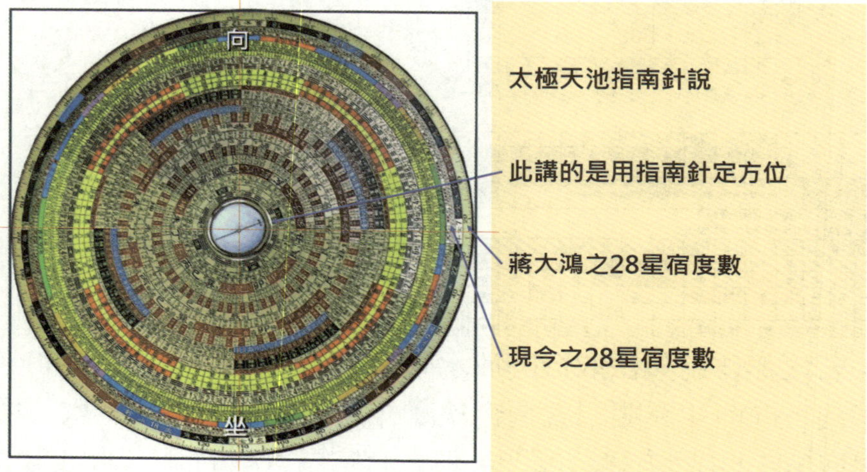

天道極圓，旋轉反覆，南北兩極獨為天樞而不動也，這裡指的南北極，是指磁南跟磁北，南北極是不動的，動的是東西向的轉動。

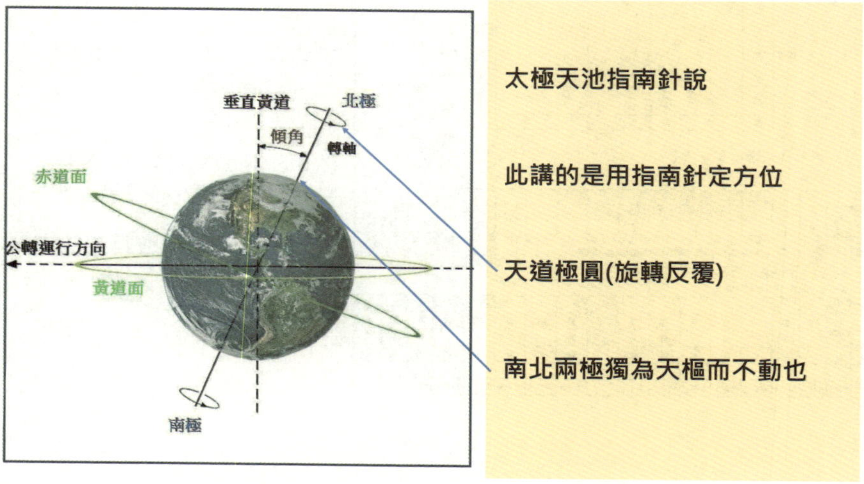

天體形似金，五行金能生水，故天一即生水，水金天之形性也，水與金是天的形性。

天體形似金

金能生水,故天一即生水

水金-天之形性也

萬物之性同氣感，例如銅山西崩，洛鐘東應，漢未央宮一日無故而鐘自鳴，東方朔說必有銅山崩。沒多久西蜀奏曰銅山崩，算一下日子，正好是未央鐘鳴之日也。

貢母齒指，孝子痛心，也是性同氣感，曾子養母至孝，子出，母欲其歸，則齧指，曾子感應到而心痛。

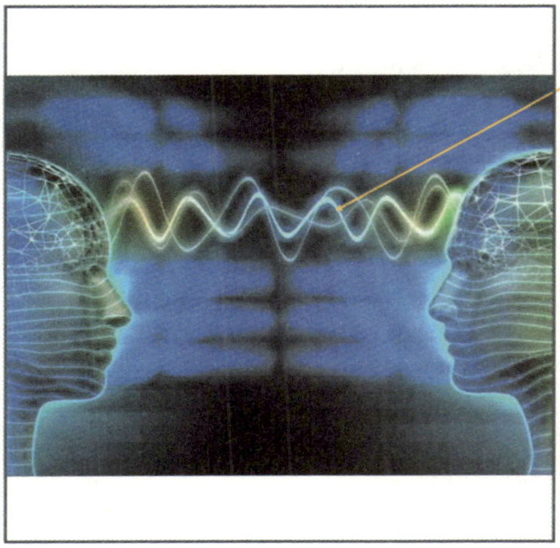

萬物之性同氣感

銅山西崩,洛鐘東應,

貢母齒指,孝子痛心

針之用之以鐵，專取金生水也，性使然也，水金天之形性也，其形其性原本乎南北不動之樞，所以針性即指南北，磁性也是南北向。

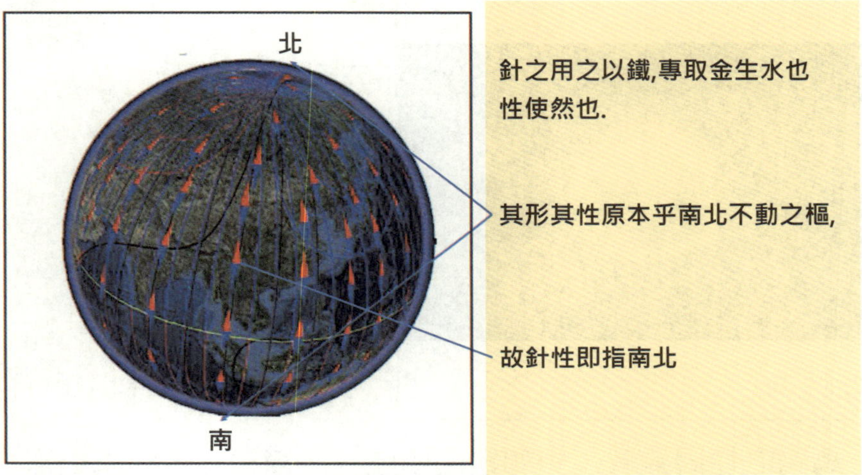

針之用之以鐵,專取金生水也性使然也.

其形其性原本乎南北不動之樞,

故針性即指南北

人類進化，與住的方式改變有很大之關係，由穴居、巢居、半穴居、欄杆屋、土角厝到棚居暨穴居，而住的改變又與氣有關，因為氣的改變，改變人類的進化，所以我們研究玄空，也是在講氣運，在講氣的變化。

人類進化
與住的方式改變有很大之關係,
由穴居
巢居
半穴居
欄杆屋土角厝
棚居暨穴居
而住的改變又與氣有關

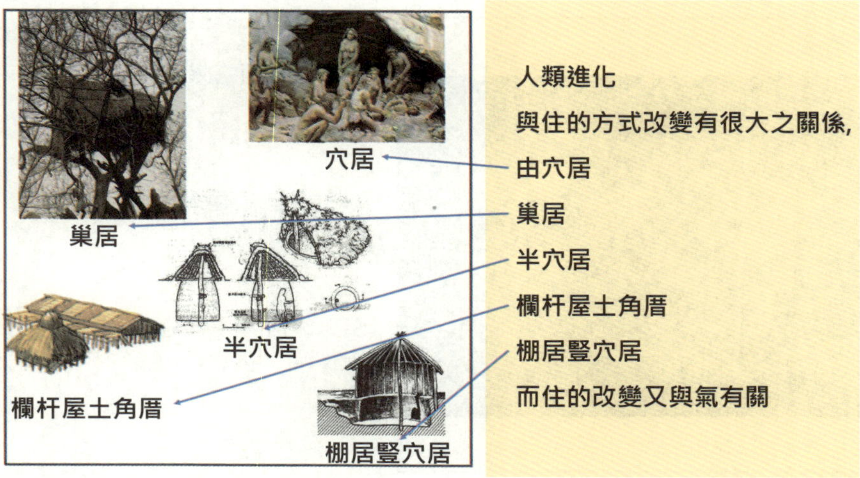

唐虞之巧製，唐虞天正是堯舜於四時，春分測東，秋分測西，立八尺之臬以測日出，日入之東西，以方矩定南北也，因為以上述方法定方位並不方便，所以改以土圭定方位。

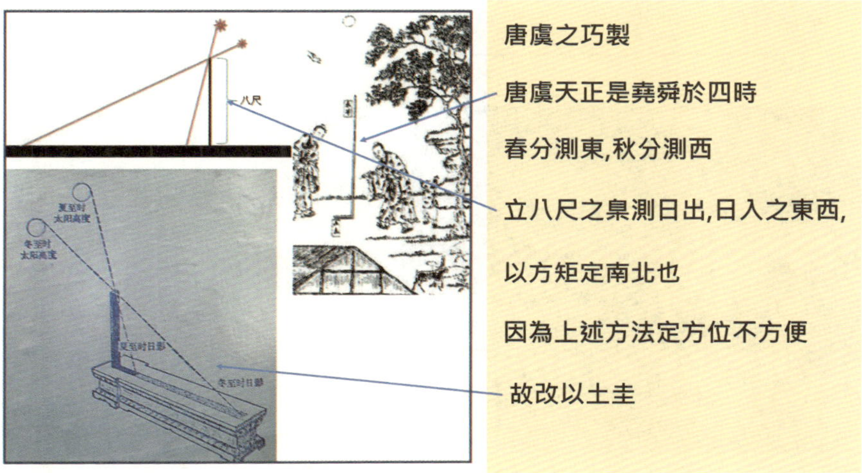

- 唐虞之巧製
- 唐虞天正是堯舜於四時
- 春分測東,秋分測西
- 立八尺之臬測日出,日入之東西,
- 以方矩定南北也
- 因為上述方法定方位不方便
- 故改以土圭

　　天道極圓，旋轉反覆，南北兩極獨為天樞而不動也，此講的應該是磁南磁北，北極即磁南，南極即磁北極東數萬里還是東，極西數萬里也是西，但是南北都是不變的。

- 天道極圓(旋轉反覆)
- 南北兩極獨為天樞而不動也
- 此講的應該是磁南磁北,
- 北極即磁南,南極即磁北

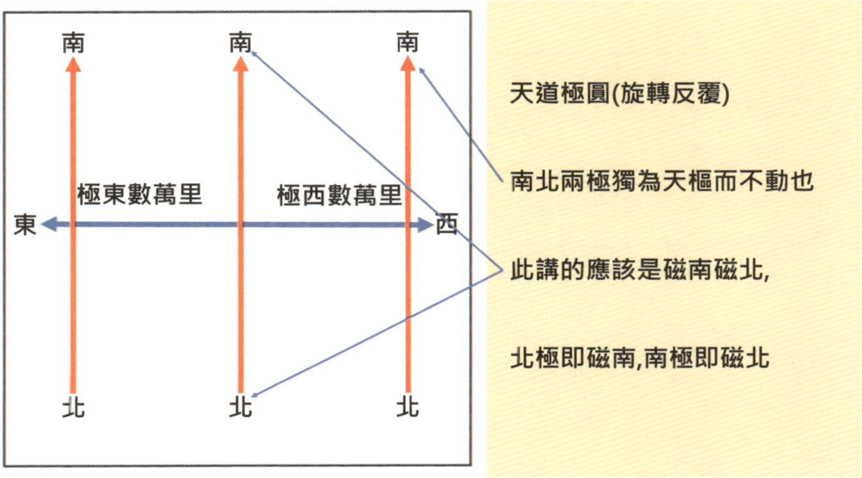

星空圖，北辰就是北極星，北極星是不動的，北斗七星之斗杓所指的是季節 斗杓指向東方代表的是春天，斗杓指向南方代表的就是夏天，斗杓指向西方的代表的就是秋天，斗杓指向北方代表的就是冬天。

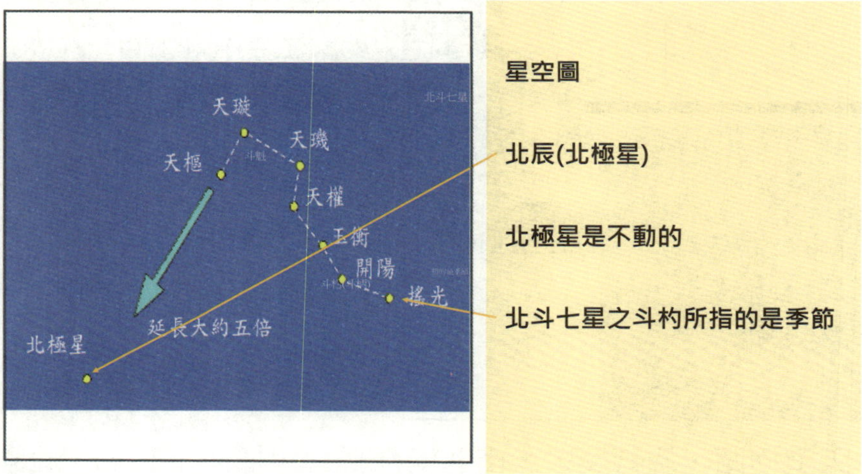

星空圖

北辰(北極星)

北極星是不動的

北斗七星之斗杓所指的是季節

　　天道，北辰為不動之星，眾星所拱，此在天 南北代表的是靜的，日月五星晝夜運行，東生西降無少間斷，此在天 東西之動也。

天道

北辰為不動之星,眾星所拱

此在天-南北之靜也

日月五星晝夜運行

東生西降無少間斷

此在天-東西之動也

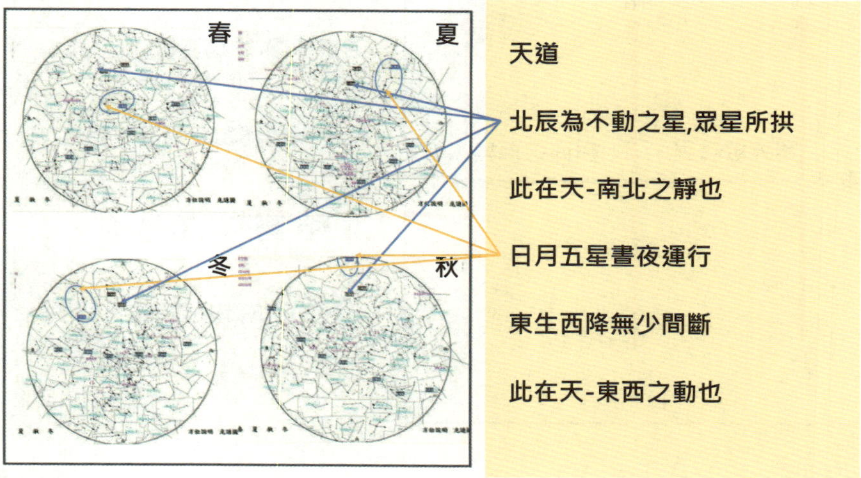

地道，察地之道，山本靜也北高南低屹立不搖，此在地指的是南北之靜也，水本動也西出而東歸周流不息，此在地為東西之動也。

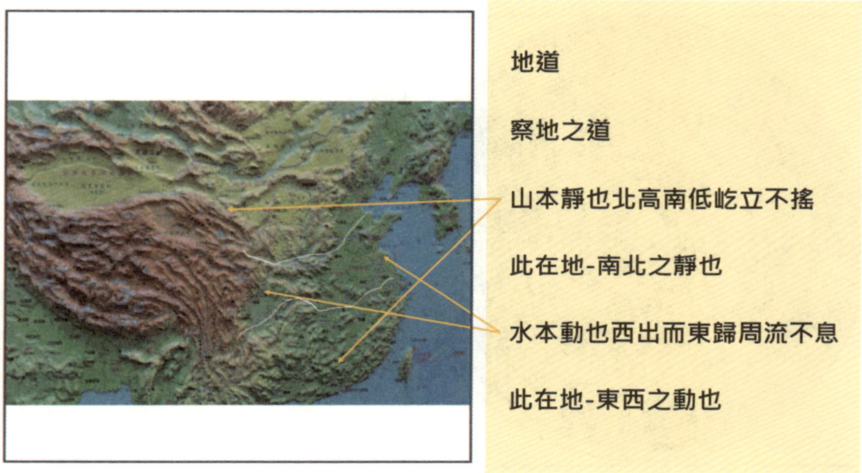
地道
察地之道
山本靜也北高南低屹立不搖
此在地-南北之靜也
水本動也西出而東歸周流不息
此在地-東西之動也

所以，古人設針以指南北，不指東西也，是因為天道跟地道都是南北不動，東西動也，天道是南北不動，東西動，但是地道是因為居住地形的關係，由於山形的關係，水都是由西往東流，因為水流的關係才會講地道也是南北向。

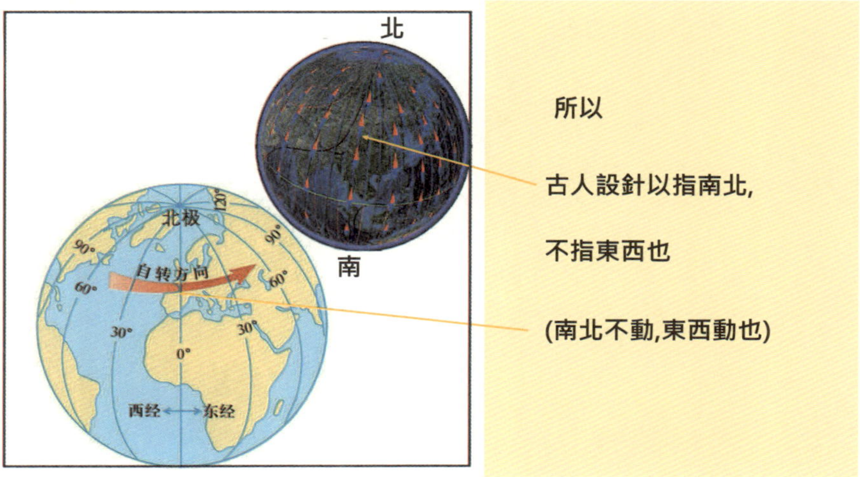
北
南
北极
自转方向
西经
东经
所以
古人設針以指南北,
不指東西也
(南北不動,東西動也)

定方位程序，是先下盤架線，磁針對正羅經之子午向即南北，以地盤二十四山定其方位，度數也要論到分秒，巒頭穴法即定矣。

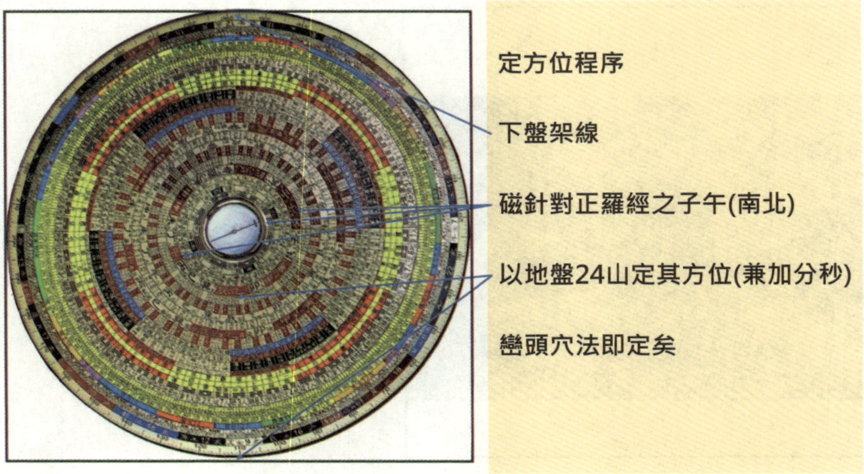
定方位程序
下盤架線
磁針對正羅經之子午(南北)
以地盤24山定其方位(兼加分秒)
巒頭穴法即定矣

第 19 章　先天八卦秘旨

本章介紹先天八卦，天地定位，山澤通氣，雷風相薄，水火不相射，先天八卦與後天八卦，陽一片陰一片，及月相圖。

先天八卦為乾兌離震巽坎艮坤，講的是天地定位，其實是以先天八卦為體，後天八卦為坎坤震巽離坤兌乾，然後以後天八卦為用，先後天八卦是以洛書數貫通之，所以只要知道洛書數，就知道這個宮位的先後天關係。

由先後天八卦河圖數及洛書數，再加上五行，就發展出五術的相關理論，我們講玄空也是源自河洛八五，就是河圖、洛書、八卦及五行，所以才叫做先天八卦秘旨，若能清楚明白先天八卦的道理，自然容易領會玄空的奧秘。

先天八卦秘旨，按先天八卦，天地定位，山澤通氣，雷風相薄，水火不相射，講的是天地定位，天陽地陰也，山澤通氣，澤陽而山陰也，雷風相薄，雷陽而風陰也，水火不相射，火陽而水陰也。

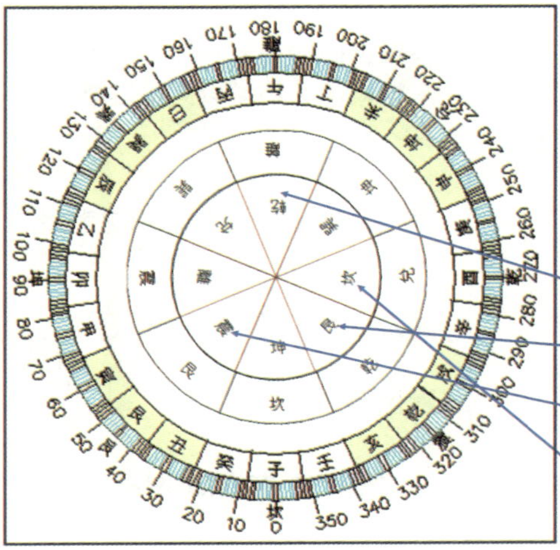

先天八卦秘旨

按先天八卦,天地定位,山澤通氣,雷風相薄,水火不相射

解釋如下:

天地定位,天陽地陰也

山澤通氣,澤陽而山陰也

雷風相薄,雷陽而風陰也

水火不相射,火陽而水陰也

兌雖為澤不以金言之，艮雖為山不以土言之，坎離為水火不以有形之水火言之，先天無形之水火，生後天有形之水火也，先天離後天震位，火長生在木，木生火，先天坎後天兌位，水長生在金，金生水，故先天水火生後天水火。

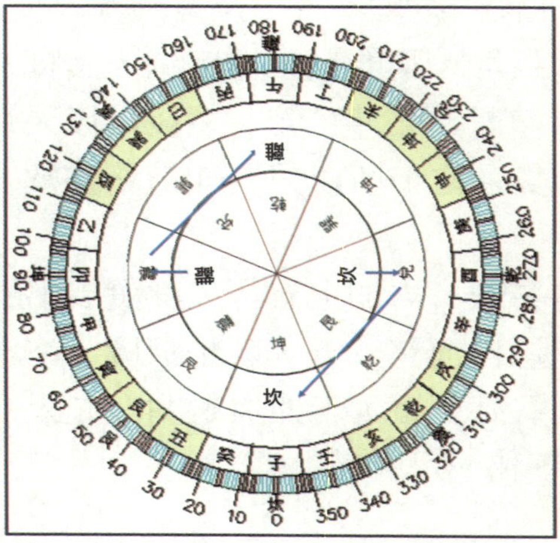

兌雖為澤不得以金言之
艮雖為山不得以土言之
坎離為水火不得以有形之水火言之
先天無形之水火,
生後天有形之水火也
先天離在後天震位，
木為火之長生位，木生火。
先天坎在後天兌位，
金為水之長生位，金生水
故言先天水火生後天水火

此理氣經盤最重先天八卦以太極兩儀為祖基，以天之四象地之四象為父母也，太極乃陰陽也，一陰一陽之謂道，道即氣也，動極復靜生陰，靜極復動生陽，兩儀陰陽也，在河圖則為奇偶之分。

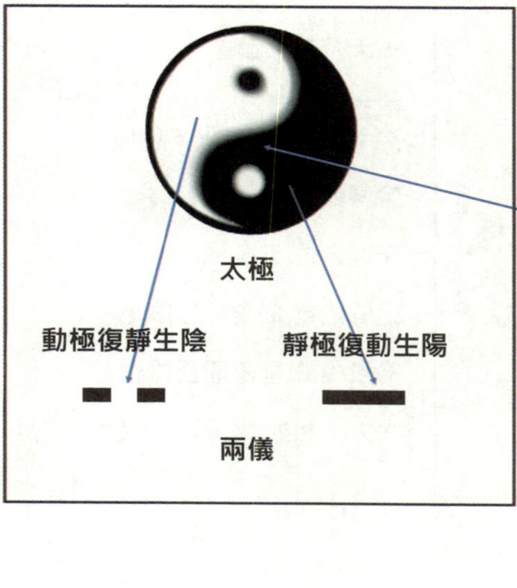
太極
動極復靜生陰
靜極復動生陽
兩儀

此理氣經盤最重先天八卦以太極兩儀為祖基以天之四象地之四象為父母也
太極乃陰陽也,一陰一陽之謂道,道即氣也
動極復靜生陰
靜極復動生陽
兩儀陰陽也(在河圖為奇偶之分)

動極生陰乃一太極，與另一太極陰陽交，會有兩種組合，陰陰及陽陰兩種。動極生陽乃一太極，與另一太極陰陽交，也會有兩種組合，陽陽及陰陽兩種。

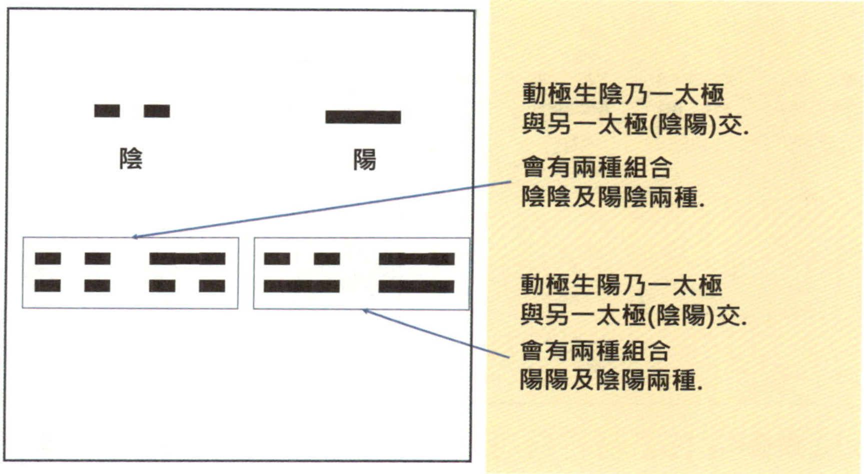

動極生陰乃一太極
與另一太極(陰陽)交.

會有兩種組合
陰陰及陽陰兩種.

動極生陽乃一太極
與另一太極(陰陽)交.

會有兩種組合
陽陽及陰陽兩種.

　　陰儀變來，一共四爻，陰爻有三，過半為太，故稱太陰也，陰儀變來，一共四爻，陽爻有一，未過半為少，故稱少陽也，陽儀變來，一共四爻，陰爻有一，未過半為少，故稱少陰也，陽儀變來，一共四爻，陽爻有三，過半為太，故稱太陽也。

陰儀變來,一共四爻,陰爻有三,
過半為太,故稱太陰也.

陰儀變來,一共四爻,陽爻有一,
未過半為少,故稱少陽也.

陽儀變來,一共四爻,陰爻有一,
未過半為少,故稱少陰也.

陽儀變來,一共四爻,陽爻有三,
過半為太,故稱太陽也.

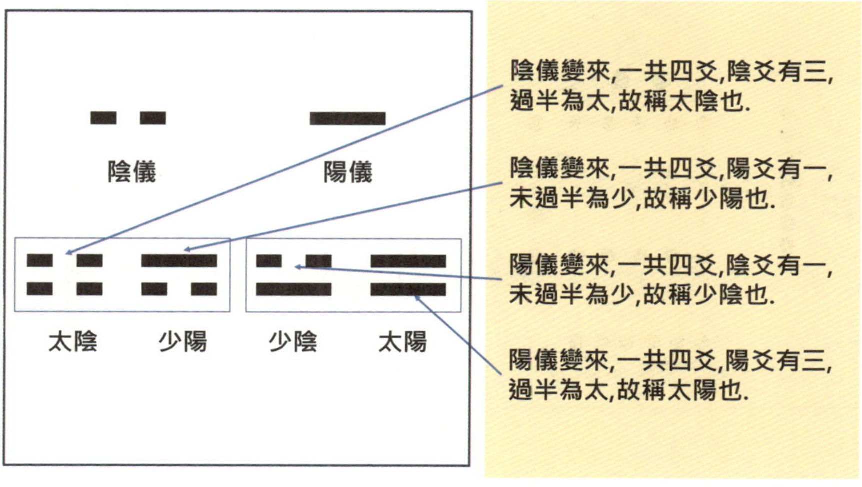

老陽即太陽是 1 便含 9，少陰是 2 便含 8，少陽是 3 便含 7，老陰即太陰是 4 便含 6。

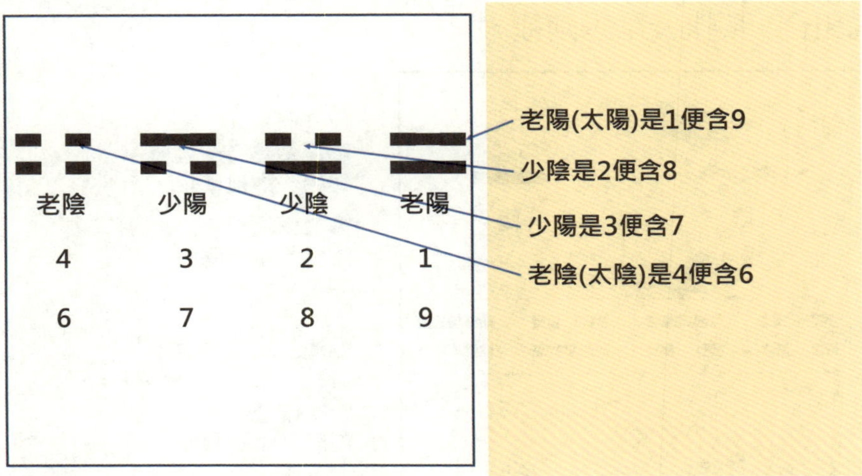
老陰
少陽
少陰
老陽
4
3
2
1
6
7
8
9
老陽(太陽)是1便含9
少陰是2便含8
少陽是3便含7
老陰(太陰)是4便含6

由橫圖從右往左看是老陽、少陰、少陽、老陰，對應 9 8 7 6，將 9876 轉到先天河圖數上，老陽 9 便是 4 與 9，因為地四生天九，少陰 8 便是 3 與 8，因為天三生地八，少陽 7 便是 2 與 7，因為地二生天七，老陰 6 便是 1 與 6，因為天一生地六。

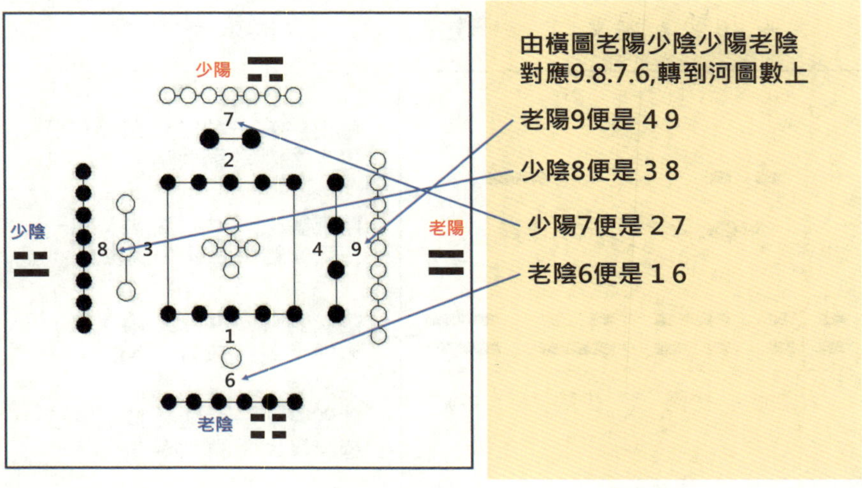
少陽
7
2
少陰
8
3
4
9
老陽
1
6
老陰
由橫圖老陽少陰少陽老陰
對應9.8.7.6,轉到河圖數上
老陽9便是 4 9
少陰8便是 3 8
少陽7便是 2 7
老陰6便是 1 6

再由河圖數套到後天八卦洛書數上，4、9(兌、乾)是老陽，2、7(巽、坎)是少陽，1、6(坤、艮)是老陰，3、8(震、離)是少陰。

再由河圖數套到後天八卦洛書數上

4 9(兌 乾)是老陽

2 7(巽 坎)是少陽

1 6(坤 艮)是老陰

3 8(震 離)是少陰

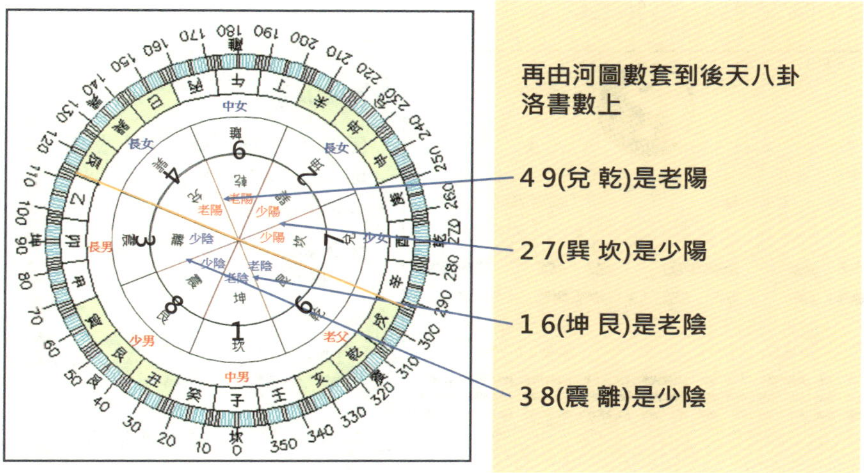

陽卦先天八卦兌、乾、巽、坎，對應陰卦後天八卦巽、離、坤、兌以人倫論之，陰卦先天八卦離、震、坤、艮，對應陽卦後天八卦乾、坎、艮、震以人倫論之，此講的是先天八卦與後天八卦，陽一片，陰一片也。

陽卦(先天八卦兌 乾 巽 坎)

陰卦(後天八卦巽 離 坤 兌以人倫論之)

陰卦(先天八卦離 震 坤 艮)

陽卦(後天八卦乾 坎 艮 震以人倫論之)

此講的是先天八卦與後天八卦 陽一片 陰一片也

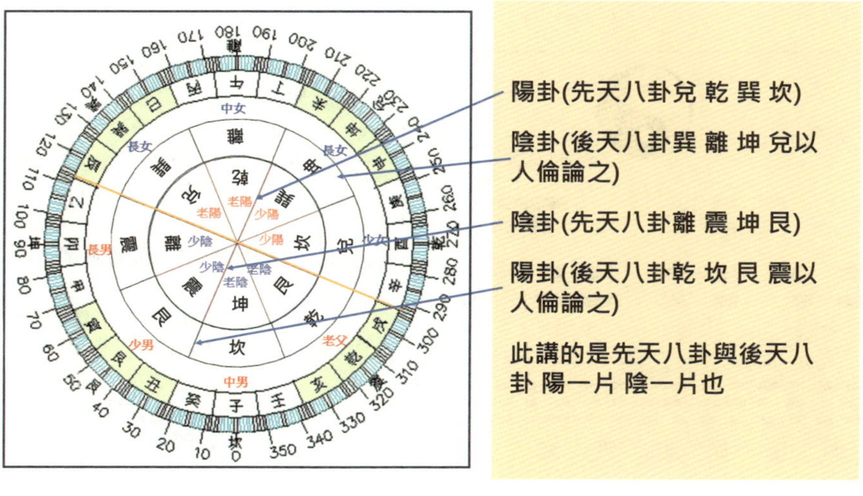

先天八卦，自太極、兩儀、四象、以至八卦，即邵子所謂一分二，二分四，四分八也，一分為二，雖名兩，而實則一(一個爻)，二分為四，雖名四，而實為二(二個爻)，四分為八，八卦就是三個爻也(三才之道備矣)，

先天八卦

自太極,兩儀,四象,以至八卦,即邵子所謂一分二,二分四,四分八也

一分為二 雖名兩,而實則一 (一個爻)

二分為四 雖名四,而實為二 (概以爻數言之也)(二個爻)

四分為八 八卦就是三個爻也(三才之道備矣)

解釋如下，太始之初，只有一陽含於一陰之中，是名太陽，太陽一分而成太陰則名兩儀，太陽太陰交，而成少陰少陽並太陽太陰，是為四象，以天之四象地之四象而為生一陽儀，生一陰儀，而成三爻，八卦之象也。

解釋如下

太始之初 只有一陽含於一陰之中,是名太陽

太陽一分而成太陰則名兩儀

太陽太陰交,而成少陰少陽並太陽太陰,是為四象

以天之四象地之四象而為生一陽儀,生一陰儀,而成三爻,八卦之象也

陰儀　陽儀
太陰　少陽　少陰　太陽
坤　艮　坎　巽　震　離　兌　乾

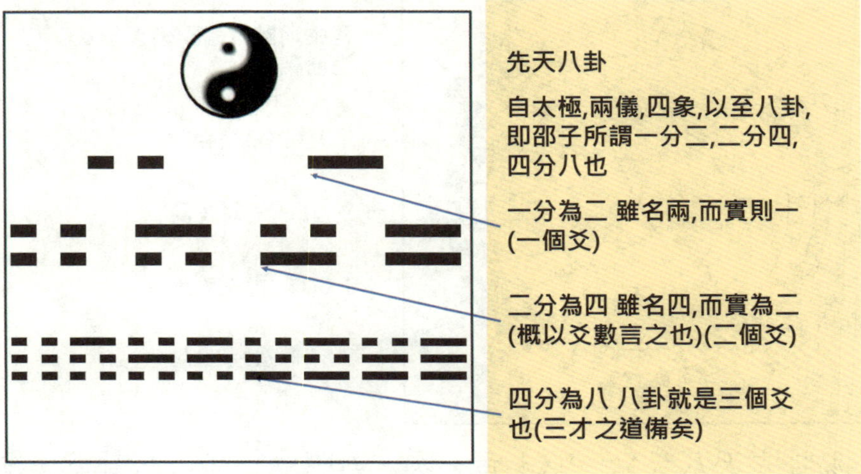

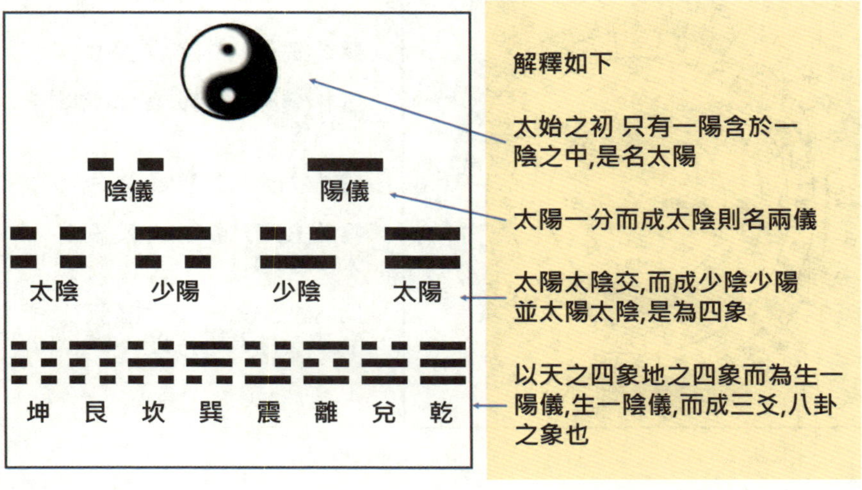

西方一陽生震納庚，南方二陽生兌納丁，東方三陽生乾納甲，北方為陽極乾納壬，西方一陰生巽納辛，南方二陰生艮納丙，東方三陰生坤納乙，北方為陰極坤納癸。

月相圖
西方一陽生震納庚
南方二陽生兌納丁
東方三陽生乾納甲
北方為陽極乾納壬
西方一陰生巽納辛
南方二陰生艮納丙
東方三陰生坤納乙
北方為陰極坤納癸

　　此講的是先天卦及後天卦都是用月相推出來的，八卦納甲就是在講先天八卦，由月體明魄圖，可以很清楚看出先天八卦與天體是吻合的，先天八卦以月相圖合之，後天八卦之方位亦以月向圖合之，坎離為日月本體，經盤子對午午對子也。

此講的是先天卦及後天卦都是用月相推出來的
八卦納甲就是在講先天八卦
由月體明魄圖,可以很清楚看出先天八卦與天體是吻合的
先天八卦以月相圖合之
後天八卦之方位亦以月向圖合之
坎離為日月本體,經盤子對午午對子也

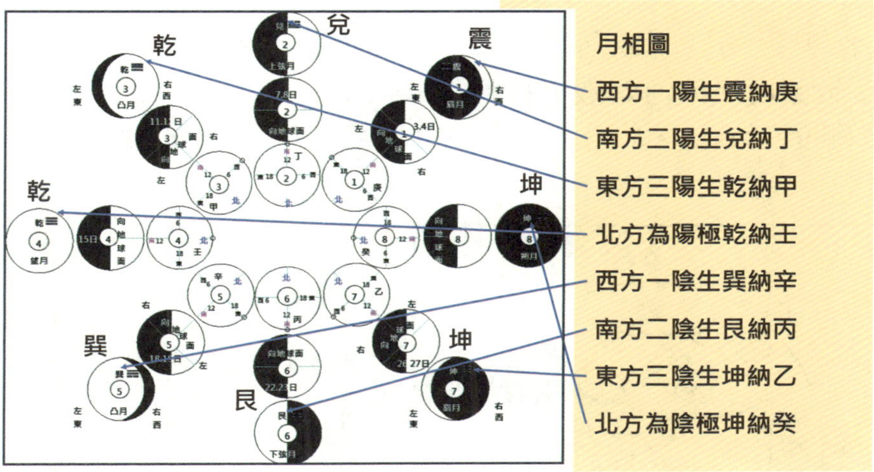

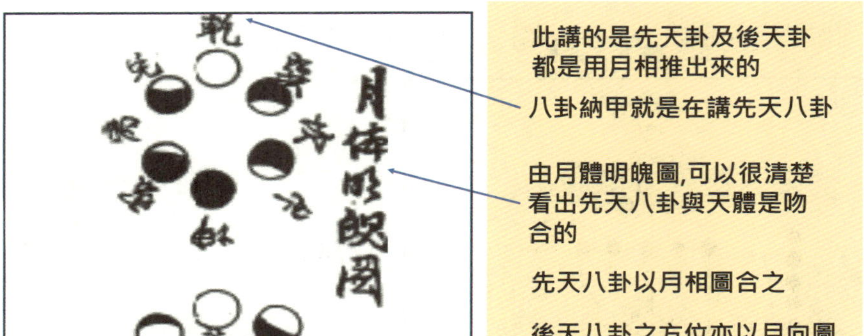

第 20 章　洛書數秘旨

本章介紹洛書數，及父母三般卦。

洛書數秘旨，戴九履一，左三右七，二四為肩，六八為足

洛書數源自後天河圖數，後天河圖數是 1 下 2 右 3 左 4 上，6 配 1，4 配 9，8 配 3，7 配 2，以 1937 為四正 3489 為四隅，就形成洛書數。

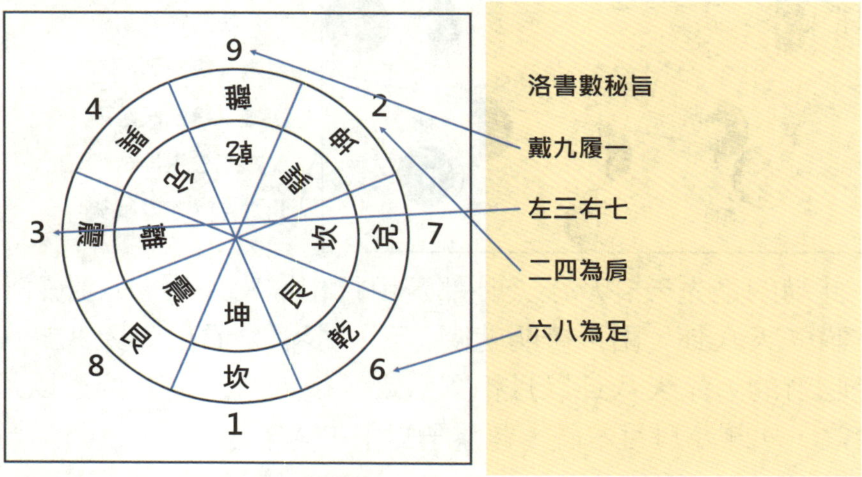

此取自河圖 1 3 7 9 左路，2 4 6 8 右路圖。

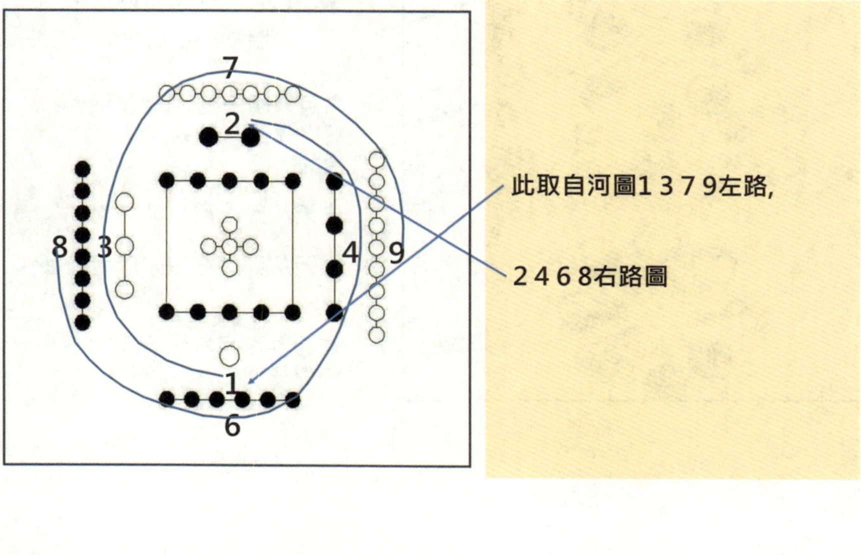

洛書之位，左邊本１２３４，右邊本９８７６，易曰西南得朋，坤陰在陽前，失其位也，指的是坤卦在坎卦及乾卦之前，坎卦跟乾卦都屬陽。

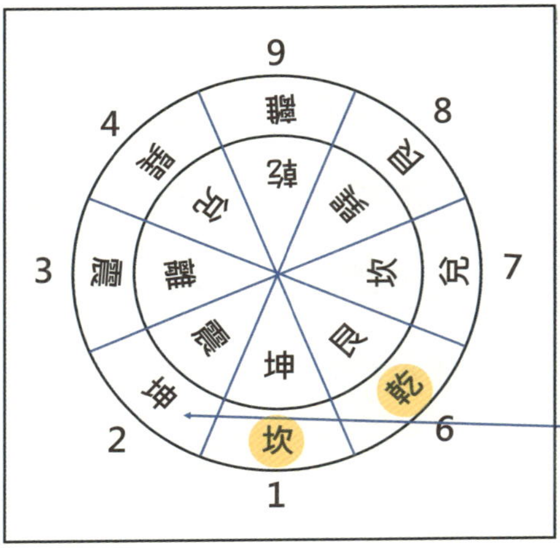

洛書之位

左邊本1.2.3.4

右邊本9.8.7.6

易曰西南得朋,

坤陰在陽前,失其位也

陰陽之道丑未必交，所以２８互易也，則坤陰在陽後，已守故位也，佐陽成功，指的是坤艮易位，坤就位於坎卦及乾卦的後面，所以說佐陽成功，十二地支加八干四維成二十四山，此為由洛書數推出來的。

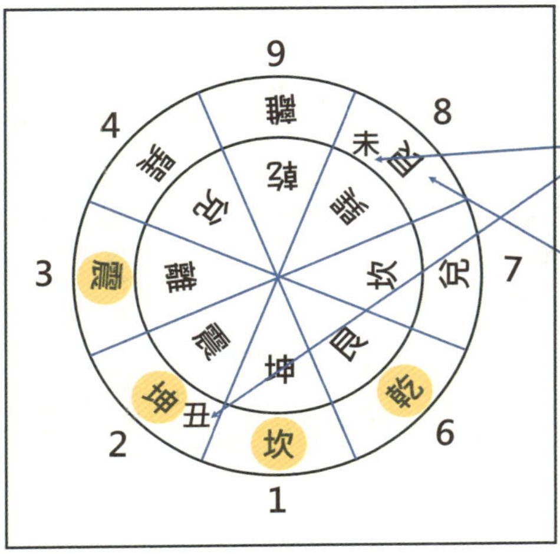

陰陽之道丑未必交,

所以2 8互易也

則坤陰在陽後,已守故位也,
佐陽成功

12地支加8干四維成24山

此為由洛書數推出來的

戴左與六是九三六，履右並四是一七四，此講的是父母三般卦，天元一四七，人元三六九，地元二五八，看行門放水與龍穴砂水。

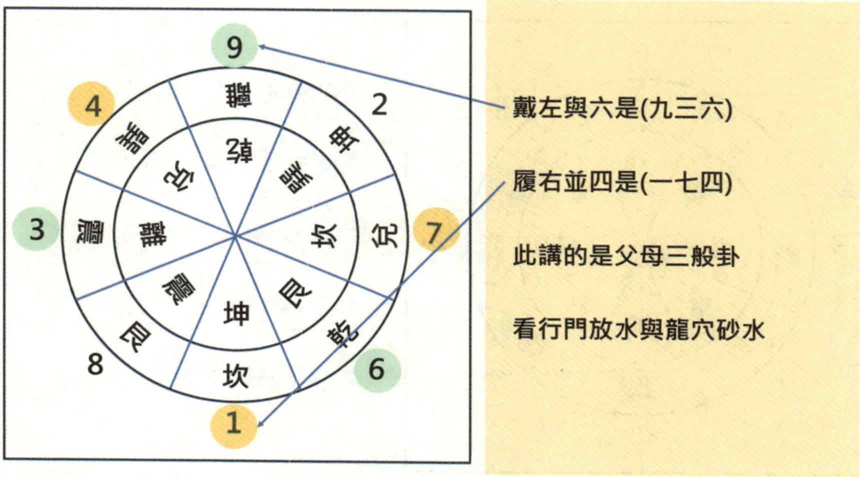
戴左與六是(九三六)
履右並四是(一七四)
此講的是父母三般卦
看行門放水與龍穴砂水

江東卦一卦一四七，1 4 7 都是差 3 位 (1 加 3 順向)，1 坎加 3 為 4 巽，4 巽加 3 為 7 兌，7 兌龍望 3 震水，故稱江東卦，為父母三般卦，一四七江東卦一卦只管一運，因為次運都被二五八運斷也。

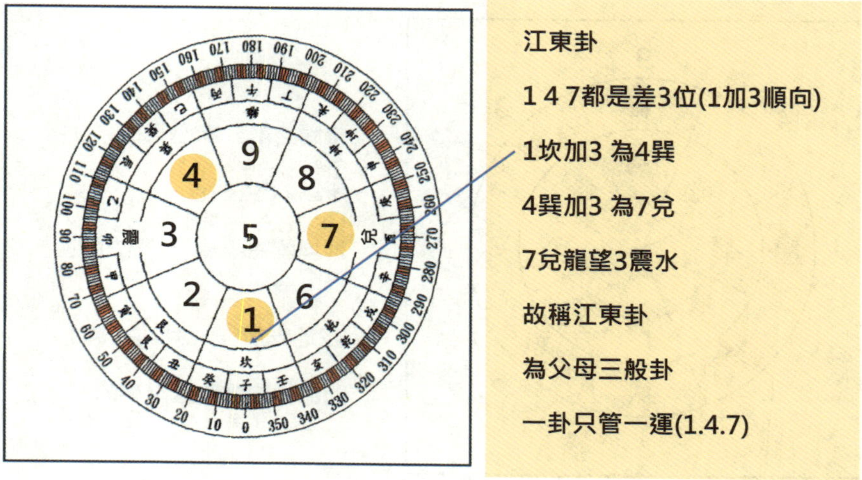
江東卦
1 4 7都是差3位(1加3順向)
1坎加3 為4巽
4巽加3 為7兌
7兌龍望3震水
故稱江東卦
為父母三般卦
一卦只管一運(1.4.7)

１４７配子午卯酉乾坤艮巽，八神四個一，八神四個指的是子午、卯酉、乾巽、艮坤，一指的是１４７一卦運只管一運，也就是說１４７運都被２５８運斷也，１４７運選天元卦，往往是打劫運，旺在１４７宮，坎宮打劫只旺一運(是假打劫)。

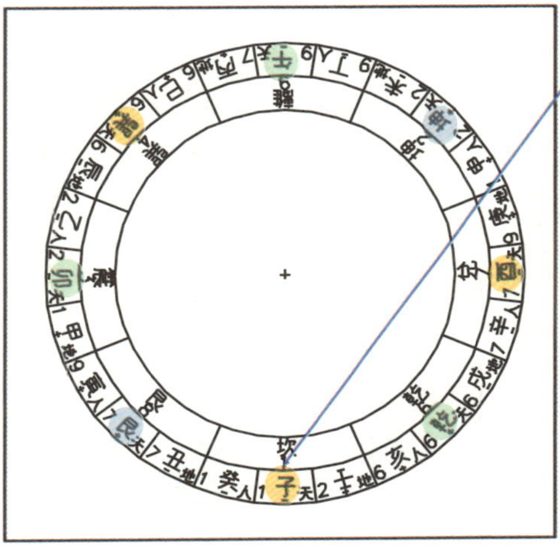

一四七配子午卯酉乾坤艮巽

八神四個一

八神四個指的是(子午.卯酉.乾巽.艮坤)

一指的是(一四七一卦運只管一運)

也就是說一.四.七運都被二.五.八運斷也

一四七運選天元卦,往往是打劫運,旺在一.四.七宮

坎宮打劫只旺一運(是假打劫)

江西卦，3 6 9 都是差 3 位 (1 加 3 逆向)，3 震加 3 為 6 乾，6 乾加 3 為 9 離，3 震龍望 7 兌水，故稱江西卦，為父母三般卦，一卦可管二運 (3 接 4，6 接 7，9 接 1)。

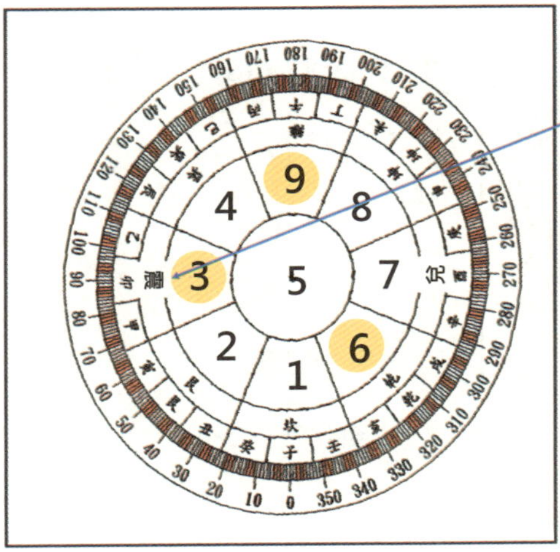

江西卦

3.6.9都是差3位(1加3逆向)

3震加3 為6乾

6乾加3 為9離

3震龍望7兌水

故稱江西卦

為父母三般卦

一卦可管二運(3.4-6.7-9.1)

3 6 9 配乙辛丁癸寅申巳亥，八神四個二，八神四個指的是(乙丁辛癸、寅申巳亥)，二指的是(3 6 9 一卦運管二運)，3、4 運同屬木運同旺，6、7 運同屬金運同旺，9、1 運為水火既濟，也就是說 3 6 9 運，3 運接 4 運，6 運接 7 運，9 運接 1 運也。

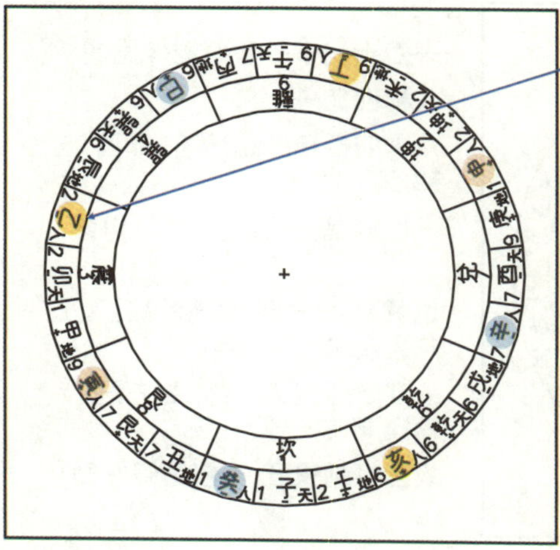

三六九配乙辛丁癸寅申巳亥

八神四個二

八神四個指的是(乙丁.辛癸.寅申.巳亥)

二指的是(三六九一卦運管二運)

三 四運同屬木運 同旺

六 七運同屬金運 同旺

九 一運為水火既濟

也就是說三六九運 三運接四運, 六運接七運, 九運接一運也

南北卦，2 5 8 差 3 位 (5 減 3 及 5 加 3)，5 中減 3 為 2 坤，5 中加 3 為 8 艮，稱南北卦也，為父母三般卦，一卦收盡三卦。

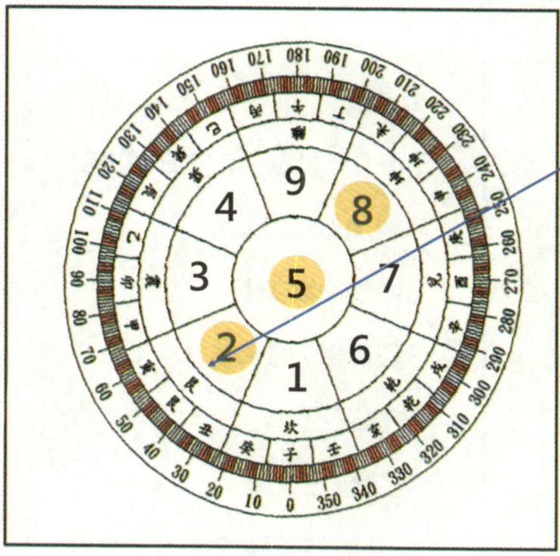

南北卦

2.5.8差3位(5減3及5加3)

5中減3 為2坤

5中加3 為8艮

稱南北卦也

為父母三般卦

一卦收盡三卦

2 5 8配，甲庚丙壬辰戌丑未，下甲庚丙壬為坐向，以辰戌丑未當水庫(四庫水)，此在中元運必發，甲山庚向，在四、六兩運旺山旺向，且水星 5 到 (戌方)(未方)6 到壬方，7 到丙方，這樣在中元運 (4 5 6 運) 不敗，及 2 運 8 運也不敗，實際只有坤艮山向，才有可能三元不敗。

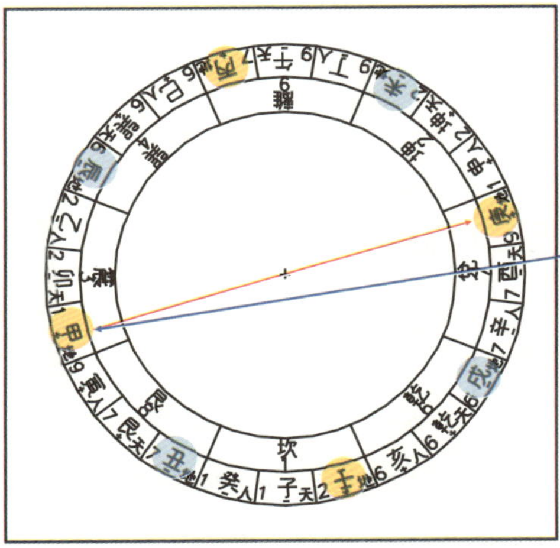

二五八配 甲庚丙壬辰戌丑未
下 甲庚丙壬 為坐向
以 辰戌丑未 當水庫(四庫水)
此在中元運必發
甲山庚向 在四.六兩運旺山旺向
且水星5到(戌方)(未方) 6到壬方 7到丙方
這樣在中元運(四.五.六運)不敗及二運八運也不敗
實際只有坤艮山向 才有可能三元不敗

第 21 章　陰錯陽差說

天星地曜秘旨，辨明關煞，陰錯、陽差，合卦叫吉，則美其名，出卦召凶，則加以惡，美惡各殊，星隨氣變也，此講的看龍水絕對不要犯陰錯陽差。

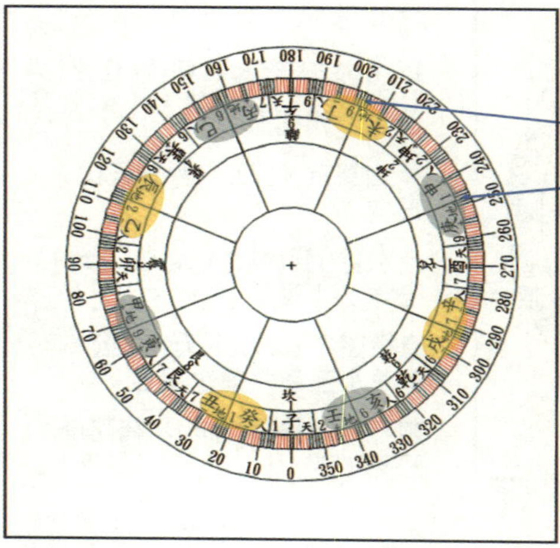
天星地曜秘旨
辨明關煞 陰錯
陽差
合卦叫吉 則錫以美名
出卦召凶 則加以惡
美惡各殊 星隨氣變也
此講的是不要犯陰錯陽差,
以及如何看龍水

陰錯為出卦相兼，元龍同屬陰，如丁兼未人兼地，乙兼辰人兼地，辛兼戌人兼地，癸兼丑人兼地，這些都叫作陰錯。

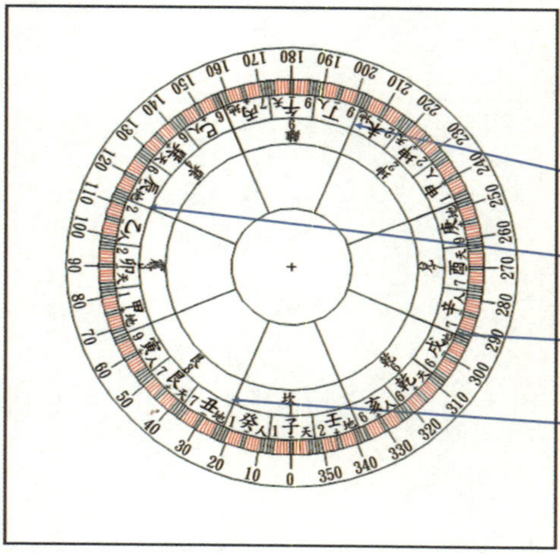
陰錯(出卦相兼 元龍同屬陰)
丁兼未 人兼地
乙兼辰人兼地
辛兼戌 人兼地
癸兼丑 人兼地

陽差就是出卦相兼，元龍同屬陽，就叫做陽差，如巳雜丙人兼地，申雜庚人兼地，寅雜甲人兼地，亥雜壬人兼地，這些都叫做陽差。

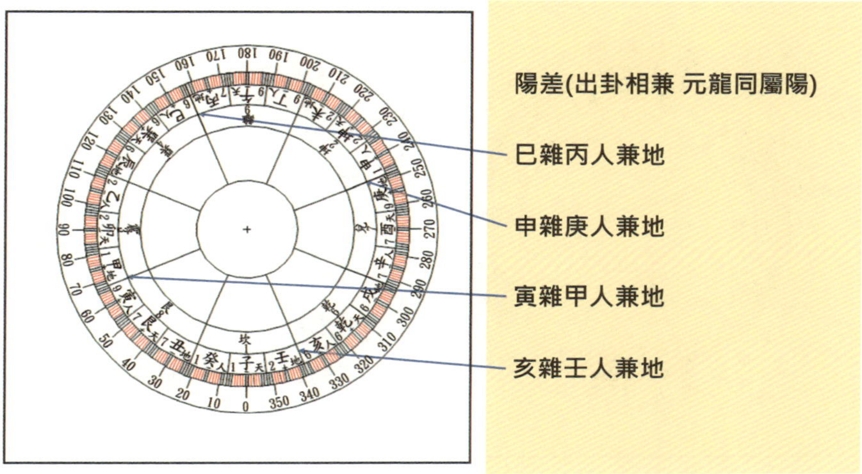

陽差(出卦相兼 元龍同屬陽)

巳雜丙人兼地

申雜庚人兼地

寅雜甲人兼地

亥雜壬人兼地

龍水雖犯陰錯，但是有的可兼，乙兼辰人兼地，乙是 3 震木，辰是 4 巽木，乙、辰同屬木，故可相兼，辛兼戌，人兼地，辛是 7 兌金，戌是 6 乾金，辛、戌同屬金，故可相兼。

龍水雖犯陰錯 但是有的可兼

乙兼辰人兼地

乙是3震木 辰是4巽木

乙 辰同屬木 故可相兼

辛兼戌 人兼地

辛是7兌金 戌是6乾金

辛 戌同屬金 故可相兼

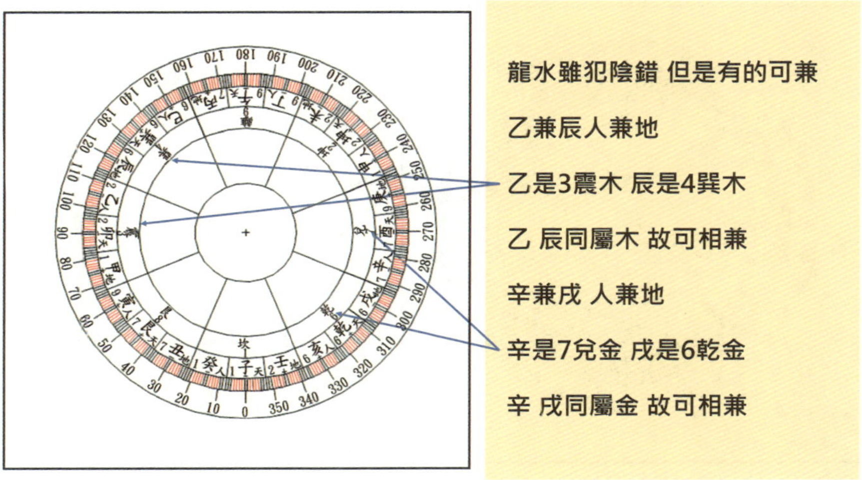

龍水雖犯陽差，但是有的可兼，都天寶照經文巳丙宜向天門上，巳雜丙人兼地，講的是巳丙可以例外相兼，都天寶照經文亥壬向得巽風吹，亥雜壬人兼地，講的是亥壬可以例外相兼。

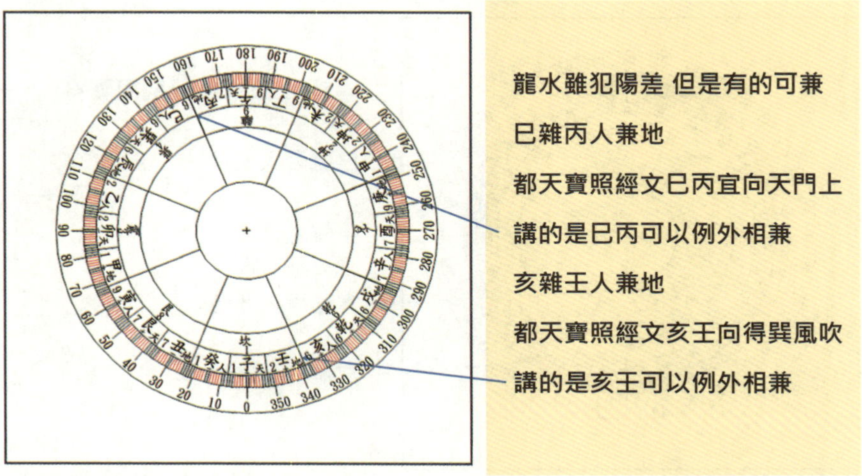
龍水雖犯陽差 但是有的可兼
巳雜丙人兼地
都天寶照經文巳丙宜向天門上
講的是巳丙可以例外相兼
亥雜壬人兼地
都天寶照經文亥壬向得巽風吹
講的是亥壬可以例外相兼

辨明龍水陰錯陽差，陰錯不可以相兼的有，丁未不可相兼，癸丑不可相兼，陽差不可以相兼的有，庚申不可相兼，甲寅不可相兼。

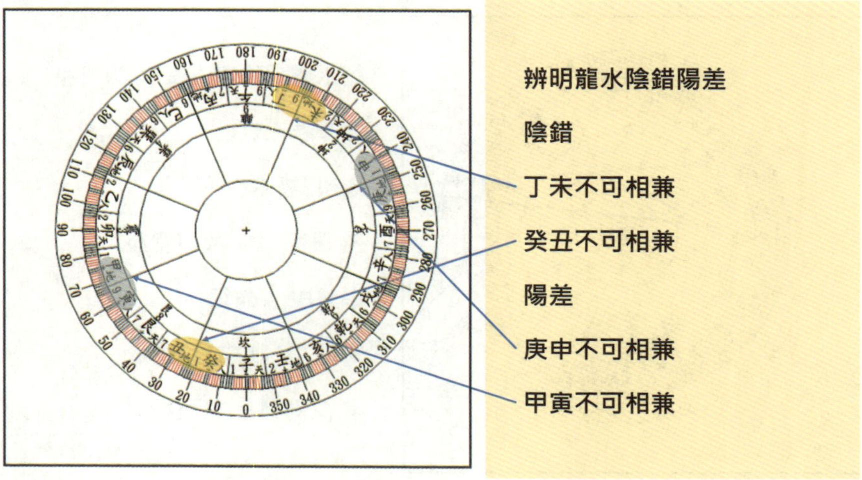
辨明龍水陰錯陽差
陰錯
丁未不可相兼
癸丑不可相兼
陽差
庚申不可相兼
甲寅不可相兼

立向須知，龍砂入首一節，龍脈不管來脈多長，都是取束氣結穴的這一兩節，不要犯陰錯、陽差，犯之必引來凶禍。

立向須知

龍砂入首一節

不要犯陰錯

陽差

犯之必引來凶禍

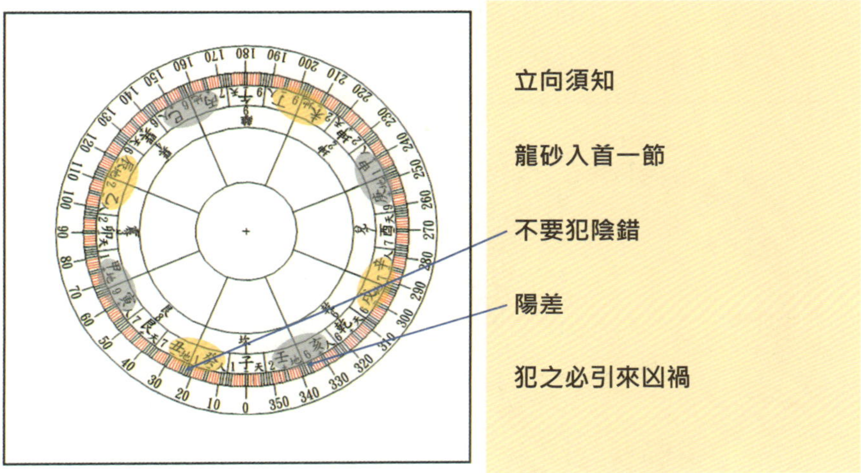

　　山龍 1 個開帳為 1 節，水龍 1 個彎曲為 1 節，60 龍者，為龍山水辨純雜之用，山龍格倒頭３４節，水龍格三叉內，收到頭３４節水神，楊公寶照經云：子字出脈午字尋，莫教差錯丑與壬，若是陰差與陽錯，勸君不用細心尋。

山龍1個開帳1節

水龍1個彎曲1節

60龍者,為龍山水辨純雜之用

山龍格倒頭３４節,水龍格三叉內,收到頭３４節水神

楊公寶照經云,子字出脈午字尋

莫教差錯丑與壬

若是陰差與陽錯,勸君不用細心尋

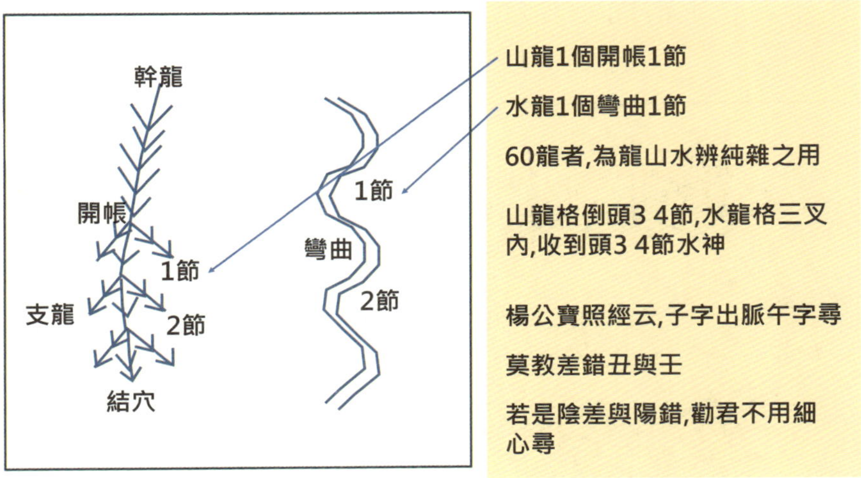

以壬子癸三山說明，坎卦子宮之上下，排列甲子、丙子、戊子、庚子、壬子5支位，如格龍係偏癸位，是為子兼癸，支兼干出，此天元龍而帶人元龍出身者，吉也，要第2節亦係兼癸位來龍，則為天元之最清純者。

試即壬子癸三山考之

坎卦子宮之上下,

排列甲子,丙子,戊子,庚子,壬子5支位

如格龍係偏癸位,是為子兼癸,支兼干出

此天元龍而帶人元龍出身者,吉也

要第2節亦係兼癸位來龍,則為天元之最清純者

倘得1節走入干上壬字，雖是支兼干出，未免雜了地元，亦為不出卦，而外出卦矣，為何，以其不在癸位同行也，夾在甲子、壬子之位，清而不純之故，格龍子山兼癸，每節就要子兼癸。

倘得1節走入干上壬字,雖是支兼干出,未免雜了地元

亦為不出卦,而外出卦矣

何也,以其不在癸位同行也

夾在甲子 壬子之位,清而不純之故也

格龍子山兼癸,每節就要子兼癸

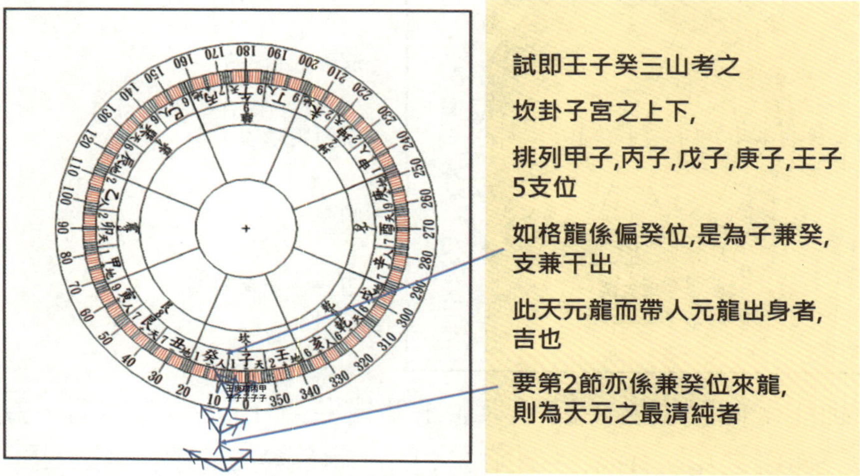

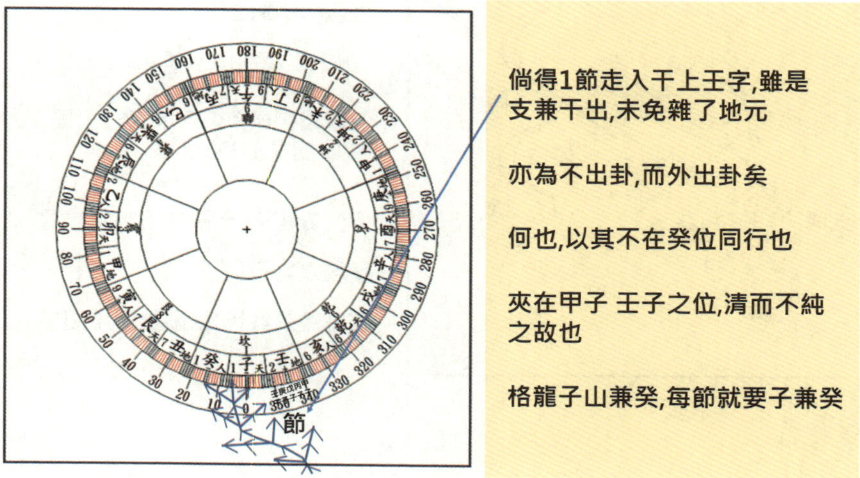

又如格龍子兼壬位，此支兼干出，天元而帶地元，吉也，要節節都是壬子，就是龍脈不管幾節，都要在壬子之內，這樣的話，才能稱為清純。

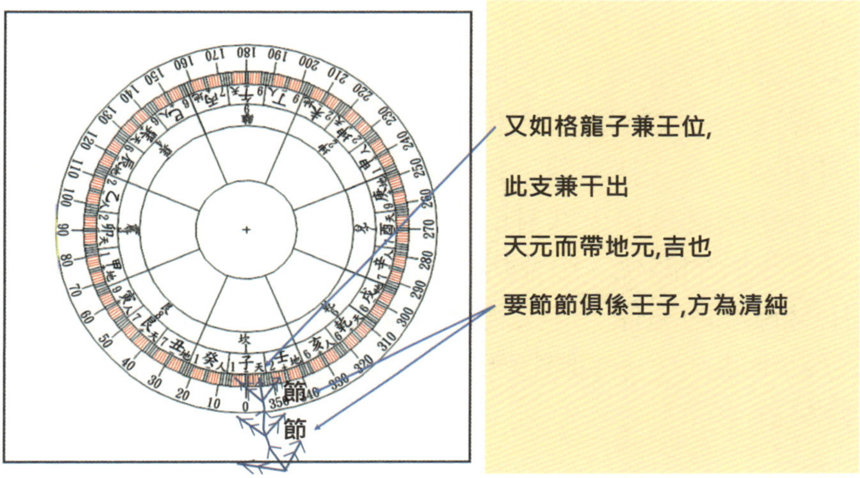
又如格龍子兼壬位,
此支兼干出
天元而帶地元,吉也
要節節俱係壬子,方為清純
節
節

倘一節雜癸字雜了壬元矣，就是龍脈有一節在癸字之內，亦為不出卦而出卦，為何，以其不在子壬同行也，夾在壬子、癸丑之位，龍脈就不是單純在壬子行之，而是會夾在壬子與癸丑之位，所以說卦雖清而不純。

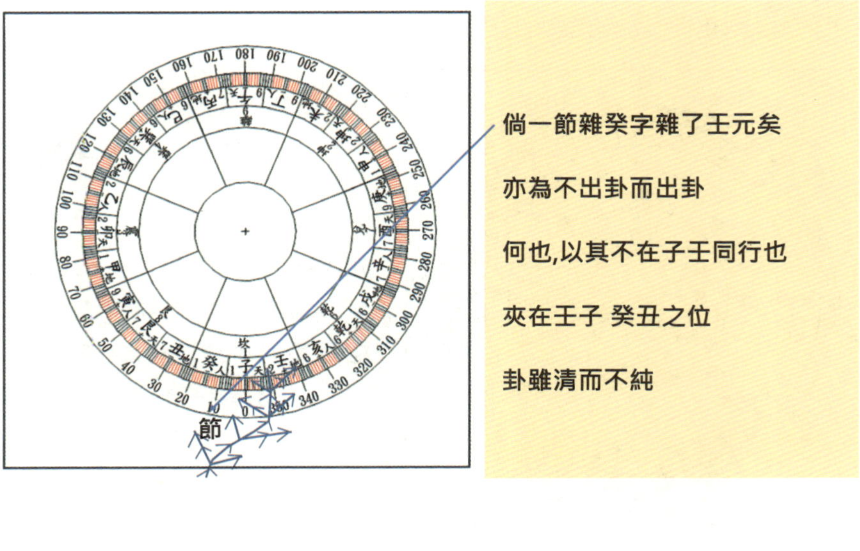
倘一節雜癸字雜了壬元矣
亦為不出卦而出卦
何也,以其不在子壬同行也
夾在壬子 癸丑之位
卦雖清而不純
節

第 22 章
後天八卦統管二十四山秘旨

本章介紹，先後天八卦陽一片，陰一片，且先後天八卦陰陽相交，離為日，坎為月，離即震，坎即兌，乾坤互藏為坎離。

前面說先天八卦為體，後天八卦為用，先後天八卦以洛書數貫通之，這個就是後天八卦的奧秘之處，在以龍取向，就有先後天八卦父母配的關係，乾山乾向水流乾，講的也是後天來龍與先天坐山父母配的關係，若又得到向前先天水的話更吉，後天八卦又統管二十四山，不明瞭後天八卦，就不了解二十四山，故曰後天八卦秘旨

後天八卦秘旨，先天八卦分陰陽，以四象分之太陽，少陽為陽卦，太陰，少陰為陰卦。後天八卦分陰陽，以人倫分之，老父，長男，中男，少男為陽卦，老母，長女，中女，少女為陰卦。從下圖看先後天八卦都是陽一片，陰一片，而且先後天陰陽交也，陽的對面一定是陰，陰的對面一定是陽。

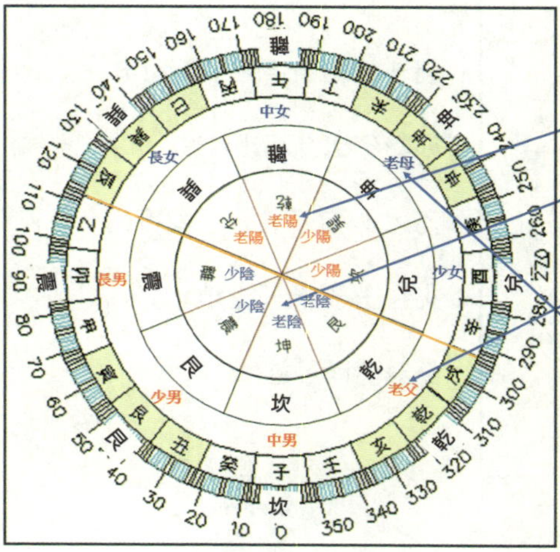

後天八卦秘旨

先天八卦分陰陽:太陽,少陽為陽卦,

太陰,少陰為陰卦.

後天八卦分陰陽:以人倫分之,

老父,長男,中男,少男為陽卦,

老母,長女,中女,少女為陰卦.

先後天八卦都是陽一片,

陰一片,且先後天陰陽交也

坤統三女為一片陰也，午丁隸屬於離而終於巳丙，本河圖之2468，午丁至巳丙由離至巽，乾統三男為一片陽也，子癸隸屬坎而終於亥壬，本河圖之1379，子癸至亥壬由坎至乾。

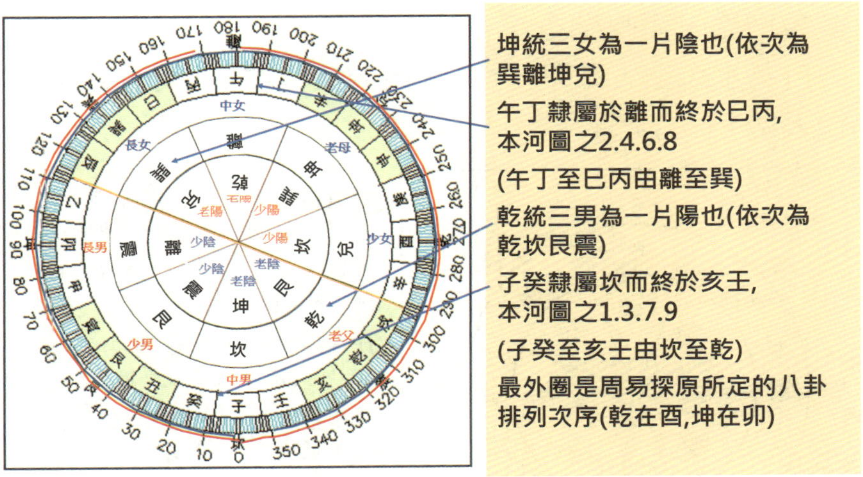
坤統三女為一片陰也(依次為巽離坤兌)
午丁隸屬於離而終於巳丙，本河圖之2.4.6.8
(午丁至巳丙由離至巽)
乾統三男為一片陽也(依次為乾坎艮震)
子癸隸屬坎而終於亥壬，本河圖之1.3.7.9
(子癸至亥壬由坎至乾)
最外圈是周易探原所定的八卦排列次序(乾在酉，坤在卯)

後天八卦，坎離二卦，陰陽之始亦陰陽之終，二氣交感於中，先天為然，後天亦無不然，卦之形性不外水火，而妙在相濟為功，生天地，生萬物者此水火也，火濟水寒，水濟火燥，坎離水火中天過，四時行而生煞見也。

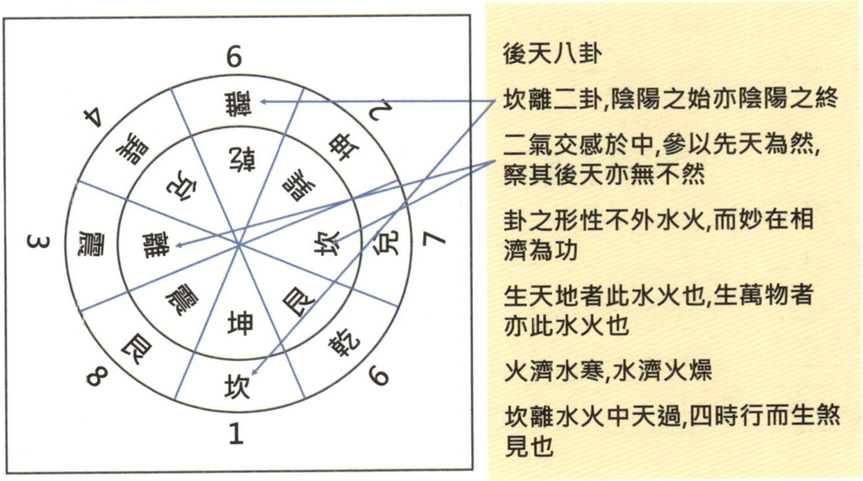
後天八卦
坎離二卦，陰陽之始亦陰陽之終
二氣交感於中，參以先天為然，察其後天亦無不然
卦之形性不外水火，而妙在相濟為功
生天地者此水火也，生萬物者亦此水火也
火濟水寒，水濟火燥
坎離水火中天過，四時行而生煞見也

故離為日，積乾天之陽精，列次於天之一數（先天八卦一是乾卦），其精木火，其象曰陽，長短分數，莫不虞昊運其機，坎為月，積坤地之陰，列次於天之八數（先天八卦八是坤卦），其精金水，其象曰陰，而晦朔盈虛，莫不圓靈（天）顯其用，各自為陰陽，各自為水火也，離即震（先天離為後天震），坎即兌也（先天坎為後天兌）。

故離為日,積乾天之陽精,列次於天之一數(先天八卦一是乾卦),

其精木火,其象曰陽,長短分數,莫不虞昊運其機

坎為月,積坤地之陰,列次於天之八數(先天八卦八是坤卦),

其精金水,其象曰陰,而晦朔盈虛,莫不圓靈(天)顯其用

各自為陰陽,各自為水火也

離即震(先天離為後天震)

坎即兌也(先天坎為後天兌)

陰入陽中，水以生火，坤藏於乾腹而為離，陽入陰內，火以生水也，乾潛藏於坤腹而為坎。

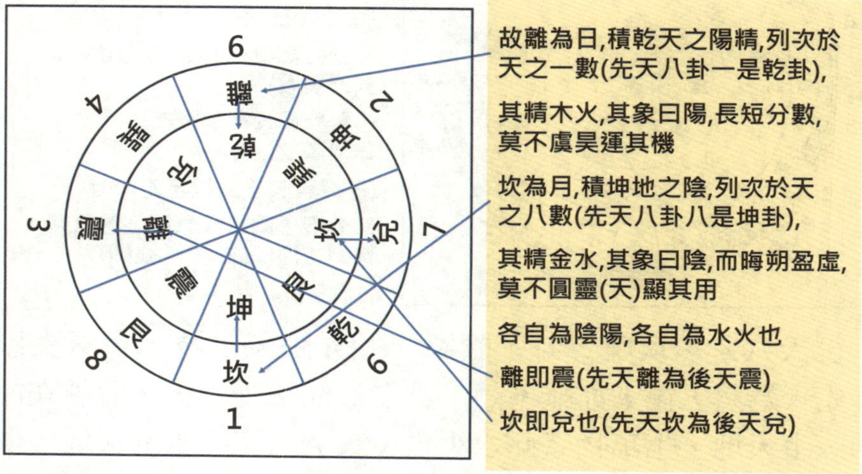

陰入陽中

水以生火

坤藏於乾腹而為離

陽入陰內

火以生水也

乾潛藏於坤腹而為坎

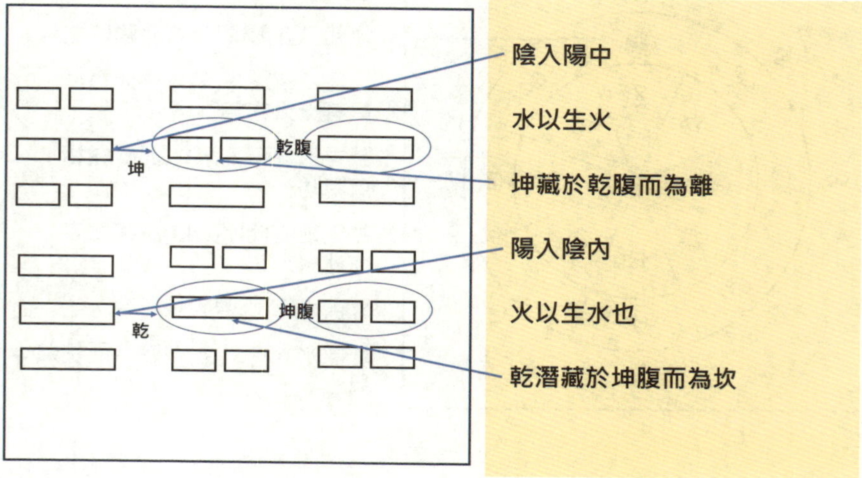

坎卦6爻去其初上2爻，中含離虛之象(火生木也)，離卦6爻去其初上2爻，中含坎滿之象(所以互藏其宅也)，坎離互含共胎互藏其宅。

坎卦6爻去其初上2爻,

中含離虛之象(火生木也)

離卦6爻去其初上2爻,

中含坎滿之象(所以互藏其宅也)

坎離互含共胎互藏其宅

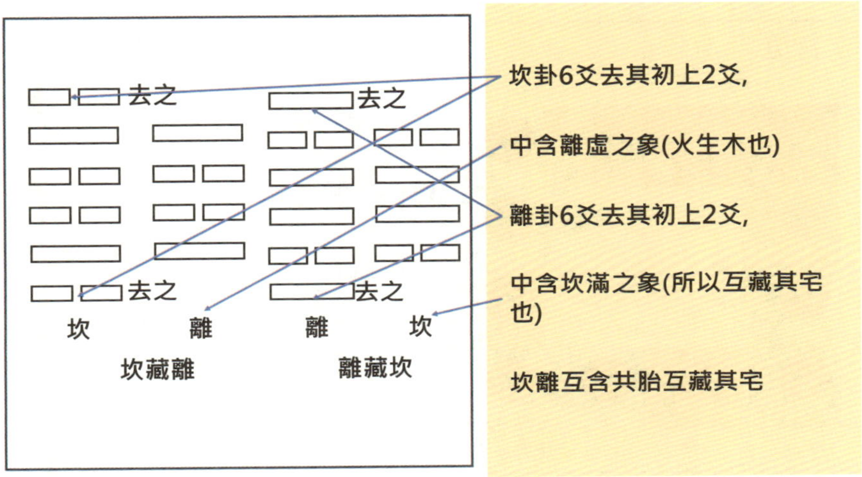

　　先天卦，先天離東，火居木位，生地也，講的是木位即寅位，寅位為火的長生之地，是木生火也，江西坎，水居金位，亦生位也，講的就是金位為申，申位為水的長生位，金生水也。

先天卦

先天離東, 火居木位,

生地也(木生火)

江西坎, 水居金位,

亦生位也(金生水)

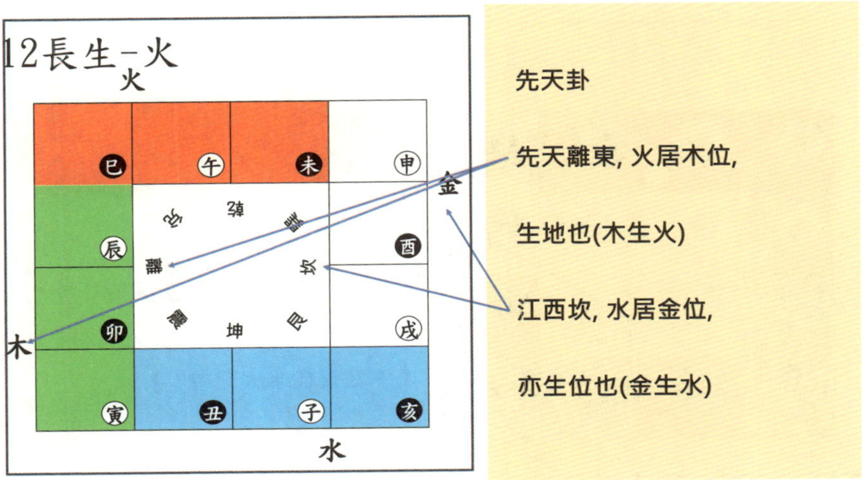

後天卦，後天離為南火，居火位旺地，就是十二長生的帝旺位，火長生在寅，沐浴在卯，冠帶在辰，臨官在巳，帝旺在午，午為9離南方之卦也。

12長生-火

後天卦
後天離南火
居火位旺地也

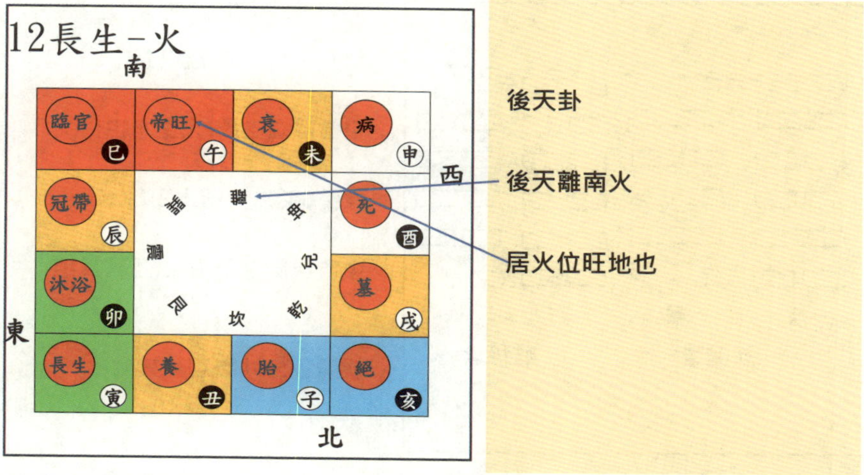

後天卦，坎北水，居水位旺地也，水長生在申，沐浴在酉，冠帶在戌，臨官在亥，帝旺在子，子為1坎，北方之卦也，北水南火，此真陰真陽之極會，媾精於金木二氣，合併於水火之中。

12長生-水

後天卦
坎北水
居水位旺地也
此真陰真陽之極會,媾精於金木二氣
合併於水火之中

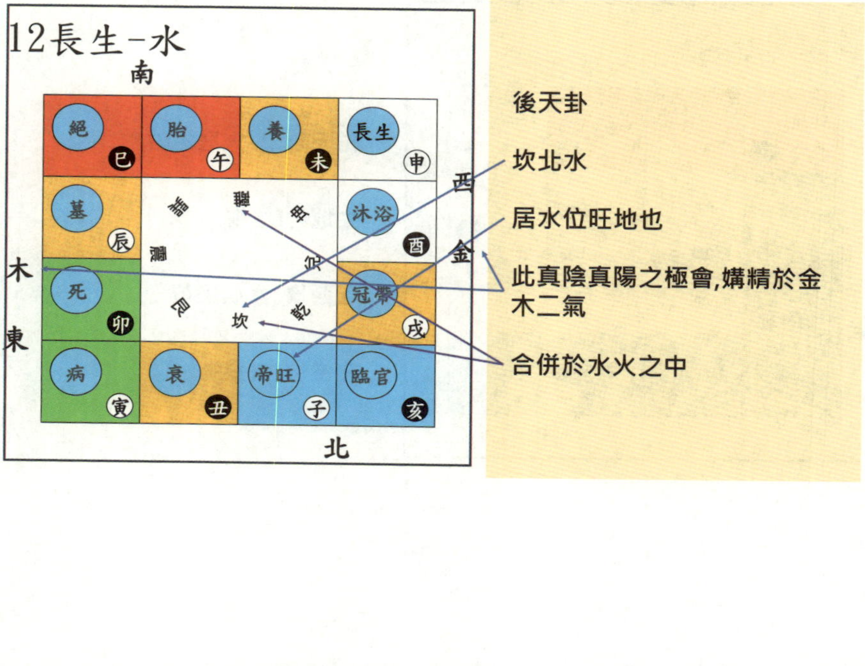

楊公《青囊經》，左為陽子癸至亥壬，坎到乾，中間經過艮震，右為陰午丁至巳丙，離到巽，中間經過坤兌，就是巽離坤兌之一片陰，乾坎艮震之一片陽。

> 《楊公青囊經》
> 左為陽子癸至亥壬,(坎到乾)
> 中間經過艮震
> 右為陰午丁至巳丙,(離到巽)
> 中間經過坤兌
> 就是巽離坤兌之一片陰
> 乾坎艮震之一片陽,

　　楊公養老看雌雄，天下諸書對不同，龍分兩片陰陽取，水到三叉細認踪，指的就是雌不離雄，雄不離雌之意也，陽從左邊團團轉，陰從右路轉相通，指的就是此兩片也。

> 楊公養老看雌雄,天下諸書對不同
> 龍分兩片陰陽取,水到三叉細認踪
> 指的就是雌不離雄,
> 雄不離雌之意也
> 陽從左邊團團轉,
> 陰從右路轉相通
> (指的就是此兩片也)

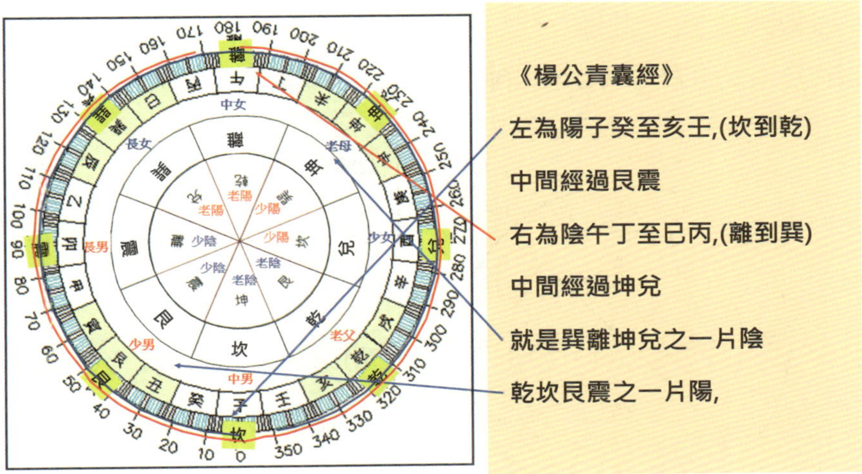

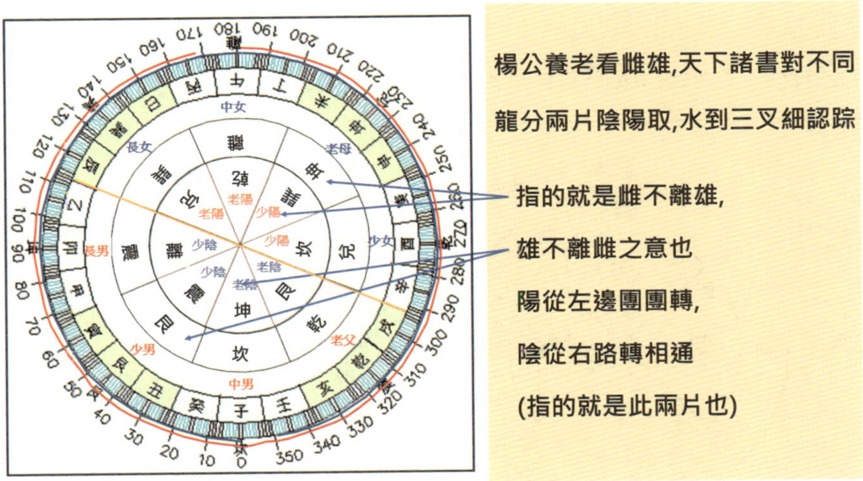

第 23 章　道根水火論

道根水火論，此講的是先後天卦陰陽交媾原理，取裁自朱子易經啟蒙，造化者，乾坤坎離而已，乾坤即天地，坎離即水火。

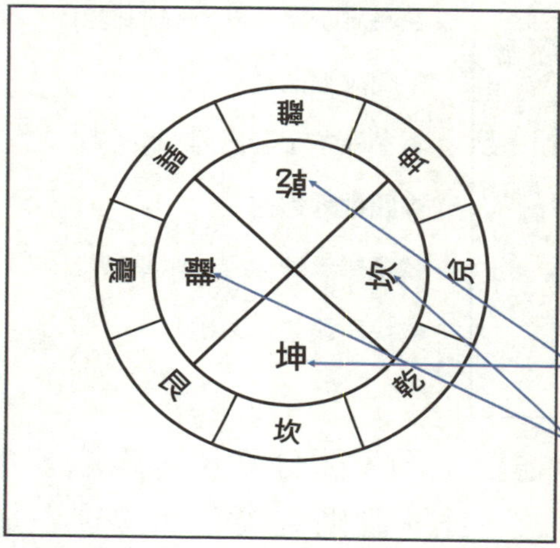

道根水火論

此講的是先後天卦陰陽交媾原理

取裁自朱子易經啟蒙

造化者,乾坤坎離而已

乾坤即天地

坎離即水火

禪代推移，四時氣機，運行遷謝，循環無端，本乎五行，而分春夏秋冬，行乎其間者，不過一水一火，而金木之氣，合併於水火之中，土以寄旺於四季之末。

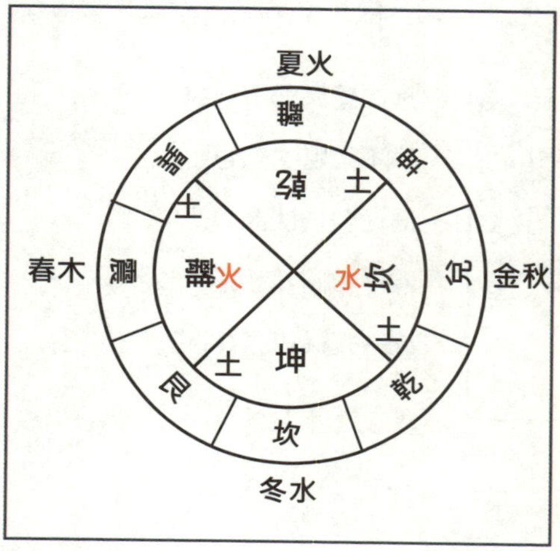

禪代推移,四時氣機,

運行遷謝,循環無端

本乎五行,而分春夏秋冬

行乎其間者,不過一水一火

而金木之氣,合併於水火之中

土為黃婆,斡旋樞軸,以寄旺於四季之末

後天八卦以天地，乾為天坤為地為體，退居於隅位，以水火為用，退居於正位，此後天八卦之分體用也，

後天八卦以天地(乾坤)為體,

退居於隅位

以水火為用,退居於正位

此後天八卦之分體用也

震為雷，雷隸屬於東，木旺地也，實為南離火之初發，故動於春，及火撥其氣，則旺於夏天矣，兌為澤，澤隸屬於西，金旺地也，實為北坎水之未取，故散於金，及水歸其根，則旺於冬天矣，水火為天地之用，故退居於正，以司時令，而主溫寒也。

震為雷,雷隸屬於東,木旺地也,

實為南離火之初發,故動於春

及火撥其氣,則旺於夏天矣

兌為澤澤隸屬於西,金旺地也,

實為北坎水之未取,故散於金

及水歸其根,則旺於冬天矣

水火為天地之用,故退居於正,
以司時令,而主溫寒也

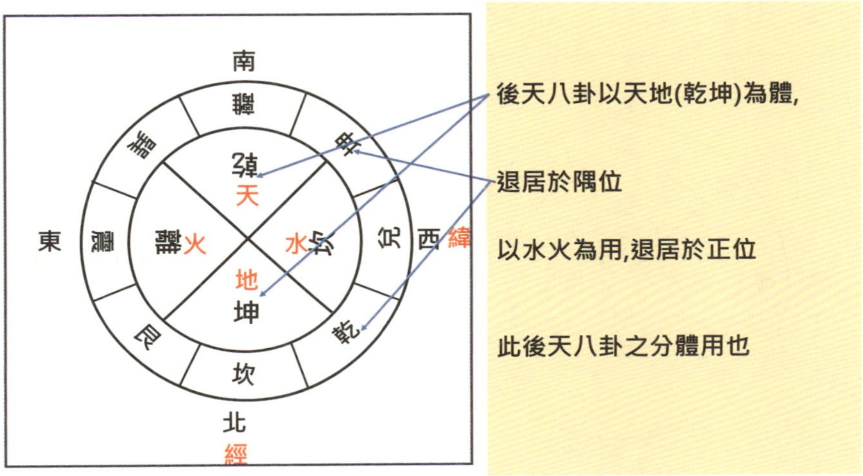

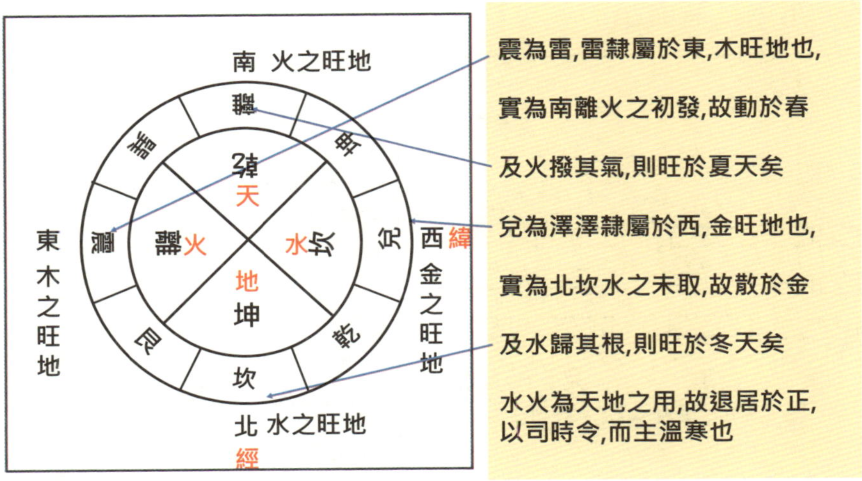

故氣運興衰，因之而起，此知易卦雖有八，約之以四，考先天以南北為經，而天地居之，這是體也，以東西為緯，而水火居之，這是用也，此先天八卦之分體用也。

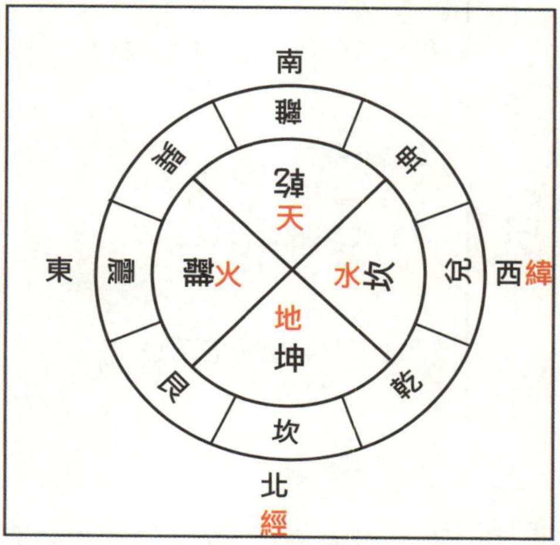

故氣運興衰,因之而起

此知易卦雖有八,約之以四

考先天以南北為經,而天地居之,體也

以東西為緯,而水火居之,用也

此先天八卦之分體用也

若以卦義言之，震胎離以出，震卦由離卦而來 一陰閉於離之上，乃為震，震卦就是離卦也，兌即胎坎以出，兌卦由坎卦而來，一陽敷於坎之下，乃為兌，兌卦就是坎卦也，震離兌坎四卦並之，水火之氣而已。

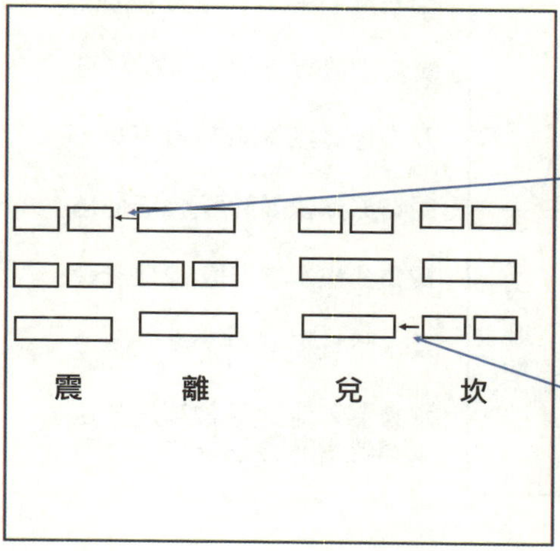

若以卦義言之

震胎離以出,一陰閉於離之上,乃為震(震卦即離卦也)

兌即胎地以出,一陽敷於坎之下,乃為兌(兌卦及坎卦也)

震離兌坎四卦並之,水火之氣而已

天氣朕兆於西北，至東南下交於地，巽卦東南，巽為風即天氣吹嘘而下交於地，易卦所謂天下有風，姤卦也，故乾巽卦相對為天綱，地功致力於西南，至東北而上交於天，山即地形之隆起而上交於天，易卦所謂天在山中，大畜卦也，故坤艮相對而為地配，以卦畫言之，艮即胎坤以出，一陽在坤之上，乃為艮，是艮卦。

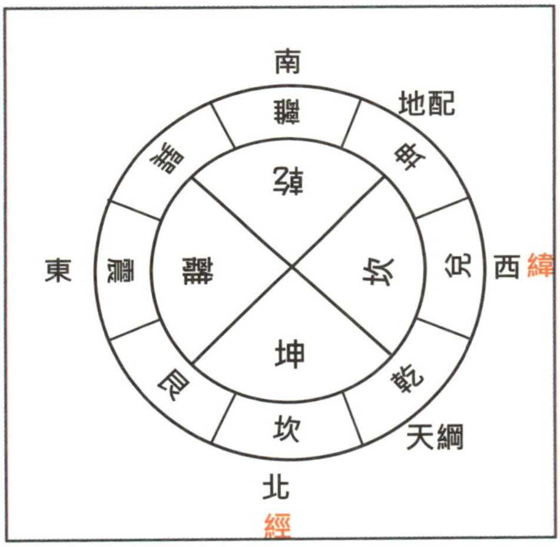

天氣朕兆於西北,至東南下交於地
巽卦東南,巽為風即天氣吹嘘而
下交於地
(易所謂天下有風,姤也)
故乾巽卦相對為天綱
地功致力於西南,至東北而上交
於天
山即地形之隆起而上交於天
(易所謂天在山中,大畜也)
故坤艮相對而為地配
以卦畫言之
艮即胎坤以出,一陽亘于坤之上,
乃為艮,是艮卦

四卦並之，止一天地之象而已，故曰卦雖有八，約之以四，天地水火以生萬物此先後天之妙也。

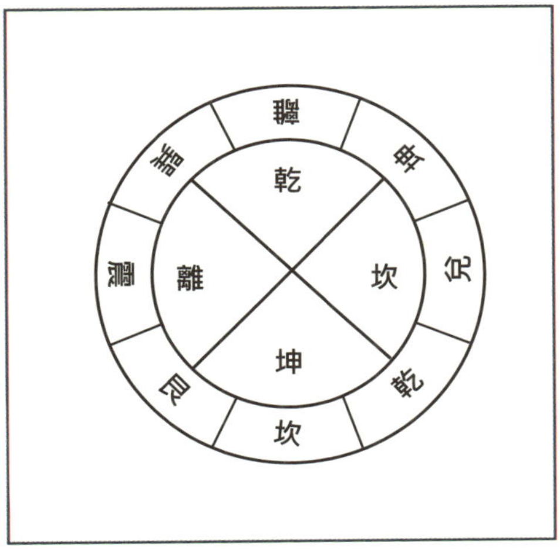

四卦並之,止一天地之象而已

故曰卦雖有八,約之以四

天地水火以生萬物此先後天
之妙也

將乾坤坎離四卦並排，由上圖內圈可以看出，乾坤坎離為四正卦，所以將乾坤坎離，依照乾坎離坤由右排起，如下圖所示。

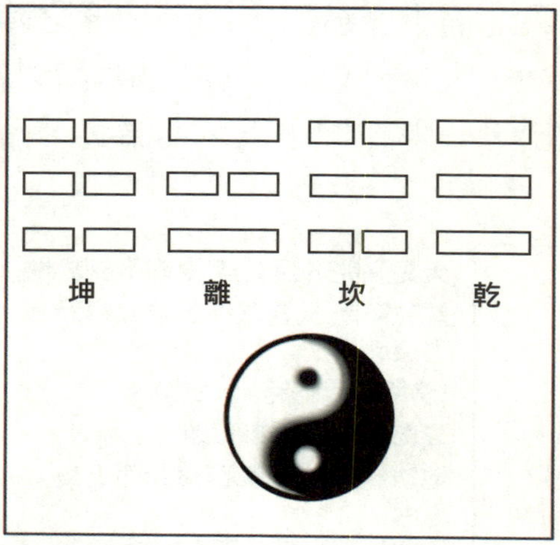

將乾坤坎離四卦並排

去下爻成四象也，去下爻成兩儀也，將上圖的乾坎離坤卦，每一個卦都把下爻去掉，就會發現變成四象的太陽、少陰、少陽、太陰，太陽與少陰是陽儀，少陽與太陰是陰儀，因為太陽與少陰下爻都是陽，少陽與太陰下爻都是陰。

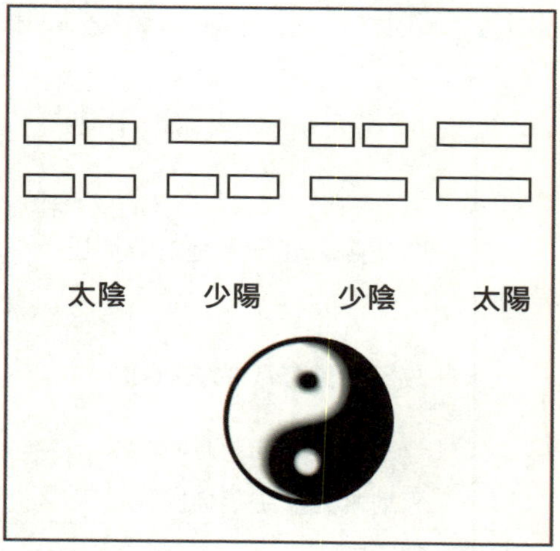

將乾坤坎離四卦並排

去下爻成四象也

在將上圖四象之太陽、少陰、少陽、太陰，各去下爻，這樣就變成陽、陰、陽、陰，也就是一陰、一陽，兩儀納於太極之內歸於一氣，陰中有陽，陽中有陰。

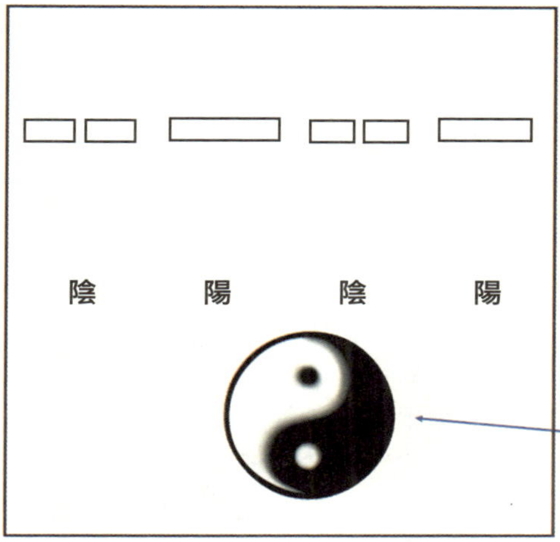

將乾坤坎離四卦並排

去下爻成四象也

去下爻成兩儀也

兩儀納於太極之內歸於一氣

陰中有陽陽中有陰

陰中有陽陽中有陰，即蔣公所謂雖分兩片實為一片，如下圖後天八卦，下為老父、中男、少男、長男，上為長女、中女、老母、少女，先天八卦上為老陽、老陽、少陽、少陽，下為老陰、老陰、少陰、少陰，所以說八卦為兩片陰一片陽一片，太極為一片也。

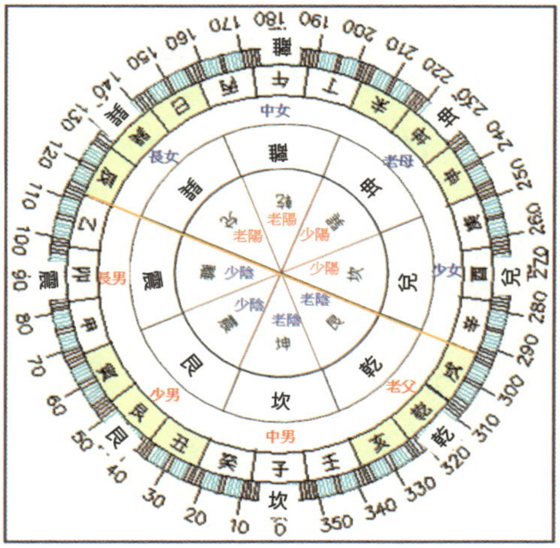

陰中有陽陽中有陰

即蔣公所謂雖分兩片實為一片

(八卦為兩片陰一片陽一片,太極為一片也)

下圖為片陰片陽圖解，此講的是先後天卦陰陽交媾原理，水之生火火生水也，火濟水寒，水濟火燥，水火本相剋，而之相生，原相生所以相濟也，道根水火解內，又見火生木，水生金，木生火，金生水之理乃火生木，水生金，亦龍從火裡出，虎向水中生，乃火生木水生金也。

左圖為片陰片陽圖解
此講的是先後天卦陰陽交媾原理
水之生火火生水也
火濟水寒,水濟火燥
水火本相剋,而之相生,原相生所以相濟也
道根水火解內
又見火生木,水生金
木生火,金生水之理乃火生木,水生金
亦龍從火裡出,虎向水中生
乃火生木水生金也

大道無多，只爭些子些子一變，陰非陰，陽非陽，陰可謂陽，陽可謂陰，識得顛倒顛，便是大羅仙，世人不識天地玄機，山之陰陽只管山，山星只管山星之陰陽。

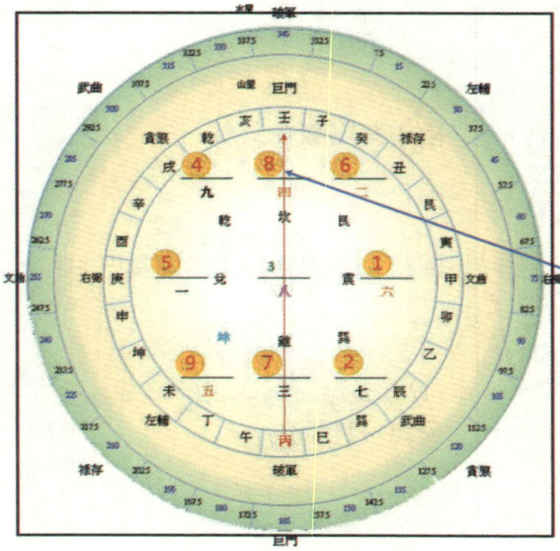

些子一變,陰非陰,陽非陽,陰可謂陽,陽可謂陰

識得顛倒顛,便是大羅仙

世人不識天地玄機

山之陰陽只管山,

水之陰陽只管水，水星只管水星之陰陽，所以認得山龍來脈，又能牽合水龍理氣，拘泥板格，陰陽動轍，乃真始得秘竅。

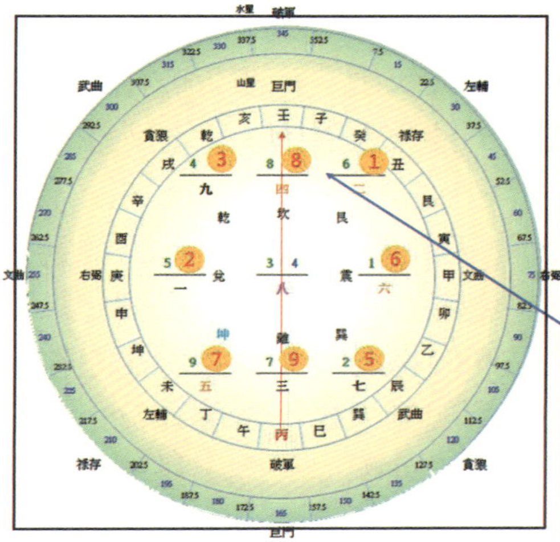

些子一變,陰非陰,陽非陽,陰可謂陽,陽可謂陰

識得顛倒顛,便是大羅仙

世人不識天地玄機

山之陰陽只管山,

水之陰陽只管水

認得山龍來脈,牽合水龍理氣,拘泥板格,陰陽動轍,乃真始得秘竅

譬如男女，男陽而女陰也，道固是也，然男有男之陰陽，女有女之陰陽，人之生以氣為陽，以血為陰，男女自有其氣血，如自有其陰陽也，山與水不得相混也，如下圖山星跟水星就不要相混也。

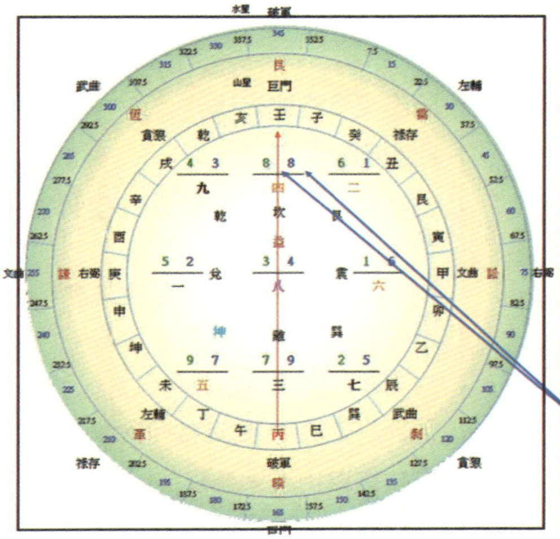

譬如男女

男陽而女陰也,道固是也

然男有男之陰陽,女有女之陰陽

人之生以氣為陽.以血為陰,男女自有其氣血(如自有其陰陽也)

山與水不得相混也

第 24 章　陰陽交媾方位秘旨

本章主要介紹倒排父母，乾龍入坎山，兌龍入乾山，離龍入兌山，震龍入坤山，坤龍入離山，艮龍入巽山，坎龍入震山，巽龍入艮山。

此講的是先後天父母配，先天八卦天地定位，山澤通氣，雷風相薄，水火不相射，也就是乾坤配，艮兌配，震巽配，坎離配，龍穴水能合的父母配，就是好的格局，乾龍入坎山是後天龍配先天坤，兌龍入乾山，是後天兌配先天艮，離龍入兌山，是後天離配先天坎，坤龍入離山，是後天坤配先天乾，艮龍入巽山，是後天艮配先天兌，坎龍入震山，是後天坎配先天離，巽龍入艮山，是後天巽配先天震。

陰陽交媾方位秘旨，此講倒排父母，乾為天坤為地彼此翻倒入用，此非翻天倒地之秘旨乎，皆有一真陰真陽雌雄交媾之妙用，一定之龍，結一定之穴，至其水之來去，卦之合向合龍，在在有以用其大卦焉，最主要在講如何審龍立穴。

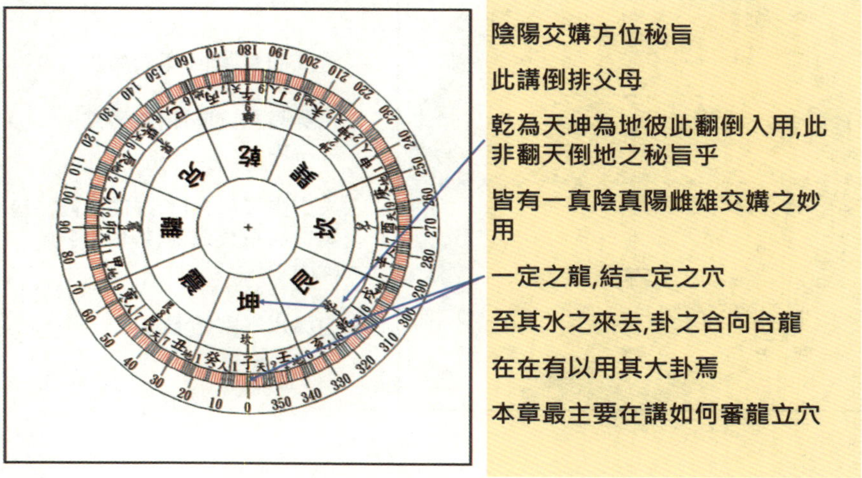
陰陽交媾方位秘旨
此講倒排父母
乾為天坤為地彼此翻倒入用,此非翻天倒地之秘旨乎
皆有一真陰真陽雌雄交媾之妙用
一定之龍,結一定之穴
至其水之來去,卦之合向合龍
在在有以用其大卦焉
本章最主要在講如何審龍立穴

乾入坎，如壬子癸三山，後天之坎為先天之坤，後天乾龍或為少祖父母山，到頭入首而結坎穴，後天坎為先天坤，配後天之乾也，此雌雄媾精者也，先天之乾翻倒入後天之坎矣，先天乾翻倒入坐山，則以後天乾為來龍也。

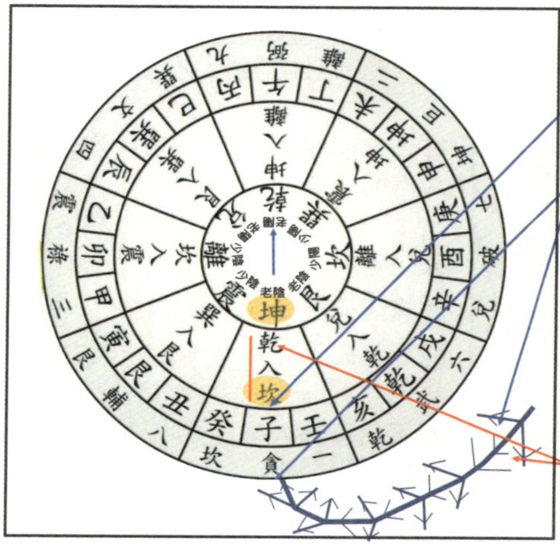

乾入坎

如王子癸三山,後天之坎實為先天之坤

後天乾龍或為少祖父母山,到頭入首而結坎穴

為(後天坎山)先天老陰 坤,配後天之老陽 乾也

此陰陽交度雌雄媾精者也

原理是先天之乾翻倒入後天之坎矣

先天乾翻倒入坐山,則以後天乾認為來龍也

坤入離，如丙午丁三山，後天之離為先天之乾，後天坤龍或為少祖父母山，到頭入首而結離穴，後天離為先天乾，配後天之坤也，此雌雄媾精者也，先天之坤翻倒入後天之離矣，先天坤翻倒入坐山，則以後天之坤為來龍也。

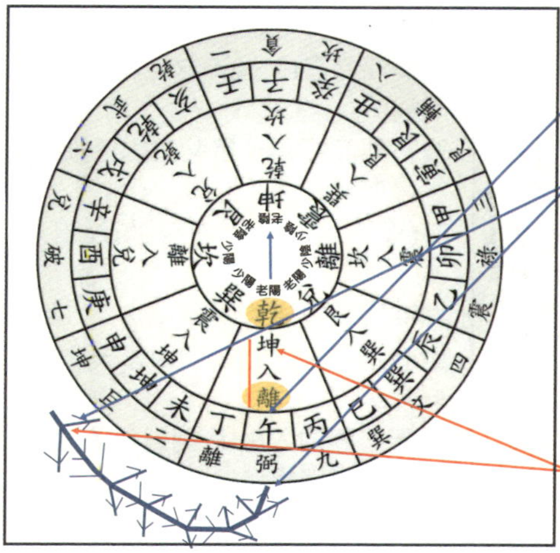

坤入離

如丙午丁三山,後天之離為先天之乾

後天坤龍或為少祖父母山,到頭入首而結離穴

為(後天離山)先天老陽 乾,配後天之老陰 坤也

此陰陽交度雌雄媾精者也

原理是先天之坤翻倒入後天之離矣

先天坤翻倒入坐山,則以後天之坤認為來龍也

兌入乾，如戌乾亥三山，後天之乾為先天之艮，後天兌龍或為少祖父母山，到頭入首而結乾穴，後天乾先天艮，配後天之兌也，此雌雄媾精者也，先天之兌翻倒入後天之乾矣，先天兌翻倒入坐山，則以後天之兌為來龍也。

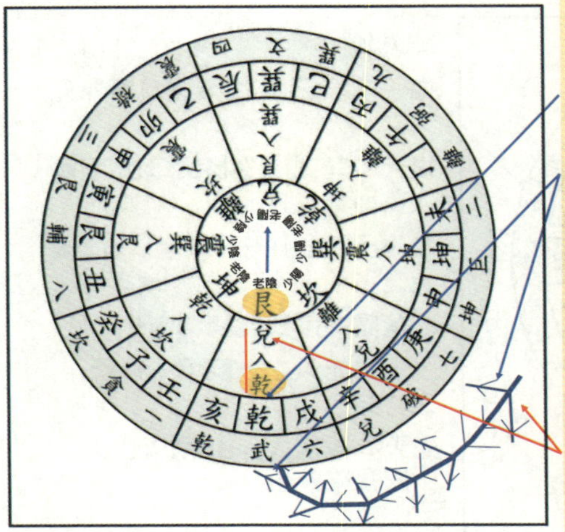

兌入乾

如戌乾亥三山,後天之乾為先天之艮

後天兌龍或為少祖父母山,到頭入首而結乾穴

為(後天乾山)先天老陰 艮,配後天之老陽 兌也

此陰陽交度雌雄媾精者也

原理是先天之兌翻倒入後天之乾矣

先天兌翻倒入坐山,則以後天之兌認為來龍也

離入兌，如庚酉辛三山，後天之兌為先天之坎，後天離龍或為少祖父母山，到頭入首而結兌穴，後天兌先天坎，配後天之離也，此雌雄媾精者也，先天之離翻倒入後天之兌矣，先天離翻倒入坐山，則以後天之離為來龍也。

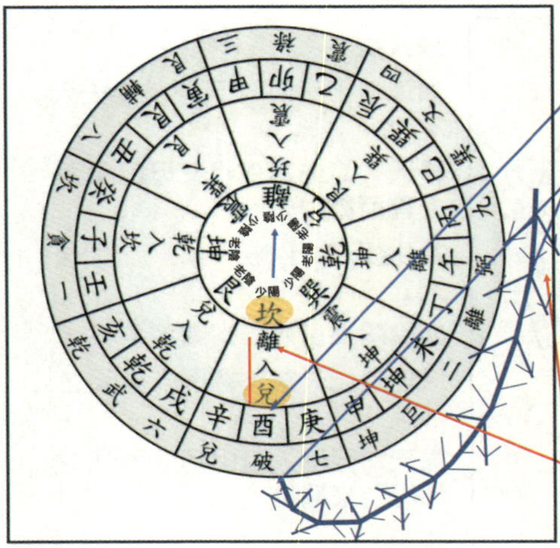

離入兌

如庚酉辛三山,後天之兌為先天之坎

後天離龍或為少祖父母山,到頭入首而結兌穴

為(後天兌山)先天少陽 坎,配後天之少陰 離也

此陰陽交度雌雄媾精者也

原理是先天之離翻倒入後天之兌矣

先天離翻倒入坐山,則以後天之離認為來龍也

震入坤，如未坤身三山，後天之坤為先天之巽，後天震龍或為少祖父母山，到頭入首而結坤穴，後天坤先天巽，配後天之震也，此雌雄媾精者也，先天之震翻倒入後天之坤矣，先天震翻倒入坐山，則以後天之震為來龍也。

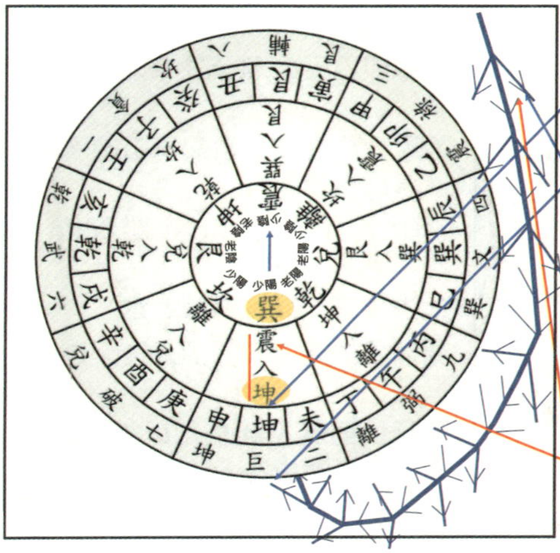

震入坤

如未坤身三山,後天之坤為先天之巽

後天震龍或為少祖父母山,到頭入首而結坤穴

為(後天坤山)先天少陽 巽,配後天之少陰 震也

此陰陽交度雌雄媾精者也

原理是先天之震翻倒入後天之坤矣

先天震翻倒入坐山,則以後天之震認為來龍也

艮入巽，如辰巽巳三山，後天之巽為先天之兌，後天艮龍或為少祖父母山，到頭入首而結巽穴，後天巽先天老兌，配後天之艮也，此雌雄媾精者也，先天之艮翻倒入後天之巽矣，先天艮翻倒入坐山，則以後天之艮為來龍也。

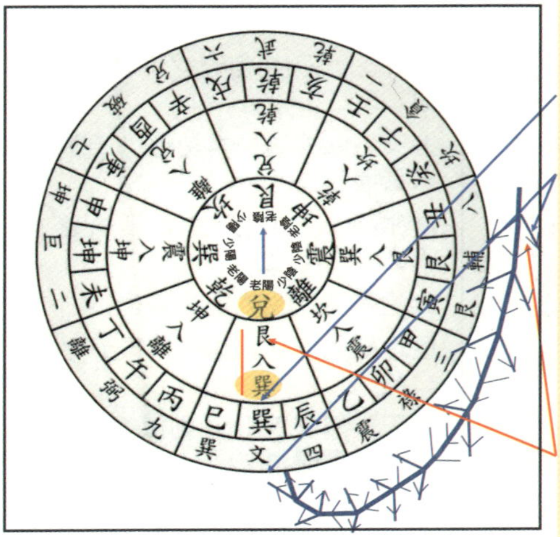

艮入巽

如辰巽巳三山,後天之巽為先天之兌

後天艮龍或為少祖父母山,到頭入首而結巽穴

為(後天巽山)先天老陽 兌,配後天之老陰 艮也

此陰陽交度雌雄媾精者也

原理是先天之艮翻倒入後天之巽矣

先天艮翻倒入坐山,則以後天之艮認為來龍也

坎入震，如甲卯乙三山，後天之震為先天之離，後天坎龍或為少祖父母山，到頭入首而結震穴，後天震先天少離，配後天之坎也，此雌雄媾精者也，先天之坎翻倒入後天之震矣，先天坎翻倒入坐山，則以後天之坎為來龍也。

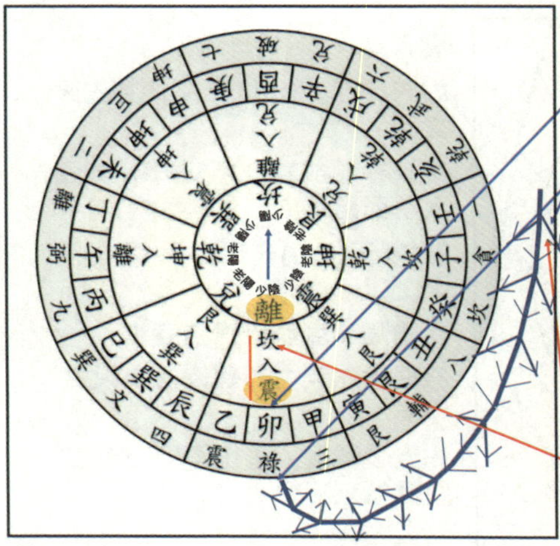

坎入震

如甲卯乙三山,後天之震為先天之離

後天坎龍或為少祖父母山,到頭入首而結震穴

為(後天震山)先天少陰 離,配後天之少陽 坎也

此陰陽交度雌雄媾精者也

原理是先天之坎翻倒入後天之震矣

先天坎翻倒入坐山,則以後天之坎認為來龍也

巽入艮，如丑艮寅三山，後天之艮為先天之震，後天巽龍或為少祖父母山，到頭入首而結艮穴，後天艮先天震，配後天之巽也，此雌雄媾精者也，先天之巽翻倒入後天之艮矣，先天巽翻倒入坐山，則以後天之巽為來龍也。

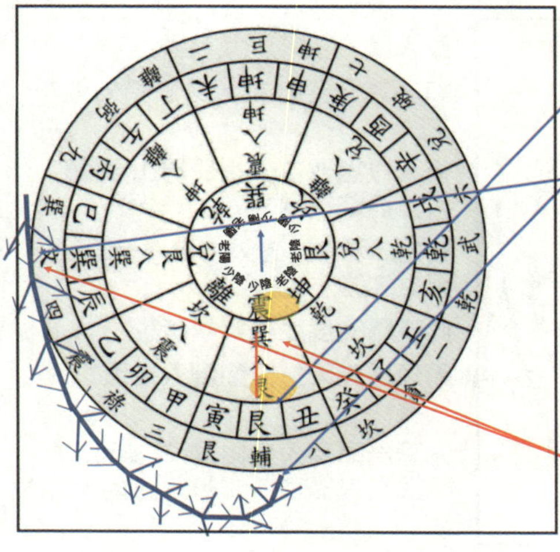

巽入艮

如丑艮寅三山,後天之艮為先天之震

後天巽龍或為少祖父母山,到頭入首而結艮穴

為(後天艮山)先天少陰 震,配後天之少陽 巽也

此陰陽交度雌雄媾精者也

原理是先天之巽翻倒入後天之艮矣

先天巽翻倒入坐山,則以後天之巽認為來龍也

第 25 章　坤壬乙訣

本章介紹坤壬乙訣，此最主要用在替星，玄空起星盤飛星時使用，山水取貪狼也是用此替星佈九星。

坤壬乙訣，通書上的是楊公在青囊奧語的原言，所寫的是，坤壬乙巨門從頭出，甲子申貪狼一路行，癸未卯三山祿存到，巽辰亥盡是文曲位，乾戌巳武曲一星是，丁酉丑三山破軍守，艮丙辛位位是輔星，寅午庚例位作弼星。

而蔣大鴻手抄本修正部分內容，是根據圖訣五言歌，子癸並甲申，貪狼一路行，壬卯乙未坤，五位為巨門，乾亥辰巽巳連戌武曲名，酉辛丑艮丙天星配破軍，寅午庚丁上右弼四星臨，此為替星之口訣。

八宮配九星，一白配壬子癸 (貪狼星)，二黑配未坤申 (巨門星)，三碧配甲卯乙 (祿存星)，四綠配辰巽巳 (文曲星)，六白配戌乾亥 (武曲星)，七赤配庚酉辛 (破軍星)，八白配丑艮寅 (左輔星)，九紫配丙午丁 (右弼星)。

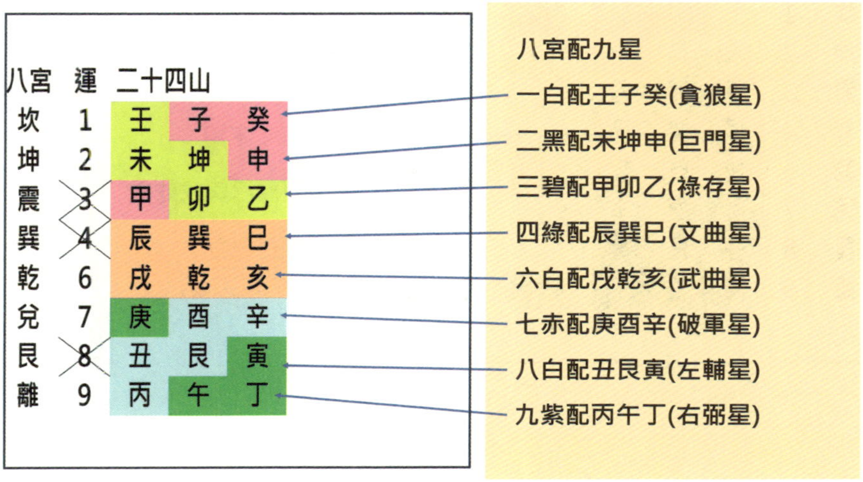
八宮 運 二十四山
坎 1 壬 子 癸
坤 2 未 坤 申
震 3 甲 卯 乙
巽 4 辰 巽 巳
乾 6 戌 乾 亥
兌 7 庚 酉 辛
艮 8 丑 艮 寅
離 9 丙 午 丁
八宮配九星
一白配壬子癸(貪狼星)
二黑配未坤申(巨門星)
三碧配甲卯乙(祿存星)
四綠配辰巽巳(文曲星)
六白配戌乾亥(武曲星)
七赤配庚酉辛(破軍星)
八白配丑艮寅(左輔星)
九紫配丙午丁(右弼星)

上元替星解，上元運3不用，以坤壬乙連成一線，替星是2巨門，未與坤在十二地支屬未，故未替星與坤替星同為2巨門，卯與乙在十二地支屬卯，故卯替星與乙替星同為2巨門，其餘甲申子癸替星皆為1貪狼。

八宮	運	二十四山			圖例	替星	九星
坎	1	壬	子	癸		1	貪狼
坤	2	未	坤	申		2	巨門
震	3	甲	卯	乙			
巽	4	辰	巽	巳			
乾	6	戌	乾	亥		6	武曲
兌	7	庚	酉	辛		7	破軍
艮	8	丑	艮	寅			
離	9	丙	午	丁		9	右弼

上元替星解
上元運3不用
以坤壬乙連成一線
替星是2巨門
未與坤 十二地支屬未
故未替星與坤替星同為2巨門
卯與乙 十二地支屬卯
故卯替星與乙替星同為2巨門
其餘甲申子癸替星皆為1貪狼

中元替星解，中元5運前10年為4運，後10年為6運，中元運4不用，所以辰巽巳與戌乾亥，替星皆為6武曲。

八宮	運	二十四山			圖例	替星	九星
坎	1	壬	子	癸		1	貪狼
坤	2	未	坤	申		2	巨門
震	3	甲	卯	乙			
巽	4	辰	巽	巳			
乾	6	戌	乾	亥		6	武曲
兌	7	庚	酉	辛		7	破軍
艮	8	丑	艮	寅			
離	9	丙	午	丁		9	右弼

中元替星解
中元5運前10年為4運
後10年為6運
中元運4不用
所以辰巽巳與戌乾亥
替星皆為6武曲

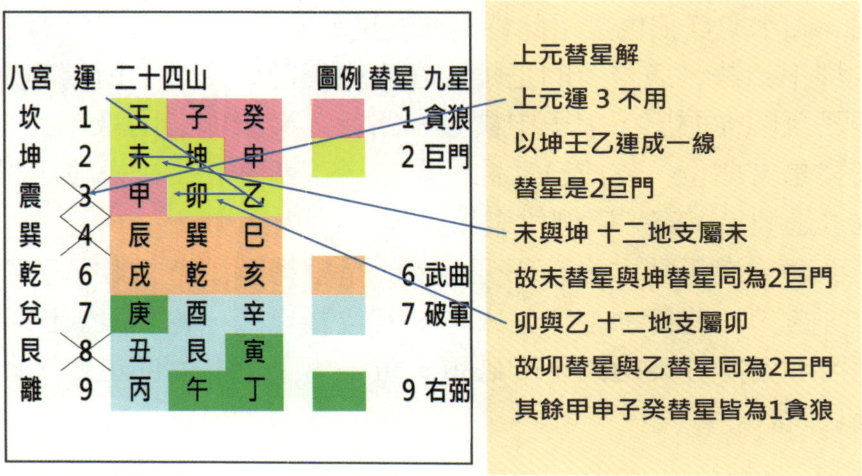

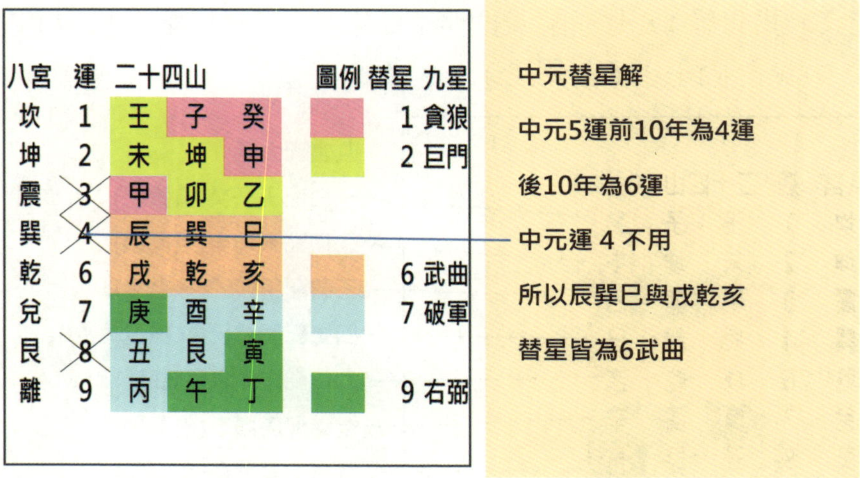

下元替星解，下元運 8 不用，以艮丙辛連成一線，替星是 7 破軍，辛與酉在十二地支屬酉，故酉替星與辛替星同為 7 破軍，丑與艮在十二地支屬丑，故丑替星與艮替星同為 7 破軍，其餘庚寅午丁替星皆為 9 右弼。

八宮	運	二十四山			圖例	替星	九星
坎	1	壬	子	癸		1	貪狼
坤	2	未	坤	申		2	巨門
震	3	甲	卯	乙			
巽	4	辰	巽	巳			
乾	6	戌	乾	亥		6	武曲
兌	7	庚	酉	辛		7	破軍
艮	8	丑	艮	寅			
離	9	丙	午	丁		9	右弼

下元替星解
下元運 8 不用
以艮丙辛連成一線
替星是 7 破軍
辛與酉 十二地支屬酉
故酉替星與辛替星同為7破軍
丑與艮 十二地支屬丑
故丑替星與艮替星同為7破軍
其餘庚寅午丁替星皆為9右弼

圖訣五言歌對照左圖解 (替星以顏色區分)，1 子癸並甲申，貪狼一路行，2 壬卯乙未坤，五位為巨門，6 乾亥辰巽巳連戌武曲名，7 酉辛丑艮丙天星配破軍，9 寅午庚丁上右弼四星臨。

八宮	運	二十四山			圖例	替星	九星
坎	1	壬	子	癸		1	貪狼
坤	2	未	坤	申		2	巨門
震	3	甲	卯	乙			
巽	4	辰	巽	巳			
乾	6	戌	乾	亥		6	武曲
兌	7	庚	酉	辛		7	破軍
艮	8	丑	艮	寅			
離	9	丙	午	丁		9	右弼

圖訣五言歌對照左圖解(替星以顏色區分)
1 子癸並甲申 貪狼一路行
2 壬卯乙未坤 五位為巨門
6 乾亥辰巽巳連戌武曲名
7 酉辛丑艮丙天星配破軍
9 寅午庚丁上右弼四星臨

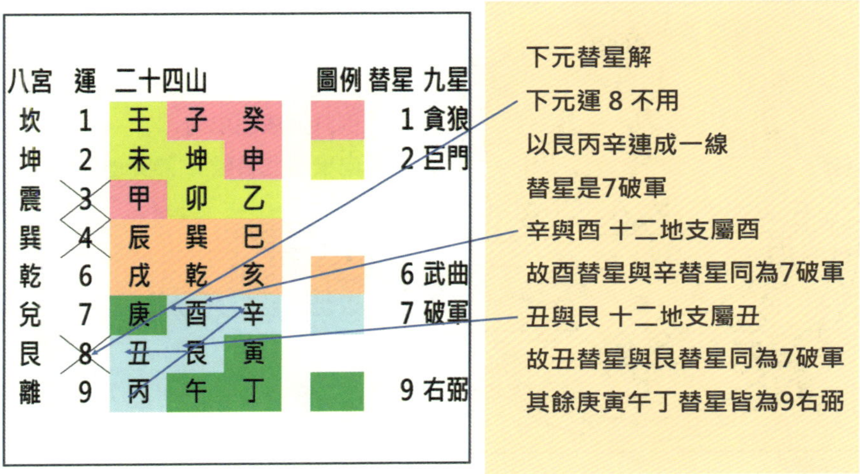

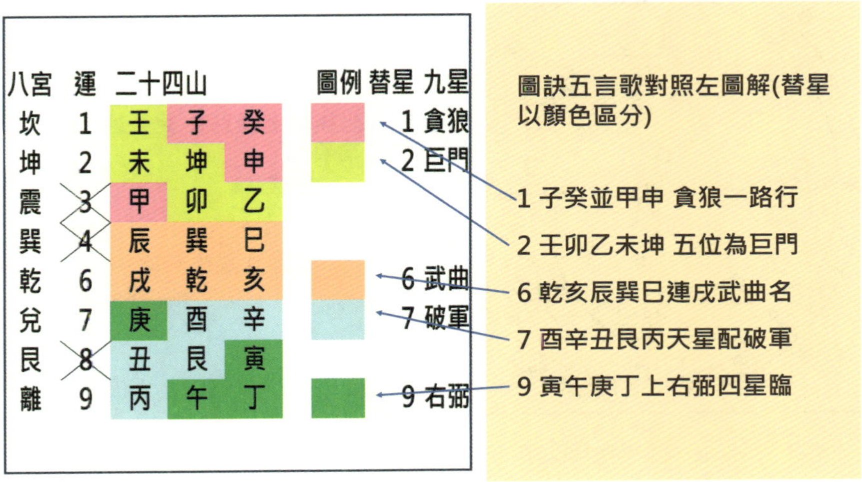

玄空排山水盤時使用，起星盤入中飛星要用替星代之，這就是玄空不同於別的門派最大差別的地方，例如八運辰山戌向，水星是以向星的挨星為主，向挨星九為離卦，離卦地元龍為陽，以替星為 7，7 入中宮，因為為陽，所以順佈九宮。

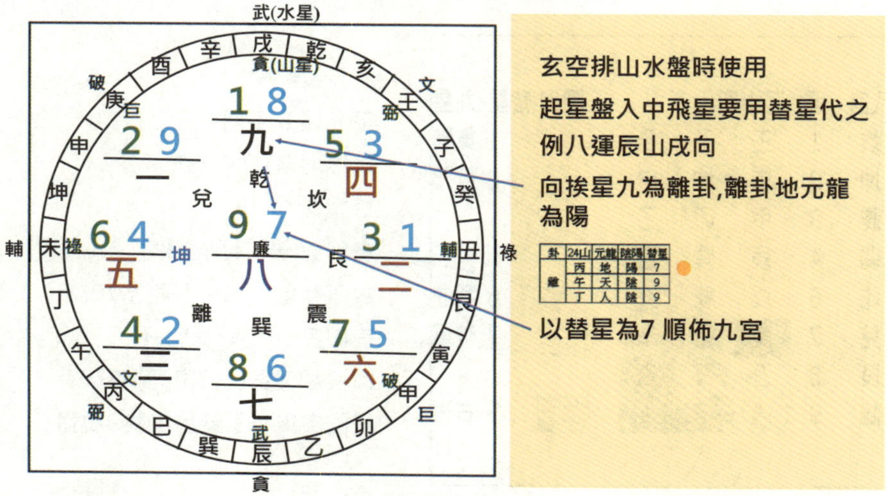
武(水星)
貪(山星)
貪
玄空排山水盤時使用
起星盤入中飛星要用替星代之
例八運辰山戌向
向挨星九為離卦,離卦地元龍為陽
以替星為7 順佈九宮

卦	24山	元龍	陰陽	替星
離	丙	地	陽	7
	午	天	陰	9
	丁	人	陰	9

山星是以作山挨得之星為準 坐挨星七為兌卦，兌卦地元龍為陽，以替星為 9，9 入中為陽，所以順佈九宮。

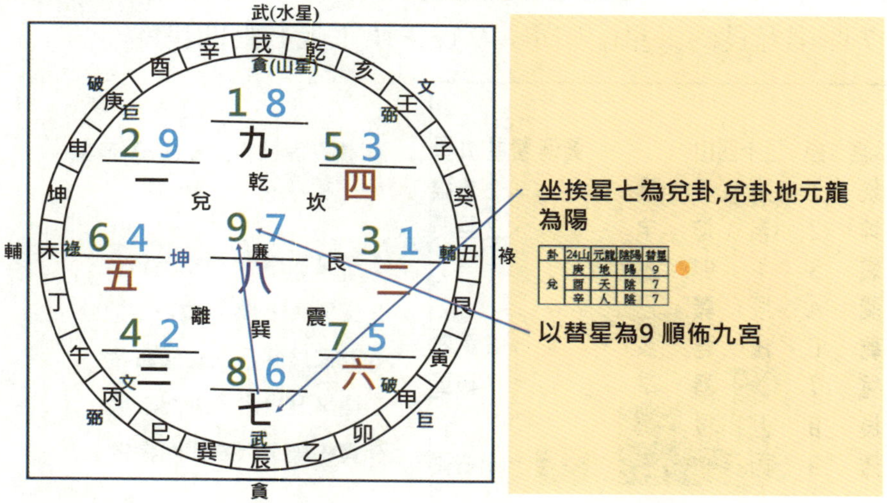

卦	24山	元龍	陰陽	替星
兌	庚	地	陽	9
	酉	天	陰	7
	辛	人	陰	7

山水取貪狼也要用替星排九星，山取貪狼以坐替星之九星為準，水取貪狼以向替星合生成數之九星為準，例八運辰山戌向，山取貪狼，坐山辰替星為 6 武曲，辰為陰，逆排九星貪狼在戌，水取貪狼，坐山辰替星為 6 生成數為 1 貪狼，辰為陰，逆排九星貪狼在辰。

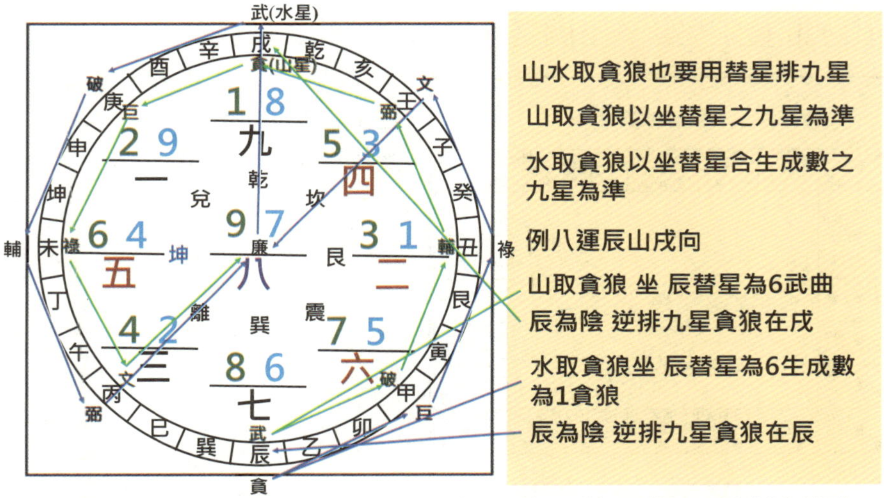
武(水星)
貪(山星)
山水取貪狼也要用替星排九星
山取貪狼以坐替星之九星為準
水取貪狼以坐替星合生成數之九星為準
例八運辰山戌向
山取貪狼 坐 辰替星為6武曲
辰為陰 逆排九星貪狼在戌
水取貪狼坐 辰替星為6生成數為1貪狼
辰為陰 逆排九星貪狼在辰

下圖為二十四山，地、天、人元龍，陰、陽，及替星圖。

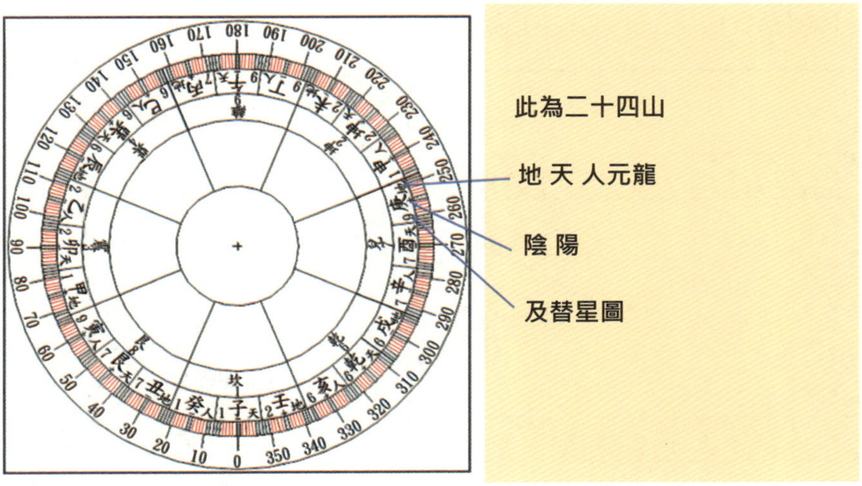
此為二十四山
地 天 人元龍
陰 陽
及替星圖

第 26 章　山水起貪狼秘訣

本章介紹如何取貪狼九星，水起貪狼以坐山的替星之生成數為準，山起貪狼以坐山的替星之為準，採陰逆陽順佈九星。

山水起貪狼秘訣，下圖是水星起貪狼的口訣圖，

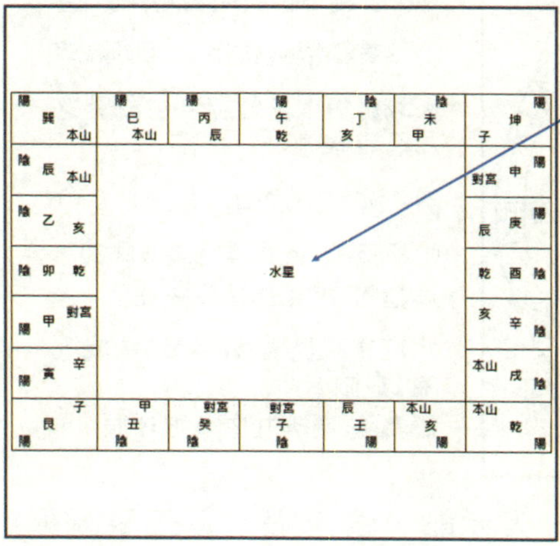

山水起貪狼秘訣

水星起貪狼的口訣圖

下圖是山星起貪狼的口訣圖，

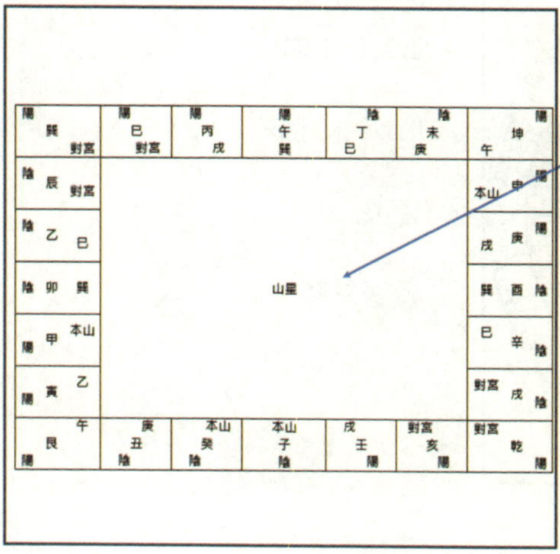

水起貪狼秘訣

水星起貪狼的口訣圖

山星起貪狼的口訣圖

前人可能不明道理何在

或者知道,但也不知陰陽及貪狼如何取用

所以弄了一個口訣教大家背

背久了,道理如何便不清楚,也不重要了

但是在今日只要原理講的明白,是根本不需背誦的

水起貪狼秘訣，以坐山的替星之生成數為準，採陽順陰逆佈九星於同元龍之宮位（米字型），1 貪狼 2 巨門 3 祿存 4 文曲 5 廉貞 6 武曲 7 破軍 8 左輔 9 右弼，廉貞居中宮，下圖為陰陽及替星圖。

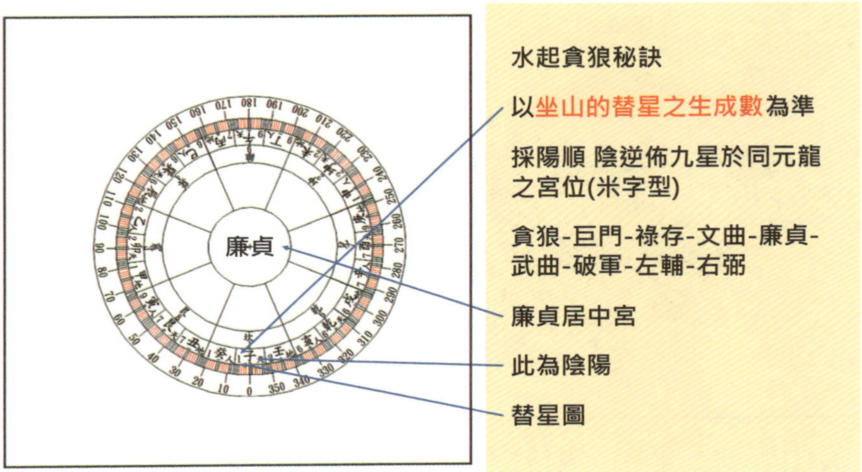
廉貞
水起貪狼秘訣
以坐山的替星之生成數為準
採陽順 陰逆佈九星於同元龍之宮位(米字型)
貪狼-巨門-祿存-文曲-廉貞-武曲-破軍-左輔-右弼
廉貞居中宮
此為陰陽
替星圖

以壬子癸三山為例，壬山丙向，坐山地元龍，替星為 2，生成數為 7，壬地元龍屬陽，由 7 順數佈九星，7 破軍 8 左輔 9 右弼 1 貪狼 2 巨門 3 祿存 4 文曲 5 廉貞 6 武曲。

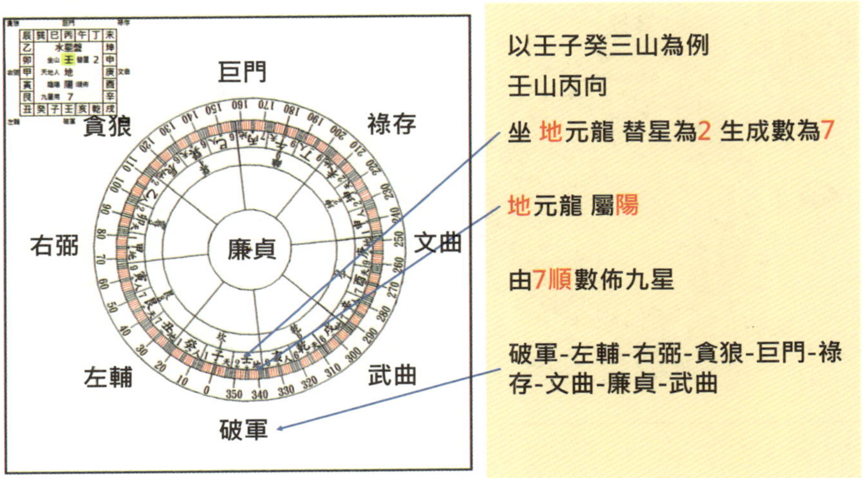
巨門
貪狼
祿存
右弼
廉貞
文曲
左輔
武曲
破軍
以壬子癸三山為例
壬山丙向
坐 地元龍 替星為2 生成數為7
地元龍 屬陽
由7順數佈九星
破軍-左輔-右弼-貪狼-巨門-祿存-文曲-廉貞-武曲

子山午向，坐山子屬於天元龍，替星為 1，1 的生成數為 6，因為坎卦之天元龍屬陰，所以由 6 逆數佈九星，6 武曲 5 廉貞 4 文曲 3 祿存 2 巨門 1 貪狼 9 右弼 8 左輔 7 破軍。

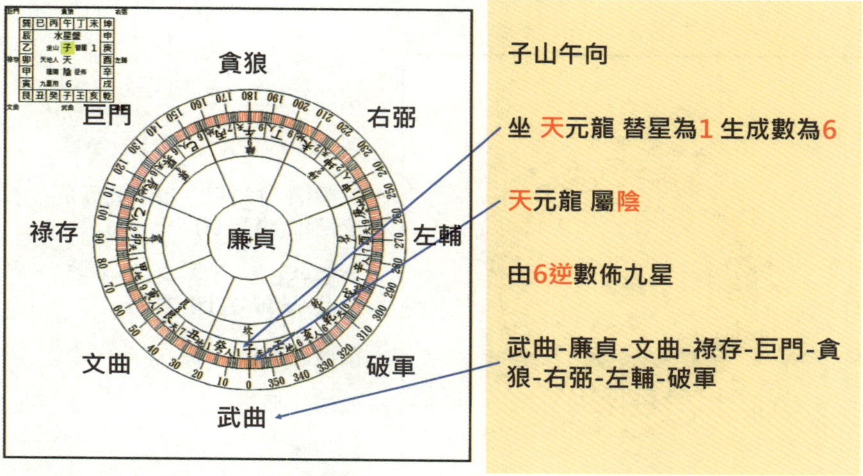

癸山丁向，坐山癸屬於人元龍，替星為 1，1 的生成數為 6，坎卦之人元龍屬陰，所以由 6 逆數佈九星，6 武曲 5 廉貞 4 文曲 3 祿存 2 巨門 1 貪狼 9 右弼 8 左輔 7 破軍。

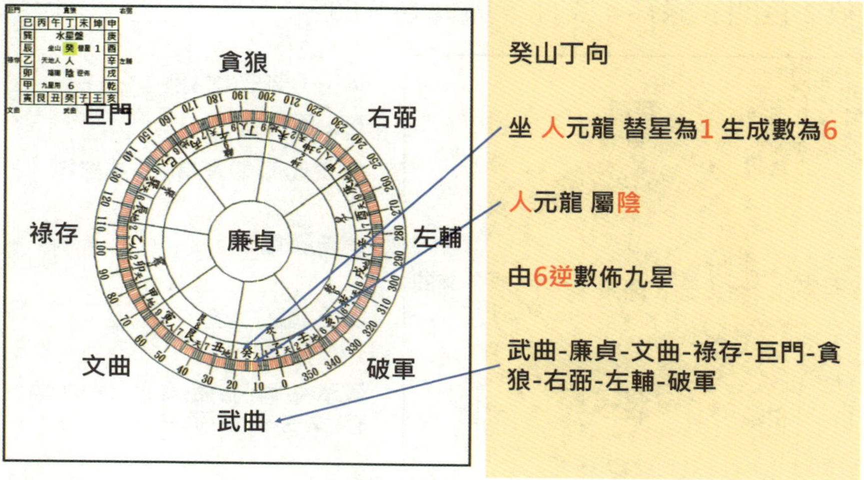

山起貪狼秘訣，以坐山的替星之為準，採陽順、陰逆佈九星於同元龍之宮位，同元龍的宮位都會成米字型，1 貪狼 2 巨門 3 祿存 4 文曲 5 廉貞 6 武曲 7 破軍 8 左輔 9 右弼，廉貞居中宮，下圖為陰陽及替星圖。

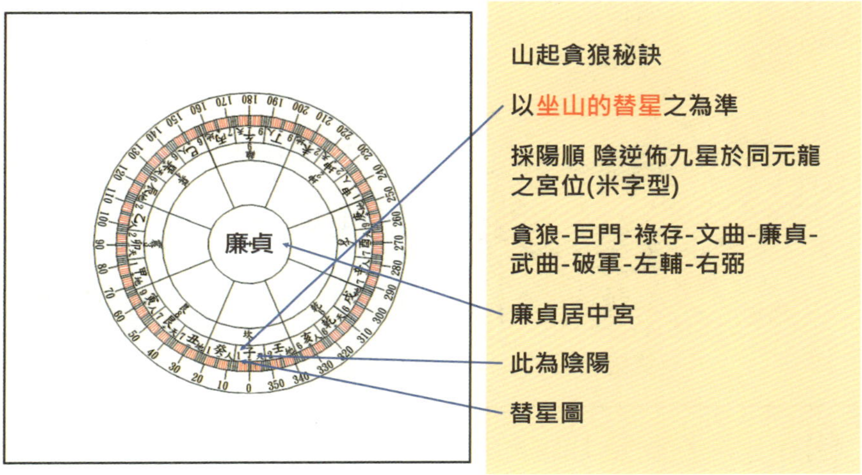

廉貞
山起貪狼秘訣
以坐山的替星之為準
採陽順 陰逆佈九星於同元龍之宮位(米字型)
貪狼-巨門-祿存-文曲-廉貞-武曲-破軍-左輔-右弼
廉貞居中宮
此為陰陽
替星圖

以壬子癸三山為例，壬山丙向，坐山壬為地元龍，替星為 2，坎卦地元龍屬陽，所以由 2 順數佈九星，2 巨門 3 祿存 4 文曲 5 廉貞 6 武曲 7 破軍 8 左輔 9 右弼 1 貪狼。

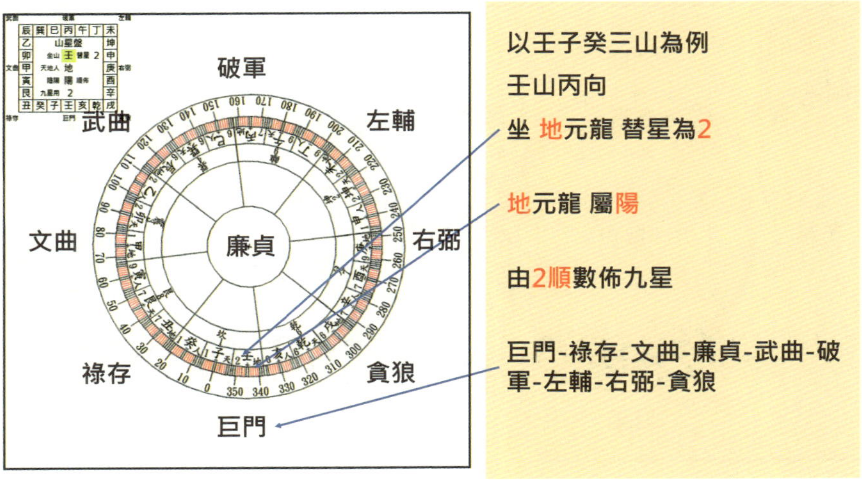

子山午向，坐子山為天元龍，替星為 1，坎卦天元龍屬陰，所以由 1 逆數佈九星，1 貪狼 2 巨門 3 祿存 4 文曲 5 廉貞 6 武曲 7 破軍 8 左輔 9 右弼。

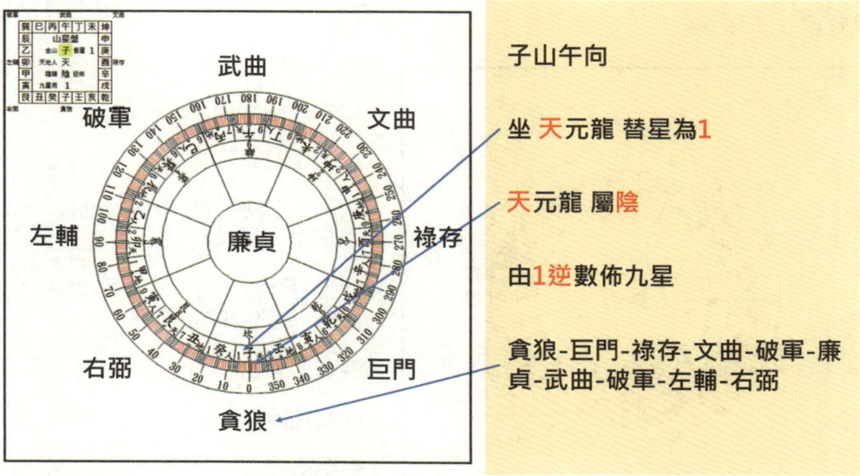
武曲
破軍
文曲
左輔
廉貞
祿存
右弼
巨門
貪狼
子山午向
坐 天元龍 替星為1
天元龍 屬陰
由1逆數佈九星
貪狼-巨門-祿存-文曲-破軍-廉貞-武曲-破軍-左輔-右弼

癸山丁向，坐癸山為人元龍，替星為 1，坎卦人元龍屬陰，所以由 1 逆數佈九星，1 貪狼 2 巨門 3 祿存 4 文曲 5 廉貞 6 武曲 7 破軍 8 左輔 9 右弼。此以坎卦為例，其他坐山，山水取貪狼的手法都一樣，根本不需要背誦口訣。

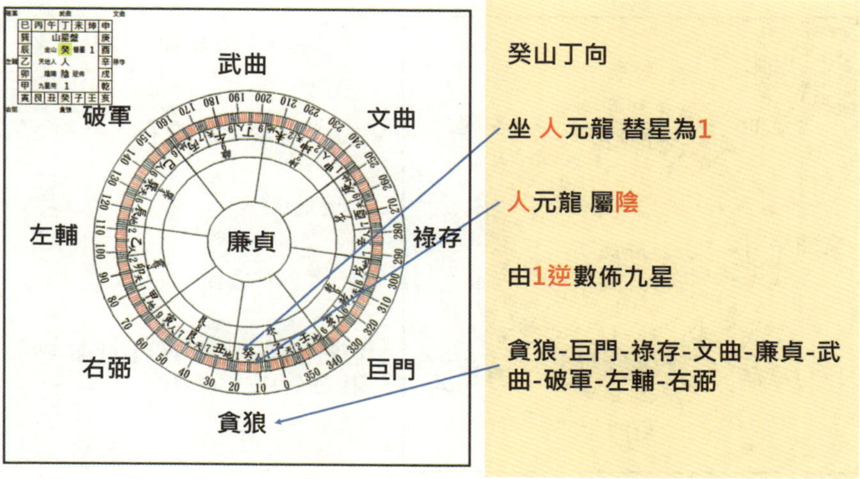

第 27 章　空位忌流神秘訣

空位忌流神秘訣，人元與天元互相兼，地元龍八神不能有水流，地元與天元互相兼，人元龍八神不能有水流，地元龍，人元龍八神不能有水流，天元龍無空位流神。

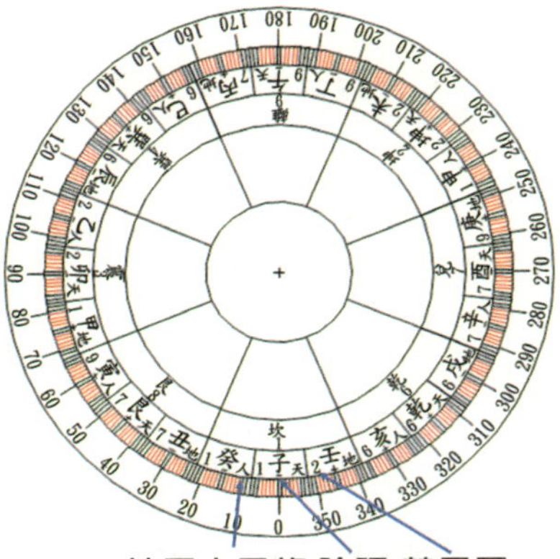

地天人元龍 陰陽 替星圖

空位忌流神秘訣

人元兼天元 天元兼人元

地元龍八神絕對不能有水流

地元兼天元 天元兼地元

人元龍八神絕對不能有水流

地元龍

人元龍八神絕對不能有水流

天元龍

無空位流神

人元兼天元，天元兼人元，地元龍八神絕對不能有水流，八神者的是辰戌丑未甲庚丙壬這八字也，誤在此八字放水稱之為空位流神，必有凶禍。

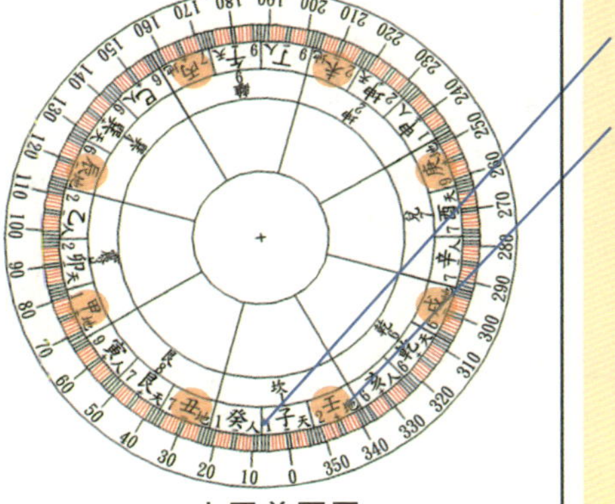

人元兼天元

人元兼天元 天元兼人元

地元龍八神絕對不能有水流

八神乃:辰戌丑未甲庚丙壬-八字也

誤在此八字放水稱之為空位流神 必有凶禍

地元兼天元，或者是天元兼地元，人元龍八神絕對不能有水流，人元龍八神指的是寅、申、巳、亥、乙、辛、丁、癸這八字也，假如誤在此此八字之內放水 就稱之為空位流神，必有凶禍。

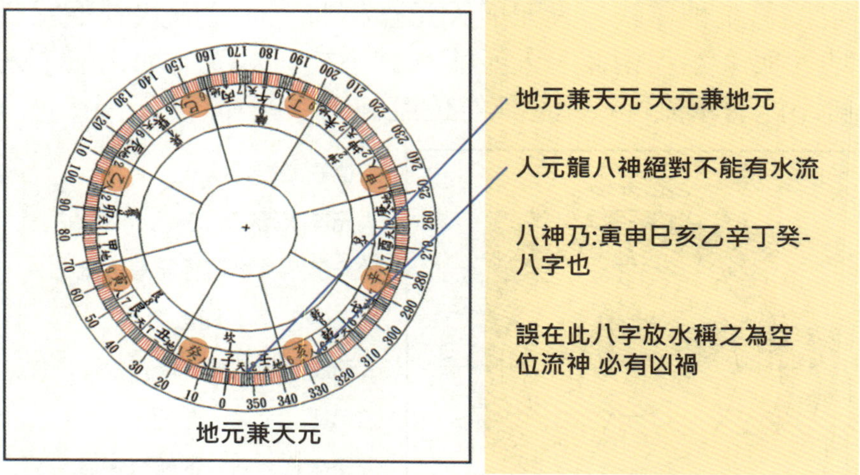
地元兼天元 天元兼地元
人元龍八神絕對不能有水流
八神乃:寅申巳亥乙辛丁癸-八字也
誤在此八字放水稱之為空位流神 必有凶禍

地元兼天元

地元龍，人元龍八神絕對不能有水流，八神乃為寅、申、巳、亥、乙、辛、丁、癸此八字也，誤在此八字內放水稱之為空位流神，必有凶禍。

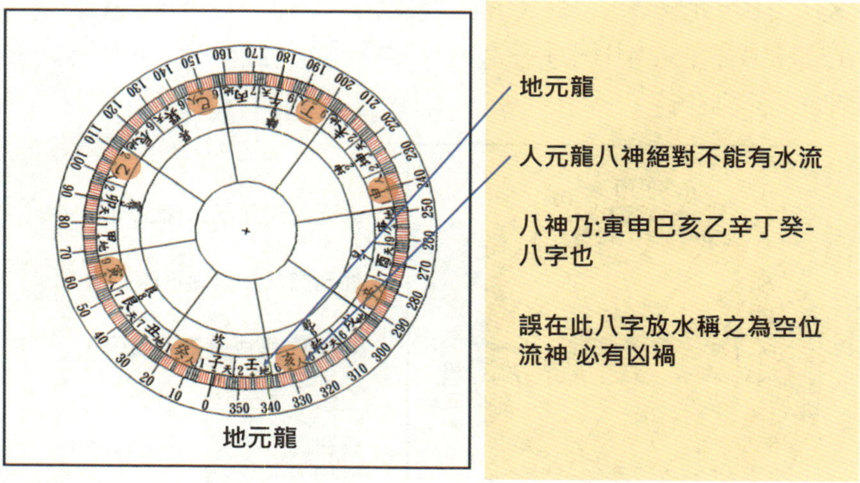
地元龍
人元龍八神絕對不能有水流
八神乃:寅申巳亥乙辛丁癸-八字也
誤在此八字放水稱之為空位流神 必有凶禍

地元龍

天元龍，天元龍因為前兼與後兼，都不會出卦，都在一卦之內，所以沒有空位流神，

天元龍

無空位流神

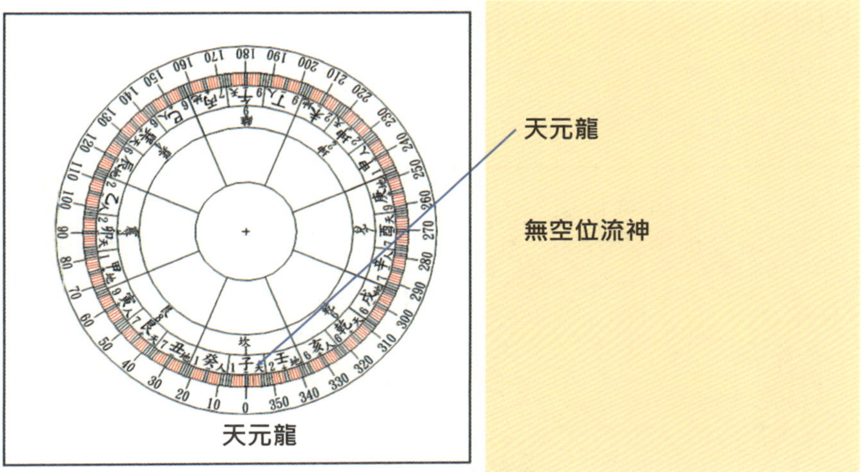

天元龍

《蔣大鴻手抄本》敘述，坤巨翻挨飛向艮寅位即其名，此講的是，坤巨即坤兼未，天元兼地元，挨飛(經四位屬同元龍)向艮，即艮兼丑天元兼地元，寅位即其名，寅是人元不得其位，其名指的是空位，也就是說天元兼地元，挨飛都是天元兼地元，人元不得其位稱之為空位也。

《蔣大鴻手抄本》敘述
坤巨翻挨飛向艮寅位即其名
此講的是
坤巨即坤兼未 天元兼地元
挨飛(經四位屬同元龍)向艮 即
艮兼丑天元兼地元
寅位即其名 寅是人元不得其位
其名指的是空位
也就是說天元兼地元 挨飛都是
天元兼地元 人元不得其位稱
之為空位也

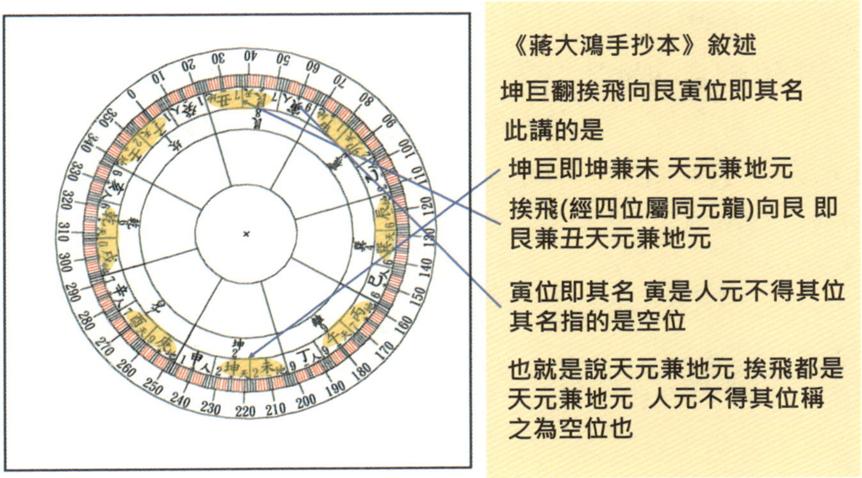

《蔣大鴻手抄本》敘述，壬位倒排飛向丙，丁未倥傯不着星，此講的是，壬位是地元龍，倒排飛向(經四位屬同元龍)向丙，即地元，丁位是人元，倥傯不着星，指的是不得其位，為空位也，也就是說地元，挨飛都是地元，人元不得其位稱之為空位也。

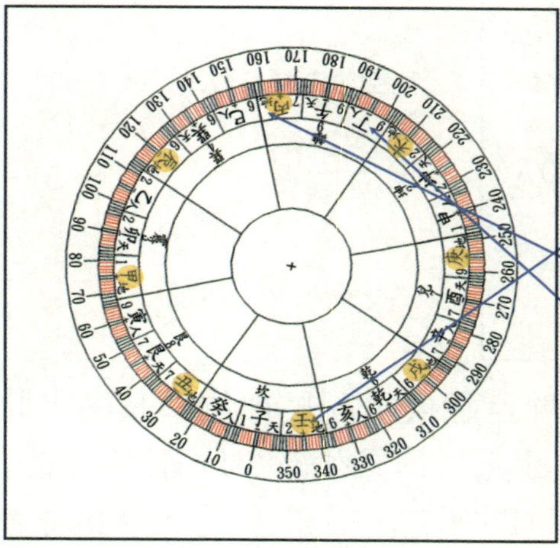

《蔣大鴻手抄本》敘述

壬位倒排飛向丙,丁未倥傯不着星

此講的是

壬位是地元龍

倒排飛向(經四位屬同元龍)向丙 即地元

丁位是人元

倥傯不着星 指的是不得其位為空位也

也就是說地元 挨飛都是地元 人元不得其位稱之為空位也

曰：但逢空位流神入，衝破陰陽禍匪輕，沖破陽宮男見損，沖破陰宮女受驚，單宮衝破災還小，雙宮衝破應絕丁，漫喜水城如織錦，細防空位破天心。

空位流神講的是凡誤在空位放水，必有凶禍，不僅放水忌空位，行門亦忌空位，謂之夫婦不配必有凶禍，如果是當元得運之方位，以開門放水自可轉禍為福，一旺當關，眾凶攝服也。

第 28 章　收山出煞法

本章介紹蔣大鴻口授曾、黃二賢歌，上元吉星貪巨祿(離艮兌之水加臨是也)，中元吉星文廉武(乾巽之水加臨是也)，下元吉星破輔弼(震坤坎之水加臨是也)，吉星加吉水出煞收山事事寧。

收山出煞法，收山出煞，就是衰宮要有水，旺宮要有山，則事事寧，不是吉水有水，不是吉山有山，就事事不寧了。

風水地理師看地，都會先用收山出煞法，看這塊地的旺氣方與衰氣方，假如旺氣方沒有山，衰氣方沒有水，反而是旺氣方有水，衰氣方有山，那這塊地它就不會用，會另外再找地，一直找到合適為止，然後再下羅經取坐山立向，看排出來的盤，又沒有合運，有合運才用，不合運也不用。

上元(三元運)，坎坤震為旺宮，離艮兌為衰宮，衰宮有水為吉水，吉水要有水，可收 1 貪 2 巨 3 祿吉星之旺氣，此為收山出煞法。

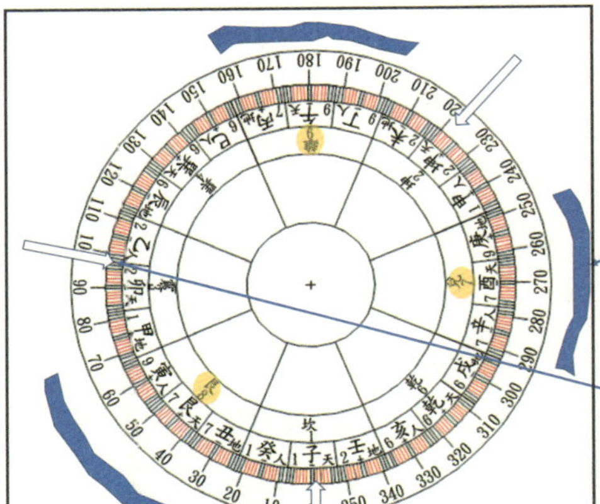

上元(三元運) 坎坤震為旺宮

離艮兌為衰宮

衰宮有水為吉水

吉水要有水

可收1貪2巨3祿吉星之旺氣

此為收山出煞法

上元（三元運），坎坤震為旺宮，離艮兌為衰宮，也是零神位，故宜有水，不宜有山，有山無水無法聚財，也會損人丁，所以論為煞山，衰宮有山為煞山，煞山不宜有山，宜有水朝來，可收1貪2巨3祿吉星之旺氣，此為收山出煞法。

上元(三元運) 坎坤震為旺宮

離艮兌為衰宮

衰宮有山為煞山

煞山不宜有山要有水來朝

可收1貪2巨3祿吉星之旺氣

此為收山出煞法

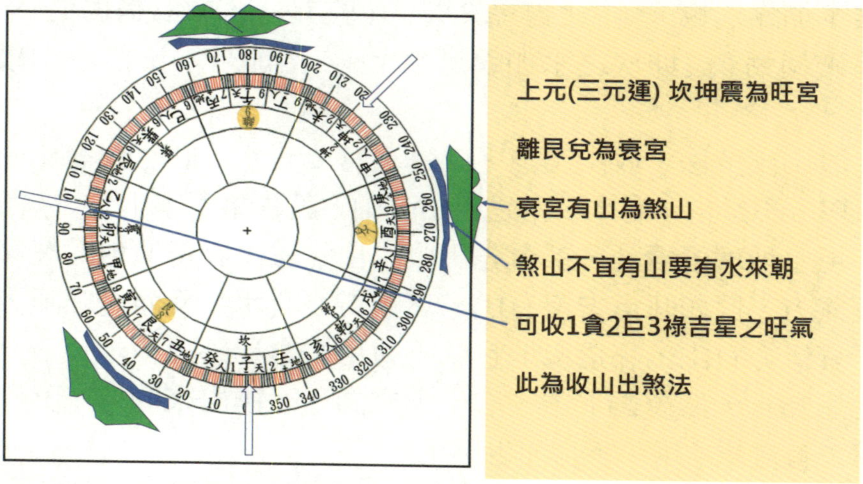

上元（二元運），巽為旺宮，乾宮有水，水後有山，可收4文曲吉星之旺氣，下元（二元運），乾為旺宮，巽宮有水，水後有山，可收6武曲吉星之旺氣，此為收山出煞法。

上元(二元運) 巽為旺宮

乾宮有水

可收4文曲吉星之旺氣

下元(二元運) 乾為旺宮

巽宮有水

可收6武曲吉星之旺氣

此為收山出煞法

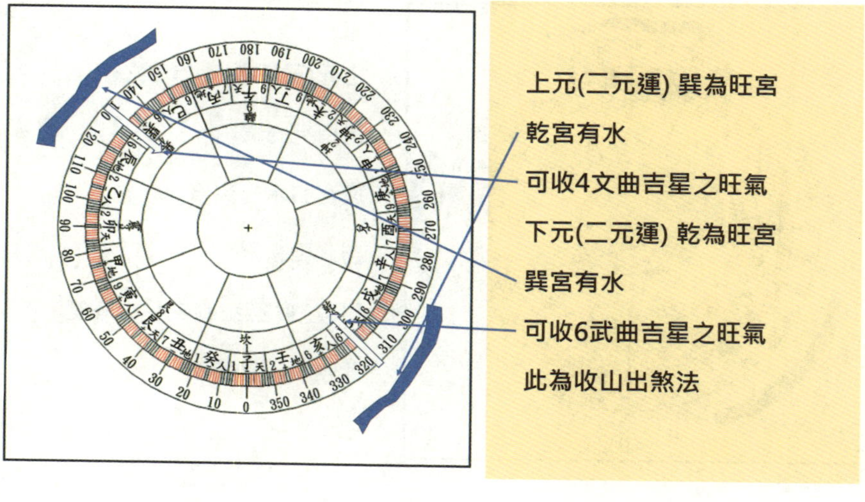

上元以二元運論之，巽為旺宮，乾宮有水，水後又有山，可收 4 文曲吉星之旺氣，下元以二元運論之，乾為旺宮，巽宮有水，水後有山，可收 6 武曲吉星之旺氣，此為收山出煞法。

上元(二元運) 巽為旺宮
乾宮有水水後有山
可收4文曲吉星之旺氣
下元(二元運) 乾為旺宮
巽宮有水水後有山
可收6武曲吉星之旺氣
此為收山出煞法

　　下元 (三元運) 離艮兌為旺宮，坎坤震為衰宮，衰宮有水為吉水，吉水要有水，可收 7 破 8 輔 9 弼吉星之旺氣，此為收山出煞法。

下元(三元運)離艮兌為旺宮
坎坤震為衰宮
衰宮有水為吉水
吉水要有水
可收7破8輔9弼吉星之旺氣
此為收山出煞法

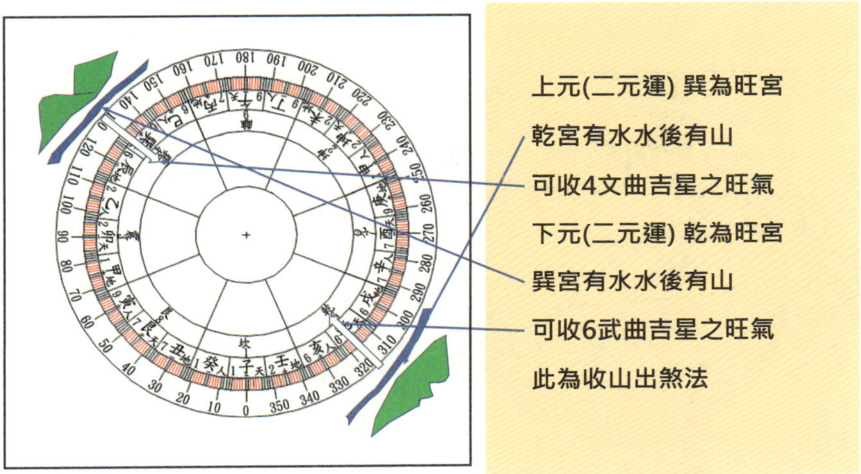

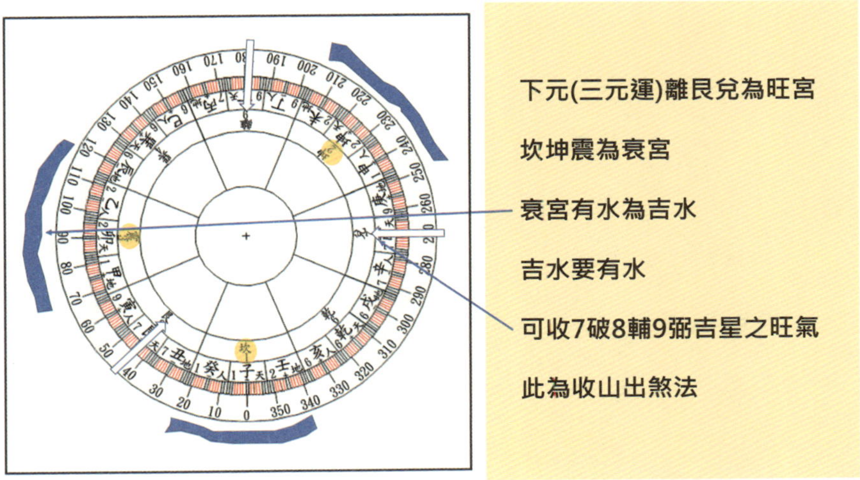

下元（三元運）離艮兌為旺宮，坎坤震為衰宮，也是零神位或未來的零神方，故宜有水，不宜有山，有山無水無法聚財，也會損人丁，所以論為煞山，衰宮有山為煞山，煞山不宜有山，宜有水朝來，可收 7 破 8 輔 9 弼吉星之旺氣，此為收山出煞法。

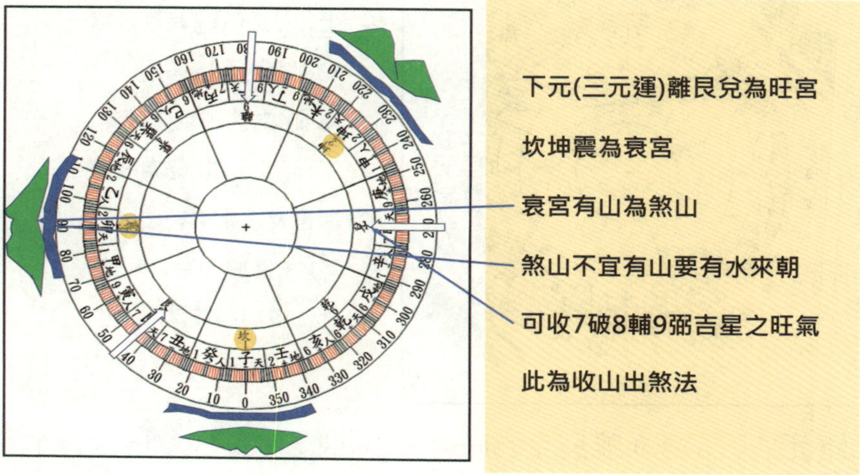
下元(三元運)離艮兌為旺宮
坎坤震為衰宮
衰宮有山為煞山
煞山不宜有山要有水來朝
可收7破8輔9弼吉星之旺氣
此為收山出煞法

第 29 章　十二地支說

十二地支說，講的是，十二地支方位，十二地支五行，及十二地支四季。

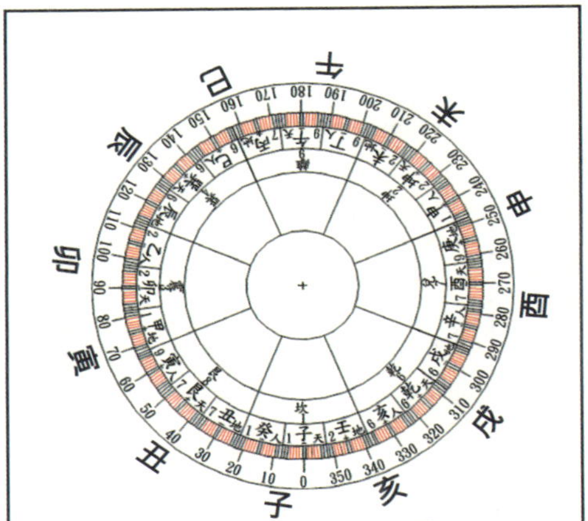

24山及十二地支圖

十二地支說
講的是
十二地支方位
十二地支五行
及十二地支四季

十二地支方位五行，十二支河圖理氣相為表裡，如河圖天三生木地八成之，天三居東地八亦居東，故寅卯辰俱屬東方木。

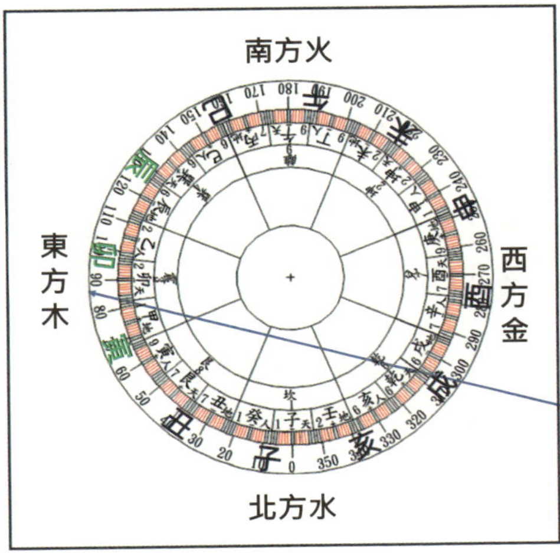

十二地支方位五行
夫十二支河圖理氣相為表裡
如河圖天三生木地八成之
天三居東地八亦居東
故寅卯辰俱屬東方木

河圖數是地二生火，天七成之，地二位居南方，所以天七也是居南方，南方為是由巳開始，所以巳午未都是屬於南方之火，方位的看法是以寅、申、巳、亥區分東南西北，因為寅、申、巳、亥都居於四個角，所以以此區分。

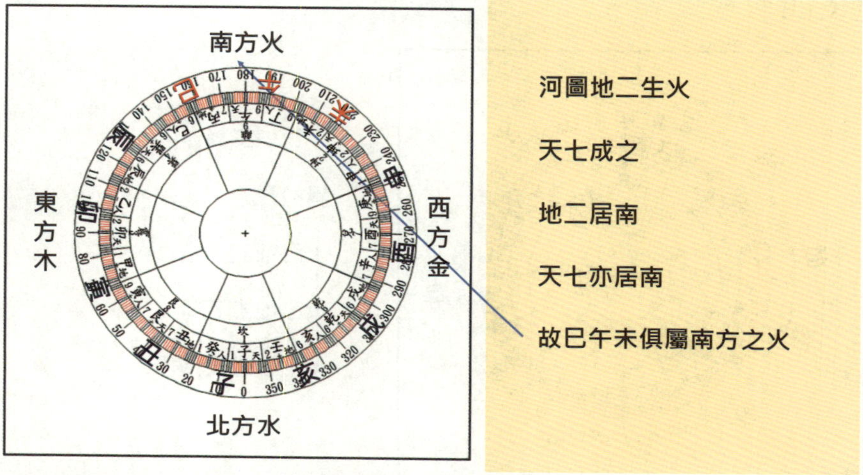
南方火
東方木
西方金
北方水
河圖地二生火
天七成之
地二居南
天七亦居南
故巳午未俱屬南方之火

河圖數是地四生金，天九成之，地四位居西方，所以天九也是居西方，西方是由申開始，所以申酉戌都是屬於西方之金。

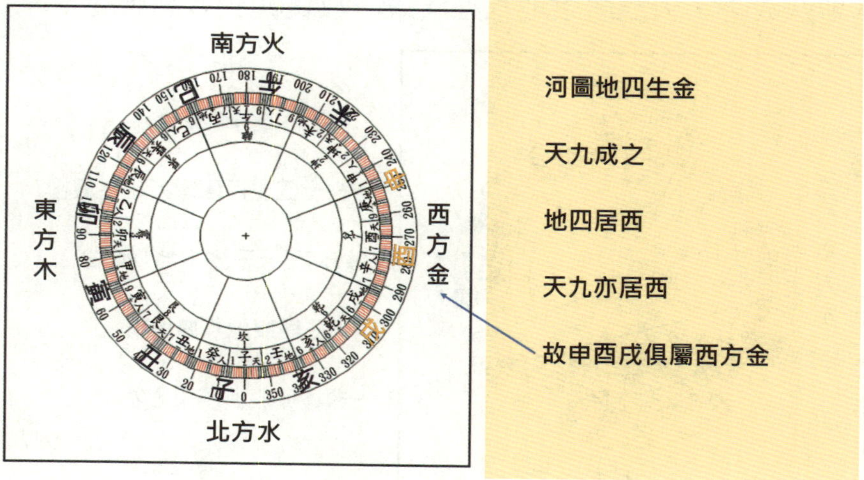
南方火
東方木
西方金
北方水
河圖地四生金
天九成之
地四居西
天九亦居西
故申酉戌俱屬西方金

河圖數是天一生水，地六成之，天一位居北方，所以地六也是居北方，北方是以亥開始，所以亥子丑都是屬於北方之水。

河圖天一生水

地六成之

天一居北

地六亦居北方

故亥子丑俱屬北方之水

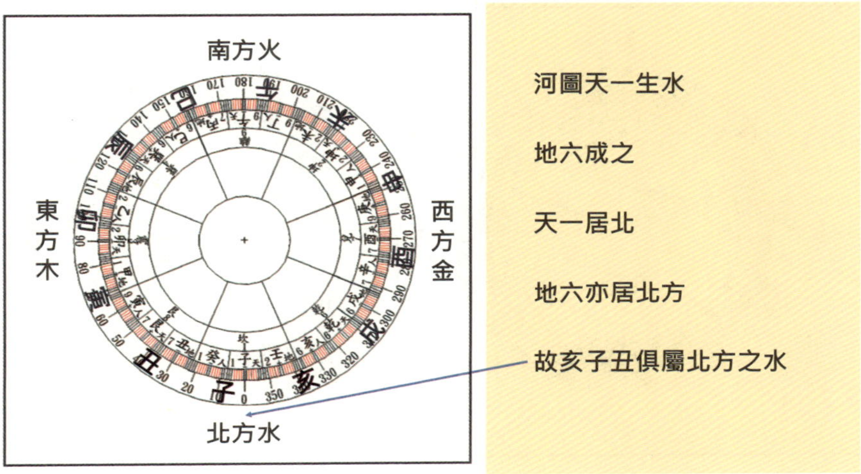

　　以上舉十二地支與四季及方位的道理，就是要證之以河圖理氣，絲毫都不會有差錯，謂之毫髮不爽，所以凡是月令之寒暑，四時之代謝，皆本於此，天運循環不息，十二地支與時偕行。

十二地支四季

證之河圖理氣

毫髮不爽

故凡月令之寒暑

四時之代謝

皆本於此

天運循環不息

十二地支與時偕行

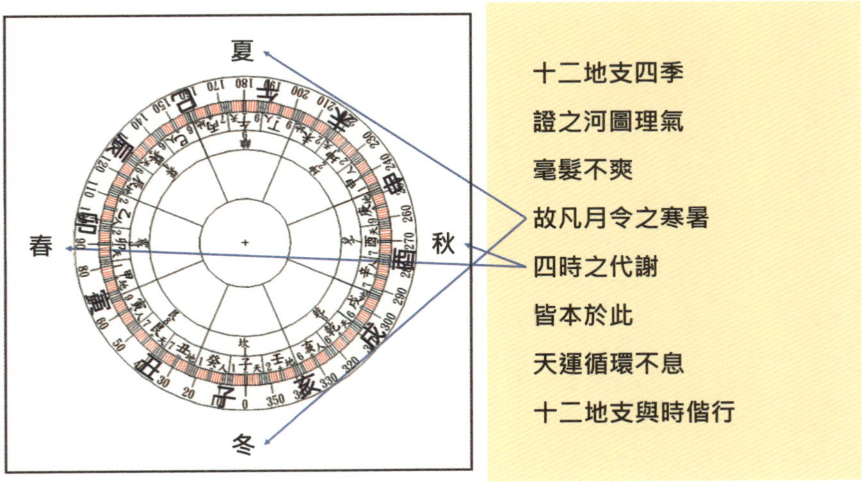

十二地支四季，春去夏來，暑往寒來，機無一息之停，所以周公做指南車，以定四時，以佈民爭，萬古而莫能外焉。

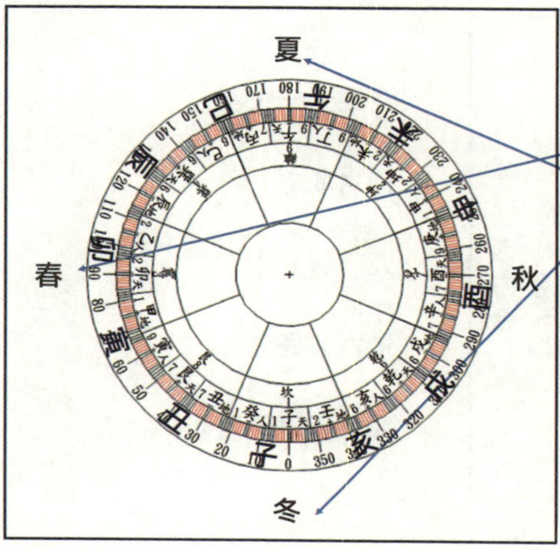

十二地支四季

春去夏來

暑往寒來

機無一息之停

故周公做指南車

以定四時

以佈民爭

萬古而莫能外焉

第 30 章　陽龍陰向陰龍陽向說

　　陽龍陰向陰龍陽向說，陰用陽潮，陽用陰會，陽山陰水，陰山陽水，以下說明，陽龍坐陰向，陰向取陽水來去，或 陰龍坐陽向，陽向取陰水來去。

陽龍陰向陰龍陽向說
陰用陽潮
陽用陰會
陽山陰水
陰山陽水
以下說明 陽龍坐陰向
陰向取陽水來去
或 陰龍坐陽向
陽向取陰水來去

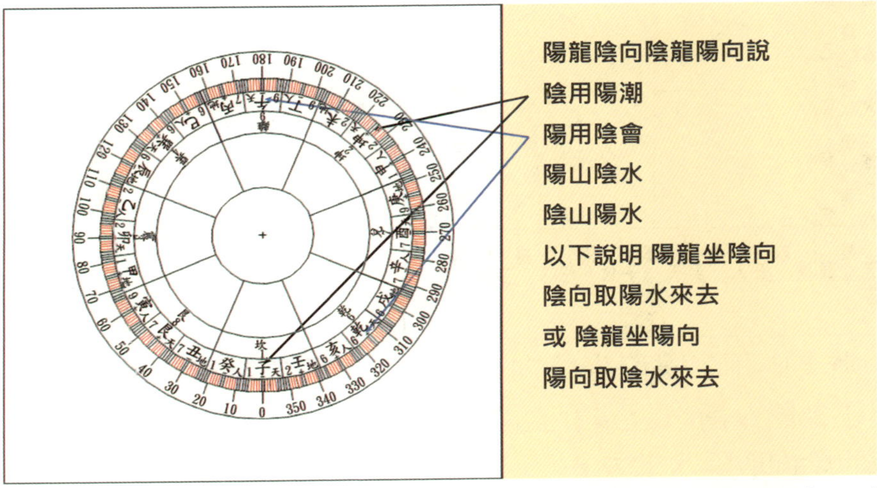

　　坐壬向丙，陰龍坐陽向，戌與丑宮位的來龍都屬陰，向為丙，丙為陽，所以說陰龍坐陽向，辰與未宮位的來水都屬陰，所以說陽向取陰水來去。

坐壬向丙
陰龍坐陽向
陽向取陰水來去

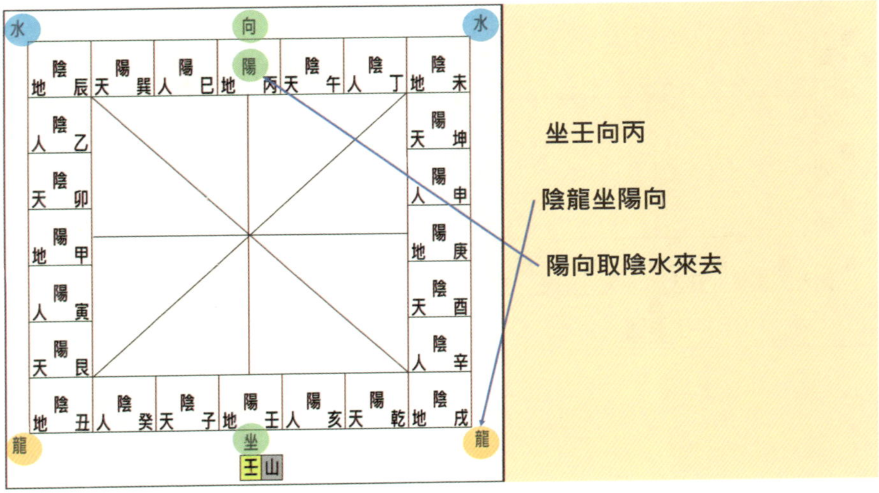

坐子向午，陽龍坐陰向，乾與艮宮位的來龍都屬陽，向為午，午為陰，所以說陽龍坐陰向，坤與巽宮位的來水，都屬陽，所以說陰向取陽水來去。

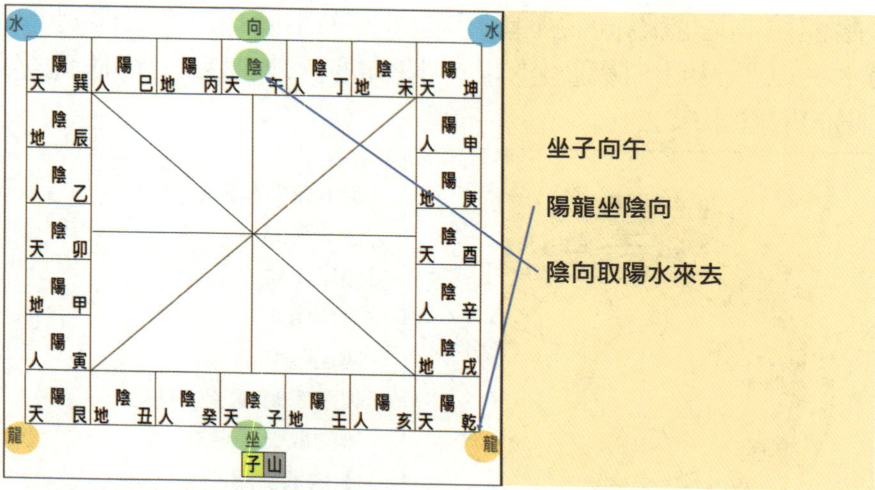

坐癸向丁，陽龍坐陰向，亥與寅宮位的來龍都屬陽，向為丁，丁為陰，所以說陽龍坐陰向，申與巳宮位的來水，都屬陽，所以說陰向取陽水來去。

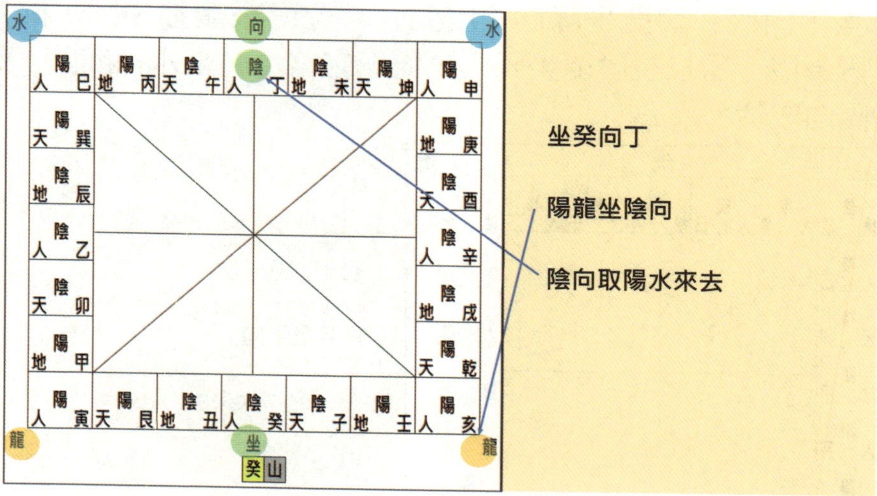

坐丑向未，陽龍坐陰向，壬與甲宮位的來龍都屬陽，向為未，未為陰，所以說陽龍坐陰向，庚與丙宮位的來水，都屬陽，所以說陰向取陽水來去。

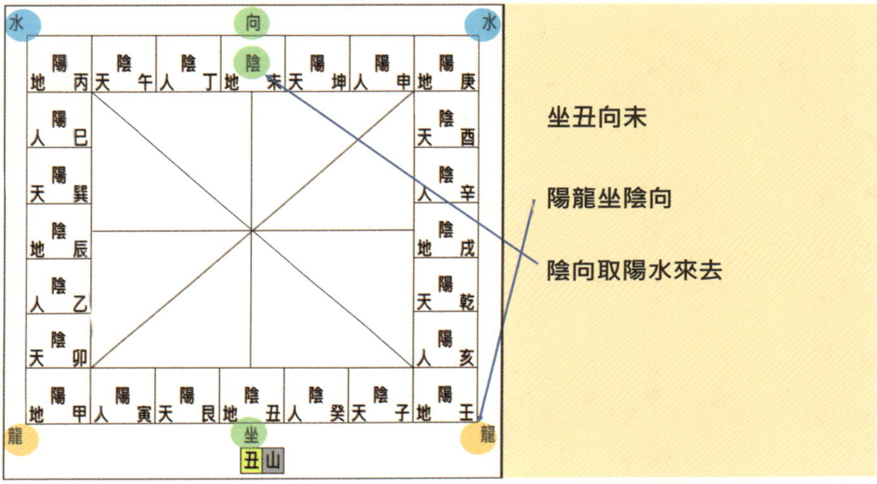

坐艮向坤，陰龍坐陽向，子與卯宮位的來龍都屬，陰向為坤，坤為陽，所以說陰龍坐陽向，酉與午宮位的來水都屬陰，所以說陽向取陰水來去。

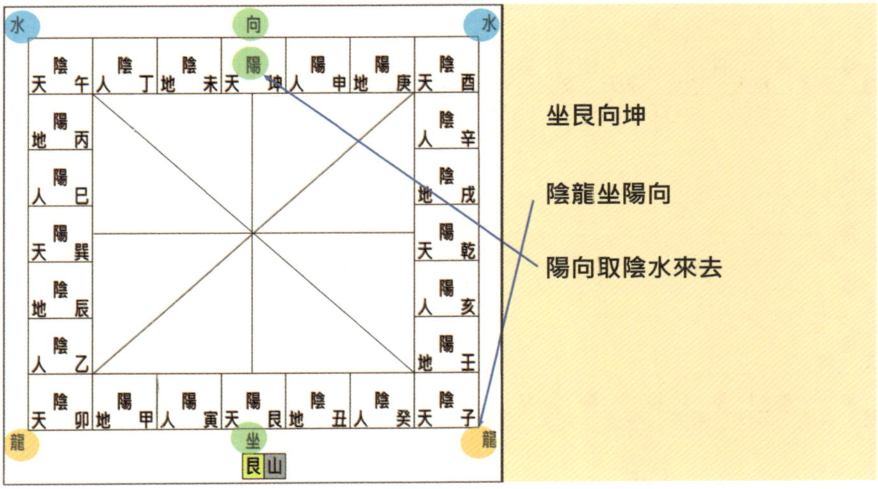

坐寅向申，陰龍坐陽向，癸與乙宮位的來龍都屬陰，向為坤，坤為陽，所以說陰龍坐陽向，酉與午宮位的來水都屬陰，所以說陽向取陰水來去。

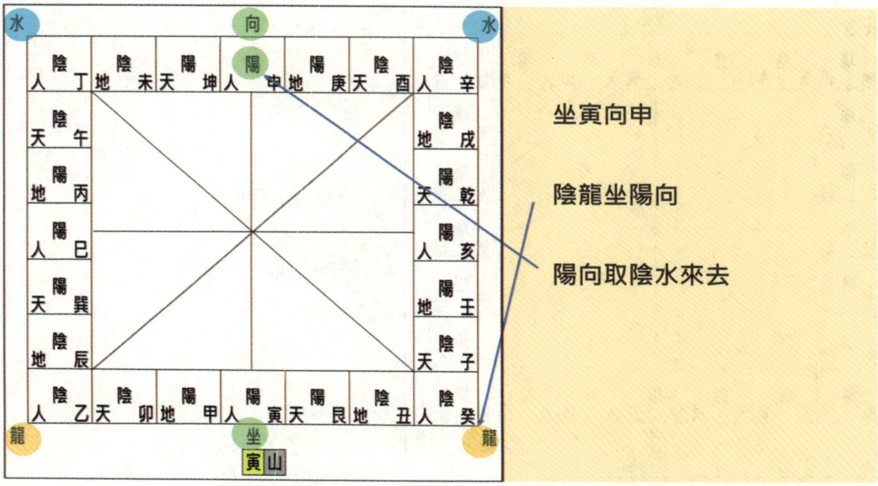

坐甲向庚，陰龍坐陽向，丑與辰宮位的來龍都屬陰，向為庚，庚為陽，所以說陰龍坐陽向，戌與未宮位的來水都屬陰，所以說陽向取陰水來去。

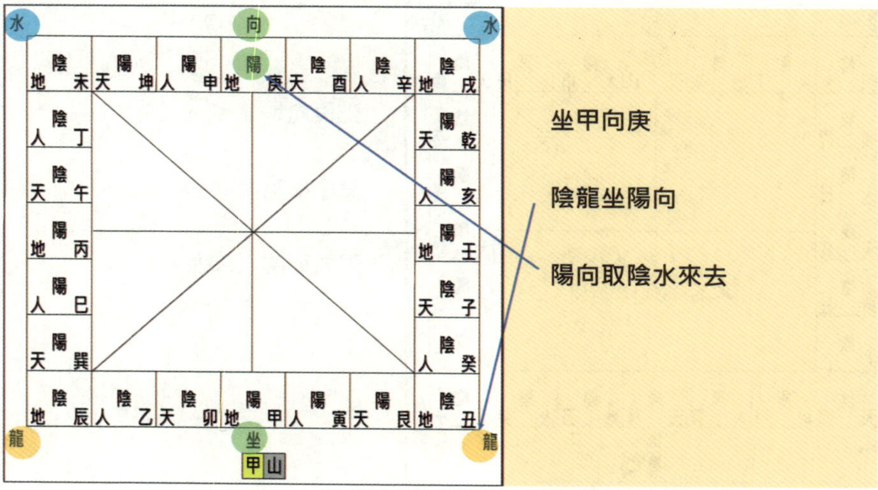

坐卯向酉，陽龍坐陰向，艮與巽宮位的來龍都屬陽，向為酉，酉為陰，所以說陽龍坐陰向，乾與坤宮位的來水，都屬陽，所以說陰向取陽水來去。

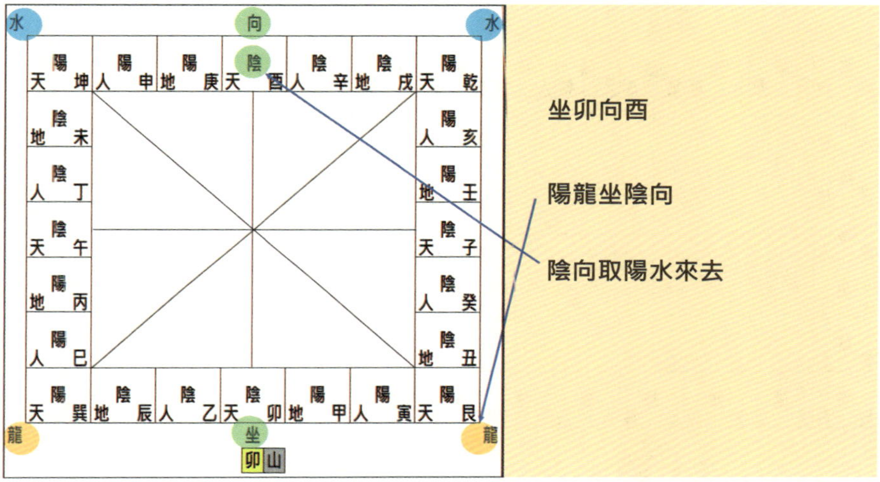

坐乙向辛，陽龍坐陰向，寅與巳宮位的來龍都屬陽，向為辛，辛為陰，所以說陽龍坐陰向，亥與申宮位的來水，都屬陽，所以說陰向取陽水來去。

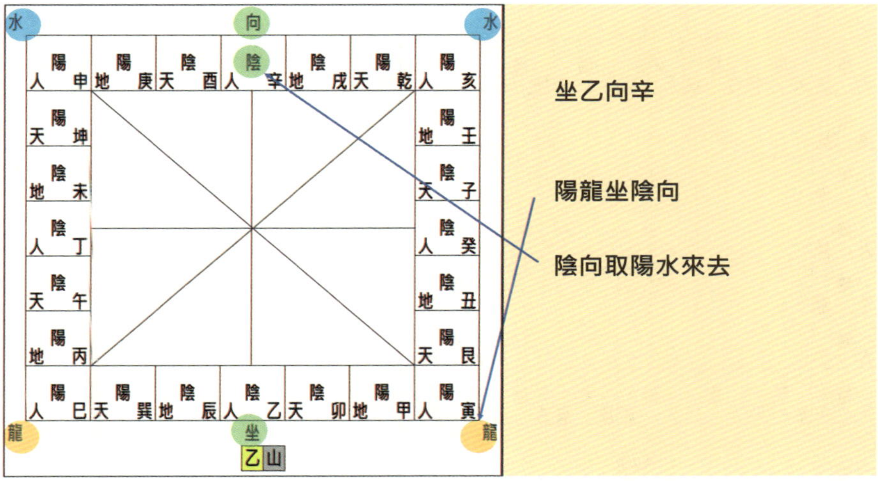

坐辰向戌，陽龍坐陰向，甲與丙宮位的來龍都屬陽，向為戌，戌為陰，所以說陽龍坐陰向，壬與庚宮位的來水，都屬陽，所以說陰向取陽水來去。

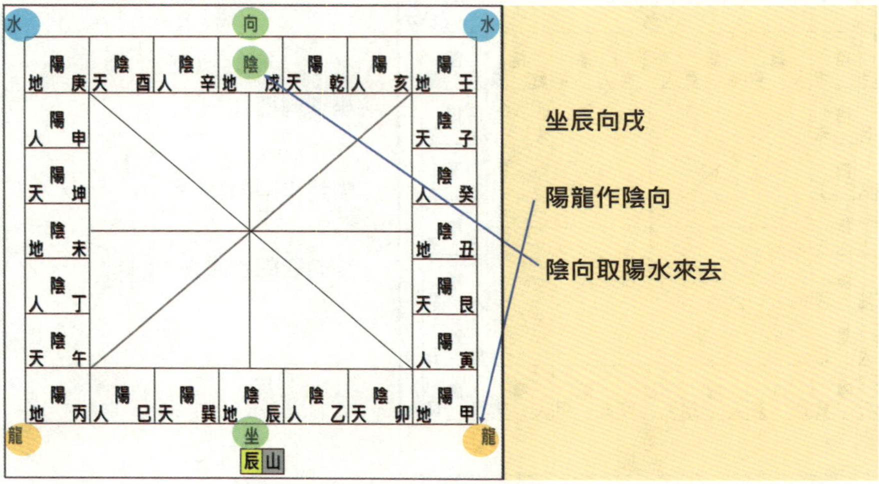
坐辰向戌
陽龍作陰向
陰向取陽水來去

坐巽向乾，陰龍坐陽向，卯與午宮位的來龍都屬陰，向為乾，乾為陽，所以說陰龍坐陽向，子與酉宮位的來水都屬陰，所以說陽向取陰水來去。

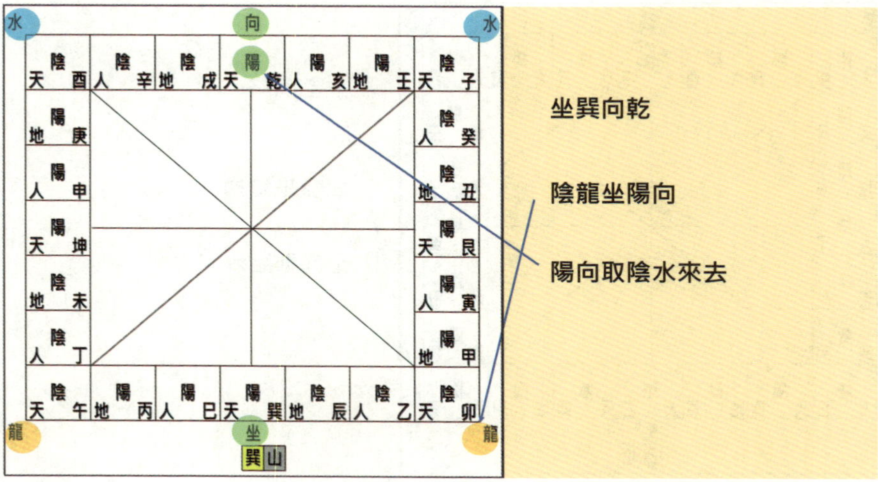
坐巽向乾
陰龍坐陽向
陽向取陰水來去

坐巳向亥，陰龍坐陽向，乙與丁宮位的來龍都屬陰，向為亥，亥為陽，所以說陰龍坐陽向，癸與辛宮位的來水都屬陰，所以說陽向取陰水來去。

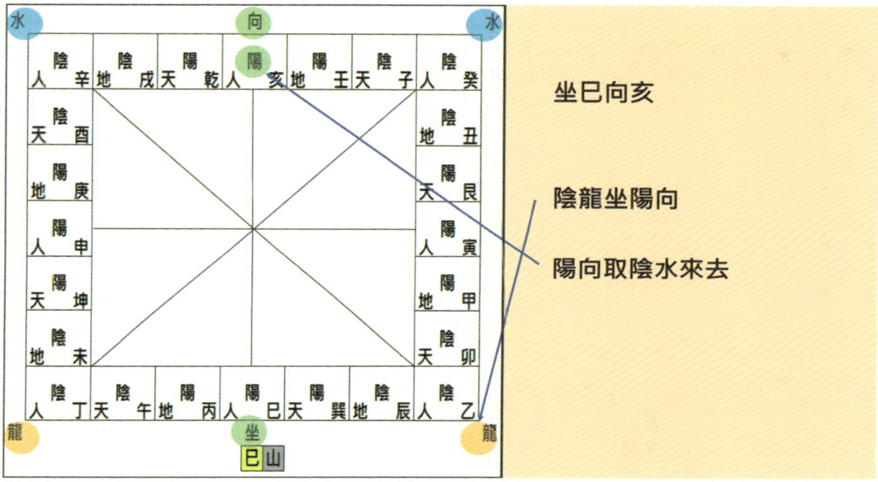

坐丙向壬，陰龍坐陽向，辰與未宮位的來龍都屬陰，向為壬，壬為陽，所以說陰龍坐陽向，丑與戌宮位的來水都屬陰，所以說陽向取陰水來去。

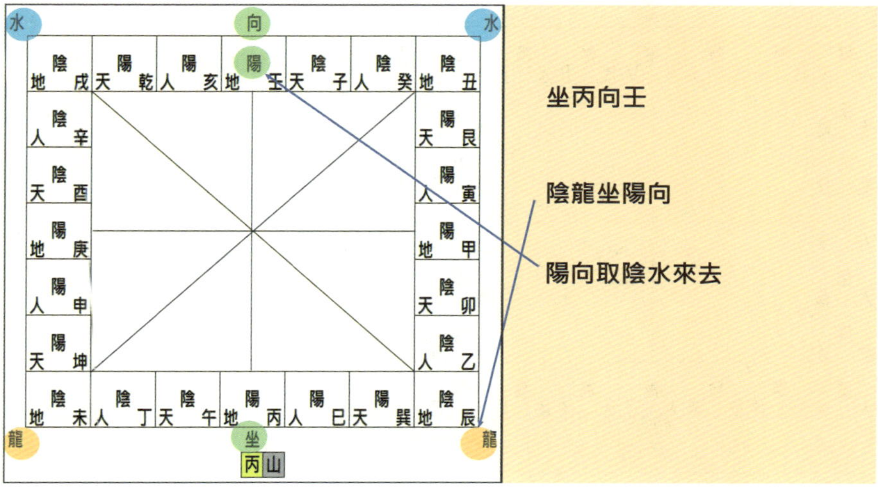

坐午向子，陽龍坐陰向，巽與坤宮位的來龍都屬陽，向為子，子為陰，所以說陽龍坐陰向，艮與乾宮位的來水，都屬陽，所以說陰向取陽水來去。

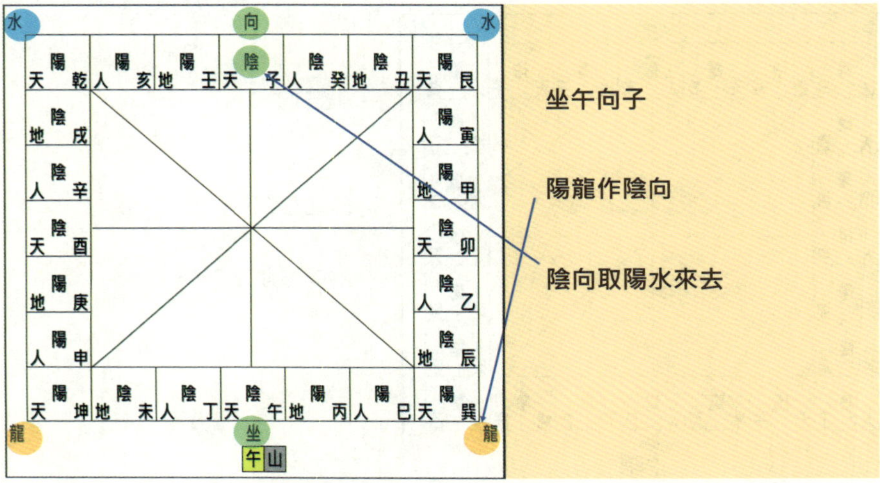

坐丁向癸，陽龍坐陰向，巳與申宮位的來龍都屬陽，向為癸，癸為陰，所以說陽龍坐陰向，寅與亥宮位的來水，都屬陽，所以說陰向取陽水來去。

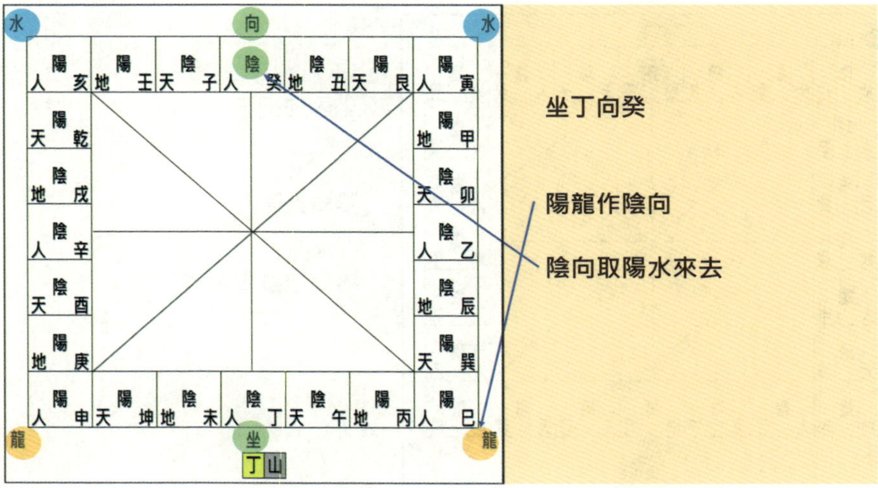

坐未向丑，陽龍坐陰向，丙與庚宮位的來龍都屬陽，向為丑，丑為陰，所以說陽龍坐陰向，甲與壬宮位的來水，都屬陽，所以說陰向取陽水來去。

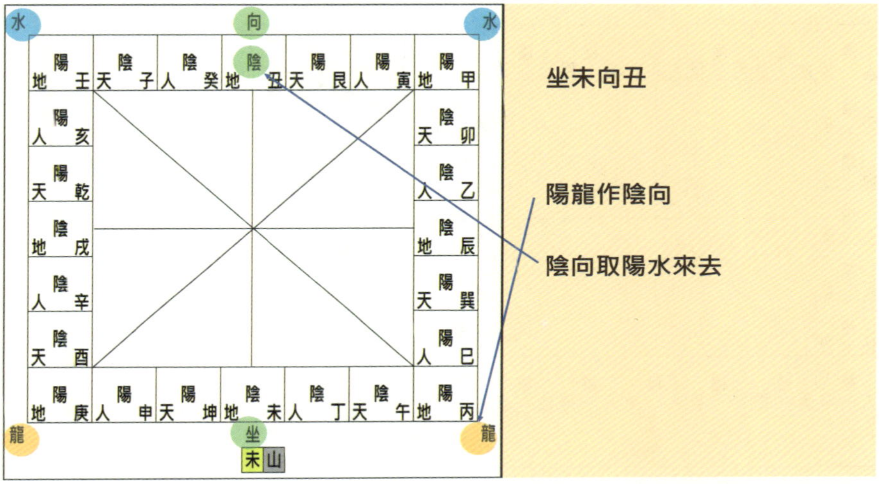

坐坤向艮，陰龍坐陽向，午與酉宮位的來龍都屬陰，向為艮，艮為陽，所以說陰龍坐陽向，卯與子宮位的來水都屬陰，所以說陽向取陰水來去。

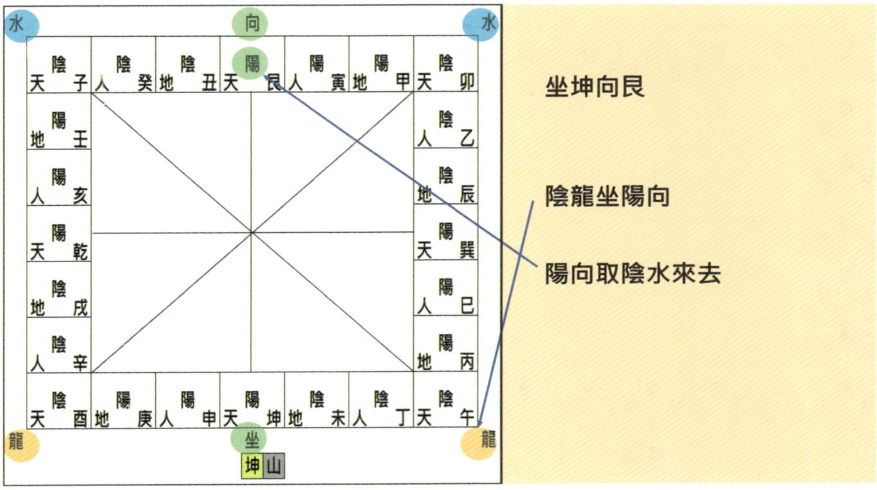

坐申向寅，陰龍坐陽向，丁與辛宮位的來龍都屬陰，向為寅，寅為陽，所以說陰龍坐陽向，乙與辛宮位的來水都屬陰，所以說陽向取陰水來去。

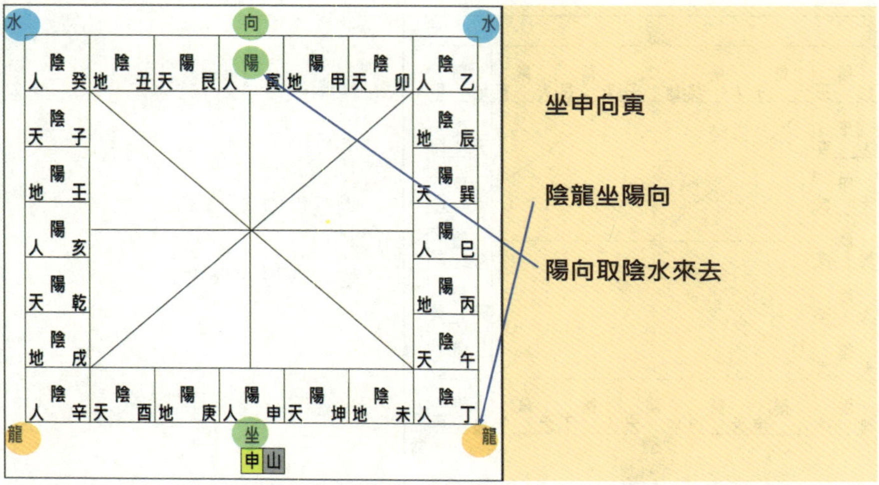

坐庚向甲，陰龍坐陽向，未與戌宮位的來龍都屬陰，向為甲，甲為陽，所以說陰龍坐陽向，辰與丑宮位的來水都屬陰，所以說陽向取陰水來去。

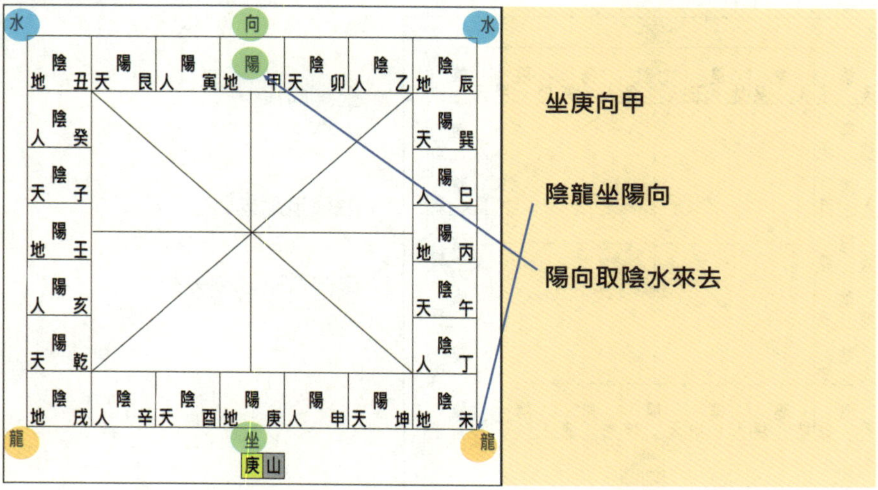

坐酉向卯，陽龍坐陰向，坤與乾宮位的來龍都屬陽，向為卯，卯為陰，所以說陽龍坐陰向，巽與艮宮位的來水，都屬陽，所以說陰向取陽水來去。

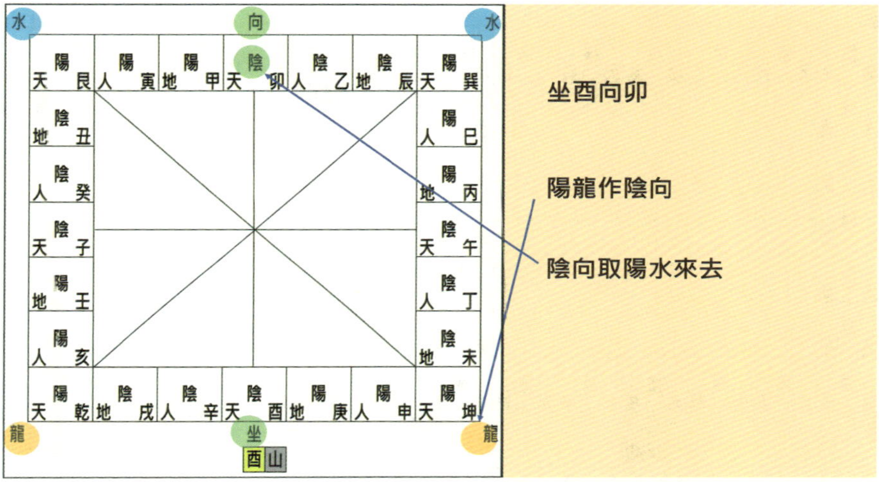
坐酉向卯
陽龍作陰向
陰向取陽水來去

坐辛向乙，陽龍坐陰向，坤與乾宮位的來龍都屬陽，向為卯，卯為陰，所以說陽龍坐陰向，巽與艮宮位的來水，都屬陽，所以說陰向取陽水來去。

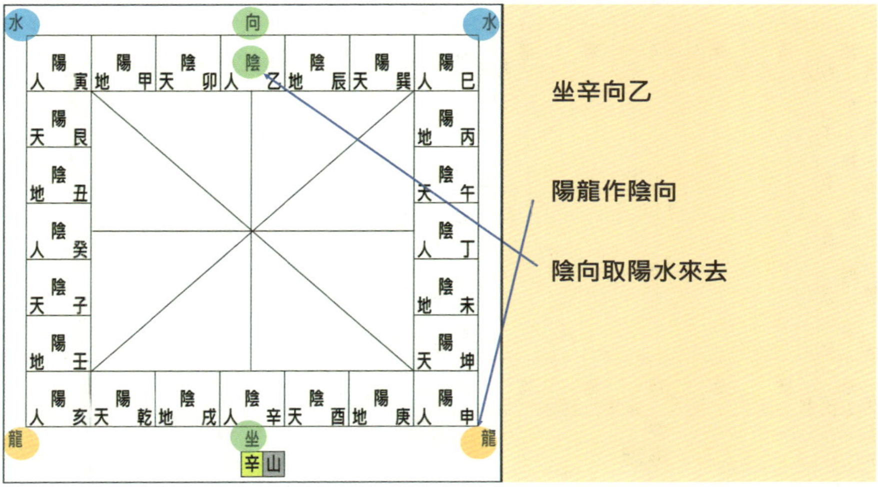
坐辛向乙
陽龍作陰向
陰向取陽水來去

坐戌向辰，陽龍坐陰向，庚與壬宮位的來龍都屬陽，向為辰，辰為陰，所以說陽龍坐陰向，丙與甲宮位的來水，都屬陽，所以說陰向取陽水來去。

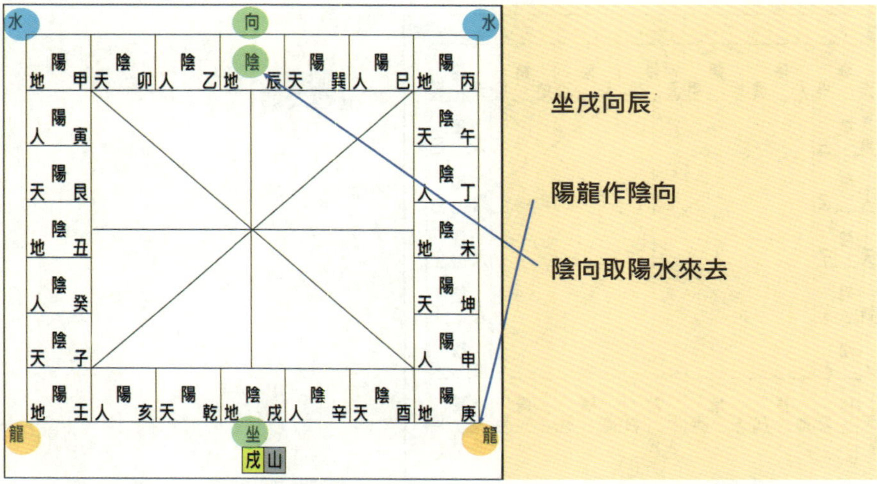

坐乾向巽，陰龍坐陽向，酉與子宮位的來龍都屬陰，向為巽，巽為陽，所以說陰龍坐陽向，午與卯宮位的來水都屬陰，所以說陽向取陰水來去。

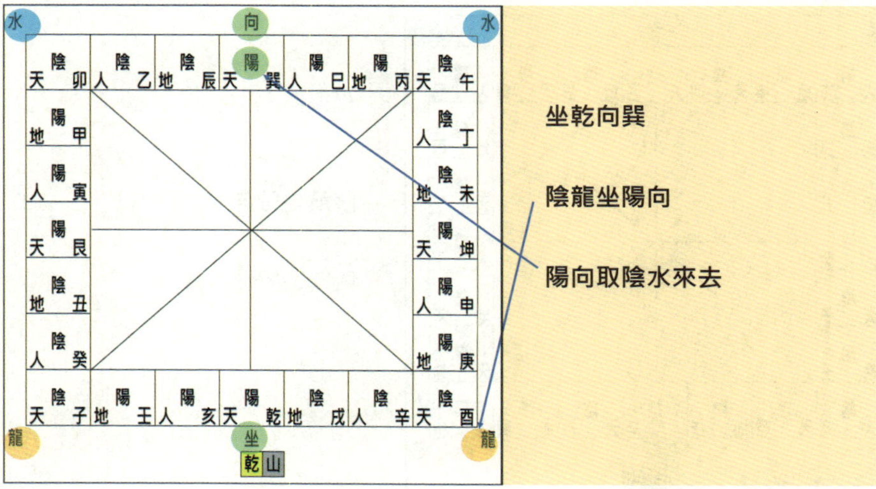

坐亥向巳，陰龍坐陽向，辛與癸宮位的來龍都屬陰，向為巳，巳為陽，所以說陰龍坐陽向，丁與乙宮位的來水都屬陰，所以說陽向取陰水來去。

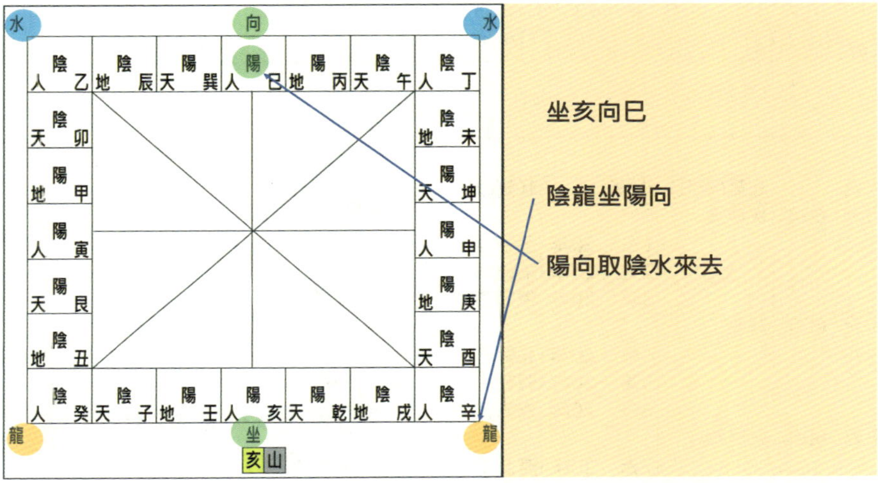

坐亥向巳

陰龍坐陽向

陽向取陰水來去

　　兼加不可出卦，來龍兼左則向兼左，來龍兼右則向兼右，來龍雙行則立雙向，立單向凶，來龍單行則立單向，立雙向先凶後吉。

兼加不可出卦

來龍兼左則向兼左

來龍兼右則向兼右

來龍雙行則立雙向,立單向凶

來龍單行則立單向,立雙向先凶後吉

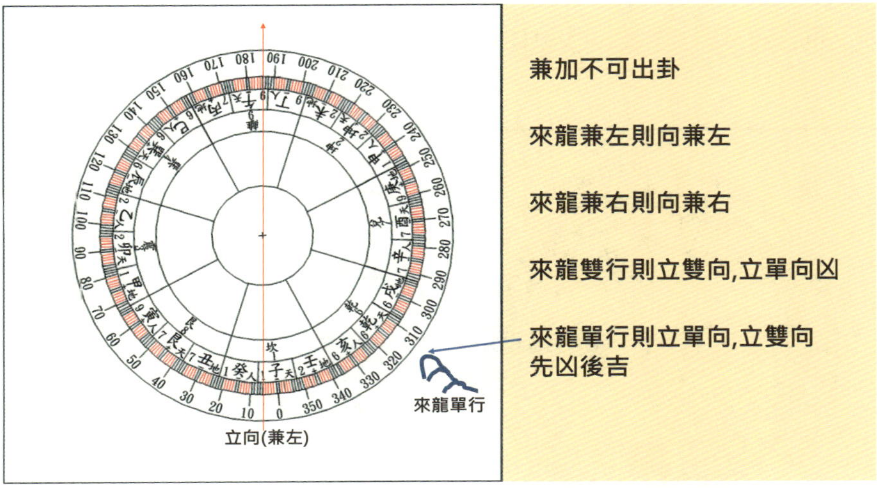

第 31 章　三元生旺之氣說

四生辨微，即三元生旺之氣說，鳳翥鸞翔此形象之理氣也，斷斷續續起起伏伏，左躲右閃陽變陰化，乃形家入首之先務，得令當元，為堪輿第一義。

大運	旺氣(氣旺)	小運	旺氣(氣旺)
上元　60年	坎坤震		
		1白　20年	壬子癸
		2黑　20年	未坤申
		3碧　20年	甲卯乙
中元　60年	巽乾		
		4綠　20年	辰巽巳
		5黃　20年	巽乾
		6白　20年	戌乾亥
下元　60年	兌艮離		
		7赤　20年	庚酉辛
		8白　20年	丑艮寅
		9紫　20年	丙午丁

四生辨微
講的是三元生旺之氣說
鳳翥鸞翔此形象之理氣也
斷斷續續起起伏伏
左躲右閃陽變陰化
乃形家入首之先務
得令當元,此運會之生氣也
生氣就是當元旺氣
統論六十年大運為當元
以葬天之大生氣為堪輿第一義

如上元坎震坤三卦氣旺，統論六十年大運為當元，1 白壬子癸統小運二十年，2 黑未坤申統小運二十年，3 碧甲卯乙統小運二十年。

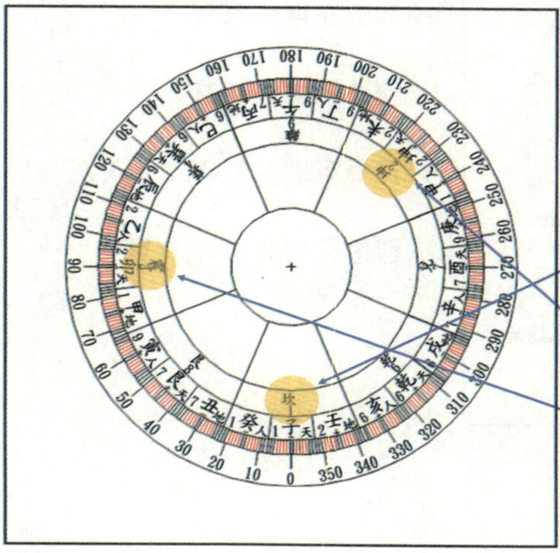

如上元坎震坤三卦氣旺
統論六十年大運為當元
1白王子癸統小運二十年
2黑未坤申統小運二十年
3碧甲卯乙統小運二十年

中元運為巽與乾兩卦氣旺，統論六十年大運為當元，四綠巽宮辰巽巳統小運二十年，五黃比較特別，五黃以前十年轉為巽，後十年轉為乾，分為乾巽統小運二十年，六白乾宮戌乾亥統小運二十年。

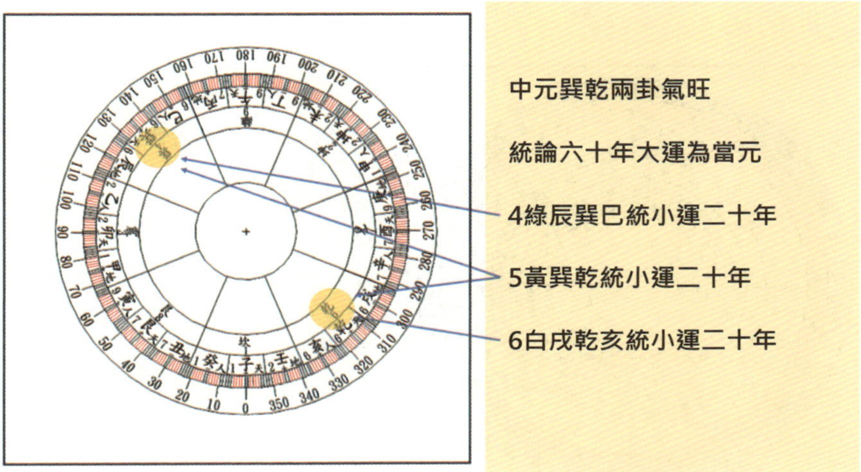
中元巽乾兩卦氣旺
統論六十年大運為當元
4綠辰巽巳統小運二十年
5黃巽乾統小運二十年
6白戌乾亥統小運二十年

下元運為兌艮離三卦氣旺，統論六十年大運為當元，7 赤兌宮庚酉辛統小運二十年，8 白艮宮丑艮寅統小運二十年，9 紫丙午丁統小運二十年。

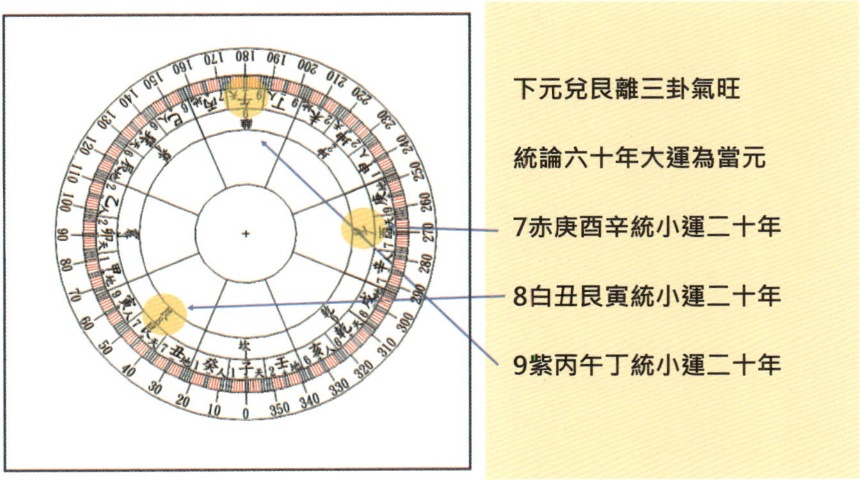
下元兌艮離三卦氣旺
統論六十年大運為當元
7赤庚酉辛統小運二十年
8白丑艮寅統小運二十年
9紫丙午丁統小運二十年

二十八星宿經星，講的是 28 星宿的宿度需隨時代調整之，(外圈) 目前之 28 星宿位置 (奎尾) 壁初對正 285 度，(內圈) 周朝：牛初對正丑 (冬至紀元)，28 星宿逆時針移動每 71.66 年退 1 度，內圈及外圈都已經不是現在的度數，目前羅盤之 28 星宿須調整之才能使用。

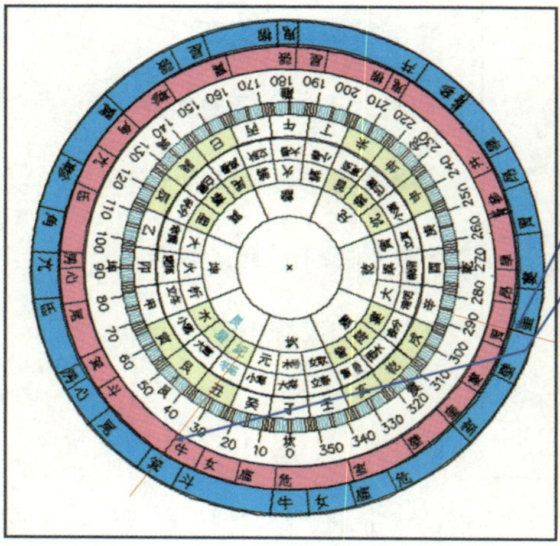

二十八星宿經星

講的是28星宿的度數需隨時代調整之

(外圈)目前之28星宿位置(奎尾)壁初對正285度

(內圈)周:牛初對正丑(冬至紀元)

28星宿逆時針移動每71.66年退1度

內圈及外圈都已經不是現在的度數

目前羅盤之28星宿須調整之才能使用

第 32 章　三元九運

本章講三元九運乘旺氣納旺氣，最好之方位是坐北朝南，次好的方位是坐西朝東，中元者有預旺於上元，上元續旺於中元，下元者當上元之初，仍未衰弱，人壽己何不如得當運之小地。

龍運辨微，天道無百全之數，故有陽 9 為 6 之災，雖至旺之地，陽 9 以前人用爻數來論運，現已經不用了，不能有旺無衰禍福倚伏，有不得而逃名，講的是運也，因為運有旺衰，所以有禍福也，人但見此一坟一宅，而前後之不類如此，講的是元運不同，旺衰自然不同，旺衰全在三元之運，墓宅不更，而興廢頓異，講的是墓宅必須隨運之旺衰調整，旺衰指的是納氣，才不致退運發凶也。

三元九運 (龍運辨微)，天心正運三元九星 (九運)，詳下表說明，論地盤只有 8 宮，8 宮不能配合 9 星，要採用 2 元運，5 運前 10 年為 4 運，後 10 年為 6 運，論地盤要採用 2 元運 (上下元運)。

元運	九星	九星	五行	8卦	24山	
上元	1白	貪狼	水	坎卦	王子癸	
	2黑	巨門	土	坤卦	未坤申	
	3碧	祿存	木	震卦	甲卯乙	上元
中元	4綠	文曲	木	巽卦	辰巽巳	
	5黃	廉貞	土	居中		
	6白	武曲	金	乾卦	戌乾亥	
下元	7赤	破軍	金	兌卦	庚酉辛	下元
	8白	左輔	土	艮卦	丑艮寅	
	9紫	右弼	火	離卦	丙午丁	

三元九運(龍運辨微)

天心正運三元九星(九運)
詳左表說明

論地盤只有8宮

8宮不能配合9星

要採用2元運

5運前10年為4運

後10年為6運

論地盤要採用2元運(上下元運)

下圖為 8 卦 24 山配九星，玄空挨星採九宮論法，8 宮可以配合 9 星，因此適用 3 元 9 運，論玄空挨星應採用三元九運 (上、中、下元運)。

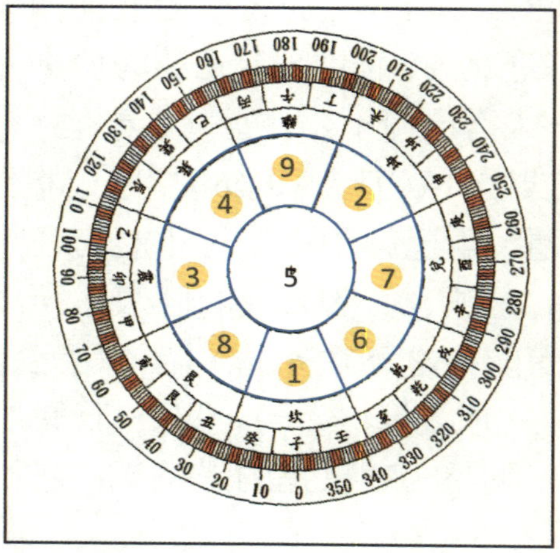

左圖為8卦24山配九星

玄空挨星採九宮論法

8宮可以配合9星

因此適用3元9運

論玄空挨星應採用三元九運(上中下元運)

以下講的乘旺氣是納旺氣也，1 白為統龍，2 黑 3 碧輔之，在同一上元運，雖有先後之不同，但都皆乘旺氣也，4 綠為統龍，5 黃 6 白輔之，在同一中元運，雖有先後之不同，但都皆乘旺氣也，7 赤為統龍，8 白 9 紫輔之，在同一下元運，雖有先後之不同，但都皆乘旺氣也。

年份	上元	8卦	
1	甲子	坎	1白
21	甲申	坤	2黑
41	甲辰	震	3碧
60			
年份	中元	8卦	
1	甲子	巽	4綠
21	甲申	中	5黃
41	甲辰	乾	6白
60			
年份	下元	8卦	
1	甲子	兌	7赤
21	甲申	艮	8白
41	甲辰	離	9紫
60			

以下講的乘旺氣是納旺氣也

1白為統龍

2黑3碧輔之

在同一上元運,雖有先後之不同,但都皆乘旺氣也

4綠為統龍

5黃6白輔之

在同一中元運,雖有先後之不同,但都皆乘旺氣也

7赤為統龍

8白9紫輔之

在同一下元運,雖有先後之不同,但都皆乘旺氣也

以上講的氣是指納氣而言，非指坐家之氣也，上元三卦在中元未嘗不發，蓋仍有上元餘氣也，例如明朝天啟甲子值中元，凡公卿巨富墓宅皆收 4 綠 6 白方氣，一交天啟甲子以後，時值下元，巽地忽敗，而收下元兌氣者皆發。

年份	上元	8卦	
1	甲子	坎	1白
21	甲申	坤	2黑
41	甲辰	震	3碧
60			
年份	中元	8卦	
1	甲子	巽	4綠
21	甲申	中	5黃
41	甲辰	乾	6白
60			
年份	下元	8卦	
1	甲子	兌	7赤
21	甲申	艮	8白
41	甲辰	離	9紫
60			

以上講得氣是指納氣而言,非指坐家之氣也

上元三卦(坎坤震)在中元未嘗不發,蓋仍有上元餘氣也

例:明朝-天啟(甲子)(下元)以前值中元,

凡公卿巨富墓宅皆收4綠6白方氣

一交天啟甲子以後,時值下元,

巽地忽敗,

而收兌氣(下元)者皆發

明末下元甲申、乙酉之難，凡被禍者必 4、6 之地，則知下元初 20 年，尚屬中元餘氣，至甲申始盡，清初下元得時得吉者，墓宅必受下元旺氣也，坎至此時兼艮者兼到下元運存，兼乾中元者亡，兼上元坤震，陰宅存十之一二。

年份	上元	8卦	
1	甲子	坎	1白
21	甲申	坤	2黑
41	甲辰	震	3碧
60			
年份	中元	8卦	
1	甲子	巽	4綠
21	甲申	中	5黃
41	甲辰	乾	6白
60			
年份	下元	8卦	
1	甲子	兌	7赤
21	甲申	艮	8白
41	甲辰	離	9紫
60			

明末甲申,乙酉之難(下元),凡被禍者必4.6之地,

則知下元初20年,尚屬中元餘氣,至甲申始盡

清初之趨(下元)得時得吉者,墓宅必受兌艮離氣(下元旺氣)也

坎至此時兼艮者(兼到下元運)存,兼乾(中元)者亡,

坤(上元)盡亡矣,

震氣(上元)陰宅存十之一二

以下是解釋後天八卦最佳之坐向，坎離為天地之中氣，中男中女即先天之乾坤，中藏戊己真土，故(先天乾坤後天坎離)三元不敗者多，坎中間為戊，離中間為己，最好之方位是坐北朝南(先天乾坤後天坎離，坎北離南)。

先天乾坤			
後天坎離			
乾甲	艮丙	坎戊	震庚
坤乙	兌丁	離己	巽辛

- 以下是解釋後天八卦最佳之坐向
- 坎離為天地之中氣
- 中男中女即先天之乾坤,中藏戊己真土,
- 故(先天乾坤後天坎離)三元不敗者多
- 坎中間為戊
- 離中間為己
- 最好之方位是坐北朝南(先天乾坤後天坎離 坎北離南)

震木以壯而根深，兌金以少而堅剛，且日月之門戶，春秋之平候，故坐西朝東的方位亞於坎離，艮象為山其實堅矣，故耐久，乾為老元之金，坤為統產之土，巽為稚木其花爛熳不耐風雨尤為亦衰，以上為解釋地運之長短。

巽	離	坤
震		兌
艮	坎	乾

- 震木以壯而根深
- 兌金以少而堅剛
- 且日月之門戶(東升西降),春秋(春分秋分)之平候
- 故亞於坎離(次好的方位是坐西朝東)
- 艮象為山其實堅矣,故耐久
- 乾為老元之金
- 坤為統產之土
- 巽為稚木其花爛熳不耐風雨尤為亦衰
- 以上為解釋地運之長短

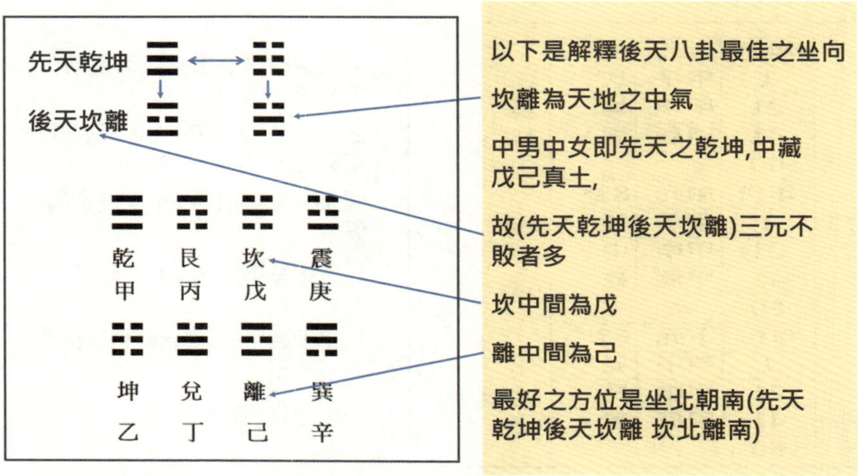

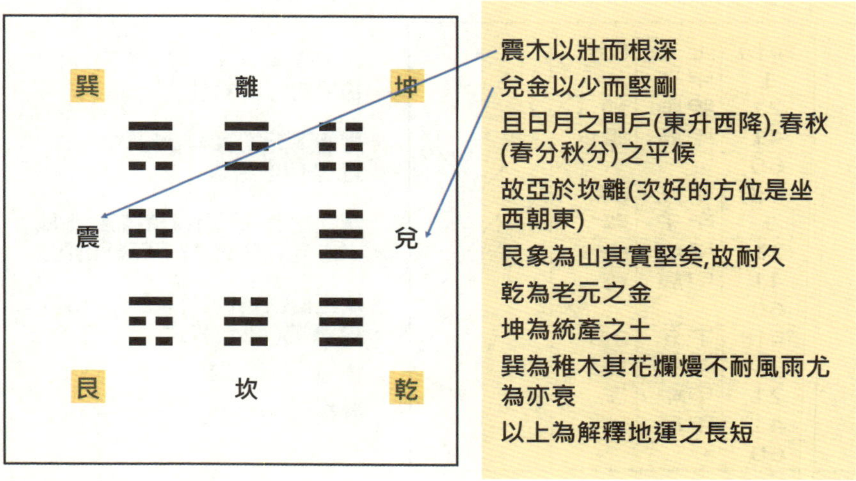

1 白為統龍 2 黑 3 碧輔之，而中元者亦有預旺於上元，3 運時，4 綠預旺於上元，大約上元三卦，並旺中元，4 綠為統龍 5 黃 6 白輔之，4 運時 3 碧續旺於中元，至下元者當上元之初，仍未衰弱，1 運時，9 紫續旺於上元。

年份	上元	8卦	
1	甲子	坎	1白
21	甲申	坤	2黑
41	甲辰	震	3碧
60			
年份	中元	8卦	
1	甲子	巽	4綠
21	甲申	中	5黃
41	甲辰	乾	6白
60			
年份	下元	8卦	
1	甲子	兌	7赤
21	甲申	艮	8白
41	甲辰	離	9紫
60			

元運納氣同龍運辨微之列表說明

1白為統龍 2黑3碧輔之

而中元者亦有預旺於上元

3運時,4綠預旺於上元

大約上元三卦,並旺中元

4綠為統龍5黃6白輔之

4運時3碧續旺於中元

至下元者當上元之初,仍未衰弱

1運時,9紫續旺於上元

然氣運雖定，還需看地運，以下是判別宅墳旺衰的看法，若水脈深長，環抱重疊多，則為得氣多，雖入敗運，止於不發，尚可自保，若水脈短淺環抱少，則得氣薄，雖入旺運發亦不全，運過及敗。

然氣運雖定,尤當以地力(地運)消祥之

以下是判別宅墳旺衰的看法

若水脈深長,環抱重疊多,則為得氣多,雖入敗運,止於不發,尚可自保

若水脈短淺環抱少,則得氣薄,雖入旺運發亦不全,況脫運乎

平民只有一墳，只有一宅，則無牽制，一般宅小得氣也小，巨室墳宅很多，要看若有兩地一旺一衰，則享平福，有當審其力之大小，以決勝負，若力量相等，則一旺不敵兩衰，衰能為害，若力量相等，一衰不敵兩旺，旺能為福。

平民只有一墳,只有一宅,則無牽制

一般宅小得氣也小

巨室墳宅不一(很多也),又當參觀,若有兩地一旺一衰,則享平福

有當審其力之大小,以決勝負,若力量相等,則一旺不敵兩衰,衰能為害

若力量相等,一衰不敵兩旺,旺能為福

今人處衰宅而旺者，必有旺墓，亦有葬衰墳而發者，必有旺宅，未經發過之墳，雖衰不害，只不發耳，若陽宅衰雖有旺墳，亦難全美也，發過運之宅，碰到衰運必敗。

今人處衰宅而旺者,必有旺墓

亦有葬衰墳而發者,必有旺宅

(未經發過之墳,雖衰不害,只不發耳)

(若陽宅衰雖有旺墳,亦難全美也)

發過運之宅,碰到衰運必敗

有遠祖正得氣，故新墳之福未彰，新墳美而不發，必舊墳之凶殺難救，要之上言始能雪小凶，而祖考指的是近幾代的墓，祖父輩比曾祖父輩影響更大，不如得當運之小地，人的壽命有限，待其去衰入旺，身與家久同斃矣，也就是說命沒那個長啦。

有遠祖正得氣,故新墳之福未彰

新墳美而不發,必舊墳之凶殺難救

要之上言始能雪小凶

而祖考更切與高曾(祖父輩比曾祖父輩影響更大)

(祖考是近幾代的墓)

不如得當運之小地

人壽己何,待其去衰入旺,身與家久同斃矣(命沒那個長啦)

第 33 章　零神照神

本章講零神與照神的原理，與當運合十為零神位，與當運合生成為照神位，後天零神，先天照神都能夠收到，其效如神。

零神位的看法，天玉經講的，雙山雙向水零神，富貴永無貧，主要講不犯差錯，又能得水在零神方，阻衰氣，引旺氣，故能富貴永無貧。又講陰陽兩字看零正，坐向須知病。若欲正神正位裝，撥水入零堂。此講的是零神與正神，合運之卦為正神，合當運生旺之位也，與運合十之卦為零神，為當運之衰死方，宜在此方合水局，阻擋衰氣，導引正神方之旺氣過堂，所以才說是撥水入零堂。

零神照神（元運敘原），元運敘原講的是零神與照神的原理，詳下表說明，先天四陽卦乾震坎艮為上元，先天四陰卦兌離巽坤為下元，與當運合 10 為零神位，與當運合生成，為照神位，零神水是最好的水局，照神水是次好的水局。

元運	零神	後天卦	24山	先天卦	人倫	序	照神	24山
1白	9	離	看元龍	乾	父	1	6	看元龍
2黑	8	艮	看元龍	震	長男	2	7	看元龍
3碧	7	兌	看元龍	坎	中男	3	8	看元龍
4綠	6	乾	戌丑	艮	少男	4	9	看元龍
5								
6白	4	巽	辰未	兌	少女	6	1	看元龍
7赤	3	震	看元龍	離	中女	7	2	看元龍
8白	2	坤	看元龍	巽	長女	8	3	看元龍
9紫	1	坎	看元龍	坤	母	9	4	看元龍

35.零神照神(元運敘原)

元運敘原講的是零神與照神的原理,詳左表說明

先天四陽卦乾震坎艮為上元

先天四陰卦兌離巽坤為下元

與當運合10 為零神位

與當運合生成 為照神位

零神水是最好的水局

照神水是次好的水局

零神與照神列表如下，蓋上元陽卦先長後少，下元陰卦，先少後長，當與古鏡歌卦運修短參看，凡八卦先天到，而後天不到，其效非神，若後天到，而先天不到，其驗莫應，後天零神 (合十)，先天照神 (合生成) 都到其效如神。

元運	零神	照神
1	9	6
2	8	7
3	7	8
4	6	9
6	4	1
7	3	2
8	2	3
9	1	4
	後天合十	先天合生成

乾
震
坎
艮
兌
離
巽
坤

零神與照神列表如左
蓋上元陽卦先長後少
下元陰卦,先少後長
當與古鏡歌卦運修短參看
凡八卦先天而後天不到,其效非神
若後天到,而先天不到,其驗莫應
後天零神(合十),
先天照神(合生成)都到其效如神

如坎 (1 運當令)，收盡離水，則先後天皆合，上元運，旺氣方 1 2 3 4，衰氣方 6 7 8 9，衰氣方要有水，旺氣方要有實地，1 運，零神方 (9 離)，要有水，零神水為 9 離。

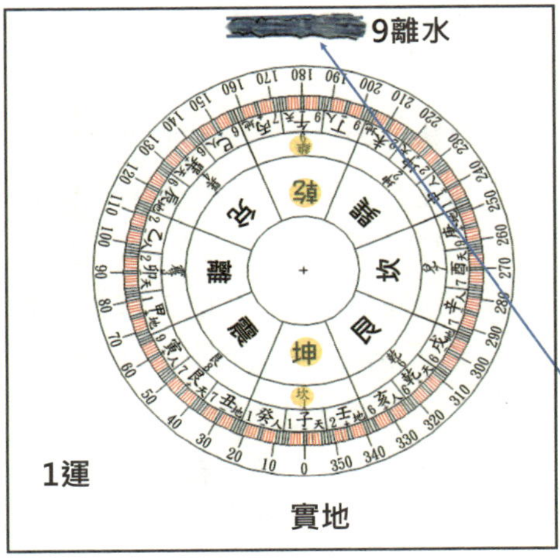

如坎(1運當令),收盡離水,則先後天皆合
上元運
旺氣方1 2 3 4
衰氣方6 7 8 9
衰氣方要有水,旺氣方要有實地
1運,零神方(9離),要有水
零神水為9離

如離水當令(上元運)，而坎方為實地為正神，上元運，衰氣方6789，旺氣方1234，衰氣方要有水，旺氣方要有實地，零神位要有水，正神位要有實地，百步內不為水溝河道界，斷是先天至而後天亦來也。

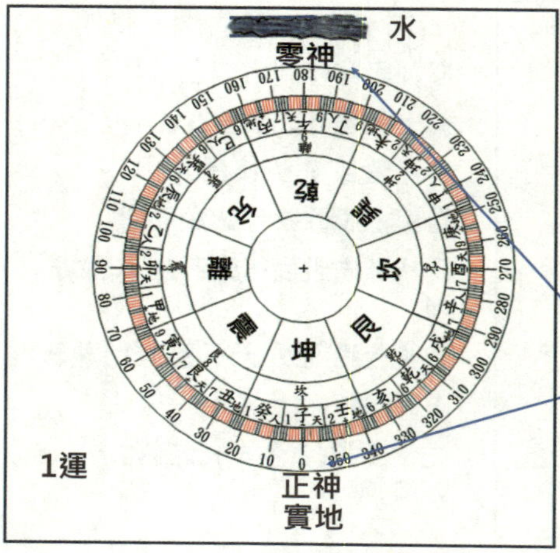

如離水當令(上元運),而坎方為實地為正神

上元運

衰氣方6789

旺氣方1234

衰氣方要有水,旺氣方要有實地

零神位要有水,

正神位要有實地

百步內不為水溝河道界

斷是先天至而後天亦來也

1運為正神坎宮，照神乾宮，零神離宮，2運為正神坤宮，照神兌宮，零神艮宮，3運為正神震宮，照神艮宮，零神兌宮，4運為正神巽宮，照神離宮，零神乾宮，6運為正神乾宮，照神坎宮，零神巽宮，其他詳下表說明。

八卦／元運	坎	坤	震	巽	乾	兌	艮	離
一白	正神				催照			零神
二黑		正神				催照	零神	
三碧			正神			零神	催照	
四綠				正神	零神戊方			催照
六白	催照			零神辰方	正神			
七赤		催照	零神			正神		
八白		零神	催照				正神	
九紫	零神			催照				正神

三元九運零正神圖

1運 正神坎宮 照神乾宮 零神離宮

2運 正神坤宮 照神兌宮 零神艮宮

3運 正神震宮 照神艮宮 零神兌宮

4運 正神巽宮 照神離宮 零神乾宮

6運 正神乾宮 照神坎宮 零神巽宮

7運 正神兌宮 照神坤宮 零神震宮

8運 正神艮宮 照神震宮 零神坤宮

9運 正神離宮 照神巽宮 零神坎宮

楊公《青囊經》曰，生剋須憑五行布，要識天機元妙處，乾坤艮巽水長流，吉神先入家豪富。八卦二十四山各有衰旺生死，故言要識天機元妙處，五行得生者旺，受尅者凶，都攸關於天機正運，乾坤艮巽之水神也，因天心正運之不同，而各有衰旺能得當運之水神，定主財祿豐足。

八卦／元運	坎	坤	震	巽	乾	兌	艮	離
一白	正神				催照			零神
二黑		正神				催照	零神	
三碧			正神			零神	催照	
四綠				正神	零戌神方			催照
六白	催照			零辰神方	正神			
七赤		催照	零神			正神		
八白		零神	催照				正神	
九紫	零神			催照				正神

三元九運零正神圖

楊公《青囊經》曰
生剋須憑五行布。
要識天機元妙處。
乾坤艮巽水長流。
吉神先入家豪富。
八卦二十四山各有衰旺生死，故言要識天機元妙處，
五行得生者旺，受尅者凶，都攸關於天機正運，乾坤艮巽之水神也
因天心正運之不同，而各有衰旺能得當運之水神，定主財祿豐足。

第34章　玄空三大卦玄機秘訣

本章講玄空三大卦，江東一卦從來吉，八神四個一，江西一卦排龍位，八神四個二，江南江北共一卦，以及三大卦起例。

玄空三大卦玄機秘訣，天元一卦１４７，１４７是經四位，兩數差３含起頭數就是經四位，經四位是一種口訣，指兩個方位之間隔數差３，人元一卦３６９，３６９是經四位，間隔數都差３，地元一卦２５８，２５８是經四位，間隔數都差３，楊公傳授處處是三大卦，一歸於顛倒妙用而已，顛倒妙用就是些子法。

些子就是有很多方法，三元運氣，二元，玄空大五行，24山分陰陽，坤壬乙訣，挨星星盤山星盤及水星盤，入囚，合十、合生成，反吟及伏吟，地運，連珠三般卦，三吉星、五吉星，山水取貪狼，線法，玄空三大卦，倒排父母，收山出煞，八卦只有一卦通，抽爻換象法，龍到頭，十字天心等這些方法都可以稱為些子法。

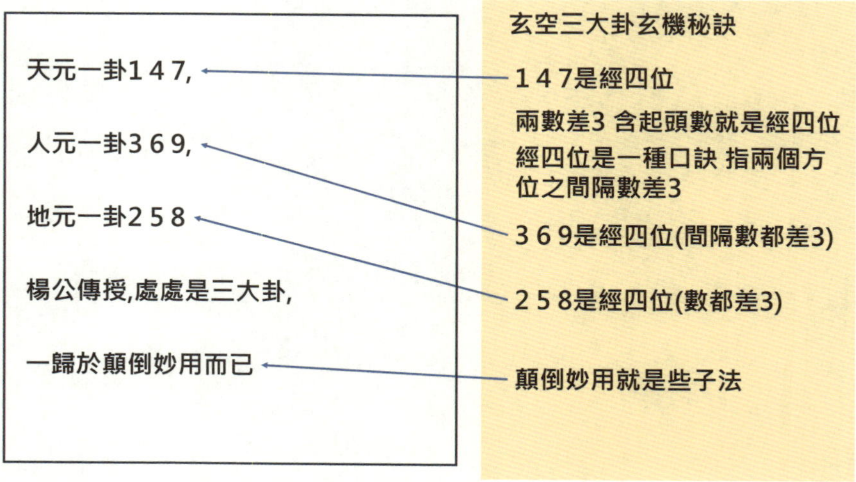

天元一卦1 4 7,
人元一卦3 6 9,
地元一卦2 5 8
楊公傳授,處處是三大卦,
一歸於顛倒妙用而已
玄空三大卦玄機秘訣
1 4 7是經四位
兩數差3 含起頭數就是經四位
經四位是一種口訣 指兩個方位之間隔數差3
3 6 9是經四位(間隔數都差3)
2 5 8是經四位(數都差3)
顛倒妙用就是些子法

按三大卦者，法天之道，萬物生化之機也，先天八卦為 1 乾 2 兌 3 離 4 震 5 巽 6 坎 7 艮 8 坤，離與坎，離 3 坎 6 是經四位，後天八卦，1 坎 2 坤 3 震 4 巽 5 中 6 乾 7 兌 8 艮 9 離，三般卦一四七，三六九，二五八，也是經四位 1 坎 4 巽經四位，4 巽 7 兌經四位，3 震 6 乾經四位，6 乾 9 離經四位，都是經四位。

後天八卦為靜盤，定龍穴水三者，所以後天 1 坎 4 巽 7 兌即 1 4 7，3 震 6 乾 9 離即 3 6 9，2 坤 5 中 8 艮即 2 5 8 取龍穴水，可以和先天坎離相配，1 4 7 取龍穴水是上元取 1 坎當坐山，中元 4 巽當坐山，下元 7 兌當坐山，3 6 9 取龍穴水是上元取 3 震當坐山，中元取 6 乾當坐山，下元取 9 離當坐山，也就是依照元運取合運之卦當坐山。

先天八卦為動盤，定順逆兩局，用排坎離二卦，來龍水口，以定坎離交媾，符合 1 4 7，2 5 8，3 6 9 龍穴水就是坎離交媾，此叫坎離作用也。

24 山 (順逆)48 局，莫不皆然，坎離作用詳第 6 章定義。

按三大卦者,法天之道,萬物生化之機也

後天八卦為靜盤,定龍穴水三者,

先天八卦為動盤,定順逆兩局,

用排坎離二卦,來龍水口,以定坎離交媾

24山(順逆)48局,莫不皆然

以上詳第6集坎離作用定義

先天卦1乾2兌3離4震5巽6坎7艮8坤

離坎(3 6)是經四位

後天卦1坎2坤3震4巽5中6乾7兌8艮9離

1 4 7,3 6 9,2 5 8都是經四位

所以後天1 4 7,3 6 9,2 5 8之龍穴水

可以和先天坎離相配

符合1 4 7,2 5 8,3 6 9龍穴水就是坎離交媾

此叫坎離作用也

三吉，取的是奇門遁甲之休生開三門，五吉，三元旺星加168三吉，取的是奇門遁甲之休生開三門，六秀指的是艮巽兌丙辛丁，取的是艮方是天市，巽方是少微，兌方是太微，艮納丙，巽納辛，兌納丁也。

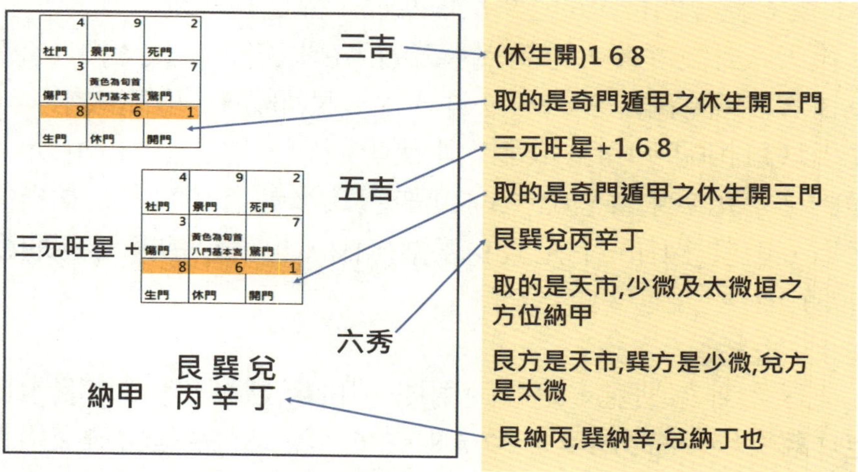

江東一卦從來吉，八神四個一，子午卯酉乾坤艮巽，天元父母歸於147卦，子山只得一個坎山之用，147卦運，一個卦運只管一運，運過即敗，1坎運只旺1運，交運即敗，4、7運也是這樣，都被2、5、8運斷。

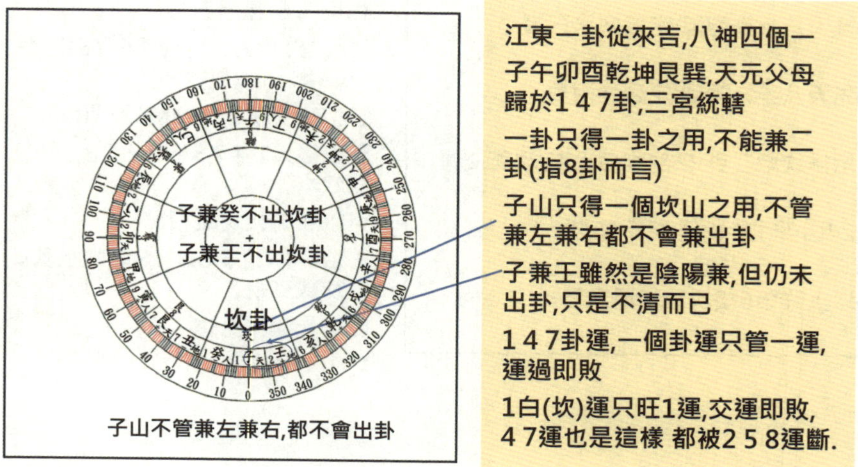
子兼癸不出坎卦
+
子兼壬不出坎卦
坎卦
子山不管兼左兼右,都不會出卦
江東一卦從來吉,八神四個一
子午卯酉乾坤艮巽,天元父母歸於147卦,三宮統轄
一卦只得一卦之用,不能兼二卦(指8卦而言)
子山只得一個坎山之用,不管兼左兼右都不會兼出卦
子兼壬雖然是陰陽兼,但仍未出卦,只是不清而已
147卦運,一個卦運只管一運,運過即敗
1白(坎)運只旺1運,交運即敗,47運也是這樣 都被258運斷.

江西一卦排龍位，八神四個二，乙辛丁癸寅申巳亥，人元父母歸於３６９卦，三宮統轄，一卦並用二卦之用，但不能全收三卦（指八卦而言），亥壬，巳丙，辛戌，乙辰可以人元兼地元，為出卦相兼，亥壬出卦可兼，巳丙出卦可兼，辛戌同為金出卦可兼，乙辰同為木出卦可兼。

江西一卦排龍位,八神四個二

乙辛丁癸寅申巳亥,人元父母歸於３６９卦,三宮統轄

一卦並用二卦之用,但不能全收三卦(指8卦而言)

亥壬,巳丙,辛戌,乙辰可以人元兼地元,為出卦相兼

亥壬出卦可兼 巳丙出卦可兼

辛戌同為金出卦可兼

乙辰同為木出卦可兼

　　但是辛戌、亥壬、乙辰、巳丙出卦可兼，指的是來水可兼，而坐山絕不可兼，３６９運，３運接４運，６運接７運，９運接１，故一運可管二運之用，３６９指卦運而言。

但是辛戌 亥壬 乙辰 巳丙出卦可兼 指的是來水可兼,

而坐山來水絕不可兼

３６９運,3運接4運,6運接7運,9運接1運

故一運可管二運之用

３６９指卦運而言

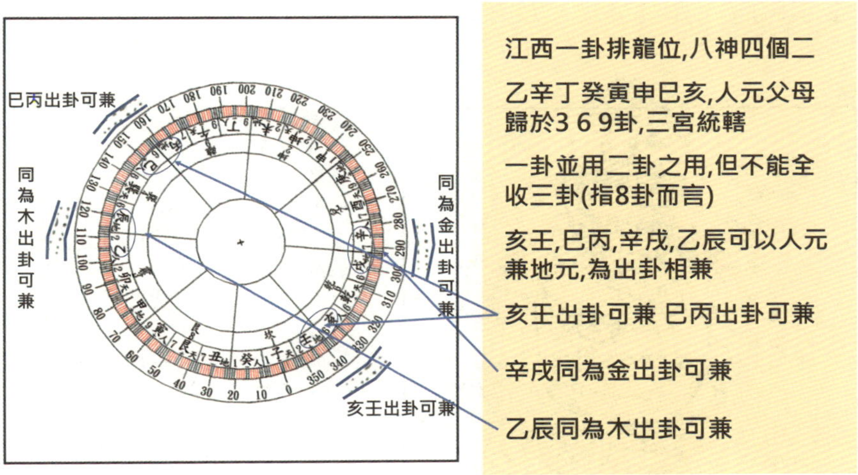

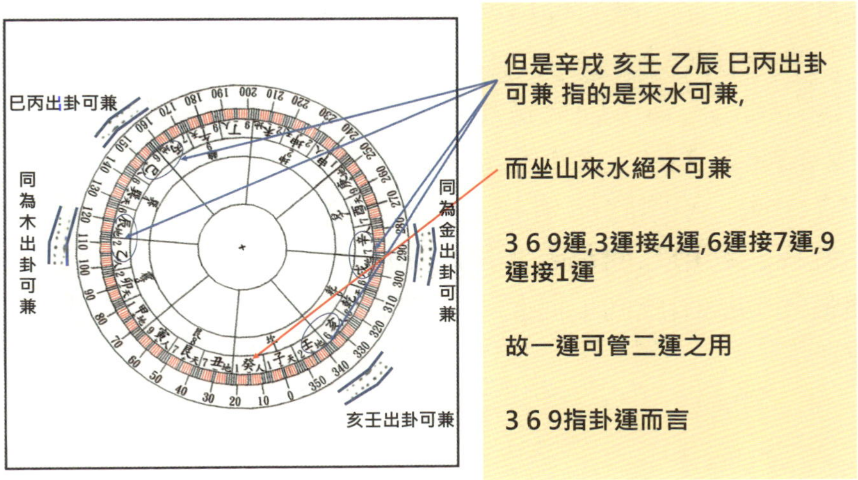

江南江北共一卦，辰戌丑未甲庚丙壬地元父母歸於２５８卦，三宮統轄，一卦收盡滿盤（指８卦而言），辰戌丑未四墓水只有地元龍的坐向才有，天元及人元無法全收四墓之水，無法三元不敗，地元龍若以先天乾坤後天坎離為坐向運之用，搭配亥壬、巳丙、辛戌、乙辰可以人元兼地元，出卦可相兼，就可一卦收盡滿盤，２５８運，串１４７，及３６９運，可１至９運皆發，三元不敗也。

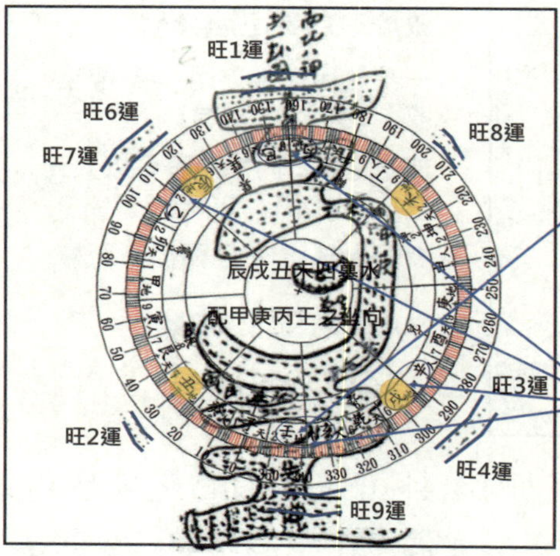

江南江北共一卦,
辰戌丑未甲庚丙王地元父母
歸於２５８卦,三宮統轄
一卦收盡滿盤(指8卦而言)
辰戌丑未四墓水只有地元龍
的坐向才有
天元及人元無法全收四墓之
水,無法三元不敗
地元龍若以先天乾坤後天坎
離為坐向運之用
搭配亥王,巳丙,辛戌,乙辰可以
王元兼地元,出卦可相兼
就可一卦收盡滿盤
２５８運,串１４７,及３６９運,
可1至9運皆發,三元不敗也

上述為蔣大鴻所講在古代可能找到這種格局，但現在不可能再有此種地形了，唯有坤艮或艮坤在２５８運的格局，雖然令星顛倒，只要坐山有水，向前有龍脈或小山坡，就符合令星，不怕顛倒，因為同為土氣，則全局九宮的三個三合宮位，三般卦都符合１４７或２５８或３６９，才能三元不敗。

在山龍、平陽龍都 有辦法以人工達到三元不敗，想要三元不敗，就只能利用三面都有水局的坤山艮向或艮山坤向，或是利用地運最短的辰山戌向，而且三面皆有水局的格局，才能達到三元不敗。

如八運辰山戌向，地運只 20 年，只有一運，九運就入囚，其餘的八個運，外局都有水符合財運，也可以三元不敗，就像南鯤鯓的格局，它是五運年間完成的。

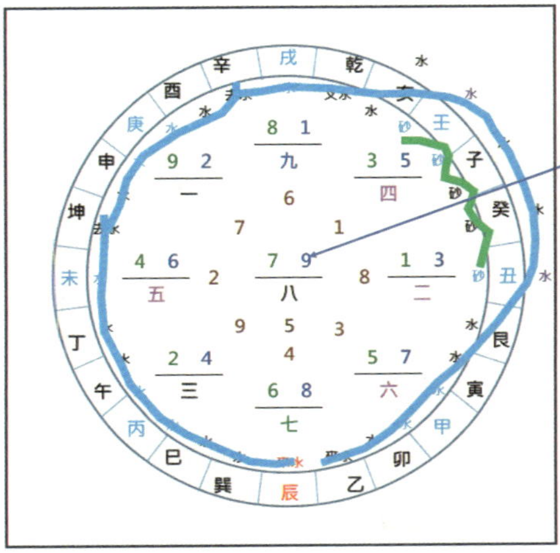

或者是八運 辰山戌向

地運只20年 只有1運 九運就入囚
其餘的八個運 外局都有水符合財運

也可以三元不敗 就像南鯤鯓的格局

南鯤鯓是南部的影集 它是五運年間完成的

三大卦起例法，向上為往，向下為來，自左順往 1 卦，1 4 7 順，坎 1 宮加 3 得巽 4，巽 4 加 3 得兌 7，自右逆來 1 卦，3 6 9 逆，震 3 宮加 3 得乾 6，乾 6 加 3 得離 9，2 8 合 10，中 5 樞紐，由 5 逆減 3 得 2，5 順加 3 得 8，南以 4 9 為友相配，北以 1 6 共宗相配，合首尾東西 3 7 合 10。

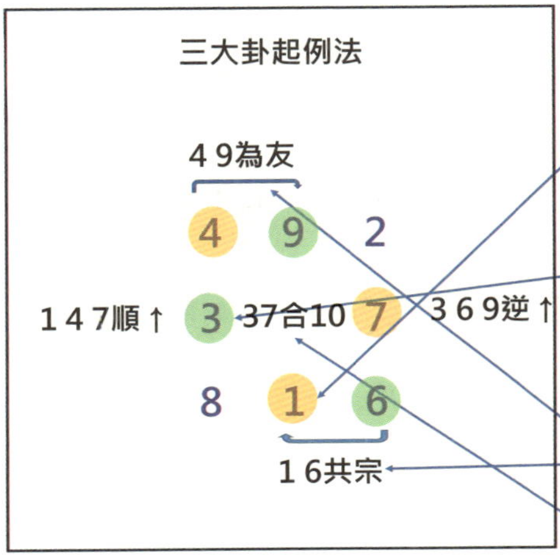
三大卦起例法
4 9為友
4
9
2
1 4 7順↑
3
37合10
7
3 6 9逆↑
8
1
6
1 6共宗

向上為往 向下為來
自左順往 1卦
1 4 7順
坎1宮加3得巽4,巽4加3得兌7
自右逆來 1卦
3 6 9逆
震3宮加3得乾6,乾6加3得離9
2 8合10,中5樞紐,由5逆減3得2, 5順加3得8
不從順逆推求,直串為卦,兼該順逆
南以4 9為友相配
北以1 6共宗相配
合首尾東西3 7合10

故三大卦48局，倒排父母龍穴水三事，局局不離2 5 8也，如坎離坐向，包含三卦，三元不敗，用先天南屬首，坤北屬尾，包含三男三女於中，以責效而觀成也，三大卦48局有如散錢樓地，2 5 8一以串之而無遺，艮坤總交之祕訣是後天八卦為方位，並以後天八卦分佈九宮(重點是穴入中)，其妙奧總在48局上，倒排父母妙用而出。

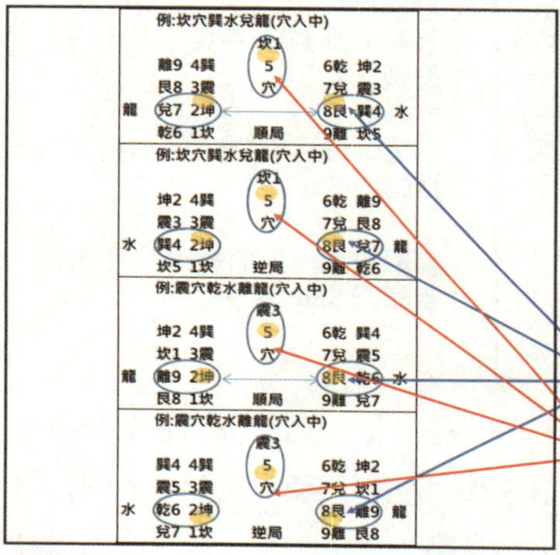

故三大卦48局,倒排父母龍穴水三事
局局不離258也
如坎離坐向,包含三卦,三元不敗
用先天南屬首,坤北屬尾
包含三男三女於中
以責效而觀成也
三大卦48局有如散錢樓地
258一以串之而無遺
艮坤總交之祕訣是後天八卦為方位
並以後天八卦分佈九宮(重點是穴入中)
其妙奧總在48局上,倒排父母妙用而出

倒排父母之排山掌訣用法，倒排父母其實就是挨星的飛法，前人都是以排山掌訣去倒排父母。

倒排父母之排山掌訣用法
倒排父母其實就是挨星的飛法
前人都是以排山掌訣去倒排父母

然後再轉換到九宮格 就是把排山掌挨到的星，排到九宮格相關的卦位上，乾二、兌三、艮四、離五、坎六、坤七、震八、巽九，佈於後天卦的九宮格上，如下圖再下圖所示。

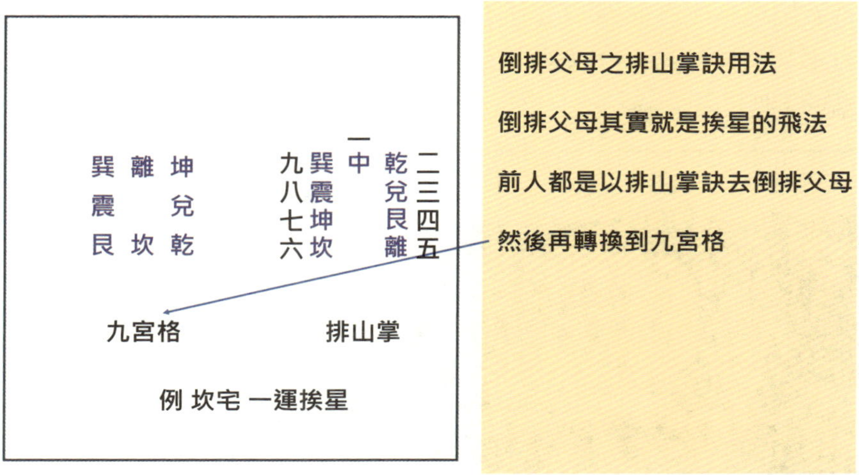
巽 離 坤
震 兌
艮 坎 乾
一
九 巽 中 乾 二
八 震 兌 三
七 坤 艮 四
六 坎 離 五
九宮格
排山掌
例 坎宅 一運挨星
倒排父母之排山掌訣用法
倒排父母其實就是挨星的飛法
前人都是以排山掌訣去倒排父母
然後再轉換到九宮格

其實可以直接在九宮格上去挨星順逆飛，這樣就可以一次到位，不須再經過轉換。直接順逆飛的方法就是依照 6 乾 7 兌 8 艮 9 離 1 坎 2 坤 3 震 4 巽的順序，佈九星於後天八卦之九宮格。

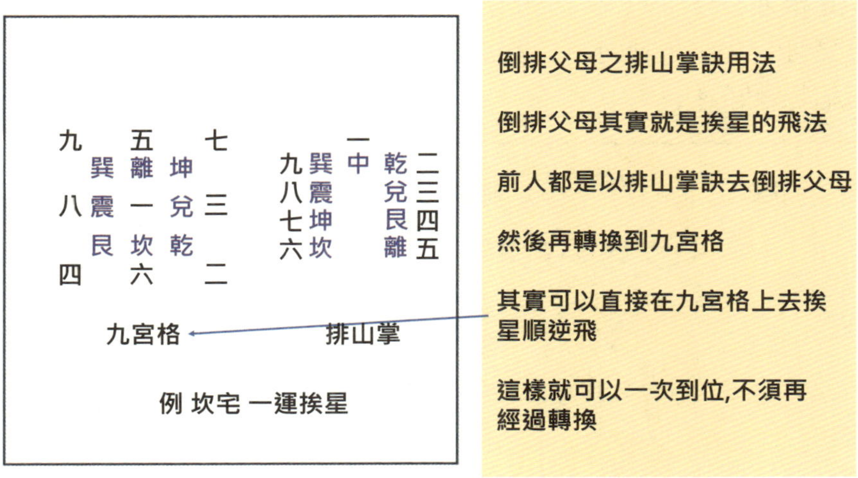
九 五 七
巽 離 坤
八 震 一 兌 三
艮 坎 乾
四 六 二
一
九 巽 中 乾 二
八 震 兌 三
七 坤 艮 四
六 坎 離 五
九宮格
排山掌
例 坎宅 一運挨星
倒排父母之排山掌訣用法
倒排父母其實就是挨星的飛法
前人都是以排山掌訣去倒排父母
然後再轉換到九宮格
其實可以直接在九宮格上去挨星順逆飛
這樣就可以一次到位,不須再經過轉換

第 35 章　零正兩神發秘

吉水凶水，平陽龍 (有山有水) 以天心正運論，論正神水或零神水 (山與水兼論)，以運為最重要，(納氣看吉水與凶水)，以納氣法論有無納到旺氣。

吉水凶水(零正兩神發秘)

以下講龍神相關之理論

平陽龍(有山有水)以天心正運論

論正神水或零神水(山與水兼論)

上元運正神水為1 2 3 4,零神水為6 7 8 9

以運為最重要

(納氣看吉水與凶水)

以納氣法論有無納到旺氣

納氣法看第12章解說

此稱水聚天心 (水匯聚在明堂)，水直流出不好 (沒有案山或龍虎交牙之故)，兩水交於前 有案山擋住水流，往城門 (向之兩側) 流出最好。

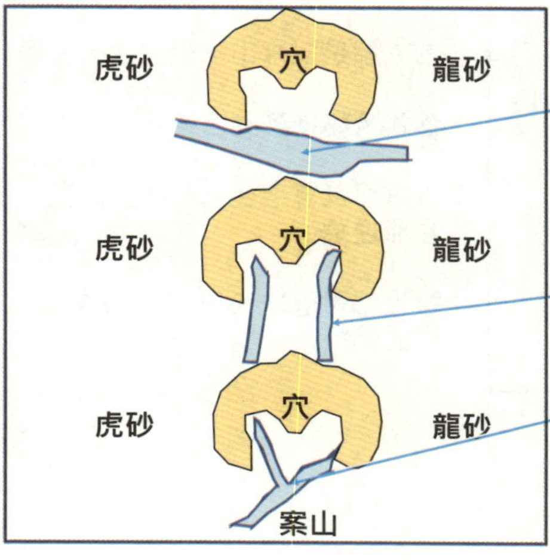

此稱水聚天心(水匯聚在明堂)

水直流出不好(沒有案山或龍虎交牙之故)

兩水交於前 有案山擋住水流

往城門(向之兩側)流出最好

山龍說的是有山無水，也就是看不到水的格局，這就要以來龍，配龍虎砂，配穴，玄空盤之局要合運，看此運可不可以用，

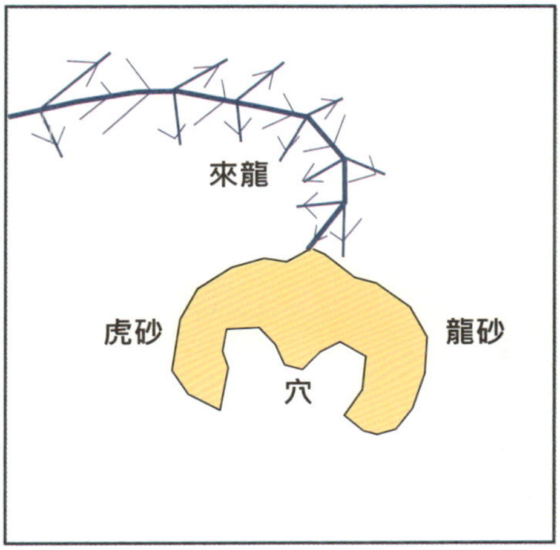

山龍(有山無水)

以來龍,配龍虎砂,配穴

玄空盤之局要合運

看此運可不可以用

山龍之穴場，不能有風煞進來，像觀音山凌雲禪寺附近的穴場，雖然左右龍虎砂，層層包裹，但是在西北方有一處缺口，這樣就會引來風煞，對穴場來說就是帶來災禍，所以那一處的墳墓都不是很好。

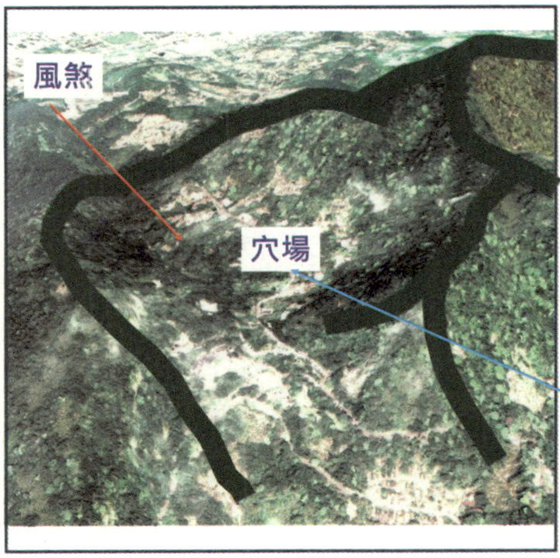

山龍(有山無水)

以來龍,配龍虎砂,配穴

玄空盤之局要合運

看此運可不可以用

山龍之穴場,

不能有風進來

平洋龍就是整塊地都是平地，沒有山龍也，平洋龍不論山龍，水龍以納氣法論吉水與凶水，吉水與凶水請看第 13 章解說。

平洋龍就是整塊地都是平的

沒有山龍也(不論山龍)

水龍以納氣法論吉水與凶水

吉水與凶水請看第13章解說

天心正運，興衰循環，陰陽消長，經盤理氣之總持也，水龍陰宅與夫陽基，舍是則無所本，却與山上龍神總不關涉，此乃水龍陰陽二宅，收山出煞祕旨，旺方有實地，衰方有水，論吉，

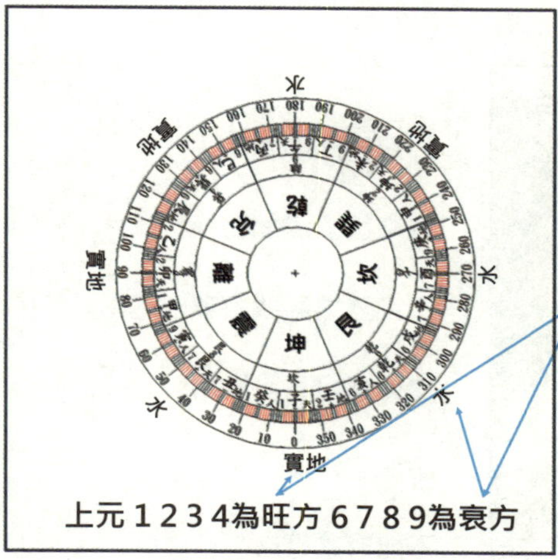

天心正運,興衰循環,陰陽消長,
經盤理氣之總持也
水龍陰宅與夫陽基,舍是則無所本
却與山上龍神總不關涉
此乃水龍陰陽二宅,收山出煞祕旨
旺方有實地 衰方有水,論吉

旺方有水，衰方有實地，論凶，此為收山出煞之法，收山出煞就是旺方要有山，衰方要有水，此一般風水師看地都會先用此法，專論門水迎生避煞，去衰就旺，扶起正氣，培植善類，屏棄群小者。

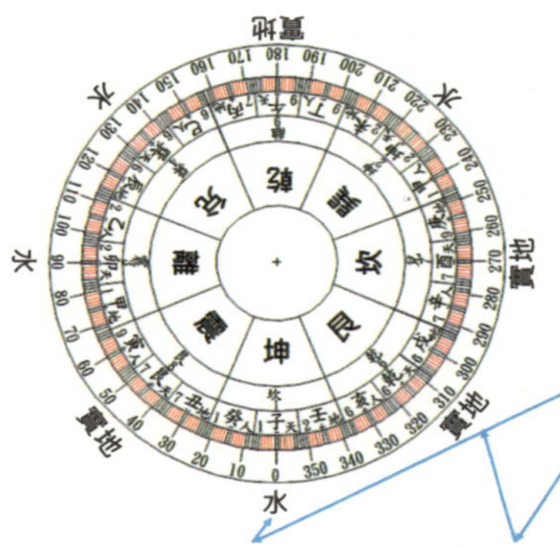

上元 1 2 3 4為旺方 6 7 8 9為衰方

天心正運,興衰循環,陰陽消長,
經盤理氣之總持也
水龍陰宅與夫陽基,舍是則無所本
却與山上龍神總不關涉
此乃水龍陰陽二宅,收山出煞祕旨
旺方有實地 衰方有水,論吉
旺方有水 衰方有實地,論凶
此為收山出煞之法
專論門水迎生避煞,去衰就旺
扶起正氣,培植善類,屏棄群小者,

用後天方位，理先天之卦爻，故坎 1 宮，運用離九宮之水，此後天方位也，在先天為乾坤對待，後天坎離是先天乾坤，在後天 1 9 合十。

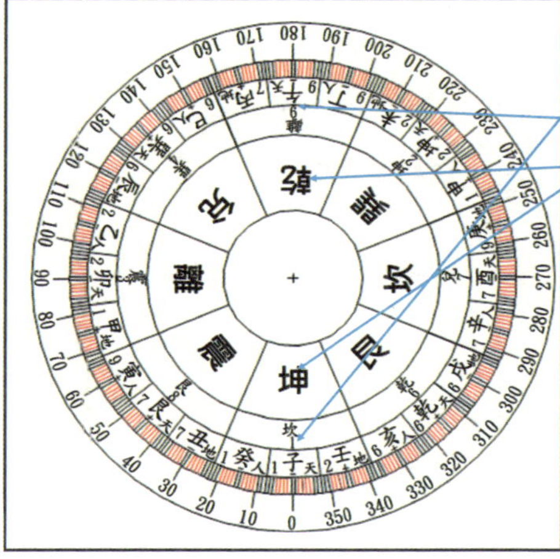

用後天方位,理先天之卦爻
故坎1宮
運用離九宮之水,此後天方位也
在先天為乾坤對待
(後天坎離是先天乾坤)
在後天 1 9 合10

離9宮，運用坎1宮水亦然，後天卦之合十，就是先天卦之對待關係，天地定位，雷風相薄，山澤通氣，水火不相射。

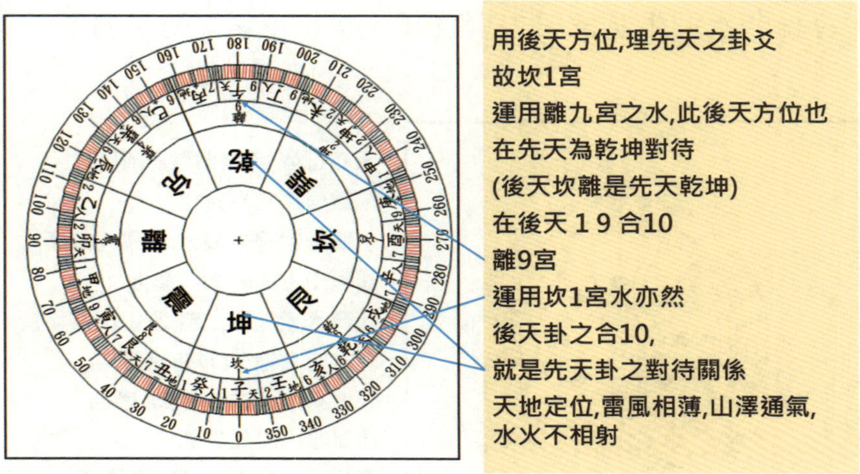
用後天方位,理先天之卦爻
故坎1宮
運用離九宮之水,此後天方位也
在先天為乾坤對待
(後天坎離是先天乾坤)
在後天１９合10
離9宮
運用坎1宮水亦然
後天卦之合10,
就是先天卦之對待關係
天地定位,雷風相薄,山澤通氣,
水火不相射

蓋中5為先天儲精之所，後天迎神引氣之宮，八卦方位，互為龍水，互為零正兩神，上元1234為正神，6789為零神，下元1234為零神，6789為正神，此之謂顛倒顛，大羅先是也。

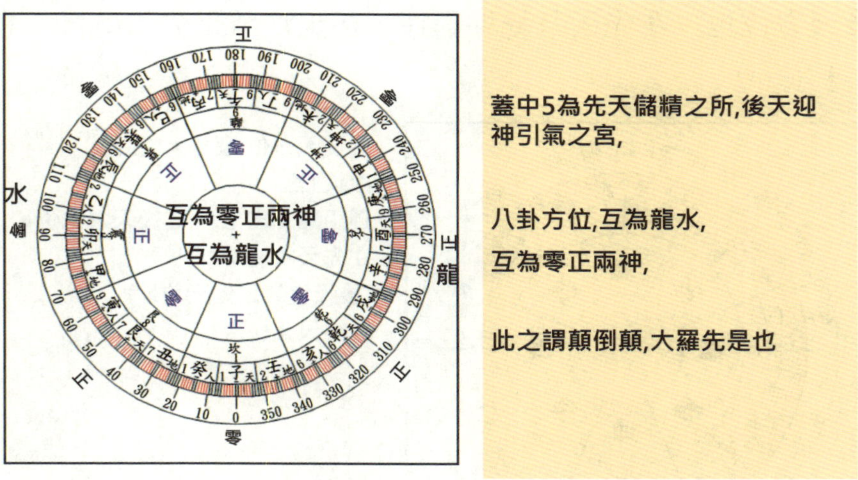
互為零正兩神
互為龍水
蓋中5為先天儲精之所,後天迎神引氣之宮,
八卦方位,互為龍水,
互為零正兩神,
此之謂顛倒顛,大羅先是也

第 36 章　取局立穴秘旨口訣

取局立穴秘旨口訣，此言河圖洛書，雖有先後天體用之分，實則一源而非二象，地盤之用洛書九宮，即後天河圖也。

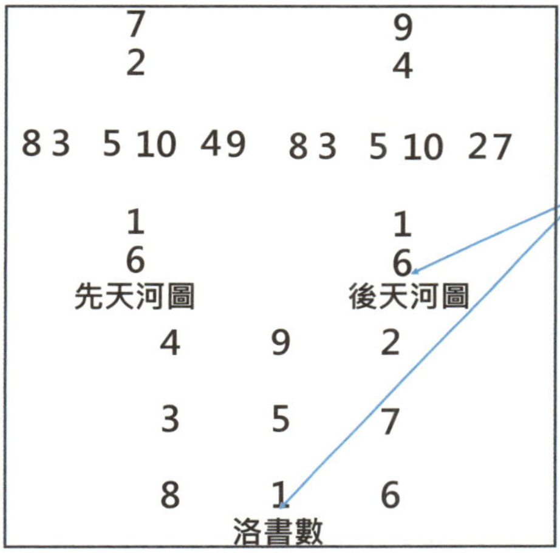
7
2
9
4
8 3　5 10　4 9
8 3　5 10　2 7
1
6
1
6
先天河圖
後天河圖
4　9　2
3　5　7
8　1　6
洛書數

取局立穴秘旨口訣

此言河圖洛書,雖有先後天體用之分,實則一源而非二象.

地盤之用洛書九宮,即後天河圖也.

八卦定位而九宮飛行（所以象斗杓之轉旋），八卦是方位，九宮即北斗七星加輔弼，此理充塞宇宙無物不具於洛書，都是由洛書數而來，而地者具大象也。

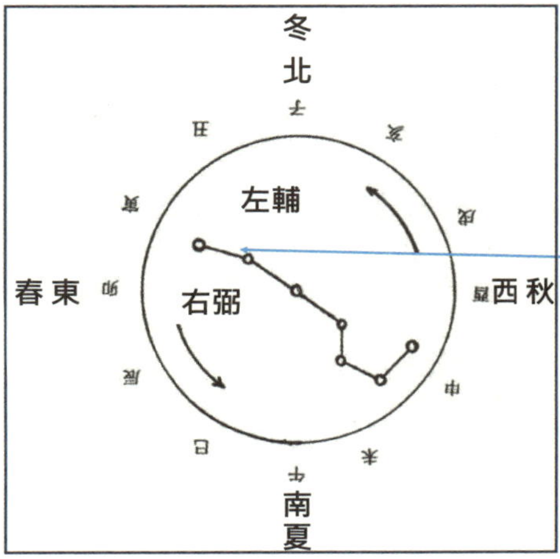

取局立穴秘旨口訣

此言河圖洛書,雖有先後天體用之分,實則一源而非二象.

地盤之用洛書九宮,即後天河圖也.

八卦定位而九宮飛行(所以象斗杓之轉旋)

八卦是方位,九宮即北斗七星加輔弼

此理充塞宇宙無物不具於洛書,

而地者具大象也

方隅雖有 24 道 (24 山)，其體不過八卦 (8 宮) 能統攝之，方位雖有 24 山，其體 8 宮統之也，故四正以干為輔，四維以支為輔。

方隅雖有24道(24山)

其體不過八卦(8宮)能統攝之

方位雖有24山,其體8宮統之也

故四正以(干)為輔

四維以支為輔

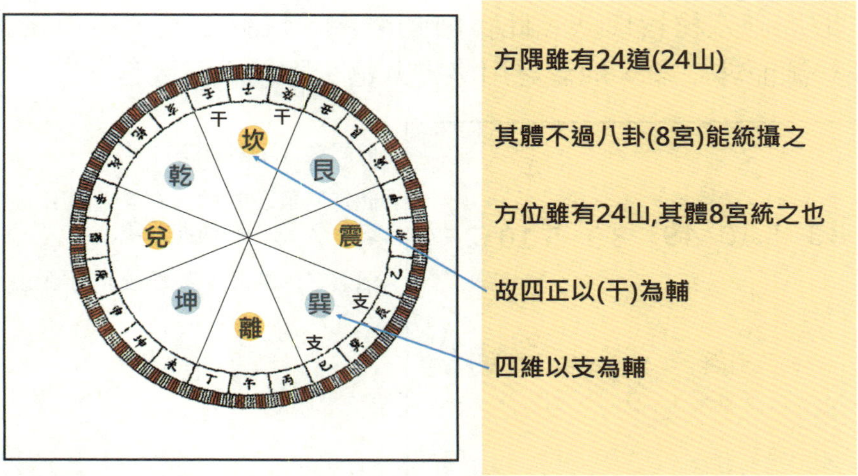

五帝三王分天下為九州，九州就是荊州、豫州、陽州、九州、并州、西涼、庸州、南陽，指的就是是大九宮，而井田制就是大九宮裡面的小九宮，先王體國經野，莫不如是，後浸失其法則以山龍混之，反失大地之正。

荊州	南陽	雍州
豫州		西涼
陽州	九州	并州

九州排來第一坎. (中國代稱)
離九鎮南陽. (位河南,中國之南居陽地)
左三震鎮豫州. (在河水和漢水之間)
右七兌鎮西涼. (甘肅,寧夏,青海,新疆,內蒙)
坤二雍州境. (渭河平原)
艮八鎮在陽州城. (今山東東平縣北)
乾六并州主. (山西太原大同,河北保定)
四巽鎮在荊州鄉. (南陽以南包括湖北湖南)

五帝三王分天下為九州即是大九宮

井田制即是小九宮

先王體國經野,莫不如是

後浸失其法則以山龍混之

反失大地之正

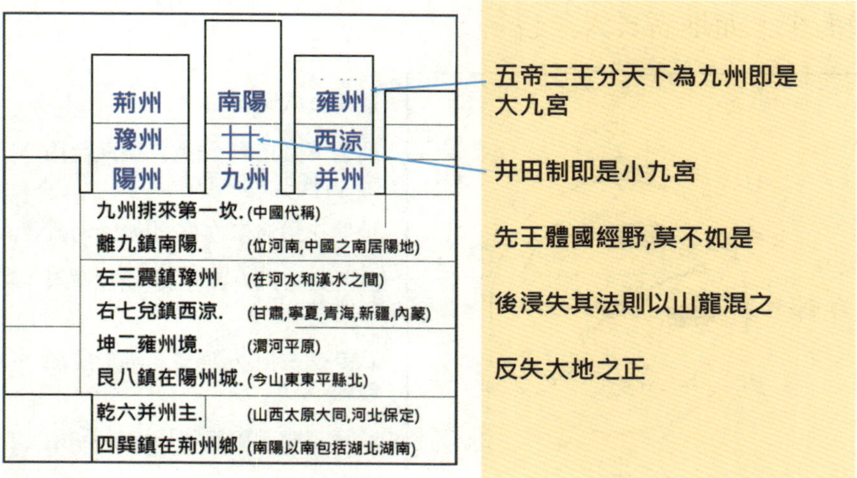

只以立穴處一滴相近者為先到，便是真氣流露，即便成局，雖方圓一坪，四圍皆水，略無來龍，而可分九氣，平洋龍不須看來龍，以下是取局立穴 (下手) 的說明，如近南為坎局要傍南水而立穴，近北為離局要傍北水立穴。

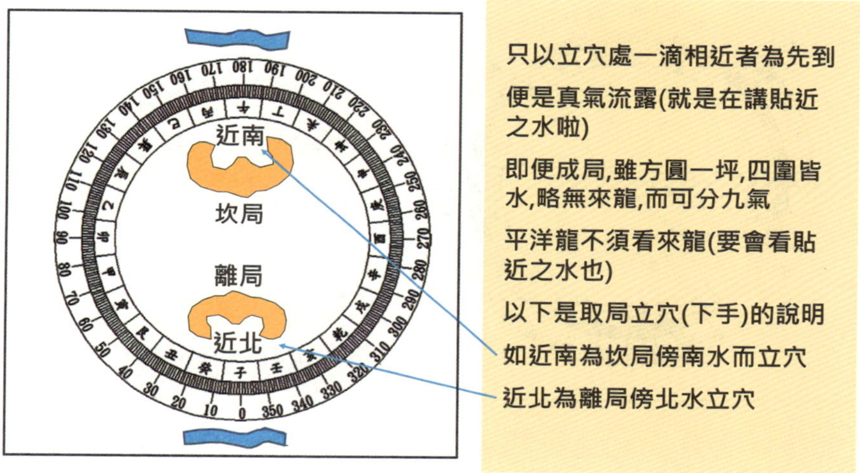
近南
坎局
離局
近北
只以立穴處一滴相近者為先到
便是真氣流露(就是在講貼近之水啦)
即便成局,雖方圓一坪,四圍皆水,略無來龍,而可分九氣
平洋龍不須看來龍(要會看貼近之水也)
以下是取局立穴(下手)的說明
如近南為坎局傍南水而立穴
近北為離局傍北水立穴

近西南為艮局要傍西南水立穴，近東北為坤局要傍東北水立穴，居中做穴謂五黃中宮局，若三方水遠近適均亦做五黃論，此定體也，土與水，土厚水深就不會割腳，土不會流失，若水與地平會割腳，就不好。

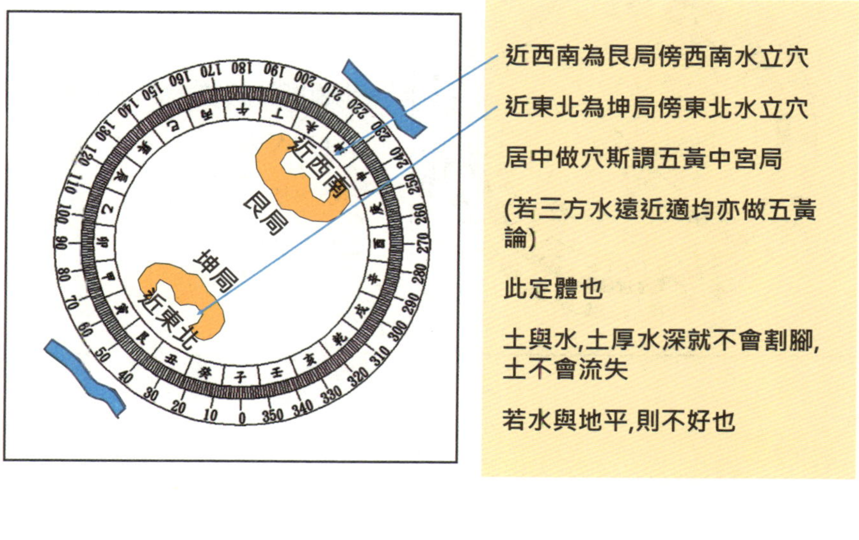
近西南
艮局
坤局
近東北
近西南為艮局傍西南水立穴
近東北為坤局傍東北水立穴
居中做穴斯謂五黃中宮局
(若三方水遠近適均亦做五黃論)
此定體也
土與水,土厚水深就不會割腳,土不會流失
若水與地平,則不好也

下手（立穴）只取本元局氣旺者，又觀內氣融結消息，參大勢向背，何者為真，何者為假，何者得全，何者得半，而後擇一局仟之，並不是局局都可下也，例如坤水引艮氣，此為正常格局。

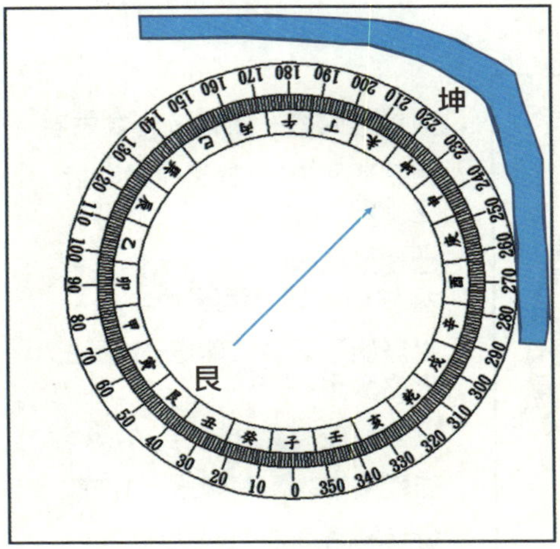

今論作者下手只取本元局氣旺者

又觀內氣融結消息,參大勢向背

何者為真,何者為假

何者得全,何者得半

而後擇一局仟之,非謂局局可下也

坤水引艮氣 此為正常格局

如果外應堂局元運等類，皆合此局，有一條水交叉，引乾坎二氣，此為內氣不清，而此局內氣未清，可以人力加以清之，才有相輔相成之妙。

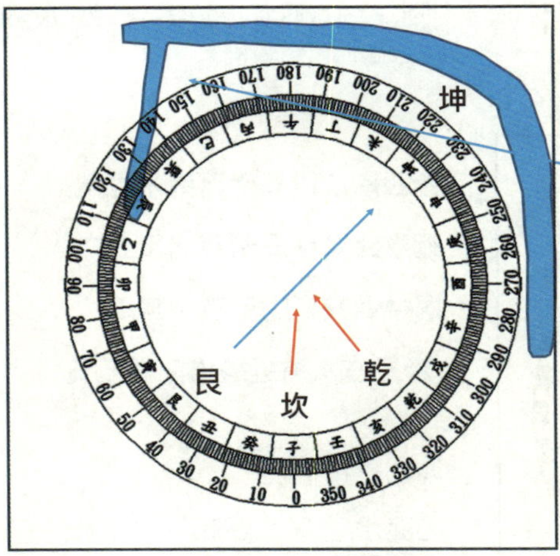

假如外應堂局元運等類,皆合此局

有一條水交叉

引乾坎二氣,此為內氣不清

而此局內氣未清

不妨少加人力以清之

斯得裁成輔相之妙

時師亦有能言局者，往往錯誤，錯在下穴不真，所謂失胎也，下錯穴，則差之毫釐，謬以千里也，要擇到真穴再仟之，非謂局局可下也，例如下元運，穴引到卯氣不行，穴移至艮處，引艮氣，這叫做差之毫釐，失之千里。

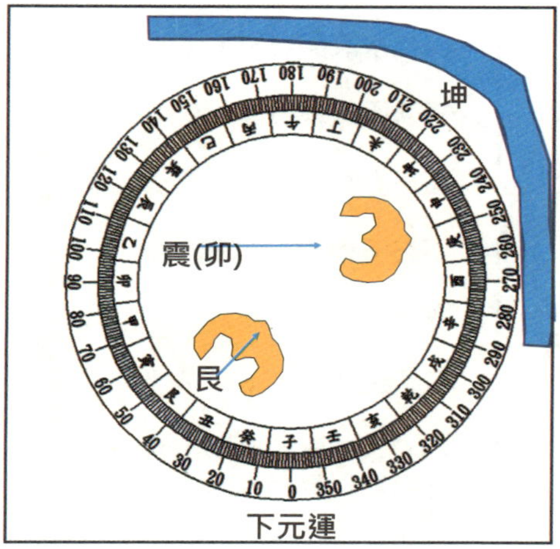

今之時師亦有能言局者,往往錯誤

病在下穴不真

所謂失胎也

失胎者,則差之毫釐,謬以千里也

而後擇一局仟之,非謂局局可下也

例 下元運

穴吸卯氣不行

穴移至艮處 吸艮氣

此為差之毫釐,失之千里

迫近坤方認定為艮局，辨局（分辨格局）要知堂局（乃論貼身之水），所謂堂者非明堂之堂，乃論貼身之水，不拘前後左右皆為堂氣（貼身之水氣），艮局要傍西南水立穴，近西南（坤申方）。

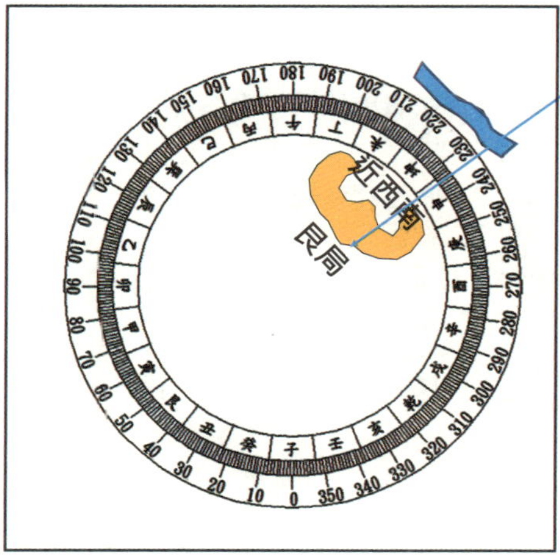

迫近坤方認定為艮局

辨局(分辨格局)要知堂局(乃論貼身之水)

所謂堂者非明堂之堂,乃論貼身之水

不拘前後左右皆為堂氣(貼身之水氣)

艮局(傍西南水立穴)

近西南(坤申方)

假如申水兼庚則艮不清而犯到震，寅兼甲出卦相兼，庚方有水則甲氣（震氣）到也，若在下元，震宮是衰氣，收震宮衰氣不是求福反而會得禍，八宮皆如此辨不可不慎，亦有兩宮氣到雜而不清仍然獲吉者，則應是兩宮所喜也。

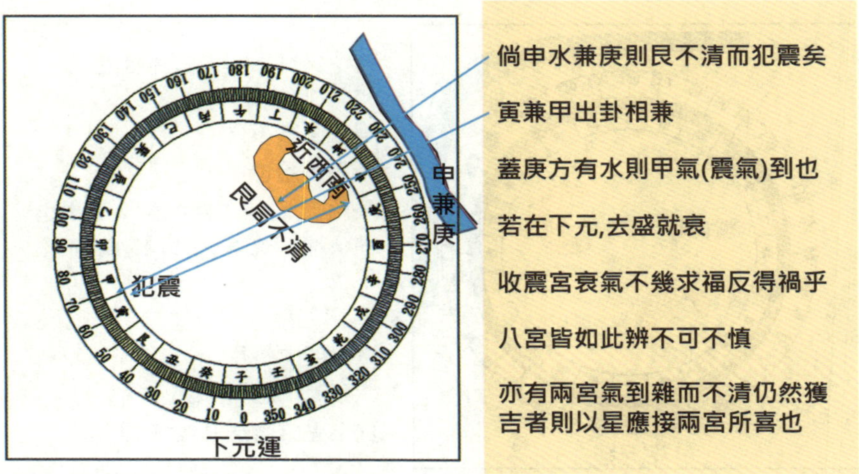
近西南
艮局不清
犯震
申兼庚
下元運
倘申水兼庚則艮不清而犯震矣
寅兼甲出卦相兼
蓋庚方有水則甲氣(震氣)到也
若在下元,去盛就衰
收震宮衰氣不幾求福反得禍乎
八宮皆如此辨不可不慎
亦有兩宮氣到雜而不清仍然獲吉者則以星應接兩宮所喜也

假如震局兼巽局就很好，收到震兼巽之氣上元運論吉，是因為收到震與巽氣皆木也，而且元運相同，所以震局兼巽局，上元運論吉。

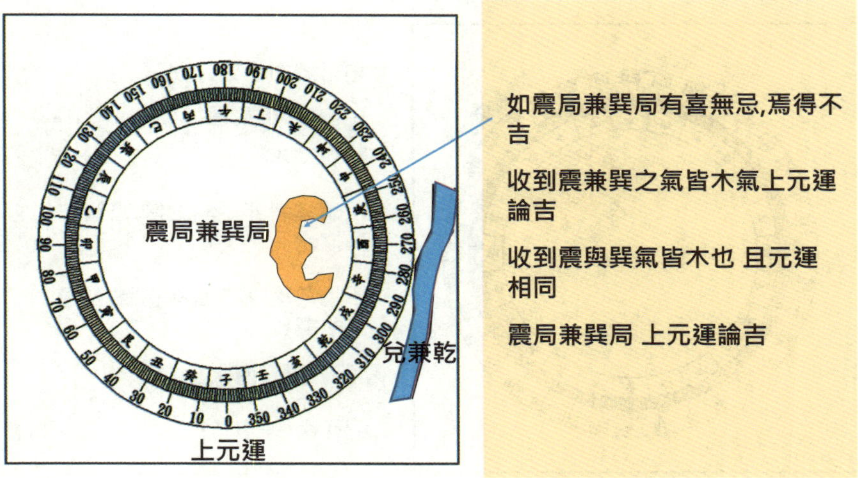
震局兼巽局
兌兼乾
上元運
如震局兼巽局有喜無忌,焉得不吉
收到震兼巽之氣皆木氣上元運論吉
收到震與巽氣皆木也 且元運相同
震局兼巽局 上元運論吉

假如兌局兼乾局有喜無忌，焉得不吉，收到兌兼乾之氣因為兌與乾氣皆金也，所以下元運論吉，且元運相同，更有一種地兩宮水到，或三宮四宮水齊到，皆為脈氣相通，此地最美，三元不敗，但須體格端麗純全，如果收氣之水參差零雜，就非真地反而不如單局之力矣。

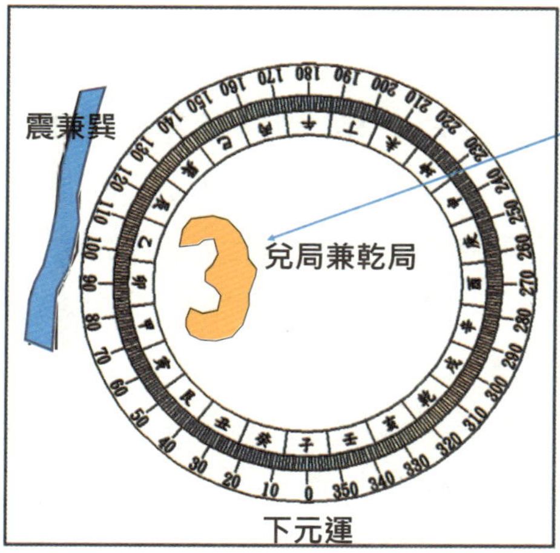

如兌局兼乾局有喜無忌,焉得不吉

收到兌兼乾之氣皆金氣下元運論吉

收到兌與乾氣皆金也 且元運相同

更有一種奇地兩宮水到,或三宮四宮齊到

皆為群經媾會,胎息支通,最為和美

三元不敗,但須體格端麗純全

或其收氣之水參差零雜,即非真地反不如單局之力專矣

第 37 章　生旺衰死四字發秘

本章介紹生旺衰死龍，生龍零神吉，為與本運合十數，死龍凶，即本運，旺龍照神吉，為與本運合生成數，衰龍凶，為與照神合十數，平龍吉，不含生龍旺龍，困龍凶，不含死龍衰龍。

此是以生龍、死龍、旺龍、衰龍、平龍、困龍來比喻吉水、凶水、零神水、照神水，使讀者更容易了解，楊公講零神水、照神水、吉水、凶水的奧妙，楊公所講的零神，例如零堂正向須知好，零堂就是零神位，要知道零神位在你的正向到底是好還是不好，認取來山腦，就是坐山的穴場，要對到水庫的位置，零神位合水局，會旺財。

生旺衰死四字發秘，生龍吉為零神，為與本運合十數，死龍凶為當煞之運，即本運，旺龍吉為照神 (催運)，為與本運合生成數，衰龍凶催煞，為與照神 (催運) 合十數，平龍吉未交之運 (不含生龍旺龍)，困龍凶未交當煞之運，(不含死龍衰龍)。

生旺衰死詳下表說明

項目	右為元運	1	2	3	4	5	6	7	8	9
生龍	(零神) 本元本運	9	8	7	6		4	3	2	1
死龍	出元當煞之運	1	2	3	4		6	7	8	9
旺龍	(照神) 催運	6	7	8	9		1	2	3	4
衰龍	催煞	4	3	2	1		9	8	7	6
平龍	未交之運	78	69	69	78		23	14	14	23
困龍	未交當煞之運	23	14	14	23		78	69	69	78

生旺衰死四字發秘

生龍吉為零神 為與本運合十數

死龍凶為當煞之運 即本運

旺龍吉為照神(催運) 為與本運合生成數

衰龍凶催煞為與照神(催運)合十數

平龍吉未交之運(不含生龍旺龍)

困龍凶未交當煞之運(不含死龍衰龍)

上元 1 白當令，離方水，正吉零神水為吉水，坎水，正煞為凶水，乾水，催吉照神水為吉水，巽水，催煞為凶水，兌艮方水，平龍為吉水，坤震方水，困龍為凶水。

右為吉凶之水(以名字代替)	正吉	正煞	催吉	催煞	平龍	困龍
上元1白當令 顛倒輪之	9	1	6	4	78	23
離方水為正吉	9					
坎水為正煞		1				
1 6共宗乃將4綠顛倒輪之 以6白乾水為催吉			6			
4綠巽水為催煞				4		
7兌8艮					78	
2坤3震						23
	零神水 吉水	凶水	照神水 吉水	凶水	吉水	凶水

上元1白當令

離方水 正吉零神水為吉水

坎水 正煞為凶水

乾水 催吉照神水為吉水

巽水 催煞為凶水

兌艮方水 平龍為吉水

坤震方水 困龍為凶水

上元 2 黑當令，艮方水，正吉零神水為吉水，坤水，正煞為凶水，兌水，催吉照神水為吉水，震水，催煞為凶水，乾離方水，平龍為吉水，坎巽方水，困龍為凶水。

右為吉凶之水(以名字代替)	正吉	正煞	催吉	催煞	平龍	困龍
上元2黑當令 顛倒輪之	8	2	7	3	69	14
艮方水為正吉	8					
坤水為正煞		2				
2 7同道乃將3碧顛倒輪之 以7赤兌水為催吉			7			
3碧震水為催煞				3		
6乾9離					69	
1坎4巽						14
	零神水 吉水	凶水	照神水 吉水	凶水	吉水	凶水

上元2黑當令

艮方水 正吉零神水為吉水

坤水 正煞為凶水

兌水 催吉照神水為吉水

震水 催煞為凶水

乾離方水 平龍為吉水

坎巽方水 困龍為凶水

上元3碧當令，兌方水，正吉零神水為吉水，震水，正煞為凶水，艮水，催吉照神水為吉水，坤水，催煞為凶水，乾離方水，平龍為吉水，坎巽方水，困龍為凶水。

右為吉凶之水(以名字代替)	正吉	正煞	催吉	催煞	平龍	困龍
上元3碧當令 顛倒輪之	7	3	8	2	69	14
兌方水為正吉	7					
震水為正煞		3				
3 8為朋乃將2黑顛倒輪之 以8白艮水為催吉			8			
2黑坤水為催煞				2		
6乾9離					69	
1坎4巽						14
	零神水 吉水	凶水	照神水 吉水	凶水	吉水	凶水

上元3碧當令

兌方水 正吉零神水為吉水

震水 正煞為凶水

艮水 催吉照神水為吉水

坤水 催煞為凶水

乾離方水 平龍為吉水

坎巽方水 困龍為凶水

中元4綠當令，乾方水，正吉零神水為吉水，巽水，正煞為凶水，離水，催吉照神水為吉水，坎水，催煞為凶水，兌艮方水，平龍為吉水，坤震方水，困龍為凶水。

右為吉凶之水(以名字代替)	正吉	正煞	催吉	催煞	平龍	困龍
中元4巽當令 顛倒輪之	6	4	9	1	78	23
乾方水為正吉	6					
巽水為正煞		4				
4 9為友乃將1白顛倒輪之 以9紫離水為催吉			9			
1白坎水為催煞				1		
7兌8艮					78	
2坤3震						23
	零神水 吉水	凶水	照神水 吉水	凶水	吉水	凶水

中元4綠當令

乾方水 正吉零神水為吉水

巽水 正煞為凶水

離水 催吉照神水為吉水

坎水 催煞為凶水

兌艮方水 平龍為吉水

坤震方水 困龍為凶水

中元 6 白當令，巽方水，正吉零神水為吉水，乾水，正煞為凶水，坎水，催吉照神水為吉水，離水，催煞為凶水，坤震方水，平龍為吉水，兌艮方水，困龍為凶水。

右為吉凶之水(以名字代替)	正吉	正煞	催吉	催煞	平龍	困龍
中元6白當令 顛倒輪之	4	6	1	9	23	78
巽方水為正吉	4					
乾水為正煞		6				
1 6共宗乃將9紫顛倒輪之 以1白坎水為催吉			1			
9紫離水為催煞				9		
2坤3震					23	
7兌8艮						78
	零神水 吉水	凶水	照神水 吉水	凶水	吉水	凶水

中元6白當令

巽方水 正吉零神水為吉水

乾水 正煞為凶水

坎水 催吉照神水為吉水

離水 催煞為凶水

坤震方水 平龍為吉水

兌艮方水 困龍為凶水

下元 7 赤當令，震方水，正吉零神水為吉水，兌水，正煞為凶水，坤水，催吉照神水為吉水，艮水，催煞為凶水，坎巽方水，平龍為吉水，乾離方水，困龍為凶水。

右為吉凶之水(以名字代替)	正吉	正煞	催吉	催煞	平龍	困龍
下元7赤當令 顛倒輪之	3	7	2	8	14	69
震方水為正吉	3					
兌水為正煞		7				
2 7同到乃將8白顛倒輪之 以2黑坤水為催吉			2			
8白艮水為催煞				8		
1坎4巽					14	
6乾9離						69
	零神水 吉水	凶水	照神水 吉水	凶水	吉水	凶水

下元7赤當令

震方水 正吉零神水為吉水

兌水 正煞為凶水

坤水 催吉照神水為吉水

艮水 催煞為凶水

坎巽方水 平龍為吉水

乾離方水 困龍為凶水

下元 8 白當令，坤方水，正吉零神水為吉水，艮水，正煞為凶水，震水，催吉照神水為吉水，兌水，催煞為凶水，坎巽方水，平龍為吉水，乾離方水，困龍為凶水。

右為吉凶之水(以名字代替)	正吉	正煞	催吉	催煞	平龍	困龍
下元8白當令 顛倒輪之	2	8	3	7	14	69
坤方水為正吉	2					
艮水為正煞		8				
3 8為朋乃將7赤顛倒輪之 以3碧震水為催吉			3			
7赤兌水為催煞				7		
1坎4巽					14	
6乾9離						69
	零神水 吉水	凶水	照神水 吉水	凶水	吉水	凶水

下元8白當令

坤方水 正吉零神水為吉水

艮水 正煞為凶水

震水 催吉照神水為吉水

兌水 催煞為凶水

坎巽方水 平龍為吉水

乾離方水 困龍為凶水

下元 9 紫當令，坎方水，正吉零神水為吉水，離水，正煞為凶水，巽水，催吉照神水為吉水，乾水，催煞為凶水，坤震方水，平龍為吉水，兌艮方水，困龍為凶水。

右為吉凶之水(以名字代替)	正吉	正煞	催吉	催煞	平龍	困龍
下元9紫當令 顛倒輪之	1	9	4	6	23	78
坎方水為正吉	1					
離水為正煞		9				
4 9為友乃將6白顛倒輪之 以4綠巽水為催吉			4			
6白乾水為催煞				6		
2坤3震					23	
7兌8艮						78
	零神水 吉水	凶水	照神水 吉水	凶水	吉水	凶水

下元9紫當令

坎方水 正吉零神水為吉水

離水 正煞為凶水

巽水 催吉照神水為吉水

乾水 催煞為凶水

坤震方水 平龍為吉水

兌艮方水 困龍為凶水

第 38 章　巒頭重點

巒頭重點，大抵來龍千里，要歸八尺，脈狹棺多，葬之不吉，所以說以氣勝棺則久，以棺勝氣則傷，八尺者沖陽和陰，配凹，平地配凸，高山配凹，

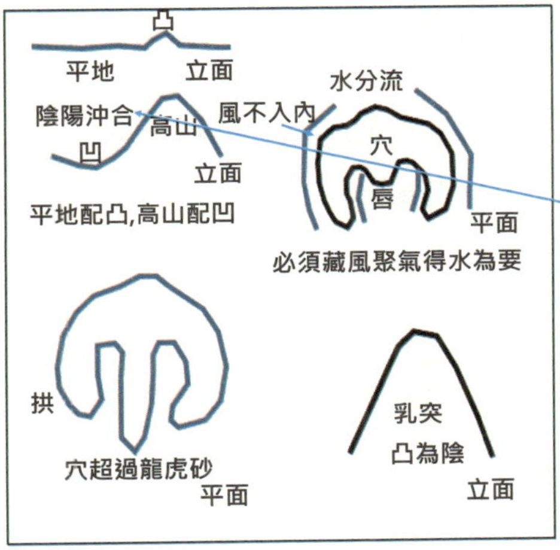

巒頭重點(天心十道發秘)
大抵來龍千里,要歸八尺
脈狹棺多,葬之不吉,
故曰以氣勝棺則久,以棺勝氣則傷
八尺者沖陽和陰, 配凹
平地配凸,高山配凹

至精至粹之氣，必須藏風聚氣得水為要，尤其是本身龍脈流下來的元辰水，三吉多因生巧出，四凶祇為拱粗強，穴超過龍虎砂，有如地之上交天，多成乳突而為陰。

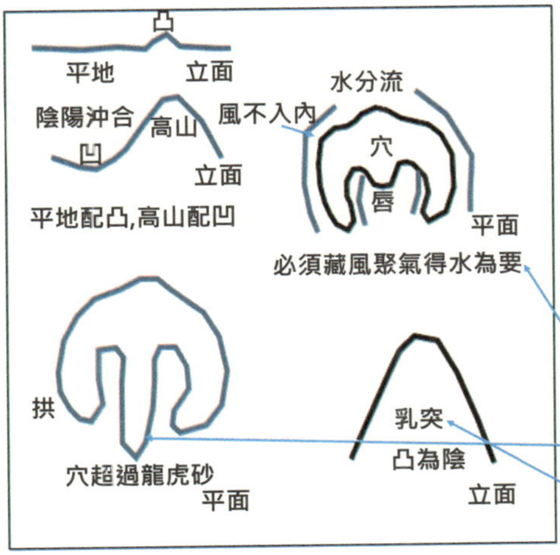

巒頭重點(天心十道發秘)
大抵來龍千里,要歸八尺
脈狹棺多,葬之不吉,
故曰以氣勝棺則久,以棺勝氣則傷
八尺者沖陽和陰, 配凹
平地配凸,高山配凹
至精至粹之氣
必須藏風聚氣得水為要
三吉多因生巧出
四凶祇為拱粗強 穴超過龍虎砂
有如地之上交天,多成乳突而為陰,

純陰不化不可以為穴，或生凹，或生口唇，而陰中之少陽見矣，急硬中氣暴末和，當求離閃，粗突處陰重無陽，定是旁行，落脈隱微知氣旺，來情顯露定虛花，此講的純陰，純陽沒有乳突，陰陽配合，無法結穴。

（圖：起頂、結穴、唇、陰、陽、立面、唇、穴、平面；起頂、陰、無法結穴、有陰無陽無法結穴、立面、平面）

純陰不化不可以為穴
或生凹
或生口唇,而陰中之少陽見矣
急硬中氣暴末和,當求離閃
粗突處陰重無陽,定是旁行
落脈隱微知氣旺
來情顯露定虛花
此講的純陰,純陽無法結穴

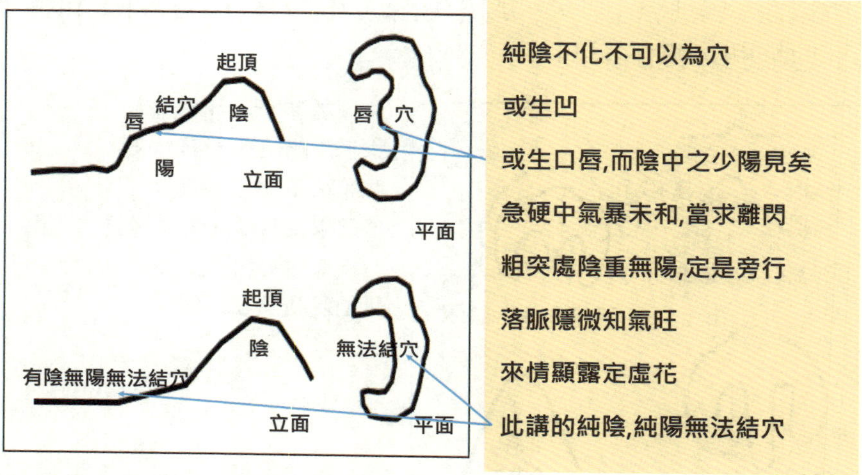

從平面看，眠體者自狹而闊，講的是陰狹，而陽闊的意思，從立面看，立體者自峻而平，坐體者自覆而仰，皆陰化陽也。

（圖：陽闊、陰峻、平陽、立面、狹陰、平面）

眠體者自狹而闊,

立體者自峻而平,

坐體者自覆而仰,皆陰化陽也

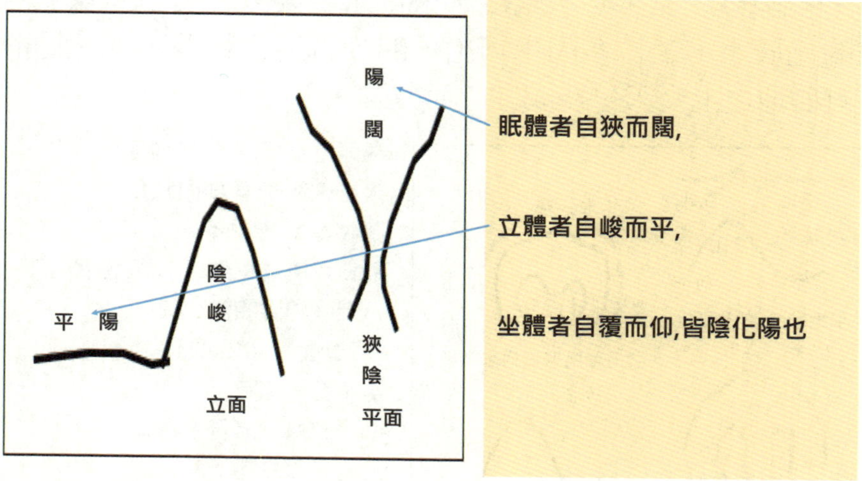

天之下交地，多生窩鉗而屬陽，純陽不發，不可以為穴，或生毡塊或生稜弦，而陽中之少陰見矣，自闊而狹自平而峻，自仰而覆皆陽化陰也。

天之下交地,多生窩鉗而屬陽,
純陽不發,不可以為穴
或生毡塊或生稜弦
而陽中之少陰見矣
自闊而狹自平而峻
自仰而覆皆陽化陰也

　　陰多者必下而親陽，到頭粗硬穴難尋，離却來龍問氣唇，就局乘生理導處，兩砂圓抱，水合襟，從平面看兩砂合抱，水流是本身的元辰水，就會在穴相合，若與外來水形成交叉，這個穴就是好穴。

陰多者必下而親陽
到頭粗硬穴難尋
離却來龍問氣唇
就局乘生理導處
兩砂圓抱
水合襟

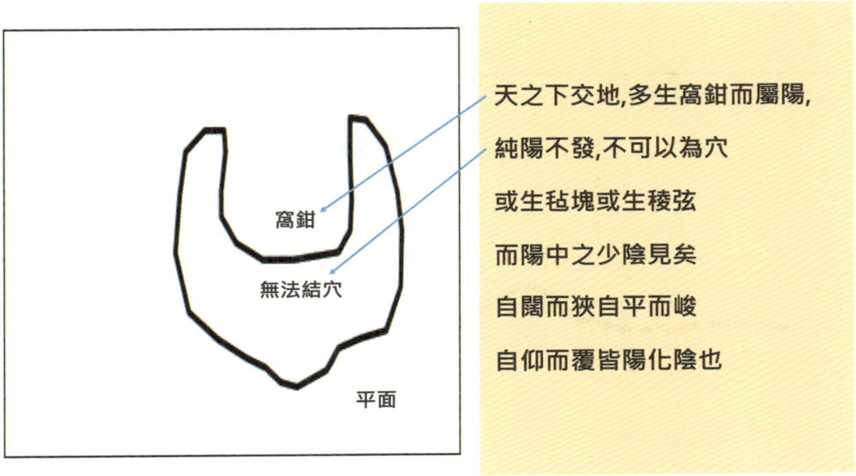

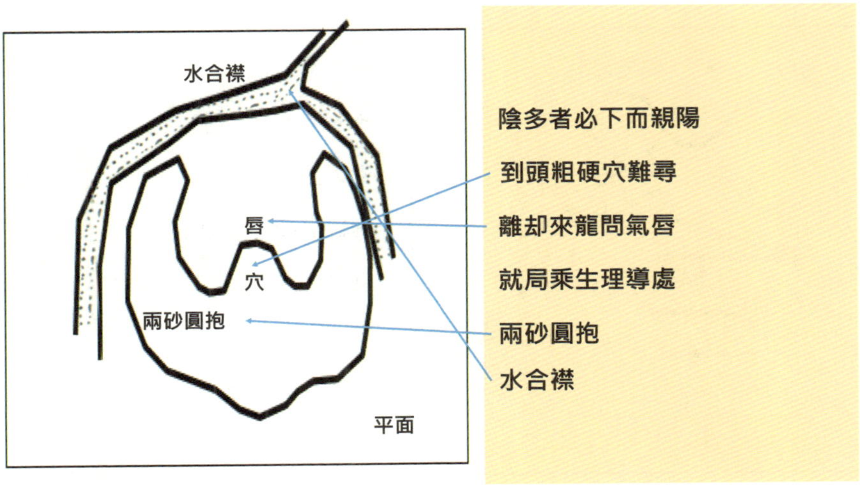

陽多者必上而就陰，一般以高山為陰，到頭平坦成陽體，以平地或河流屬陽，扶作陰堆蓋杖親，土堆高出土面，或就氣球成脈點，或騎龍脊狹中尋，這就是平地一凸的道理，取的是陰陽相配。

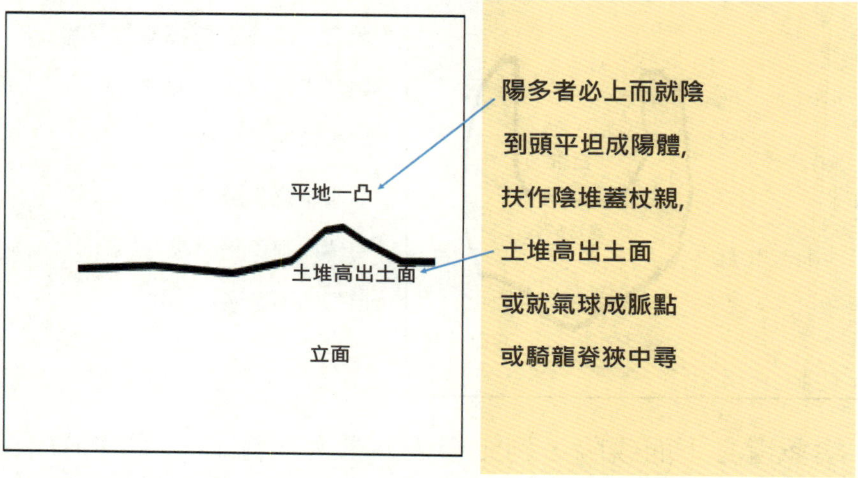

平地一凸
土堆高出土面
立面

陽多者必上而就陰
到頭平坦成陽體，
扶作陰堆蓋杖親，
土堆高出土面
或就氣球成脈點
或騎龍脊狹中尋

　　是故星辰成象，而穴以呈，天地互根，而穴乃就，則以陰陽之氣，固以老而元，以少而生也，突不過飽，窩不肌，陰陽要相合，嫩老要相含。

窩不肌就是太凹
太凹
立面
此無氣
乳突
此有氣
立面

是故星辰成象,而穴以呈,
天地互根,而穴乃就
則以陰陽之氣
固以老而元,以少而生也
突不過飽
窩不肌
陰陽相合,嫩老含

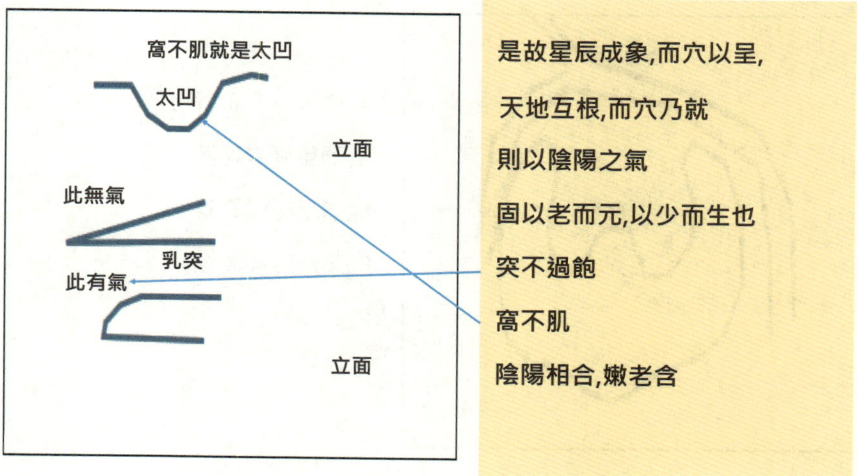

但乘此八尺之生氣，上下左右，必尋確證，分清十字交關，方可放手下穴，譬彼方九，指中為中，未得中也，繩其四角，腰折以求中，而中之十字顯矣，拿定十字證據，穴乃點出，並非胡亂猜擬。

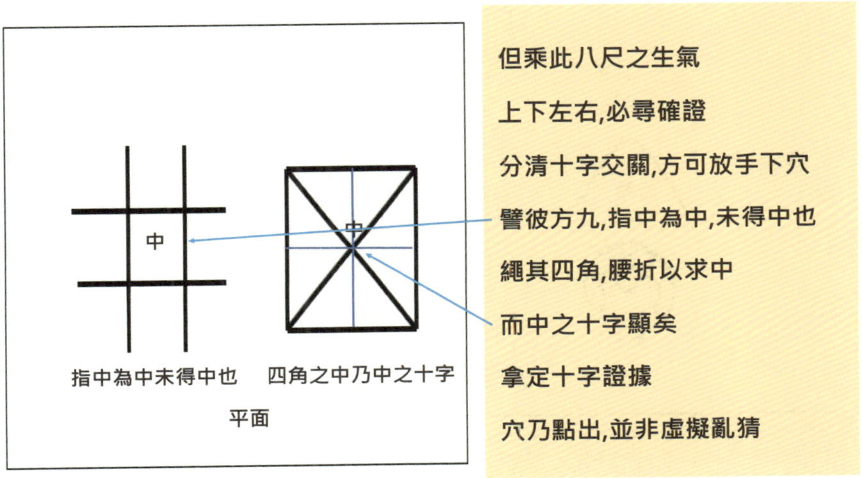
中
中
指中為中未得中也
四角之中乃中之十字
平面
但乘此八尺之生氣
上下左右,必尋確證
分清十字交關,方可放手下穴
譬彼方九,指中為中,未得中也
繩其四角,腰折以求中
而中之十字顯矣
拿定十字證據
穴乃點出,並非虛擬亂猜

其為左右分中也者，定盤豎看，前唇後枕，龍虎砂有如太師椅包住穴，枕如交椅，唇如裙，龍脈將行結穴，龍虎砂會往前兜收，坐後高出如枕狀，包住穴場，穴前有唇凸出，必是好穴。

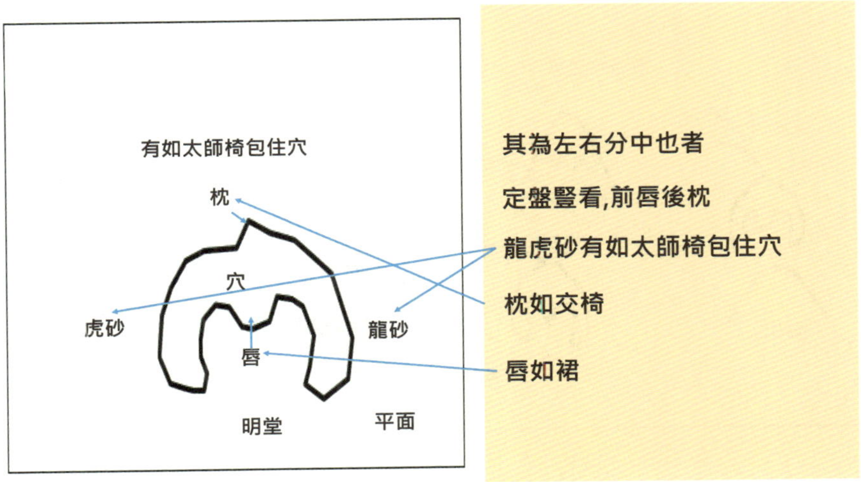
有如太師椅包住穴
枕
穴
虎砂
龍砂
唇
明堂
平面
其為左右分中也者
定盤豎看,前唇後枕
龍虎砂有如太師椅包住穴
枕如交椅
唇如裙

前堂，前面的明堂，後樂，後面的鬼樂山，真穴明堂定是圓，不圓穴恐在旁邊，橫穴後空，閃空側頂，俱是樂山，橫龍結穴，後面必有鬼樂山。

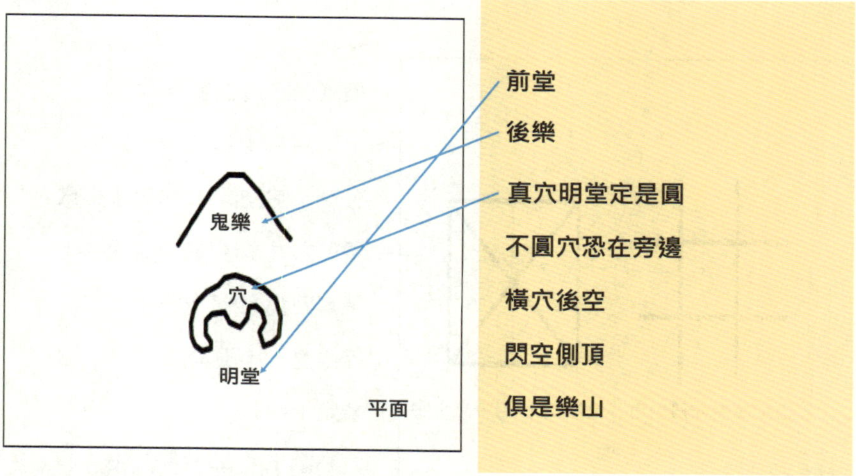

```
鬼樂
 穴
明堂      平面
```

前堂
後樂
真穴明堂定是圓
不圓穴恐在旁邊
橫穴後空
閃空側頂
俱是樂山

前官後鬼，貴龍前必有官，橫龍後必有鬼，因為橫龍來脈，後面必定為空，所以要有鬼樂山，這樣後面才會有靠，官與鬼間有相對者，須兼審乎穴暈元唇案堂也，山龍無水要有官山結氣。

```
橫龍後空須有鬼山
      鬼樂
      後空
官山        平面
```

前官後鬼
貴龍前必有官
橫龍後必有鬼
官與鬼間有相對者,
須兼審乎穴暈元唇案堂也
山龍無水要有官山結氣

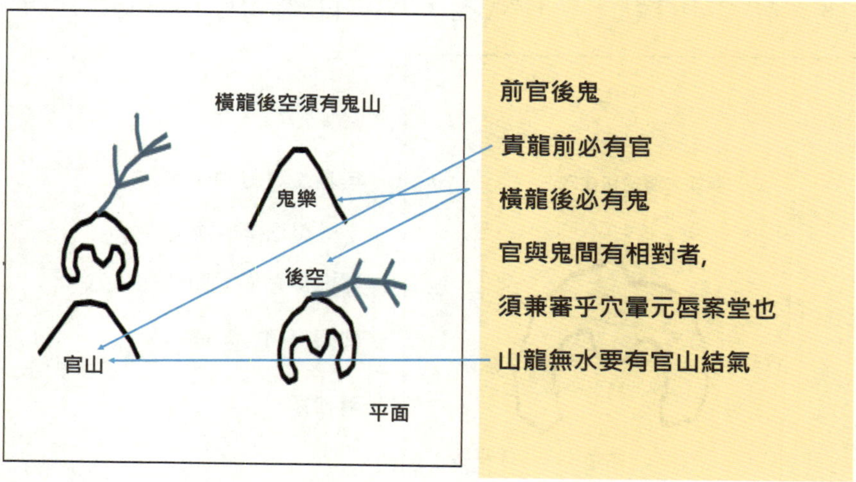

前案後屏，案在貼身者，必欲其灣環又飛拜大地，案山對應父母山，或前或後多有出角土屏，土星結穴必從角出，有土斯貴故曰尊星。

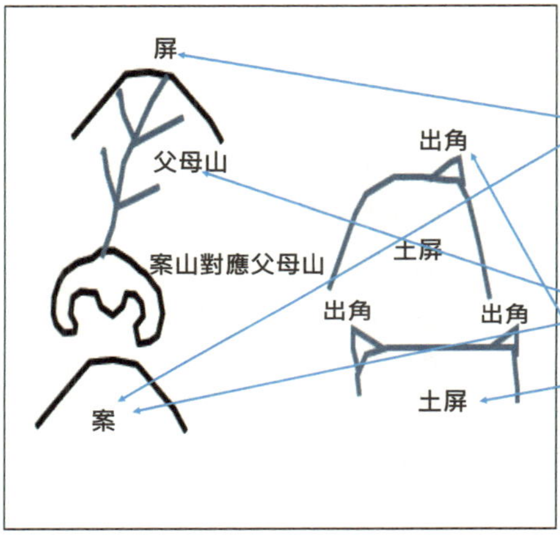

前案後屏
案在貼身者,
必欲其灣環又飛拜大地
案山對應父母山
或前或後多有出角土屏
有土斯貴故曰尊星

前朝後照，大地必結尊貴，朝山開面正向，不比小地之借朝偏向也，又大地必有遠坐山峰照穴，取法單座取其頂，雙座取其凹，平岡墩阜皆然，種種不一得一明証，則下十字之豎上下分中者，案山高穴點高，案山低穴點低。

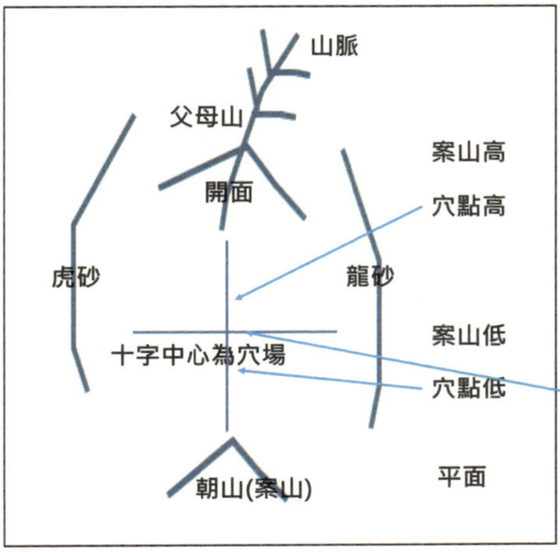

前朝後照
大地必結尊貴,朝山開面正向
不比小地之借朝偏向也
又大地必有遠坐山峰照穴
取法單座取其頂
雙座取其凹,平岡墩阜皆然
種種不一得一明証
則下十字之豎上下分中者
案山高穴點高
案山低穴點低

以下是下穴的看法，先看兩砂曲池之彎抱，或微圓如新月，或彎曲如角尺，兩砂相對穴在中間，如坐癸向丁兼子午者，其間兩旁拿穴處必乙辛兼卯酉，十字玄微天然不爽，故曰左右依砂彎處別，高低隨界闊相宜。

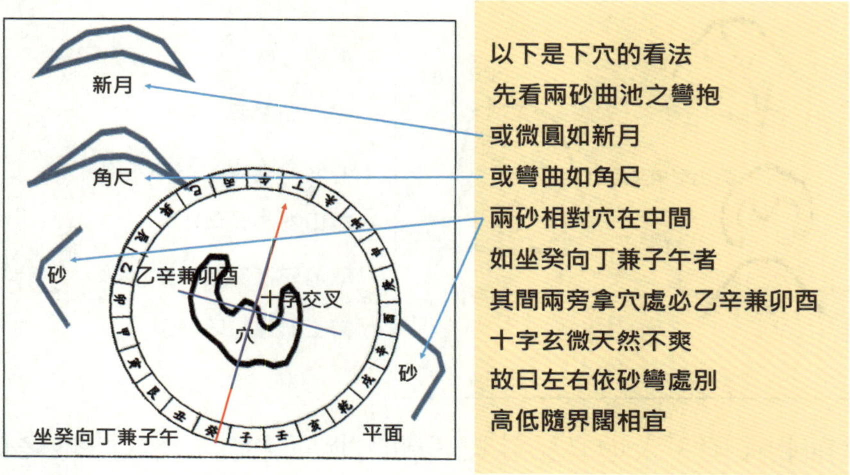

再看兩肘睜曜之尖圓，指的是龍虎砂的最前端，假如有高起，分長短看，短者為睜，長者為曜皆生氣之發現處，穴或正對或微下。

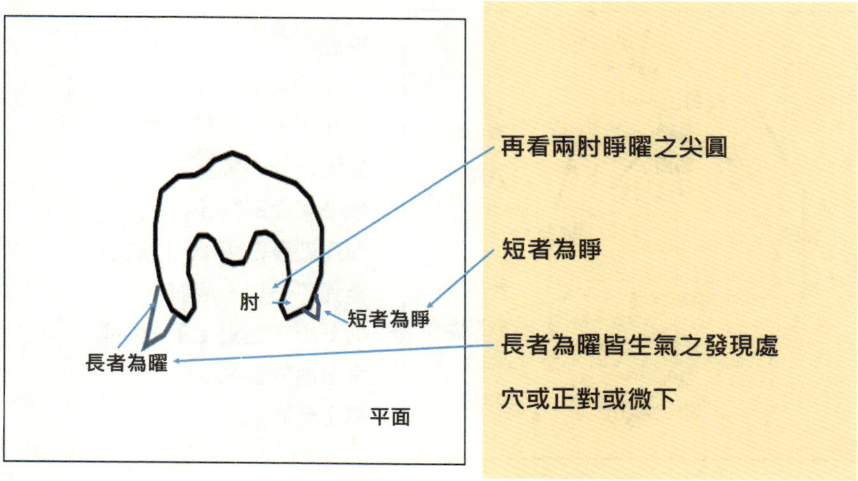

曜亦有生於砂背者，初中罕遇，盡結則有，力與官鬼並重，又曜與官鬼，外要四山仍來，則結聚始真，否則假矣。

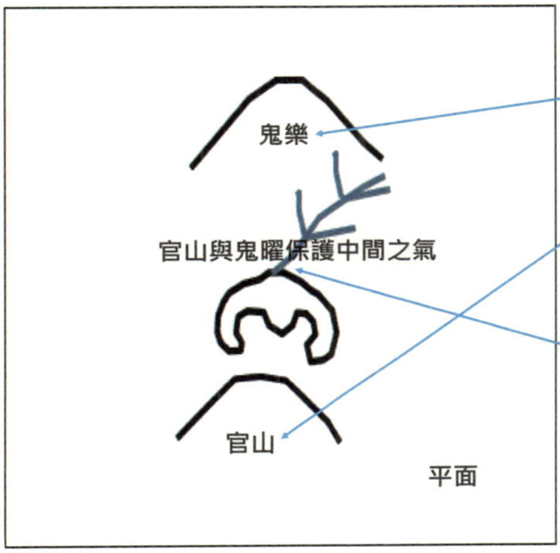
鬼樂
官山與鬼曜保護中間之氣
官山
平面

曜亦有生於砂背者,
初中罕遇,盡結則有,
力與官鬼並重
又曜與官鬼
外要四山仍來,則結聚始真,
否則假矣

更看夾穴之巒頭，大地方生來穴巒頭是名天乙太乙，有兩邊齊均者，有一邊圓一邊尖者，有一邊大一邊小者，有一邊遠一邊近者，有邊有邊一無者，需要活看，就是要靈活運用。

天乙或太乙
天乙或太乙
平面

更看夾穴之巒頭
大地方生來穴巒頭是名天乙太乙
有兩邊齊均者
有邊圓邊尖者
有邊大邊小者
邊遠邊近
邊有邊無者
需要活看

指砂之襯穴,或龍虎砂之內,穴之兩旁,小砂如指頭與穴齊,名曰指穴砂,又山窩深大,不見外峰者,旁生一小石,定穴上下,名指穴石 指穴砂跟指穴石都是看穴場的方法。

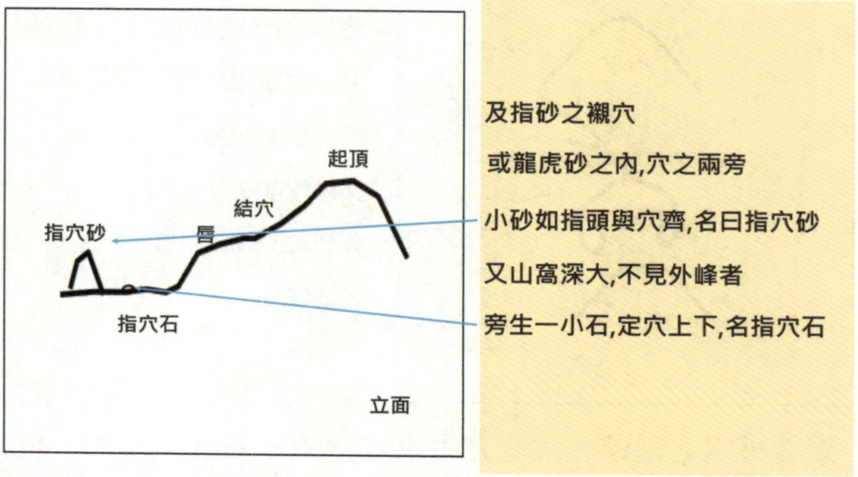

```
起頂
結穴
指穴砂  唇
指穴石
立面
```

及指砂之襯穴

或龍虎砂之內,穴之兩旁

小砂如指頭與穴齊,名曰指穴砂

又山窩深大,不見外峰者

旁生一小石,定穴上下,名指穴石

種種不一得一明,正乃下十字之一畫,其有未經懇破之真穴,但取證於太極暈星,凡墾破成田者,無從看暈必要証砂,現在開墾過度已經看不到太極暈了。

```
太極暈
平面
```

種種不一得一明

正乃下十字之一畫

其有未經懇破之真穴

但取證於太極暈星

凡墾破成田者

無從看暈必要証砂

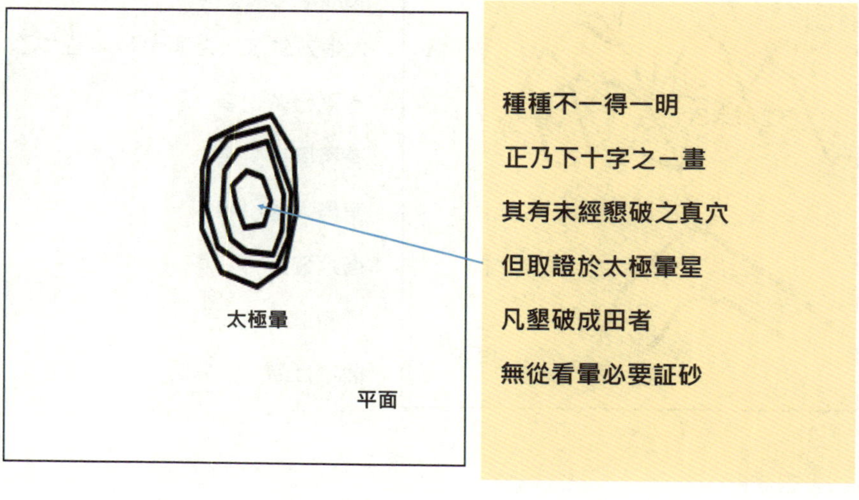

靜觀諦觀中必微微隆起，旁有微微低界，蟹眼上分，蟹眼就是穴後龍虎砂的起點處，金魚下合，金魚就是龍虎砂的止處，金魚陰暗分生死，弓腳偏長得水情。

圖示標註	說明
蟹眼、穴、金魚、水由此出、平面	靜觀諦觀中必微微隆起 旁有微微低界 蟹眼上分 金魚下合 金魚陰暗分生死 弓腳偏長得水情

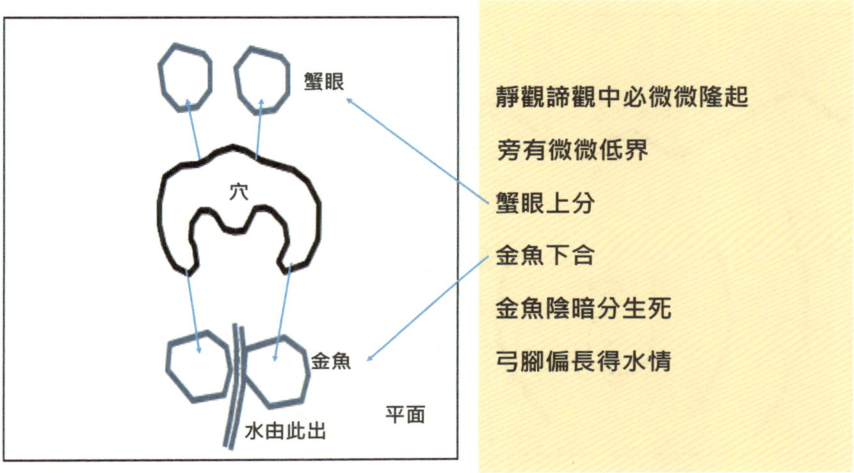

　　唇前小堂，小堂就是小的明堂，唇就是穴前向前突出之像唇狀之地，微有窩聚，窩就是凹下去的地方，斯謂得之，反是而求則為陽暈，乃略略低似圓圈，此又即窩即暈，陰中求陽之法。

圖示標註	說明
窩、小堂、唇、穴、平面	唇前小堂 微有窩聚,斯謂得之 反是而求則為陽暈 乃略略低似圓圈 此又即窩即暈 陰中求陽之法

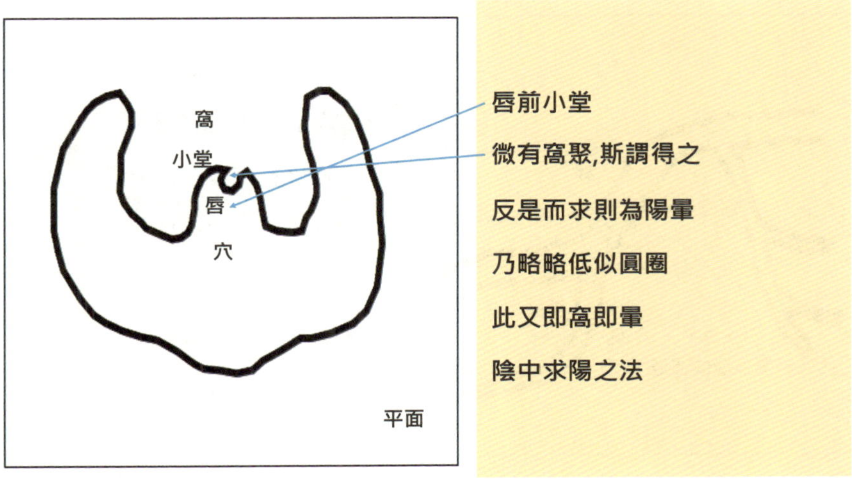

至於平洋平陽，既無生成之暈星，又無生成之穴証，八尺之乘其法安在，八尺就是穴前穴後八尺，凡屬平陽則論局，外取翼衛有情案堂朝拱，內則培土成星，取氣化之活動者為生。

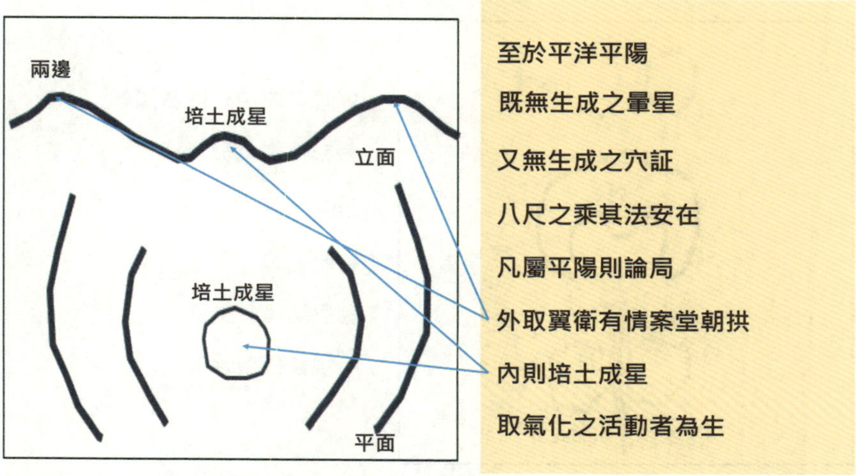
兩邊
培土成星
立面
培土成星
平面
至於平洋平陽
既無生成之暈星
又無生成之穴証
八尺之乘其法安在
凡屬平陽則論局
外取翼衛有情案堂朝拱
內則培土成星
取氣化之活動者為生

或飛邊或掛角或出唇，或開口或凹腦或環帶，或高低折浪或二曜相生，其在平陽則取小枝之息道，收大幹之通流，轉入不分名息道，息道就是枝，漏道多轉總成空。

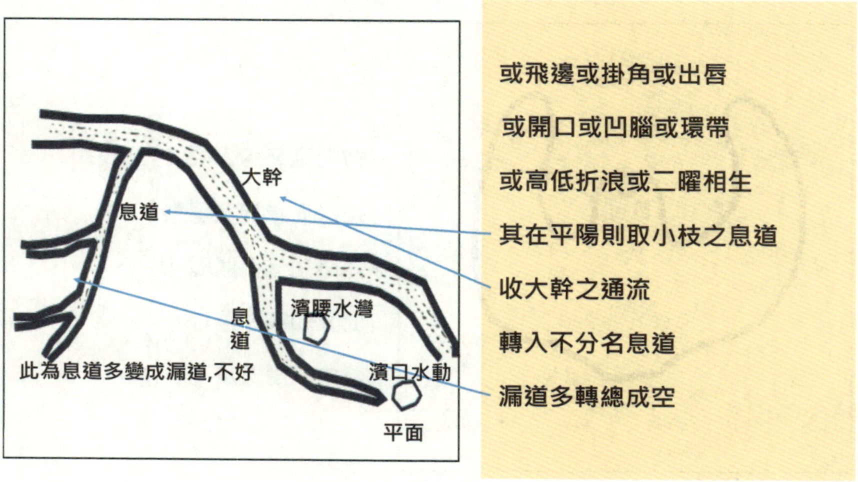
大幹
息道
息
道
濱腰水灣
此為息道多變成漏道,不好
濱口水動
平面
或飛邊或掛角或出唇
或開口或凹腦或環帶
或高低折浪或二曜相生
其在平陽則取小枝之息道
收大幹之通流
轉入不分名息道
漏道多轉總成空

以下是水龍仟穴之方法，定卦來龍水以為程，濱低水聚仟龍頭穴，土面要比水面高，經曰穿珠垂乳源頭即是富貴，濱腰水灣仟龍腹穴，濱口水動仟龍尾穴，就是龍到頭，經曰裏局擴大則不巧之牙緊小而有情。

```
土面比水面高
水面         立面

水彎
龍腹        仟龍尾
           龍到頭
取龍腹立穴
           平面
```

以下是水龍仟穴之方法
定卦來龍水以為程
濱低水聚仟龍頭穴
經曰穿珠垂乳源頭即是富貴
濱腰水灣仟龍腹穴
濱口水動仟龍尾穴
經曰裏局擴大則不巧之牙緊小而有情

　　水或兩朝於上下，水或橫纏於左右，或五吉八神之齊到，蔣公曰，不是八神齊照穴，出元之局莫相依，此水為好水。

```
       水
  穴       水 穴  水
       水
       平面
```

水或兩朝於上下
水或橫纏於左右
或五吉八神之齊到
蔣公曰,不是八神齊照穴
出元之局莫相依.
此水為好水

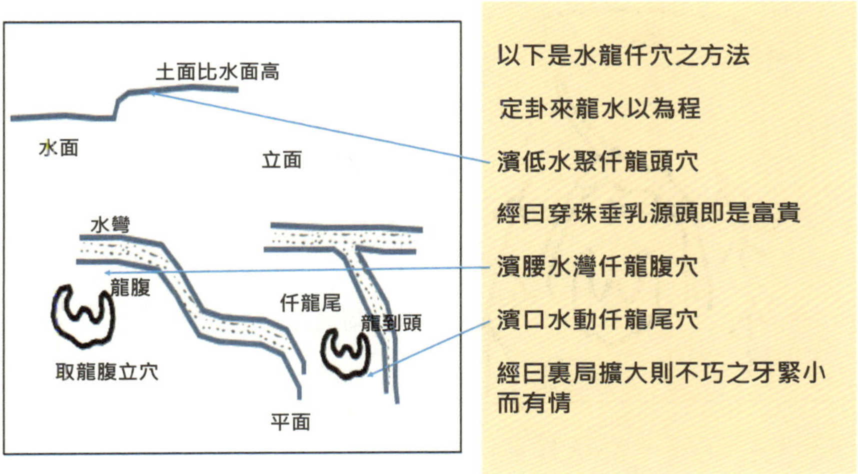

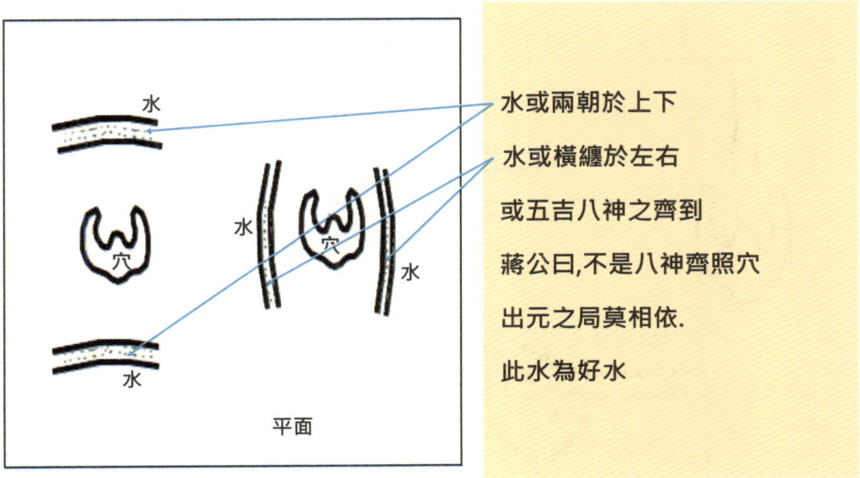

外必水朝砂護，而生氣以凝，內必水環砂抱，龍虎砂兩面兜收，水在前彎抱，而生氣乃固，順流隨水案無力，此穴名為破城裡，朝水案外暗循環，此穴定非中下地。

外必水朝砂護
而生氣以凝
內必水環砂抱
而生氣乃固
順流隨水案無力
此穴名為破城裡
朝水案外暗循環
此穴定非中下地

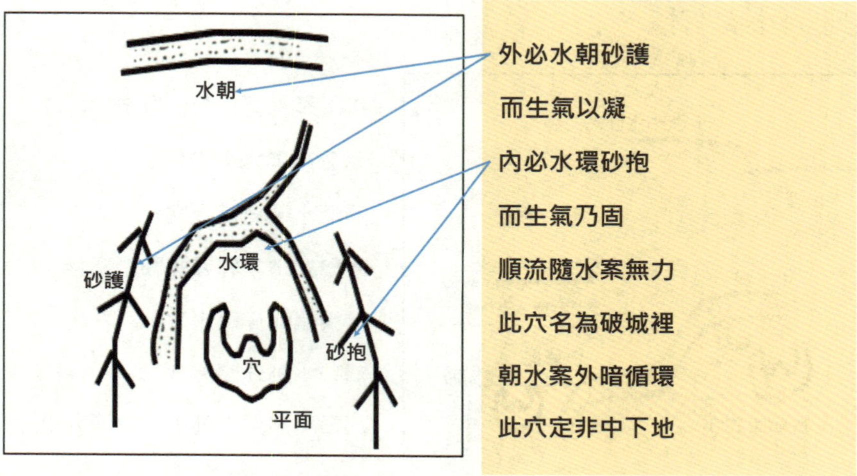

旺水之直插，都天寶照經提到水直朝來最不祥，旺水之橫沖，又說左邊水射長房死，右邊水射小兒亡，水直若然當面射，中子離鄉死道傍，猶君子之怒也，福蔭難期，以上情形之旺水論凶。

旺水之直插
旺水之橫沖
猶君子之怒也,福蔭難期
以上情形之旺水論凶

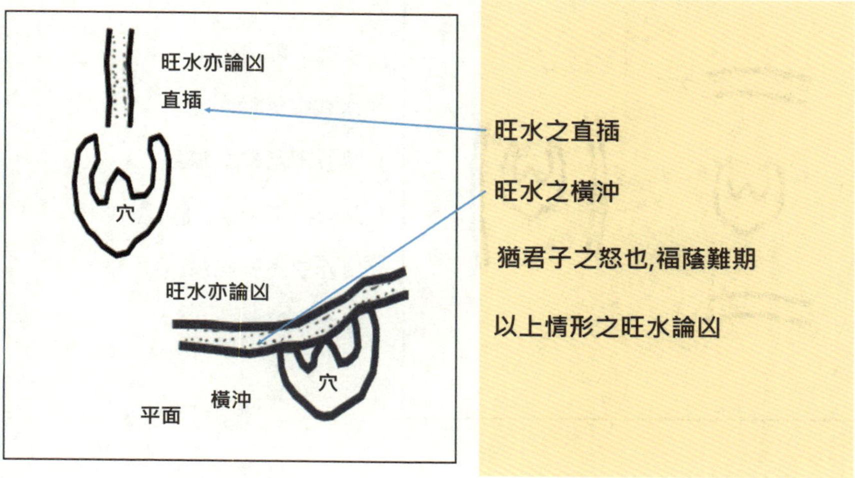

煞水之彎環屈曲，猶小人之為我也，凶星自化，水彎環屈曲反會聚氣，氣流在此會形成漩渦，陰陽交會，會改變氣場，以上情形之煞水論吉。

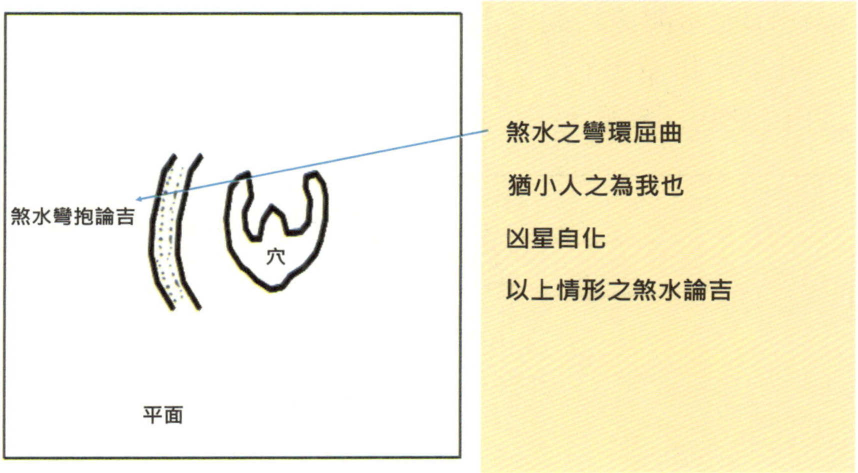
煞水彎抱論吉
穴
平面
煞水之彎環屈曲
猶小人之為我也
凶星自化
以上情形之煞水論吉

水固重矣，砂亦非輕，水跟砂的論法都一樣，如有尖射，反背，歪斜，拗愱等形，譬如水由大而小尖射出去，或是反弓之水，或是形體歪歪斜斜不是正體，以上情形之水吉亦凶。

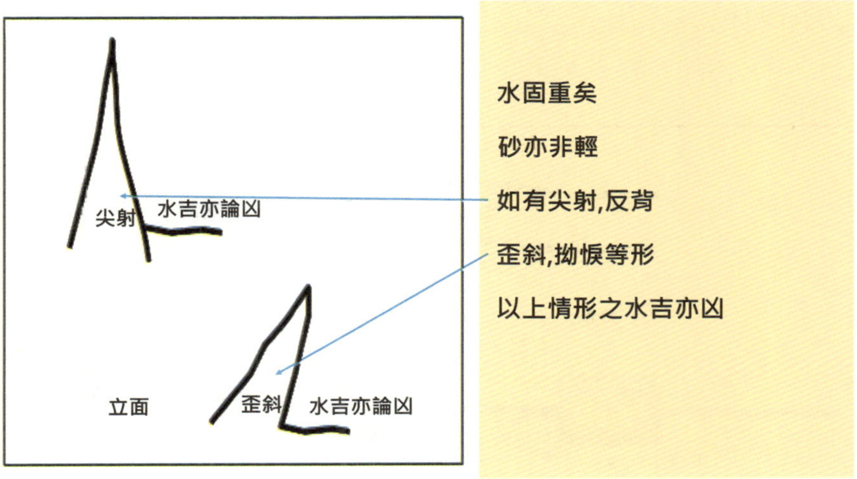
尖射
水吉亦論凶
立面
歪斜
水吉亦論凶
水固重矣
砂亦非輕
如有尖射,反背
歪斜,拗愱等形
以上情形之水吉亦凶

第 39 章　葬法山龍水龍深淺說

葬法山龍水龍深淺說，山有真穴，必有真土，堅密光潤色澤異常，開穴至此便止 (深 2 或 3 尺)，下有嫩石 (細石)，名為爐底，艮白 (奶色) 金黃，不可穿過，平地脈淺氣浮，土色較輕，

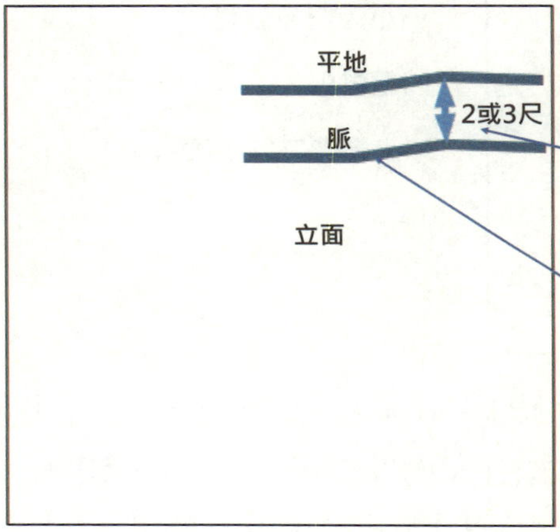

葬法山龍水龍深淺說
山有真穴,必有真土,
堅密光潤色澤異常,
開穴至此便止(深2或3尺)
下有嫩石(細石) 名為爐底
艮白(奶色)金黃,不可穿過
平地脈淺氣浮,土色較輕

以所埋棺底浮出界堂之上為主，棺木不要砌磚加高，不能比水溝低，界水者，界其氣也，沒界穿堂，客水侵矣。

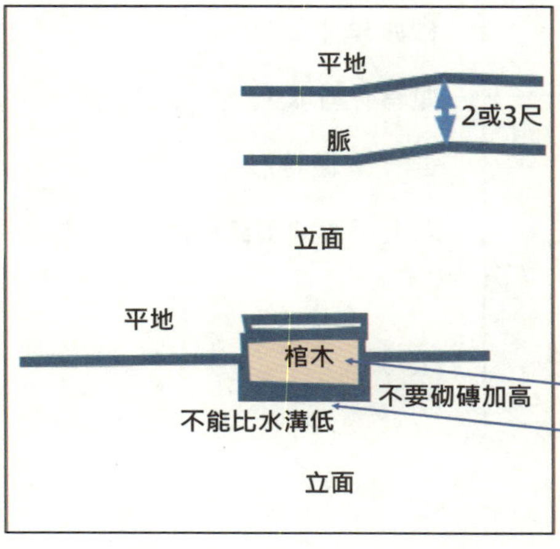

葬法山龍水龍深淺說
山有真穴,必有真土,
堅密光潤色澤異常,
開穴至此便止(深2或3尺)
下有嫩石(細石) 名為爐底
艮白(奶色)金黃,不可穿過
平地脈淺氣浮,土色較輕
以所埋棺底浮出界堂之上為主
棺木不要砌磚加高
不能比水溝低
界水者,界其氣也
沒界穿堂,客水侵矣

凡山龍真穴，其土必係石變化而成，或紅或白或黃，俱細滑如面粉，毫無粗硬砂石，浮之於水必有如油鏡也，棺木砌磚加高中間灑木炭，石灰，須設排水。

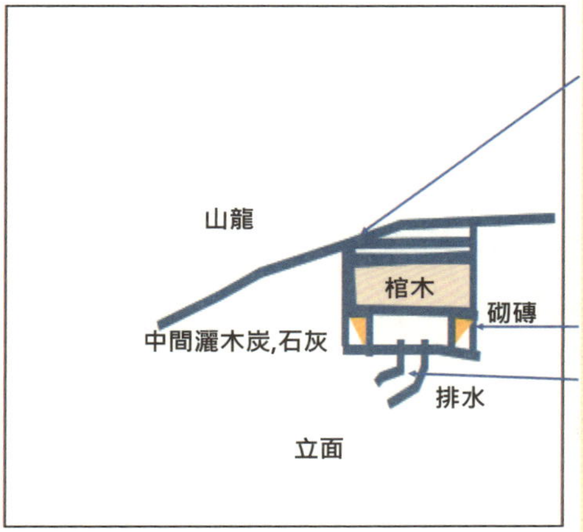

凡山龍真穴,其土必係石變化而成
或紅或白或黃
俱細滑如面粉
毫無粗硬砂石
浮之於水必有如油鏡也
棺木砌磚加高中間灑木炭,石灰
須設排水

葬法圓界環龍曲流引氣說，水一面者為平氣，三面者為環氣，平不如環，內環蓄氣，外須有曲水沖照，與短闊聚洋之水，迎引正神，兼收旁卦，方能速發而悠久，又一水特朝，太低者撲面，太高者難收。

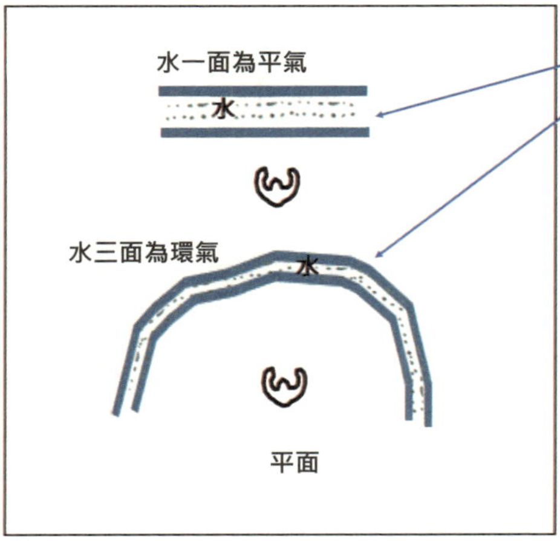

葬法圓界環龍曲流引氣說
水一面者為平氣
三面者為環氣
平不如環
內環蓄氣,
外須有曲水沖照
與短闊聚洋之水,迎引正神,
兼收旁卦
方能速發而悠久
又一水特朝
太低者撲面,太高者難收

水大而直進者，遠收則化短而氣和，近收則沖，如下圖左水大而至近近來，若是穴太靠近水，就會變成直沖水反而不好，穴如果遠一點，因為水在前過明堂，氣就比較平和。

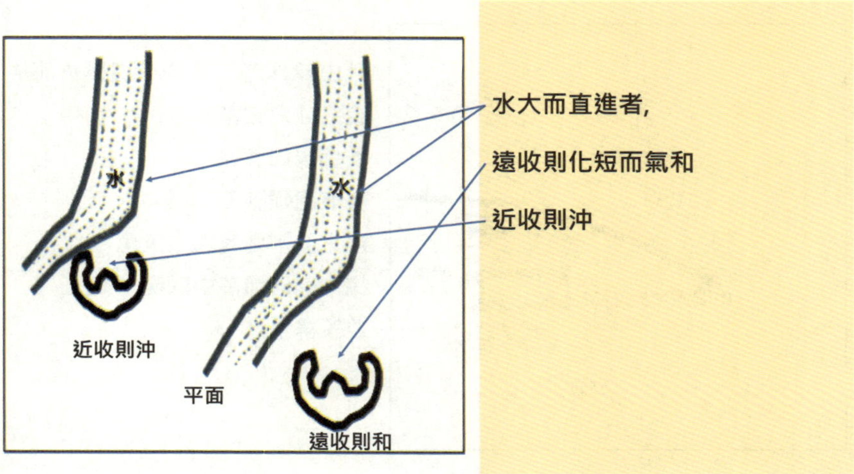

水小而短闊者，近收則光接而氣住，遠收則脫，大水短闊又是彎抱水的話，穴宜近水，這叫水聚天心，而且也很容易接住水氣，如果穴離太遠，氣則散，雖然也是水聚天心，但是就比不上近收。

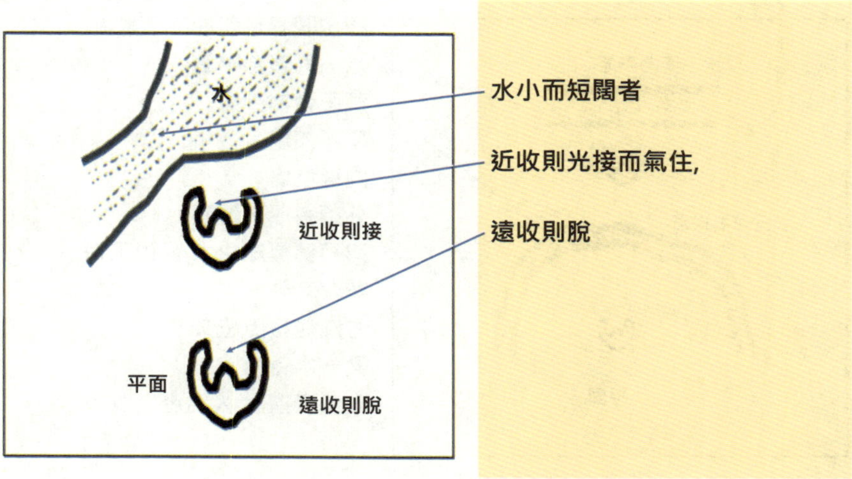

葬法籠聚天陽說，太虛之中，無非陽氣散則寒，陽氣眾則熱，天地一大蒸籠也，培土成星者，所以藏棺而蔭骨，太低則濕，直冷灶耳，暖氣何來。

葬法籠聚天陽說(平洋)
太虛之中,無非陽氣散則寒
陽氣眾則熱
天地一大蒸籠也
培土成星者,所以藏棺而蔭骨
譬如:團粉就蒸,收聚籠中熱氣
而裹餡內包,聚粉熱也
太低則濕,直冷灶耳,暖氣何來

葬法慎避客水說，排水要好，不能積水，穴之星盤緊小，三面低空，則客水不停，而三光四照，土乾軟矣，其葬深圍厚者塚蓄寒泉，固為凶壞，再樹攢竹密，一光不照，面露長淫，蛇蟻滋種，地吉者，間初殘疾夭亡，凶者多生宵小，試之舊仟十驗八九。

葬法慎避客水說
此講的是排水要好,不能積水,
依此原理設計即可
穴之星盤緊小,
三面低空,則客水不停,
而三光四照,土乾軟矣
其葬深圍厚者塚蓄寒泉,固為凶壞
再樹攢竹密,一光不照
面露長淫,蛇蟻滋種
地吉者,間初殘疾夭亡,
凶者多生宵小
試之舊仟十驗八九

闢之生人造屋，下必培土築基，低俊明堂，深疏水溝，以流客水，上則隆脊而殺簷，內更舖棺而置榻，凡以瀉淋滂而遠下濕也，故埋闢浮出界堂，由築基而置榻也，羅圍口闊，台盤中滿半傾，不此之知，奉先人遺骸，長臥寒泉，是何智於宅而昧於墓乎，以上是平洋葬法也。

闢之生人造屋,下必培土築基
低俊明堂,深疏水溝,以流客水
上則隆脊而殺簷,內更舖棺而置榻
凡以瀉淋滂而遠下濕也
故埋闢浮出界堂,由築基而置榻也
羅圍口闊,台盤中滿半傾
不此之知,奉先人遺骸,長臥寒泉
是何智於宅而昧於墓乎
以上是平洋葬法也

若夫山龍葬法，雖不必培土，要必於壙堂中鋤鬆實土，疏通水道，使客水不流入骨罐處，蓄聚不出斯為得之。

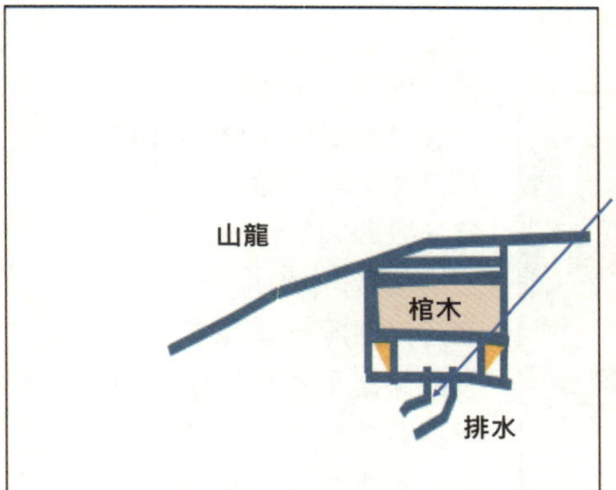

若夫山龍葬法,雖不必培土
要必於壙堂中鋤鬆實土,疏通水道
使客水不流入骨罐處
蓄聚不出斯為得之

第 40 章　四大水口平洋千金訣

四大水口名論，四庫之地，乃中氣之所居，各方之水但可左右合襟，蓄聚乾洋，為我之明堂，不可有水直朝，更不宜直去，去則傾洩矣，只宜環抱兜收，去不見其方可。

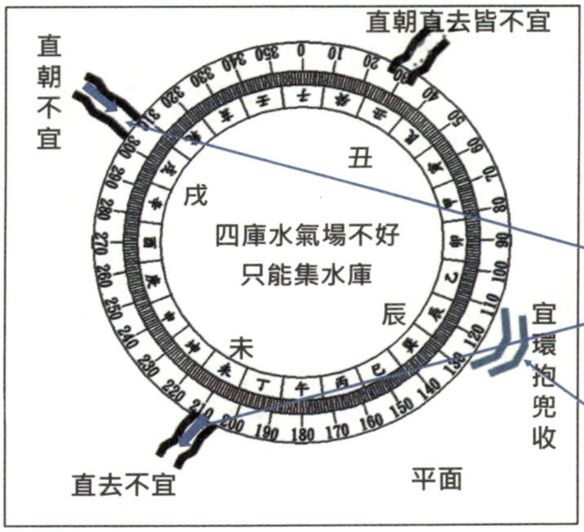

四大水口名論

四庫之地,乃中氣之所居

各方之水但可左右合襟,

蓄聚乾洋,為我之明堂

不可有水直朝,

更不宜直去,去則傾洩矣

直朝直去皆不宜

只宜環抱兜收

雖去不見其去方可

平洋千金訣，堪輿文，文繁多，要訣盡包羅，勸君平洋看水龍，灣曲是真踪，灣曲(產生漩渦)可收所集之氣，直來直去去不收，下了死龍頭，氣不收也。

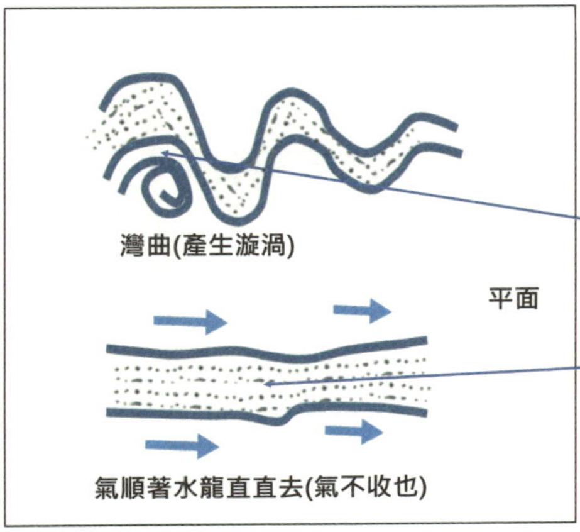

平洋千金訣

堪輿文,文繁多,要訣盡包羅

勸君平洋看水龍,灣曲是真踪

灣曲(產生漩渦)可收所集之氣

直來直去去不收,下了死龍頭

氣不收也

曲處不分（分叉）名真息（灣曲者），逆上胎（穴）斯結，彎曲處胎思結，可結穴也，穴後分流氣脈空，葬下便遭凶，穴後有分叉，氣會被拉走之故也，單龍轉結氣脈和，子息自登科。

圖說：
- 灣曲處沒有分支可結穴
- 穴後有分叉,氣會被拉走
- 單龍轉結(轉彎)
- 平面

- 曲處不分(分叉)名真息(灣曲者)
- 逆上胎(穴)斯結
- 彎曲處胎思結 可結穴也
- 穴後分流氣脈空,葬下便遭凶
- 穴後有分叉,氣會被拉走之故也
- 單龍轉結氣脈和,子息自登科

更有群龍相護應，富貴天然定，水龍首尾要知因，穴道可相親，水龍葬法分三格，時師尚未得，蕩龍（大水）帶秀（轉彎）亦堪仟。

圖說：
- 群龍護應
- 大蕩
- 平面

- 更有群龍相護應,富貴天然定
- 水龍首尾要知因,穴道可相親
- 水龍葬法分三格,時師尚未得
- 蕩龍(大水)帶秀(轉彎)亦堪仟

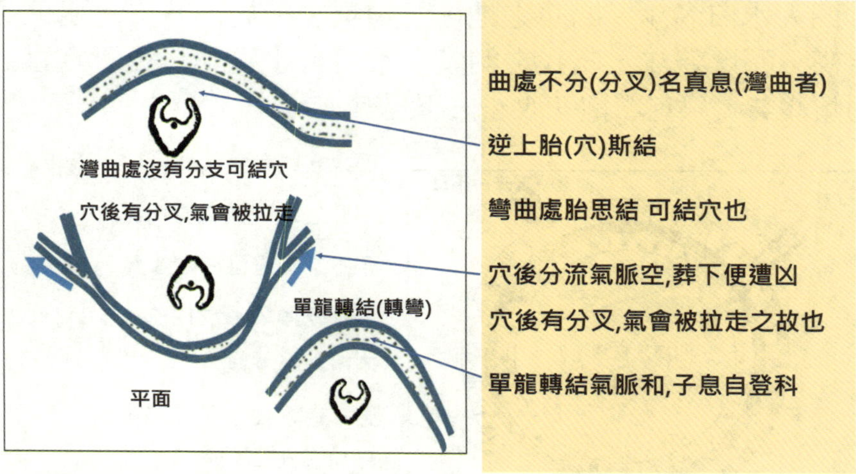

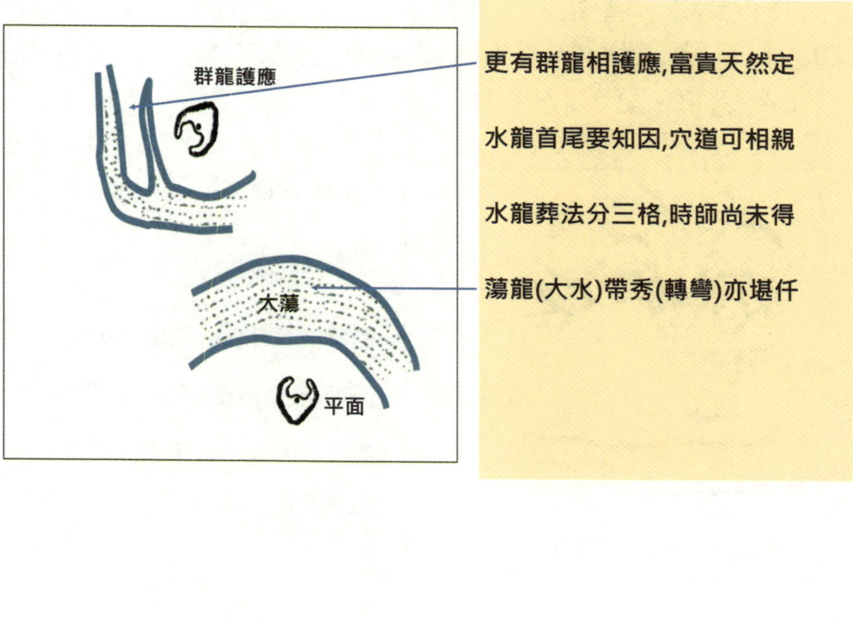

又有落河邊，公行幹木，幹墓就是大條水，人人見，人人都喜歡見到，不及私情，私情指的是小水，私情戀，就是對於小水就沒那麼有興趣。

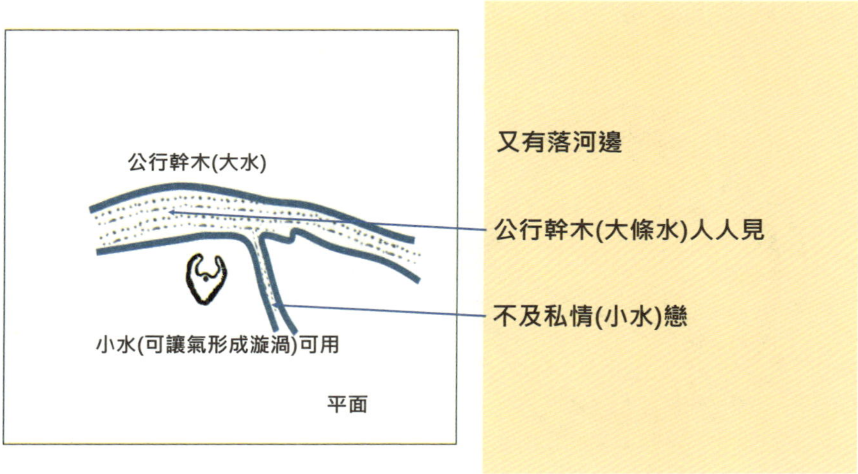

第一看水先看來，講的就是水要先看來處，如果水流彎曲，雜到兩卦，像下圖，水流就經過坤宮跟兌宮，這個水流叫做出卦相兼，就是所說的駁雜，駁雜不須裁，兼出卦此水無用。

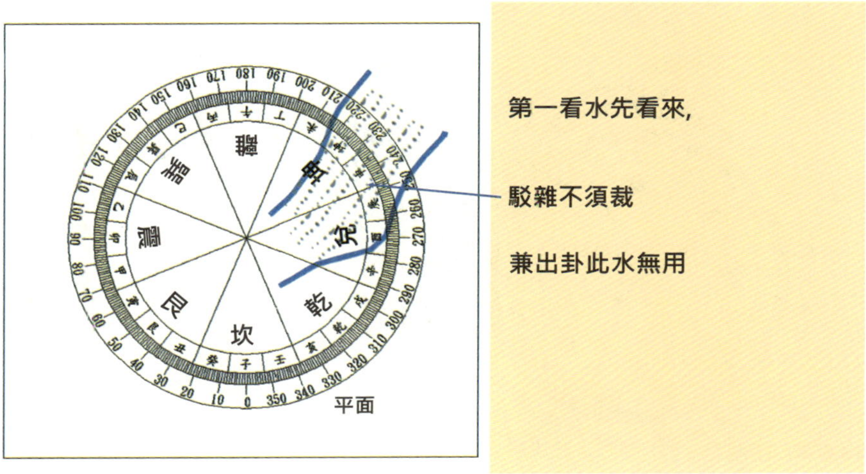

但見來源從一卦，如果看來水，水流不管多長，都在一卦之內，像下圖所示，水流都不出艮卦，這個叫做來水清純不雜，見到此種水流，此地真無價，指的是來水若又合運，水星合旺的話，此地真是塊好地。

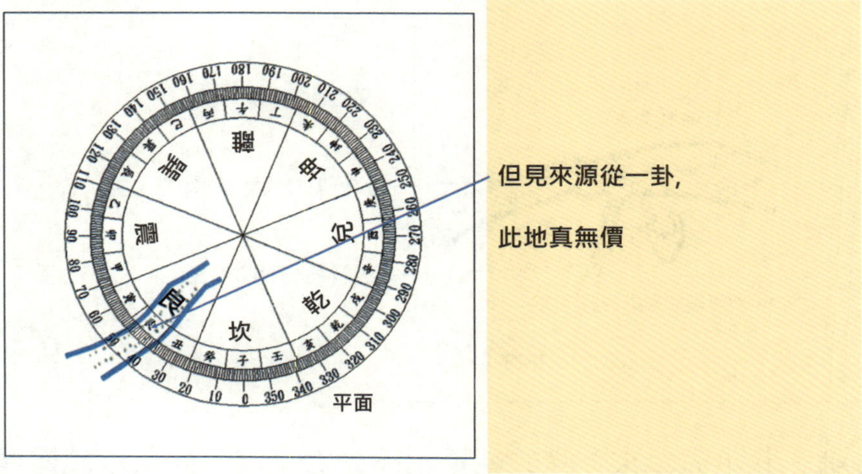

來情，指的是來水，來水得令福固全，非時禍亦焉，就是要合時，譬如下圖，下元運艮方是旺氣方，水就要自衰方來，下圖水自坤方來，坤方是衰方，衰方來水才可以引到對宮艮之旺氣。

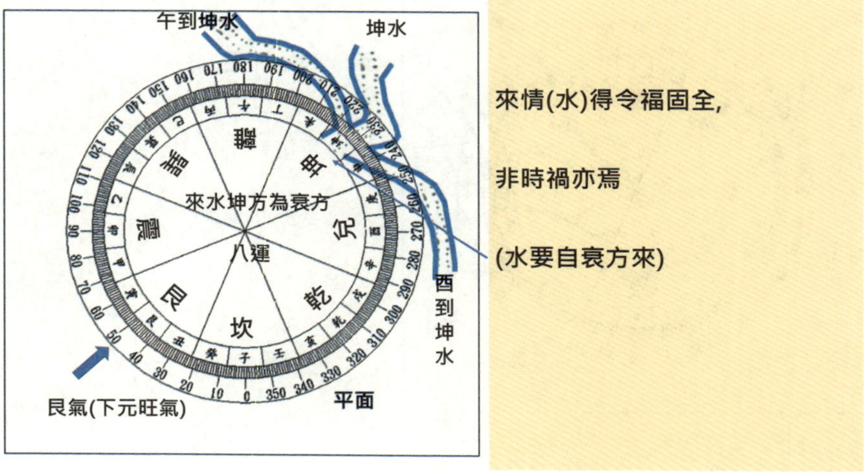

得令失令觀九氣，此是先天數，一卦統三顛倒顛，關竅此中傳，一卦統三是指天元一四七，人元三六九，跟地元卦二五八這三種格局，顛倒顛講的就是指順飛、逆飛佈九宮的意思，左右挨加順逆行，分明辨五星，此講的是玄空盤的佈法，依照入中之挨星，向上挨星入中依照所屬元龍之陰陽順逆佈得水星盤，坐山挨星入中依照所屬元龍之陰陽順逆佈得山星盤。

非管一帶二人不知，禍福不差移，這是在形容平洋龍法，來水的水源都從同一卦而來，陽卦 (乾坤艮巽) 為陽可兼亥、申、寅、巳，陰卦一樣，所以天元可兼人元，管一帶二是玄空之秘，唯有乾坤一大關，代代作高官，此講的是三元不敗格局。

曰：交媾陰陽妙更玄，差遲禍難言，來龍生氣既乘時，坐法更精微，從來穴有諸般法，不許差毫髮，信手拈來真妙道，處處為其造，若將吉地變為凶，笑殺眼朦朧，先天為體後天為用，本末分輕重，內氣外氣分經緯，聯絡方無悖，上天列宿五行精，三分論挨星，此講的是，7 分巒頭，3 分理氣也。

交媾陰陽妙更玄,差遲禍難言
來龍生氣既乘時,坐法更精微
從來穴有諸般法,不許差毫髮
信手拈來真妙道,處處為其造
若將吉地變為凶,笑殺眼朦朧
先天體格後天用,本末分輕重
內氣外氣分經緯,聯絡方無悖
上天列宿五行精,三分論挨星

此講的是
7分巒頭,3分理氣也

風水師第一就是觀星望斗，依北斗星看春夏秋冬及龍脈之走向，第二看水從那裡來，水有分叉，大河分支或灣抱都能結穴，若能引旺氣則為吉水也。

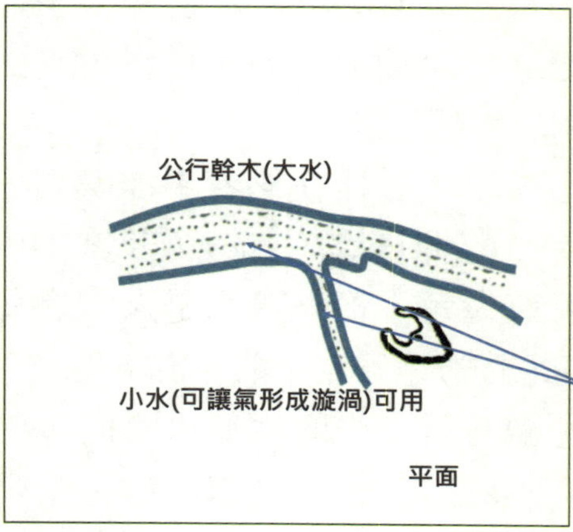
公行幹木(大水)
小水(可讓氣形成漩渦)可用
平面

風水師第一就是觀星望斗

天市垣(艮方)太微垣(未方)紫微垣(亥方)少微垣(丙方)

(可能是在看第幾運吧)

第二看水從那裡來,水有交叉

(大河分支或灣抱)都是結穴,

若能引旺氣則為吉水也

元辰一滴為真諦，太極分天地，紫微北極坐中央，天星佈八方，所講的是三元玄空盤，24 山坐山立向都是當運卦，就是所謂的金龍也，旺山旺向也，不辨天星犯差錯，葬下多蕭孛，此講的是不合元運之墳宅，多半蕭條也。

金龍來短問近排，水小來短要近水邊。

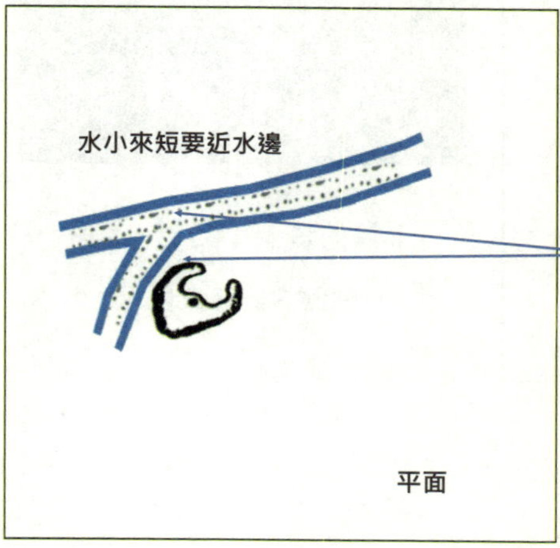
水小來短要近水邊
平面

金龍來短問近排,

水小來短要近水邊

金龍來長遠處裁，水大來長可遠離水邊一點。

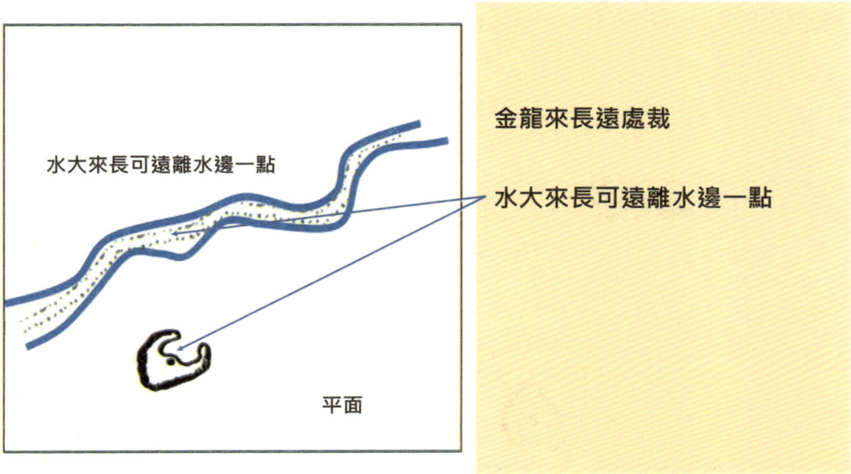
金龍來長遠處裁
水大來長可遠離水邊一點
水大來長可遠離水邊一點
平面

三星五吉神仙法，體用多包括，五吉是三元旺星加１６８三吉星，下手(立穴)當知其達機，補救得便宜，近應遠應要清純，錯亂禍來頻。

三元變化可通神，死執便非經，去水之方有反氣，反氣的說法，是根據氣流被擋，反轉的方向，此氣仍是原來之氣，時師少能會，會得水龍來去情，分房知廢興，例如坐北朝南的房子是四樓的公寓，馬路對面是十一樓高的大樓，則坐後北方吹過頂樓踫到對面十一樓高的大樓，則北方氣流迴返在公寓前為反氣，而反氣就是北方來的氣，所以納氣與反氣的氣場剛好相反。

古人又有修龍訣，與君相會說，濬疏為江自天全，一脈作根源，一脈流通百脈勻，化育自陽春，也就是說如果左右砂的穴水脈聚集在穴前，而穴前有小山坡阻擋無法流入向前環腰而過的大江大河，就可以疏通渠道，將左右砂的水流引入大江大河，讓水局更加完美，更符合理氣的格局。

平洋與山法不一，坐後空尤吉，坐後不必有山，而是要看有沒有收到旺氣，左右低平前面高，旺氣產英豪，也是看有沒有收到旺氣，極低更作水來論，乾(干)流亦有神，馬路下雨會聚水(形同水也)。

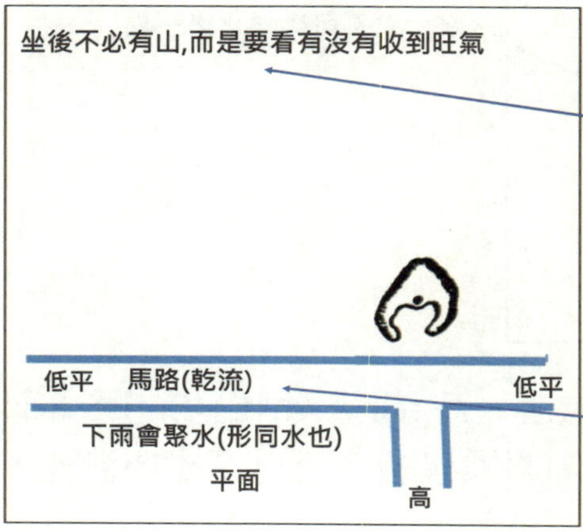

平洋與山法不一,坐後空尤吉

坐後不必有山,而是要看有沒有收到旺氣

左右低平前面高,旺氣產英豪

也是看有沒有收到旺氣

極低更作水來論,乾(ㄍㄢ)流亦有神

馬路下雨會聚水(形同水也)

平洋之法須要知，持此與君推，山中帶骨真氣結，浮土反成拙，葬水返勝葬山好，山水真穴少，山龍向法有差殊，入手可詳推，龍經萬卷話成虛，不及一篇書。

平洋之法須要知,持此與君推

山中帶骨真氣結,浮土反成拙

葬水返勝葬山好,山水真穴少

山龍向法有差殊,入手可詳推

龍經萬卷話成虛,不及一篇書

第 41 章　龍到頭

水龍太極篇，為君尋龍說真義，尺寸元微有神異，若還變脈不精微，下手 (立穴) 之時便心悸，此講不懂來脈與坐向之關係，便不知如何下手也，堪笑時師述未工，兩水便道夾真龍，此講兩水交叉要看有無環抱，有環抱才能論夾真龍也，水的盡處是太極，有環抱，就是龍到頭也。

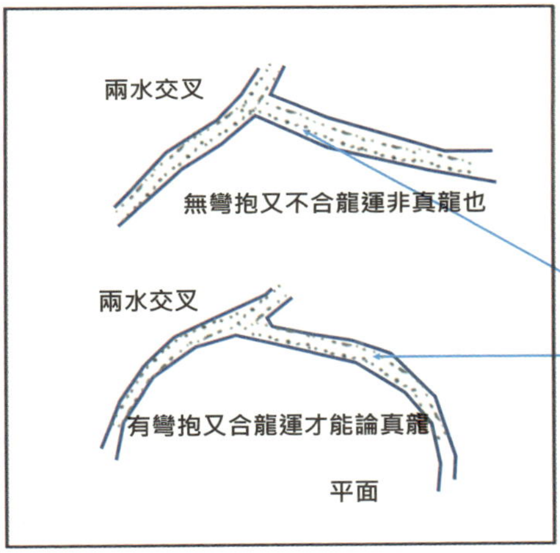
兩水交叉
無彎抱又不合龍運非真龍也
兩水交叉
有彎抱又合龍運才能論真龍
平面

水龍太極篇

為君尋龍說真義,尺寸元微有神異

若還變脈不精微,下手之時便心悸

此講不懂來脈與坐向之關係,便不知如何下手也

堪笑時師述未工,兩水便道夾真龍

此講兩水交叉要看有無環抱,有環抱才能論夾真龍也

水的盡處是太極,有環抱,就是龍到頭也(下頁有詳細說明)

水的盡頭為龍到頭，先天位有十二幅，幅有陰陽共四六，24 山分陰陽也，上貫乎天下貫泉，泉當盡處天心復，泉 (水) 到盡處，為太極，土實不靈氣不融，土空則動氣乃通，土實為山阻斷氣，土空為平原，氣就通了，通行之水如走馬，若不止蓄氣仍空，直水無法止氣，環抱水才能止氣。

水到窮時太極明，太極起處五行根，水到盡處，為龍到頭，由太極點起八卦，五行函育生八卦，一卦三山顛倒輪，立穴先須觀太極，在何方位需詳識，倒排父母，以來龍定方位，陰陽細辨莫糊塗，五行方可論生剋，24 山分陰陽，若貪堂局不識龍，單顧巒頭失正中，不能只論格局不看龍，也不能只看巒頭有失中正也。

直水無法止氣，彎抱水可以蓄氣，才能結穴，倒排父母（父為坐向，母為龍水），水脈看法與龍脈看法一樣，（泉）水到盡處，為太極，水到盡處，為龍到頭，由太極點起八卦，八卦24山分陰陽，以來龍定方位。

圖中標示：
三叉水口
來
無法蓄氣
逆行之水
彎抱水可以蓄氣
太極起處
水流盡處彎抱就是太極起處
水到窮時太極明
24山分陰陽
平面

直水無法止氣，
彎抱水可以蓄氣 才能結穴
倒排父母(父為坐向,母為龍水)
水脈看法與龍脈看法一樣
(泉)水到盡處,為太極
水到盡處,為龍到頭,由太極點起八卦
八卦 24山分陰陽 以來龍定方位

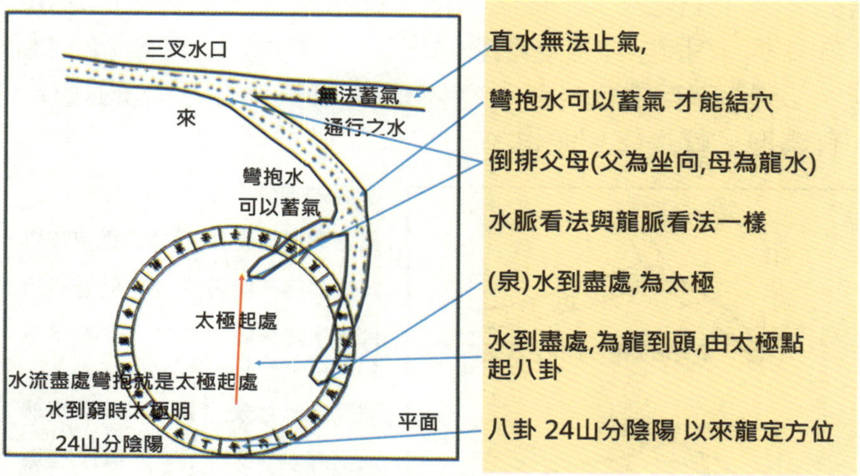

上元龍到頭取局，水的盡處彎抱者其對宮為（乾）龍到頭，形成太極立穴取局（乾入坎），艮水納2坤氣，坎水納9離氣，乾水納4巽氣，巽水納6乾氣，此穴9運離氣旺，1運續旺，2運旺坤氣，3、4運旺巽氣，6、7運旺乾氣。

圖中標示：
乾水納4巽氣
四九為友
坎水納9離氣
九
艮水納2坤氣
四
形成太極立穴取局
坎水入乾道氣
(乾)龍到頭
坐坎
平面
倒排父母乾入坎
穴共宗
巽水納6乾氣

上元龍到頭取局
此為水的盡處彎抱者其對宮為(乾)龍到頭
形成太極立穴取局(乾入坎)
艮水納2坤氣
坎水納9離氣
乾水納4巽氣
巽水納6乾氣
此穴9運離氣旺, 1運續旺,
2運旺坤氣
3 4運旺巽氣,
6 7運旺乾氣

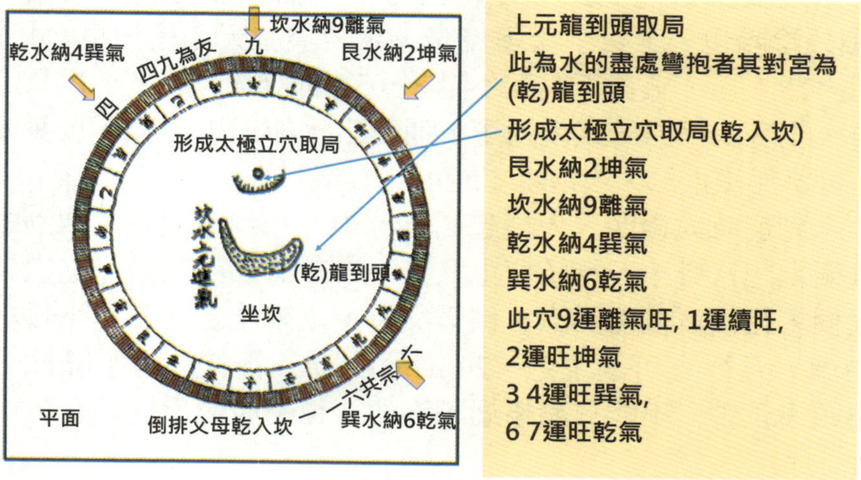

此壙上元貴至狀元 (旺上元)，食祿萬鍾位登台輔，艮水止處 (對宮) 坤氣龍到頭，坤水閉口故引艮氣，但艮方為三重水，坤氣強於艮氣，離水過高引動坎氣，離水直沖過辛水引動卯氣，此為上元 1 坎 2 坤 3 震 4 巽之局也。

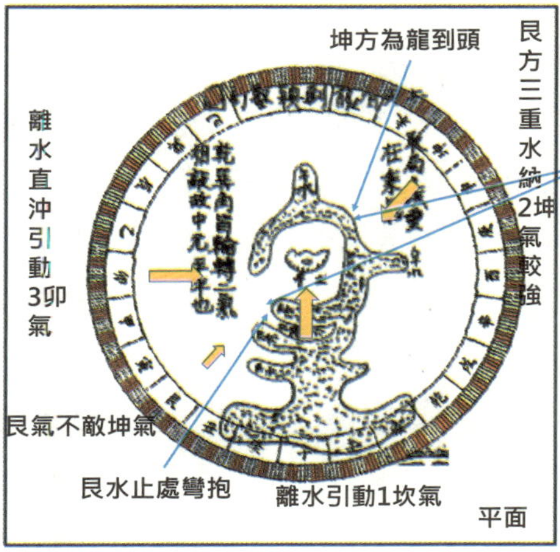
坤方為龍到頭
艮方三重水納2坤氣較強
離水直沖引動3卯氣
艮氣不敵坤氣
艮水止處彎抱
離水引動1坎氣
平面

此壙上元貴至狀元(旺上元)
實祿萬鍾位登台輔
艮水止處(對宮)坤氣龍到頭
坤水閉口故引艮氣
但艮方為三重水,坤氣強於艮氣
離水過高引動坎氣
離水直沖過辛水引動卯氣
此為上元1坎2坤3震4巽之局也

艮水止處坤氣到頭，下元艮方三重水引動坤氣，坤氣下元為衰敗之氣，離水過高引動坎氣，坎氣下元為衰敗之氣，離水直沖過辛水引動卯氣，卯氣下元為衰敗之氣，有剋無生，此壙若下元仟起，待上元再葬，則有福無禍矣。

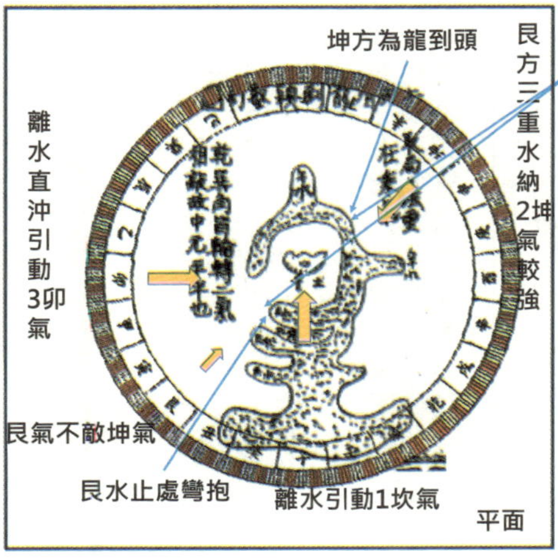
坤方為龍到頭
艮方三重水納2坤氣較強
離水直沖引動3卯氣
艮氣不敵坤氣
艮水止處彎抱
離水引動1坎氣
平面

再深入解釋如下
艮水止處坤氣到頭
下元艮方三重水引動坤氣
坤氣下元為衰敗之氣
離水過高引動坎氣,
坎氣下元為衰敗之氣
離水直沖過辛水引動卯氣,
卯氣下元為衰敗之氣
有剋無生,故那能避免厄運
此壙若下元仟起,待上元再葬,則有福無禍矣

所謂玄竅相通，即丹家玄關一竅也，亦即龍之到頭 (水的盡頭)，例水的盡頭 (兌宮) 對面，就是龍脈的來源 (震宮)，非捨陰陽交會之所，而別尋龍之到頭也，識得此竅則知平洋真龍訣法，而楊公《寶照經》之秘旨盡矣，然看龍到頭有口訣，需明師口口相傳。

所謂龍到頭也，必須陰陽兩卦互相配合，龍身出脈，也必須合水局，龍空氣不空亦指，必須山星，水星都歸正位，指的就是此真訣也，得此訣者須善用寶地，違背者自取其禍矣。

中元龍到頭取局，水的盡頭 7 兌宮對面 3 震宮，就是龍脈的來源，3 震宮得上元卯之離，此為坐午 (9 離) 向子之穴，此地取 3 震龍，9 離穴，6 乾水，名曰離午順局 (先天卦順佈)，三六九中元本該取 6 乾穴，何以取中元之局，蓋以巽大蕩引 6 乾氣，是因為 4 巽的水是大水，6 乾的水也是大水，乾大蕩引 4 巽氣，坎水大蕩無法引 9 離氣，離水小引 1 坎氣也小，酉水小無法引卯氣，局氣 (1 與 9) 不敵來氣 (4 與 6)，水光發新與穴相接，因為 4 巽與 6 乾都屬中元運，故發中元之運也。

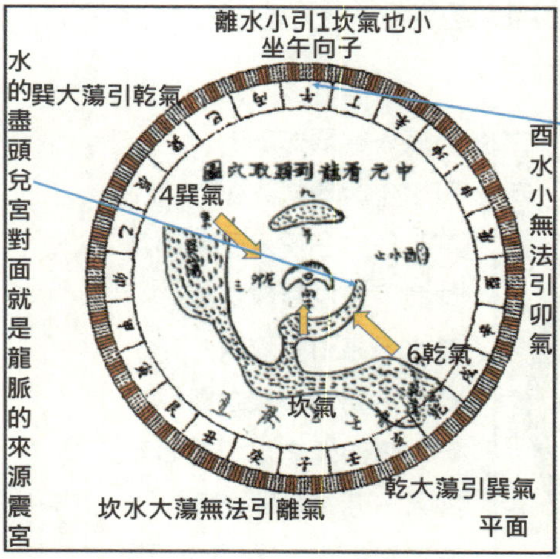

中元龍到頭取局
水的盡頭7兌宮對面就是龍脈的
來源3震宮
得上元卯之離 坐午(9離)之穴
此地 龍3 穴9 水6
名曰離午順局(先天卦順佈)
何以取中元之局
蓋以巽大蕩引6乾氣
乾大蕩引4巽氣
坎水大蕩無法引9離氣
離水小引1坎氣也小
酉水小無法引卯氣
局氣(1與9)不敵來氣(4與6)
水光發新與穴相接,
放靈中元之運也

觀於坎兌之水微，可領悟震離之氣短，況一水勾轉之外，倉板來朝，疊疊高田，必坐午山子向，坐四正向，取四隅卦之水迎神引氣，不特中元富貴人丁，而下元之初者，尚有餘運 80 餘年可旺。

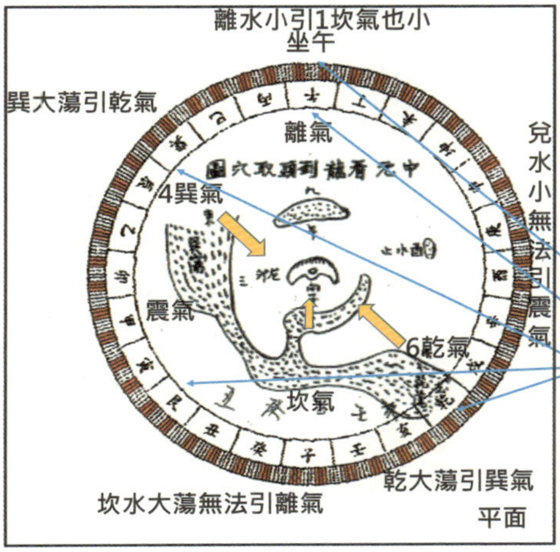

再深入解釋如下
觀於坎兌之水微,
可悟震離之氣短
況一水勾轉之外,
倉板來朝,疊疊高田
必坐午山子向
坐四正向
取四隅卦之水迎神引氣
不特中元富貴人丁,
而下元之初者,尚有餘運80餘年可旺

下元龍到頭取局，水的盡頭對面為龍脈 6 乾宮，此以水龍到頭取穴，坐午 (9 離) 穴，此地龍 6 穴 9 水 3，名離午逆局，觀子宮之內水入堂，而得外子水之曲朝，則坐下元之離氣旺焉必取離局，乾兌離震之氣得其三故旺於下元也。

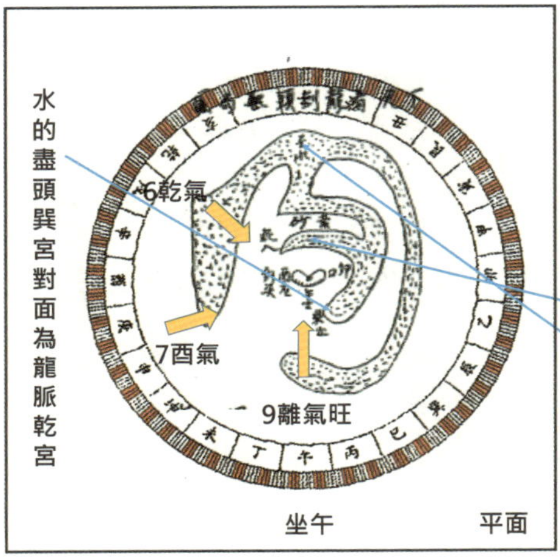

下元龍到頭取局
水的盡頭巽宮對面為龍脈6乾宮
此非真龍脈乃以水龍到頭取穴,
坐午(9離)穴
此地 龍6 穴9 水3
名離午逆局(先天卦逆佈)
觀子宮之內水入堂
而得外子水之曲朝
則坐下元之離氣旺焉
必取離局
乾兌離震之氣得其三
故旺於下元也

論看龍到頭一着為下穴先聲，寶照經曰：立穴動靜中間求，次看龍到頭，蓋以立穴之訣，必憑恃乎看龍之到頭結局，乃得以下羅經，辨察其天心十道，以取生旺，而棄衰敗也。

論看龍到頭一着為下穴先聲
寶照經曰:[立穴動靜中間求,次看龍到頭]
蓋以立穴之訣,
必憑恃乎看龍之到頭結局
乃得以下羅經,辨察其天心十道
以取生旺,而棄衰敗也

經曰：動靜中間求，此動靜二字，又非氣以動為生，以靜為死之謂，乃此流來之水為動，與作穴之地為靜，分別動靜以觀之者也，玄空大卦法門，以水之所止，即便是地脈所鐘，一動一靜之間，陰陽交媾化育萬物之根。

經曰:動靜中間求,此動靜二字,
又非氣以動為生,
以靜為死之謂
乃此流來之水(為動)
與作穴之地(為靜)
分別動靜以觀之者也
玄空大卦法門,以水之所止,即便是地脈所鐘
一動一靜之間,陰陽交媾,雌雄牝牡,化育萬物之根

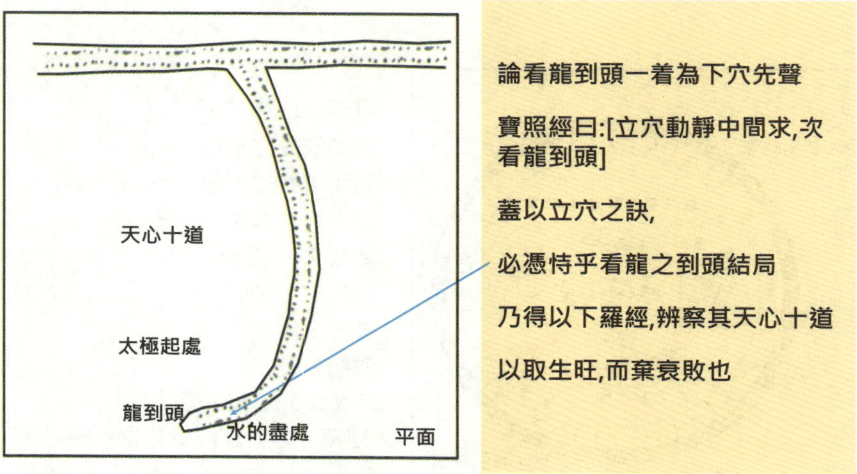

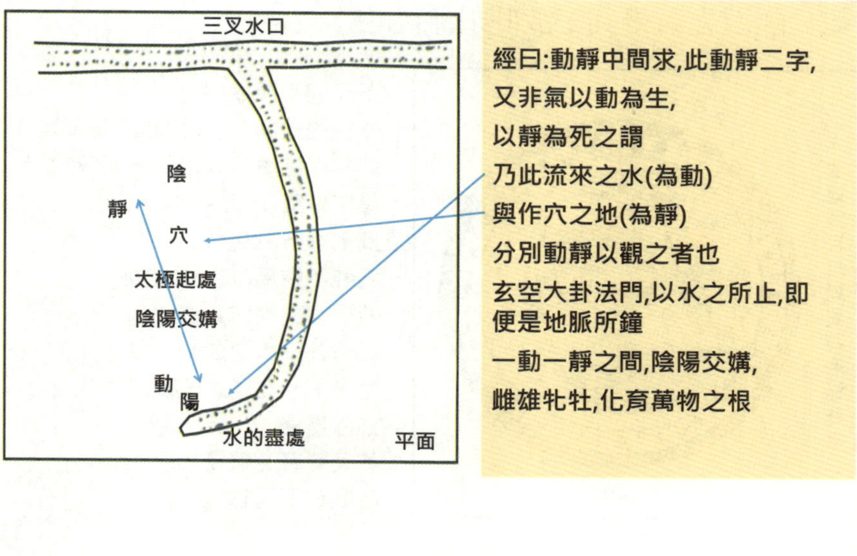

曾公《青囊序》云：天上星辰似織羅，水交三八要相遇，水發城門需要會，却如湖裏雁交鵝。蔣公曰：此以天象之經緯，喻水法之交會也，列宿分佈周天，而無七政交錯其中，則乾道不成，而四時不紀矣。

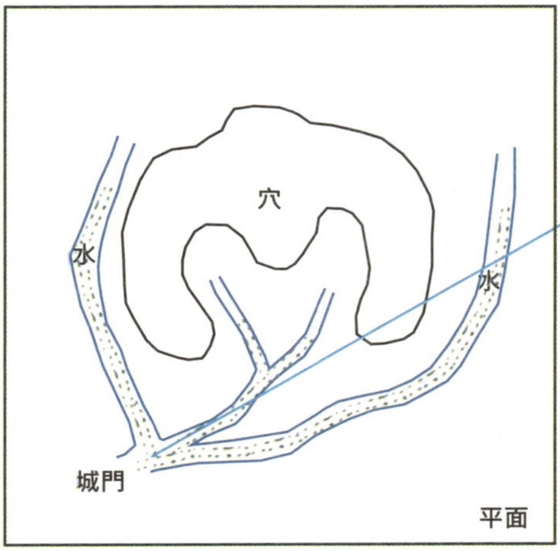

曾公《青囊序》云:
天上星辰似織羅,
水交三八要相遇,
水發城門需要會,
却如湖裏雁交鵝.
蔣公曰:[此以天象之經緯,喻水法之交會也
列宿分佈周天,而無七政交錯其中
則乾道不成,而四時不紀矣

幹水流行地中，而無支流界割其際，則地氣不收，而立穴無據矣，故水其間必有交道相遇，然後血脈真，而金龍動，大幹與小枝，兩水交流合成三叉而出，所謂城門也，湖裏雁交鵝，詳言水龍審脈之法，立穴之道，自在其中。

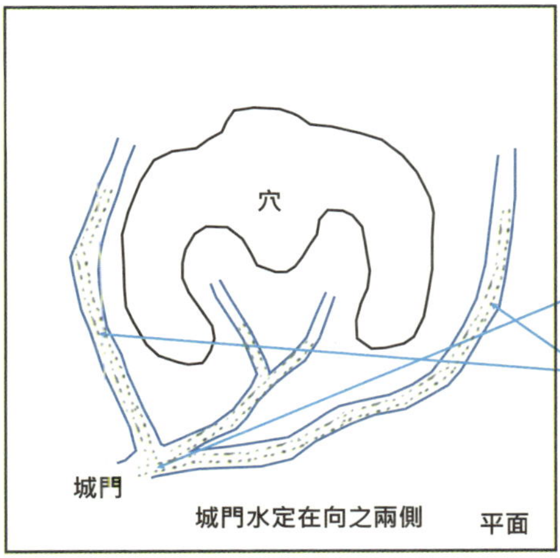

幹水流行地中,
而無支流界割其際,則地氣不收
而立穴無據矣
故24山之水,其間必有交道相遇
然後血脈真,而金龍動
大幹與小枝,兩水交流合成三叉而出,所謂城門也
湖裏雁交鵝,言一水從左來一水從右去
途中相遇,一往一來之相交也
詳言水龍審脈之法,立穴之道,自在其中

楊、曾諸師之言，約其秘旨，本同條共貫，考其詞句，則皆表其異而如殊耳，詳閱上中下三元，看龍到頭取局圖，有不諦披沙揀金，逮於諸書言水龍者多矣，可見大地常存天壤，識大地者幾遇人間也，得者知所寶貴重在持守。

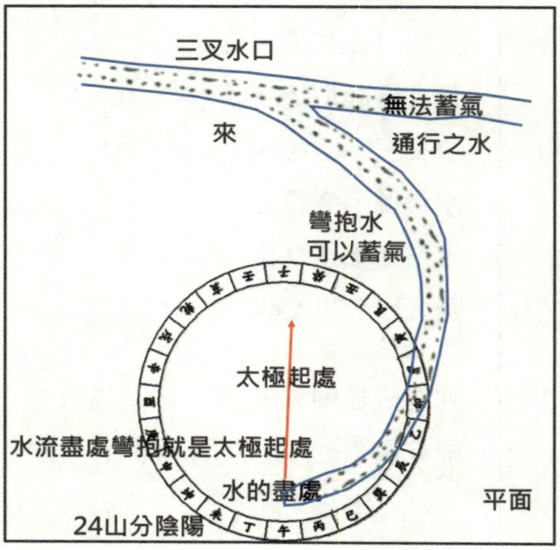

楊,曾諸師之言,約其秘旨,本同條共貫

考其詞句,則皆表其異而如殊耳

詳閱上中下三元,看龍到頭取局圖

有不諦披沙揀金

逮於諸書言水龍者多矣

可見大地常存天壤

識大地者幾遇人間也

得者知所寶貴重在持守

第 42 章　黃白二氣說

黃白二氣說，散佈瀰漫，動而不疾者，黃氣也，蜿蜒不斷，勢隆隆起，有光耀物，白氣也，黃氣者，大塊之土氣，白氣者，江湖溪澗之水氣，白氣界於黃氣之中，並行而分道，黃氣所至，白氣為城垣，黃氣為雲煙。

黃氣者,大塊之土氣
白氣者,江湖溪澗之水氣

黃白二氣說

散佈瀰漫,若和風揚物,動而不疾者,黃氣也

經緯橫施,蜿蜒不斷,勢隆隆起,

綿若匹鍊,聚若蒙雪,

有光耀物,外柔中堅者,白氣也

黃氣者,大塊之土氣

白氣者,江湖溪澗之水氣

白氣界於黃氣之中,並行而分道

黃氣所至,白氣為城垣,黃氣為雲煙

白氣為囊橐,黃氣為餱糧

白氣為引，黃氣為隨，眾引所交，其隨所聚，故水欲其合，白氣直流，黃氣直隨，白氣蠕動，黃氣濛洄，

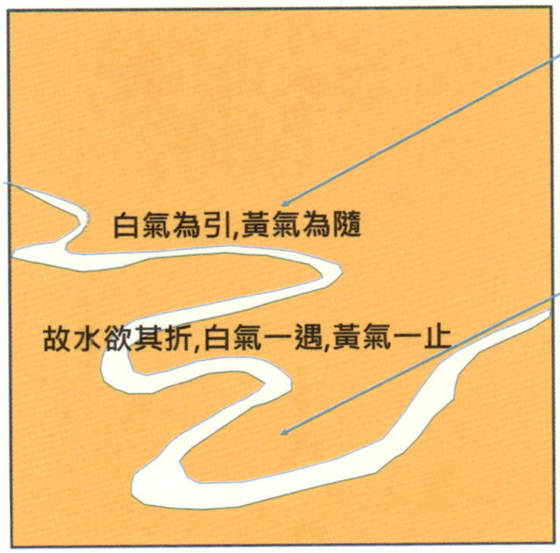
白氣為引,黃氣為隨
故水欲其折,白氣一遇,黃氣一止

白氣為引,黃氣為隨

眾引所交,其隨所聚

故水欲其合,白氣直流,黃氣直隨(直隨則散)

白氣蠕動,黃氣濛洄(濛洄則聚)

故水欲其折,白氣一遇,黃氣一止

白氣再遇,黃氣再止

如是三四,如是五六,以至無窮

少遇則薄,

多遇則厚, 故水欲其重

故水欲其折，白氣一遇，黃氣一止，白氣再遇，黃氣再止，如是三四，如是五六，以至無窮，少遇則薄，多遇則厚，故水欲其重。

白氣長硬，黃氣雖止，無所依戀，無所板援，乃從左右背走，止而終散，故水欲其界，界而正直，止亦復行。

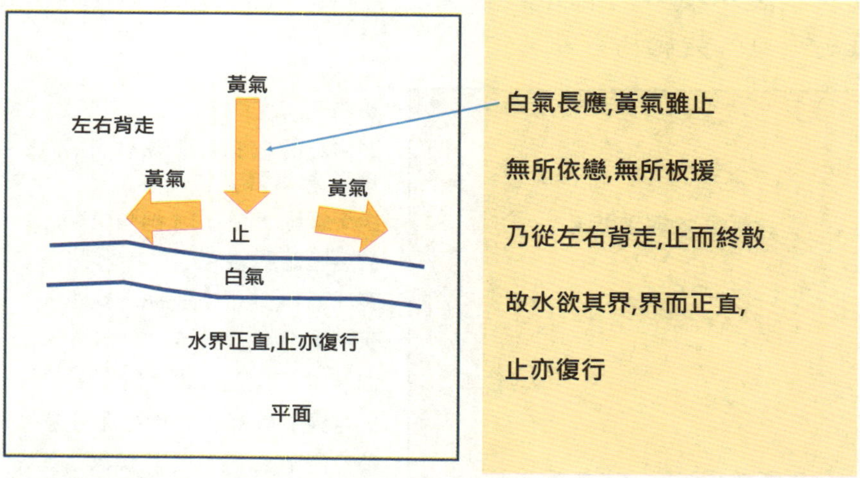

必有支條搓枒，幹必有支，氣乃得留，納三叉口氣，氣乃得留，氣會在三叉水口形成漩渦。

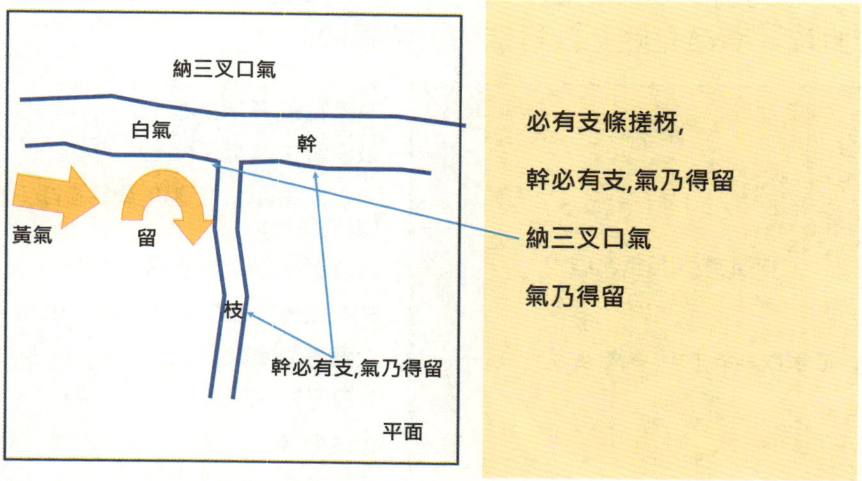

故水欲其環，我穴其環，水要彎抱，水氣為白氣，會擋住土氣，即黃氣，黃氣者大塊之土氣也，黃氣左右並歸，在水彎抱處形成漩渦，漩渦會聚氣，所以說彎抱之水，左右並歸，納環抱之氣。

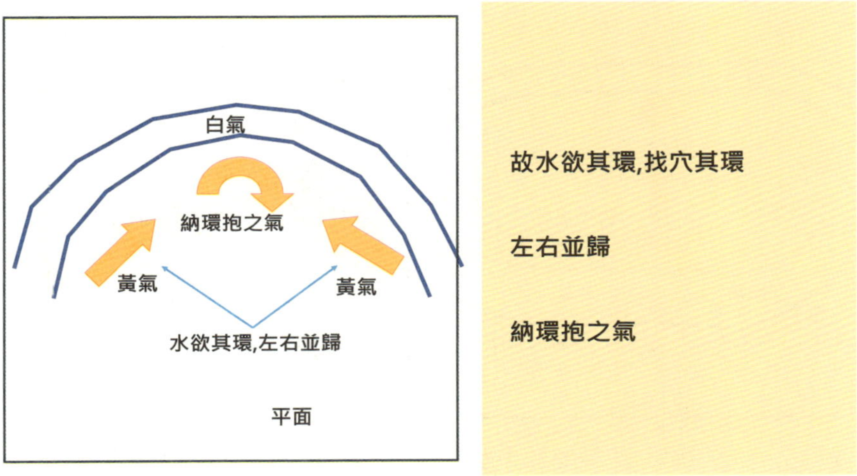
白氣
納環抱之氣
黃氣
黃氣
水欲其環,左右並歸
平面
故水欲其環,找穴其環
左右並歸
納環抱之氣

若水斷際，如果水被中斷，反為水源，黃氣為眾水所拘，遇斷得門，黃氣從門而出，無所得獲，氣都由斷處流出，不出則無所不獲，不出才會獲得黃氣。

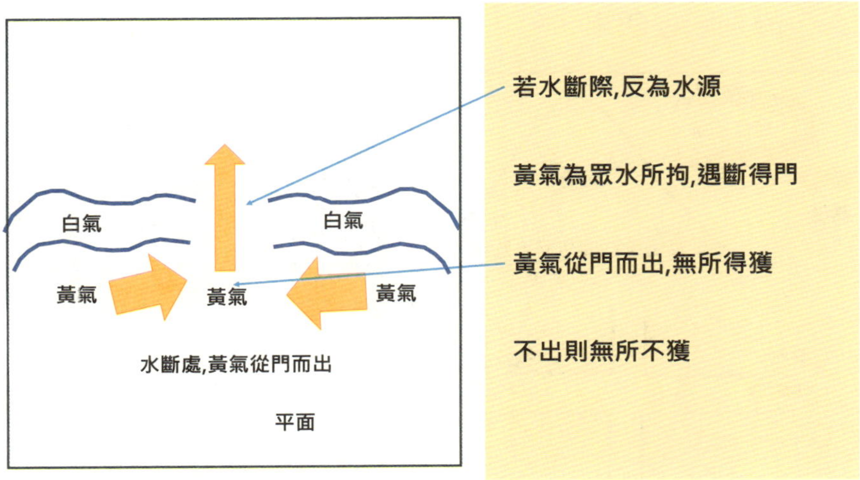
白氣
白氣
黃氣
黃氣
黃氣
水斷處,黃氣從門而出
平面
若水斷際,反為水源
黃氣為眾水所拘,遇斷得門
黃氣從門而出,無所得獲
不出則無所不獲

故水欲其通,小水在南,納小水氣,大水在北,納大水氣,穴雖依近南,不專於南,小水在東,大水在西,穴雖依近東,不專於東,即不專於小水也,也納大水氣也。

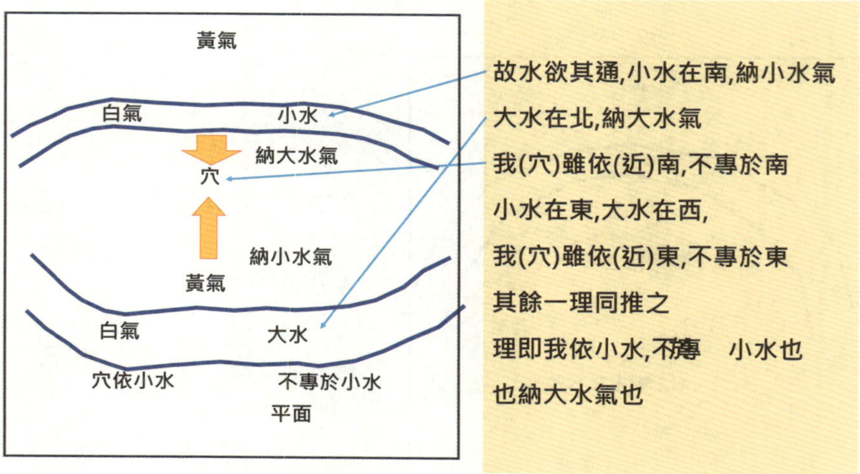

```
       黃氣
   白氣      小水
           ↓  納大水氣
           穴
           ↑
              納小水氣
       黃氣
   白氣      大水
 穴依小水   不專於小水
         平面
```

故水欲其通,小水在南,納小水氣
大水在北,納大水氣
我(穴)雖依(近)南,不專於南
小水在東,大水在西,
我(穴)雖依(近)東,不專於東
其餘一理同推之
理即我依小水,不專 小水也
也納大水氣也

親就分情,主賓分勢,當知親,親而等疏,主而禮賓,故大江大湖之旁,外氣內氣交橫,參量均衡,有不可廢,非獨水也,高山茂林,巍居峻郭,皆足以回風反氣,自高而下,迫黃氣來歸,橋樑街道,車馬人跡,之所往來,亦足以震動黃氣,動則引之使來,靜則限之使止。

```
        回風反氣
    →            高山立面
   黃氣
         高山茂林,足以回風反氣

   黃氣  →
         街道       橋樑

 街郭動之使其來,靜限之使止   平面
```

親就分情,主賓分勢,
當知親,親而等疏,主而禮賓微
故大江大湖之旁,外氣內氣交橫,
參量均衡,有不可廢,非獨水也,
高山茂林,巍居峻郭,皆足以回風反氣
自高而下,迫黃氣來歸
橋樑街道,車馬人跡,
之所往來,亦足以震動黃氣
動則引之使來,靜則限之使止

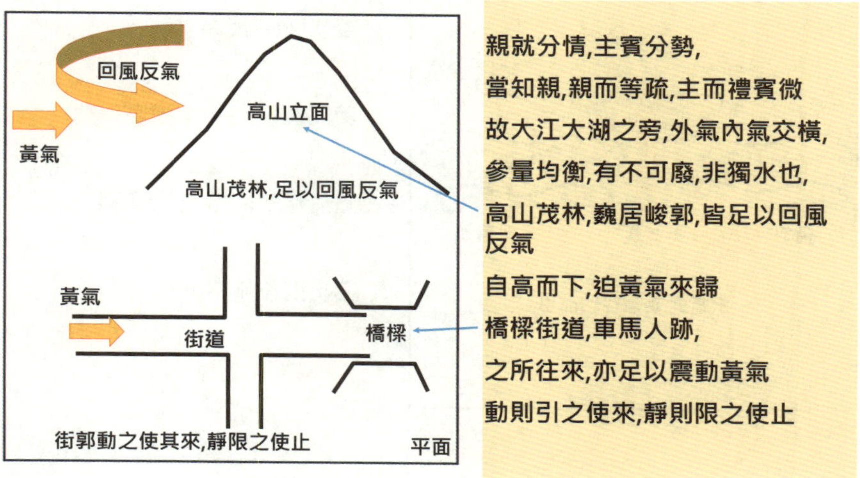

白氣一遇，黃氣一止，白氣再遇，黃氣再止，白氣又遇，黃氣又止，取其重非取其直，黃氣取的是其重重疊疊，佈是取其直，故水宜重疊為妙。

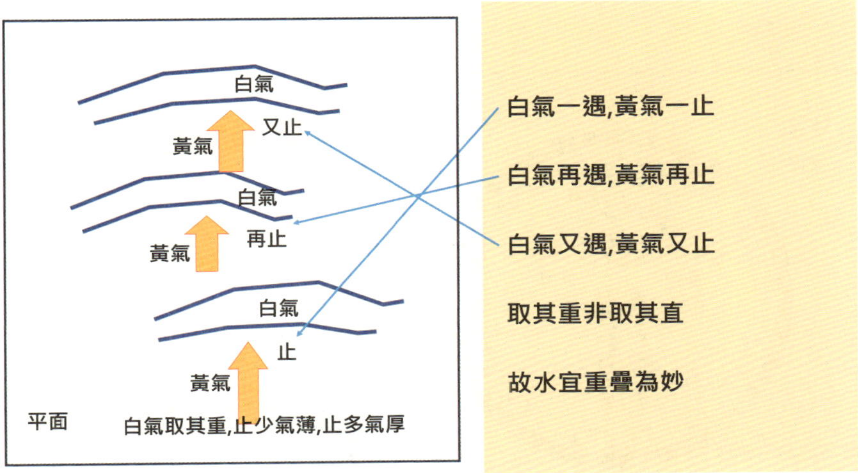
白氣
又止
黃氣
白氣
再止
黃氣
白氣
止
黃氣
平面
白氣取其重,止少氣薄,止多氣厚
白氣一遇,黃氣一止
白氣再遇,黃氣再止
白氣又遇,黃氣又止
取其重非取其直
故水宜重疊為妙

火城指的是水局，水的形狀尖形，則白氣長硬，黃氣雖隨，會奔走出外，隨左右分散而去，就是隨著左右尖形的方向分散出去，分者背馳之意，無聚止之意也，黃氣無法聚集，自然不吉也。

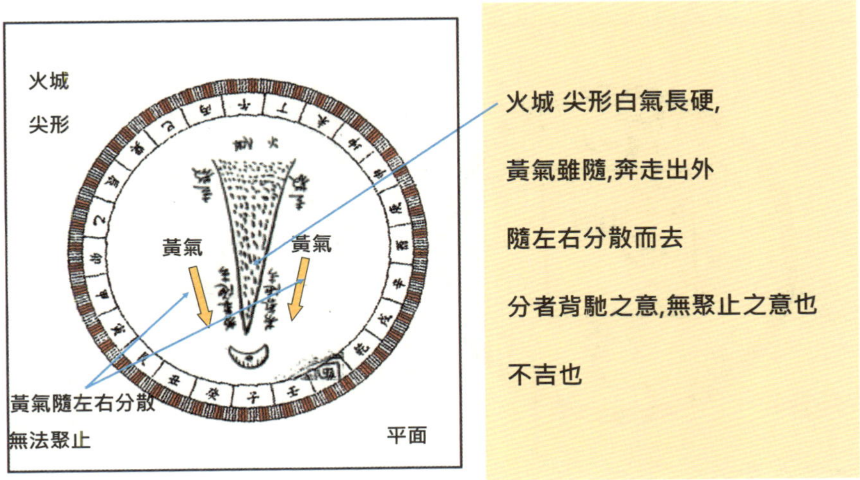
火城
尖形
黃氣
黃氣
黃氣隨左右分散
無法聚止
平面
火城 尖形白氣長硬,
黃氣雖隨,奔走出外
隨左右分散而去
分者背馳之意,無聚止之意也
不吉也

直橫而無搓枒止的也是水局，亦隨左右分散，此木火二城不變，黃氣隨左右分散，無法聚止，所以為不吉也，法棄而不取，水龍現形勢星體之訣，為立穴取局至要先著，不可不精切詳察也。

木城
直形

平面

直橫而無搓枒,亦隨左右分散

此木火二城不變

黃氣隨左右分散 無法聚止

所以為不吉也

法棄而不取

水龍現形勢星體之訣

為立穴取局至要先著

不可不精切詳察也

木城變土城，枝條搓枒，水界氣止，右界右止不分，搓枒沒有再分支出去，合格足以取用，合格指的是納到旺氣，有吉無凶。

土城

黃氣

納到旺氣可用

平面

木城變土城

枝條搓枒,水界氣止

右界右止不分

(搓枒沒有再分支出去)

合格足以取用

合格指的是納到旺氣

有吉無凶

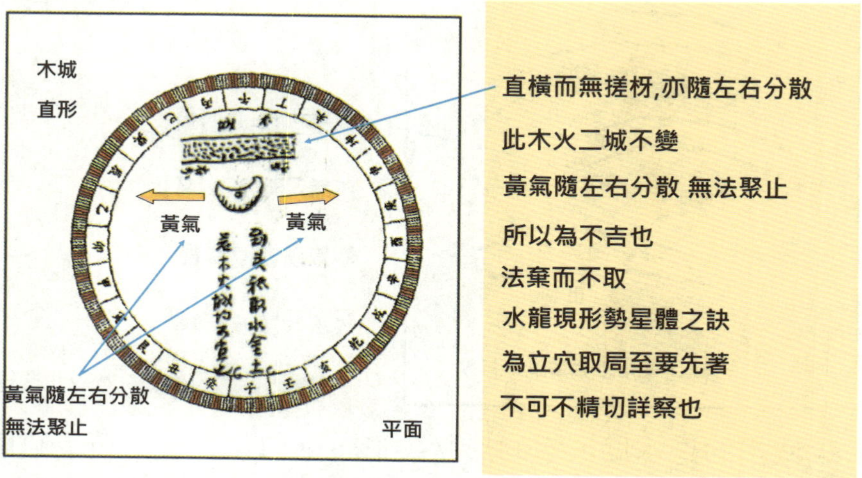

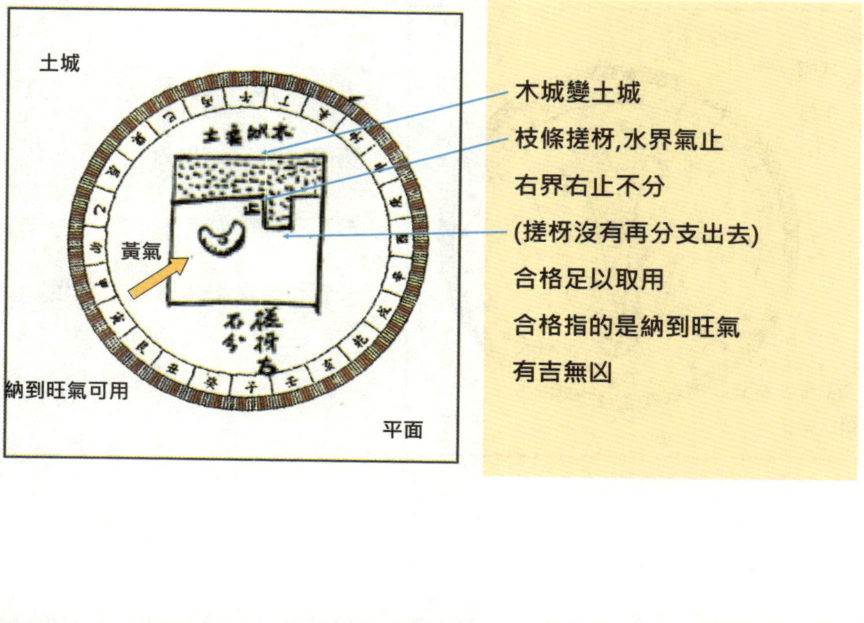

金水二星則不然，立穴金依此星，要成半月形，半月形也就是彎抱水，金城界水，氣可環繞聚氣，土氣可以順著左右兩邊，在半月形中間形成漩渦聚氣，與土星同吉也，宜用。

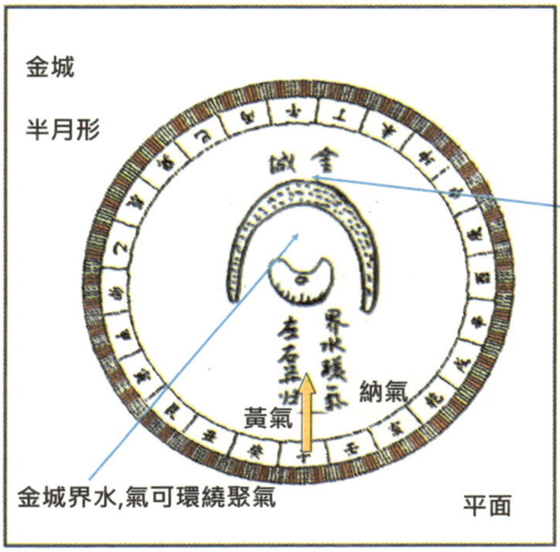

金水二星則不然

立穴金依此星(半月形)

金城界水,氣可環繞聚氣

與土星同吉也

宜用

金城最吉，適合立穴取局，大湖須面前做成半月形，才可用，一般大湖都是圓形居多，若要用來坐穴場，必須在大湖的一側，做成半月形，這樣才能聚氣，才宜用。

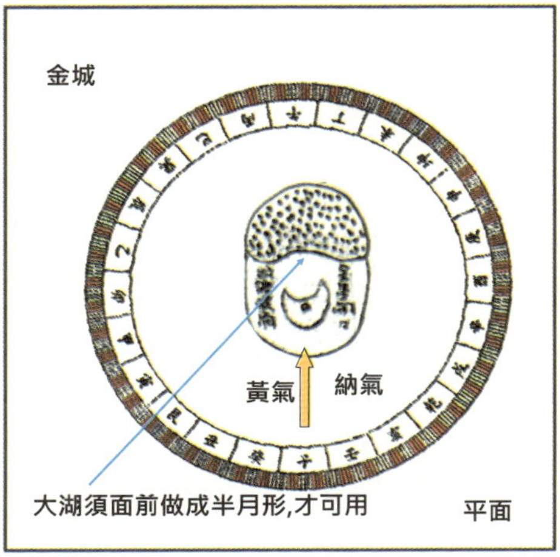

金城最吉,

適合立穴取局

大湖須面前做成半月形,才可用

宜用

金水並土城為水龍穴法，水一彎為一湖泊，一彎為一節龍，所以水的彎處就有穴場，金城界水，氣可環繞聚氣，穴就可以那道黃氣，依此為宜。

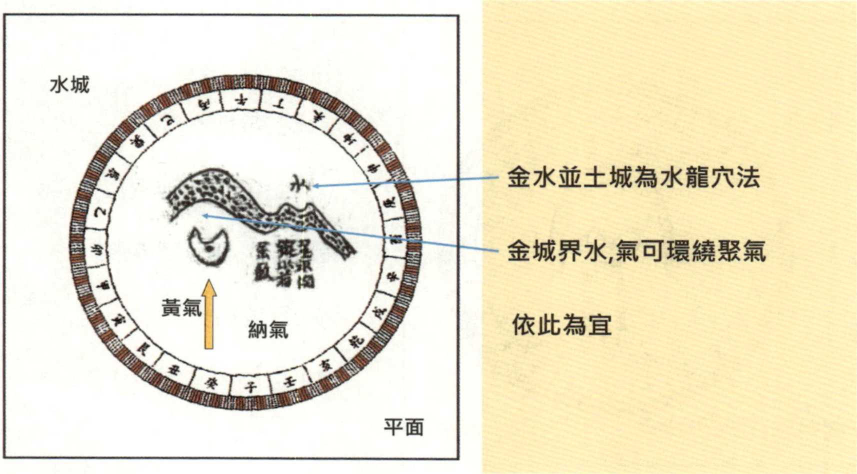
水城
黃氣
納氣
平面
金水並土城為水龍穴法
金城界水,氣可環繞聚氣
依此為宜

金水城以取金城立穴，金城界水，氣可環繞聚氣，取局為宜。

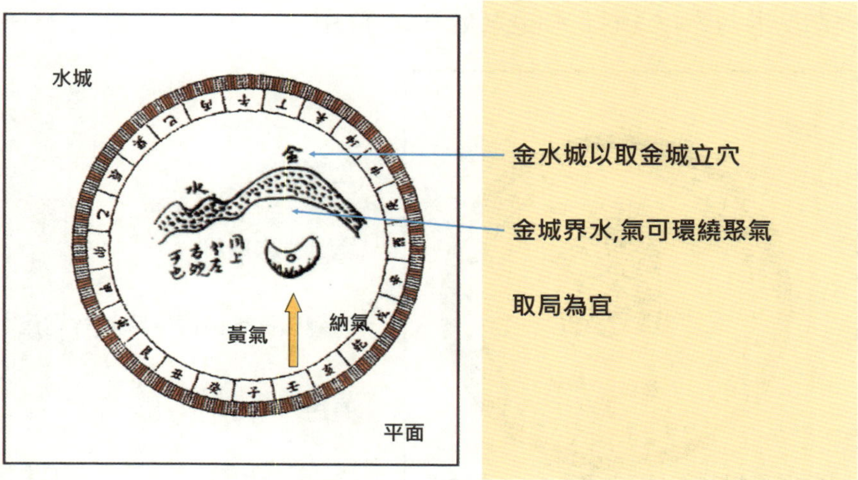
水城
黃氣
納氣
平面
金水城以取金城立穴
金城界水,氣可環繞聚氣
取局為宜

第 43 章　彎抱水

本章主要講彎抱水，合卦清純者只有水土金城可用，還有如何看局氣與旁氣，下穴認氣秘訣。

下穴認氣辨別星體水城秘訣，《都天寶照經》曰，大山喚作破軍星，五星所聚脈難分，大山喚作破軍星，此言五星混雜出脈，未見分明，既名曰破軍，則不入龍格，此山龍祖山，借辨水龍幹水發枝之處，大幹小枝三叉環抱，才能聚氣立穴取局，水法渙散迷茫，五星錯雜而出，未見結體分明，此與山龍祖山無異，水龍與山龍論法一樣，爪牙尖利名曰破軍星不入穴格，難下手取穴乘生旺。

但看出身一路脈，到頭要分水土金，此言只就龍神一路出身之脈格，其合卦與不合卦，看有無納到旺氣，合卦而清純者取之，同卦內，不清純者不用，不合卦而雜亂差錯者不取，出卦陰錯陽差者不用。

尤重在到頭第一節，要合星卦體五星之中，唯水土金三者可用，合卦清純者只有水土金城可用。

但看出身一路脈,到頭要分水土金	
註:此言只就龍神一路出身之脈格	
其合卦與不合卦 ←	看有無納到旺氣
合卦而清純者取之 ←	同卦內,不清純者不用
不合卦而雜亂差錯者不取 ←	出卦陰錯陽差者不用
尤重在到頭第一節	
要合星卦體五星之中	
唯水土金三者可用 ←	合卦清純者只有水土金城可用

曰：此以巒頭形象星體，兼該理氣之妙皆法門也，然既合水土金三吉星體穴格矣，又卦氣不犯差錯，而遂可以下穴焉否，夫亦有認氣之訣，在於毫芒之際，此而不辨，局似當發而敗，不當絕而絕，可勿闡發古先之秘，開我後起平安見其可其秘悉在，旁氣沖斷局氣是也，局氣被旁氣沖斷，原吉反凶。

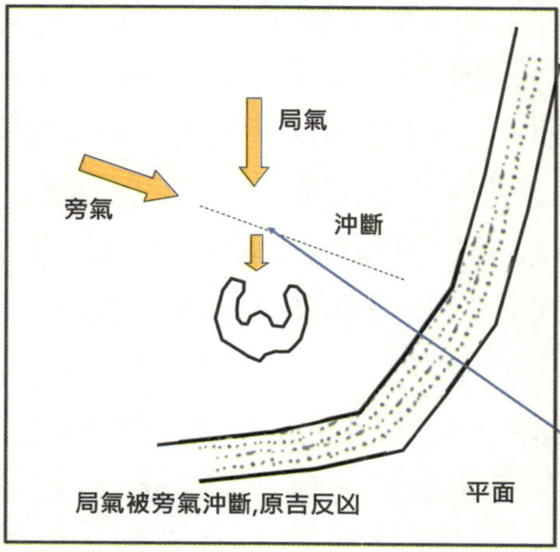
局氣
旁氣
沖斷
平面
局氣被旁氣沖斷,原吉反凶

此以巒頭形象星體,
兼該理氣之妙皆法門也,
然既合水土金三吉星體穴格矣
又卦氣不犯差錯,
而遂可以下穴焉否,
曰:
夫亦有認氣之訣,在於毫芒之際
此而不辨,局似當發而敗
不當絕而絕,可勿闡發古先之秘,
開我後起平安見其可其秘悉在
旁氣沖斷局氣是也
局氣被旁氣沖斷,原吉反凶

下圖為兌局，坐西朝東，一巽角水大，乾氣豪雄，沖斷兌氣，

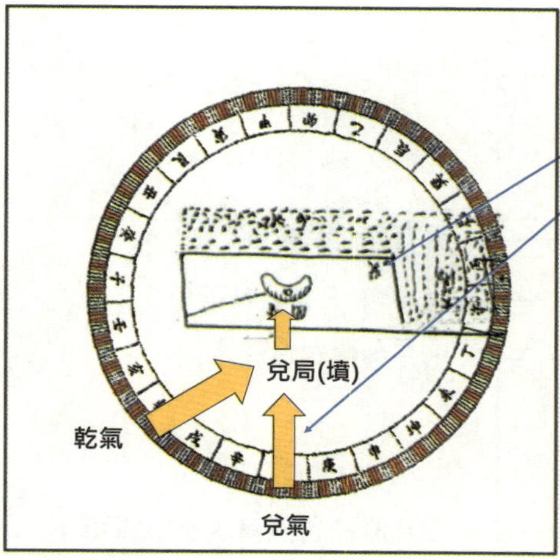
兌局(墳)
乾氣
兌氣

左圖為兌局
坐西朝東
一巽角水大,乾氣豪雄
沖斷兌氣

下圖為兌局，坐西朝東，一艮角水大，艮方水大，引道坤之氣，所以坤氣力洪，沖斷穴氣，本來穴引的是兌氣，但是兌氣太小，被坤氣沖斷，所以兩不成局，一敗一絕，此取局立穴金針也，世多不悟。

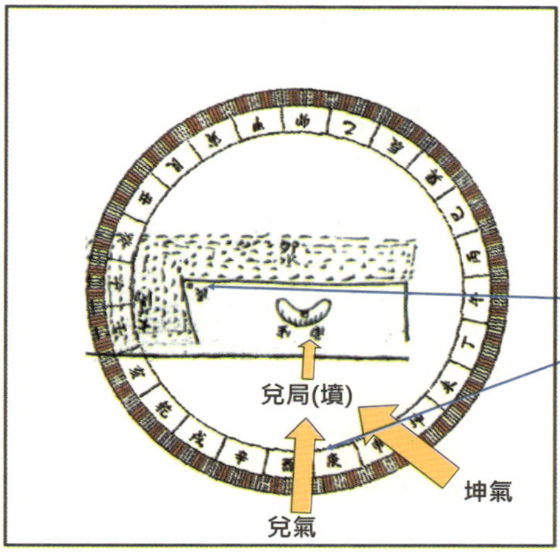

左圖為兌局
坐西朝東
一巽角水大,乾氣豪雄
沖斷兌氣
左圖為兌局
坐西朝東
一艮角水大,坤氣力洪
沖斷穴氣
兩不成局
一敗一絕
此取局立穴金針也
世多不悟

地理一家在辨雌雄而識陰陽，又須陰內煉陽水中起火，分八卦而辨九宮，總期局氣完固衛我貞元，下圖乾坤二氣剛強，沖斷兌氣，局氣破而貞元散。

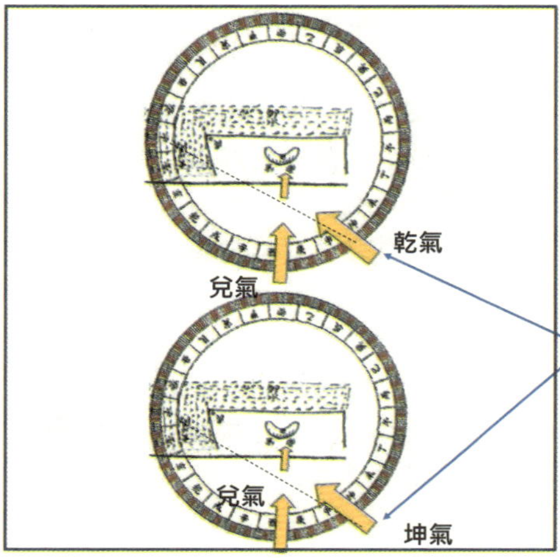

地理一家在辨雌雄而識陰陽
又須陰內煉陽水中起火
分八卦而辨九宮
總期局氣完固衛我貞元
左二圖乾坤二氣剛強
沖斷兌氣
局氣破而貞元散矣

故《天玉經》曰：正神百步使成龍，水短便遭凶，專言局氣宜悠遠深長始成龍也，下圖卯位正神短淺穴中氣微力弱，況遇卦位偏巽角大蕩力強而沖擊之，危可知也。

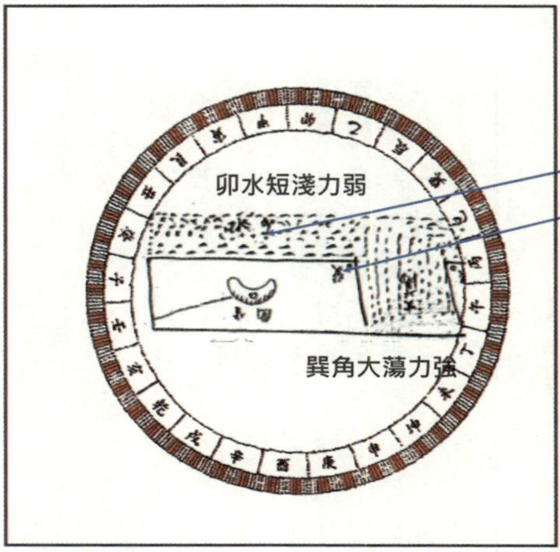

故《天玉經》曰
正神百步使成龍,水短便遭凶
專言局氣宜悠遠深長始成龍也
右圖卯位正神短淺穴中氣微弱
況遇卦位偏巽角大蕩力強,

或遇卦位偏艮角大蕩力強，而衝擊之乎，危可知矣，正如初結之果，尚未堅實，逢暴風烈雨打落地，胎元未滿先墮下生氣剗盡，收貯深藏只見進枯不能復種而生，可以悟其理矣。

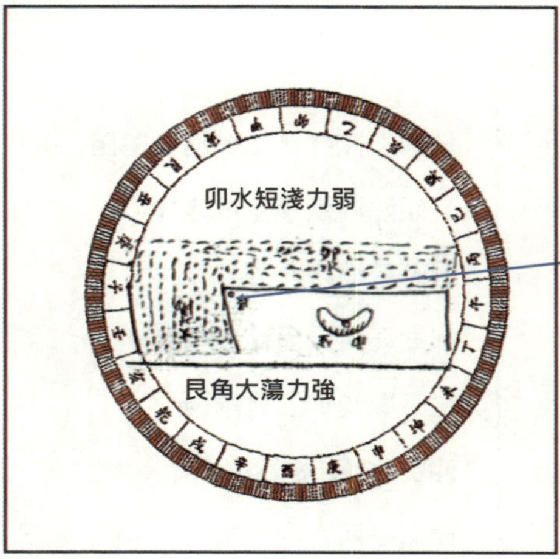

故《天玉經》曰
正神百步使成龍,水短便遭凶
專言局氣宜悠遠深長始成龍也
右圖卯位正神短淺穴中氣微弱
況遇卦位偏巽角大蕩力強,
或遇卦位偏艮角大蕩力強
而衝擊之乎,危可知矣
正如初結之果,尚未堅實
逢暴風烈雨打落地
胎元未滿先墮下生氣剗盡
收貯深藏只見進枯不能復種而生
可以悟其理矣

下二圖卯水猝遇中出大蕩形勢浩漫，下上圖，巽乾氣過多沖斷卯氣局氣同元，止於貧敗而已，下下圖，艮氣過多沖斷兌氣，局氣不同下元葬之則敗絕不可不慎，蔣公云：幹水莽蕩少真穴，猶高山少真結也。

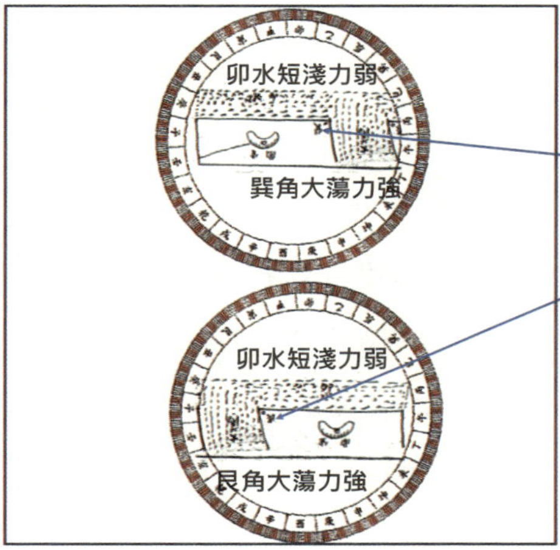

左二圖卯水猝遇中出大蕩形勢浩漫

左上圖

巽乾氣過多沖斷卯氣局氣同元

止於貧敗而已

左下圖

艮氣過多沖斷兌氣

局氣不同下元葬之則敗絕不可不慎

蔣公云

幹水莽蕩少真穴,猶高山少真結也

第 44 章
首尾城局卦運修短迴別辨

首尾城局卦運修短迴別辨，大水南來，居民依北岸南向，依離水做坎局，納1坎氣，發上元，而中下元衰落。

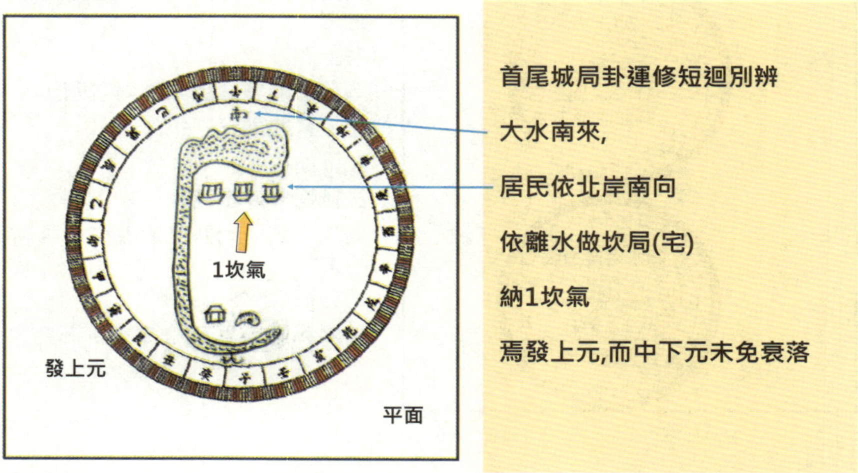

首尾城局卦運修短迴別辨
大水南來,
居民依北岸南向
依離水做坎局(宅)
納1坎氣
焉發上元,而中下元未免衰落

獨有一家墓宅，俱依小水，反受離氣，則似乎收離作主，然北來坎氣，遇離水勢大返回，反氣北行，我乘其迴而受之，一吉也，雖以離為主，而依小水取局，旺下元矣，終有大局坎氣貫入，又旺上元矣，二吉也。

獨有一家墓宅,俱依小水
反受離氣
則似乎收離作主
然北來坎氣,
遇離水勢大返回 反氣北行
我乘其迴而受之,一吉也
雖以離為主,而依小水取局
旺下元矣
終有大局坎氣貫入
又旺上元矣,二吉也

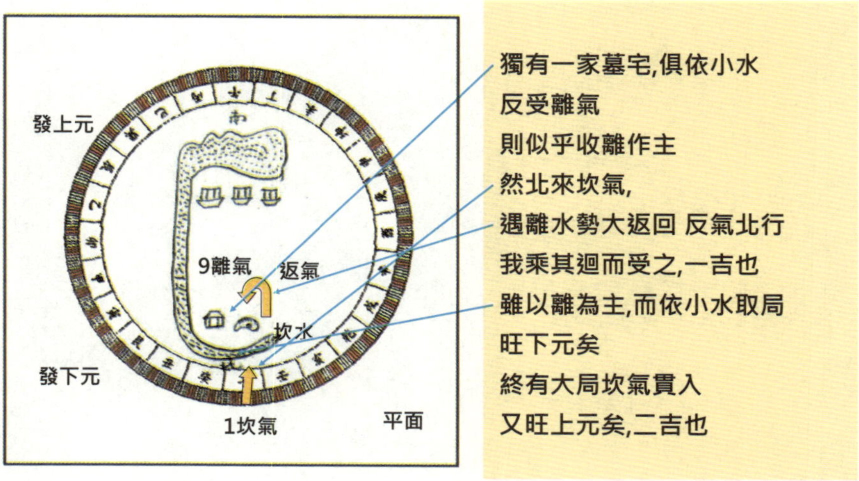

所以黃白二氣說中曰，水觀大小，方分南北，我雖依南，不專於南，東西亦然，於此親疏分情，賓主分勢，而大江大湖之旁，外氣內氣交横，小水不敵大蕩，置宅安墳參量權衡，有一不可偏廢者，如此慎重也。

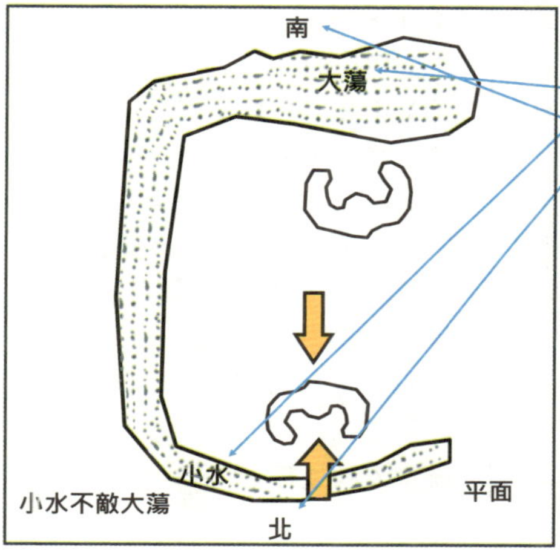

所以黃白二氣說中曰
水觀大小,
方分南北
我雖依南,不專於南
東西亦然
於此親疏分情,賓主分勢
而大江大湖之旁
外氣內氣交横
小水不敵大蕩
置宅安墳參量權衡
有一不可偏廢者
如此慎重也

再解釋一次，此一圖局分首尾，而發福久暫，固自有不同，依離水者，為坎局，水明亮而大，卻只財丁旺於上元，貴僅發科，下元未免剝落，然人丁尚穩，因係坎離中氣之局，遠勝諸卦也。

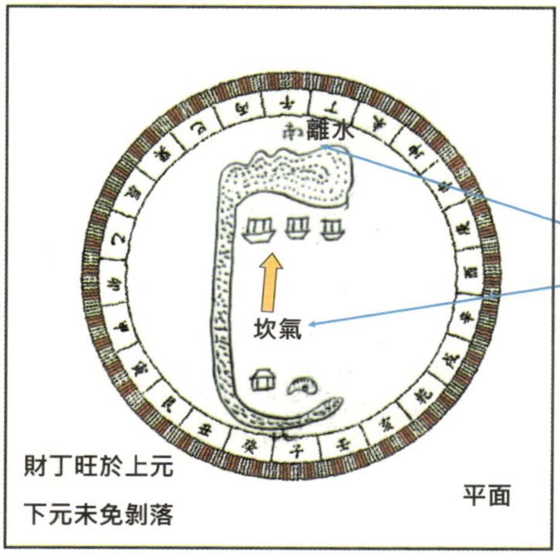

再解釋一次
此一圖局分首尾
而發福久暫,固自有不同
依離水者
為坎局,水明亮而大
卻只財丁旺於上元
貴僅發科,下元未免剝落
然人丁尚穩,因係坎離中氣之局
遠勝諸卦也

依坎水者為離局，水秀靈而小，卻能得坎氣旺於上元，得離氣旺於下元，丁財旺於上下兩元，貴竟發甲，中元財丁尚保但無貴耳，雖非三元不敗，而有乾坤大關，後天坎離即先天乾坤，不犯消滅 (退氣發凶)，亦福堂也。

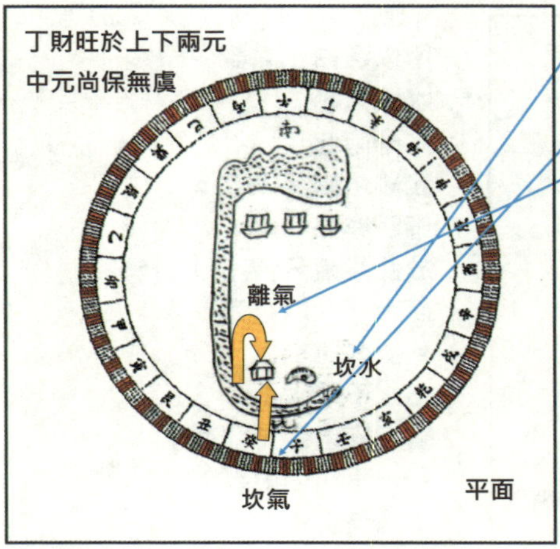

依坎水者為離局
水秀靈而小,
卻能得坎氣旺於上元
得離氣旺於下元
丁財旺於上下兩元 貴竟發甲
中元財丁尚保無虞,但無貴耳
雖非三元不敗,而究帶有乾坤大關
後天坎離即先天乾坤
不犯消滅(退氣發凶)
亦福堂也
陰宅尤稱仙宮

24 山，每山皆有 2 路，合乎元運則生，不合則死，若遇 2 路入口，有 1 路合，1 路不合，即為生死交戰。當認取五行之主，以辨生死，以補救裁製云，認取五行主，五行主者，東西 2 卦所主元運也，東卦 1 2 3 4，西卦 6 7 8 9。

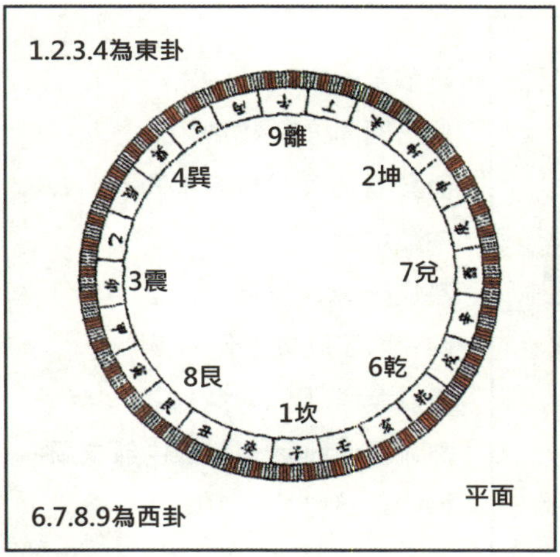

24山,每山皆有2路,
合乎元運則生,不合則死,
若遇2路入口,
有1路合,1路不合,即為生死交戰.
當認取五行之主,
以辨生死,以補救裁製云
認取五行主
五行主者,東西2卦所主元運也.
東卦1.2.3.4,
西卦6.7.8.9.

龍中交戰水中裝，便是正龍傷，五行所主貴在龍氣清純，且合元運，若龍中所受之氣既不清純，則生死判無，而吉凶交戰矣。譬如巽坤 2 路入口，猶合 1 卦通之妙訣，不云交戰。

龍中交戰水中裝,便是正龍傷.
五行所主貴在龍氣清純,且合元運,
若龍中所受之氣既不清純,
則生死判無,而吉凶交戰矣.
譬如巽坤2路入口,
猶合1卦通之妙訣,不云交戰.

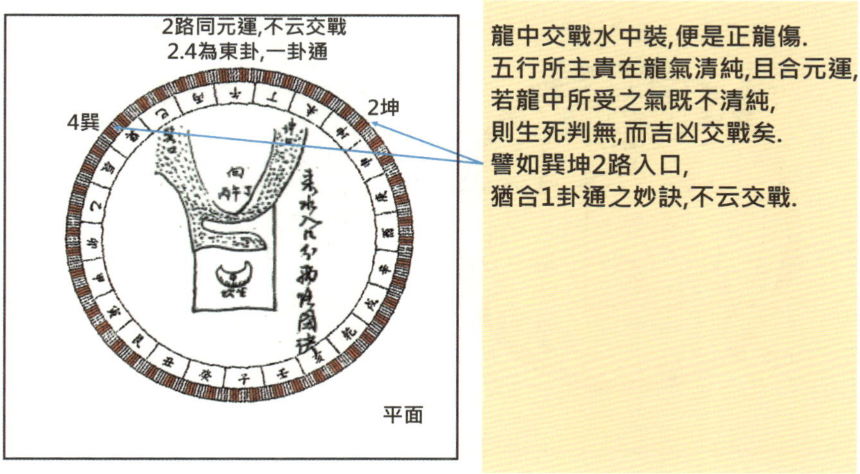

乾艮 2 路入口，猶合 1 卦通之妙訣，如下圖 6 乾與 8 艮為同元運，所以說不云交戰，因為 6 與 8 都是西卦，所以說是一卦通。

龍中交戰水中裝,便是正龍傷.
五行所主貴在龍氣清純,且合元運,
若龍中所受之氣既不清純,
則生死判無,而吉凶交戰矣.
譬如巽坤2路入口,
猶合1卦通之妙訣,不云交戰.
乾艮2路入口,
猶合1卦通之妙訣,不云交戰.

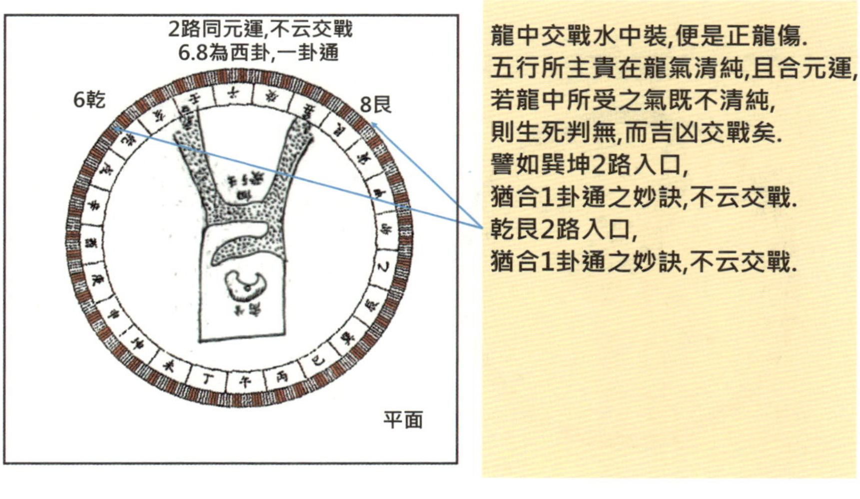

倘艮巽 2 路入口，一生一死彼當元，而此不當元，如下圖 4 巽與 8 艮兩路，一生一死，為什麼是一生一死，因為一個是當元，另一個就不當元。

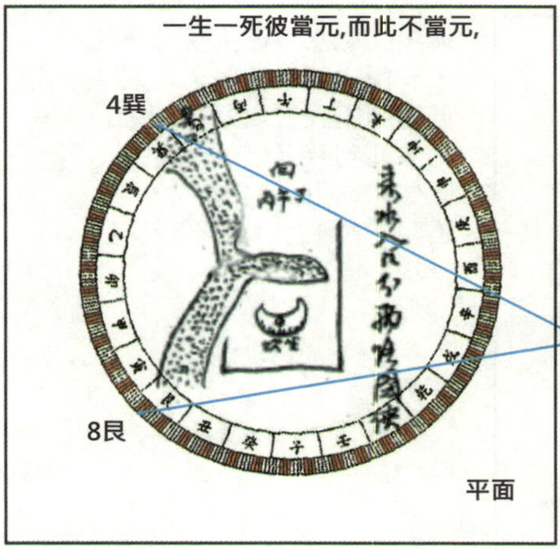
一生一死彼當元,而此不當元,
4巽
8艮
平面

龍中交戰水中裝,便是正龍傷.
五行所主貴在龍氣清純,且合元運,
若龍中所受之氣既不清純,
則生死判無,而吉凶交戰矣.
譬如巽坤2路入口,
猶合1卦通之妙訣,不云交戰.
乾艮2路入口,
猶合1卦通之妙訣,不云交戰.
倘艮巽2路入口,
一生一死彼當元,而此不當元,

乾坤 2 路入口，一生一死彼當元，而此不當元，此合運，而彼不合運，如下圖 6 乾與 2 坤，也是一生一死，6 乾當元 2 坤就不當元，6 乾合運，2 坤就不合運，彼此不合，所以說是為龍中交戰。

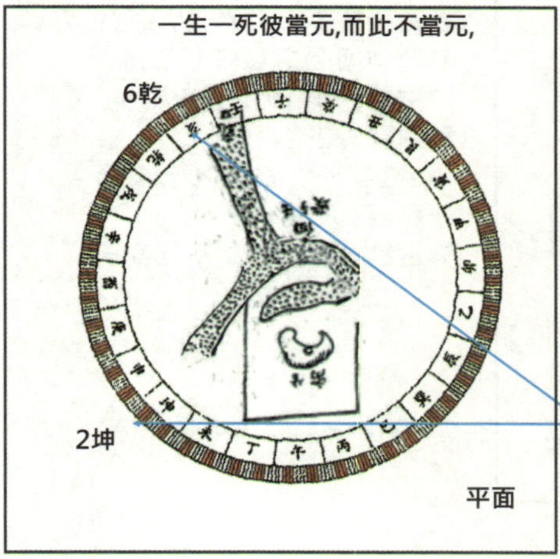
一生一死彼當元,而此不當元,
6乾
2坤
平面

龍中交戰水中裝,便是正龍傷.
五行所主貴在龍氣清純,且合元運,
若龍中所受之氣既不清純,
則生死判無,而吉凶交戰矣.
譬如巽坤2路入口,
猶合1卦通之妙訣,不云交戰.
乾艮2路入口,
猶合1卦通之妙訣,不云交戰.
倘艮巽2路入口,
一生一死彼當元,而此不當元,
乾坤2路入口,
一生一死彼當元,而此不當元,
此合運,而彼不合運,
則為龍中交戰.

若能以穴中面前向上，來水源頭，枝水盡處，合運合元之水救之，交戰之龍氣，遇宮神制伏，凶威可減，前面若無凶交破，莫斷為凶禍。

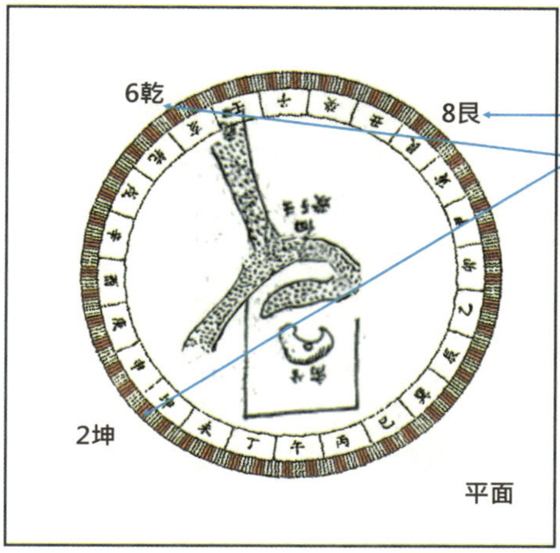

若能以穴中面前向上,
來水源頭,枝水盡處,
合運合元之水救之,
交戰之龍氣,遇宮神制伏,凶威可減
前面若無凶交破,莫斷為凶禍.

前面二字指枝水止盡處，向上宮神，而吉若無凶交破者，卦氣純青，協於八卦通乎一卦之旨，則氣得兩平，雖不致福，亦未可斷禍，然須查其水之力量輕重大小，或相敵，或相勝，內吉足勝外凶，可斷為吉，外凶勝於內吉，可斷為凶也。

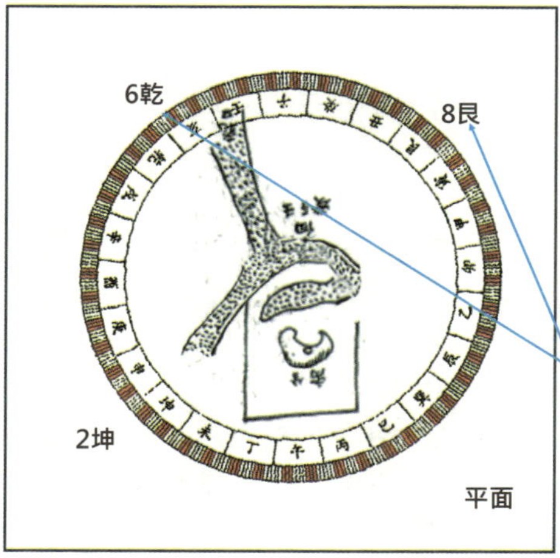

若能以穴中面前向上,
來水源頭,枝水盡處,
合運合元之水救之,
交戰之龍氣,遇宮神制伏,凶威可減
前面若無凶交破,莫斷為凶禍.
前面二字指枝水止盡處,向上宮神,
而吉若無凶交破者,卦氣純青,
協於八卦通乎一卦之旨,
則氣得兩平,雖不致福,亦未可斷禍,
然須查其水之力量輕重大小,
或相敵,或相勝,
內吉足勝外凶,可斷為吉,
外凶勝於內吉,可斷為凶也.

上下二格，入口水分兩路，雖不交戰，乃坐坎向離者，上元局也，離水為上元吉水，見巽坤兩口為殺水，一吉不敵兩凶，所為凶多者，凶勝吉也，當不取，龍氣不交戰者，反凶，上格，能坐下元局，則轉凶為吉矣，坐向顛倒也。

巽坤龍氣不交戰　但2凶1吉,反凶
上元凶水　　　　　　上元凶水
離
上元吉水
巽　　　　　　　　　坤
坐坎
上元局
平面

上下二格,入口水分兩路,
雖不交戰,乃坐坎向離者,
上元局也.
離水為上元吉水,
見巽坤兩口為殺水,
一吉不敵兩凶,
所為凶多者,凶勝吉也,
當棄而不取,
龍氣不交戰者,反凶.
上格,能坐下元局,則轉凶為吉矣.
坐向顛倒也

　　坐離向坎者，下元局也，坎水為下元吉水，見乾艮二口，為殺水，一吉不敵兩凶，所為凶多者，凶勝吉也，當棄而不取，龍氣不交戰者，反凶，下格能作上元局，則轉凶為吉矣，坐向顛倒也。

乾艮龍氣不交戰　但2凶1吉,反凶
下元凶水　　　　　　下元凶水
坎
下元吉水
乾　　　　　　　　　艮
坐離
下元局
平面

坐離向坎者,
下元局也.
坎水為下元吉水
見乾艮二口,為殺水,
一吉不敵兩凶,
所為凶多者,凶勝吉也,
當棄而不取,
龍氣不交戰者,反凶.
下格能作上元局,則轉凶為吉矣.
坐向顛倒也

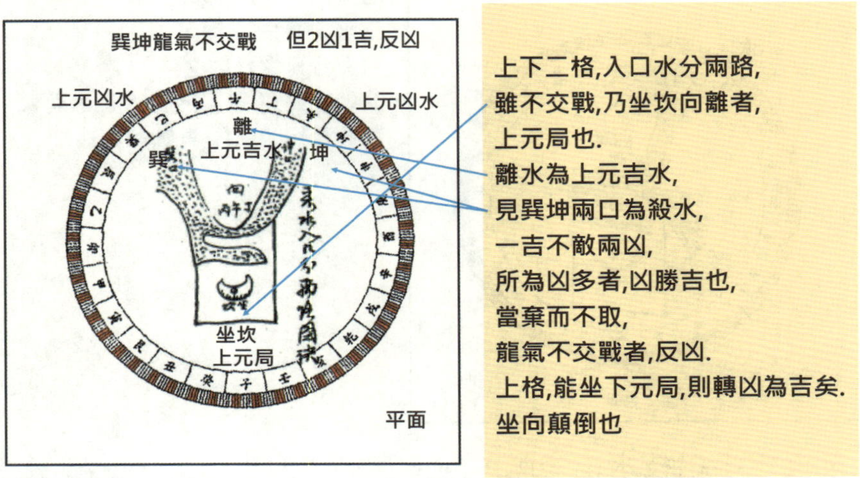

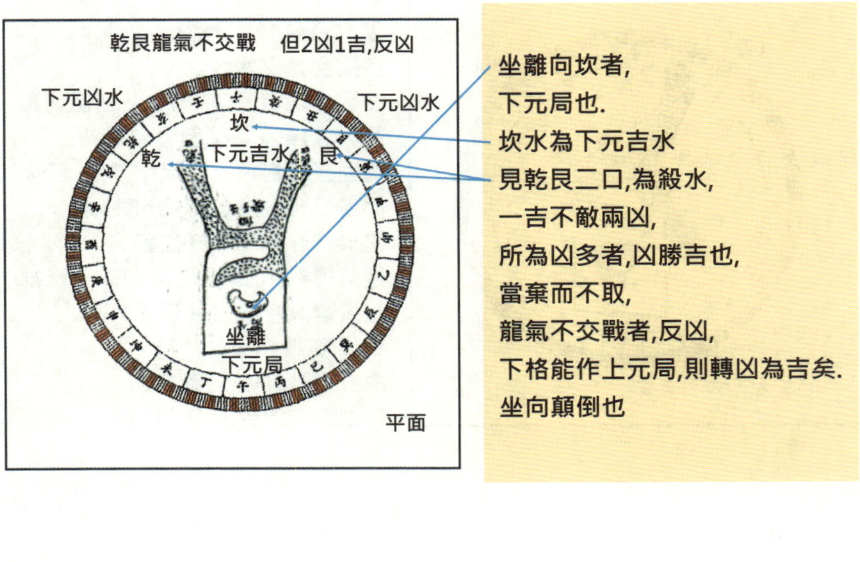

上二格入口水分兩路，雖云龍氣交戰，乃坐兌向震者，取下元局也，震水宮神，穴受兌氣，巽口沖照穴受乾氣，坎宮明湖一片，聚注止蓄，穴受離氣，艮口殺水沖照剋入穴中，一剋(剋者凶也)不敵三沖，(沖者吉也)。

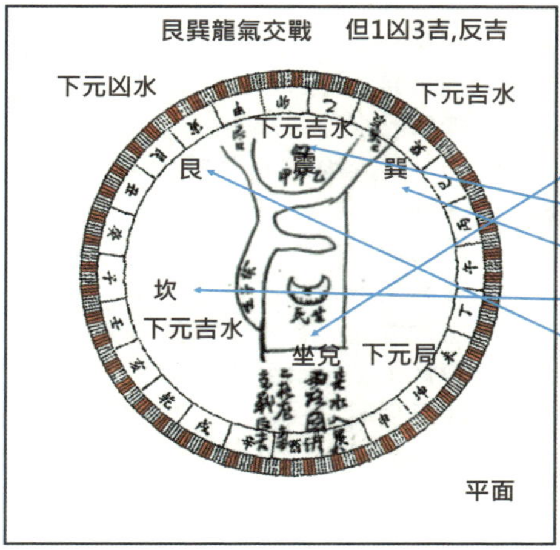
艮巽龍氣交戰　但1凶3吉,反吉
下元凶水
下元吉水
下元吉水
震
艮
巽
坎
下元吉水
坐兌
下元局
平面

上二格入口水分兩路,
雖云龍氣交戰
乃坐兌向震者,取下元局也
震水宮神,穴受兌氣,
巽口沖照穴受乾氣,
坎宮明湖一片,聚注止蓄,穴受離氣
艮口殺水沖照剋入穴中
一剋(剋者凶也)不敵三沖
(沖者吉也),

穴坐震，兌方有水受震氣，兌水為上元吉水，離宮明湖一片，聚注止蓄穴受坎氣，乾水為上元吉水，坤口殺水剋入穴中，一剋(剋者凶也)不敵三生矣。

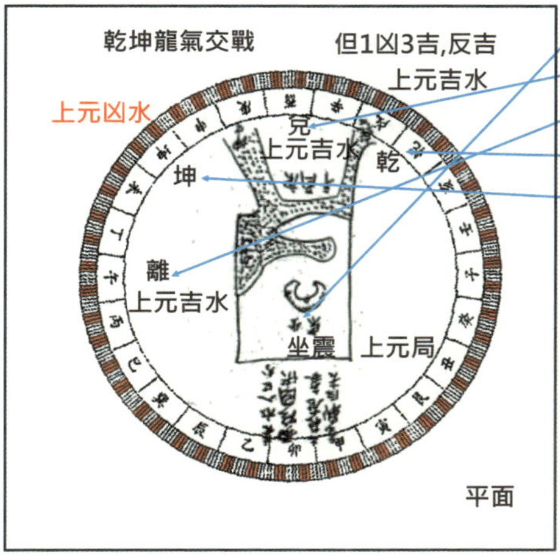
乾坤龍氣交戰　但1凶3吉,反吉
上元吉水
上元凶水
兌
上元吉水
乾
坤
離
上元吉水
坐震
上元局
平面

穴坐震 兌方有水受震氣
兌水為上元吉水
離宮明湖一片,聚注止蓄穴受坎氣,
乾水為上元吉水
坤口殺水剋入穴中
一剋(剋者凶也)不敵三生矣

生者吉也，所謂吉多者吉勝凶也，雜氣交戰者反吉，法合以取用者所以妙在靈變，龍氣不交戰者反凶，雜氣交戰者反吉，斯其改禍為福也。

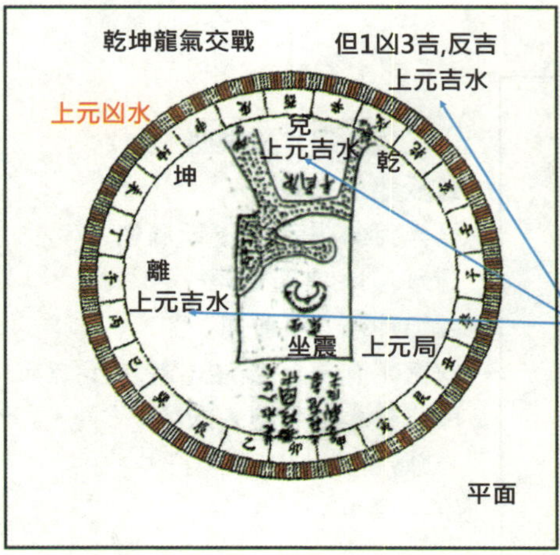

穴坐震 兌方有水受震氣
兌水為上元吉水
離宮明湖一片,聚注止蓄穴受坎氣,
乾水為上元吉水
坤口殺水剋入穴中
一剋(剋者凶也)不敵三生矣
(生者吉也)
所謂吉多者吉勝凶也
雜氣交戰者反吉
法合以取用者所以妙在靈變
龍氣不交戰者反凶
雜氣交戰者反吉
斯其改禍為福也

第 45 章　四庫秘忌訣

辰戌丑未四墓水，除當運外均論凶，見一重水應一重災斷之不虛，辰戌丑未四墓水之用法只有中元運可用，辰戌丑未地元龍乾坤艮巽夫婦宗，向水可以相兼但坐山不可相兼，庫水得元獲吉失元受禍。

四庫秘忌訣，四墓，辰戌丑未也，辰為天罡，戌為地煞，32 天罡 72 地煞，合為 108 梁山好漢，均土匪 (正當之土匪) 也。

丑為天吊，未為天殺，天吊、天殺，就是二十四天星屬於煞星，所云四墓者，出元衰敗之時，犯多不吉，故辰戌丑未四墓水，除當運外，均論凶，見一重水應一重災，斷之不虛，然當運時亦自發福。

辰戌丑未四墓水之用法，中元，4 運乾 (吉水) 可兼戌，6 運巽 (吉水) 可兼辰，上下元運不能用，故辰戌丑未四墓水，只有中元運可用，辰戌丑未四墓水，上下元運會作患也。

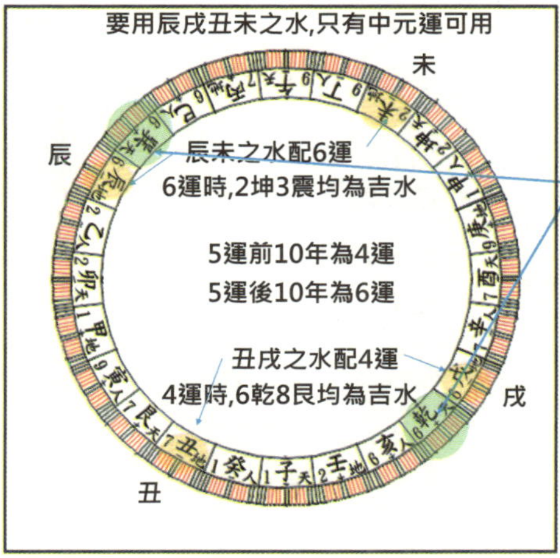
要用辰戌丑未之水,只有中元運可用
未
辰
辰未之水配6運
6運時,2坤3震均為吉水
5運前10年為4運
5運後10年為6運
丑戌之水配4運
4運時,6乾8艮均為吉水
戌
丑

辰戌丑未四墓水之用法

中元,4運乾(吉水)可兼戌,

6運巽(吉水)可兼辰

上下元運不能用

故辰戌丑未四墓水

只有中元運可用

辰戌丑未四墓水

上下元運會作患也

曾見有四水齊開為五黃局，而飛邊以立穴，家業巨富，見下圖，此地四庫齊開，山水大聚之局，寶照經云：辰戌丑未地元龍，乾坤艮巽夫婦宗，甲庚丙壬為正向脈，取貪狼護正龍，此正辰戌丑未龍，落於乾坤艮巽宮內。

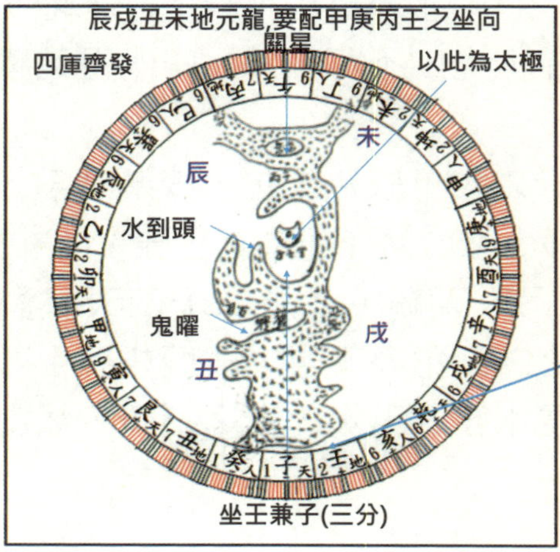

曾見有四水齊開為五黃局
而飛邊以立穴
家業巨富,圖具於左
此地四庫齊開,山水大聚之局
寶照經云:辰戌丑未地元龍
乾坤艮巽夫婦宗
甲庚丙壬為正向脈
取貪狼護正龍
此正辰戌丑未龍
落於乾坤艮巽宮內

下壬丙向加子午三分，(地元兼天元)，地支龍天干向，地天元龍相兼為用，天造地設也，宜其巨富多丁，四庫水可用在中元運，上下元運會敗，乃因為二吉水二凶水也。

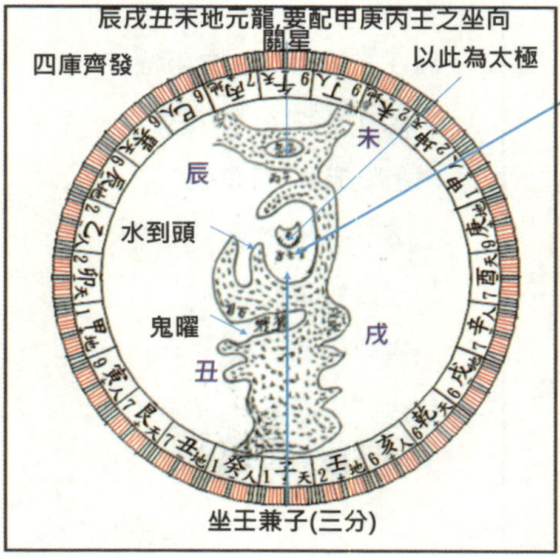

下壬丙向加子五三分
(地元兼天元)
地支龍天干向
地天元龍相兼為用
天造地設也,宜其巨富多丁
四庫水可用在中元運
上下元運會敗
乃因為二吉水二凶水也

向水可以相兼，但是坐山不可相兼者如下圖，辛戌(陰陽不同)可以相兼，6乾7兌同為金之故，乙辰(陰陽不同)可以相兼，3震4碧同為木之故，巳丙(出卦)可以相兼，亥壬(出卦)可以相兼。

圖說：
- 辰與乙有關, 3.4運相通　向是辰的話,可以兼乙之水
- 戌與辛有關, 6.7運相通　向是戌的話,可以兼辛之水

向水可以相兼
但是坐山不可相兼者如左
辛戌(陰陽不同)可以相兼
6乾7兌同為金之故
乙辰(陰陽不同)可以相兼
3震4碧同為木之故
巳丙(出卦)可以相兼
亥壬(出卦)可以相兼

　　乾坤艮巽夫婦宗，丑可兼艮，未可兼坤乃均為土也，但乾不能兼戌，巽不能兼辰，中元，4運乾(吉水)可兼戌，6運巽(吉水)可兼辰，中元土運前10年為4運，後10年為6運，4、6運零神水在辰戌，坐乾巽之水庫，此稱夫婦宗。

乾坤艮巽夫婦宗
丑可兼艮
未可兼坤乃均為土也
但乾不能兼戌,巽不能兼辰
中元,4運乾(吉水)可兼戌
6運巽(吉水)可兼辰
中元土運前10年為4運
後10年為6運
4 6運零神水在辰戌
坐乾巽之水庫,此稱夫婦宗

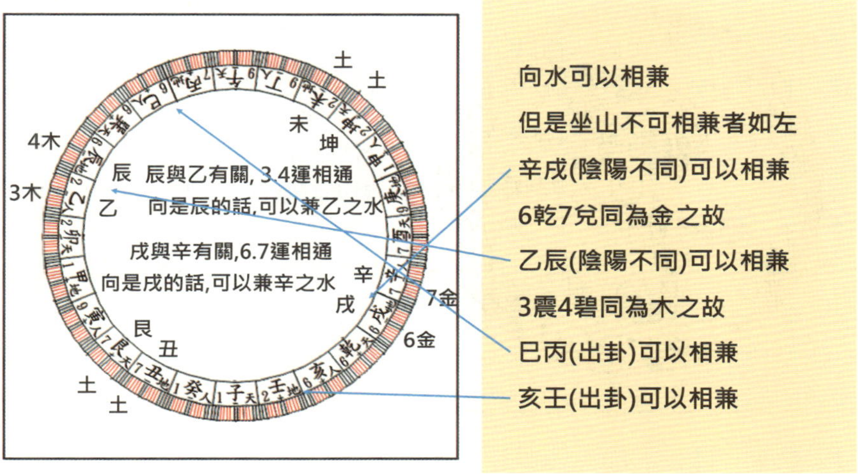

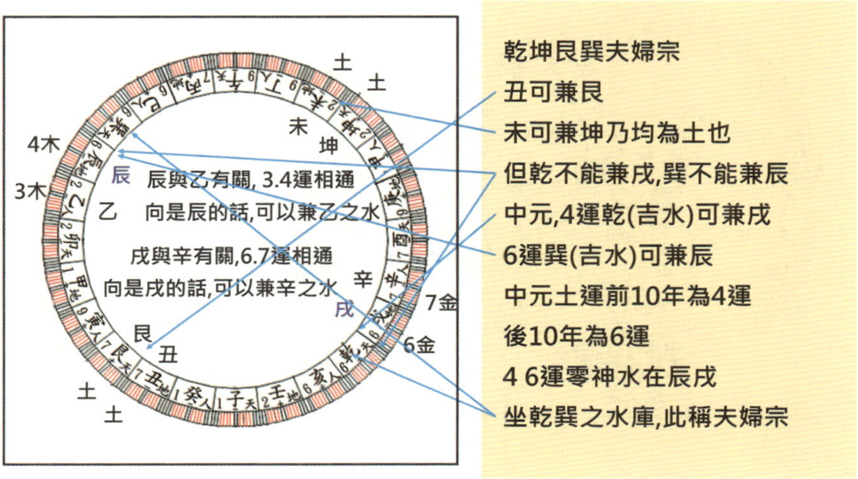

庫水得元獲吉，失元受禍，此地從高山跌下，復從平岡卸落平田，附近河邊，而結木星倒地搓枒之穴，雖近山龍，胎骨究歸水龍體裁矣，當法元運而推理氣，扶却來踪而棄巒頭。

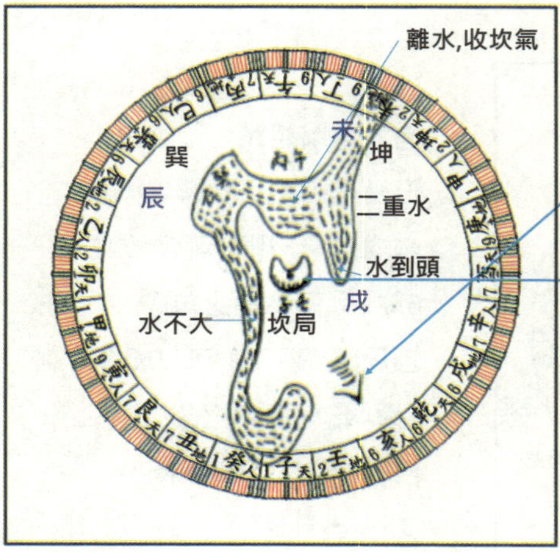

庫水得元獲吉
失元受禍圖訣如左
此地從高山跌下
復從平岡卸落平田
附近河邊,而結木星倒地搓枒之穴
雖近山龍
胎骨究歸水龍體裁矣
當法元運而推理氣
扶却來踪而棄巒頭

以坐家向首言之，壬山丙向兼子午，向上有水，本上元首運之局，查某山乃一俗術，所下葬於乾隆 40 年 (5 運)，至嘉慶初年 (6 運)，未滿 30 年，富至 30 餘萬，因辰戌水旺也 (中元運必發)。

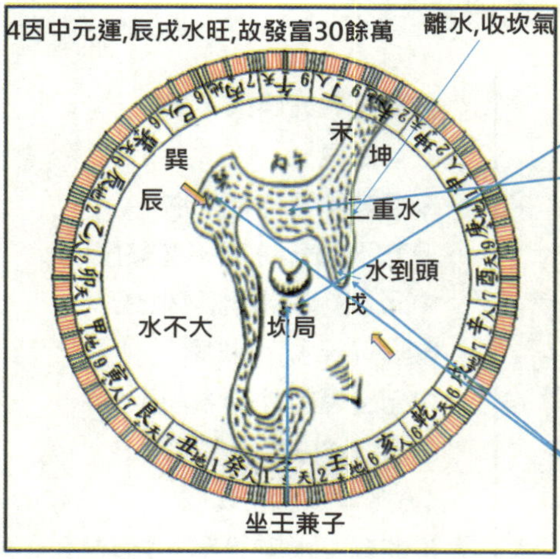

以坐家向首言之
壬山丙向兼子午
向上有水
本上元首運之局
查某山乃一俗術
所下葬於乾隆40年(5運)
至嘉慶初年(6運)
未滿30年,富至30餘萬
因辰戌水旺也(中元運必發)

交嘉慶九年，下元甲子 7 赤兌統運管局，穴前丙午水特來催殺，而坎氣 (衰氣) 愈真，其妹縊死，其姪問絞，一縊一絞，出於一門。

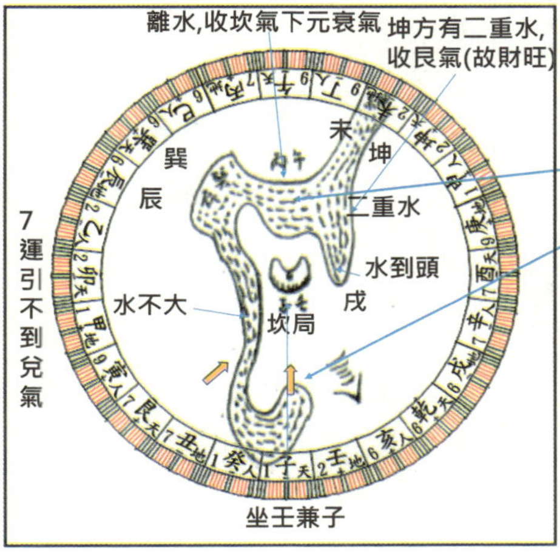

交嘉慶九年

下元甲子7赤兌統運管局

穴前丙午水特來催殺

而坎氣(衰氣)愈真

其妹縊死,其姪問絞

一縊一絞,出於一門

因為辰未二水，罡殺有犯之應，(下元不能用辰戌丑未之水，故犯) 二十四天星天罡、地殺、天吊、天殺屬於凶星辰犯天罡、地殺、未犯天吊、天殺，若用辰戌丑未水，只能在中元，上下元用之必發凶。

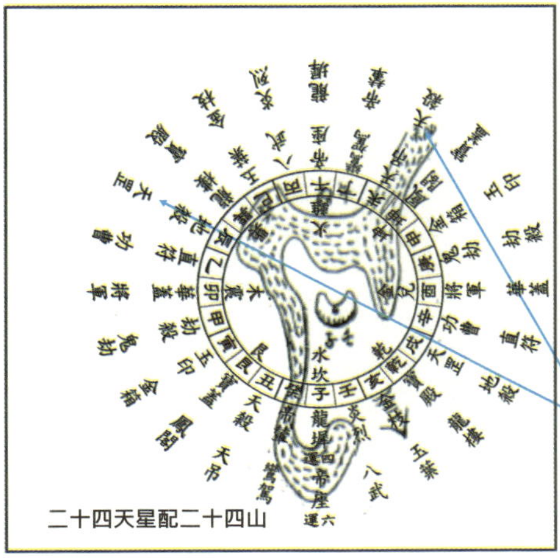

交嘉慶九年

下元甲子7赤兌統運管局

穴前丙午水特來催殺

而坎氣(衰氣)愈真

其妹縊死,其姪問絞

一縊一絞,出於一門

殆辰未二水,罡殺有犯之應

(下元不能用辰戌丑未之水,故犯)

其家雖獲凶禍，財乃無破，在主嘉慶 28 年交艮運，兩重未坤水當令，其財更盛，因為坤方為二重水，收艮氣 (旺氣) 之故，然遭此家門不幸，終是美中不足也。

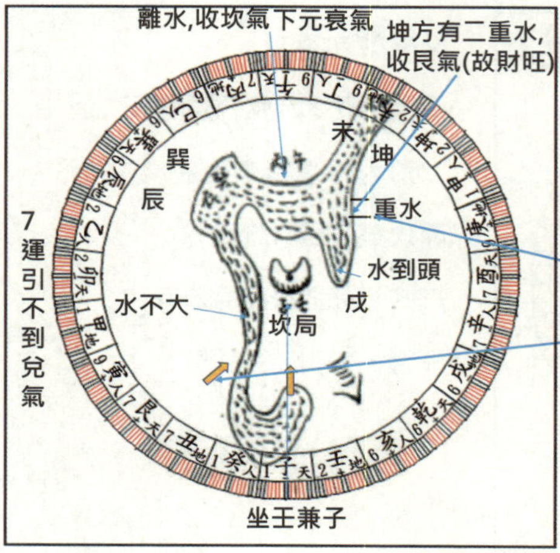
離水,收坎氣下元衰氣
坤方有二重水,
收艮氣(故財旺)
7運引不到兌氣
巽
辰
未
坤
二重水
水到頭
水不大
戌
坎局
坐壬兼子

其家雖獲凶禍,財乃無破

在主嘉慶28年交艮運

兩重未坤水當令,其財更盛

因為坤方為二重水

收艮氣(旺氣)之故

然遭此家門不幸

終是美中不足也

第 46 章　幹枝發秘

幹枝發秘，水龍既成，還分幹枝，以長短分幹枝，大江千里，起祖之基，百里十里，宗派流澌(長為幹)，一里半里，小枝之餘(短為支)。

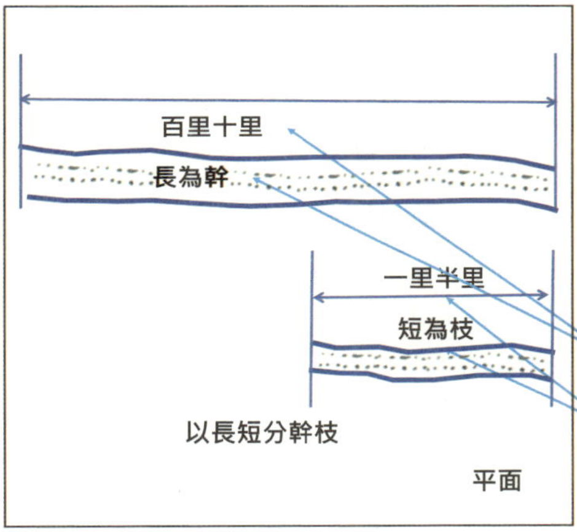

幹枝發秘

水龍既成,還分幹枝

以長短分幹枝

大江千里,起祖之基

百里十里,宗派流澌(長為幹)

一里半里,小枝之餘(短為支)

氣接小幹，公卿威儀，氣接大枝，甲第逢時，氣接小枝，富庶可期，莽莽癡龍，縱富亦愚，莽莽癡龍即大蕩(無法聚氣)。

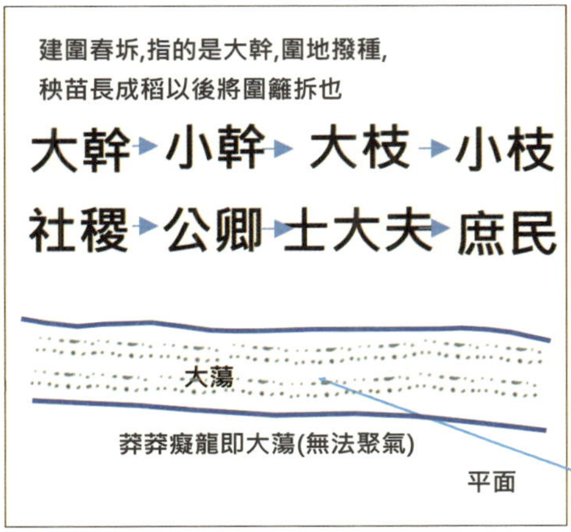

氣接大幹,建圍春圻

建圍春圻,指的是大幹,圍地撥種

秧苗長成稻以後將圍籬拆也

氣接小幹,公卿威儀

氣接大枝,甲第逢時

氣接小枝,富庶可期

莽莽癡龍,縱富亦愚

莽莽癡龍即大蕩(無法聚氣)

屈曲生龍，鍾靈孕奇，山龍要高低起伏，山龍要左左右右，水龍要曲屈，大水變小水時孕奇(結穴)，小水變大聚集時孕奇，勁直死龍，去如土灰，條條現龍，雷奮雲飛。

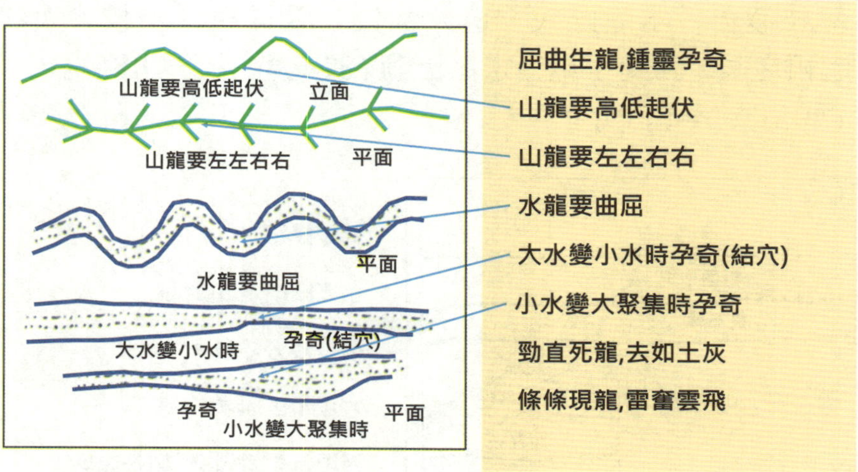
山龍要高低起伏
立面
山龍要左左右右
平面
水龍要曲屈
平面
大水變小水時
孕奇(結穴)
孕奇
小水變大聚集時
平面
屈曲生龍,鍾靈孕奇
山龍要高低起伏
山龍要左左右右
水龍要曲屈
大水變小水時孕奇(結穴)
小水變大聚集時孕奇
勁直死龍,去如土灰
條條現龍,雷奮雲飛

水龍有很多枝流結穴時，枝不會損到龍，單龍生翼，自交自孽(自然會結穴)，雙龍並駕，樂得雌雄，一龍眾子，並蒂連枝，胞胎之厚，原精未虧，水龍有分流時，兩條水合合開開，雌雄交媾(樂得結穴)。

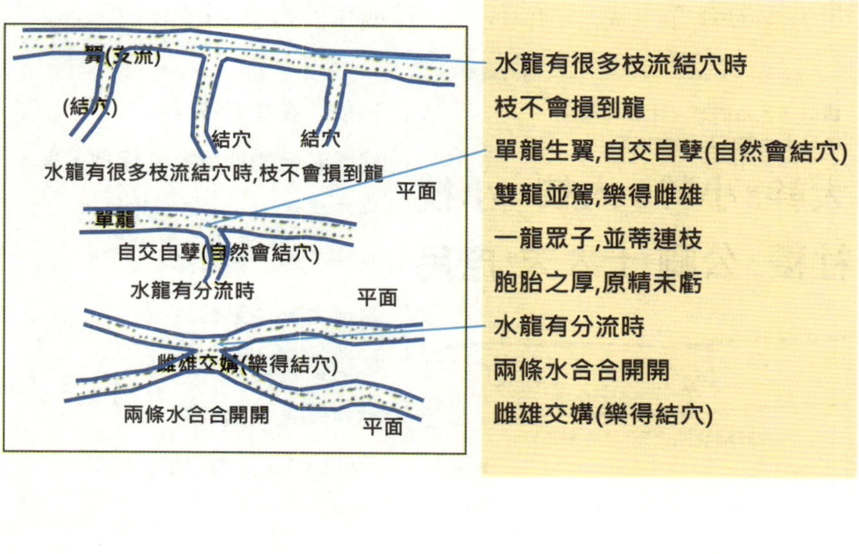
翼(支流)
(結穴)
結穴
結穴
水龍有很多枝流結穴時,枝不會損到龍
平面
單龍
自交自孽(自然會結穴)
水龍有分流時
平面
雌雄交媾(樂得結穴)
兩條水合合開開
平面
水龍有很多枝流結穴時
枝不會損到龍
單龍生翼,自交自孽(自然會結穴)
雙龍並駕,樂得雌雄
一龍眾子,並蒂連枝
胞胎之厚,原精未虧
水龍有分流時
兩條水合合開開
雌雄交媾(樂得結穴)

慎勿貪幹，幹老則危，從頭到尾都無分支叫幹老，幹復生枝，其幹乃滋，大幹分叉 (氣場分流)，其幹乃滋 (比較好容易結穴)，慎勿棄枝，愈細愈直，一支獨榮 (結穴漂亮)，眾枝皆輝。

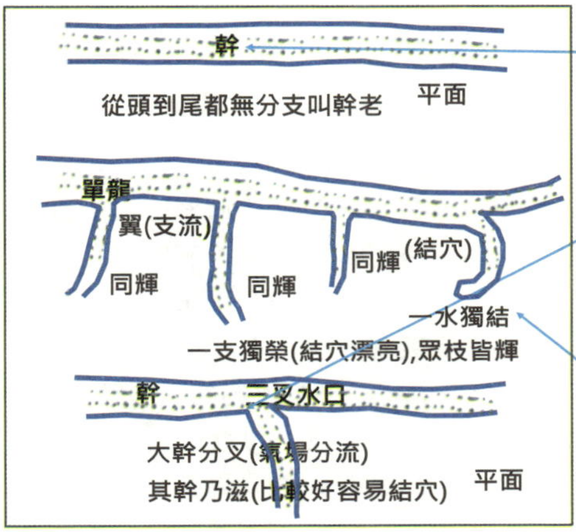
幹
從頭到尾都無分支叫幹老
平面
單龍
翼(支流)
同輝
同輝
同輝
(結穴)
一水獨結
一支獨榮(結穴漂亮),眾枝皆輝
幹
三叉水口
大幹分叉(氣場分流)
其幹乃滋(比較好容易結穴)
平面

慎勿貪幹,幹老則危
從頭到尾都無分支叫幹老
幹復生之,其幹乃滋
大幹分叉(氣場分流)
其幹乃滋(比較好容易結穴)
慎勿棄枝,愈細愈直
一支獨榮(結穴漂亮)
眾枝皆輝

幹之動處，始有枝荑，枝之合處，幹氣不離，來者為公，去者為私，公是過客，私是主持，來是公是過客無效也，去是私是主持有效結穴也，大水沖到大石，會有動外還會產生支流。

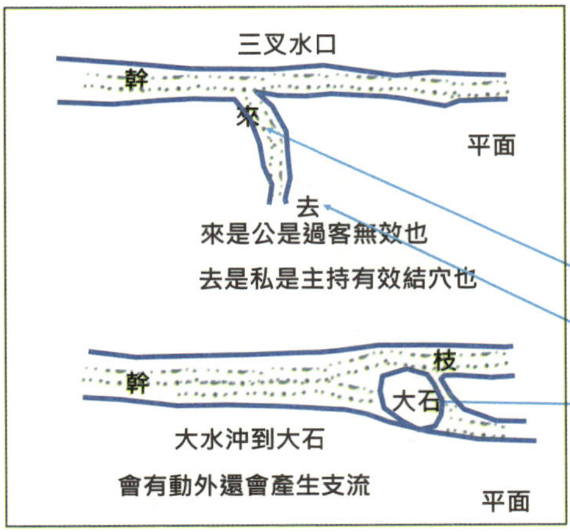
三叉水口
幹
來
平面
去
來是公是過客無效也
去是私是主持有效結穴也
枝
幹
大石
大水沖到大石
會有動外還會產生支流
平面

幹之動處,始有枝荑
枝之合處,幹氣不離
來者為公,去者為私
公是過客,私是主持
來是公是過客無效也
去是私是主持有效結穴也
大水沖到大石
會有動外還會產生支流

眾水雖聚，一支發機，發機之所，與眾不齊，名曰化氣，噓吸歸臍，微茫渺忽，太極私胚，水的盡處（太極起處），彎抱形成太極，（產生一呼一吸），陰陽交構結穴也，此是玄竅，妙入希夷，希夷有朕，非神莫虧。

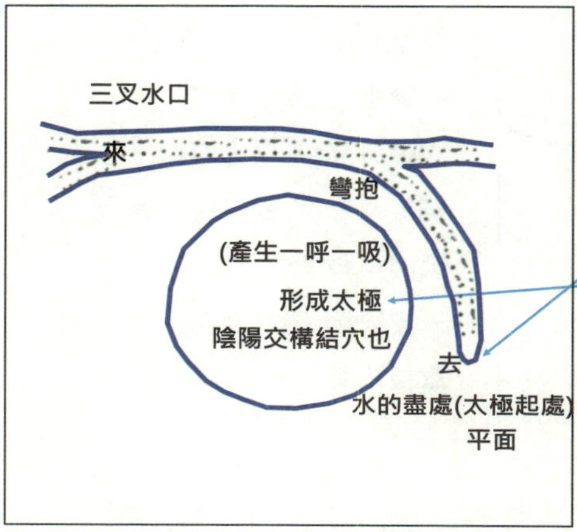
三叉水口
來
彎抱
(產生一呼一吸)
形成太極
陰陽交構結穴也
去
水的盡處(太極起處)
平面

眾水雖聚,一支發微
發機之所,與眾不齊
名曰化氣,噓吸歸臍
微茫渺忽,太極私胚
水的盡處(水的源頭)
彎抱形成太極
(產生一呼一吸)
陰陽交構結穴也
此是玄竅,妙入希夷
希夷有朕,非神莫虧

玄空大五行，看金龍形象動靜，惟以水龍也，然其認氣取局，乘運趨時，雖與山龍不同，事事相反（山靜水動也），與一般稱水的來去不同，至其龍脈之分劈行度到頭等件，亦在區別幹枝，來去而無不相同。

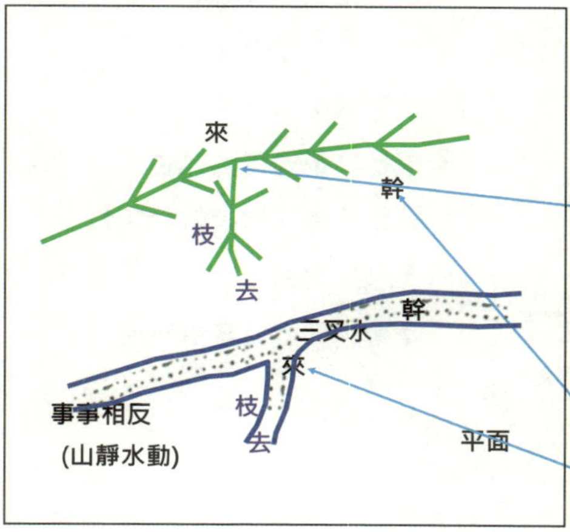
來
幹
枝
去
幹
三叉水
來
事事相反
(山靜水動)
枝
去
平面

玄空大五行
看金龍形象動靜,惟以水龍也
然其認氣取局,乘運趨時
雖與山龍不同
事事相反(山靜水動也)
與一般稱水的來去不同
至其龍脈支分劈行度到頭等件
至區別幹枝
來去而無不相同

山龍水龍皆當辨別幹枝，而審福力，又必區曲活潑而後謂之生龍，不然雖有水而盡屬死氣，直龍無曲屈謂之死龍，幹枝皆不可仟，死龍無論枝幹皆不仟，若半生半死則棄死就生，亦可發福。

山龍水龍皆當辨別幹枝,而審福力
又必區曲活潑而後謂之生龍
不然雖有水而盡屬死氣
直龍無曲屈謂之死龍
幹枝皆不可仟
死龍無論枝幹皆不仟
若半生半死則棄死就生,亦可發福

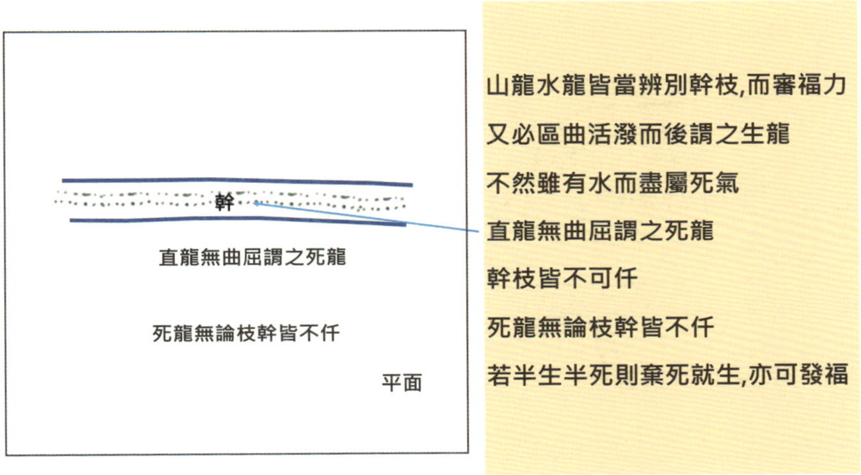

　　亦有大湖大蕩，略有兜收亦可葬，大湖若是圓兜兜的是反弓不能聚氣，砂龍形成彎抱狀亦可結穴，而氣為極深秀，大蕩直行不聚氣，反弓亦不聚氣。

亦有大湖大蕩
略有兜收可葬
作成彎抱狀,可結穴
而氣為極深秀
大蕩直行不聚氣
反弓不聚氣

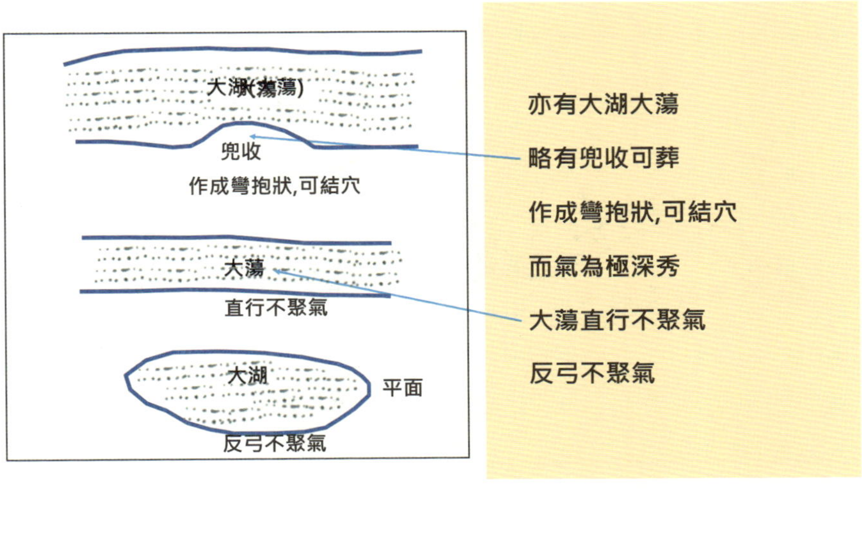

砂體不甚玲瓏，謂之癡龍，單發財丁而少俊傑，迢迢之水有首有尾，關攔甚緊密，望之可見，名為現龍，遇時生騰可以變化，單行之水，雖少輔佐，只須轉身旋繞，或生枝節，便是羽翼，其氣自能交媾，雖單不獨。

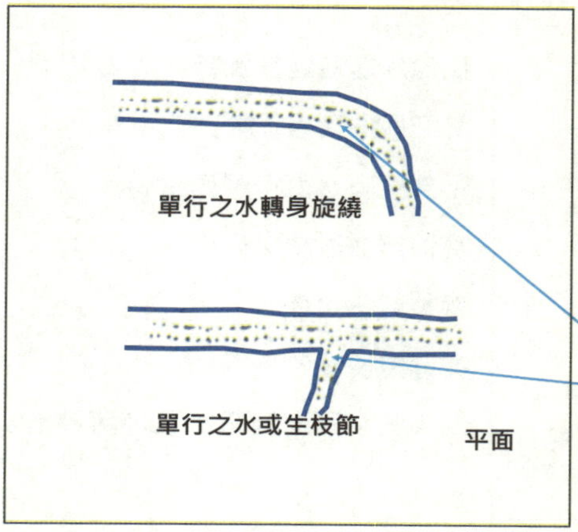
單行之水轉身旋繞
單行之水或生枝節
平面

砂體不甚玲瓏,謂之癡龍
單發財丁而少俊傑
迢迢之水有首有尾,關攔甚緊密
望之可見,名為現龍
遇時生騰可以變化
單行之水,雖少輔佐
只須轉身旋繞
或生枝節
便是羽翼,其氣自能交媾
雖單不獨

雙龍雌雄交加如瓜藤，停若節疤，一地之上，或二三穴，不可限數，此皆胎氣深厚，顧養育眾多，只要各自成局，主客相應，此既能收彼亦能攔，則同仟並發。

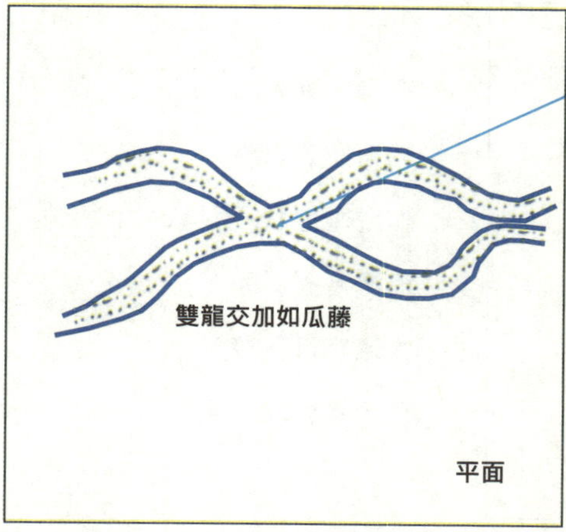
雙龍交加如瓜藤
平面

雙龍雌雄交加如瓜藤,停若節疤
一地之上,或二三穴,不可限數
此皆胎氣深厚,顧養育眾多
只要各自成局,主客相應
此既能收彼亦能攔
停若節疤,為小水變大水

今人但知幹龍之貴，不知幹老，幹直長為老，反不生育，須幹上又能生枝，然後幹氣始藉支流融液，反能接幹之氣，不使走作，如老夫得少妻，而後能懷妊開花結果。

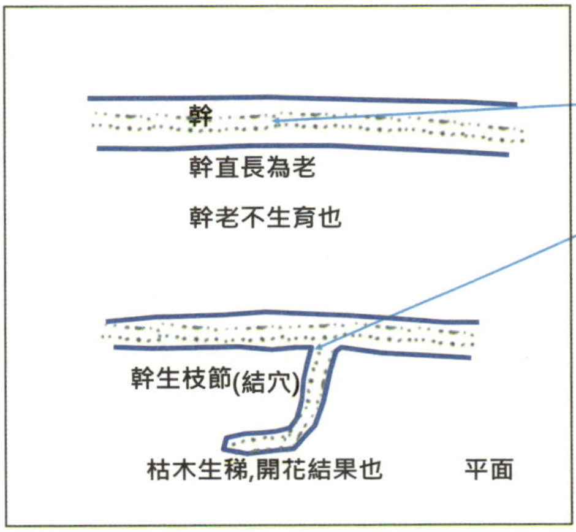
幹
幹直長為老
幹老不生育也
幹生枝節(結穴)
枯木生稊,開花結果也
平面

今人但知幹龍之貴
不知幹老 (幹直為老)
反不生育
須幹上又能生枝
然後幹氣始藉支流融液
反能接幹之氣,不使走作
如老夫得少妻枯木生稊
而後能懷妊開花結果

小支與幹不同，嫌其氣弱力薄，不知卸脫深藏愈細愈妙，但若三三兩兩，等量齊觀不相統攝亦不能成地，必有一水獨結，而後眾同為用，若能使眾枝銜翼一枝，必是極大格局，並遠來幹水亦皆環抱迎朝，全力迎注於此，斯上等之龍矣。

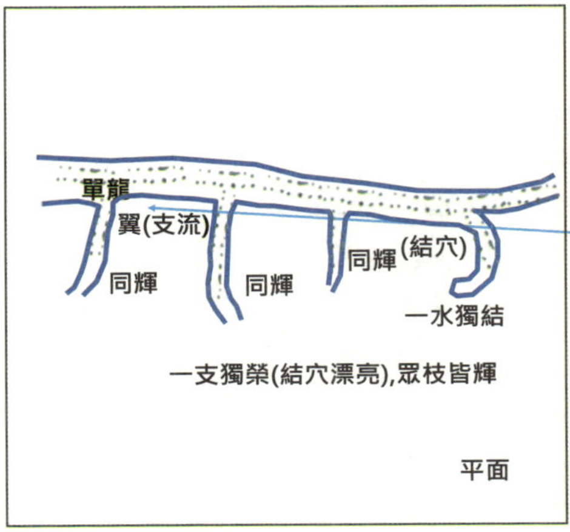
單龍
翼(支流)
同輝
同輝
同輝
(結穴)
一水獨結
一支獨榮(結穴漂亮),眾枝皆輝
平面

小支與幹不同,嫌其氣弱力薄
不知卸脫深藏愈細愈妙
但若三三兩兩
等量齊觀不相統攝亦不能成地
必有一水獨結,而後眾同為用
若能使眾枝銜翼一枝
必是極大格局
並遠來幹水亦皆環抱迎朝
全力迎注於此
斯上等之龍矣

幹之動處二語，是上文慎勿貪幹之意，枝之合處二語，是上文慎勿棄枝之意，來者指通行之水而言，雖大聚亦是眾人同得之水故曰公，也就是說通行之水是眾人共用之水 但可借為外秀故曰客，

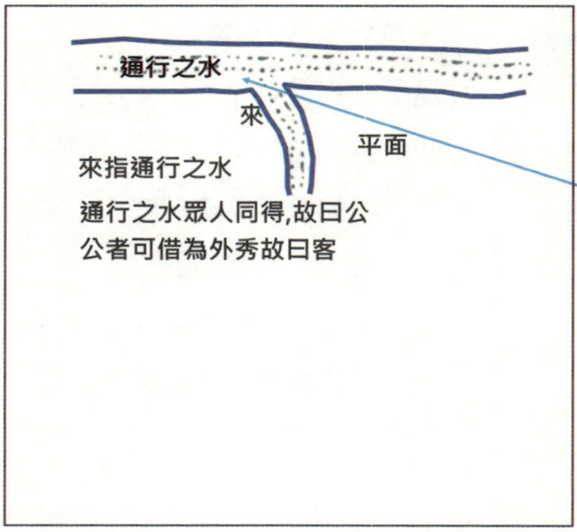
通行之水
來
平面
來指通行之水
通行之水眾人同得,故曰公
公者可借為外秀故曰客

幹之動處二語
是上文慎勿貪幹之意
枝之合處二語
是上文慎勿棄枝之意
來者指通行之水而言
雖大聚亦是眾人同得之水故曰公
但可借為外秀故曰客

去者指濱底流出之水而言，雖一滴亦是本身原神，精華妙液貼緊吾身故曰私，私則拖命於此將此真氣，以控制八方砂水故曰主持，此指的是濱底的水，流到通行之水，叫做去，而通行之水叫做來。

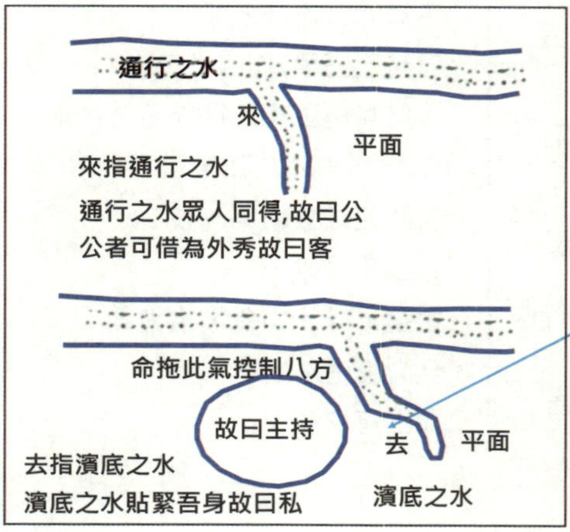
通行之水
來
平面
來指通行之水
通行之水眾人同得,故曰公
公者可借為外秀故曰客
命拖此氣控制八方
故曰主持
去
平面
去指濱底之水
濱底之水貼緊吾身故曰私
濱底之水

幹之動處二語
是上文慎勿貪幹之意
枝之合處二語
是上文慎勿棄枝之意
來者指通行之水而言
雖大聚亦是眾人同得之水故曰公
但可借為外秀故曰客
去者指濱底流出之水而言
雖一滴亦是本身原神
精華妙液貼緊吾身故曰私
私則拖命於此將此真氣
以控制八方砂水故曰主持

由此言之，則眾水雖有六局，非此一水結穴，全無靈驗，然則發眾水之機者，此一水也，若此水而亦與眾人同其形勢，又安知其孰為主孰為客哉，眾大將小，眾小將大，眾長將短，眾短將長，眾直特曲，眾曲特直，眾斜特正，眾正特斜，眾死特活，而後生意犯聚於此，此為真龍，餘皆輔佐也。

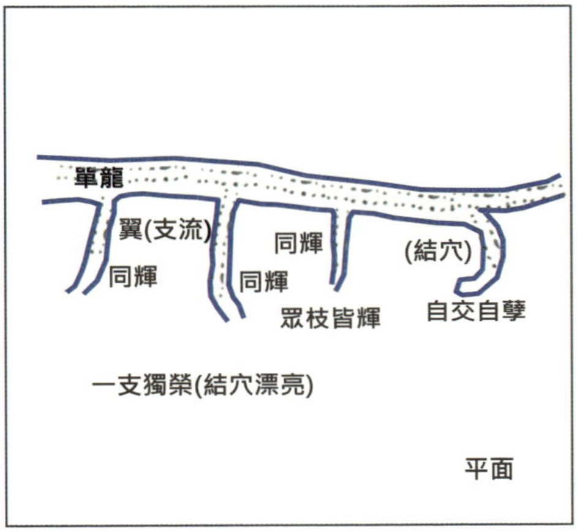
單龍
翼(支流)
同輝
同輝
同輝
(結穴)
眾枝皆輝
自交自孽
一支獨榮(結穴漂亮)
平面

由此言之,則眾水雖有六局
非此一水結穴
全無靈驗
然則發眾水之機者,此一水也
若此水而亦與眾人同其形勢
又安知其孰為主孰為客哉
眾大將小,眾小將大
眾長將短,眾短將長
眾直特曲,眾曲特直
眾斜特正,眾正特斜
眾死特活,而後生意犯聚於此
此為真龍,餘皆輔佐也

自交自孽，是自己個體就能產生陰陽交媾，水的盡頭是太極起點，陽氣停，陰氣來交媾。

但此水之妙，在微茫渺息之間，即造化之太極，人生之玄竅，變變化化，皆從此出，故曰化氣，世目遇之，迷離恍惚，無以致辨，而又確有可見之形可據之理，非虛非幻，學者神而明之。

第 47 章　來情發秘

　　來情發秘，卦運真機，問厥來情，來情枝幹，以類分形，幹水來去，世目易明，支水有止，來去難明，(幹水由山出來者曰來)，(幹水流到大海者曰去)。

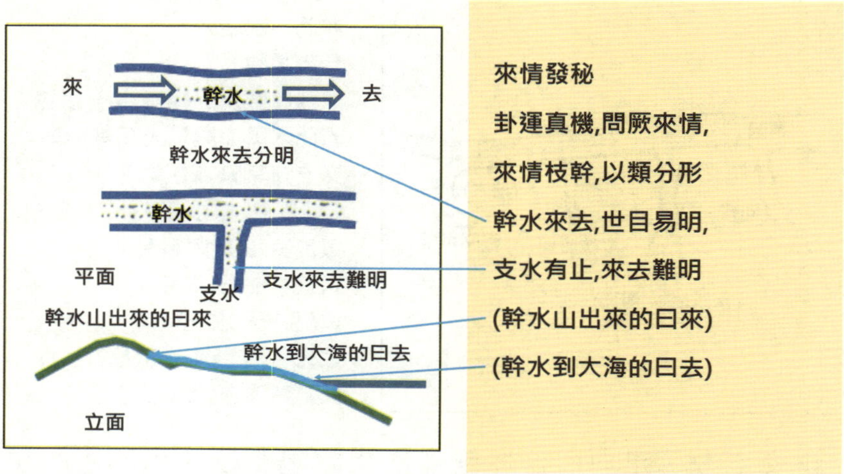

來情發秘

卦運真機,問厥來情,

來情枝幹,以類分形

幹水來去,世目易明,

支水有止,來去難明

(幹水山出來的曰來)

(幹水到大海的曰去)

　　支之入口，吐納滋生，執此言來，其來始清，支之入口，吐納滋生，執此為來，穴若乘之，脈氣斯精，若指為去，倒置非程。

支之入口,吐納滋生

執此言來,其來始清

支之入口,吐納滋生,執此為來

穴若乘之,脈氣斯精

若指為去,倒置非程

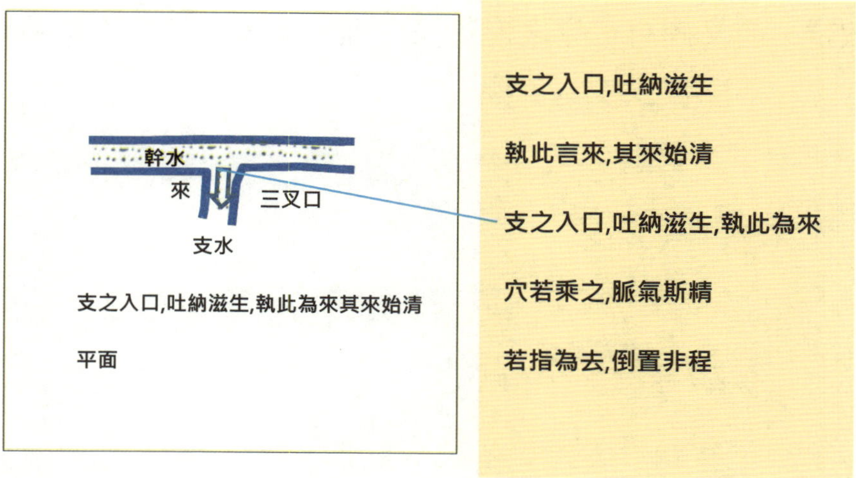

幹水來離，坎龍斯出，幹水來震，兌脈不失，(三叉水的對宮是龍脈)，八卦之門，各歸本室，支之來位，依此為率，曲折得宜，斜直不一，度其修短，溯其始卒。

幹水來離,坎龍斯出
幹水來震,兌脈不失
(三叉水的對宮是龍脈)
八卦之門,各歸本室
支之來位,依此為率
曲折得宜,斜直不一
度其修短,溯其始卒

離水　來　幹水　引動坎氣　坎龍　三叉水的對宮是龍脈　平面

　　一氣兼氣，因方定質，(一氣兼氣是雙重水)，分元辨位，應驗可述，幹水去地，亦有返氣，返氣注蔭，與來不異，支中水停，其返旋至，候止候返，來去審記，入妙通徹，始全卦義。

一氣兼氣,因方定質
(一氣兼氣是雙重水)
分元辨位,應驗可述
幹水去地,亦有返氣
返氣注蔭,與來不異
支中水停,其返旋至
候止候返,來去審記
入妙通徹,使全卦義

離水　來　幹水　引動坎氣　坎龍　三叉水的對宮是龍脈　平面

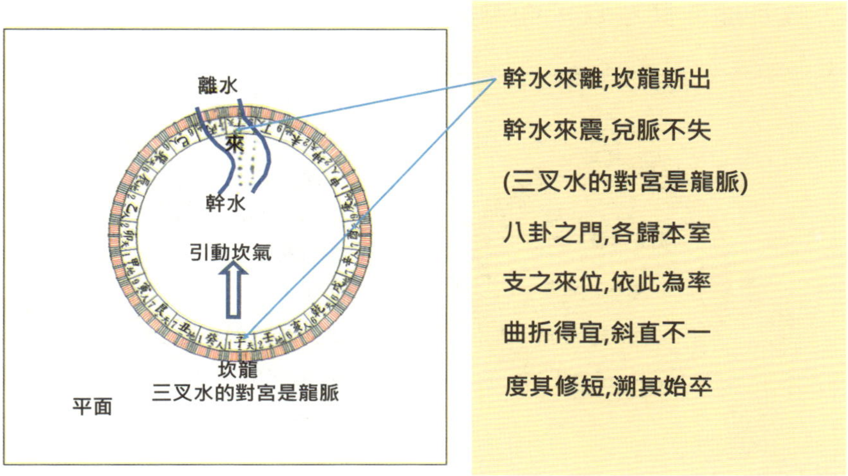

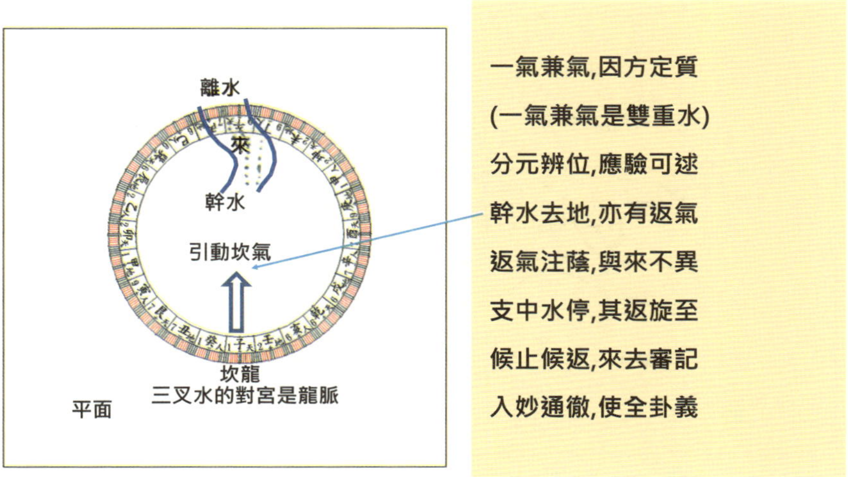

此言玄空大五行三卦，妙蘊全仗乎運之剋應，而運之剋應，又在乎卦之真偽，而卦之真偽在乎來情，來情者，水之來去也，水之來去即地氣之來去，要分清楚東南西北，(因為水會引地氣也)，故卦運非此不真，而論氣脈者所首重也。

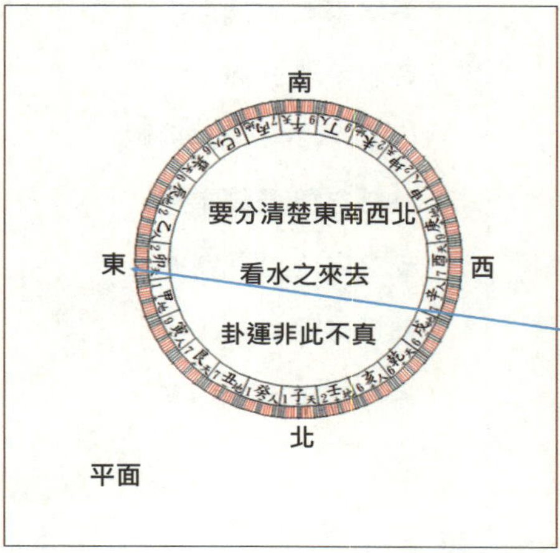

此言玄空大五行三卦
妙蘊全仗乎運之剋應
而運之剋應,又在乎卦之真偽
而卦之真偽在乎來情
來情者,水之來去也
水之來去即地氣之來去
要分清楚東南西北
(因為水會引地氣也)
故卦運非此不真
而論氣脈者所首重也

立穴所來之局氣，不敵來路所來之來氣，(局氣不敵來路之氣)，善於乘氣者，知來去之精微，則局氣又不足言矣。

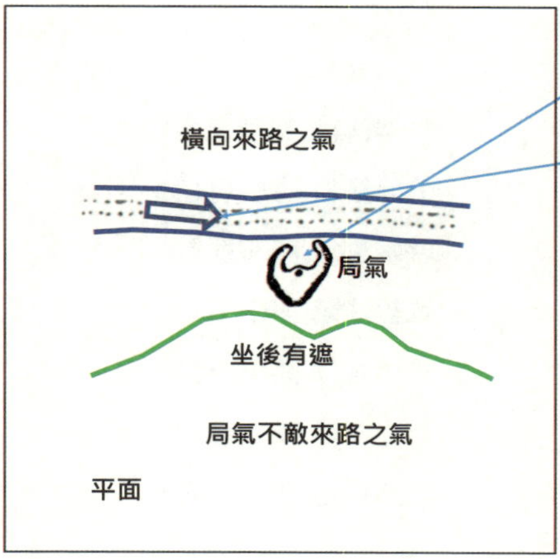

立穴所來之局氣
不敵來路所來之來氣
(局氣不敵來路之氣)
善於乘氣者,知來去之精微,
則局氣又不足言矣

幹水有幹水之去來，支水有支水之去來，流到大海為去，幹水之去來易明，支水之去來難知，止處望出處為來，出處望止處為去，今人但知水流來之方為來，水流去之方為去，以此概論枝幹繆矣。

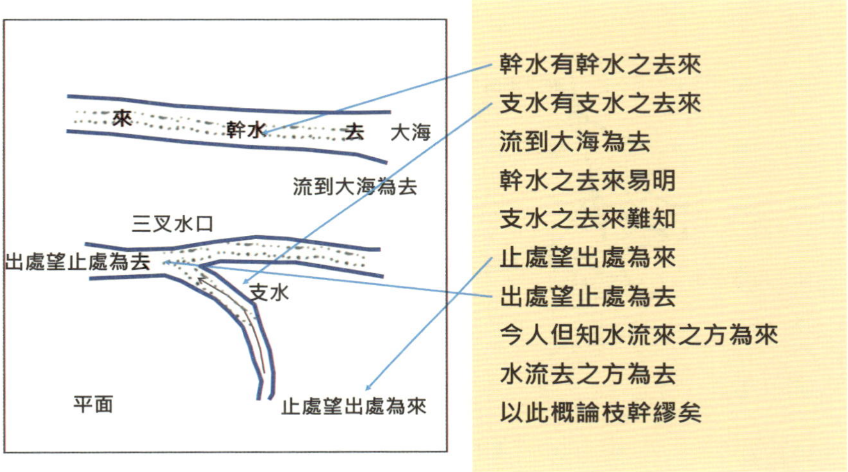
來
幹水
去
大海
流到大海為去
三叉水口
出處望止處為去
支水
平面
止處望出處為來
幹水有幹水之去來
支水有支水之去來
流到大海為去
幹水之去來易明
支水之去來難知
止處望出處為來
出處望止處為去
今人但知水流來之方為來
水流去之方為去
以此概論枝幹繆矣

流來為來，流到大海為去，通行幹水則然耳，若夫濱婁停止不通之支水，則反以止處望出口為來，出處望止處為去。

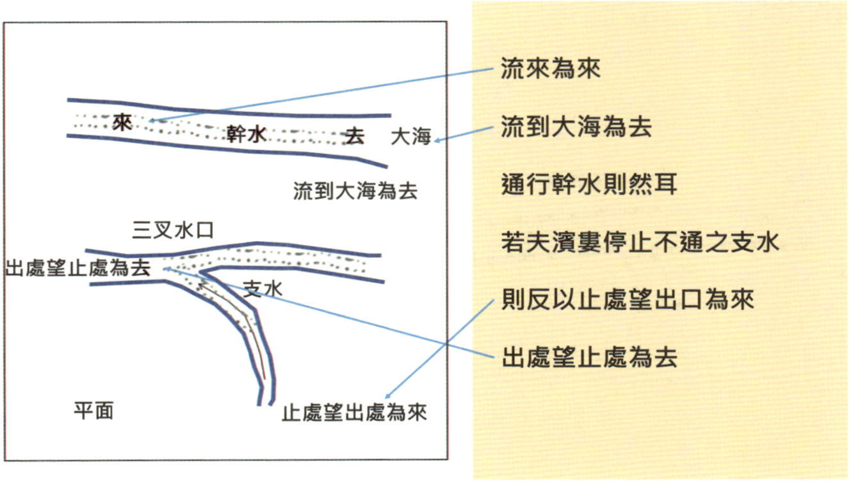
來
幹水
去
大海
流到大海為去
三叉水口
出處望止處為去
支水
平面
止處望出處為來
流來為來
流到大海為去
通行幹水則然耳
若夫濱婁停止不通之支水
則反以止處望出口為來
出處望止處為去

蓋水之行脈與山無異，山以幹之落處為來，以支之盡處為止，水的論法也與山一樣，是以幹為來，然後以枝為去，幹之落處為來，支之盡處為止。

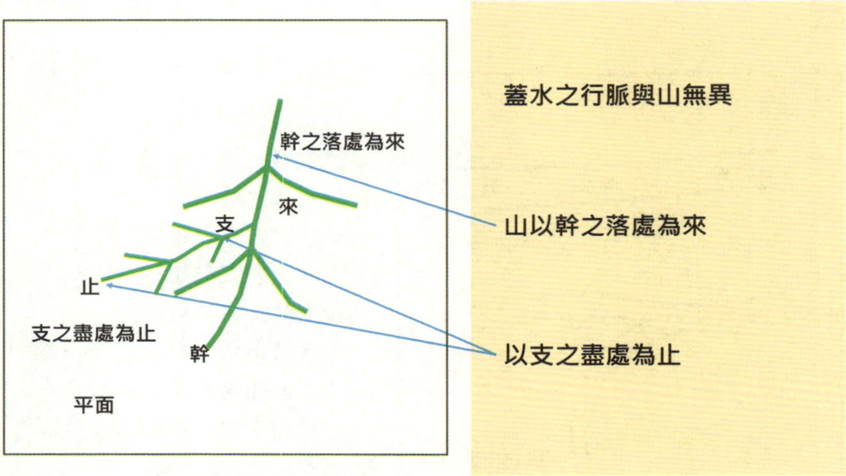
幹之落處為來
來
支
止
支之盡處為止
幹
平面
蓋水之行脈與山無異
山以幹之落處為來
以支之盡處為止

惟水亦然，水也是一樣的，自江湖溪蕩流入小支，江湖大幹為來，也就是流入支入口為來，幹流入支為來，而望支之盡處為止矣，支的盡止處就是去，所以來去要分清楚，不是支的盡止處流到大幹叫去，這就不對了。

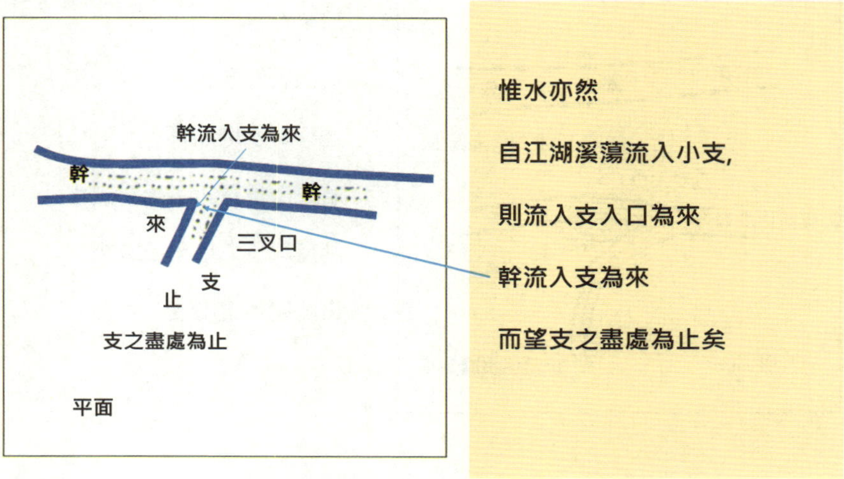
幹流入支為來
幹
幹
來
三叉口
支
止
支之盡處為止
平面
惟水亦然
自江湖溪蕩流入小支,
則流入支入口為來
幹流入支為來
而望支之盡處為止矣

故支水葬於盡處，世人以為源頭水水尾，有去無來之地，而不知乃有入無出，有來無去，真氣止息之地，所以發幅最易，歷年易久也。

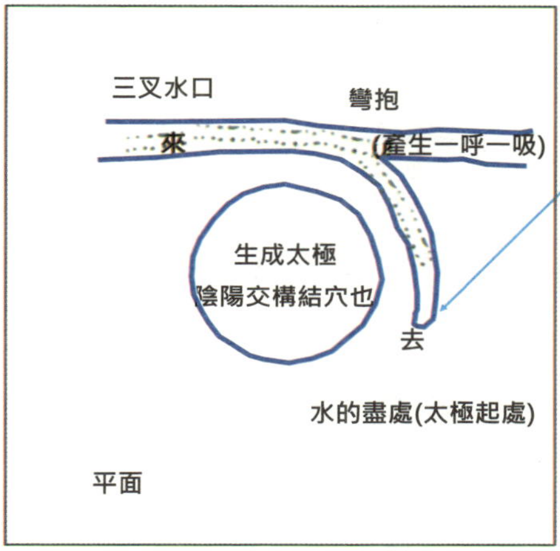
三叉水口
彎抱
來
(產生一呼一吸)
生成太極
陰陽交構結穴也
去
水的盡處(太極起處)
平面

故支水葬於盡處

世人以為源頭水水尾

有去無來之地

而不知乃有入無出

有來無去,真氣止息之地

所以發幅最易,歷年易久也

凡水路來自坎方即為離龍，離方直來至坎方止即為坎龍，八卦皆然又須循其曲折離上，八卦都是一樣的論法，水一曲折即是一節坎龍，二曲折即是二節坎龍也，但是不管幾節龍，都要在一卦之內，才是好龍。

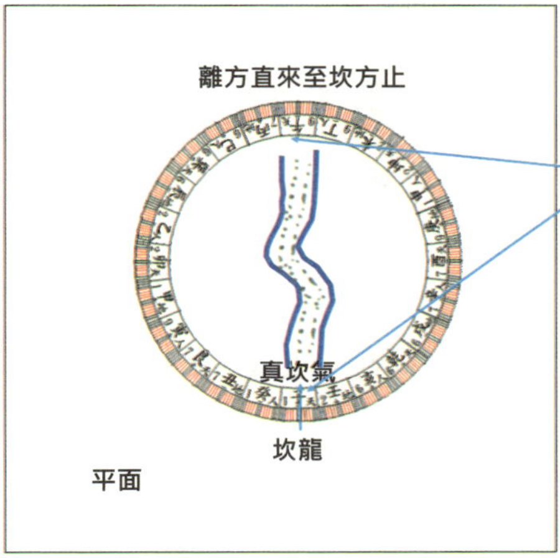
離方直來至坎方止
真坎氣
坎龍
平面

凡水路來自坎方即為離龍

離方直來至坎方止即為坎龍

八卦皆然又須循其曲折離上

一曲折即是一節坎龍

二曲折即是二節坎龍也

觀其斜正者，若是離方來直至坎方止，為真坎氣，因為水直來到坎，全收的是坎氣，若離方直來又斜過左邊至艮方止，即是坎龍發足，餘艮水坤龍入首矣，水盡頭對宮為龍脈。

離方直來又斜過左邊至艮方止
坤龍入首
艮方止
平面

觀其斜正者
若是離方來直至坎方止
為真坎氣
若離方直來又斜過左邊至艮方止
即是坎龍發足
餘艮水坤龍入首矣
水盡頭對宮為龍脈

度其修短者，離路水長即為坎氣長，坤路水短而艮氣短，離路水短則坤路水長，又為艮氣長而坎氣短，氣長大於氣短，取用時要特別注意。

離路水長
坤路水短
艮氣短
坎氣長
平面

度其修短者
離路水長即為坎氣長
坤路水短而艮氣短
離路水短則坤路水長
又為艮氣長而坎氣短

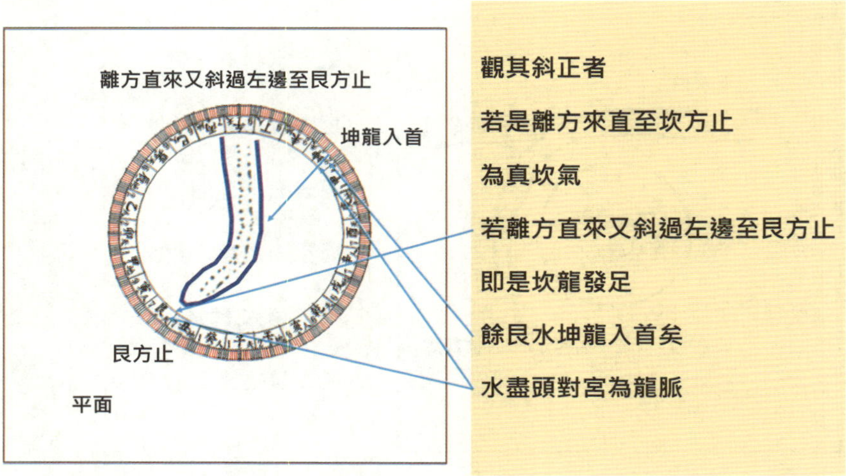

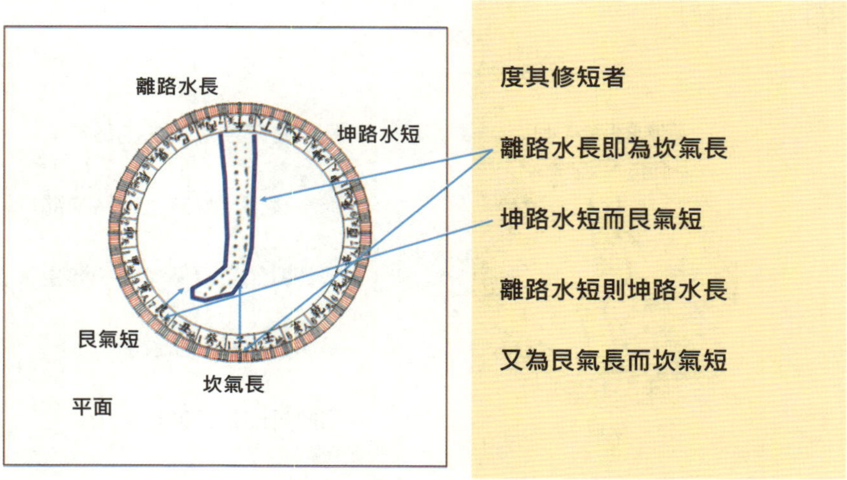

溯其始終者，有從坤方入口，又行至巽方一轉而後結穴，則為外艮(坤水納艮氣)，內乾矣(巽水納乾氣)。

溯其始終者
有從坤方入口
又行至巽方一轉而後結穴
則為外艮(坤水納艮氣)
內乾矣(巽水納乾氣)

又有從坤方入口行至巽方一轉，又行至艮方一轉，而後結穴者則為內坤外乾艮矣，如此變局是不一端，故地有一氣者，有一氣兼二氣者，有兼三四氣者，以其水行方位定龍質幹，以此分上中下三元，辨長中少三位應用取效永無差貳。

又有從坤方入口行至巽方一轉
又行至艮方一轉
而後結穴者則為內坤外乾艮矣
如此變局是不一端
故地有一氣者
有一氣兼二氣者
有兼三四氣者
以其水行方位定龍質幹
以此分上中下三元
辨長中少三位應用取效永無差貳

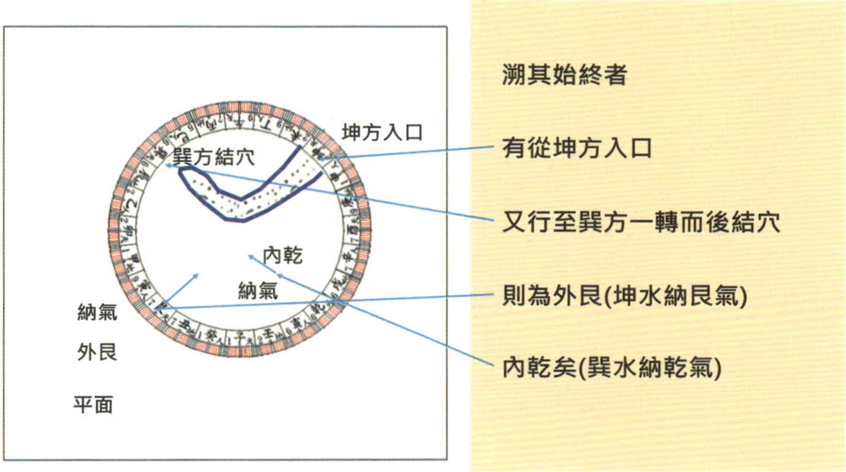

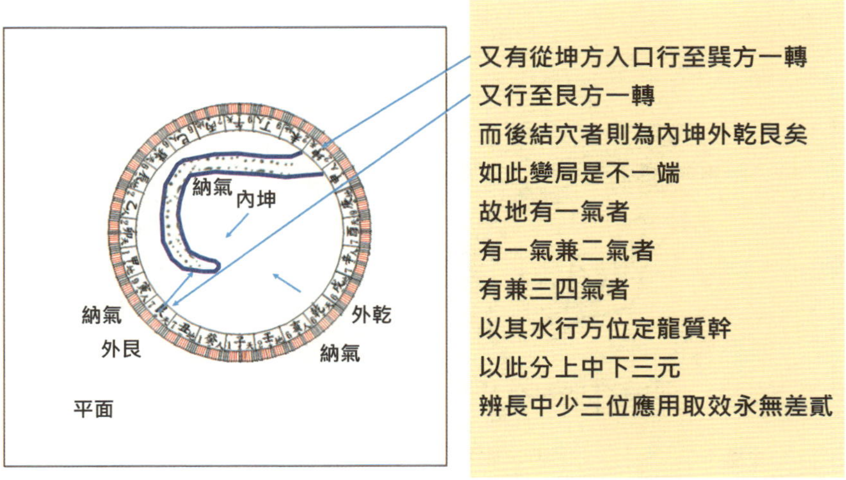

幹水結穴立穴之後必有去水，此去水流處亦有返氣，如水從巽方來又從坤方去，則為左乾右艮(納氣)矣，指的是巽方水納到6乾之氣，坤方水納到8艮之氣。

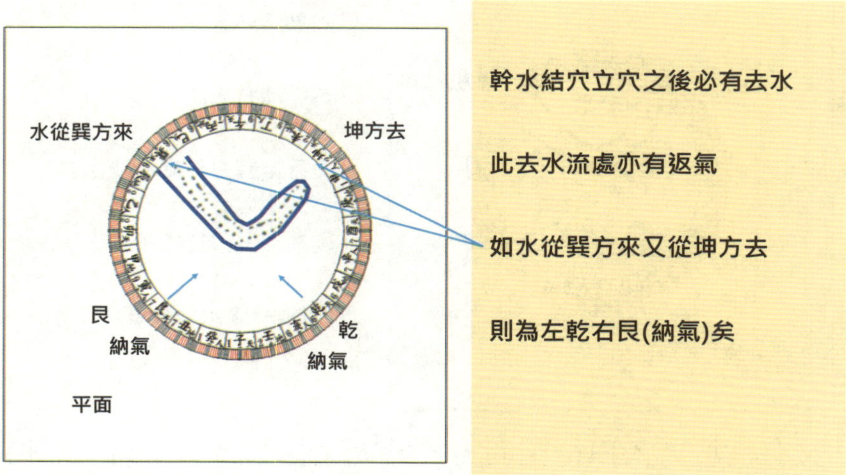

幹水結穴立穴之後必有去水

此去水流處亦有返氣

如水從巽方來又從坤方去

則為左乾右艮(納氣)矣

（圖：水從巽方來　坤方去　艮納氣　乾納氣　平面）

如水從巽方來，又從乾方去，向巽立穴，則為前乾後巽(納氣)，前乾後巽左乾右震，前後左右是指方向而言，水流是看得到的氣，氣流是看不到的氣，房子氣場(進氣方)，要在旺氣方(自然就旺)。

如水從巽方來
又從乾方去
向巽立穴
則為前乾後巽(納氣)
前乾後巽左乾右震
前後左右是指方向而言
水流是看得到的氣
氣流是看不到的氣
房子氣場(進氣方)
要在旺氣方(自然就旺)

（圖：水從巽方來　納氣　後巽　向巽立穴　前乾　納氣　平面　乾方去向巽立穴）

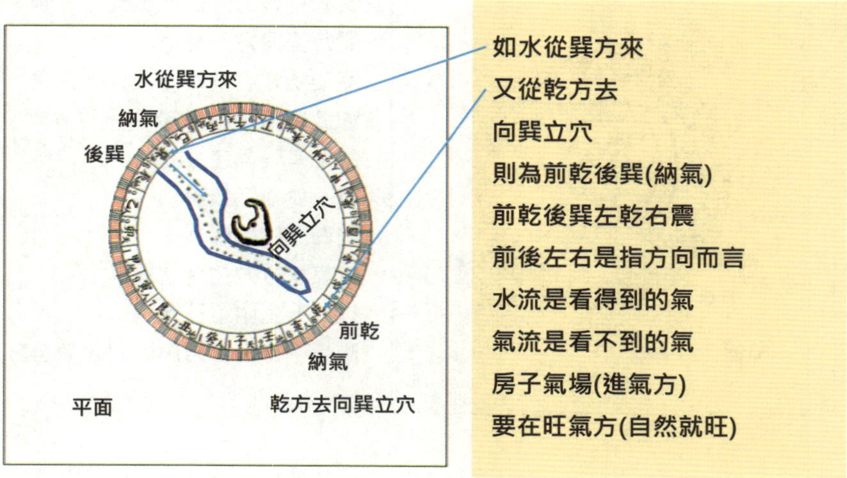

下圖向南立穴，水從巽方來，又從兌方去向 向南立穴，亦為左乾右震(納氣)矣 巽水納到6乾之氣，兌水納到3震之氣。

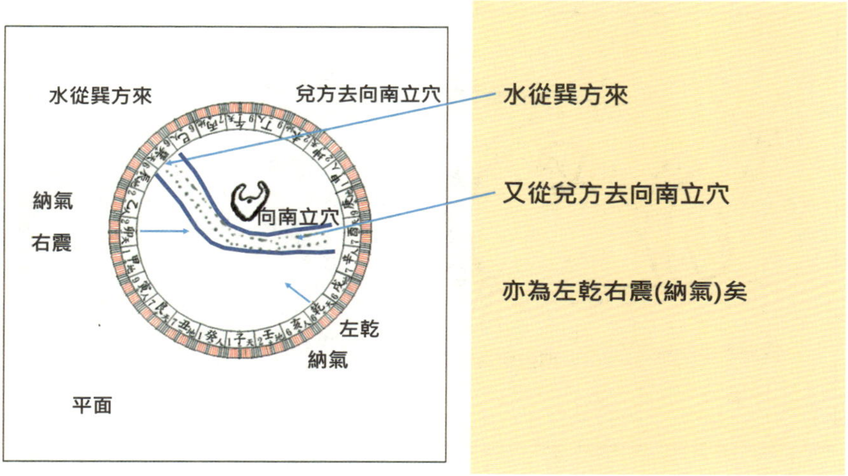

水從巽方來
兌方去向南立穴
納氣
右震
向南立穴
左乾
納氣
平面

水從巽方來

又從兌方去向南立穴

亦為左乾右震(納氣)矣

　　一元位上去來，一元大發，兩元位上去來，兩元衰旺分應歷歷不爽，枝水如不葬在盡處，葬於中間，到底一節亦同去水來，亦作反氣論，如坤水曲折而來，至艮方止，而龍中停上立穴，作為巽局，是左坤右艮(納氣)矣。

坤水曲折而來
納氣
龍中停上立穴
左坤
巽局
納氣
右艮
行至艮止
平面

一元位上去來,一元大發
兩元位上去來
兩元衰旺分應歷歷不爽
枝水如不葬在盡處,葬於中間
到底一節亦同去水來,亦作反氣論
如坤水曲折而來,至艮方止
而龍中停上立穴,作為巽局
是左坤右艮(納氣)矣

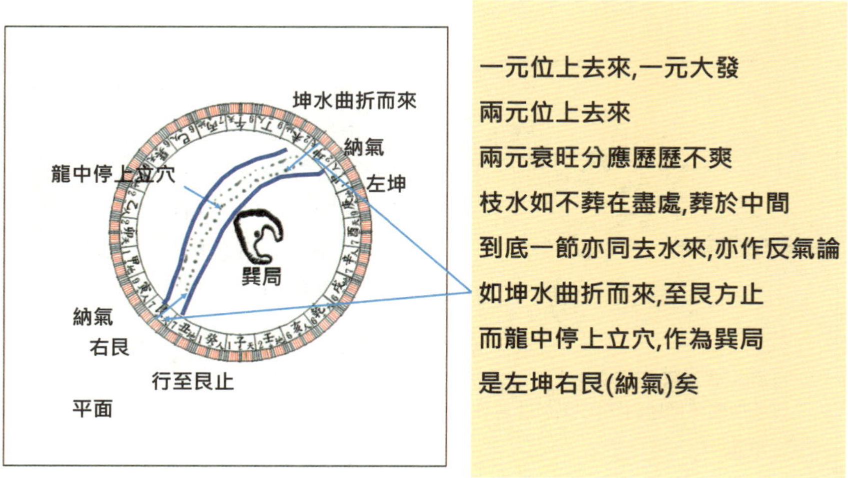

穴迎來水為氣之止，穴迎去水為氣之返，審其來則之氣止，審其去則知氣返。

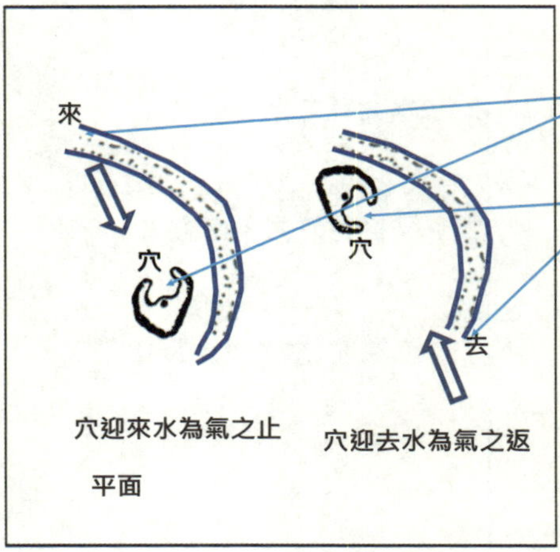

穴迎來水為氣之止

穴迎去水為氣之返

審其來則之氣止

審其去則知氣返

走到山窮水盡時，當作茅蓬易拋撇，正謂時術俗師，不知來情口訣，作何認法，死守尋常之見，以內之三叉口為去，以枝水止盡處為來，正作此病，疏不曉仙家水龍祕旨，絕與尋常之見相反，乃以去為來，以來為止，此所謂翻天倒地對不同者，於此可見。

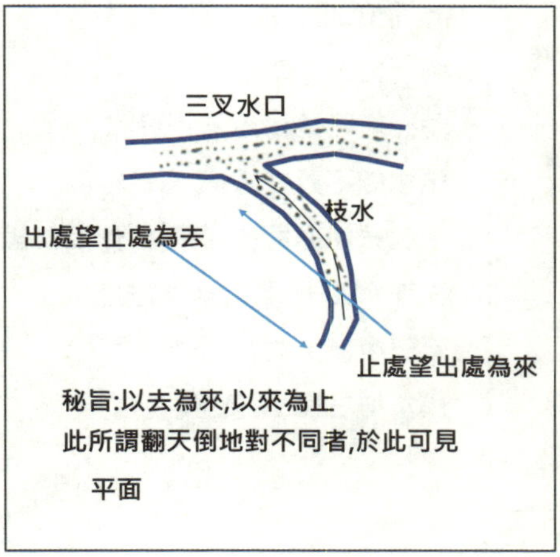

走到山窮水盡時,當作茅蓬易拋撇
正謂時術俗師
不知來情口訣,作何認法
死守尋常之見,以內之三叉口為去
以枝水止盡處為來,正作此病
疏不曉仙家水龍祕旨
絕與尋常之見相反
乃以去為來,以來為止
此所謂翻天倒地對不同者
於此可見

第 48 章
三大卦依天玉經原文另註發微

三大卦依天玉經原文另註發微，江東一卦從來吉，江東一卦法以子午卯酉乾坤艮巽，一個父母為天元卦，隸於 1 4 7 宮，以江西 7 兌赤龍，望江東 3 碧震水，所謂江西龍去望江東，故曰江東也，

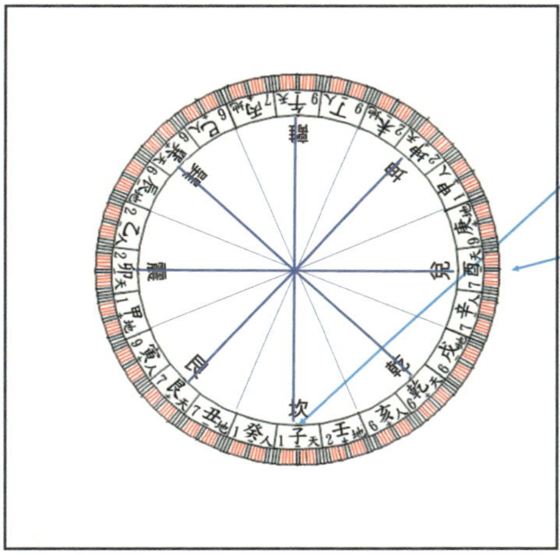

三大卦依天玉經原文(另註發微)
江東一卦從來吉
江東一卦法以子午卯酉乾坤艮巽
一個父母為天元卦,隸於1 4 7宮
以江西7兌赤龍,望江東3碧震水
所謂江西龍去望江東
故曰江東也

江東卦只發一個卦運，所以搭配天元龍父母，以取速發故也，一般取子午卯酉為坐向，乾坤艮巽為水口。

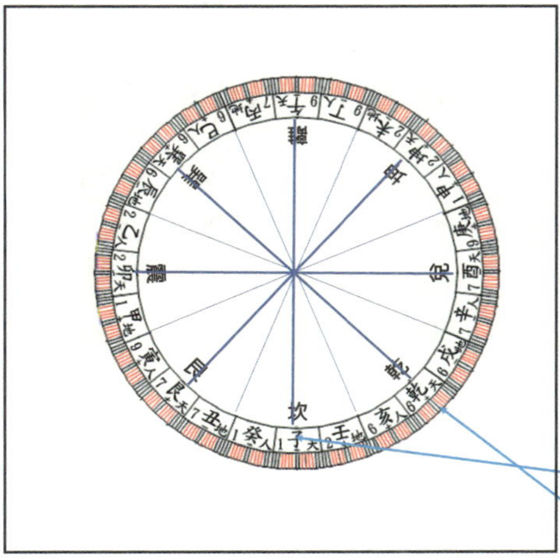

三大卦依天玉經原文(另註發微)
江東一卦從來吉
江東一卦法以子午卯酉乾坤艮巽
一個父母為天元卦,隸於1 4 7宮
以江西7兌赤龍,望江東3碧震水
所謂江西龍去望江東
故曰江東也
江東卦只發一個卦運
所以搭配天元龍父母
以取速發故也
一般取子午卯酉為坐向
乾坤艮巽為水口

從來吉者，因此一個父母，通當八卦正卦之中為卦中氣，子、午、卯、酉四正卦位，位屬支神，支帶干去，皆不犯雜，如子帶壬，子帶癸，偏左偏右，都不飛出本卦之位，午卯酉亦然。

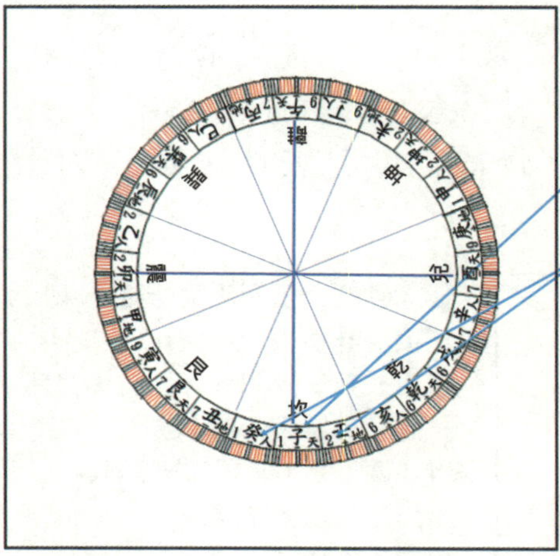

從來吉者
因此一個父母
通當八卦正卦之中為卦中氣
子,午,卯,酉四正卦位,位屬支神
支帶干去,皆不犯雜
如子帶壬,子帶癸,偏左偏右
都不飛出本卦之位,午卯酉亦然

乾坤艮巽四隅之卦位，位屬干神，干帶支出，皆不犯雜，如乾帶戌，乾帶亥，偏左偏右，亦不飛出本卦之位，坤艮巽亦然，故曰從來吉也。

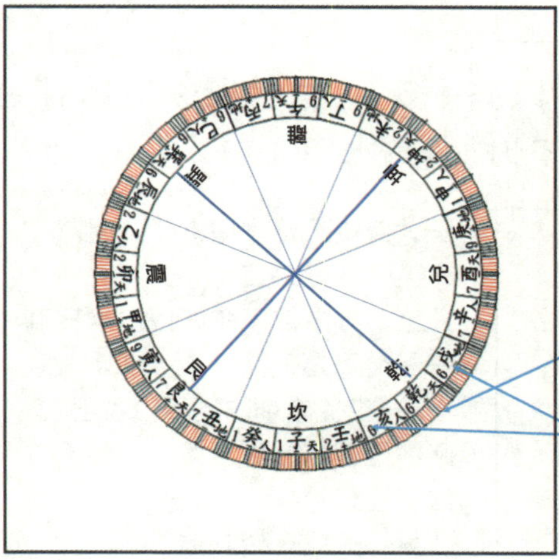

從來吉者
因此一個父母
通當八卦正卦之中為卦中氣
子,午,卯,酉四正卦位,位屬支神
支帶干去,皆不犯雜
如子帶壬,子帶癸,偏左偏右
都不飛出本卦之位,午卯酉亦然
乾坤艮巽四隅之卦位,位屬干神
干帶支出,皆不犯雜
如乾帶戌,乾帶亥,偏左偏右
亦不飛出本卦之位,坤艮巽亦然
故曰從來吉也

八神四個一，八神即八位父母也，四個，即於八神之中經歷四個，以求同氣，譬如子至巽為第4個卦，巽至酉為第4個卦，順數之謂，故曰八神四個一也，一者，天元卦此一個父母，只管一卦之事，而至一卦之用，不能兼通他卦也，地元龍也是經四位，人元龍也是經四位。

八神四個一
八神即八位父母也
四個,即於八神之中經歷四個
以求同氣
譬如:子至巽為第4個卦
巽至酉為第4個卦,順數之謂
故曰八神四個一也
一者,天元卦此一個父母
只管一卦之事,而至一卦之用
不能兼通他卦也
地元龍也是經四位
人元龍也是經四位

　　假如上元運作子山，收向上午水此固然耳，此是說上元運9離是衰方，衰方有水旺水，可收旺氣也。

假如上元運作子山
收向上午水此固然耳

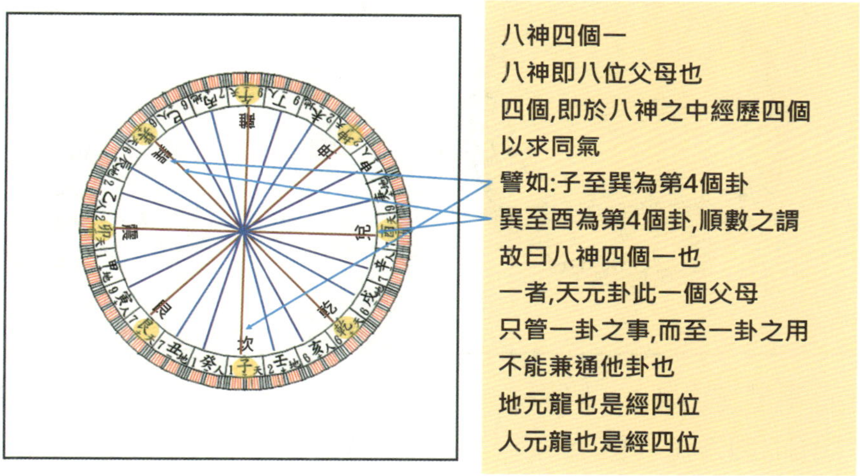

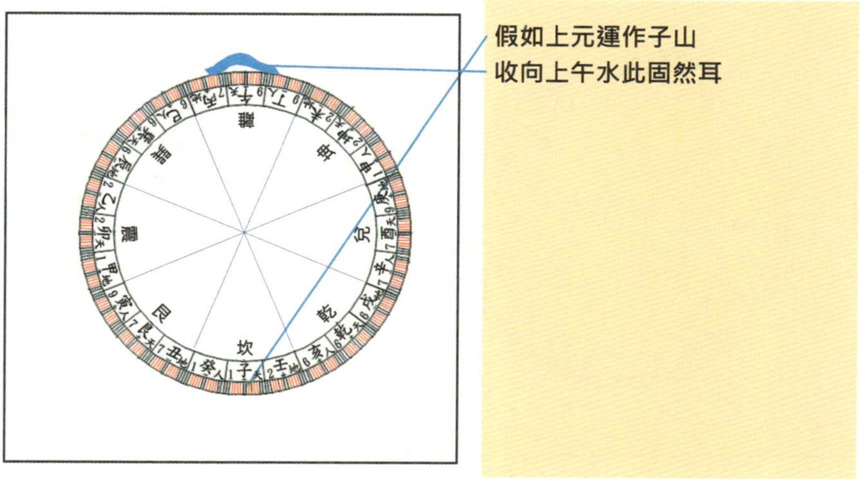

坐收向上左右之水，左則收丙，此說的是子兼丙，午卦之中氣可前兼丙，雖然陰陽不同，但是因為不出卦，還在一卦之內，所以可用丙之水局。

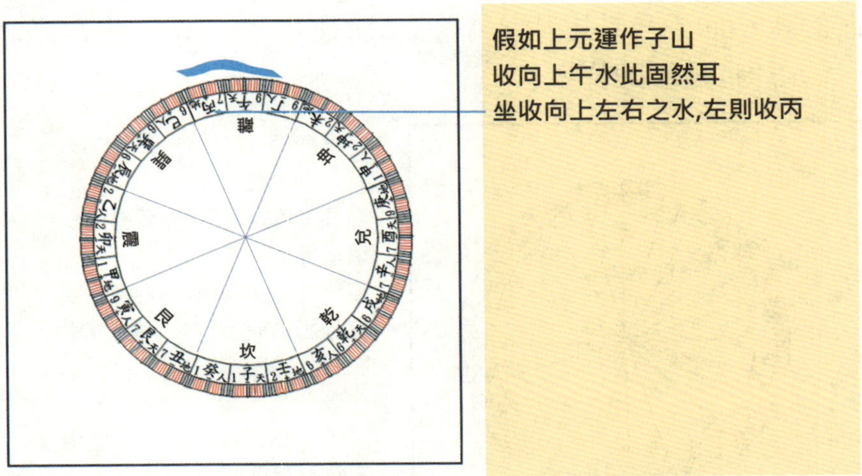
假如上元運作子山
收向上午水此固然耳
坐收向上左右之水,左則收丙

而不能過乎巳，倘過巳犯陽差矣，且巳水為上元子山催殺也，巳山是四巽，巳巽在上元運是催殺水，此為凶水，用之不吉，不過也有例外，寶照經文巳丙宜向天門上，講的是巳丙可以例外相兼，但不能兼過子。

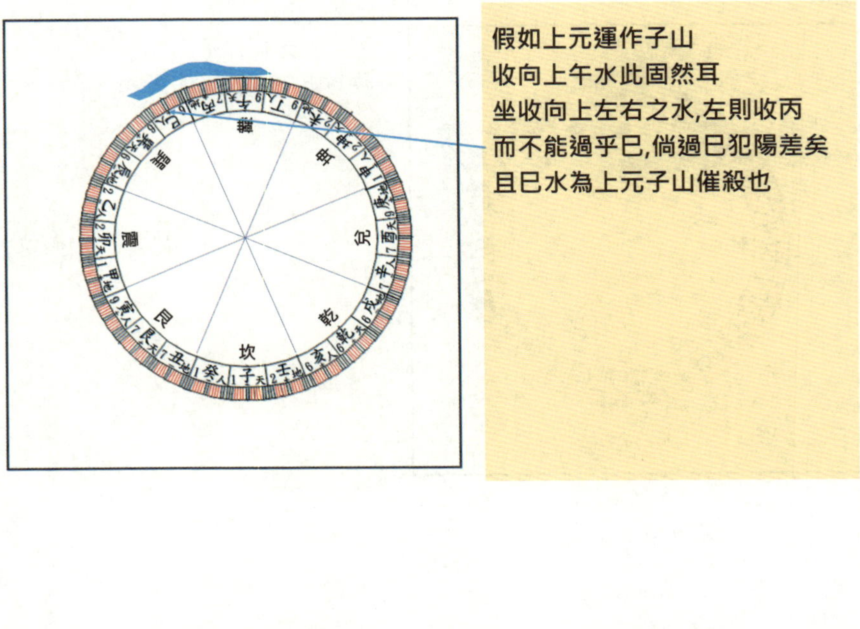
假如上元運作子山
收向上午水此固然耳
坐收向上左右之水,左則收丙
而不能過乎巳,倘過巳犯陽差矣
且巳水為上元子山催殺也

右則收丁，而不能過乎未，此講午可以右兼丁，天元兼人元，陰陽相合可以兼，但是不能兼到未，兼到未就過乎，是說就出卦相兼不宜。

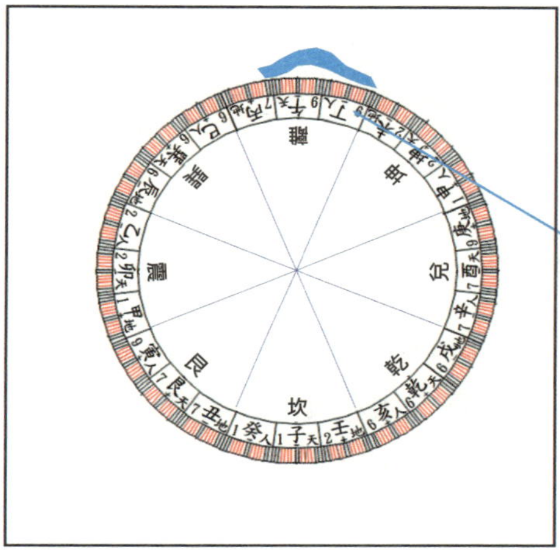

假如上元運作子山
收向上午水此固然耳
坐收向上左右之水,左則收丙
而不能過乎巳,倘過巳犯陽差矣
且巳水為上元子山催殺也
右則收丁
而不能過乎未

倘過乎未犯陰錯矣，且未亦上元子山正殺也，此講假如兼到未就犯陰錯而出卦相兼不宜，此非一卦只管一卦之焉，至一卦之用，此講的是天元龍不管前兼後兼都不會出卦，而不能兼通他卦乎。

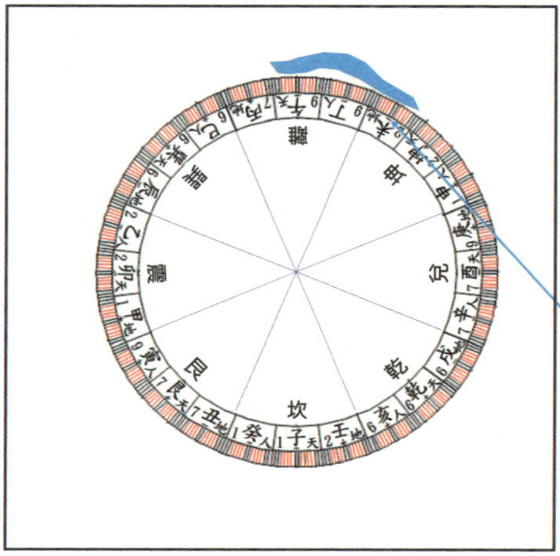

假如上元運作子山
收向上午水此固然耳,
坐收向上左右之水,左則收丙
而不能過乎巳,倘過巳犯陽差矣
且巳水為上元子山催殺也
右則收丁
而不能過乎未
倘過乎未犯陰錯矣
且未亦上元子山正殺也
此非一卦只管一卦之焉
至一卦之用
而不能兼通他卦乎

若能收未、巳兩宮，則通乎他卦矣，耐不能何(出卦也)，故曰江東一卦從來吉，八神四個一也，舉子山為例，其餘午、卯、酉山，可以例推，巳丙雖犯陽差，此為例外，巳丙水可以兼之。

若能收未,巳二宮,則通乎他卦矣
耐不能何(出卦也)
故曰江東一卦從來吉
八神四個一也
舉一子山,其餘午,卯,酉山
可以例推
巳丙雖犯陽差,此為例外
巳丙水可以兼之

江西一卦排龍位，江西一卦者，以寅申巳亥乙辛丁癸，一個父母為人元卦，隸於３６９宮，以江東卦3碧震龍，望江西7赤兌水也，排龍位者，因人元卦位旁爻，易犯差錯。

江西一卦排龍位
江西一卦者,以寅申巳亥乙辛丁癸
一個父母為人元卦,隸於３６９宮
以江東卦3碧震龍
望江西7赤兌水也
排龍位者,因人元卦位旁爻
易犯差錯

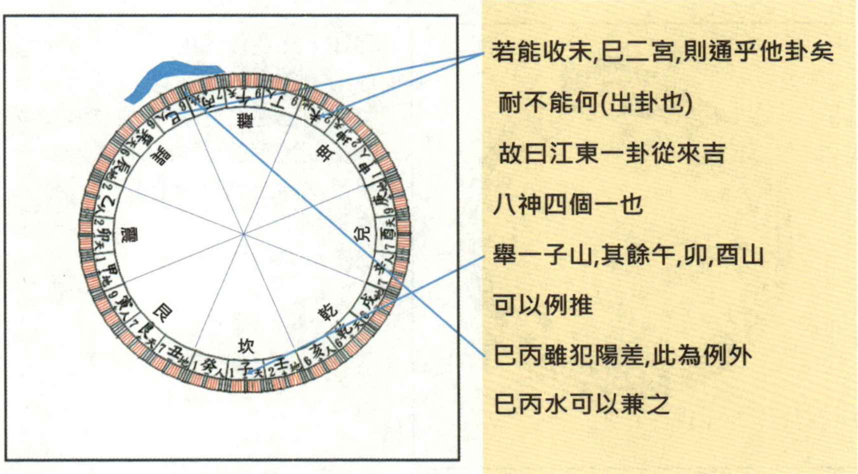

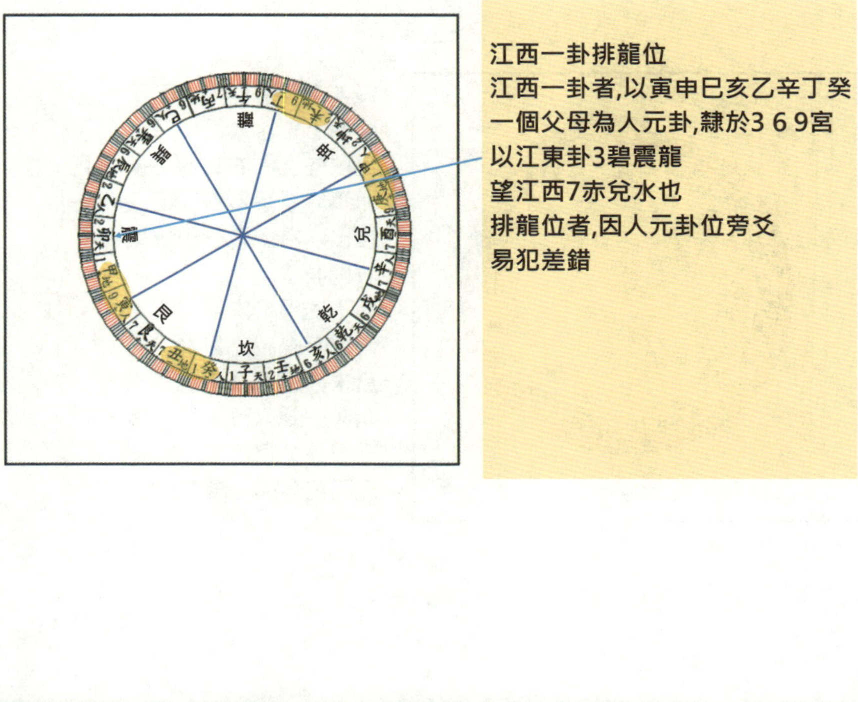

例如寅宮左旁雜甲，申宮右旁雜庚，丁左旁雜未，癸左旁雜丑，皆龍位之陰錯陽差，此癸丑、寅甲、丁未、申庚絕對不能出卦相兼，此四個沒有例外，相兼即凶。

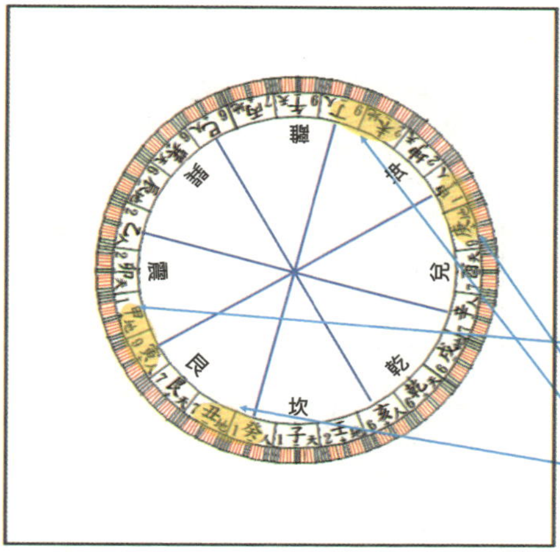

江西一卦排龍位
江西一卦者,以寅申巳亥乙辛丁癸一個父母為人元卦,隸於3 6 9宮以江東卦3碧震龍望江西7赤兌水也
排龍位者,因人元卦位旁爻易犯差錯
如:寅宮左旁雜甲
申宮右旁雜庚
丁左旁雜未
癸左旁雜丑
皆龍位之陰錯陽差

然乙辰可兼，辛戌可兼，不凶而吉，固他卦氣五行而不悖，相喜而不相忌(乃五行相同也)，故須詳其龍位，差錯卦位陰陽，排吉則吉，排凶則凶，故不曰從來吉，而曰排龍位。

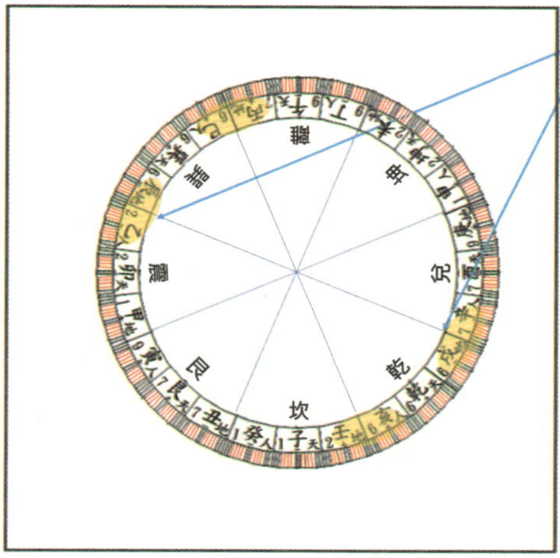

然乙辰可兼,辛戌可兼,不凶而吉
固他卦氣五行而不悖
相喜而不相忌(乃五行相同也)
故須詳其龍位,差錯卦位陰陽
排吉則吉,排凶則凶
故不曰從來吉,而曰排龍位

此講的就是，公式雖然說出卦不可兼，但是有例外啊，這例外是，要看龍位的不同，才能定矣，例外可兼者，為乙兼辰，辛兼戌，巳兼丙，亥兼壬。

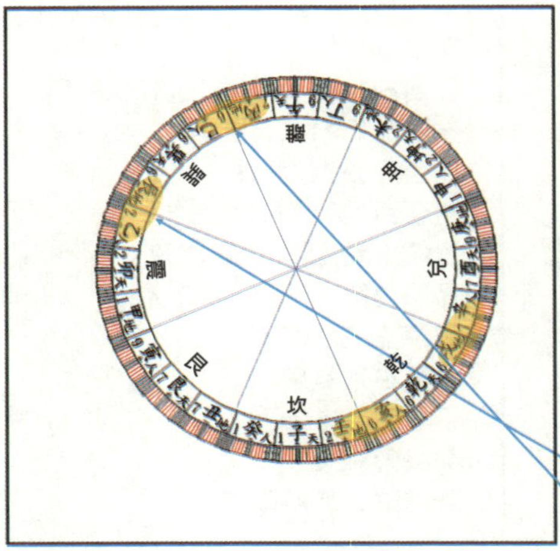

然乙辰可兼,辛戌可兼,不凶而吉
固他卦氣五行而不悖
相喜而不相忌(乃五行相同也)
故須詳其龍位,差錯卦位陰陽
排吉則吉,排凶則凶
故不曰從來吉,而曰排龍位
此講的就是
公式雖然說出卦不可兼
但是有例外啊,這例外是
要看龍位的不同,才能定矣
(例外可兼者乙辰 辛戌)
(巳丙 亥壬)

八神四個二，八神四個二，講的就是例外，(所以要排龍位)，八神亦即八位父母也，四個亦即八神之中，經 4 位以求同氣，譬如卯至乾為第 4 個，乾至午亦為第 4 個，逆數而求，亦名八神四個二者，人元卦也，即父母八神之中，有四個可以互相為用。

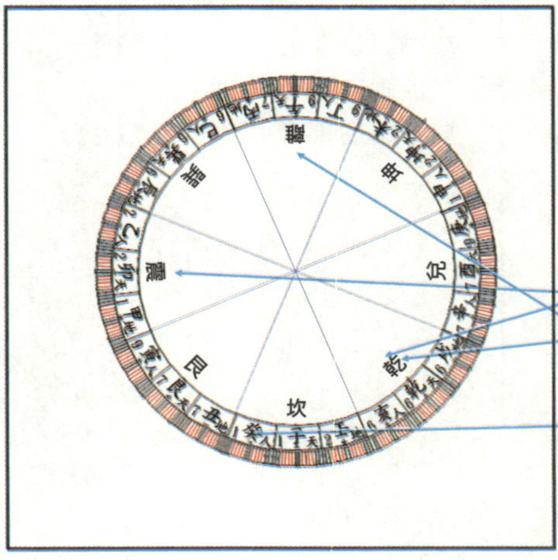

八神四個二
八神四個二,講的就是例外
(所以要排龍位)
八神亦即八位父母也
四個亦即八神之中
經4位以求同氣
譬如:卯至乾為第4個
乾至午亦為第4個
逆數而求,亦名八神四個二者
人元卦也
即父母八神之中
有四個可以互相為用

不比天元卦這一個父母，獨自為用，不能旁通他卦也，故八神一卦兼管二卦之事，致二卦之用，但不能全收三卦也，假如上元運東卦坎坤震巽管局，坐乙山，而收向上辛水，此固然耳。

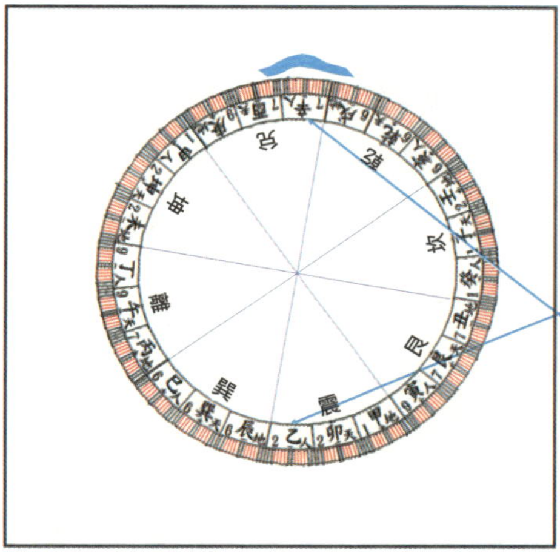

不比天元卦這一個父母
獨自為用,不能旁通他卦也
故八神一卦兼管二卦之事
致二卦之用
但不能全收三卦也
假如:上元運東卦坎坤震巽管局
坐乙山
而收向上辛水,此固然耳

偏旁乾卦之戌水雜辛，得上元運卦氣，無忌，雖曰陰錯，不為凶而反吉，可至收也，戌雜到辛水，戌為乾卦，辛為兌卦，乾卦跟兌卦同屬金，所以雖犯陰錯，也無忌。

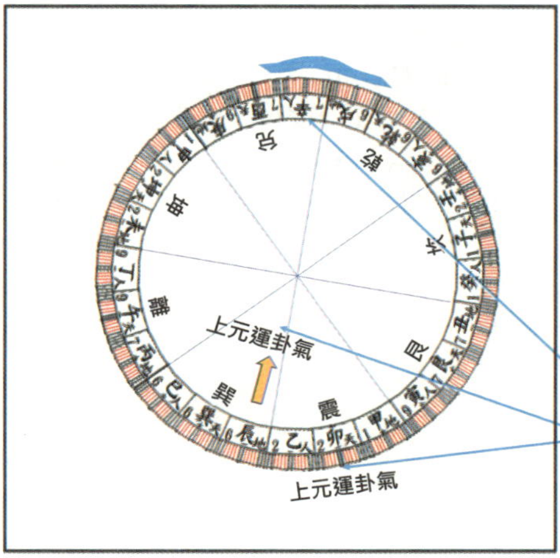

不比天元卦這一個父母
獨自為用,不能旁通他卦也
故八神一卦兼管二卦之事
致二卦之用
但不能全收三卦也
假如:上元運東卦坎坤震巽管局
坐乙山
而收向上辛水,此固然耳
偏旁乾卦之戌水雜辛而上堂
得上元運卦氣,無忌
雖曰陰錯,不為凶而反吉
可至收也

通盤算來，24 龍人元卦，即收一半得其 12 龍矣，此非一卦兼管二卦之事，指的是人元三六九，三可接四，六可接七，一可接九，致二卦之用乎，故曰江西一卦排龍位，八神四個二也。

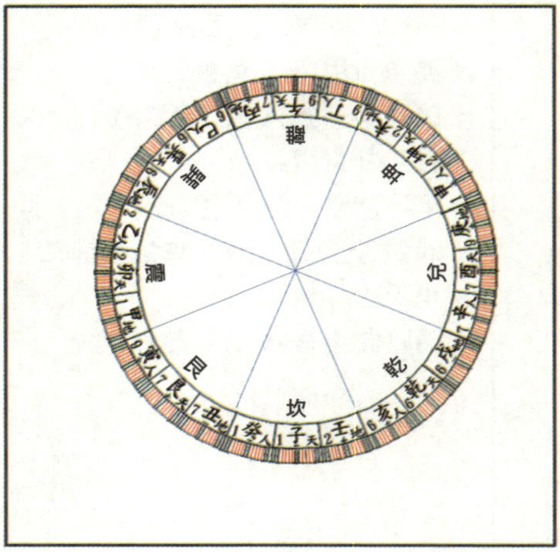

通盤算來,24龍人元卦,即收一半

得其12龍矣

此非一卦兼管二卦之事

致二卦之用乎

故曰江西一卦排龍位

八神四個二也

南北八神者，是以辰戌丑未甲庚丙壬，為一個父母，為地元卦，歸於 2 5 8 宮，以西卦的 9 紫離龍，去望東卦的 1 白坎水，又東卦的 1 白坎龍，去望西卦的 9 紫離水，

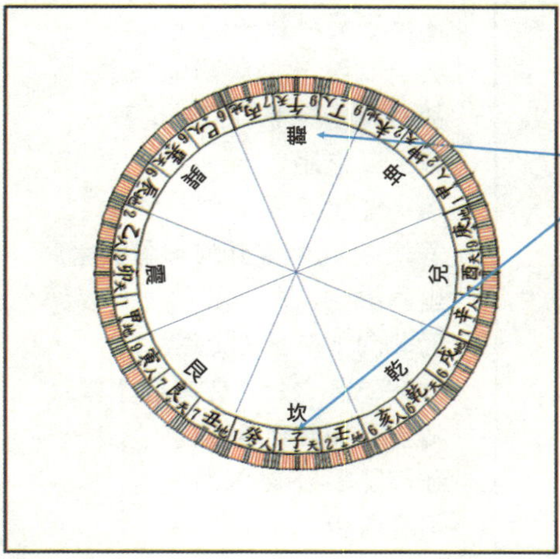

南北八神者
法以辰戌丑未甲庚丙王,一個父母
為地元卦,歸於2 5 8宮
以西卦9紫離龍,去望東卦1白坎水
又東卦1白坎龍,去望西卦9紫離水

所謂江南龍來，江北望，反而言之江北龍，去望江南也，止如言八神，又不曰四個者，此卦二五八徑直一串，不必經四位而起父母，以求同氣，與江東，江西兩卦不同，所以說南北八神之謂也。

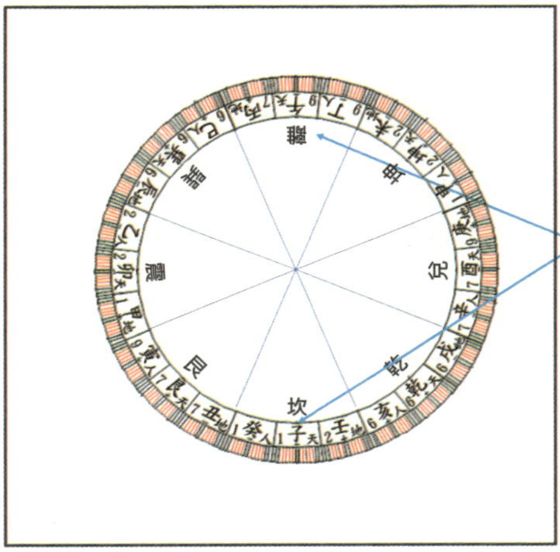

南北八神者
法以辰戌丑未甲庚丙壬,一個父母
為地元卦,歸於2 5 8宮
以西卦9紫離龍,去望東卦1白坎水
又東卦1白坎龍,去望西卦9紫離水
所謂江南龍來,江北望
反而言之江北龍,去望江南也
止如言八神,又不曰四個者
此卦突然自起,徑直一串
不必經四位而起父母,以求同氣
與江東,江西兩卦不同
故曰南北八神之謂也

有一卦盡得三卦之用者，講的是乾坤一大關之特殊格局，必須要搭配地元龍，取甲庚丙壬之坐山，才能收到辰戌丑未四墓庫之水，所謂旺於中元，

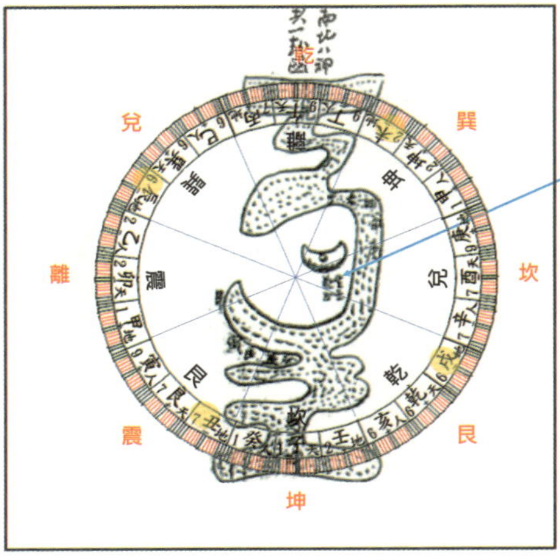

有一卦盡得三卦之用者
講的是乾坤一大關之特殊格局
必須要搭配地元龍
取甲庚丙壬之坐山
才能收到辰戌丑未四墓庫之水
所謂旺於中元

再以先天乾坤後天坎離作用，先天居生位，後天居旺位之道理，搭配相合之形巒，才能一卦盡得三卦之用，此大地格局取之不易。

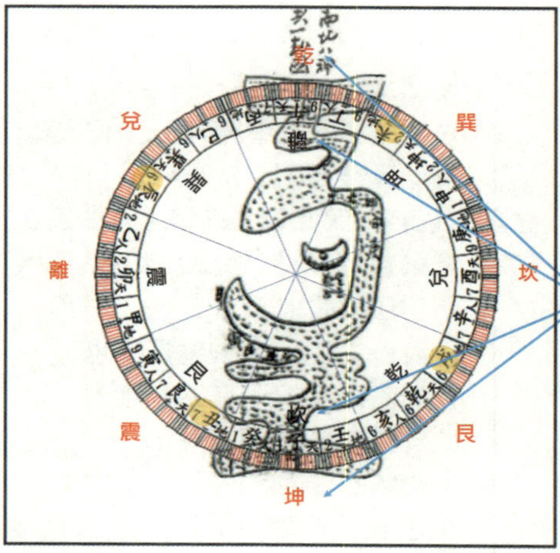

有一卦盡得三卦之用者
講的是乾坤一大關之特殊格局
必須要搭配地元龍
取甲庚丙壬之坐山
才能收到辰戌丑未四墓庫之水
所謂旺於中元
再以先天乾坤後天坎離作用
先天居生位,後天居旺位之道理
搭配相合之形巒
才能一卦盡得三卦之用
此大地格局取之不易
用人造的水局比較快啦

三陽者，丙午丁也，丙(地元)，午(天元)，丁(人元)，一卦取盡三元24龍，先天居生，後天居旺，一六盡納，總不犯消滅，(消滅指的是，退運不凶)，此坎離，代乾坤之妙用，不可明言者，

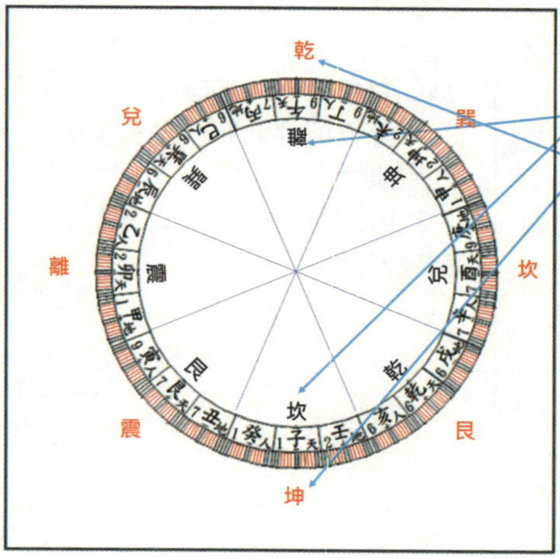

消滅指的是,退運不凶
此坎離
代乾坤之妙用,
不可明言者

宜乎蔣大鴻極贊曰：此即所謂玄空三大卦，祕密寶藏，非得師傳口訣，所不能識者也，信乎？難怪此門學問不能普及也。

三般卦龍穴水口圖

消滅指的是,退運不凶
此坎離
代乾坤之妙用,
不可明言者
宜乎蔣大鴻極贊曰:
此即所謂玄空三大卦,祕密寶藏
非得師傳口訣
所不能識者也,信乎?
難怪此門學問不能普及也

端的應無差，端的者，確實也，應無差者，總收三卦之義，言此江東、江西、江南江北三卦，有一卦只得一卦之用，是講星盤逢１４７時，若逢旺運，也只能旺該運，交運即退氣發凶也，

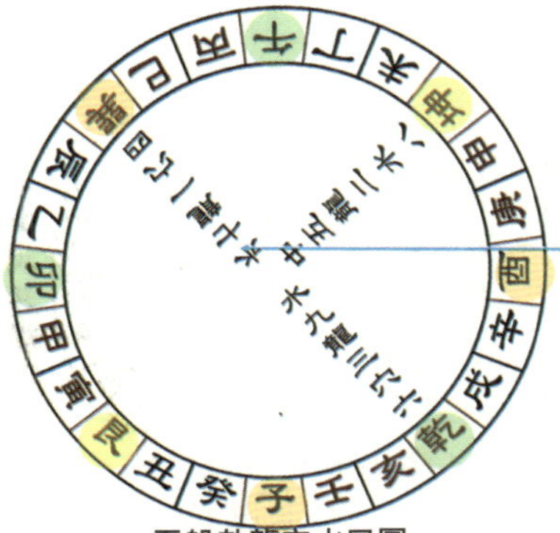
三般卦龍穴水口圖

端的應無差
端的者,確實也
應無差者,總收三卦之義
言此江東,江西,江南江北三卦
有一卦只得一卦之用
是講星盤逢１４７時,若逢旺運
也只能旺該運
交運即退氣發凶也

此因為要速發，所以會選天元龍搭配，選子午卯酉坐山，乾坤艮巽收水，不論兼左兼右，都不會出卦(穩發也)。

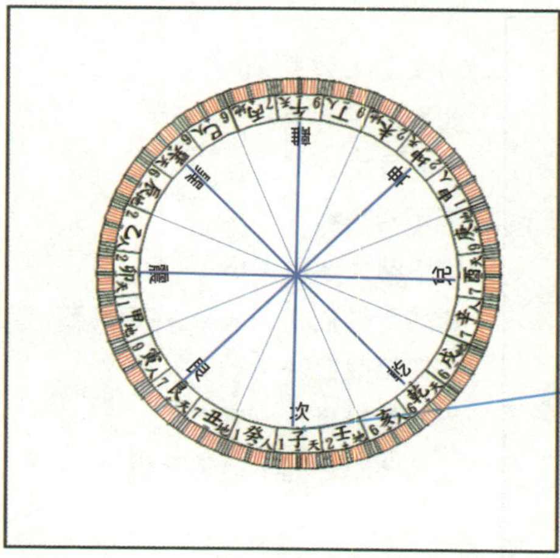

端的應無差
端的者,確實也
應無差者,總收三卦之義
言此江東,江西,江南江北三卦
有一卦只得一卦之用
是講星盤逢1 4 7時,若逢旺運
也只能旺該運
交運即退氣發凶也
此因為要速發,所以會選天元龍
搭配,選子午卯酉坐山
乾坤艮巽收水,不論兼左兼右
都不會出卦(穩發也)

有一卦更得二卦之用，是講3 6 9時，若逢旺運，能連旺2運，因為3、4，6、7，9、1，屬性相同，故能同旺，會選人元龍搭配，是因為人元龍氣脈弱須兼天元龍，而且因為例外之巳丙、亥壬、辛戌、乙辰之水可兼出卦，故可一卦得二卦之用，條件比較寬，會有多一點的機會可發也。

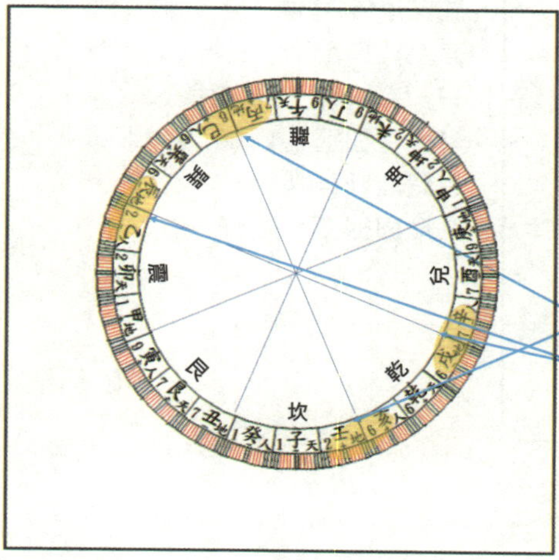

有一卦更得二卦之用
是講星盤逢3 6 9時,若逢旺運
能連旺2運,因為3 4,6 7,9 1
屬性相同,故能同旺
會選人元龍搭配,是因為
人元龍氣脈弱須兼天元龍
而且因為例外之巳丙,亥壬
辛戌,乙辰之水可兼出卦
故可一卦得二卦之用
條件比較寬
會有多一點的機會可發也

以上講的若能乘元而用焉，自無豪髮無差也。

第 49 章　三大卦總論

三般卦每卦 8 山，一卦即 8 神，四個是取經 4 位，三般卦 147，369，258 就是經 4 位，先天八卦之坎離也是經 4 位，24 山之地，天，人元龍，也是經 4 位，

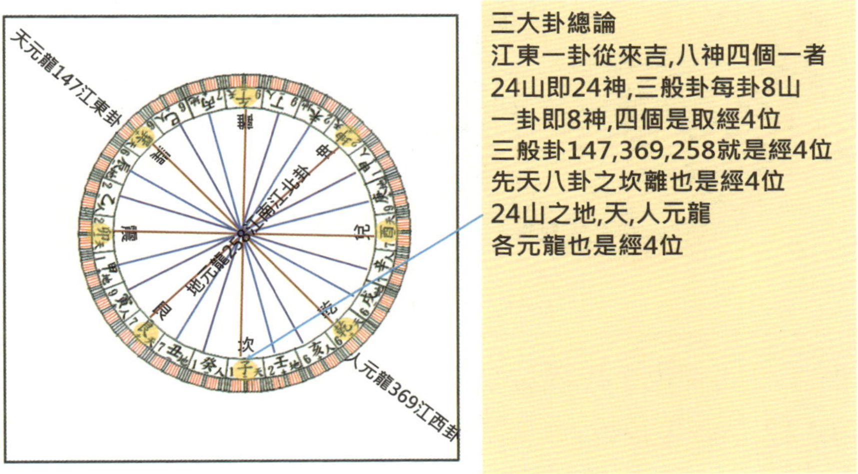
天元龍147江東卦
人元龍369江西卦
三大卦總論
江東一卦從來吉,八神四個一者
24山即24神,三般卦每卦8山
一卦即8神,四個是取經4位
三般卦147,369,258就是經4位
先天八卦之坎離也是經4位
24山之地,天,人元龍
各元龍也是經4位

江東一者是 147 三般卦，一卦運只得一卦運之用，卦內純吉，卦外純凶，在乎能守住本卦，而不離卦者也，24 山天元龍不論左兼右兼，都不會出卦。

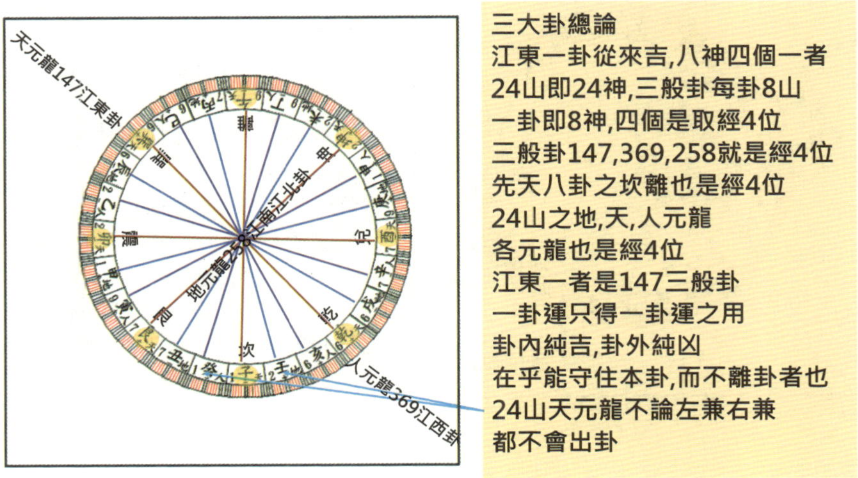
天元龍147江東卦
人元龍369江西卦
三大卦總論
江東一卦從來吉,八神四個一者
24山即24神,三般卦每卦8山
一卦即8神,四個是取經4位
三般卦147,369,258就是經4位
先天八卦之坎離也是經4位
24山之地,天,人元龍
各元龍也是經4位
江東一者是147三般卦
一卦運只得一卦運之用
卦內純吉,卦外純凶
在乎能守住本卦,而不離卦者也
24山天元龍不論左兼右兼
都不會出卦

江西一卦排龍位，八神四個二者，二者是 369 三般卦，一卦運能兼二卦運之用，例如 :3 運 4 運同旺，6 運 7 運同旺，9 運 1 運同旺，卦內卦外，半吉半凶，在乎排龍位，

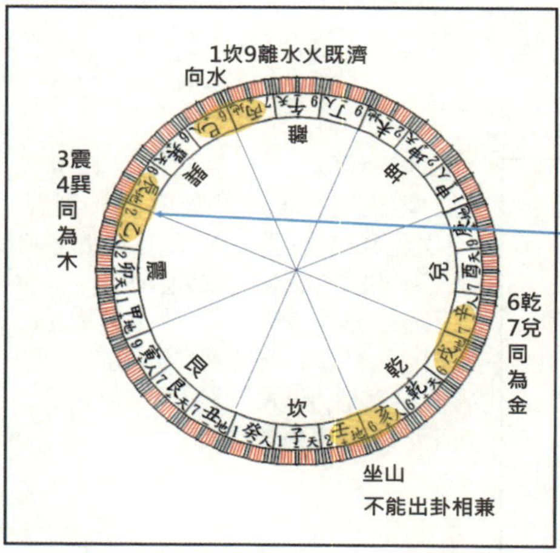

江西一卦排龍位,八神四個二者
二者是369三般卦
一卦運能兼二卦運之用
例如:3運4運同旺,6運7運同旺
9運1運同旺
卦內卦外,半吉半凶,在乎排龍位

而兼收他卦也，排龍位是排龍、穴、水口也，就是審查龍、穴、水口也，24 山人元龍可兼天元龍，乙辰、辛戌、巳丙、亥壬可出卦相兼，出卦相兼是指水口可以相兼，但坐山向水不能出卦相兼。

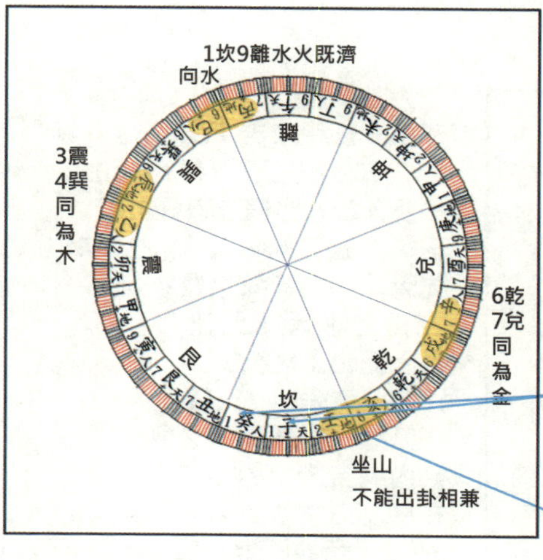

江西一卦排龍位,八神四個二者
二者是369三般卦
一卦運能兼二卦運之用
例如:3運4運同旺,6運7運同旺
9運1運同旺
卦內卦外,半吉半凶,在乎排龍位
而兼收他卦也
排龍位是排龍,穴,水口也
就是審查龍,穴,水口也
24山人元龍可兼天元龍
乙辰,辛戌,巳丙,亥壬可出卦相兼
出卦相兼是指水口可以相兼
但坐山向水不能出卦相兼

玄機秘斷曰：不知來路，豈知入路，來路是來龍入穴，入路是水從哪裡來，盤中八卦皆空，指的是如何定八卦也，未識內堂，安識外堂，局裏五行盡謬，一天星斗，運用只在中央，運用指的是玄空挨星，十辨蓮花芬香總由根蒂，根蒂指的是太極點，

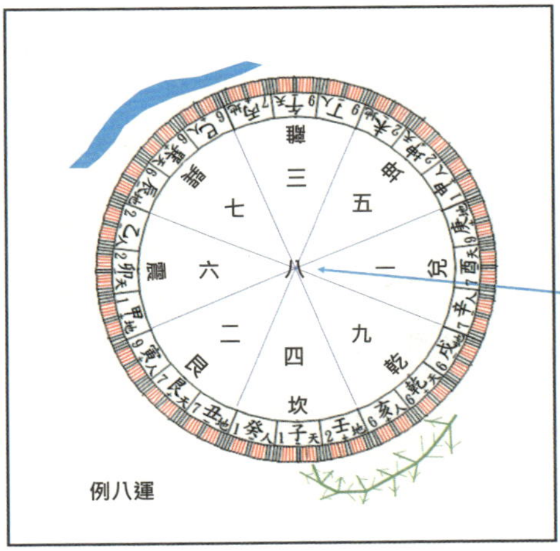

玄機秘斷曰:不知來路,豈知入路
來路是來龍入穴
入路是水從哪裡來
盤中八卦皆空
指的是如何抓八卦也
未識內堂,安識外堂
局裏五行盡謬,一天星斗
運用只在中央
運用指的是玄空挨星
十辨蓮花芬香總由根蒂
根蒂指的是太極點

乘氣脫氣，轉禍福於指掌之間，用排山掌去演算也，前人都是在手掌排卦，所以叫做排山掌。

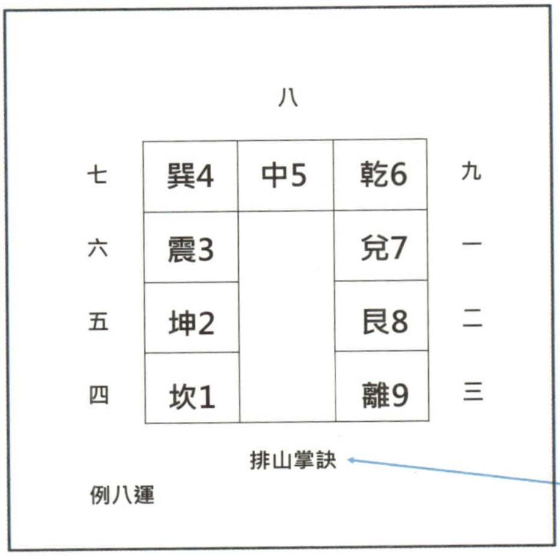

玄機秘斷曰:不知來路,豈知入路
來路是來龍入穴
入路是水從哪裡來
盤中八卦皆空
指的是如何抓八卦也
未識內堂,安識外堂
局裏五行盡謬,一天星斗
運用只在中央
運用指的是玄空挨星
十辨蓮花芬香總由根蒂
根蒂指的是太極點
乘氣脫氣,轉禍福於指掌之間
用排山掌去演算也

左換右換之間，辨吉凶於毫厘之際，玄空盤陽順，陰逆飛也，如四墓之地，本非吉曜，陽土陰土慎所制裁，四生之地，未為凶星，卦內卦外惟吾取棄。

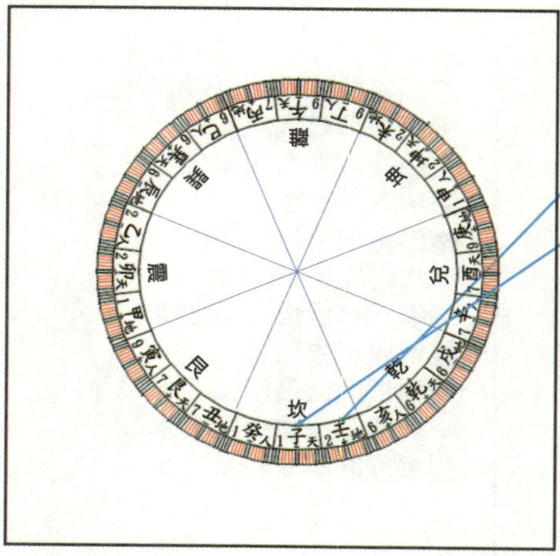

左換右換之間,辨吉凶於毫厘之際

玄空盤陽順

陰逆飛也

如四墓之地,本非吉曜

陽土陰土慎所制裁

四生之地,未為凶星

卦內卦外惟吾取棄

四墓之地，本非吉曜，陽土陰土慎所制裁，四墓者辰戌丑未，辰戌丑未為墓庫水，辰山戌向(戌水)旺3、4、5運。戌山辰向(辰水)旺5、6、7運。丑山未向(未水)旺2、5、8跟7、9運未山丑向(丑水)旺1、2、3跟5、8運，所以止有中元運可用。

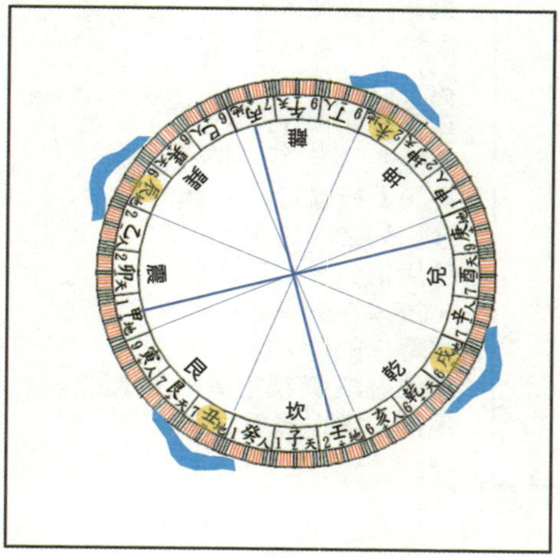

四墓之地,本非吉曜
陽土陰土慎所制裁
四墓者辰戌丑未
(辰戌陽土,丑未陰土)地元258也
辰戌丑未為墓庫水
只有中元運可用

四墓辰戌丑未只能出水，來水一定論凶只能用來取水庫，立向以甲庚丙壬為佳，乾坤一大關，三陽 (丙午丁) 水向盡源流，此卦包含三卦，總該八神盡得三卦之用，又非八神四個二可比也。

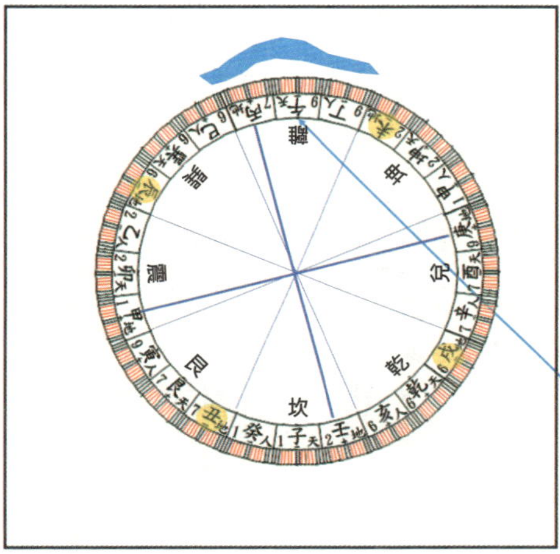

四墓之地,本非吉曜
陽土陰土慎所制裁
四墓者辰戌丑未
(辰戌陽土,丑未陰土)地元258也
辰戌丑未為墓庫水
只有中元運可用
四墓辰戌丑未只能出水
來水一定論凶只能用來取水庫
立向以甲庚丙壬為佳
乾坤一大關
三陽(丙午丁)水向盡源流
此卦包含三卦
總該八神盡得三卦之用
又非八神四個二可比也

四生之地，未為凶星，卦內卦外惟吾取棄，四生者為寅申巳亥人元 3、6、9 也，寅申巳亥取立向時，寅申比較不好例如寅為木，前兼甲則出卦，後兼艮為土則木土相剋，故不能相兼，所以寅、申只宜用獨行脈。

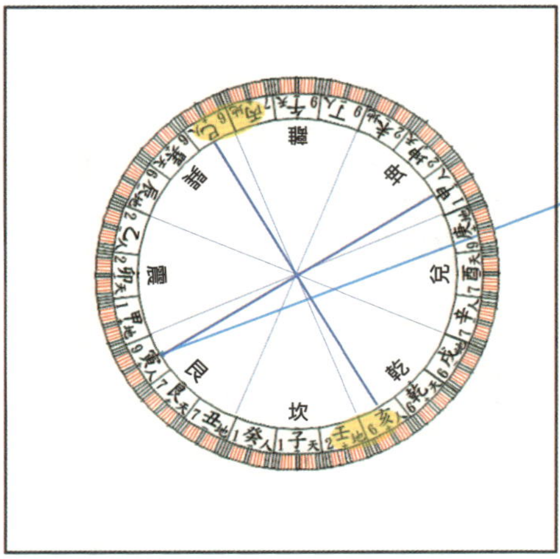

四生之地,未為凶星
卦內卦外惟吾取棄
四生者為寅申巳亥人元369也
寅申巳亥取立向時
寅申比較不好

巳亥立向比較好，乃因為巳丙、亥壬為河圖之一六、四九，坎離代乾坤之妙用故可兼也，此卦兼管二卦，兼得二卦之用者，又非八神四個一可比也，其曰：慎所致裁，惟吾取棄，最極精妙之言，苟非真傳正授，仙風道骨之侶，未見其能制裁，而知棄取也。

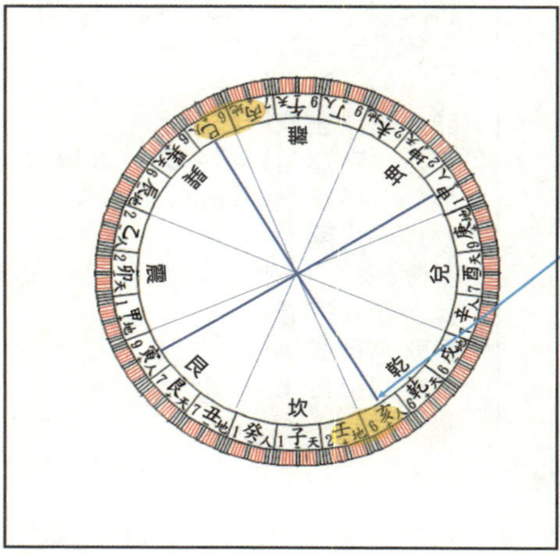

四生之地,未為凶星
卦內卦外惟吾取棄
四生者為寅申巳亥人元369也
寅申巳亥取立向時
寅申比較不好
巳亥立向比較好
乃因為巳丙,亥壬可兼也
此卦兼管二卦,兼得二卦之用者
又非八神四個一可比也
其曰:慎所致裁,惟吾取棄
最極精妙之言
苟非真傳正授,仙風道骨之侶
未見其能制裁,而知棄取也

故癸為元龍(人元 3、6、9 也)，癸是坎，坎納癸，癸即坎也，壬號紫氣(地元 2、5、8 也)，壬是離，紫為 9 離，離納壬，壬也是離也，昌熾各有攸司，

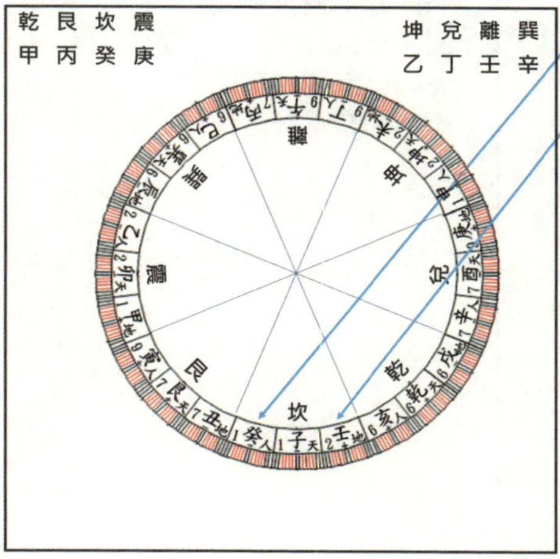

故癸為元龍(人元369也)-癸是坎
坎納癸,癸即坎也
壬號紫氣(地元258也)-壬是離
紫為9離,離納壬,壬也是離也
昌熾各有攸司

丁近傷官，丁近未，傷官未支是也，地元 2、5、8 也，丁的傷官是未，乃火生土也，丁近傷官，就是丁近未也，丙臨文昌 - 丙臨巳，文昌巳支是也，人元 3、6、9 也，文昌位是 4 巽，巽卦為辰巽巳就是文昌，丙的旁邊就是巳，故曰丙臨文昌。

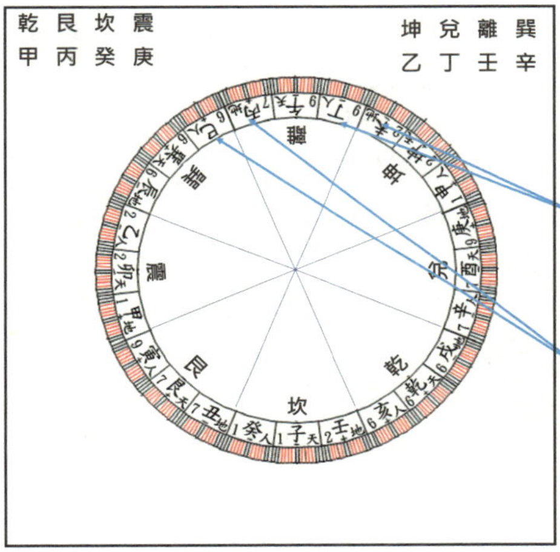

故癸為元龍(人元369也)-癸是坎
坎納癸,癸即坎也
壬號紫氣(地元258也)-壬是離
紫為9離,離納壬,壬也是離也
昌熾各有攸司
丁近傷官-丁近未
傷官未支是也,地元258也
丁的傷官是未,乃火生土也
丁近傷官,就是丁近未也
丙臨文昌-丙臨巳
文昌巳支是也,人元369也
文昌位是4巽
巽卦為辰巽巳就是文昌
丙的旁邊就是巳,故曰丙臨文昌

丁未相兼，是人元兼地元，為出卦相兼所以說人財因之耗廢，巳丙相兼，是人元兼地元，為出卦相兼，所犯的是陽錯。

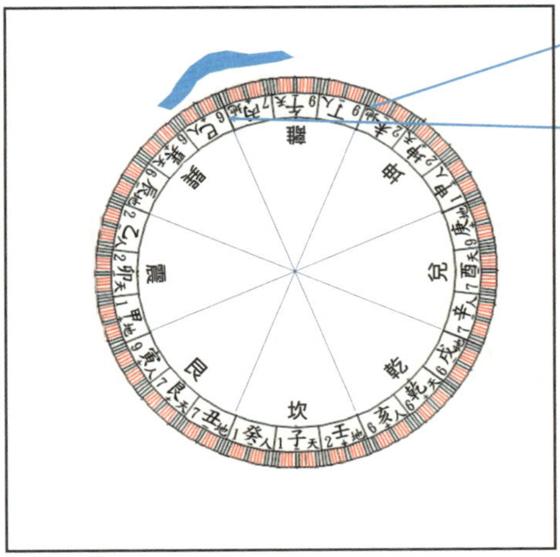

丁未相兼,是人元兼地元
為出卦相兼所以說人財因之耗廢
巳丙相兼,是人元兼地元
為出卦相兼

但是巳丙相兼此來水可出卦，不過坐山一定不能出卦，出卦則人財因之耗廢，此裁制之法，棄取之訣，近代蔣大鴻以後，冒名玄空五行三大卦者多矣，實知玄空五行三大卦者少也。

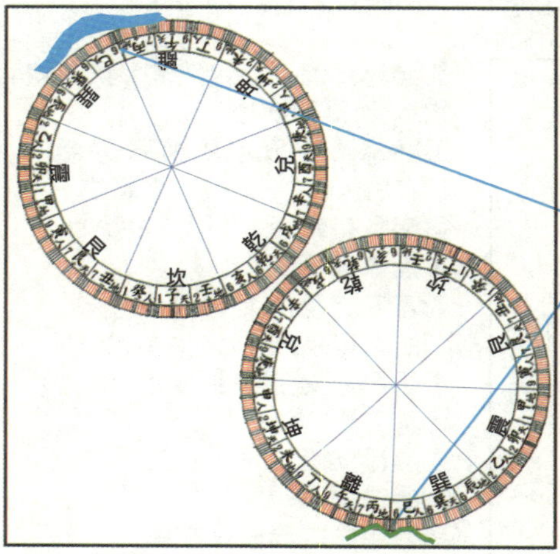

丁未相兼,是人元兼地元
為出卦相兼所以說人財因之耗廢
巳丙相兼,是人元兼地元
為出卦相兼
巳丙相兼此來水可出卦
但坐山一定不能出卦
出卦則人財因之耗廢
此裁制之法,棄取之訣
近代蔣大鴻以後
冒名玄空五行三大卦者多矣
實知玄空五行三大卦者少也

正圖是八卦方位，正看，反看，側看，都是戴九履一，左三右七，二四為肩，六八為足，都要陰陽交媾，不管那個方位都是，但是一般人也只將正圖扭圖，這邊那邊說來說去，故錯上加錯反正也，

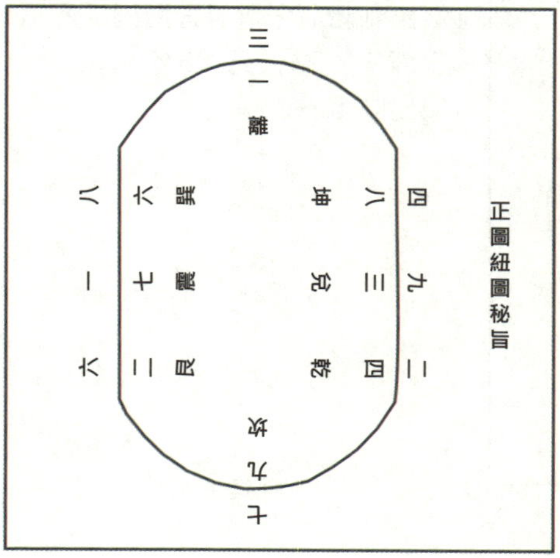

也只將正圖扭圖,
這邊那邊說來說去
正圖扭圖可能本身就畫錯,
故錯上加錯反正也

而不知東、西，及南北三卦，有一卦例如天元一四七卦只得一卦之用，一卦例如人元三六九卦可得二卦之用，有一卦例如地元二五八卦盡得三卦之用者，很少人知道這個道理。

三般卦龍穴水口圖

也只將正圖扭圖,
這邊那邊說來說去
正圖扭圖可能本身就畫錯,
故錯上加錯反正也
而不知東,西,及南北三卦
有一卦只得一卦之用
一卦得二卦之用
有一卦盡得三卦之用者
(很少人知道這個道理)

正圖扭圖不過言三大卦之理，正圖扭圖，不要被誤導，正圖扭圖其實是坤管 1(2)47，艮管 3(8)69，坤艮總交，258 串 147 及 369 也，截清卦氣，歸於清純，

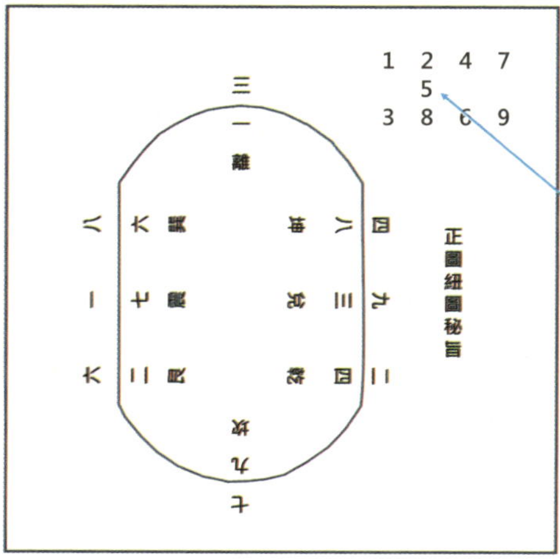

正圖扭圖不過言三大卦之理
正圖扭圖,不要被誤導
正圖扭圖其實是坤管1(2)47
艮管3(8)69,坤艮總交
258串147及369也
截清卦氣,歸於清純

而四個二易差錯(人元兼地元)，所以要排龍位，至其一卦得一卦之用，一卦兼二卦之用，一卦盡得三卦之用，未嘗明言。

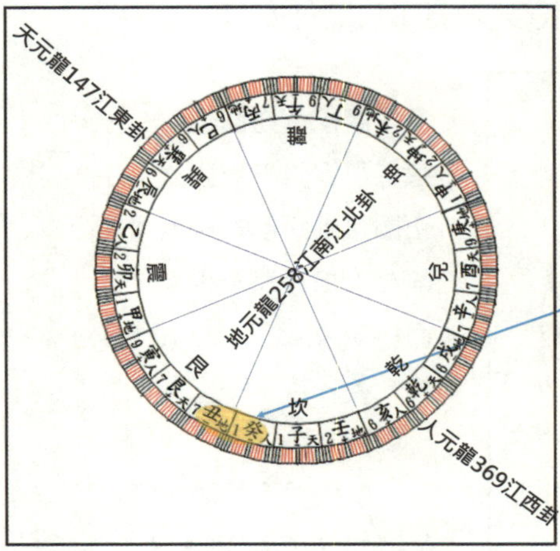

正圖扭圖不過言三大卦之理
正圖扭圖,不要被誤導
正圖扭圖其實是坤管1(2)47
艮管3(8)69,坤艮總交
258串147及369也
截清卦氣,歸於清純
而四個二易差錯(人元兼地元)
所以要排龍位
至其一卦得一卦之用
一卦兼二卦之用
一卦盡得三卦之用
未嘗明言

何以艮坤之局，未丁、申庚、寅甲、丑癸，皆同支位之吉(人元兼地元也)，只為三元不敗，一卦盡得三卦之用哉，蓋坤艮之局，卦氣最狹，卦運最短，其未丁、申庚、寅甲、丑癸皆同支位，未嘗非是，

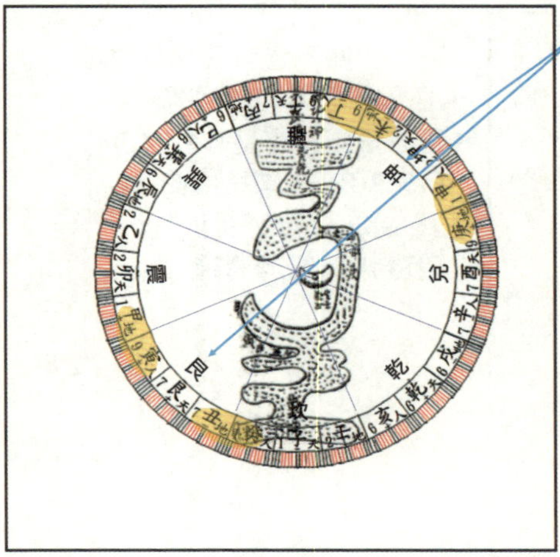

何以艮坤之局
未丁,申庚,寅甲,丑癸
皆同支位之吉(人元兼地元也)
只為三元不敗
一卦盡得三卦之用哉
蓋坤艮之局,卦氣最狹,卦運最短
其未丁,申庚,寅甲,丑癸皆同支位
未嘗非是,但當用之於坎離之局

但當用之於坎離之局，離水曲折朝堂，偏右轉彎而坤閉口，歷兌由乾至坎兜收於後，右由坎過艮竟至甲止，此非未丁，申庚、寅甲、丑癸，皆同支位也耶。

> 何以艮坤之局
> 未丁,申庚,寅甲,丑癸
> 皆同支位之吉(人元兼地元也)
> 只為三元不敗
> 一卦盡得三卦之用哉
> 蓋坤艮之局,卦氣最狹,卦運最短
> 其未丁,申庚,寅甲,丑癸皆同支位
> 未嘗非是,但當用之於坎離之局
> 離水曲折朝堂,偏右轉彎而坤閉口
> 歷兌由乾至坎兜收於後
> 右由坎過艮竟至甲止
> 此非未丁,申庚,寅甲,丑癸
> 皆同支位也耶

　　未丁、癸丑犯陰錯出卦相兼，申庚、寅甲犯陽差，坐山立向絕對不能採用，然而在此圖中龍脈從震方來，採坐北朝南，水從離方來，經丁未、申庚，癸丑至寅甲而止，豈非天、地、人三元全包羅在內，

> 未丁,癸丑犯陰錯出卦相兼
> 申庚,寅甲犯陽差
> 坐山立向絕對不能採用
> 然而在此圖中龍脈從震方來
> 採坐北朝南
> 水從離方來
> 經丁未,申庚,癸丑至寅甲而止
> 豈非天,地,人三元全包羅在內

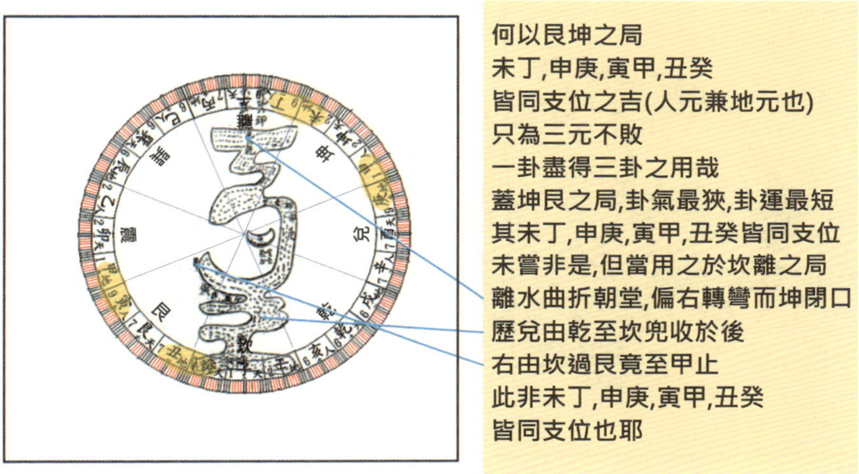

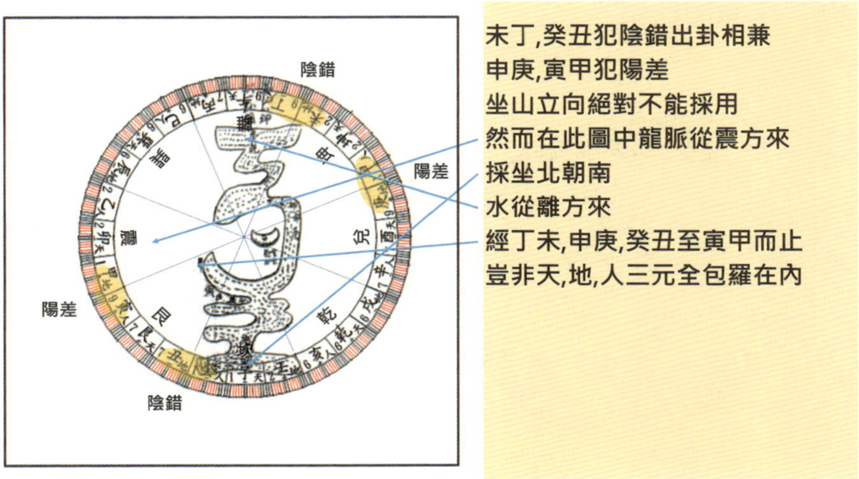

故不忌出卦相兼亦不忌陰錯陽差，三運不旺財，但可得四運之生氣，乙辰有水局，三運亦可旺財祿，一卦統三，唯有震宮沒有水局，故能三元不敗。

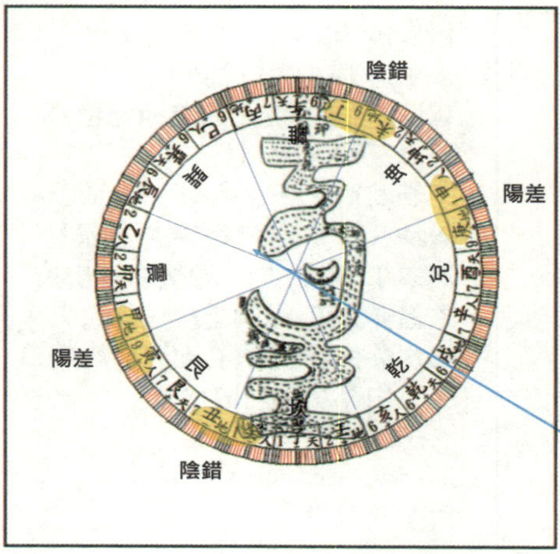

未丁,癸丑犯陰錯出卦相兼
申庚,寅甲犯陽差
坐山立向絕對不能採用
然而在此圖中龍脈從震方來
採坐北朝南
水從離方來
經丁未,申庚,癸丑至寅甲而止
豈非天,地,人三元全包羅在內
故不忌出卦相兼亦不忌陰錯陽差
三運不旺財,但可得四運之生氣
乙辰有水局,三運亦可旺財祿
一卦統三,唯有震宮沒有水局
故能三元不敗

必得此真傳口授，以施妙用，而察卦氣，乃得成三元不敗之局，一卦盡得三卦之局也，如以坤艮之局，收未丁、申庚、寅甲、丑癸之水，而為三元不敗，一卦盡得三卦之用，則未有不遭危亡退敗之患矣，(不犯消滅) 指退運不敗也，此為書不得訣之害，與冒昧者同其笑咎。

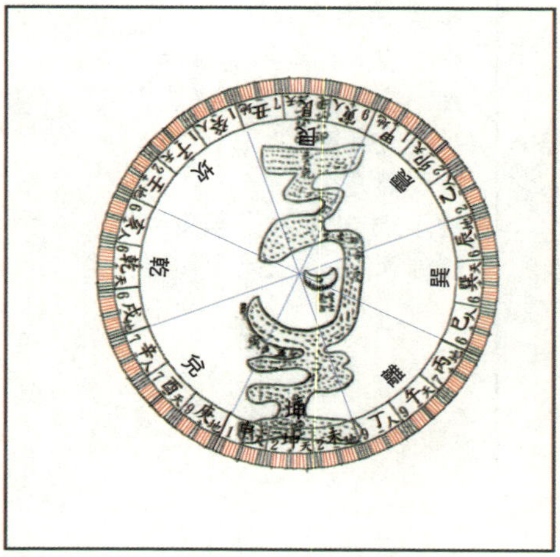

必得此真傳口授,以施妙用
而察卦氣,乃得成三元不敗之局
一卦盡得三卦之局也
如以坤艮之局
收未丁,申庚,寅甲,丑癸之水
而為三元不敗
一卦盡得三卦之用
則未有不遭危亡退敗之患矣
(不犯消滅)指退運不敗也
此為書不得訣之害
與冒昧者同其笑咎

一者，一卦只管一卦之事，不能兼通他卦也，看圖自明矣，來水為丙兼午 (天元兼地元)，去水為戌兼乾 (天元兼地元)，蔣公超過 6 度即論兼，楊公超過 9 度才論兼，此為天元兼地元，為陽陰相兼，但同在一卦之內，為不清純也。

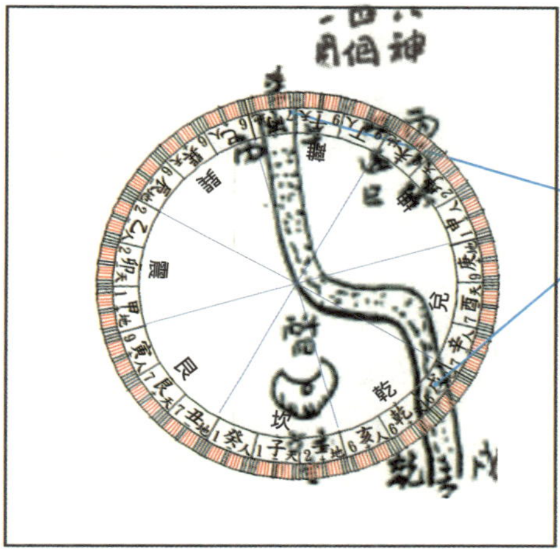

一者,一卦只管一卦之事
不能兼通他卦也
看圖自明矣
來水為丙兼午(天元兼地元)
去水為戌兼乾(天元兼地元)
蔣公超過6度即論兼
楊公超過9度才論兼
此為天元兼地元,為陽陰相兼
但同在一卦之內,為不清純也

來水為午兼丁 (天元兼人元)，去水為乾兼亥 (天元兼人元)，此為天元兼人元，可以相兼也，但同在一卦之內，同陰陽為清純也，以上天元龍不論左兼右兼，都不出同一卦位，(其餘類推)，不出卦可以相兼，但有分清純與不純也。

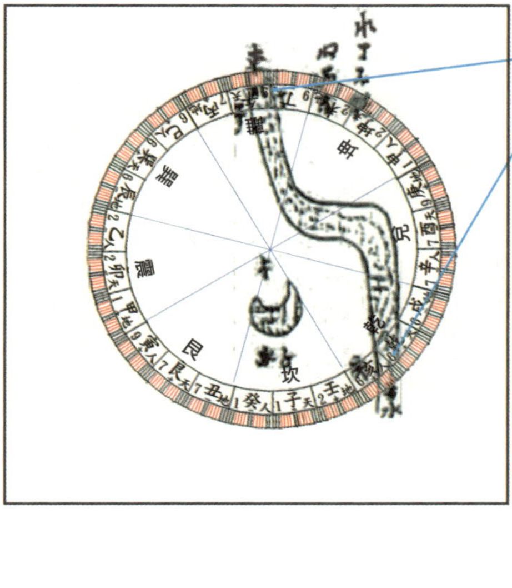

來水為午兼丁(天元兼人元)
去水為乾兼亥(天元兼人元)
此為天元兼人元,可以相兼也
但同在一卦之內
同陰陽為清純也
以上天元龍不論左兼右兼
都不出同一卦位
(其餘類推)
不出卦可以相兼
但有分清純與不純也

二者一卦管二卦之事，得二卦之用，此指的是出卦相兼之例外情形，譬如巳丙、亥壬、乙辰、辛戌，雖出卦但可相兼，但不能全收三卦也，即左圖辛戌同屬金，水路雜入，自可收納，故出卦可兼，

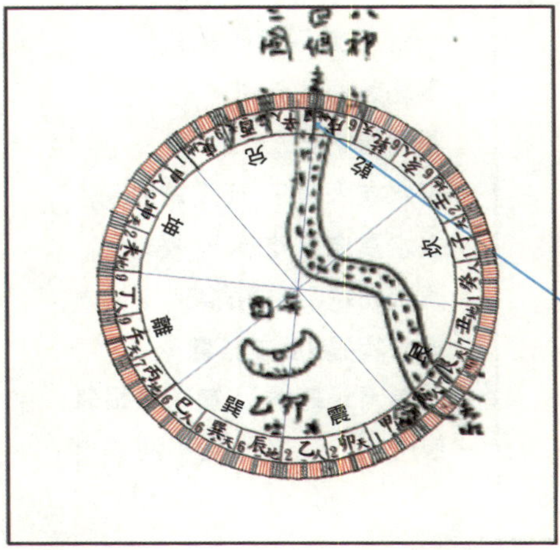

二者一卦管二卦之事
得二卦之用
此指的是出卦相兼之例外情形
譬如:巳丙,亥壬,乙辰,辛戌
雖出卦但可相兼
但不能全收三卦也
即左圖辛戌同屬金
水路雜入,自可收納
故出卦可兼

乙與辰相兼，因為乙是三震木運，辰是四巽也是木運，乙與辰同屬木，故可以出卦相兼，這個就是玄空大五行的奧秘。

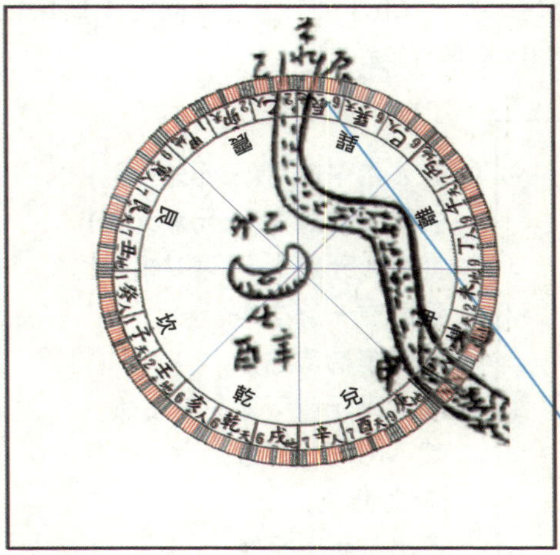

二者一卦管二卦之事
得二卦之用
此指的是出卦相兼之例外情形
譬如:巳丙,亥壬,乙辰,辛戌
雖出卦但可相兼
但不能全收三卦也
即左圖辛戌同屬金
水路雜入,自可收納
故出卦可兼
乙辰同屬木
故出卦可兼

若對此立向分金則斷不可何也，換星無星，排卦無卦故耳，出卦相兼，若是要排挨星時，不知採用哪一卦去挨，所以玄空星盤便排不出來了，這就是不能出卦相兼之故，出卦可相兼指的是來水與去水，坐山立向可為酉兼辛，但不可出卦相兼。

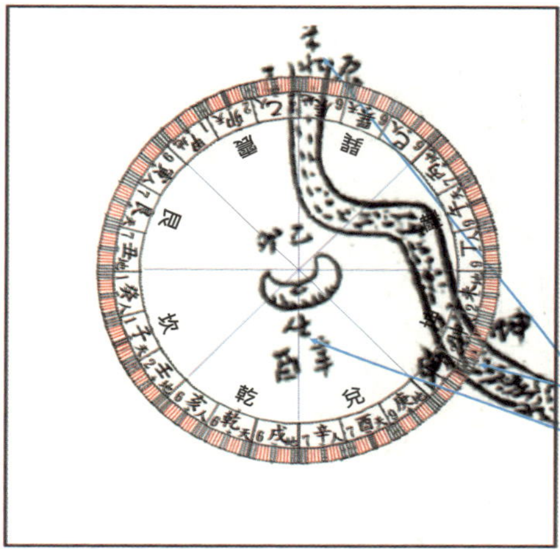

若對此立向分金則斷不可何也
換星無星,排卦無卦故耳
出卦相兼
若是要排挨星時
不知採用哪一卦去挨
所以玄空星盤便排不出來了
這就是不能出卦相兼之故
出卦可相兼指的是來水與去水
坐山立向可為酉兼辛
但不可出卦相兼

共一卦者，江東八神江西八神，盡納於南北八神一卦之中，以一卦盡得三卦之用，成其為三元不敗之大地也。

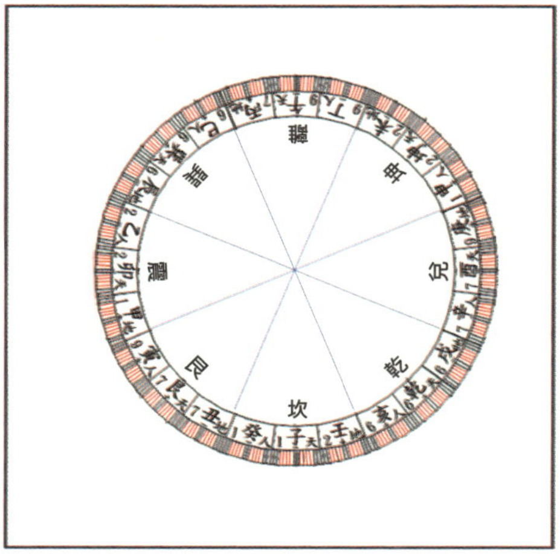

共一卦者,江東八神江西八神
盡納於南北八神一卦之中
而合共一卦一卦包含三卦
總該八神共二十四神
以一卦盡得三卦之用
成其為三元不敗之大地也
因非八神四個一之可比
又非八神四個二可比也

乾坤 一大關，三元不敗局，江東八神江西八神江南江北八神，三八24神齊到24氣貫穴，只有坐甲庚丙壬，才能收四庫之水，巳丙，亥壬可出卦相兼，此一卦盡得二卦之用，包含三卦總該八神，三元不敗之大結局也，訣云：水折一步，及龍行一步，離上有三折水，坐下得三節坎龍入穴矣。

乾坤 一大關,三元不敗局
江東八神江西八神江南江北八神
三八24神齊到24氣貫穴
只有坐甲庚丙壬
才能收四庫之水
巳丙,亥壬可出卦相兼
此一卦盡得二卦之用
包含三卦總該八神
三元不敗之大結局也
訣云:水折一步,及龍行一步
離上有三折水
坐下得三節坎龍入穴矣

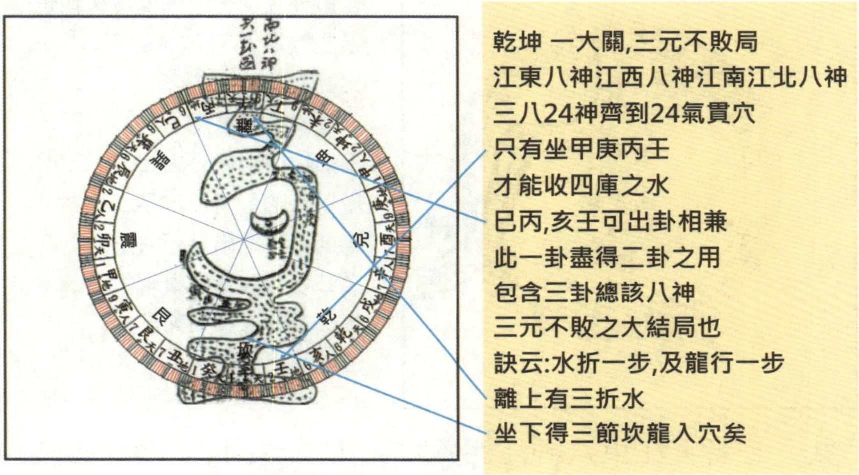

第 50 章　三大卦妙竅

　　三大卦妙竅，法以先天為體以後天為用，何以見之，即如下之三元不敗局，後天坐壬向丙兼子午三分，地元 2、5、8 卦中父母，後天之坎離，即先天之乾坤也，下坎離即下乾坤矣。

三大卦妙竅
法以先天為體以後天為用
何以見之
即如左之三元不敗局
後天坐壬向丙兼子午三分
地元２５８卦中父母
後天之坎離
即先天之乾坤也
下坎離即下乾坤矣

　　作用雖在後天坤艮總交，1、4、7 穴龍水即艮坤總交。

		穴入中 坎1		
水 坤2	巽4	中5	乾6	離9
震3	震3		兌7	艮8 龍
巽4	坤2		艮8	兌7
中5	穴 坎1		離9	乾6
		坎穴 後天排卦(穴入中宮)		

三大卦妙竅
法以先天為體以後天為用
何以見之
即如左之三元不敗局
後天坐壬向丙兼子午三分
地元２５８卦中父母
後天之坎離
即先天之乾坤也
下坎離即下乾坤矣
作用雖在後天坤艮總交
１４７穴龍水即艮坤總交

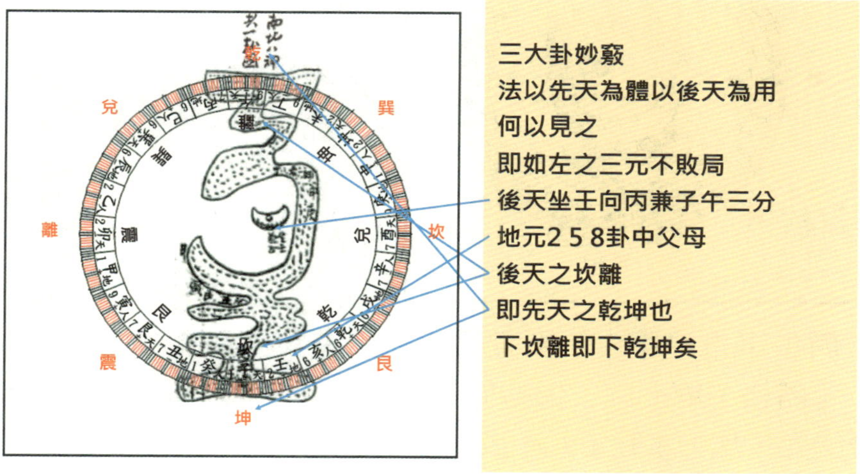

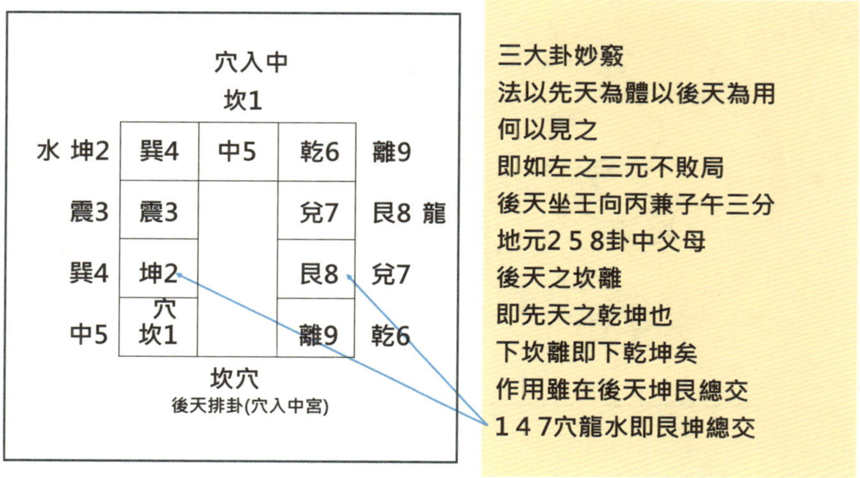

作用雖在後天坤艮總交，實為要之先天亦在震巽互交，以乾為老父為首，包含三男(坎艮震)，坤為老母為尾，三女(離兌巽)於中，前後各得12山管局，

要之先天亦在震巽互交
以乾為老父為首
包含三男(坎艮震)
坤為老母為尾
三女(離兌巽)於中
前後各得12山管局

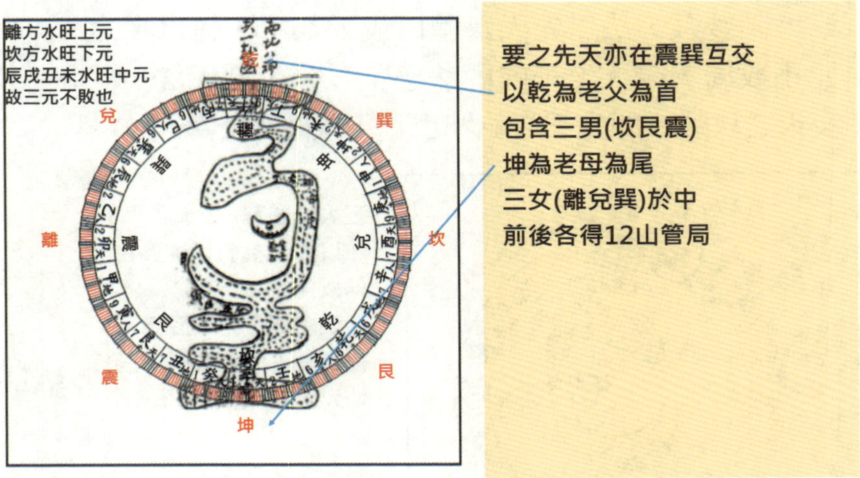

丙午丁未坤申庚，癸丑艮寅甲，總該八神中坤艮二卦一閉口，水路自午丙而來，偏抱於坤，自寅甲而止，側纏於艮，離方水旺上元，坎方水旺下元，辰戌丑未水旺中元，故三元不敗也。

要之先天亦在震巽互交
以乾為老父為首
包含三男(坎艮震)
坤為老母為尾
三女(離兌巽)於中
前後各得12山管局
丙午丁未坤申庚,癸丑艮寅甲
總該八神中坤艮二卦一閉口
水路自午丙而來
偏抱於坤,自寅甲而止
側纏於艮

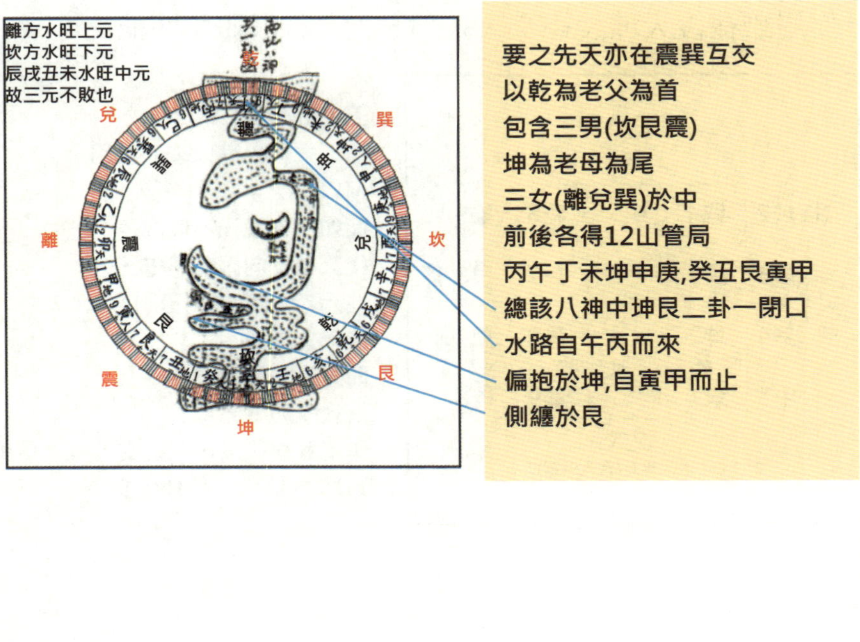

以地支論則寅甲、丑癸、申庚、未丁具同支位也,寅位人元,甲地元,丑地元,癸人元,申人元,庚地元,丁人元,未地元,都是人元兼地元,

寅甲,丑癸,申庚,未丁具同支位也
寅位人元,甲地元
丑地元,癸人元
申人元,庚地元
丁人元,未地元
都是人元兼地元

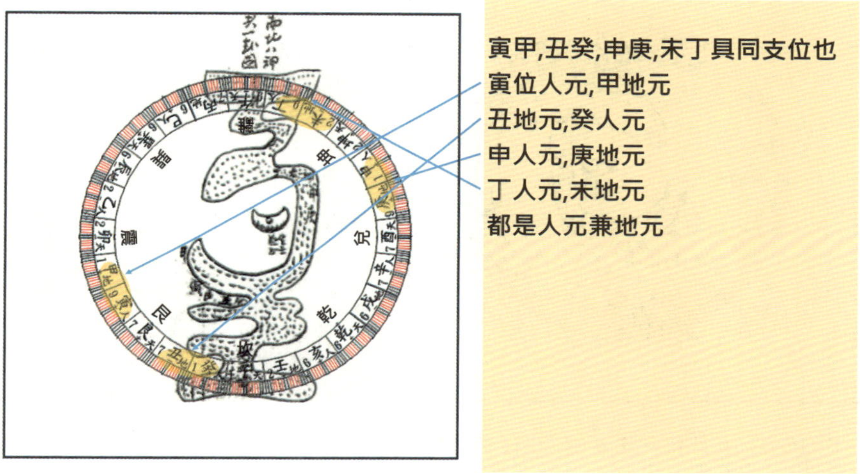

　　坤艮天元,天地人三元支神位,齊到並收,所以一卦兼管三卦之焉,盡得三卦之用焉,這個是豈坤山艮向或者艮山坤向,因為艮坤都是土,不管是陽土還是陰土,只要合卦合運,又合水局,自然能三元不敗兼管三卦之事。

寅甲,丑癸,申庚,未丁具同支位也
寅位人元,甲地元
丑地元,癸人元
申人元,庚地元
丁人元,未地元
都是人元兼地元
坤艮天元
天地人三元支神位,齊到並收
所以一卦兼管三卦之焉
盡得三卦之用焉
是豈坤山艮向艮山坤向
而遂謂三元不敗兼管三卦之事哉

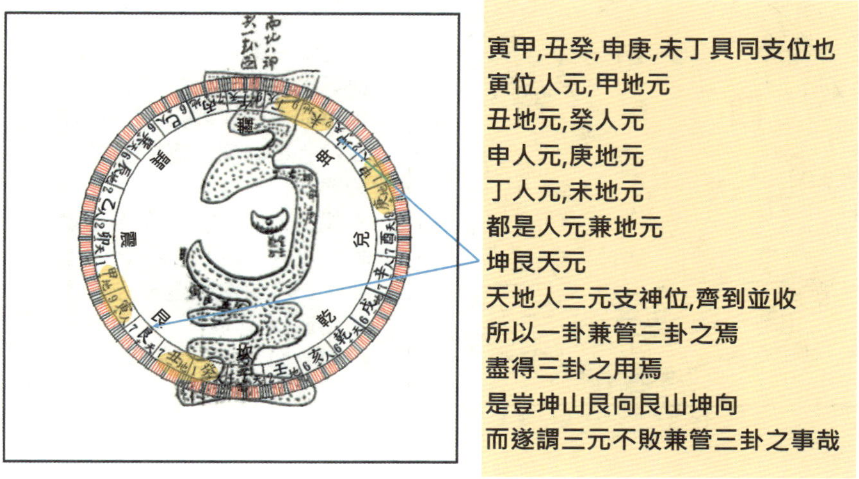

上圖豈是艮坤向三元不敗之格，一定要南北向才有機會，天元龍沒有空位流神，故可以有水，

艮坤向三元不敗不夠格
一定要南北向才有機會
天元龍沒有空位流神
故可以有水

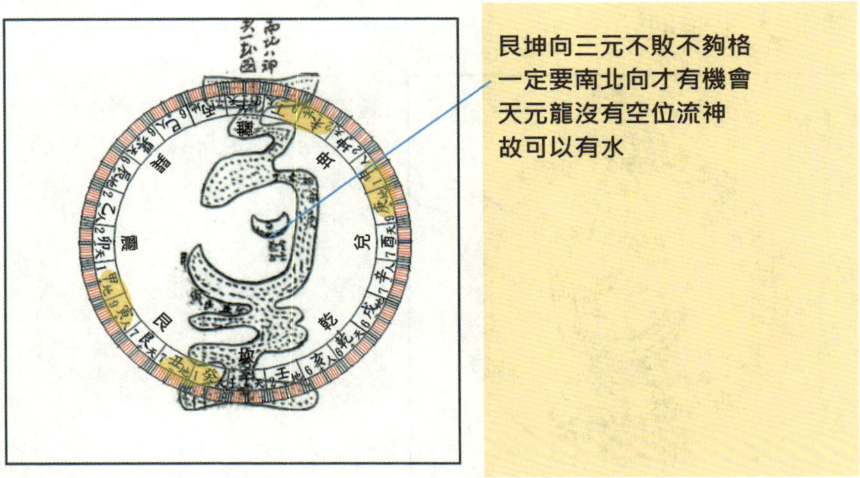

坤艮或艮坤在２５８運的格局，雖然令星顛倒只要坐山有水，向前有龍脈或小山坡就符合，令星不怕顛倒，因為同為土氣，則全局九宮的三般卦都符合，１４７，２５８，３６９，才能三元不敗，適用於(平洋龍)，只有一面有龍脈之格局。

艮坤向三元不敗不夠格
一定要南北向才有機會
天元龍沒有空位流神
故可以有水
坤艮或艮坤在２５８運的格局
雖然令星顛倒只要坐山有水
向前有龍脈或小山坡就符合
令星不怕顛倒,因為同為土氣
則全局九宮的三般卦都符合
147,258,369,才能三元不敗
適用於(平洋龍)
只有一面有龍脈之格局

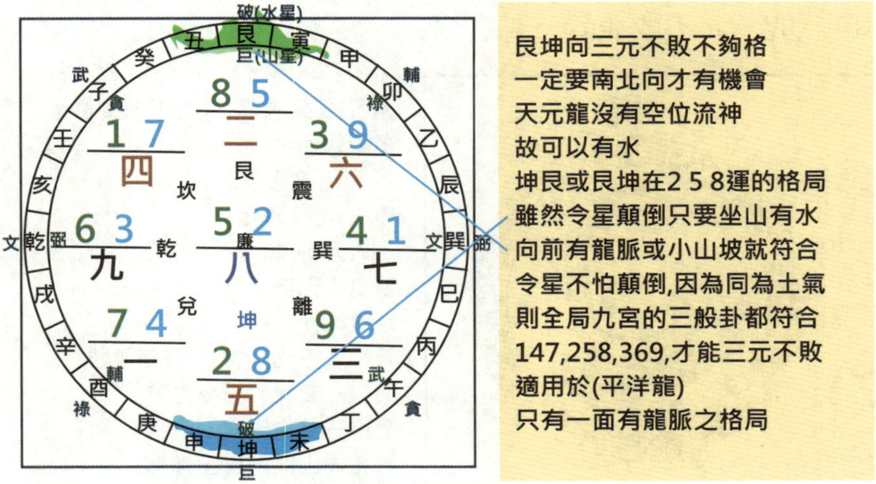

惟有乾坤一大關，代代做高官，交媾陰陽妙更玄，差遲禍難言，乾坤者指先天乾坤而言，盡於後天坎離也，一大關者，正言坎離之局，一卦盡得三卦之用，包得江東江西總該三山八卦 24 神，

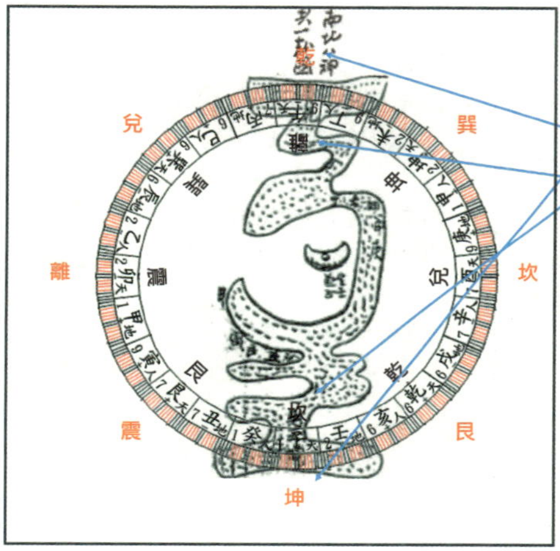

惟有乾坤一大關,代代做高官
交媾陰陽妙更玄,差遲禍難言
乾坤者指先天乾坤而言
盡於後天坎離也
一大關者,正言坎離之局
一卦盡得三卦之用
包得江東江西總該三八24神

而為玄空大五行，玄空大五行，含河洛數五行，九大運五行，八卦五行，山星與水星之五行，為玄空之奧祕，舉此例是第一盡善盡美之龍局也，代代做高官者，言三元不敗富貴悠久不替，但這種地難找也。

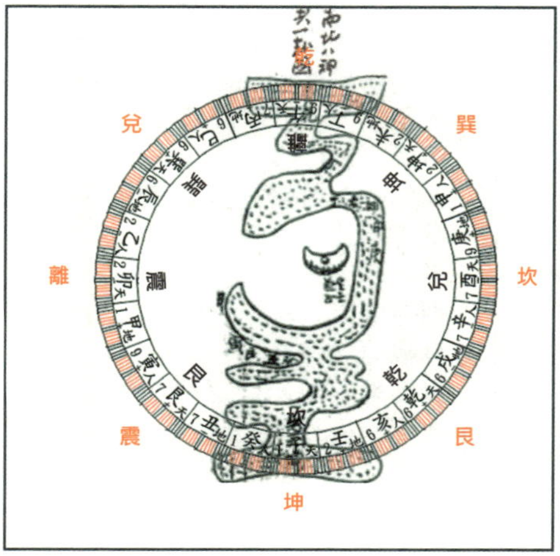

惟有乾坤一大關,代代做高官
交媾陰陽妙更玄,差遲禍難言
乾坤者指先天乾坤而言
盡於後天坎離也
一大關者,正言坎離之局
一卦盡得三卦之用
包得江東江西總該三八24神
而為玄空大五行
第一盡善盡美之龍局也
代代做高官者
言三元不敗富貴悠久不替

交媾陰陽妙更玄者，在卦為坎離媾精為水火既濟，金木交併而不犯消滅(退運發凶)，差遲禍難言者為2、5、8共一卦，寅甲、丑癸、申庚、未丁，具同支位(地兼人)，雖具一卦兼管三卦之理，

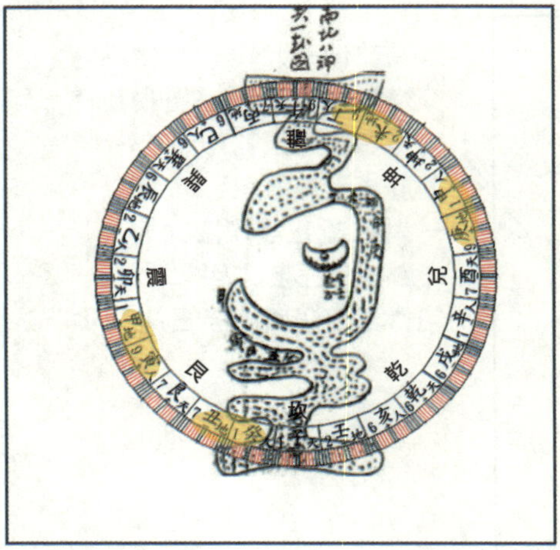

交媾陰陽妙更玄者
在卦為坎離媾精為水火既濟
金木交併而不犯消滅(退運發凶)
差遲禍難言者為2 5 8共一卦
寅甲,丑癸,申庚,未丁
具同支位(地兼人)
雖具一卦兼管三卦之理

但擅用坎離之局則吉，一般取南北向不太容易失敗不善用者直以為艮坤之局，則差遲而凶矣，其禍可勝言哉，艮山坤向中元運過，上下元運就差矣。

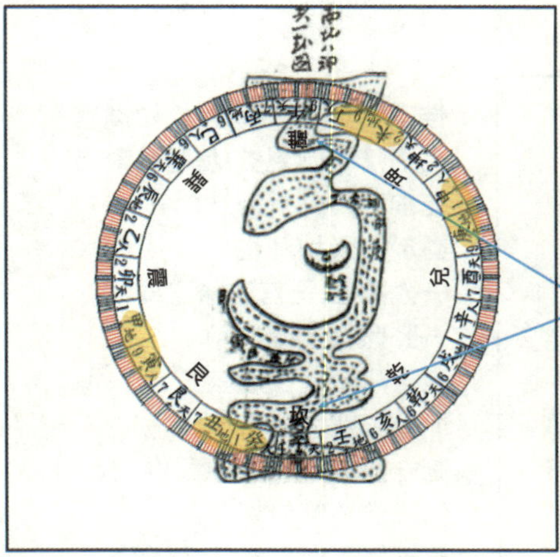

交媾陰陽妙更玄者
在卦為坎離媾精為水火既濟
金木交併而不犯消滅(退運發凶)
差遲禍難言者為2 5 8共一卦
寅甲,丑癸,申庚,未丁
具同支位(地兼人)
雖具一卦兼管三卦之理
但擅用坎離之局則吉
不善用者直以為艮坤之局
則差遲而凶矣
其禍可勝言哉
艮山坤向中元運過
上下元運就差矣

天玉經曰：三陽水向盡源流，富貴永無休，三陽者丙午丁也，丙為地元，午為天元，丁為人元，三元盡得源流，以朝令拱辰也，太虛元陽一氣，本自北而南也，

天玉經曰
三陽水盡向源流,富貴永無休
三陽者丙午丁也
丙為地元,午為天元,丁為人元
三元盡得源流,以朝令拱辰也
太虛元陽一氣,本自北而南也

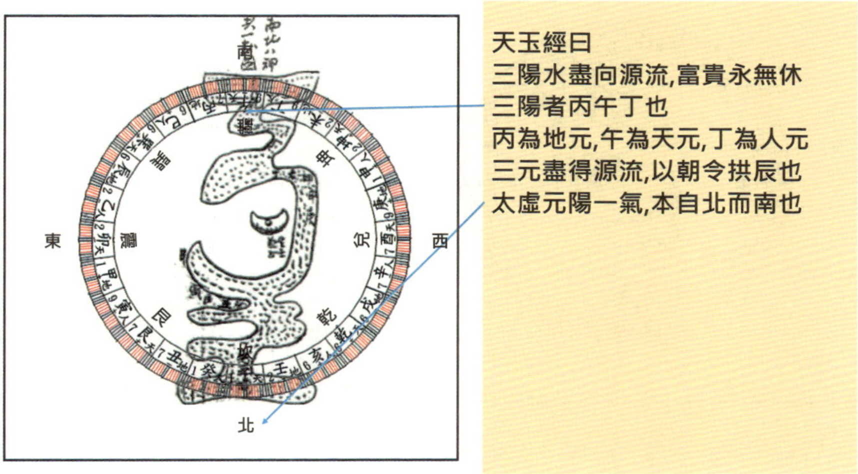

其初東升而陽生，至南而陽始盛正如日麗中天景象，其地氣之發生，亦自北而壯於南，盾甲飛符取乙丙丁三奇，求元陽生升之氣，也就是此訣，乙者東也，午者南也，東南者乃生氣升長也。

天玉經曰
三陽水進向源流,富貴永無休
三陽者丙午丁也
丙為地元,午為天元,丁為人元
三元盡得源流,以朝令拱辰也
太虛元陽一氣,本自北而南也
其初東升而陽生,
至南而陽始盛正如日麗中天景象
其地氣之發生,亦自北而壯於南
盾甲飛符取乙丙丁三奇
求元陽生升之氣,亦即此訣
乙者東也,午者南也
東南乃生氣升長

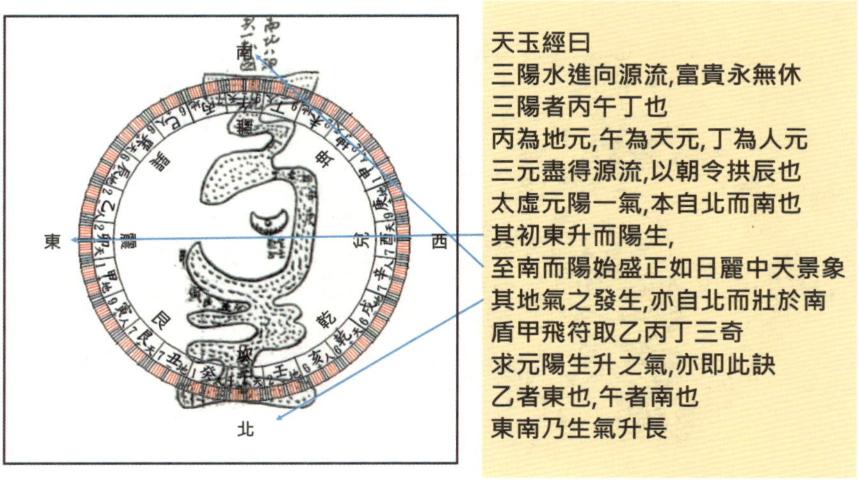

故三大卦中以坎離之局為第一，即使不收盡三卦而收一卦，亦遠勝他卦，收一卦指的是收南北向。

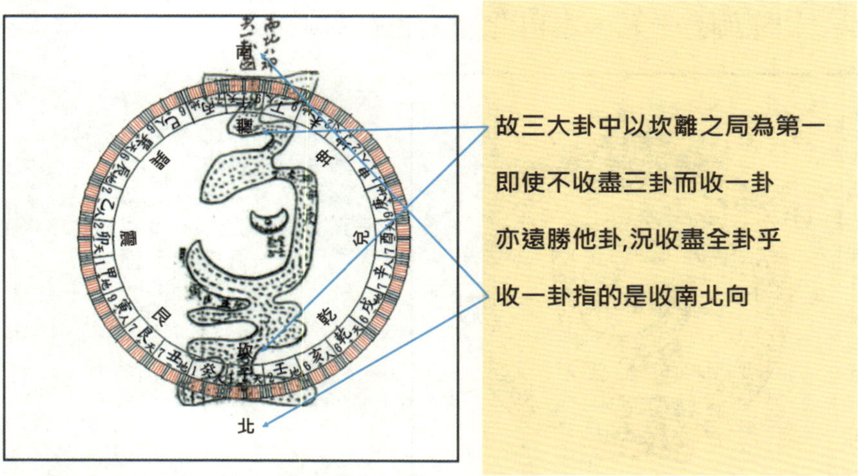

故三大卦中以坎離之局為第一
即使不收盡三卦而收一卦
亦遠勝他卦,況收盡全卦乎
收一卦指的是收南北向

三元不敗水局作法，辰戌丑未可以做水庫，另外再做龍到頭，才可結穴，水的盡處就是太極起處，卯乙方要開口，(或辛酉開口亦可)，當作來龍(其實是空的)，把辰戌丑未四庫水串連起來，坐向採用壬或丙，主要是因為巳可兼丙，亥可兼壬也，要有來水與去水，例如：離水朝來，坎水去也，要注意陰陽對應，(左右對應，上下對應)為佳。

三元不敗水局作法
辰戌丑未可以做水庫
另外再做龍到頭,才可結穴
水的盡處就是太極起處
卯乙方要開口
(或辛酉開口亦可)
當作來龍(其實是空的)
把辰戌丑未四庫水串連起來
坐向採用壬或丙
主要是因為巳可兼丙,亥可兼壬也
要有來水與去水
例如:離水朝來,坎水去也
要注意陰陽對應
(左右對應,上下對應)為佳

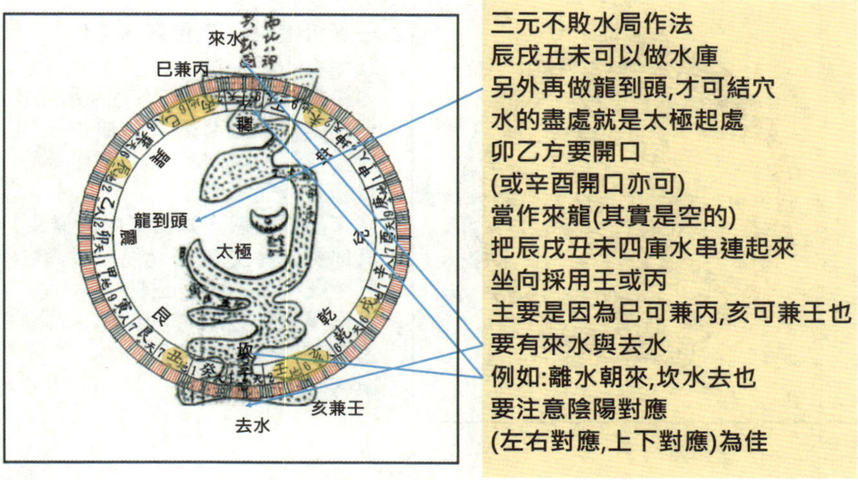

第 51 章　兼卦解

天玉經曰：共路兩神為夫婦，認取真仙路，先人祕密定陰陽，便是正龍岡，共路兩神者，四正以干神夾支位，四維以支神夾干位，天元兼人元陰陽相同為真夫婦。

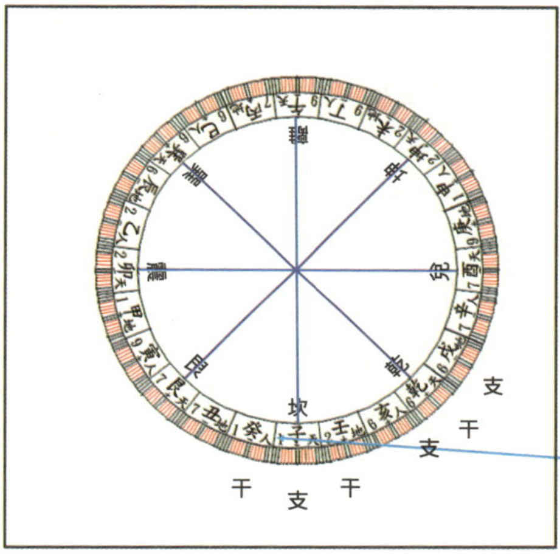

真假夫婦辨微

天玉經曰:

共路兩神為夫婦,認取真仙路

先人祕密定陰陽,便是正龍岡

共路兩神者

四正以干神夾支位

四維以支神夾干位

天元兼人元陰陽相同為真夫婦

蓋先天羅經只有 12 個地支，並無干神，此黃石以甲庚丙壬乙丁辛癸，而輔四正子午卯酉，又以寅申巳亥辰戌丑未，而輔四維乾坤艮巽，於是共成三山八卦 24 山

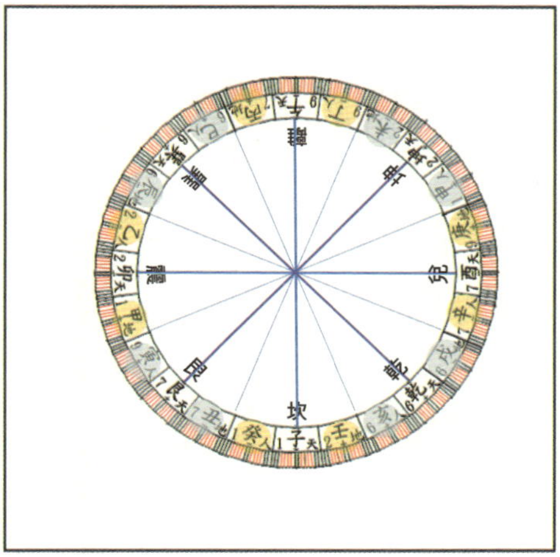

蓋先天羅經只有12個地支
並無干神
此黃石公衍說青囊,發宣理氣
慮後人不及前人之明
恐字不足以用
始以甲庚丙壬乙丁辛癸
而輔四正子午卯酉
戊己排歸中央,而為星極
又以寅申巳亥辰戌丑未
而輔四維乾坤艮巽
於是共成一卦三山
三八24山之理,顯且明矣

要皆用干神以輔支位之法也，每一卦三山，共路干支，皆有兩神，一干一支皆可以為夫婦，皆有相從之意，而具一卦三山之內，得真夫婦者，為正龍，為純清，假夫婦者，即非正龍，為駁雜矣，不可不認取之也。

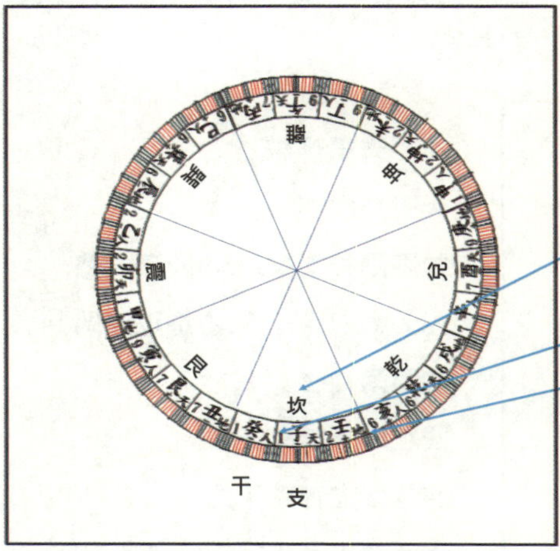

要皆用干神以輔支位之法也
每一卦三山,共路干支,皆有兩神
一干一支皆可以為夫婦
皆有相從之意
而具一卦三山之內
以辨別夫婦之真假
得真夫婦者,為正龍,為純清
假夫婦者,即非正龍,為駁雜矣
凡真假夫婦之真假神路
不可不認取之也

先人祕密定陰陽，便是正龍岡，先人祕密陰陽者，言古仙人以河圖洛書之，真陰真陽，佈於羅經，以定水龍以察干支，其訣實祕密之甚，未嘗顯言也，苟得此真陰真陽，以定水龍，便是正龍岡，倘不得者，則假夫婦，非正龍岡。

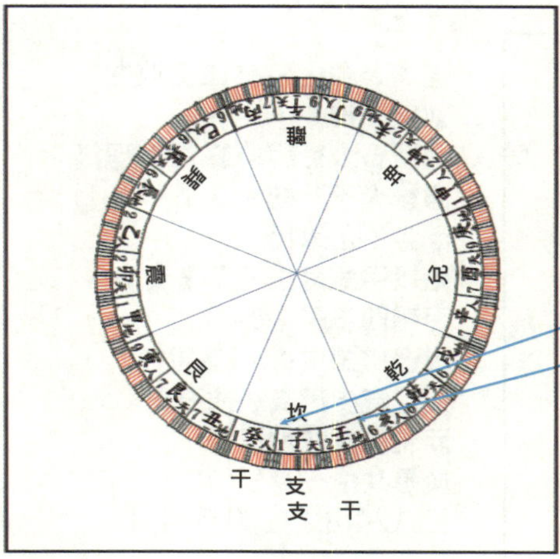

先人祕密定陰陽,便是正龍岡
先人祕密陰陽者
言古仙人以河圖洛書之
真陰真陽,佈於羅經
以定水龍以察干支
其訣實祕密之甚,未嘗顯言也
苟得此真陰真陽
以定水龍,便是正龍岡
倘不得者,則假夫婦
豈得正龍岡乎

通書寫的淨陰淨陽，陽龍立陽向收陽水，陰龍立陰向收陰水與此不同，楊公講的陰楊不是此淨陰淨陽法之陰陽，二十四山各自有陰陽，四正卦之左皆陰，四隅卦之做皆陽。

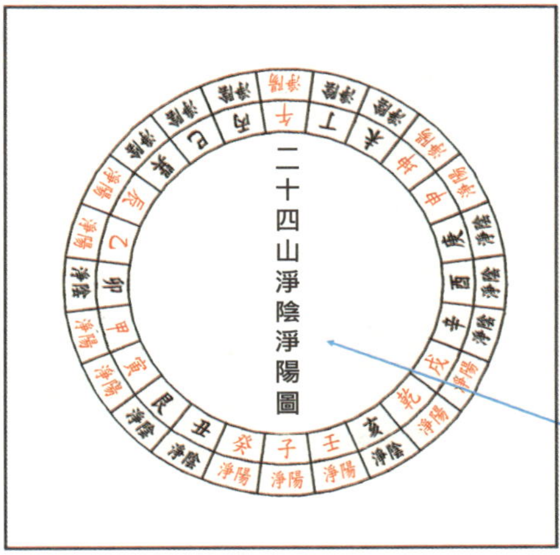

先人祕密定陰陽,便是正龍岡
先人祕密陰陽者
言古仙人以河圖洛書之
真陰真陽,佈於羅經
以定水龍以察干支
其訣實祕密之甚,未嘗顯言也
苟得此真陰真陽
以定水龍,便是正龍岡(陰陽相同)
倘不得者,則假夫婦(陰陽不同)
豈得正龍岡乎
通書寫的淨陰淨陽
陽龍立陽向收陽水
陰龍立陰向收陰水與此不同

真夫婦，如巽巳為真夫婦，丙午為真夫婦，辰巽、午丁，同在後天一卦內者皆真夫婦，而為正龍矣，其他卯乙、甲卯，或者丑艮、艮寅也都同在後天八卦，一卦之內，也是真夫婦，都是一樣的論法。

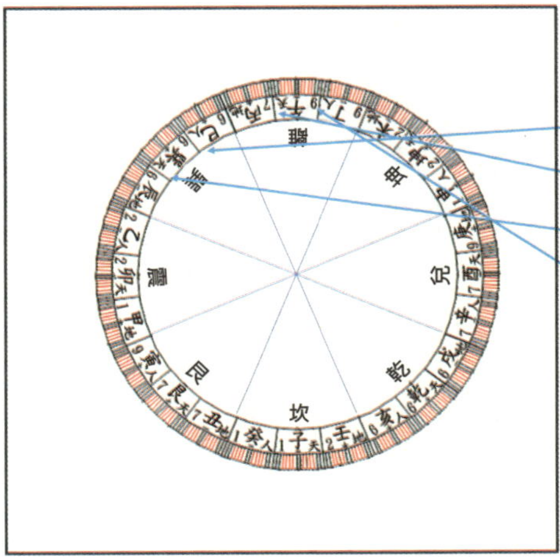

真夫婦
如巽巳為真夫婦
丙午為真夫婦
辰巽
午丁
同在後天一卦內者皆真夫婦
而為正龍矣
其他類推

假夫婦，如巳丙、丁未，雖然同陰陽，但凡兼出他卦者為假夫婦，非正龍矣，其他乙辰、甲寅、癸丑、亥壬、辛戌、申庚，雖然也是同陰陽，但是都是出卦相兼，都稱為假夫婦。

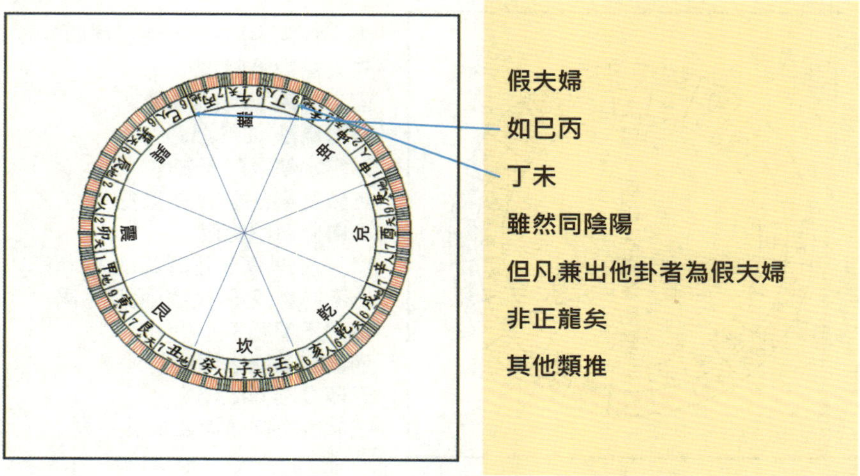

假夫婦
如巳丙
丁未
雖然同陰陽
但凡兼出他卦者為假夫婦
非正龍矣
其他類推

　　三吉一名三才，六秀一名六建，名異而實同者也，三大卦法門口訣，以本卦父母為三吉，餘二卦子息為六秀，假如１４７父母為三吉之地，２５８子息３６９子息，二者皆為六秀矣。

三吉一名三才
六秀一名六建
名異而實同者也
三大卦法門口訣
以本卦父母為三吉
餘二卦子息為六秀
假如１４７父母為三吉之地
２５８子息３６９子息
二者皆為六秀矣

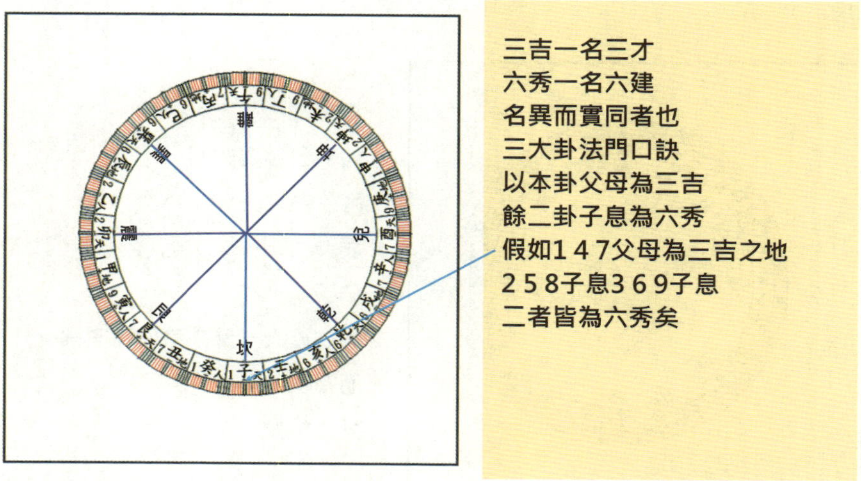

3 6 9 父母為三吉之地，1 4 7 子息 2 5 8 子息，二者又為六秀矣，其實父母、三才、與兄弟的看法都是一樣的，都是卦中最重要的部分，區分為父母、三才、與兄弟主要就是要區分三般卦。

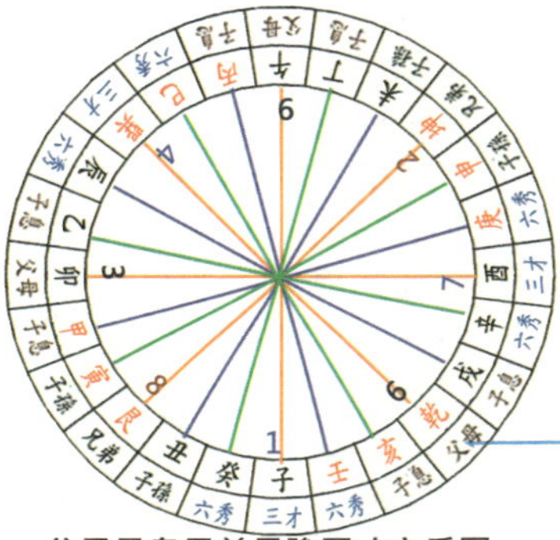

父母子息兄弟子孫三才六秀圖

三吉一名三才
六秀一名六建
名異而實同者也
三大卦法門口訣
以本卦父母為三吉
餘二卦子息為六秀
假如1 4 7父母為三吉之地
2 5 8子息3 6 9子息
二者皆為六秀矣
3 6 9父母為三吉之地
1 4 7子息2 5 8子息
二者又為六秀矣

故《天玉經》云：三陽六秀二神當，立見入朝堂，三陽丙午丁，一坎離中，而具天地人三元之理，下壬山丙向，地元父母為 [三吉]，午丁天人兩元子息之位作 [六秀]。

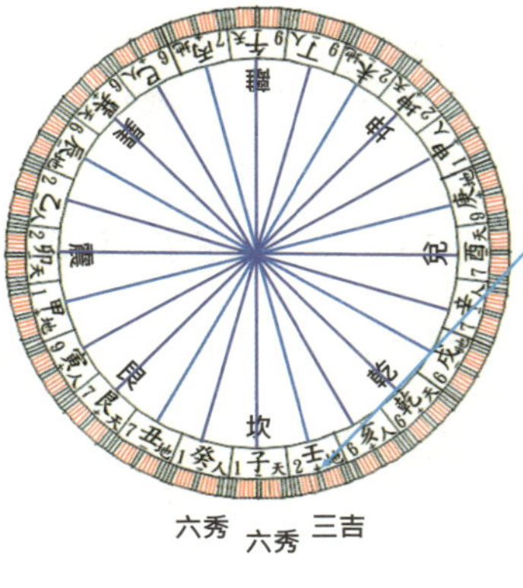

故《天玉經》云
三陽六秀二神當,立見入朝堂
三陽丙午丁
一坎離中,而具天地人三元之理
下壬山丙向
地元父母為[三吉]
午丁天人兩元子息之位作[六秀]

子山午向，天元父母為 [三吉]，丙丁人地兩元子息之位作 [六秀]。

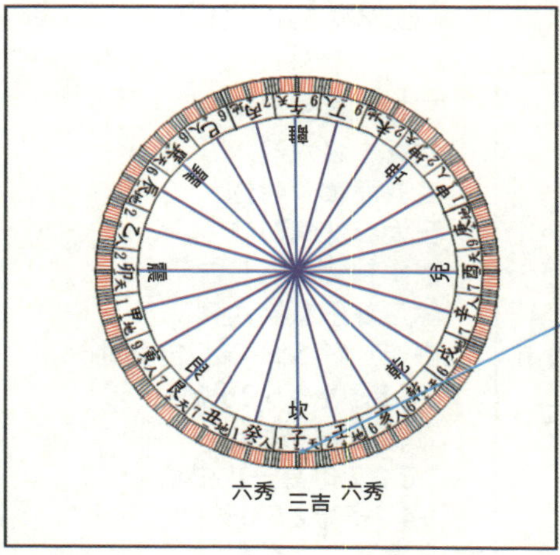

故《天玉經》云
三陽六秀二神當,立見入朝堂
三陽丙午丁
一坎離中,而具天地人三元之理
下壬山丙向
地元父母為[三吉]
午丁天人兩元子息之位作[六秀]
子山午向
天元父母為[三吉]
丙丁人地兩元子息之位作[六秀]

癸山丁向，人元父母為 [三吉]，丙午地天兩元子息之位作 [六秀]。每卦有一爻 (山) 為父母當做三吉，就以其他同卦內之兩爻 (山) 做子息，如果是每卦有一爻是三才的話，其他兩爻就是六秀，故曰二神當也，父母者所指的就是卦中最重要的部分。

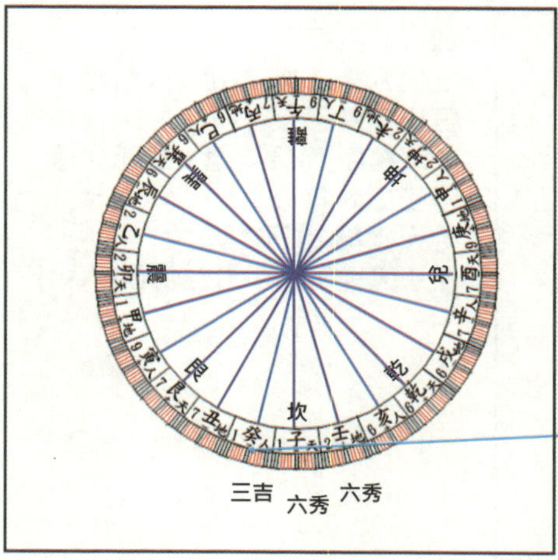

故《天玉經》云
三陽六秀二神當,立見入朝堂
三陽丙午丁
一坎離中,而具天地人三元之理
下壬山丙向
地元父母為[三吉]
午丁天人兩元子息之位作[六秀]
子山午向
天元父母為[三吉]
丙丁人地兩元子息之位作[六秀]
癸山丁向
人元父母為[三吉]
丙午地天兩元子息之位作[六秀]

水到御街官便至神童狀元出，此講以子午卯酉為坐向，必取乾坤艮巽為水口，以寅申巳亥為坐向，必取乙辛丁癸為水口，以甲丙庚壬為坐向，必取辰戌丑未為水口。印是小顆的石頭，綬是大石頭，有大石擋住水流，會產生漩渦，水流才會有氣而神童狀元出之應出，官位便至也。

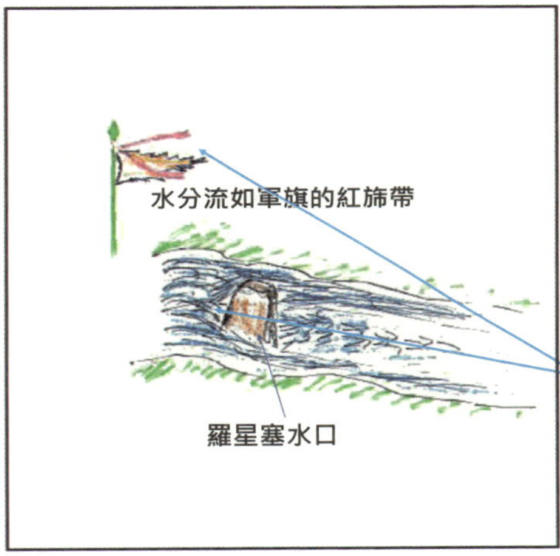
水分流如軍旗的紅旆帶
羅星塞水口

水到御街官便至神童狀元出
言得三吉六秀到玉街
而神童狀元出之應出,官位便至也
印綬若然居水口,玉街近台輔
更得印綬龜魚,居於水口玉街之間
不但官位便至
定然祿位崇高,職冠羣僚
鼕鼕鼓角隨流水,艷艷紅旆貴
望隆將相鼕鼕艷艷
是指形象也

三才並六建排定陰陽算，此兩句來形容龍脈，與水脈如何取截，水流去處要有，捍門華表擋水口，而去水更不能直出，須之玄盤環，欲去還留，即龍去要回頭也。

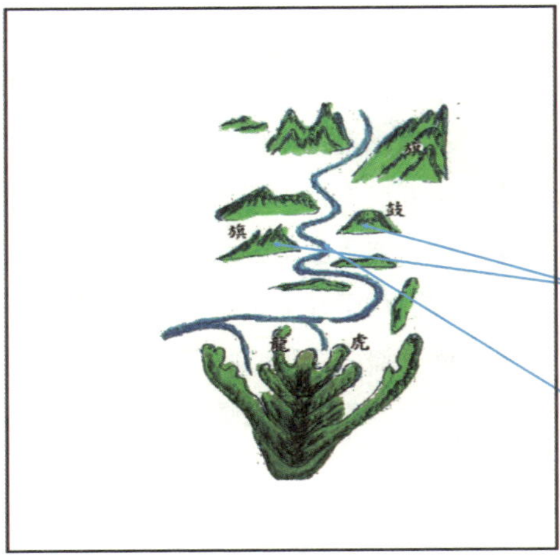

下章又接之曰
上接三才並六建排定陰陽算
言三吉六秀,皆當排定陰陽
以察卦位吉凶
下接玉輦捍門流
龍去要回頭
玉輦捍門像一座山擋水
水雖出口而去
不可徑直漂流而無情於龍穴
必得纏身兜抱
洋洋悠悠顧我欲流之狀
故曰龍去要回頭也

四維干神父母，必得本卦支神作六秀，四正支神父母，必得本卦干神作六秀，若四正支神父母，而水流入四維卦內支神位去，如下圖四正卦地支子當父母，水流到四隅卦內之支神，巳水兼到丙水則犯到陽差。

四維干神父母，
必得本卦支神作六秀
四正支神父母
必得本卦干神作六秀
若四正支神父母
而水流入四維卦內支神位去

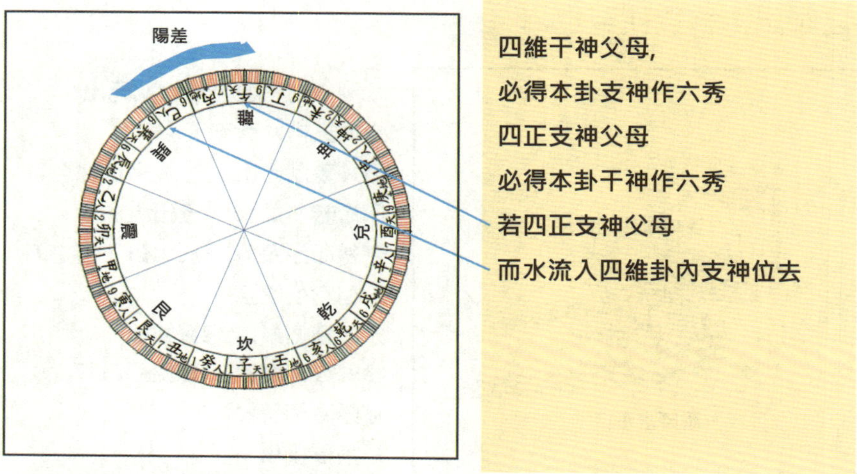

或四維干神父母，而水流入四正卦內干神位去，以上兩者為陽差陰錯，如下圖四維坤卦干神當父母，水流到四正卦支干神，丁水兼到未水，則犯到陰錯。

四維干神父母，
必得本卦支神作六秀
四正支神父母
必得本卦干神作六秀
若四正支神父母
而水流入四維卦內支神位去
或四維干神父母
而水流入四正卦內干神位去
以上兩者為陽差陰錯

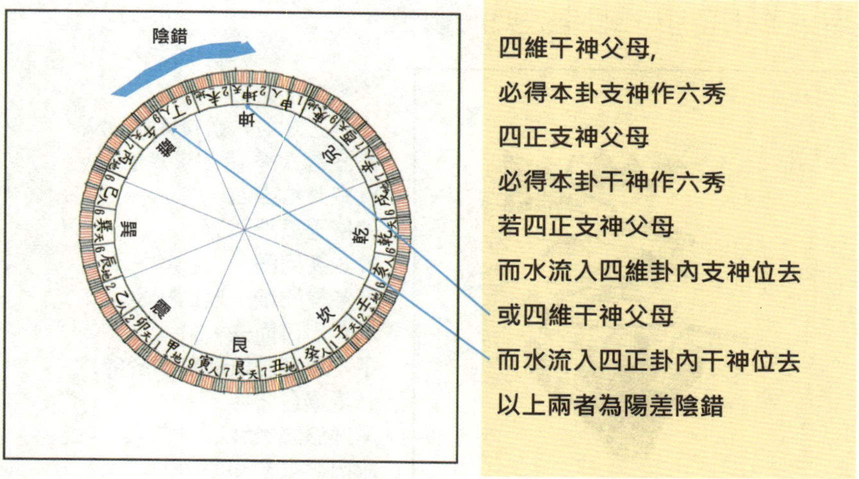

正山正向流支上，維山維向流干上，不特名不能達於天聰，而反有寡夭刑仗之遭，名雖六建而號六龍，其實無益而有害，有心斯業者當精詳審查，而歸重共路兩神認取五行所主也，陽差陰錯者如坐山地元，而水口天人元也，干配支，支配干為合法，干遇干，支遇支不合法，即不合陰陽也。

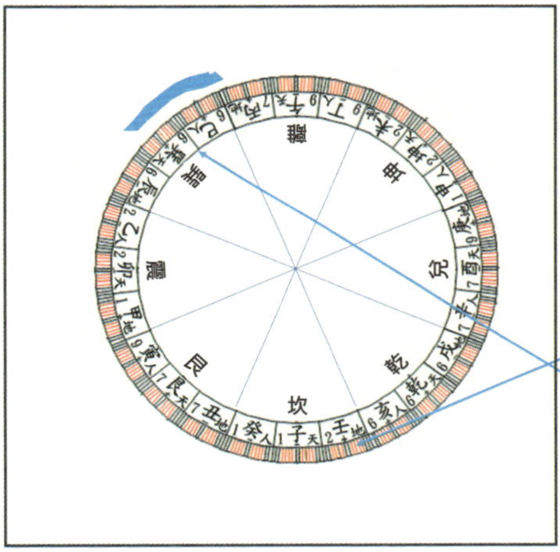

正山正向流支上
維山維向流干上
不特名不能達於天聰
而反有寡夭刑仗之遭
名雖六建而號六龍
其實無益而有害
有心斯業者當精詳審查
而歸重共路兩神認取五行所主也
陽差陰錯者如坐山地元
而水口天人元也
干配支,支配干為合法
干遇干,支遇支不合法
即不合陰陽也

天元，子午卯酉乾坤艮巽，子來龍配乾山巽向，水流午方為干配支，干配支，支配干為合法。

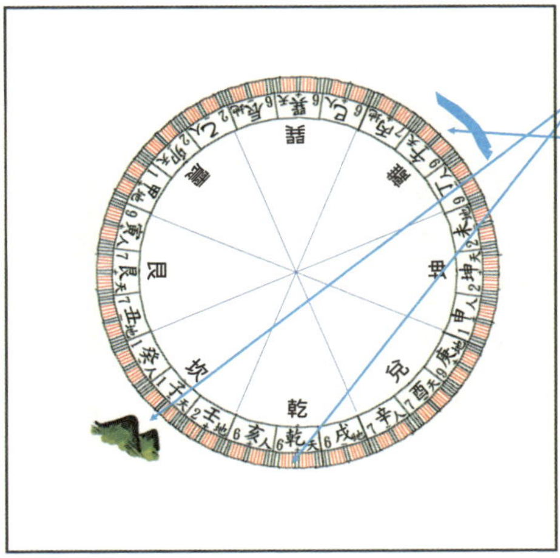

天元 子午卯酉 乾坤艮巽
子來龍配乾山巽向
水流午方為干配支
干配支,支配干為合法

若子龍配戌山辰向，為天元龍作地元龍坐向，干遇干，支遇支不合法，

天元 子午卯酉 乾坤艮巽
子來龍配乾山巽向
水流午方為干配支
干配支,支配干為合法
若子龍配戌山辰向
為天元龍作地元龍坐向
干遇干,支遇支不合法

或子龍坐亥山巳向，天元龍配人元龍坐向，干遇干，支遇支不合法，也非吉配。

天元 子午卯酉 乾坤艮巽
子來龍配乾山巽向
水流午方為干配支
干配支,支配干為合法
若子龍配戌山辰向
為天元龍作地元龍坐向
干遇干,支遇支不合法
或子龍坐亥山巳向
天元龍配人元龍坐向
干遇干,支遇支不合法
也非吉配

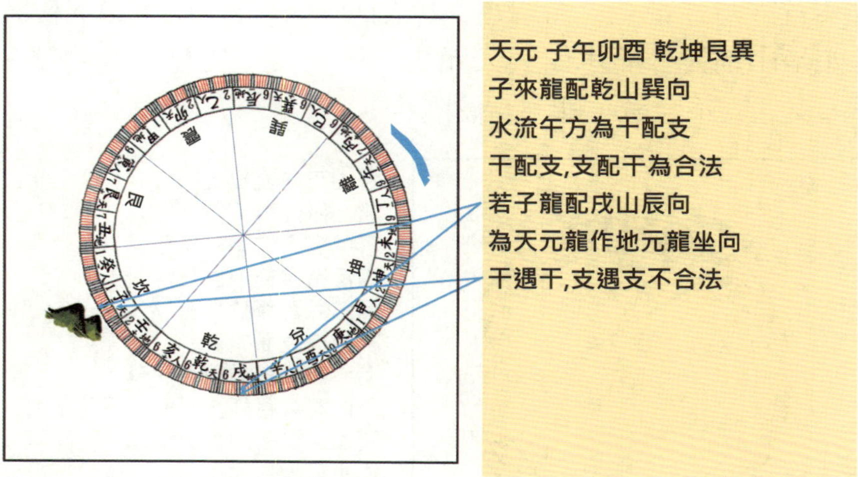

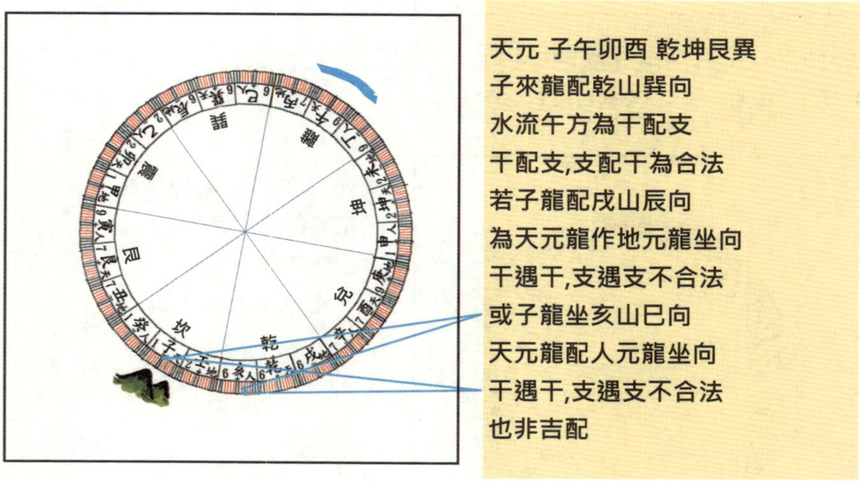

第 52 章　零正旺衰

卦重中氣父母，一山分為地、天、人元龍，三者其一為父母，另二者即為子息也，中氣父母指的是天元父母。

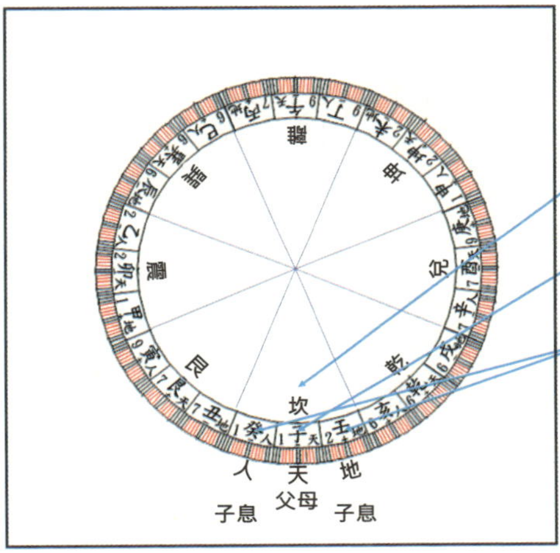

卦重中氣父母口訣

一山分為地,天,人元龍

三者其一為父母

另二者即為子息也

中氣父母指的是天元父母

父母排來看左右，認龍出身入首結穴，節節排來，須得子午卯酉乾坤艮巽，之中氣父母，源遠流長，則福力較偏旁，左右二字為指卦之中氣偏旁，兩位爻神而言，排龍用卦之時，必須看取左右(有中氣)，看有無兼出卦。

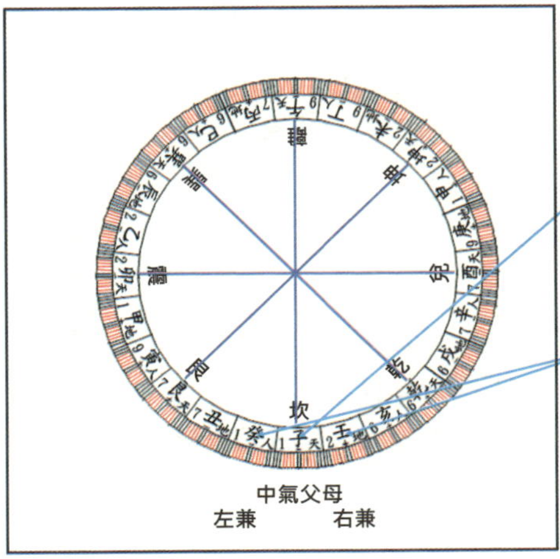

父母排來看左右
認龍出身入首結穴,節節排來
須得子午卯酉乾坤艮巽
之中氣父母,源遠流長
則福力較偏旁
兩位爻神子息為更重大
左右二字為指卦之中氣偏旁
兩位爻神而言
排龍用卦之時
必須看取左右(有中氣)
看有無兼出卦

故《天玉經內傳下》曰：子午卯酉四龍岡，做祖(祖山)人財旺，水來百里佐君王，水短便遭傷，此取四正子午卯酉者，亦以其屬中氣父母之旺盛也，言四正子午卯酉之中氣，而四維乾坤艮巽之中氣，可例推矣。

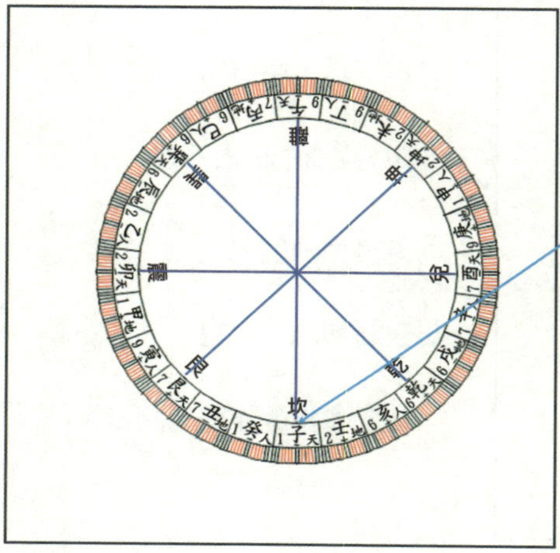

故《天玉經內傳下》曰
子午卯酉四龍岡
做祖(祖山)人財旺
水來百里佐君王,水短便遭傷
此取四正子午卯酉者
亦以其屬中氣父母之旺盛也
言四正子午卯酉之中氣
而四維乾坤艮巽之中氣
可例推矣

水短便遭傷，出卦之故，左兼右兼需注意有無兼出卦水流要注意，或長或短，都不能出卦相兼 但是巳丙、亥壬、辛戌、乙辰屬於例外，可以出卦相兼，但坐山則不行。

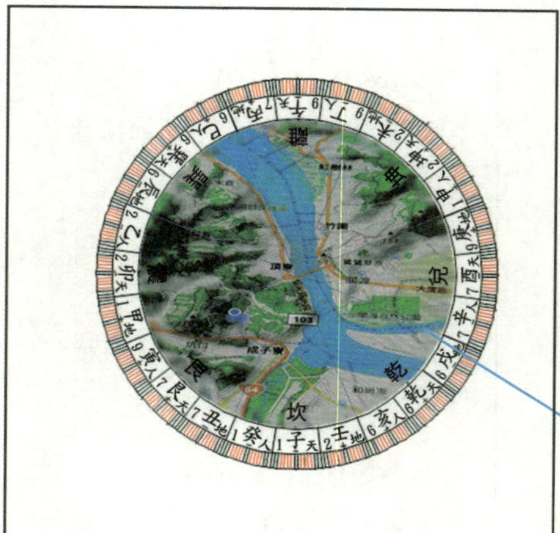

故《天玉經內傳下》曰
子午卯酉四龍岡
做祖(祖山)人財旺
水來百里佐君王,水短便遭傷
此取四正子午卯酉者
亦以其屬中氣父母之旺盛也
言四正子午卯酉之中氣
而四維乾坤艮巽之中氣
可例推矣
水短便遭傷,出卦之故
左兼右兼需注意有無兼出卦

向首分休咎，向首二字，指穴上所向之卦位而言，穴前為向首，穴後為坐家也，休咎二字指吉凶禍福而言，為吉為凶，在於向首以分辨，不專在於龍也，如龍吉合卦，向首合運，則純乎吉，

向首分休咎
向首二字
指穴上所向之卦位而言
穴前為向首,穴後為坐家也
休咎二字指吉凶禍福而言
為吉為凶,在於向首以分辨
不專在於龍也
如龍吉合卦,向首合運,則純乎吉

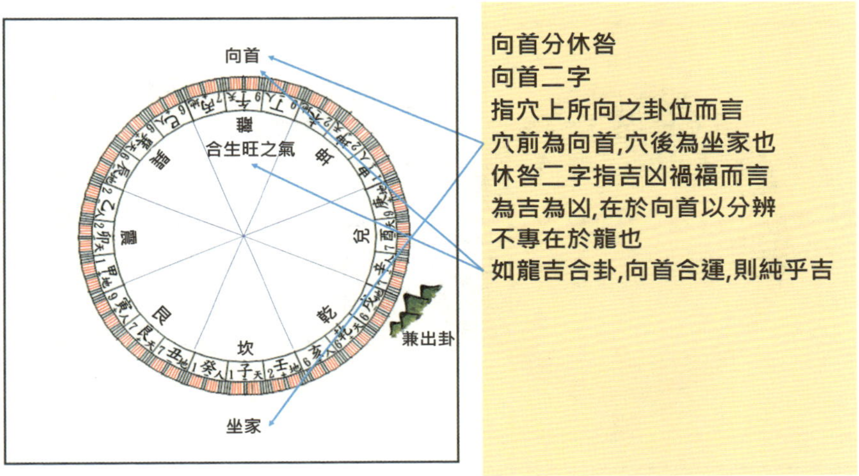

　　若龍凶出卦，向首失運，則純乎凶，倘龍凶而得咎，向首能以清純不雜合元運卦救之，可轉凶咎而為吉也，龍凶(出卦)，向首要合運。

向首分休咎
向首二字
指穴上所向之卦位而言
穴前為向首,穴後為坐家也
休咎二字指吉凶禍福而言
為吉為凶,在於向首以分辨
不專在於龍也
如龍吉合卦,向首合運,則純乎吉
若龍凶出卦,向首失運,則純乎凶
倘龍凶而得咎
向首能以清純不雜合元運卦救之
可轉凶咎而為吉也
龍凶(出卦),向首要合運

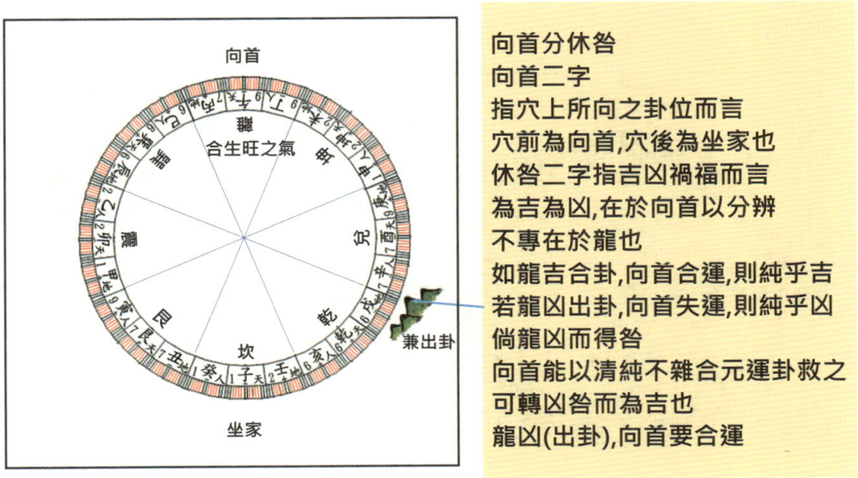

雙山雙向（來龍）水零神，（正神有水為衰敗之水），雙山雙向者非謂山向而言也，蓋指來龍雙山雙向雜錯卦爻字位，雙山雙向指兼錯卦而言，陰陽不淨，致為凶咎也，此水字指穴後坐家兜抱之水而言，非別有所指。

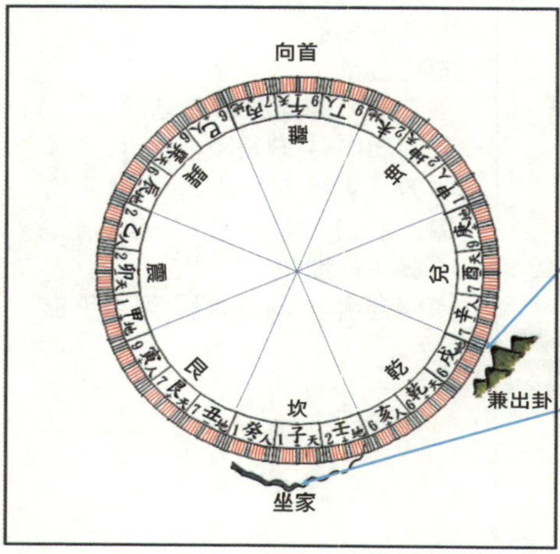

雙山雙向(來龍)水零神
(正神有水為衰敗之水)
雙山雙向者非謂山向而言也
蓋指來龍雙山雙向雜錯卦爻字位
雙山雙向指兼錯卦而言
陰陽不淨,致為凶咎也
此水字指穴後坐家兜抱之水而言
非別有所指

（正神）者，衰敗之水，不拘上中下元，而不論 24 山向，（正神位）皆當安於穴後，剋入相助，則向必得午水（零神）生旺，纏抱穴前生入穴乘正氣，剋我者實所以生我，正神位當為實地，零神位須有水引旺氣。

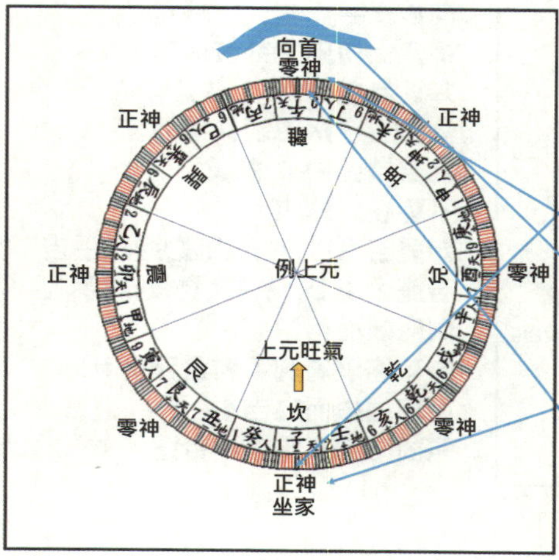

(正神)者,衰敗之水
不拘上中下元,而不論24山向
(正神位)皆當安於穴後,剋入相助
則向必得午水(零神)生旺
纏抱穴前生入穴乘正氣
剋我者實所以生我
正神位當為實地
零神位須有水引旺氣

富貴永無貧，此言龍氣駁害，雙山雙向，為穴中坐家向首之，零正兩神所制伏，正神為旺氣方有地，零神為衰氣方有水，所以轉咎為休，自然富貴長久。

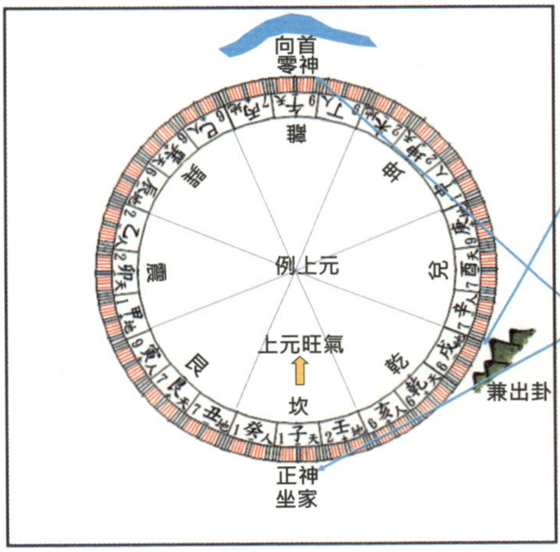

富貴永無貧

此言龍氣駁害,雙山雙向

為穴中坐家向首之

零正兩神所制伏

轉咎為休,自然富貴長久

若遇正神須敗絕，此言龍氣來路既已駁，害差錯雙山雙向矣，而立向坐家反以實地裝於向上，水裝於穴後，旺位有水為凶水(引衰氣)，前後之水生出剋出，兩路皆空，坐向如此，敗絕不免，可不慎矣。

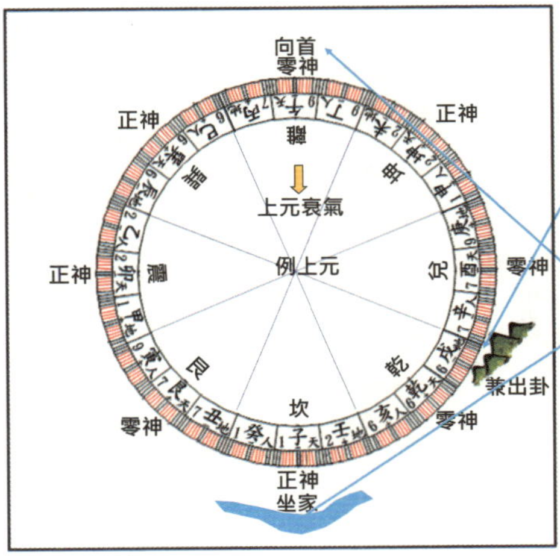

若遇正神須敗絕

此言龍氣來路既已駁

害差錯雙山雙向矣

而立向坐家反以

(實地)裝於向上

(水)裝於穴後

旺位有水為凶水(引衰氣)

前後之水生出剋出,兩路皆空

坐向如此,敗絕不免,可不慎矣

五行當分別，言學者格龍下穴，固當分別中氣父母，偏旁兩位爻神子息而取，尤當分別八卦五行之中，此指的是玄空大五行看有無凶咎也。

五行當分別

言學者格龍下穴

固當分別中氣父母

偏旁兩位爻神子息而取

尤當分別八卦五行之中

有無凶咎也

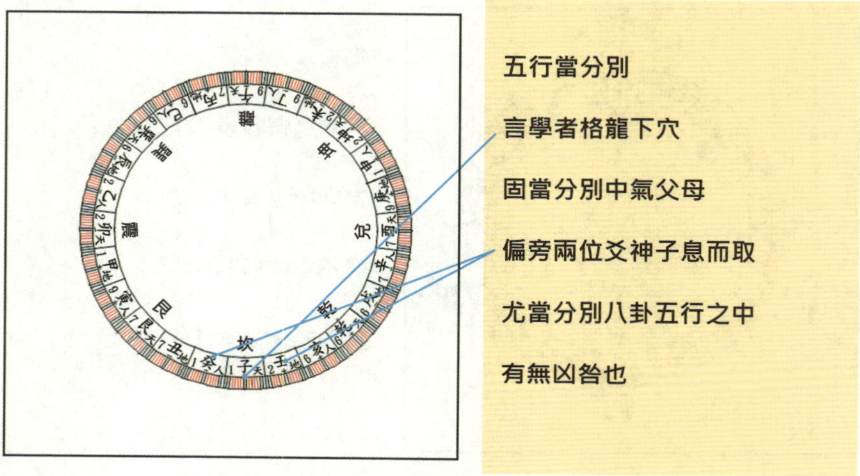

　　隔向一神仲子當，隔向一神仲子當，一神是古代的論法，每山都有一神代表，仲子指的是卦之中氣，不管兼左兼右都不會出卦，如辛酉來龍入首，巳巽水口，干龍支向，宜立子山午向兼癸丁。

隔向一神仲子當

如辛酉來龍入首

巳巽水口,干龍支向

宜立子山午向兼癸丁

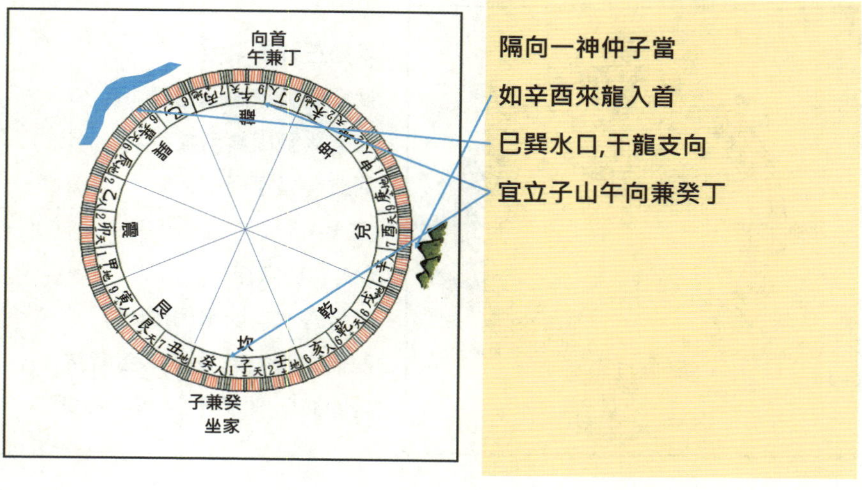

倘誤兼地元之壬丙，立向有誤為(子山午向兼壬丙)，則龍合向，向合水之謂何，卦氣於是不出卦而出卦矣，坐向兼到地元就不對了。

> 隔向一神仲子當
> 如辛酉來龍入首
> 巳巽水口,干龍支向
> 宜立子山午向兼癸丁
> 倘誤兼地元之壬丙
> 立向有誤為(子山午向兼壬丙)
> 則龍合向向合水之謂何
> 卦氣於是不出卦而出卦矣
> 坐向兼到地元就不對了

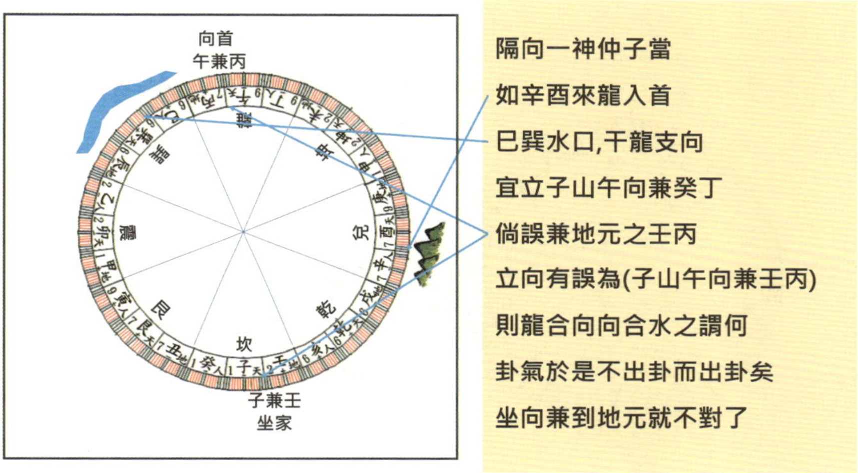

蓋辛酉龍，巳巽水口，乃人天兩元之龍，錯兼地元之壬丙，(子兼壬坐向兼錯)，雖丙午丁同屬一卦未出旁卦，然就非天人相兼為用，而搭過地元卦去，是不出卦而出卦矣，仲子者，法以孟仲季為長中少，做分房取驗之矩，而獨云仲子當何哉，指的是都在離卦之內，離為中子故為仲。

> 蓋辛酉龍,巳巽水口
> 乃人天兩元之龍
> 今錯兼地元之壬丙
> (子兼壬坐向兼錯了)
> 雖丙午丁同屬一卦未出旁卦
> 然就非天人相兼為用
> 而搭過地元卦去
> 是不出卦而出卦矣
> 仲子者,法以孟仲季為
> 長中少做分房取驗之矩
> 而獨云仲子當何哉
> 指的是都在離卦之內
> 離為中子故為仲

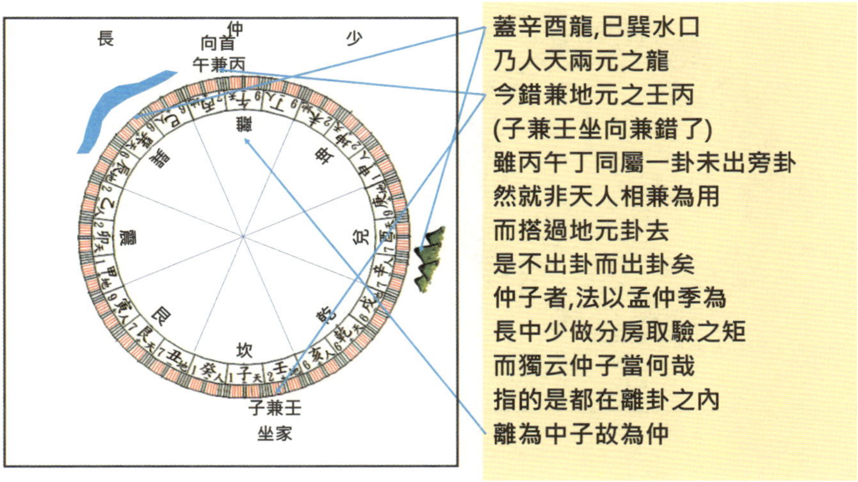

以子午卯酉四仲之向也，辛酉龍，巳巽水，配午丁向是也，今錯加丙隔午丁向一神矣，雖隔向一神，幸其猶在離卦之內，離屬仲房中子之位矣，故不曰長房少子而獨中子矣，此所謂仲子當也。

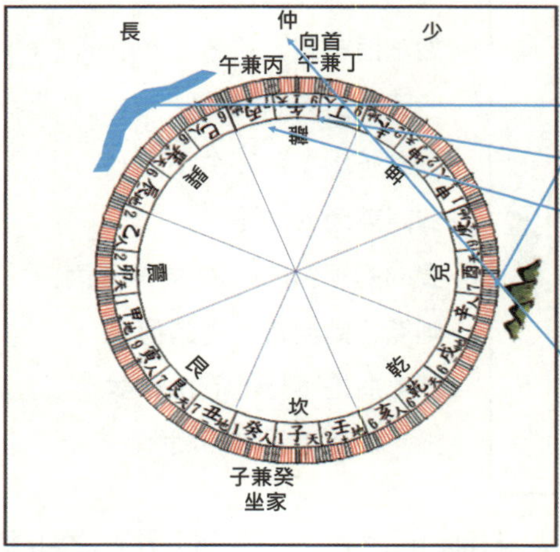

以子午卯酉四仲之向也

辛酉龍,巳巽水

配午丁向是也

今錯加丙隔午丁向一神矣

雖隔向一神,幸其猶在離卦之內

離屬仲房中子之位矣

故不曰長房少子而獨中子矣

此所謂仲子當也

千萬細推祥，言學者須細意推詳，慎勿忽略也，出卦差錯秘竅訣，分大小，有不出卦，而出卦於本卦之中為小差錯，有竟雜出於他卦之外為大差錯。

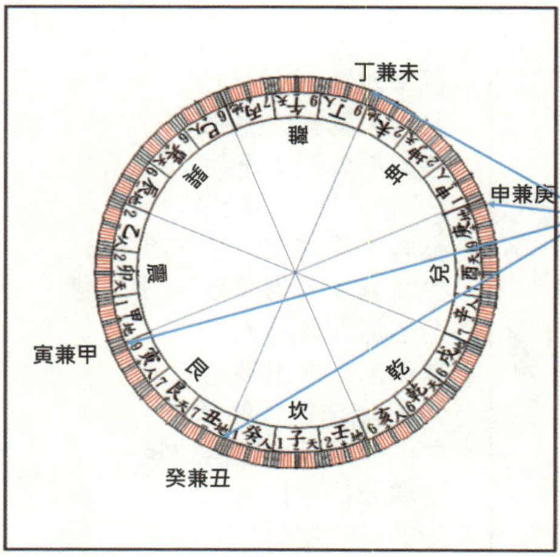

千萬細推祥

言學者須細意推詳,慎勿忽略也

出卦差錯秘竅訣

分大小,有不出卦

而出卦於本卦之中為小差錯

有竟雜出於他卦之外為大差錯

如同上面所說的，辛酉來龍，乙巽巳為水口，配坐子向午兼癸丁是天元龍兼人元龍，天元龍可以兼人元龍，陰陽相同，又在一卦之內，若妄加午丙，是以地元丙向，而配天人元之龍水，這樣就不對了。

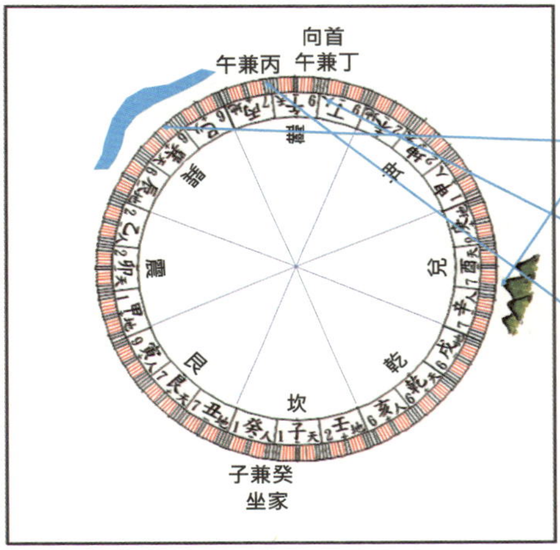

即如上所言

辛酉龍,巽巳水口

配午丁向是天人相兼

若妄加午丙是以地元丙向

而配天人元之龍水

小差錯，丙午丁雖一卦，而午丁與辛酉、巽巳同氣，午丙則不同氣，此為犯小差錯，不出卦而出於本卦之中也午丁與辛酉、巽巳是天元兼壬元，午丙是天元兼地元。

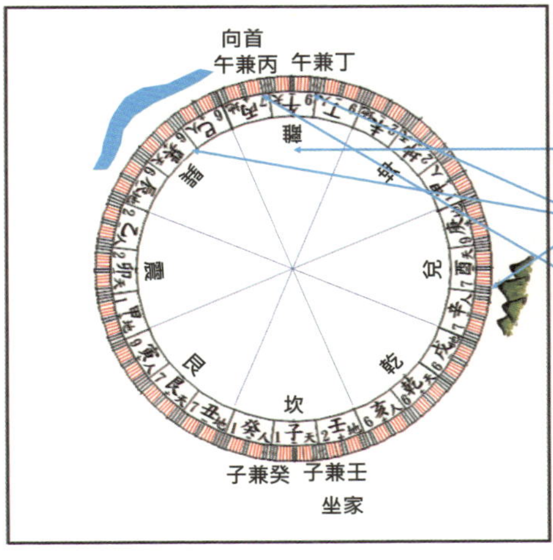

小差錯

丙午丁雖一卦

而午丁與辛酉,巽巳同氣

午丙則不同氣

此為犯小差錯

不出卦而出於本卦之中也

大差錯，若巳丙彼此相兼，則犯大差錯，竟至出卦而雜於他卦矣，坐向兼到地元就不對了，架線下盤認龍格水，以及立向取局，不可一絲失察，8 卦 24 山皆同此例也。

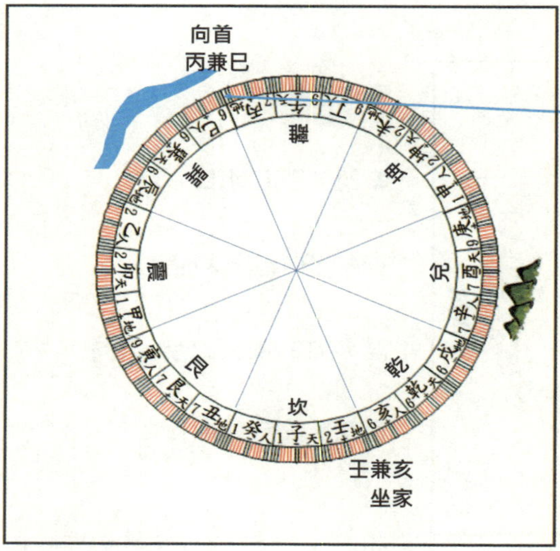

大差錯
若巳丙彼此相兼
則犯大差錯
竟至出卦而雜於他卦矣
坐向兼到地元就不對了
架線下盤認龍格水
以及立向取局
不可一絲失察
8卦24山皆同此例也

第 53 章　玄空挨星

天玉經曰，倒排父母蔭龍位，陰陽交媾之法皆須倒排父母者，即上言三大卦中，子午卯酉乾坤艮巽，是天元父母也，辰戌丑未甲庚丙壬，是地元父母也，寅申巳亥乙丁辛癸，是人元父母也。

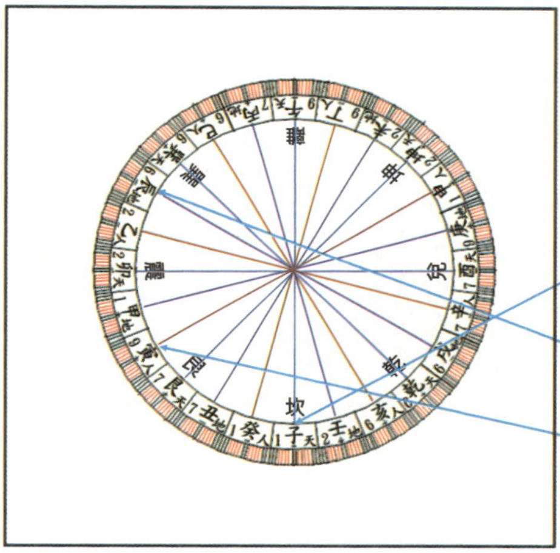

天玉經曰
倒排父母蔭龍位
陰陽交媾之法皆須倒排父母者
即上言三大卦中
三個父母也
子午卯酉乾坤艮巽
是天元父母也
辰戌丑未甲庚丙壬
是地元父母也
寅申巳亥乙丁辛癸
是人元父母也

倒排父母穴入中以坤 2 倒排到巽，中 5 倒排到穴，艮 8 倒排到水口，以艮 8 水而蔭坤 2 龍，

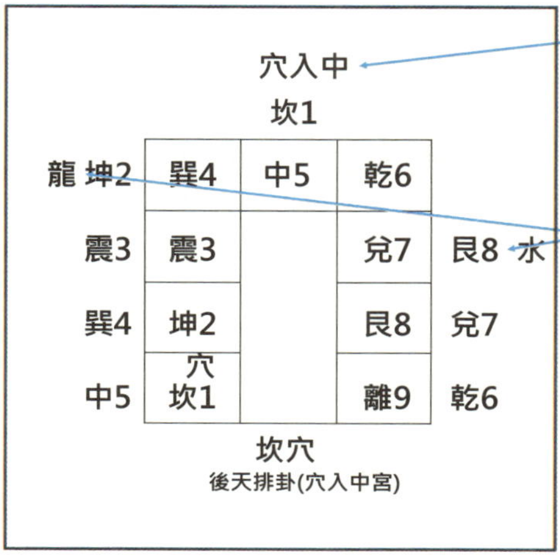
穴入中
坎1
龍 坤2
巽4
中5
乾6
震3
震3
兌7
艮8 水
巽4
坤2
艮8
兌7
穴
中5
坎1
離9
乾6
坎穴
後天排卦(穴入中宮)

排法:穴入中倒排
如巽4龍,坎1穴,兌7水名147局
倒排父母以坤2倒排到巽
中5倒排到穴
艮8倒排到水口
以艮8水而蔭坤2龍

乃坎子順局也穴入中倒排也，後天八卦就是艮坤總交，倒排父母的意思就是挨星逆飛，其他局也是完全一樣，為何要倒排，就是因為挨星才會逆飛，逆飛的話旺星會到該宮 就一定得珠寶也。

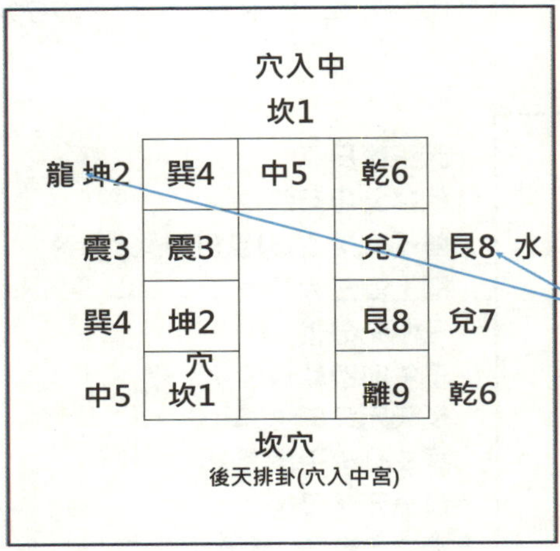
穴入中
坎1
龍 坤2
巽4
中5
乾6
震3
震3
兌7
艮8 水
巽4
坤2
艮8
兌7
穴
中5
坎1
離9
乾6
坎穴
後天排卦(穴入中宮)

排法:穴入中倒排
如巽4龍,坎1穴,兌7水名147局
倒排父母以坤2倒排到巽
中5倒排到穴
艮8倒排到水口
以艮8水而蔭坤2龍
乃坎子順局也穴入中倒排也
(後天八卦是艮坤總交)
倒排父母就是挨星逆飛
完全一樣
為何要倒排
因為倒排(挨星逆飛)
就一定得珠寶也

如兌 7 龍，坎 1 穴，巽 4 水名 7 4 1 局，倒排父母以艮 8 倒排到兌，中 5 倒穴，坤 2 倒排到水，此以坤 2 水而蔭艮 8 龍，乃坎子逆局也故。故曰蔭龍位，

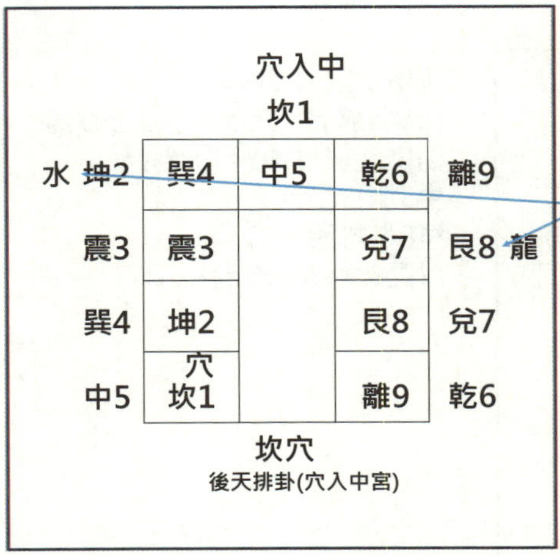
穴入中
坎1
水 坤2
巽4
中5
乾6
離9
震3
震3
兌7
艮8 龍
巽4
坤2
艮8
兌7
穴
中5
坎1
離9
乾6
坎穴
後天排卦(穴入中宮)

如兌7龍,坎1穴,巽4水名741局
倒排父母以艮8倒排到兌
中5倒穴
坤2倒排到水
此以坤2水而蔭艮8龍
乃坎子逆局也故曰蔭龍位

其實先天坎離媾精，以水濟火而已，先後天卦陰陽交媾原理，水之生火火生水也，火濟水寒，水濟火燥，水火本相剋，而之相生，原相生所以相濟也卦之形性不外水火，而妙在相濟為功，生天地，生萬物者此水火也，火濟水寒，水濟火燥，坎離水火中天過，四時行而生煞見也。

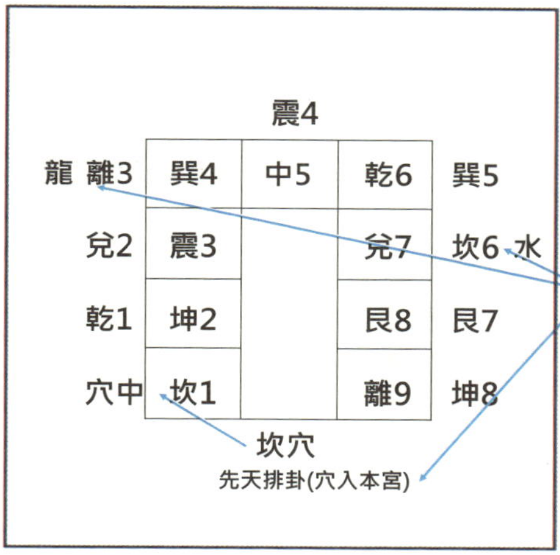
震4
龍 離3
巽4
中5
乾6
巽5
兌2
震3
兌7
坎6 水
乾1
坤2
艮8
艮7
穴中
坎1
離9
坤8
坎穴
先天排卦(穴入本宮)

如兌7龍,坎1穴,巽4水名741局
倒排父母以艮8倒排到兌
中5倒穴,坤2倒排到水
此以坤2水而蔭艮8龍
乃坎子逆局也
故曰蔭龍位
其實先天坎離媾精
以水濟火而已

後天坤艮總交也，山向同流水，此言倒排父母之法，龍穴水三者，一順一逆之局。

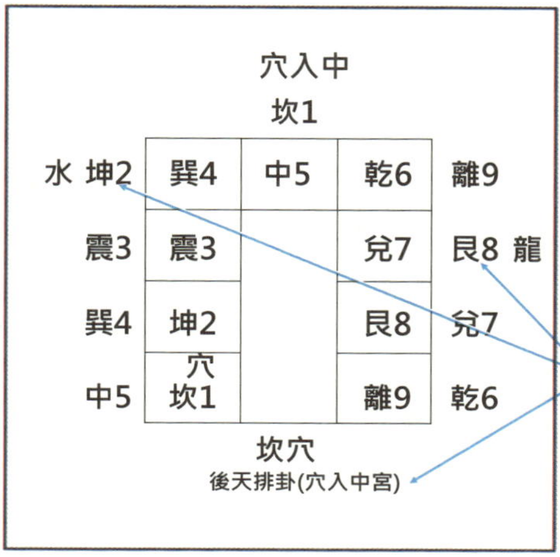
穴入中
坎1
水 坤2
巽4
中5
乾6
離9
震3
震3
兌7
艮8 龍
巽4
坤2
艮8
兌7
中5
穴
坎1
離9
乾6
坎穴
後天排卦(穴入中宮)

如兌7龍,坎1穴,巽4水名741局
倒排父母以艮8倒排到兌
中5倒穴,坤2倒排到水
此以坤2水而蔭艮8龍
乃坎子逆局也
故曰蔭龍位
其實先天坎離媾精
以水濟火而已
後天坤艮總交也
山向同流水
此言倒排父母之法
龍穴水三者,一順一逆之局

山向同流水，此言倒排父母之法，龍穴水三者，一順，一逆之局，局局歸於一貫，妙若聯珠，不排 2 5 8，則排 8 5 2 也，不排 1 4 7，則排 7 4 1 也，言山向流水，而來龍自在其中也。

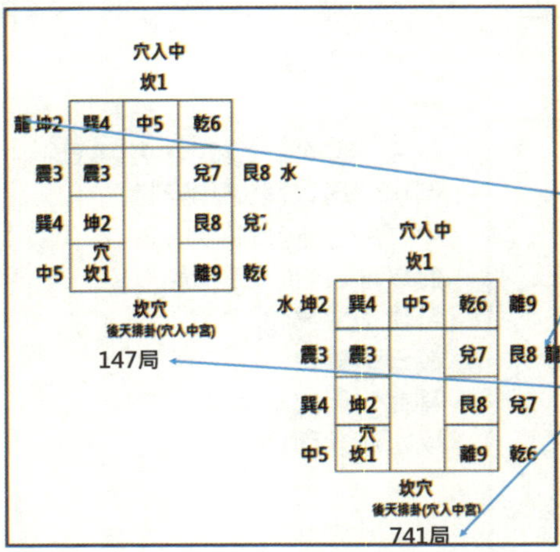

山向同流水
此言倒排父母之法
龍穴水三者
一順
一逆之局
局局歸於一貫,妙若聯珠
不排258,則排852也
不排147,則排741也
言山向流水
而來龍自在其中也

十二陰陽一路排，盤中以子癸午丁，卯乙酉辛，辰戌丑未為 12 陰神，以乾亥巽巳艮寅坤申，甲庚丙壬為 12 陽神，一路排者陰亦倒排，陽亦倒排，而總歸於一路，不同他法分兩路也。

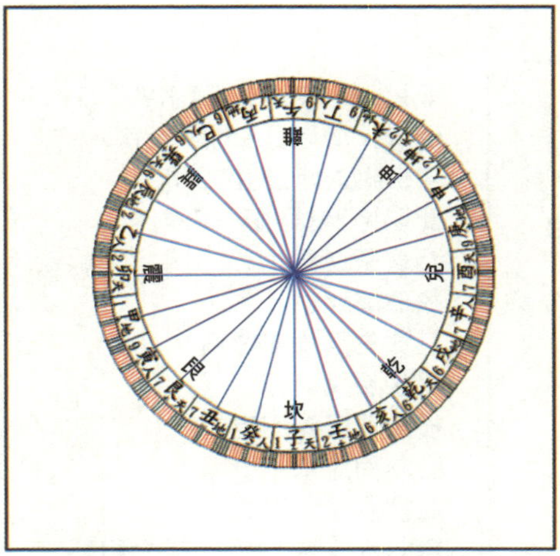

十二陰陽一路排
盤中以子癸午丁卯乙酉辛
辰戌丑未為12陰神
以乾亥巽巳艮寅坤申
甲庚丙壬為12陽神
一路排者陰亦倒排,陽亦倒排
而總歸於一路
不同他法分兩路也

總向卦中來，言雖有 12 陰陽之神，要旨不離後天八卦，而為天地人三個父母也，倒排父母是真龍，言父母子息皆須倒排，父母者八卦中天元父母也，子息者八卦中氣兩旁之爻神也，所謂卦有卦之父母，爻有爻之父母也。

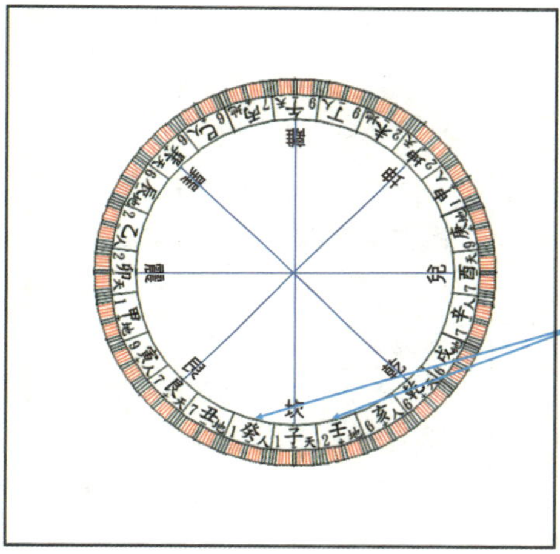

總向卦中來
言雖有12陰陽之神
要旨不離後天八卦
而為天地人三個父母也
又曰:倒排父母是真龍
言父母子息皆須倒排
父母者八卦中天元父母也
子息者八卦中氣兩旁之爻神也
地元人元兩個父母是也
其實皆云父母
所謂卦有卦之父母
爻有爻之父母也

如上元旺氣在坎癸，到排不用坎癸水，而用離丁水，得其真坎水之旺氣矣，水星逆飛，此為水星到向也，倘若順排則真用坎癸水，為水星上山也，是真龍者，既合此向水玄關，坎離媾精倒排父母，乃是真龍正位而為吉地矣。

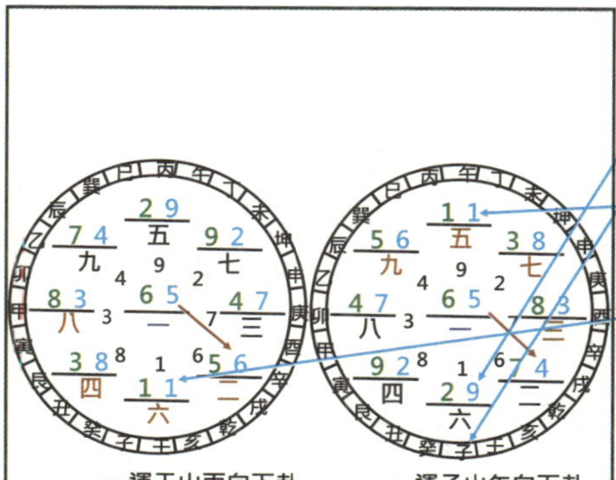

一運壬山丙向下卦
地元龍

一運子山午向下卦
天元龍

如上元旺氣在坎癸
到排不用坎癸水,而用離丁水
得其真坎水之旺氣矣
水星逆飛,此為水星到向也
倘若順排則真用坎癸水
而得殺氣滿宮矣(水星上山也)
似是而非,毫厘千里是真龍者
既合此向水玄關
坎離媾精倒排父母作法
乃是真龍正位而為吉地矣

子息達天聰，此子息非理氣中之父母子息，乃葬者之子孫，既得此真龍倒排父母作法，受其旺氣其子息之姓名，未有不達於天聰者，陽順飛入火坑，陰逆飛得珠寶，例天元一三七九為陰，入中逆飛旺星到本宮為珠寶。

子息達天聰
(不是父母子息的子息)
此子息非理氣中之父母子息
乃葬真龍正結吉地者之子孫
既得此真龍倒排父母作法
受其旺氣其子息之姓名
未有不達於天聰者
陽順飛入火坑,陰逆飛得珠寶
例天元一三七九為陰
入中逆飛旺星到本宮為珠寶

順排父母到子息，此子息乃理氣中之子息，父母是指八卦的宮位，父母猶云卦之中氣父母之龍穴，而用順排是從父母排到子息，皆是順矣，順排父母則都會令星顛倒，而不知用倒排之法，倒排才能到山到向也。

順排父母到子息
此子息乃理氣中之子息
父母是指八卦的宮位
父母猶云卦之中氣父母之龍穴
而用順排偏旁兩爻神之子息
而用順排是從父母排到子息
皆是順矣
順排父母則都會令星顛倒
而不知用倒排之法
倒排才能到山到向也

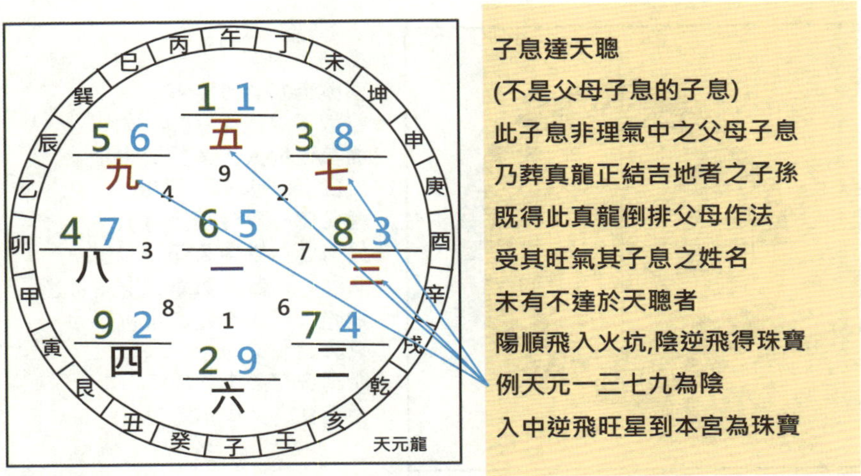

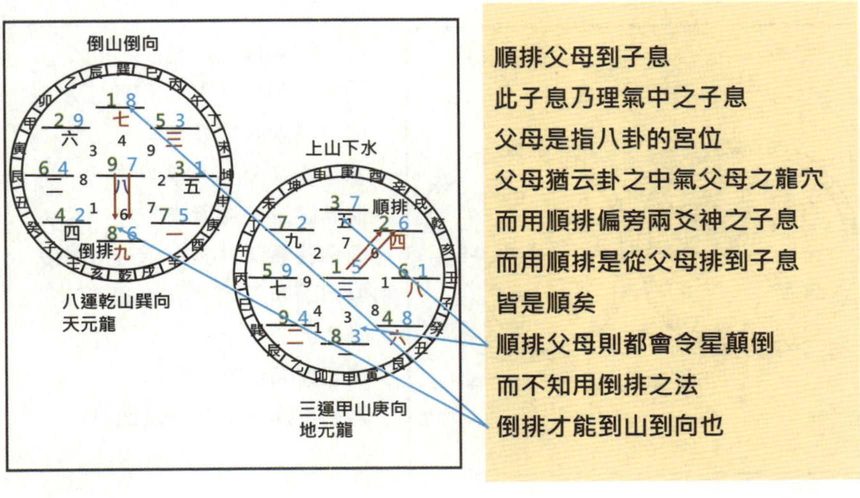

代代人財退，其實是入中之挨星，若是逆飛順佈，旺星到本宮就是珠寶，如下圖 7 兌宮的挨星是三，以三入中宮，三震卯乙的天元龍屬陰，陰則逆排，所以二到乾，一旺星到 7 兌宮，7 兌宮就是旺宮。

代代人財退
其實是入中之挨星
若是逆飛順佈
旺星到本宮就是珠寶

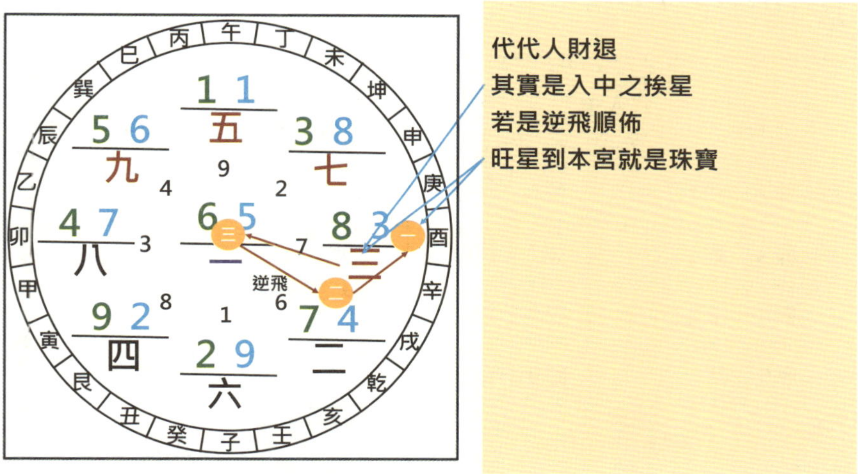

入中之星若是順飛順佈，旺星到對宮，就是火坑也，再來倒排其實就是，挨星逆飛順佈完全一樣，只是前人一直在倒排(排山掌)，而不知道以九宮直接順逆飛佈也。

代代人財退
其實是入中之挨星
若是逆飛順佈
旺星到本宮就是珠寶
入中之星若是順飛順佈
旺星到對宮
就是火坑也
再來倒排其實就是
挨星逆飛順佈完全一樣
只是前人一直在倒排(排山掌)
而不知道以九宮直接順逆飛佈也

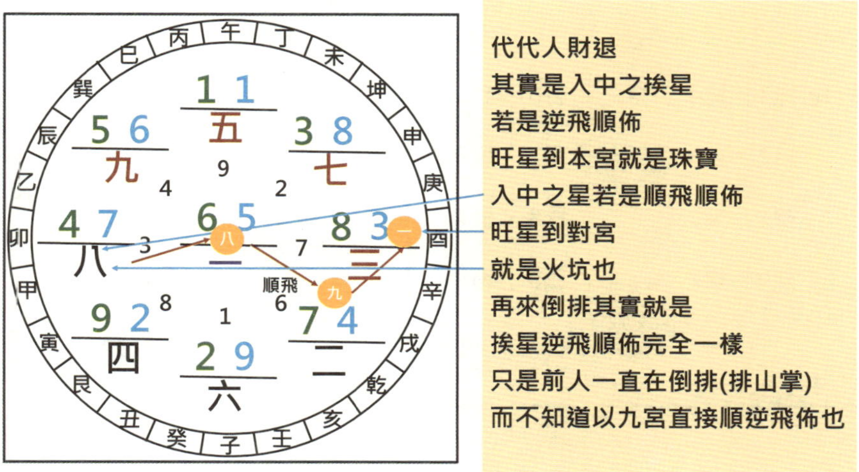

倒排父母祕旨起例口訣，假如坎子局作子穴，則以子坤卯巽乾酉艮午，而附以 1 2 3 4 5 6 7 8 9，安排之 (5 是中)，以子 1 入中宮，坤 2 安於後天巽位，卯 3 安於後天震位，巽 4 安於後天坤位，子 5 安於後天坎位，乾 6 安於後天離位，酉 7 安於後天艮位，艮 8 安於後天兌位，午 9 安於後天乾位是也。

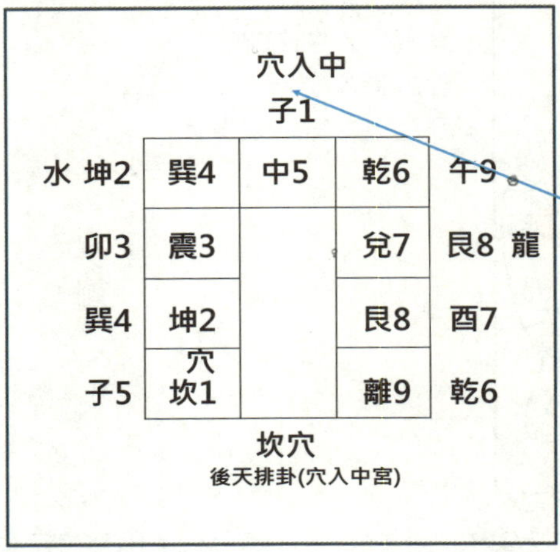
穴入中
子1
水 坤2
巽4
中5
乾6
午9
卯3
震3
兌7
艮8 龍
巽4
坤2
艮8
酉7
穴
子5
坎1
離9
乾6
坎穴
後天排卦(穴入中宮)

倒排父母祕旨起例口訣
假如坎子局作子穴
則以子坤卯巽乾酉艮午
而附以1.2.3.4.5.6.7.8.9
安排之(5是中)
以子1入中宮
坤2安於後天巽位
卯3安於後天震位
巽4安於後天坤位
子5安於後天坎位
乾6安於後天離位
酉7安於後天艮位
艮8安於後天兌位
午9安於後天乾位是也

倒排父母總一坎離交媾，金木合併之義。

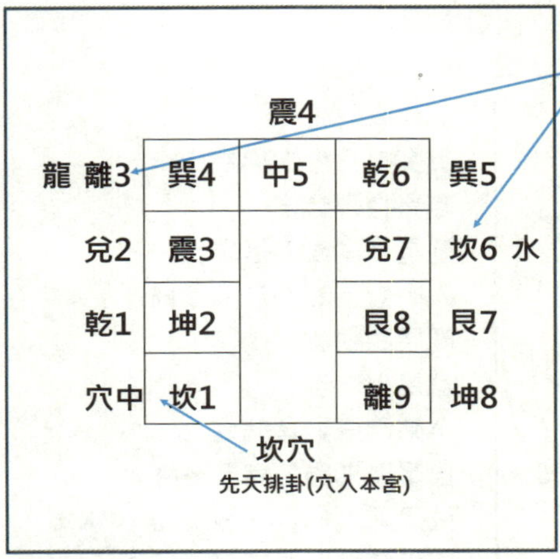
震4
龍 離3
巽4
中5
乾6
巽5
兌2
震3
兌7
坎6 水
乾1
坤2
艮8
艮7
穴中
坎1
離9
坤8
坎穴
先天排卦(穴入本宮)

倒排父母總一坎離交媾

金木合併之義

而龍穴水三者，48 局皆歸於，艮坤總交 258 卦一串之矣。

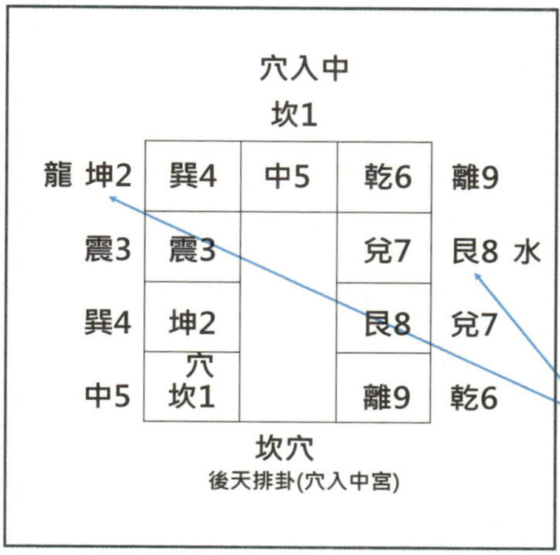
穴入中
坎1
龍 坤2
巽4
中5
乾6
離9
震3
震3
兌7
艮8 水
巽4
坤2
艮8
兌7
中5
穴
坎1
離9
乾6
坎穴
後天排卦(穴入中宮)

倒排父母總一坎離交媾

金木合併之義

而龍穴水三者

48局皆歸於

艮坤總交258卦一串之矣

48 局坎離交媾秘旨，曾公安青囊經序曰：24 山分順逆，一山兩局，一順局一逆局，共成 48 局，24 山有順逆兩局合成 48 局，五行即在此中分，五行者東木南火，西金北水，中央土也，即在此中分者，此局得何五行，龍神得何五行在此分矣。

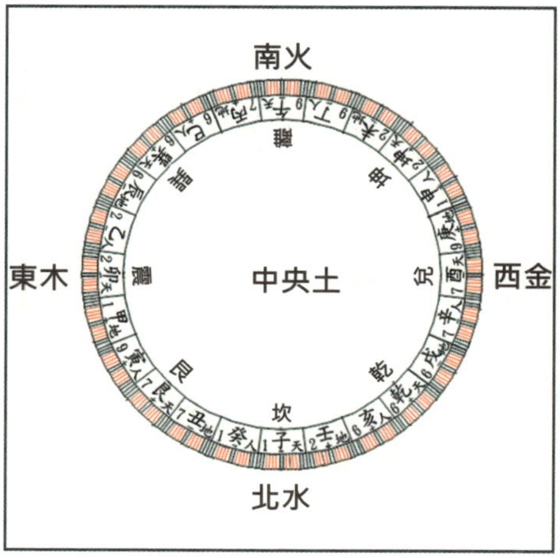

48局坎離交媾秘旨
曾公安青囊經序曰
24山分順逆
一山兩局,一順局一逆局
共成48局
24山有順逆兩局合成48局
五行即在此中分
五行者東木南火
西金北水中央土也
即在此中分者,此局得何五行
龍神得何五行在此分矣

祖宗卻從陰陽出，五行之根源祖宗，非取有形有跡可尋之 24 山分五行，乃從玄空大卦，雌雄交媾，水火平衡，形常相滿情常相親，之真陰真陽分五行也 也就是玄空大五行。

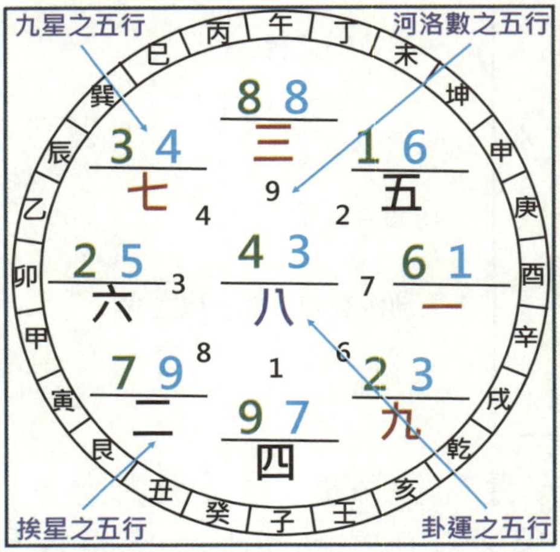

祖宗卻從陰陽出
五行之根源祖宗
非取有形有跡可尋之24山分五行
乃從玄空大卦
雌雄交媾,水火平衡
形常相滿情常相親
之真陰真陽分五行也

陽從左邊團團轉，陰從右路轉相通，此陰陽者，在河圖 1 3 7 9，為陽北而東而南而西，從左邊團團轉也，2 4 6 8 為陰自南而西而北而東，在右路轉相通也。

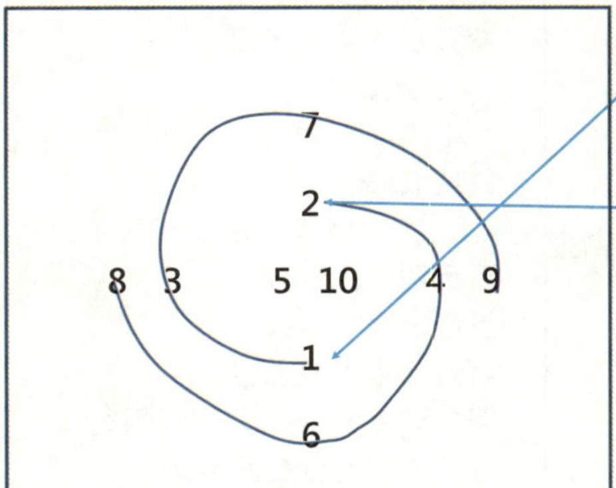

河圖數

陽從左邊團團轉,陰從右路轉相通
此陰陽者,在河圖1379
為陽北而東而南而西
從左邊團團轉也
2468為陰自南而西而北而東
在右路轉相通也

在後天八卦之經盤顯而易明矣，坎艮震乾為一片陽，離坤兌巽為一片陰，一升一降陽陰相見，地上交天，天下交地，時不然言左右兩旁，上下可知矣。

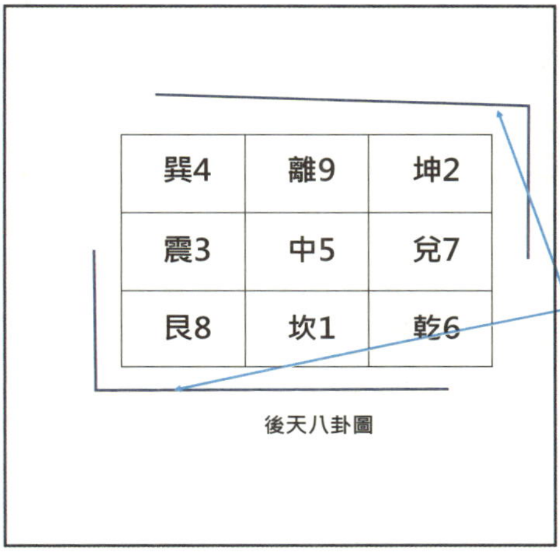
巽4
離9
坤2
震3
中5
兌7
艮8
坎1
乾6
後天八卦圖

陽從左邊團團轉,陰從右路轉相通
此陰陽者,在河圖1379
為陽北而東而南而西
從左邊團團轉也
2468為陰自南而西而北而東
在右路轉相通也
在後天八卦之經盤顯而易明矣
坎艮震乾為一片陽
離坤兌巽為一片陰
一升一降陽陰相見
地上交天天下交地
時不然言左右兩旁
上下可知矣

有人識得陰陽者何愁大地不相逢，探庸人不識天機，不辨真陰真陽，因其不知玄空大卦之理，倘其識後隨所指點，皆合造化天心之妙，山河佈滿黃金矣。

又曰：24 山雙雙起，此說的是陽順陰逆，一山兩局一順一逆故曰雙雙起，此即 24 山分順逆之義重言之，少有時師通此義，言不見 48 局圖本掌訣不識其義也，時師此訣何曾記，此言時師不知乾坤一大關，真陰真陽交度消息，執定假數假盤成格，而陽不成陽，陰不成陰，以致禍福顛倒錯亂，卒無明徵也。

第 54 章　先後天八卦次序

先天八卦次序，乾 1，兌 2，離 3，震 4，巽 5，坎 6，艮 7，坤 8，此為先天八卦，乾兌離震在左邊，依照順序逆排，巽坎艮坤在右邊，依照順序順排，如下圖所示。

兌2	乾1	巽5
離3		坎6
震4	坤8	艮7

先天八卦圖

先天八卦次序
乾1
兌2
離3
震4
巽5
坎6
艮7
坤8
此為先天八卦圖

後天八卦次序，依排山掌訣，坎 1，坤 2，震 3，巽 4，中 5，乾 6，兌 7，艮 8，離 9 下圖為排山掌訣。

巽4	中5	乾6
震3		兌7
坤2		艮8
坎1		離9

排山掌訣

後天八卦次序
依排山掌訣
坎1
坤2
震3
巽4
中5
乾6
兌7
艮8
離9

後天八卦次序，是依排山掌訣，坎 1，坤 2，震 3，巽 4，中 5，乾 6，兌 7，艮 8，離 9，然後以洛書數排定位置，下圖為後天八卦九宮圖。

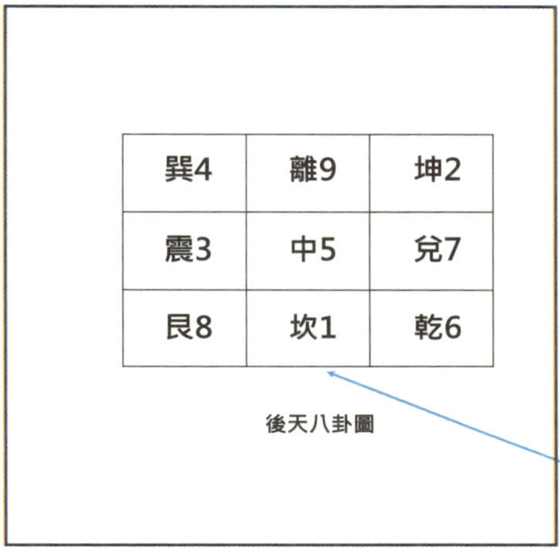
巽4
離9
坤2
震3
中5
兌7
艮8
坎1
乾6
後天八卦圖

後天八卦次序
一排山掌訣
坎1
坤2
震3
巽4
中5
乾6
兌7
艮8
離9
此為後天八卦九宮圖

其秘妙口訣法先天八卦，乾兌離震巽坎艮坤之次序也，佈置後天八卦之位，依照排山掌訣佈之，尋龍水交媾，穴坐中五，宰制八方，此一定不易之次序，非勉強安排者也。

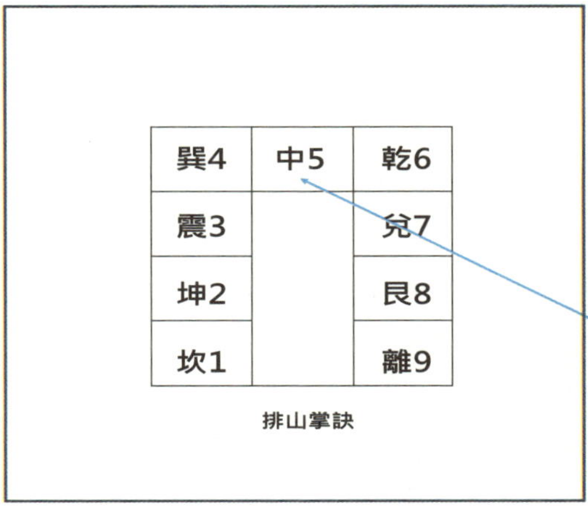
巽4
中5
乾6
震3
兌7
坤2
艮8
坎1
離9
排山掌訣

其秘妙口訣法先天八卦
乾兌離震巽坎艮坤之次序也
佈置後天八卦之位
依照排山掌訣佈之
尋龍水交媾
穴坐中五 宰制八方
此一定不易之次序
非勉強安排者也

二十四山局有順逆，二十四山一山兩局，有順有逆豈非四十八局乎，蓋順即陽也，逆即陰也，穴坐某字安入中宮，例穴坐坎則穴中安入坎1宮，玄空立極之處是回中宮，而以先天八卦，用後天八卦之卦位順逆排數。

巽4	中5	乾6
震3		兌7
坤2		艮8
穴中 坎1		離9

二十四山局有順逆
二十四山一山兩局
有順有逆豈非四十八局乎
蓋順即陽也 逆即陰也
穴坐某字安入中宮
例穴坐坎 則穴中安入坎1宮
玄空立極之處是回中宮
而以先天八卦
用後天八卦之卦為順逆排數

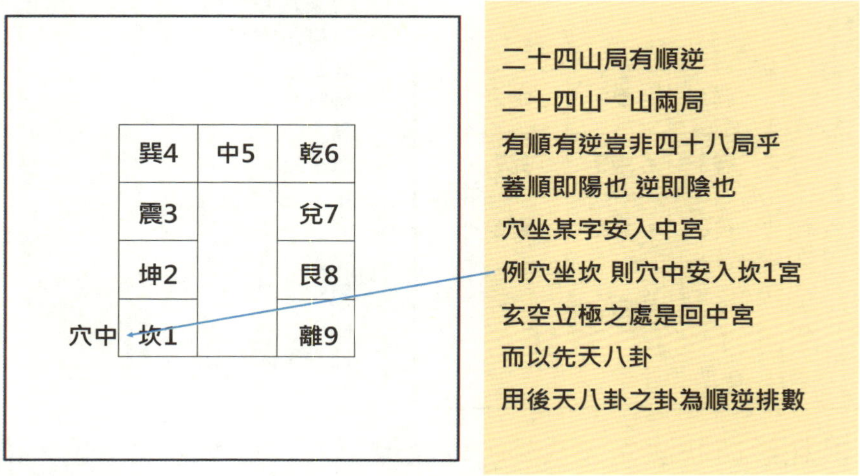

如穴坐坎卦子山午向，巽卦來龍兌卦水去，坎在後天其數為1，將後天坎穴安坐中宮，坎前一位為後天之坤2，起先天八卦乾1，加於後天坤2位，兌2加於後天震3位，離3加於後天巽4位，是先天之離到龍矣。

龍 離3	巽4	中5	乾6
兌2	震3		兌7	水
乾1	坤2		艮8
穴中	坎1		離9

假如穴坐坎卦子山午向
巽卦來龍兌卦水去
坎在後天其數為1
則將後天坎穴安坐中宮
法於後天排山掌訣
坎前一位為後天之坤2
起先天八卦乾1
加於後天坤2位
兌2加於後天震3位
離3加於後天巽4位
是先天之離到龍矣

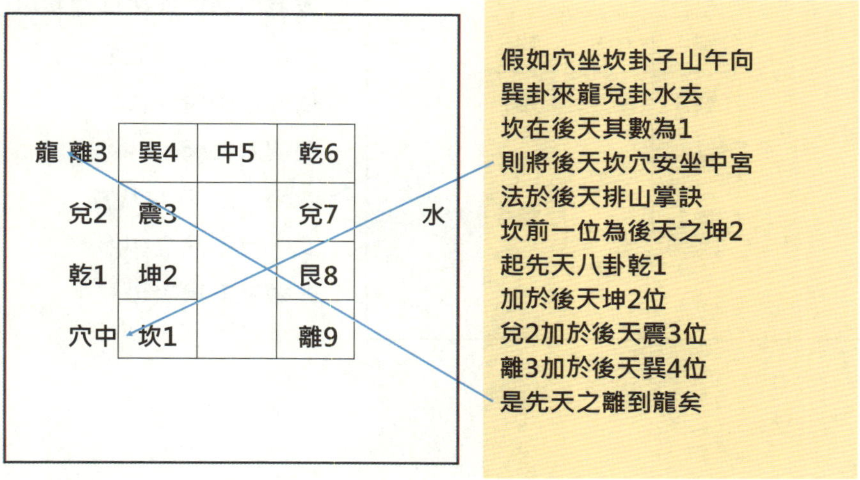

震 4 加於後天中 5，巽 5 加於後天乾 6，坎 6 加於後天兌 7，是先天之坎到水口矣，艮 7 加於後天艮 8，坤 8 加於後天離 9 位，此順局口訣也，其後天巽龍兌水，豈非坎離交媾乎，為四一七，以龍四宮，穴一宮，水七宮之故。

	震4		
龍 離3	巽4	中5	乾6	巽5
兌2	震3	兌7	坎6 水
乾1	坤2	艮8	艮7
穴中	坎1	離9	坤8

震4加於後天中5
巽5加於後天乾6
坎6加於後天兌7
是先天之坎到水口矣
艮7加於後天艮8
坤8加於後天離9位
此順局口訣也
其後天巽龍兌水
豈非坎離交媾乎
為四一七 以龍四宮
穴一宮
水七宮之故

　　又如穴坐坎卦子山午向，兌卦來龍巽卦水去，則將後天坎穴安坐中宮，法於後天排山掌訣，坎後一位為後天之離 9，起先天八卦乾 1 加於後天離 9 位，兌 2 加於後天艮 8 位，離 3 加於後天兌 7 位，是先天之離到龍矣。

水	巽4	中5	乾6	
	震3	兌7	離3 龍
	坤2	艮8	兌2
穴中	坎1	離9	乾1

又如穴坐坎卦子山午向
兌卦來龍巽卦水去
則將後天坎穴安坐中宮
法於後天排山掌訣
坎後一位為後天之離9
起先天八卦乾1加於後天離9位
兌2加於後天艮8位
離3加於後天兌7位
是先天之離到龍矣

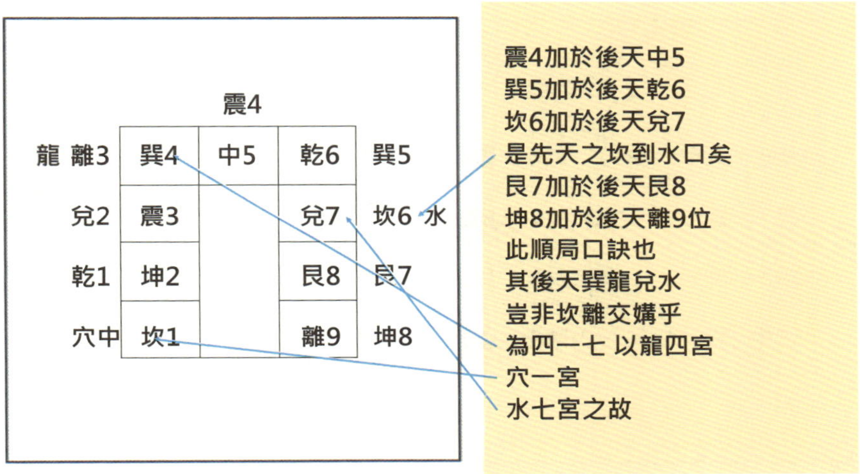

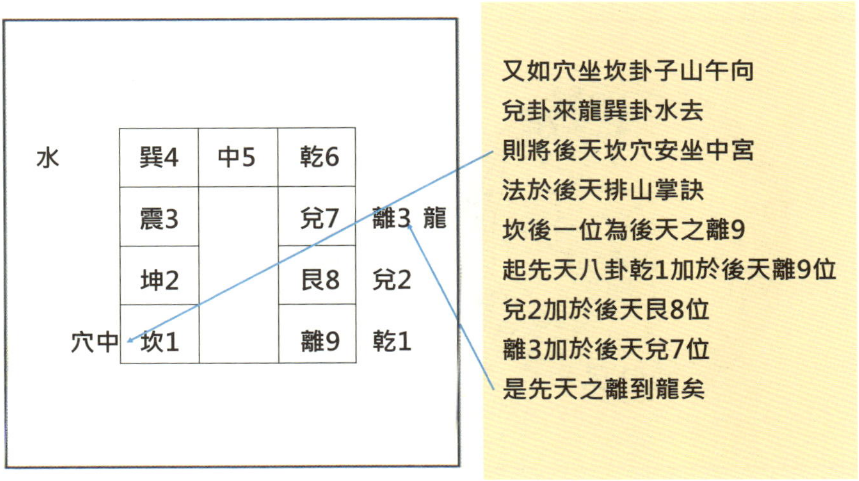

震 4 加於後天乾 6 位，巽 5 加後天中 5，坎 6 加後天巽 4 位，是先天之坎到水口矣，艮 7 加後天震 3 位，坤 8 加後天坤 2 位，此逆局口訣也，其後天兌龍巽水豈非坎離交媾乎，為龍七宮，穴一宮水四宮，二十四山皆做此推。

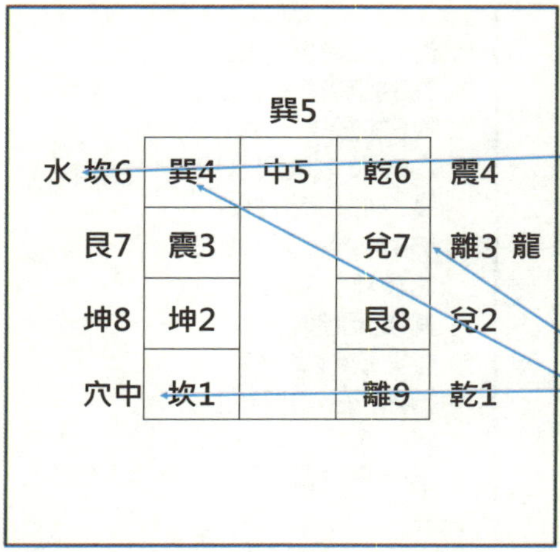
巽5
水 坎6
巽4
中5
乾6
震4
艮7
震3
兌7
離3 龍
坤8
坤2
艮8
兌2
穴中
坎1
離9
乾1

震4加於後天乾6位
巽5加於後天中5
坎6加於後天巽4位
是先天之坎到水口矣
艮7加於後天震3位
坤8加於後天坤2位
此逆局口訣也
其後天兌龍巽水豈非坎離交媾乎
為七一四 以龍七宮
穴一宮水四宮之故
二十四山皆做此推
凡點先天坎離字為龍水
是坎離交媾也

現今所用羅盤，壬子癸為坎，丑艮寅為艮，甲卯乙為震，辰巽巳為巽，丙午丁為離，未坤申為坤，庚酉辛為兌，戌乾亥為乾，二十四山之方位也，不過將先天卦排入耳，此看第 6 章坎離作用定義，有詳細說明。

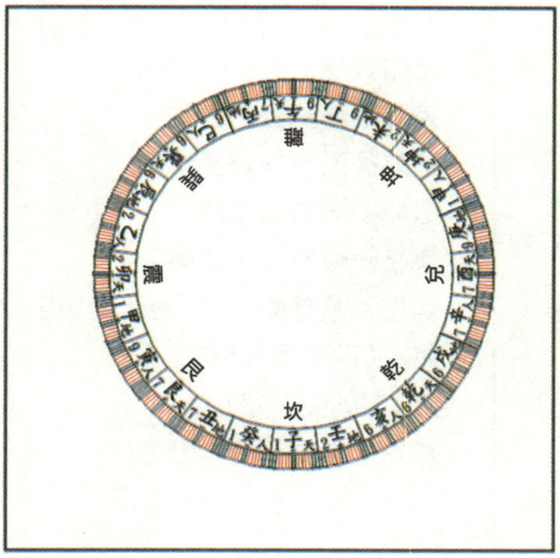

現今所用羅盤
壬子癸 坎
丑艮寅 艮
甲卯乙 震
辰巽巳 巽
丙午丁 離
未坤申 坤
庚酉辛 兌
戌乾亥 乾
二十四山之方位也
不過將先天卦排入耳
此看 第6集 坎離作用定義
有詳細說明

第 55 章　龍向兼加口訣

《天玉經》曰：前兼龍前兼向，此言龍神向首皆本彼此，相兼為用之妙，但當分別前後兼者，父母兼子息，子息兼父母，如壬子癸一卦或在龍神或在向首，子字為父母，壬癸為子息，子來兼癸謂之前兼，子來兼壬謂之後兼，因癸居子前，壬落子後也，此父母兼爻神之訣也。

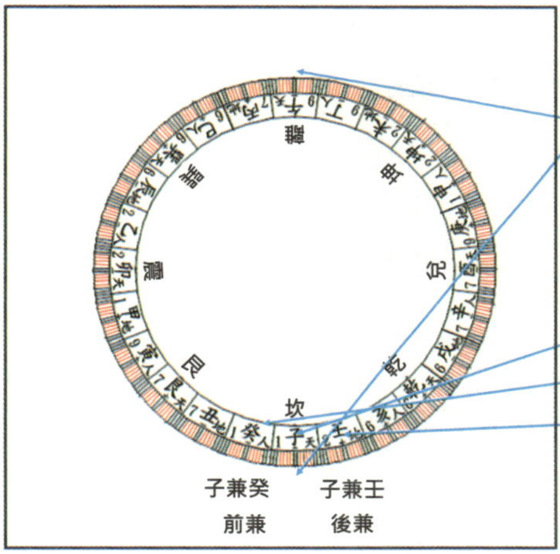

《天玉經》曰
前兼龍前兼向
此言龍神向首皆本彼此
相兼為用之妙
但當分別前後兼者
父母兼子息,子息兼父母
如壬子癸一卦或在龍神或在向首
子字為父母,壬癸為子息
子來兼癸謂之前兼
子來兼壬謂之後兼
陰癸居子前壬落子後也
此父母兼爻神之訣也

聯珠莫相放，如子癸來龍巽巳出水，必坐辛酉卯乙向。

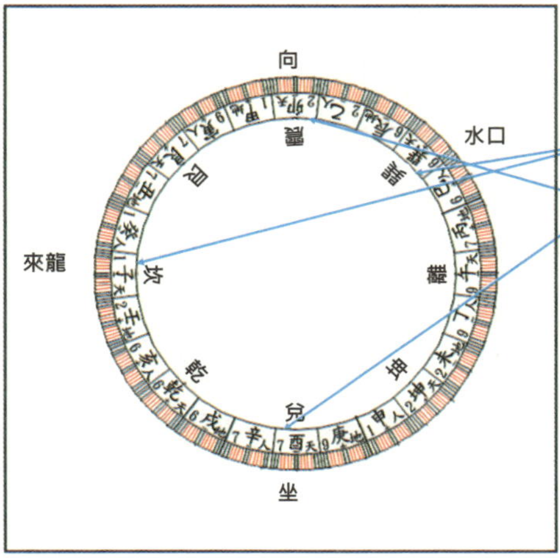

聯珠莫相放
如子癸來龍巽巳出水
必坐辛酉卯乙向

或是子癸來龍酉辛出口，必坐巽巳乾亥向，來源去口龍神向首，四者聯珠貫串莫相放，到向前水星當旺，接著又合城門，坐山山星也當旺，眾多生旺之氣聚集在一起，稱之為聯珠莫相放也。

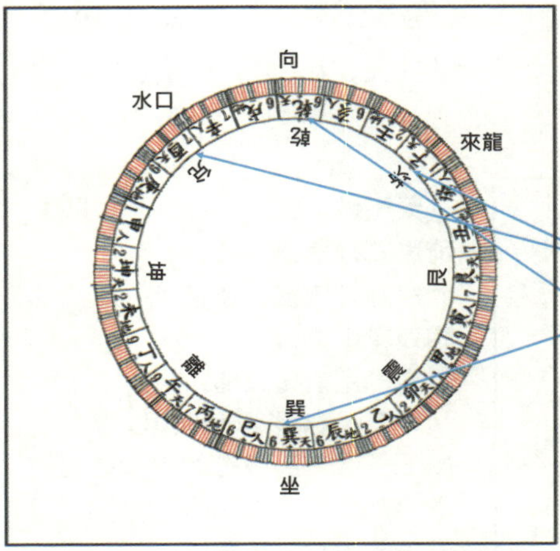

聯珠莫相放
如子癸來龍巽巳出水
必坐辛酉卯乙向
或是子癸來龍酉辛出口
必坐巽巳乾亥向
來源去口龍神向首
四者聯珠貫串莫相放也

後兼龍神後兼向，後兼者只言父母兼子息，如子為父母，壬為子息，未指明子息兼父母也，子息兼父母者，如七分壬三分子之類，此爻神偏氣而兼父母者，壬為子息，子為父母。

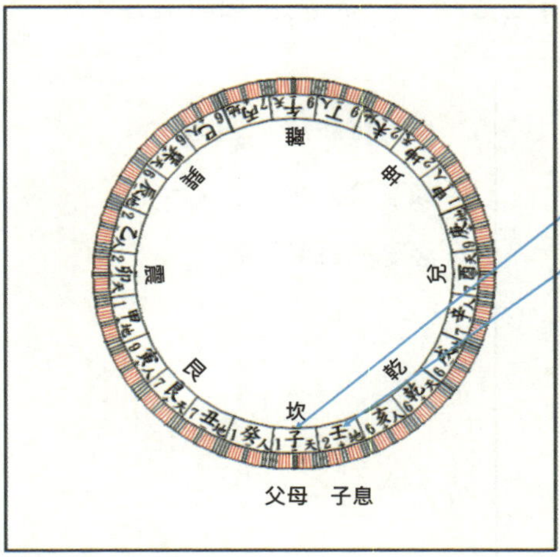

後兼龍神後兼向
後兼者只言父母兼子息
如子為父母
壬為子息
未指明子息兼父母也
子息兼父母者
如七分壬三分子之類
此爻神偏氣而兼父母者

排定陰陽算，此言地元龍，與人元龍，皆屬半吉半凶之龍，單行之脈稍偏即犯差錯矣，龍神向首來源水口皆然，故須排定陰陽字位算去，癸兼子固然吉也，壬字之旁雜亥稍犯則陽差矣，8卦24山皆依此斷。

排定陰陽算
此言地元龍
與人元龍
皆屬半吉半凶之龍
單行之脈稍偏即犯差錯矣
龍神向首來源水口皆然
故須排定陰陽字位算去
癸兼子固然吉也
壬字之旁雜亥稍犯則陽差矣
8卦24山皆依此斷

明得零神與正神指日入清雲，此言零神正神坐朝之法，例上元運乾兌艮離為零神位，零神位要有水，坎坤震巽為正神位，正神位要為實地。

明得零神與正神指日入清雲
此言零神正神坐朝之法
例上元運乾兌艮離為零神位
零神位要有水
坎坤震巽為正神位
正神位要為實地

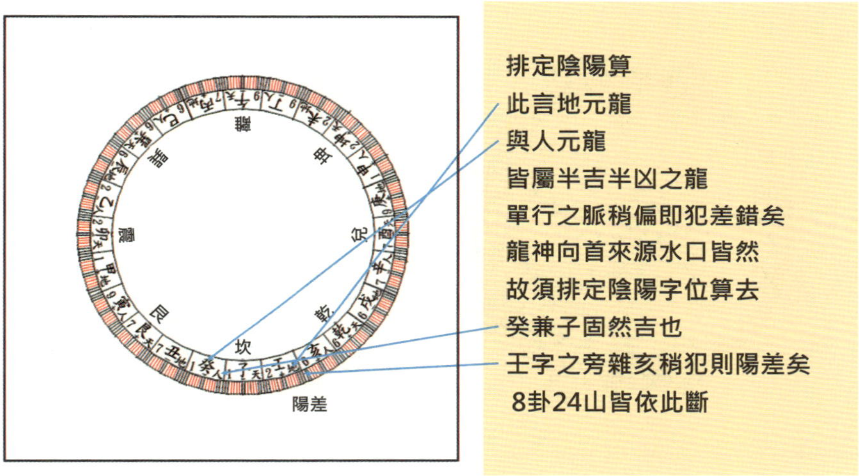

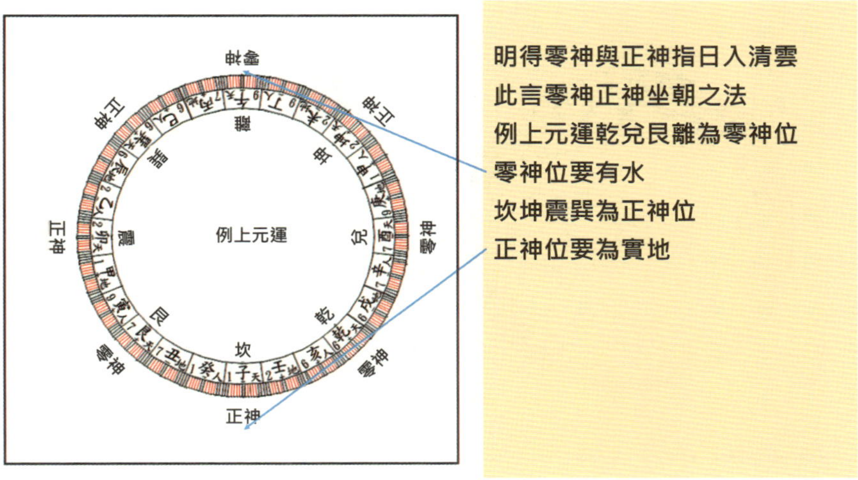

乾兼後兼不犯陰錯陽差，而又得坎離媾精倒排父母之訣，葬此地者，指日入清雲(很好的意思)，不識零神與正神後代絕除根就是楊公所說的陰陽兩字看零正，坐向須知病，若欲正神正位裝，撥水入零堂的道理。

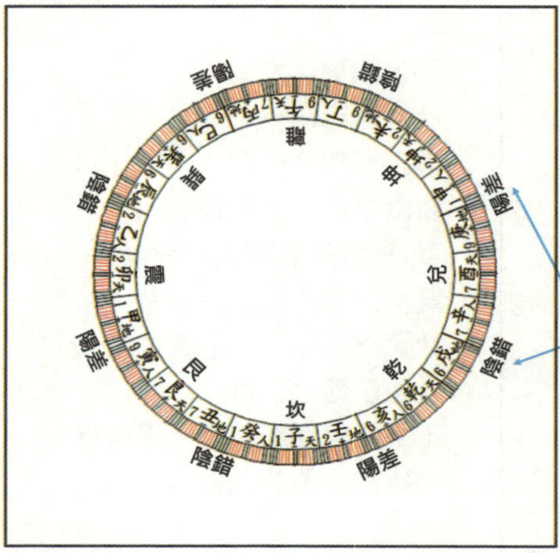

明得零神與正神指日入清雲
此言零神正神坐朝之法
例上元運乾兌艮離為零神位
零神位要有水
坎坤震巽為正神位
正神位要為實地
乾兼後兼不犯陰錯陽差
而又得坎離媾精倒排父母之訣
葬此地者,指日入清雲(很好啦)
不識零神與正神後代絕除根

玄空大卦千言萬語，惟在倒排父母即玄空挨星，坎離媾精48局，先天與後天龍穴水都是經四位，陽山陰水，陰龍坐陽山陽向，陽向取陰水來去。

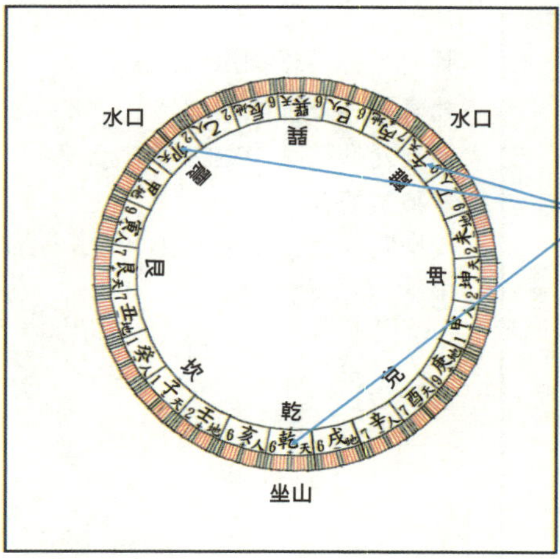

玄空大卦千言萬語
惟在倒排父母(玄空挨星)
坎離媾精
(先天與後天龍穴水經四位)48局
陽山陰水

陰山陽水，陽龍坐陰山陰向，陰向取陽水來去。24 山分陰陽相配合也，一山不論一山之陰陽，而論與此山相見之陰陽，一水不論一水之陰陽，而論與此水相見之陰陽，此是 24 山之陰陽。

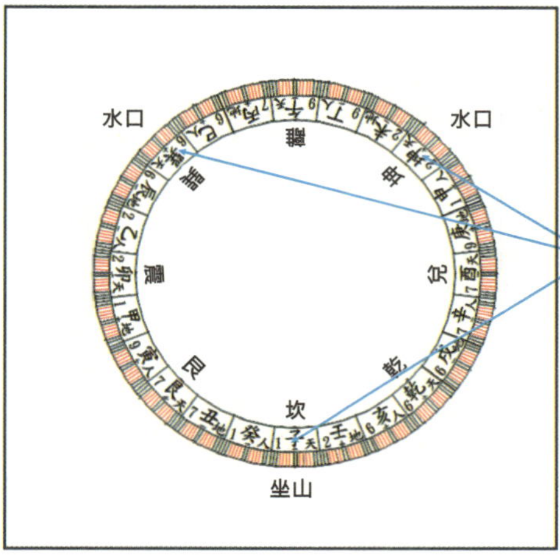

玄空大卦千言萬語
惟在倒排父母(玄空挨星)
坎離媾精
(先天與後天龍穴水經四位)48局
陽山陰水
陰山陽水
(24山分陰陽)相配合也
一山不論一山之陰陽
而論與此山相見之陰陽
一水不論一水之陰陽
而論與此水相見之陰陽
(是24山之陰陽)

此合乎山水之玄竅，而為真陰真陽，二十四山之陰陽，四正之左皆陰，四隅之左皆陽，第 10 章有提到如何分別陰陽的道理，是以天干陰陽論之，地支以藏干論之。

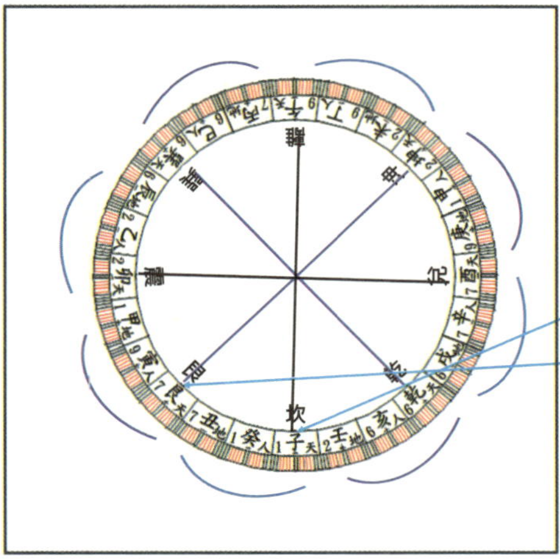

此合乎山水之玄竅
而為真陰真陽
(24山之陰陽)
四正之左皆陰
四隅之左皆陽

玄空之真陰真陽，非通書之真陰真陽。

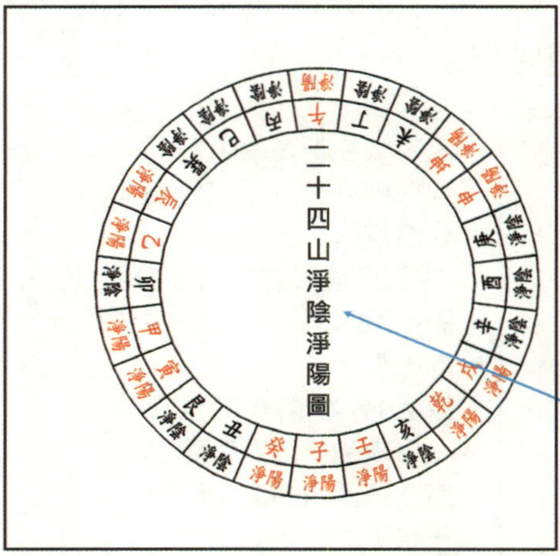

此合乎山水之玄竅

而為真陰真陽

(24山之陰陽)

四正之左皆陰

四隅之左皆陽

(非通書之真陰真陽)

接下來是批評，一些外行裝內行者之理論，如乾坤法竅偽說，就不說明了，看了會被錯誤引導也，令人發笑噴飯矣。

第 56 章　乾山乾向水流乾發秘

　　乾山乾向水流乾解曰：此玄空三大卦也，立穴取局向水兼收之法，如三六九的格局，乾卯午三山的龍穴水，乾6、卯3、午9，分明說出此三山之龍穴水，皆在３６９宮也。

解曰：此玄空三卦也，
立穴取局向水兼收之法，
如：乾卯午三山龍穴水，
乾6，
卯3，
午9，
分明說出此三山之龍穴水，
皆在３６９宮也。

　　假如乾龍到頭，坐午山子向，水出卯口。

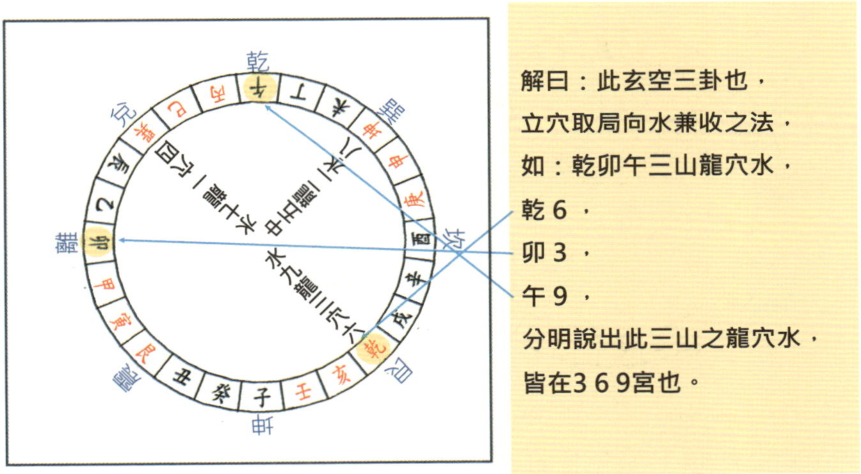

假如乾龍到頭，
坐午山子向，
水出卯口，

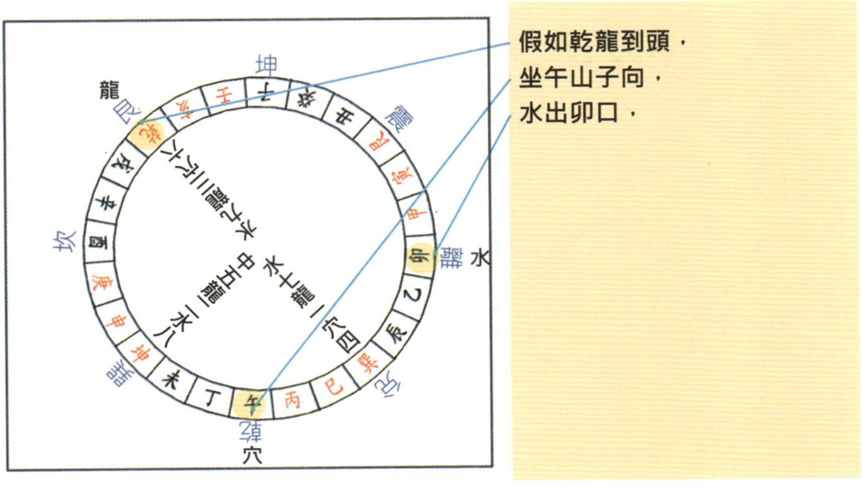

又如乾龍入首，坐卯山酉向，水出午口，向上如此看法，峰巒亦如此看法，豈非乾山乾向水流乾乎，此言乾宮卦內之來山，合乾宮卦內之向水峰巒，故應有鼎甲狀元之尊貴也，三般卦取穴立向，也有一定的看法，要依照上中下元運來取坐山立向，上元的話就取震山，中元的話就取乾山，下元的話就取離山。

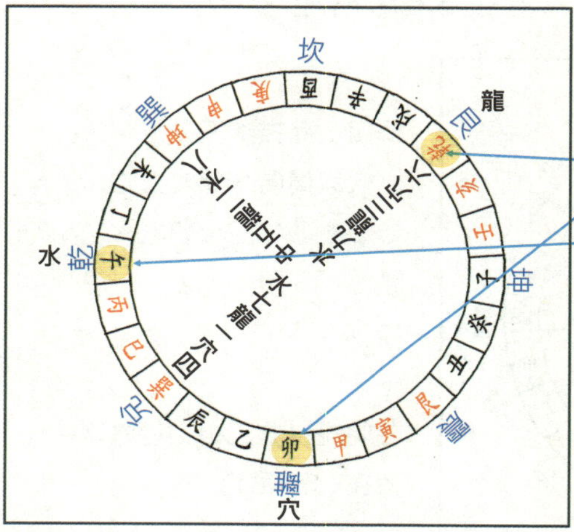

假如乾龍到頭，
坐午山子向，
水出卯口，
又如乾龍入首，
坐卯山酉向，
水出午口，
向上如此看法，
峰巒亦如此看法，
豈非乾山乾向水流乾乎，
此言乾宮卦內之來山，
合乾宮卦內之向水峰巒，
故應有鼎甲狀元之尊貴也。

如卯龍到頭，坐午山子向，水出乾口。

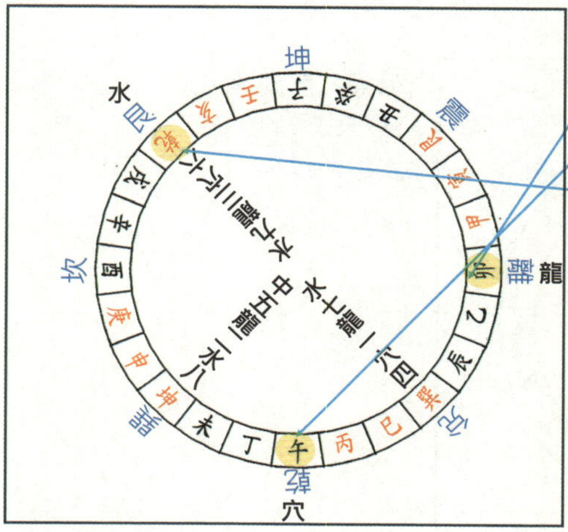

如卯龍到頭，
坐午山子向，
水出乾口，

又如卯龍到頭，坐乾山巽向，水出午口，即為卯山卯向卯源水也，是適合於中元運用之，因為六乾為中元運，所以取當旺之運當坐山，很合適。

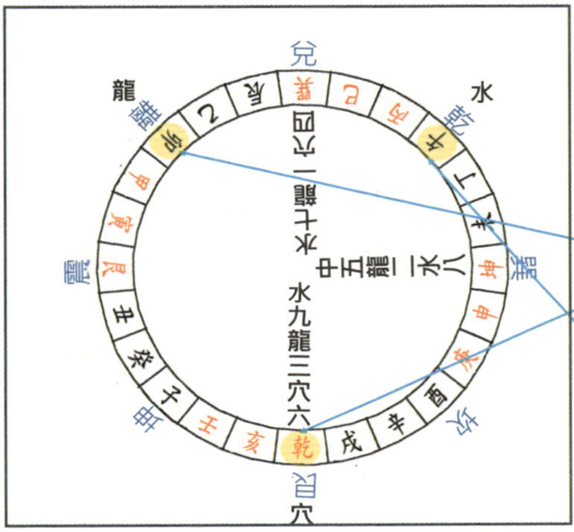

如卯龍到頭，
坐午山子向，
水出乾口，
又如卯龍到頭，
坐乾山巽向，
水出午口，
即為卯山卯向卯源水也。

此以午山午向午來堂為例說明，道理同乾山乾向水流乾一樣，如午龍到頭，坐卯山酉向，水出乾口，這個就適合於下元運用之，因為九離為下元旺運，一般都會取當元旺運當坐山，

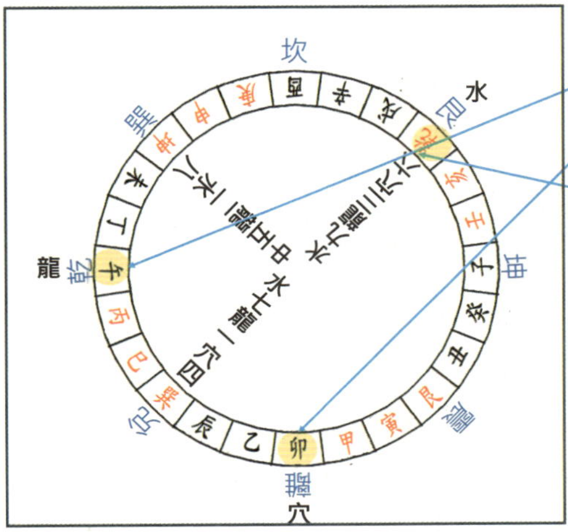

如午龍到頭，
坐卯山酉向，
水出乾口，

又如午龍到頭，坐乾山巽向，水出卯口，即為午山午向午來堂也。

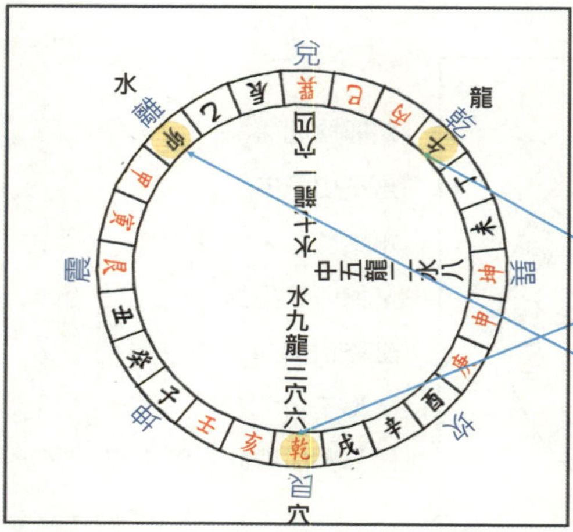

如午龍到頭，
坐卯山酉向，
水出乾口，
又如午龍到頭，
坐乾山巽向，
水出卯口，
即為午山午向午來堂也。

總之此三者為，乾宮卦內之龍山，作乾宮卦內之向水，卯宮卦位之龍山，作卯宮卦內之向水，午宮卦內之龍山，作午宮卦內之向水，龍水三者要歸於一路，不出本卦即３６９三般卦也，這就是陽宮所說的天機若然安在內，家活當富貴，天機若然安在外者，是謂出三般卦之外，自然有退敗之患也。

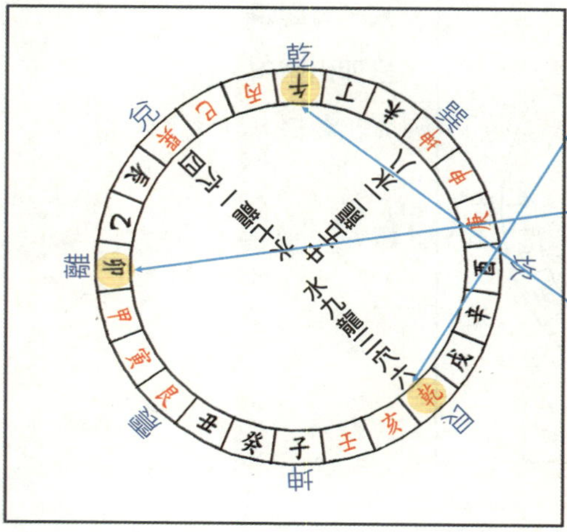

總之此三者為，
乾宮卦內之龍山，
作乾宮卦內之向水，
卯宮卦位之龍山，
作卯宮卦內之向水，
午宮卦內之龍山，
作午宮卦內之向水，
龍水三者要歸於一路，
不出本卦即3 6 9三般卦也。

忽曰狀元，忽曰驟富不可拘泥也，(不要被文辭所迷惑，反正是好就是了)，言得如此合吉，定應大富大貴文武雙全也。

楊公立言，3 6 9 局一卦兼得二卦之用，而得 12 山管局，2 5 8 局一卦兼得三卦之用，而得 24 山管局，楊公在經典裡只用乾山乾向，卯山卯向，午山午向，以及坤山坤向四個案例，其意義重在 3 6 9 的格局，可以一運兼兩運，且格局富貴双全。

其坤山坤向水流坤，乃係 2 5 8 局也，而坤山坤向是 2 5 8 宮都屬土，不管黑土為坐山，或是白土為坐山，都以中宮五黃為水局，是 2 5 8 局的特色，適用於 (平洋龍)，適用於三面、四面都有水局，只有一面有龍脈之格局。

也只有適用於 2 5 8 運，(只適用於艮坤山向)，而 1 4 7 局之龍向水，合吉不言自知，前後如得 12 山，總該八神包含三卦，故章句中並無一字，提到 1 4 7 三般卦，以其一卦只得一卦之用，不能兼通他卦及全收三卦也。

也有不同說法以下提供參考，坎山坎向水流坎坎峰出都諫。巽山巽向巽水朝富貴出官僚。兌山兌向水流兌兌峰出富貴。艮山艮向艮水來艮峰出王侯。坎巽兌皆 1 4 7 三般卦，其道理同前所述依此推之，子巽酉三山龍穴水，子 1 巽 4 酉 7 皆在 1 4 7 宮也。

育林出版社圖書目錄

堪輿叢書

編號	書名	作者	定價
KA-01	葬經青烏經白話註釋(平)(附難解二十四問)	陳天助 著	$ 300元
KA-02	蔣氏家傳地理真書(平)	杜薇之鈔藏本	$ 800元
KA-03	標點撼龍經疑龍經(平)	楊筠松 著	$ 250元
KA-04	繪圖魯班木經匠家鏡(平)	魯公輸 著	$ 150元
KA-05	增補堪輿洩祕(平)	清 熊起磻原著 民 王仁貴編釋	$ 600元
KA-06	八宅造福周書(平)	黃一鳳 編撰	$ 350元
KA-07	相宅經纂(平)	清高見男 彙輯	$ 300元
KA-08	白話陽宅三要(平)	清 趙九峰著 民 北辰重編	$ 280元
KA-09	陽宅實證斷驗法(平)	蕭汝祥 著	$ 350元
KA-11	陽宅形局斷驗法(平)	林進來 著	$ 320元
KA-12	鎮宅消災開運法(平)	蕭汝祥 著	$ 450元
KA-14	贛州風水秘傳(平)	北辰 編撰	$ 380元
KA-16	八運玄空陽宅秘訣(平)	李哲明 著	$ 480元
KA-17	陽宅化煞開運訣(平)	李哲明 著	$ 380元
KA-18	後天派陽宅實證-增訂版(平)	吳友聰 著	$ 450元
KA-19	地理真經(平)	王祥安 著	$ 380元
KC-20	堪輿明燈(軟精)	張淵理 著	$ 800元
KA-21	堪輿法鑑(平)	李哲明 著	$ 480元
KA-22	玄空大卦羅經詳解(平)	李哲明 著	$ 320元
KA-23	地理窯基(平)	林珏田 著	$ 380元
KA-24	乾坤國寶龍門八局圖解(平)	林志縈 著	$ 500元
KA-25	原來陽宅開運化煞好簡單(平)	白漢忠 著	$ 280元
KC-27	玄空陽宅實例(軟精)	張淵理 著	$ 600元
KA-28	玄空風水玄機飛星賦評註(平)	林志縈 著	$ 500元
KA-29	陽宅堪輿實務(平)	宋英成 著	$ 350元
KA-30	玄空薪傳1六法解密(平)	李宗駒 著	$ 600元
KA-31	名人堪輿實記(平)	黃澤元 著	$ 600元
KA-32	三元地理真傳(平)	趙文鳴 編著 張成春 編纂	$ 600元
KC-33	玄空六法理氣圖訣(軟精)	李哲明 著	$ 800元
KA-34	玄空薪傳2形家解密內巒頭篇(平)	李宗駒 著	$ 400元
KC-35	玄空堪輿正論(軟精)	張淵理 著	$1000元

KA-36	地理錄要(平)	蔣大鴻 著	$ 300元
KA-37	陽宅形局杖眼法(平)	黃澤元 著	$ 350元
KA-39	三元玄空挨星圖解(平)	邱馨誼 著	$ 350元
KA-40	玄空薪傳3宅譜解密(平)	李宗駒 著	$ 600元
KA-41	三元地理些子法揭秘(平)	林志縈 著	$ 600元
KA-42	金字玄空地理錦囊(平)	劉信雄 著	$ 500元
KA-43	風水求真與辨偽防騙(平)	冠 元 著	$ 600元
KA-44	楊公三元地理真解(平)	王健龍 著	$ 600元
KA-45	玄空實例精析(平)	冠 元 著	$ 450元
KA-46	三元玄空暨內外六事實證(平)	邱馨誼 著	$ 350元
KA-47	紫白飛星技法(平)	陳藝夫 著	$ 350元
KA-48	陽宅形煞三百訣(上集)(平)	陳藝夫 著	$ 350元
KA-49	陽宅形煞三百訣(下集)(平)	陳藝夫 著	$ 350元
KB-50	地理大全二集理氣秘旨(上下不分售)	漢陽 李國木 新加坡 張成春	$1800元
KB-51	談氏三元地理大玄空路透(精)	談養吾 著	$ 600元
KB-52	談氏三元地理大玄空實驗(精)	談養吾 著	$ 600元
KD-54	玄空紫白訣(平)	趙景義 著	$ 800元
KB-55	玄空本義談養吾全集(精)	談養吾 編著 張成春 編纂	$1800元
KB-56	新玄空紫白訣(精)	趙景義 編著 張成春 編纂	$1200元
KB-57	安親常識地理小補 玄空法鑑元運發微 合編(精)	談養吾 編著 張成春 編纂	$1200元
KB-59	玄空六法秘訣圖解(精)	林志縈 著	$1500元
KB-60	玄空理氣經綸(精)	紫虛 著	$1200元
KA-61	玄空薪傳4青囊辨正解秘(平)	李宗駒 著	$ 600元
KA-62	三元玄空・派多門多各自說(平)	邱馨誼 著	$ 350元
KA-63	教你做生基延壽招財秘訣(平)	林吉成 著	$ 800元
KA-64	現代環境學完整篇(平)	林進來 著	$ 280元
KB-65	玄空理氣啟蒙(精)	紫虛 著	$1200元
KA-66	圖解地理乾坤國寶(平)	鄭守嵐 著	$ 500元
KB-67	地理大全一集-形勢真訣(上中下不分售)(精)	漢陽 李國木 新加坡 張成春	$3800元
KA-68	玄空三元九運24山向論證(平)	邱馨誼 著	$ 380元
KA-69	玄空正法揭秘(平)	冠 元 著	$ 550元
KA-70	九運玄空陽宅詳解(平)	木星齋主著	$ 880元
KA-71	兩元玄空形勢水法120局註解(平)	古宗正 著	$ 380元
KA-72	精髓陰楊絕學(平)	游景 著	$ 800元
KA-73	調理氣談風水(平)	劉信雄 著	$ 550元
KA-74	蔣大鴻手抄本精解(平)	詹錦幸 著	$ 880元

符 咒 叢 書

編號	書 名	作者	定價
FA-01	萬教符咒開運秘笈(平)	真德大師 合 永靖大師 著	$600元
FA-02	萬教符咒總集 上下冊(平)	真德大師 合 觀慈大師 道濟大師 著	$800元
FA-03	閭山符咒發運招財(平)	真德大師 合 永靖大師 著	$400元
FA-04	符令速學指鑑(平)	林吉成 著	$850元
FA-05	開運招財經典(平)	林吉成 著	$500元
FA-06	招財開運寶典訣(平)	林吉成 著	$600元
FA-07	桃花感情和合經典(平)	林吉成 著	$600元
FA-08	五路財神開運符(平)	林吉成 著	$600元
FA-09	桃花驛馬感情符(平)	林吉成 著	$500元
FA-10	真傳實用招財寶典(平)	永靖大師 著	$600元
FA-11	六壬絕學秘籙(平)	永靖大師 著	$600元
FA-12	真傳茅山符咒秘笈(平)	永靖大師 著	$600元
FA-13	真傳陰山派神符寶鑑(平)	永靖大師 著	$600元
FA-14	閭山觀落陰寶鑑(平)	永靖大師 著	$400元
FA-15	閭山地府進錢科儀(平)	永靖大師 著	$400元
FA-16	真傳法師指訣總集(平)	永靖大師 著	$850元

紫 微 斗 數 叢 書

編號	書 名	作者	定價
ZA-01	飛星紫微斗數應用(平)	蕭汝祥 著	$380元
ZA-02	飛星紫微斗數實例(平)	蕭汝祥 著	$380元
ZB-03	紫微斗數天策三書之星曜詮論(精)	陳昊聯 著	$480元
ZC-04	紫微斗數天策三書之斗數宣微上(精)	陳昊聯 著	$480元
ZA-05	紫微斗數精解(平)	白雲居士 著	$280元
ZC-06	紫微般若五七六相法(精)	鄭智祐 著	$700元
ZA-07	紫微斗數經典(平)	白雲居士 著	$320元
ZA-08	紫微斗數大全(平)	白雲居士 著	$380元
ZA-09	聖威門紫微斗數斷訣(平)	盧立群 著	$330元
ZA-10	紫微斗數賦文辯正全集(平)	曾正興 著	$450元
ZA-11	紫微斗數全書-重新斷義(平)	曾正興 著	$380元
ZA-12	白雲居士專論四化飛星紫微斗數(平)	白雲居士 著	$550元
ZA-13	紫微斗數賦文格局總論(上下)	曾正興 著	$880元

命理叢書

編號	書名	作者	定價
MB-01	三命通會(精)	中央圖書館藏本	$ 500元
MA-02	滴天髓補註(平)	徐樂吾 評註	$ 200元
MA-03	窮通寶鑑(欄江網)(平)	徐樂吾 著	$ 250元
MB-04	訂正滴天髓徵義(精)	徐樂吾 著	$ 500元
MA-05	子平真詮辯證(平)	曾富雄 編著	$ 500元
MA-06	命學新義(平)	水繞花堤館主著	$ 200元
MA-07	子平歸真實錄(平)	劉錦漢 著	$ 350元
MA-08	八字命理點竅(平)	陳藝夫 著	$ 350元
MD-09	子平八字秘笈(平)	曾泗淮 編纂	$ 200元
MD-10	滴天髓 窮通寶鑑 合訂本(平)		$ 160元
MA-11	教你如何論八字(平)	王彥貿 著	$ 450元
MA-12	四、五言獨步論命(平)	劉錦漢 著	$ 350元
MB-13	盲派絕傳秘竅(精)	梁飛 編著	$1200元
MA-14	八字紫微合參論命(平)	木星齋主著	$ 380元

三式叢書

編號	書名	作者	定價
SA-01	劉氏神數(平)	劉廣斌 著	$800元
SA-02	六壬神課金口訣大全課例注釋(平)	孫臏 著	$500元
SA-03	應用六壬金口訣預測法(平)	孫臏 著	$450元
SD-04	神授法奇門秘笈(平)	張子房 纂	$1000元
SB-05	大六壬精解(精)	北辰 編撰	$1000元
SB-07	劉氏神數(精)	劉廣斌 著	$900元

姓名學叢書

編號	書名	作者	定價
NA-01	神奇姓名學(平)	林家驊 著	$350元
NA-02	財丁貴姓名學(平)	高樹熊 著	$600元

國家圖書館出版品預行編目(CIP)資料

蔣大鴻手抄本精解/詹錦幸作. --初版. --臺北市：育林出版社, 2025. 05
面；　公分
ISBN 978-986-6677-85-4(平裝)

1.CST：堪輿

294　　114003101

蔣大鴻手抄本精解

著 作 者：詹錦幸 編著
發 行 人：李炳堯
出 版 者：育林出版社
地　　址：台北市士林區大西路18號
電　　話：(02)28820921
傳　　真：(02)28820744
E-mail：service@yulinpress.com.tw
網路書店：www.yulinpress.com.tw
郵政劃撥帳號：16022749陳雪芬帳戶
登 記 証：局版台業字第5690號
總 經 銷：紅螞蟻圖書有限公司
地　　址：台北市114內湖區舊宗路2段121巷19號
電　　話：02-27953656　傳真：02-27954100
E-mail：red0511@ms51.hinet.net
定　　價：880元
出版日期：2025年05月初版

歡迎至門市選購
地址：台北市士林區大西路18號1樓
電話：(02)28820921傳真：(02)28820744
本書如有缺頁、破損、倒裝請寄回更換